第十六届中国智能交通年会
科技论文集

第十六届中国智能交通年会学术委员会　编

机 械 工 业 出 版 社

《第十六届中国智能交通年会科技论文集》收录了60篇在第十六届中国智能交通年会中提交的科技论文,内容涵盖国内外城市交通、轨道交通、高速公路、自动驾驶、民航等不同智能交通领域,主要针对智能交通的发展政策、智能交通技术、智能交通应用、智能交通的成果及转化,以及智能交通领域最新的热点研究,具有很高的参考价值。

本书可作为智能交通相关领域的技术人员、研究人员和高校学生等的研究资料。

图书在版编目(CIP)数据

第十六届中国智能交通年会科技论文集/第十六届中国智能交通年会学术委员会编. —北京:机械工业出版社,2021.10
ISBN 978-7-111-69410-6

Ⅰ.①第⋯ Ⅱ.①第⋯ Ⅲ.①交通运输管理–智能控制–中国–学术会议–文集 Ⅳ.①U-39

中国版本图书馆 CIP 数据核字(2021)第 212761 号

机械工业出版社(北京市百万庄大街22号 邮政编码100037)
策划编辑:李 军 责任编辑:李 军 丁 锋 徐 霆 王 婕
责任校对:李亚娟 封面设计:马精明
责任印制:张 博
涿州市般润文化传播有限公司印刷
2022年1月第1版第1次印刷
184mm×260mm・34.25印张・846千字
0001—1300册
标准书号:ISBN 978-7-111-69410-6
定价:599.00元

电话服务 网络服务
客服电话:010-88361066 机 工 官 网:www.cmpbook.com
　　　　　010-88379833 机 工 官 博:weibo.com/cmp1952
　　　　　010-68326294 金 书 网:www.golden-book.com
封底无防伪标均为盗版 机工教育服务网:www.cmpedu.com

编委会名单

主　编　李朝晨
副主编　杨　颖
编　委　郭丽君　李晓雨　宋　琪　王子夜　王红艳　李凯龙

学术委员会名单

主 任 委 员　黄　卫
副主任委员　张　军　严新平
委　　　员　（按姓氏音序排列）
　　　　　　　曹进德　陈小鸿　陈艳艳　冯志勇　高自友　龚进峰
　　　　　　　顾怀中　关积珍　郭继孚　何　承　贾利民　李爱民
　　　　　　　李克强　刘宝波　刘宝树　刘春煌　卢　山　马　林
　　　　　　　秦　勇　孙帮成　孙立军　王长君　王殿海　王军利
　　　　　　　王　庆　王　炜　王云鹏　吴志新　谢　飞　杨晓光
　　　　　　　杨　颖　袁建湘　张进华　张劲泉　张　可　张学军
　　　　　　　郑　健

目 录

一、城市交通领域

基于微服务的地铁综合资讯发布管理系统
Metro Integrated Information Release Management System Based on Micro Service Architecture
.... 赵伟慧，汪晓臣，黄志威/3

智能乘客服务终端的设计与实现
Design and Implementation of Intelligent Passenger Service Terminal
.... 黄志威，赵伟慧，汪晓臣，孙同庆/10

激光和高清卡口融合在车辆超限检测的研究
Research on the Fusion of Laser and HD Bayonet in Vehicle Overrun Detection
.... 朱熙豪，汪内利，郑于海，陶杰，亓凌/22

基于语义分析的网约车与地铁换乘特征研究
Transfer Characteristics of Online Car-hailing between Metro Based on Semantic Analysis
.... 于泳波，侯佳/32

基于边缘计算的瞬时动态车路协同系统建设
Collaborative Vehicle Infrastructure System (CVIS) under Instantaneous Dynamic Conditions Based on Mobile Edge Computing
.... 杨哲，张青山，郑至城，张旎靖/34

基于并行变异微分进化算法的公交车调度优化
Optimization on Bus Scheduling Based on Parallel Mutation Differential Evolution
.... 丁贤勇，李玉贞/43

基于改进差分进化算法的交叉口信号配时优化
Timing Optimization of Intersection Traffic Signal Based on an Improved Differential Evolution Algorithm
.... 李玉贞，王世豪/52

基于关键路口的动态子区划分
Dynamic Sub-area Division Based on Key Intersections
.... 王冬冬/54

交管业务视频可视化融合与实践
Integration and Practice of Video Application in Traffic Management
.... 朱毅/62

道路交通信号控制机可靠性设计与分析
Reliability Design and Analysis of Road Traffic Signal Controller
.... 曾艳萍/71

基于平行仿真的大型活动期间交通保障决策研究
Research on Traffic Organization During Large-scale Events Based on Parallel Simulation
.... 孙杨世佳,汪晖/79

车载轻量化道路日常巡检系统设计与应用
Design and Application of Vehicle Light-weight Road Routine Inspection System
.... 刘浩,曹旺辉,汤峰/88

深圳交通运输数据共享开放服务研究与实践
A Study and Practice on Transport Data Sharing and Open Services in Shenzhen
.... 徐忠于,杨东龙,曾乾瑜,刘漫霞,田浩/97

基于实测数据的排阵式交叉口饱和流率修正
Revision of Saturation Flow Rate at Tandem Intersections Based on Field Data
.... 郑喆,马万经,王玲/103

突发重大疫情严控期城市道路交通管理探讨
Research on Urban Road Traffic Management During in Severe Epidemic Control
.... 王少飞,周欣,朱湧/105

城市轨道交通运输系统阻断突发重大疫情传播的对策
Countermeasures for Urban Rail Transit System to Block the Spread of Sudden Major Epidemic
.... 张冬奇,王少飞,周欣/114

基于驾驶行为绩效的驾驶疲劳分级与预警研究
Research on Driving Fatigue Classification and Early Warning Based on Driving Behavior Performance
.... 李庆印,曹倩,谢中教,翟慧,张俊波,仝瑞亚/124

基于复杂网络的自主式交通系统演化模型研究
A Study on the Evolution Model of Autonomous Transportation System Based on Complex Network
.... 张黎明,肖尧,姜硕,熊宸,金书鑫,蔡铭/130

基于联邦学习的自主式交通个性出行服务框架

A Framework of Personalized Mobility Service for Autonomous Transportation System Based on Federated Learning

:: 贺俊姝，邓卓琳，陈家涛，由林麟，蔡铭/138

基于轨迹数据的交叉口信号控制优化

Fixed-time Traffic Signal Control Based on Vehicle Trajectory Data at Isolated Intersections

::: 万丽娟，俞春辉，马卓，马万经/148

欧洲 MaaS 生态体系建设与思考

Development of European MaaS system and Thinkings

::: 王梦园，欧阳新加/163

数据时代背景下数字交通 2.0 总体架构的思考

Thinking on the Overall Architecture of Digital Transportation 2.0 under the Background of the Data Technology

:: 王凯，朱玮/175

基于北斗高精度定位的城市交通精准治理应用研究

Research on the Application of Urban Traffic Accurate Management Based on Beidou High-precision Positioning

:: 姚双双，韩广广，孙超/183

数字化驱动下的"十四五"交通运输行业转型升级思考——以广东省为例

Thinking on the Transformation and Upgrading of Transportation Industry in the 14th Five-Year-Plan Driven by Digitalization: Illustrated by the case of Guangdong Province

::: 张永捷，孙超，王守峰/195

数据驱动的智慧道路规划设计与关键技术

Data Driven Intelligent Road Planning and Design and Key Technologies

:: 朱启政，张新宇，丁思锐/207

基于智能网联技术的智慧公交服务应用浅析

Analysis on the Application of Intelligent Bus Service Based on Intelligent Network Technology

::: 朱安康/218

城市更新背景下的智慧街区设计思路——以白石洲为例

Smart Street Design in the Context of Urban Renewal——Taking Baishizhou Area as an Example

::: 田浩洋，陈佳裕，杨招波/227

城市更新背景下枢纽建设驱动老城区复兴规划实践——以深圳雅园枢纽为例

Planning Practice of Old City Renewal Driven by Hub Construction under the Background of Urban

Renewal——A Case Study of Yayuan Hub in Shenzhen
··· 方世泉/228

昆山市动迁小区机动车停车特征分析
Analysis of Motor Vehicle Parking Characteristics in Kunshan Relocated Neighborhood
·· 李佳贤，杨晓光，徐广俊，陈煜，李锐/245

二、轨道交通领域

高铁场景下移动性管理仿真评估
Performance Evaluation on Mobility Management in High-speed Railway System
································· 林尚静，田锦，马冀，庄琲，肖志勇/263

基于智能识别技术的铁路旅客运输安全检查管理信息系统
Railway Passenger Transport Safety Inspection Management Information System Based on Intelligent Identification Technology
··· 张秋亮，唐雯，杨栋/264

HXD2 机车自动驾驶系统研究及应用
The Design and Implement of Automatic Driving System Used by HXD2 Locomotive
·· 姜正，杜海宾，王瑞，陈广泰，崔可强/272

铁路 5G 专网安全架构设计与研究
Design and Research on 5G-R Cybersecurity Architecture
··· 祝咏升，张骁/280

京张高铁客服信息工程 BIM 技术应用实践
Application of BIM Technology in Customer Service Information Engineering of Beijing Zhangjiakou High Speed Railway
·· 肖彦峰/288

基于 BIM 的铁路基础设施综合运维管理平台研发与实践
Research and Application of Operation and Maintenance Management Platform for Railway Infrastructure based on BIM Technology
································· 王辉麟，肖彦峰，张俊尧，王志华，解亚龙/302

基于分布式光纤振动传感的列车位置追踪系统试验研究
Testing & Research of Train Position Tracking System Based on Distributed Fiber Opticvibration Sensor
························ 汤飞，宁雪，柴金川，刘磊，李金波，李元平，王小铁/314

动车组管理信息系统移动终端基础平台研究

Research on the Platform for Mobile Terminal of CRH-EMU Management Information System
.... 王忠凯，李燕，王永斌/316

面向动车组智能运维的 SCADA 系统解决方案研究

Study on the Intelligent EMU Maintenance oriented SCADA System Solution
.... 孙鹏，陈彦，李莉/323

铁路物联网系统的边缘计算技术应用策略研究

Research on the Edge-computing Technology Application Strategy for Railway IoT System
.... 孙鹏/329

铁路机务段大数据服务平台设计研究

Design and Research on Big Data Service Platform of Railway Locomotive Depot
.... 李成龙，李霞，杨臻，徐元元/336

和谐型机车造修数据贯通平台设计研究

Design and Research on Data Integration Platform for Harmonious Locomotive Manufacturing and Repair
.... 喻冰春，李成龙，杨臻/345

珠三角城际铁路动车组运维系统研究与应用

Research and Application of EMU Operation and Maintenance System in Pearl River Delta Intercity Railway
.... 程凯，王文翼，李静，张惟皎，曹伟涛，杨春辉/352

机车故障远程实时应急指导系统设计

Design of Remote Real-time Emergency Guidance System for Locomotive Failure
.... 谭本军，谯兵，费艳斌，庞垒/365

分布式数据库在铁路客票系统中的应用研究

Application of Distributed Database in Railway Ticketing and Reservation System
.... 李雁明，徐东平，刘相坤，李琪/377

铁路常旅客会员价值评估研究

Study on Value Evaluation of Railway Frequent Passenger Member
.... 王元嫒，张志强，赵楠，张晨阳，张名妹/385

基于多因素的智能客站设备健康状况综合评价模型优化研究

Research on Intelligent Recognition and Monitoring Method of Railway Passenger Abnormal Behavior
.... 李君，徐春婕/394

数字孪生技术在铁路智能客站中的应用研究

Application of Digital Twins Technology for The Intelligent Railway Passenger Stations

································· 王小书，史天运，吕晓军/410

面向竣工交付的数字孪生铁路系统建设和应用

Construction and Application of Digital Twin Railway System for Completion and Delivery

································· 梁策，刘红良，王燕，杨威/417

智能铁路梁场生产管理信息系统设计与实现

Design and Implementation of Intelligent Beam Fabrication Field Production Management Information System

································· 梁策，陈丹/425

三、高速公路领域

基于图像识别和多因子算法的高速清障救援作业监控应用

Highway Obstacle-rescue Vehicle Monitoring Application Based on Image Recognition and Multi-factor Algorithm

································· 邹慧珍，高海，卢峰，廖广宇/435

基于路侧激光雷达的在途目标分类技术

Object Classification Technology Based on Roadside Light Detection and Ranging

································· 张涵，江健宏，吴建清/446

基于多源数据的山区高速公路事故影响因素及主动管控研究

Mountainous Freeway Crash Influencing Factor Analysis and Proactive Management Based on Multi-source Data

································· 叶欣辰，王雪松，胡若栩，吴正安，辛红刚/455

四、自动驾驶领域

蜂窝车联网通信资源分配方法研究综述

A Review of IoV Communication Resource Allocation Methods

································· 魏文渊，张博，赵鹏超，苑寿同，胡鑫/471

基于虚实结合的自动驾驶仿真测试技术与应用

Automatic Driving Simulation Test Technology and Application Based on Virtual and Real Combination

································· 上官伟，李鑫，曹越，邱威智，柴琳果/479

一种基于连续速度模型的拟人化自动驾驶速度控制策略
A Human-like Speed Control Strategy of Autonomous Vehicles Based on Continuous Speed Model
.... 陈志贵，王雪松，李平凡 / 489

人车冲突场景的自动驾驶责任敏感安全模型标定
The Calibration of the Automated Driving Responsibility-Sensitive Safety Model for the Vehicle-Pedestrian Conflict Scenario
.... 叶采阳，王雪松 / 497

车路协同环境下基于车头时距的多线路公交控制方法研究
Multi-line Bus Control Method Based on Headway with CVIS
.... 邹莉，陈振武，周勇，王晋云，罗佳晨 / 508

五、民航领域

点融合飞行程序容量评估与流量管理方法
A Robust and Effective Method for Capacity Evaluation and Flow Management of Point Merge System
.... 梁建波，毛英南 / 511

基于分形理论的航空运输量预测
Prediction of Air Transportation Volume Based on Fractal Theory Intelligent Transportation
.... 王飞，魏林琳 / 522

六、其他领域

新一轮科技革命背景下深圳智能交通发展战略思考
Thinking on the Development Strategy of Intelligent Transportation in Shenzhen under the Background of a New Round of Scientific and Technological Revolution
.... 徐丹，韩广广，孙超 / 527

PART I

一、城市交通领域

基于微服务的地铁综合资讯发布管理系统

赵伟慧，汪晓臣，黄志威

中国铁道科学研究院集团有限公司电子计算技术研究所，北京 100081

【摘要】 针对各城市地铁综合资讯的运营需求和管理现状，本文基于微服务架构设计了一套可实现地铁服务信息便捷定制与扩展的综合资讯发布管理系统，重点解决了地铁综合资讯发布管理系统软件总体架构以及媒体资源管理、版式编辑发布、播放监控等各模块的功能拆分设计及实现。系统软硬件成套产品在苏州地铁5号线试点应用，解决了车站周边信息、运营时刻、线网图、运行图、沿线地标等定制化信息的灵活编辑与动态发布。

【关键词】 乘客服务；综合资讯；微服务；信息定制；动态发布

Metro Integrated Information Release Management System Based on Micro Service Architecture

Zhao Weihui, Wang Xiaochen, Huang Zhiwei

Institute of Computing Technology, China Academy of Railway Sciences Corporation Limited, Beijing 100081

Abstract: Combined with the operation requirements and management status of metros in various cities, an integrated information release management system is designed based on micro service architecture, which can realize convenient customization and expansion of metro service information. Based on the overall framework of system software, the function split design and implementation of the media resource management, layout editing and release, broadcast monitoring and other modules are introduced in detail. The system solves the flexible editing and dynamic release of customized information such as station surrounding information, operation time, line network diagram, operation diagram and landmark along the line and it has been applied in Suzhou Metro Line 5.

Key words: passenger service; integrated information; micro service; information Customizing; dynamic release

1 引言

地铁综合资讯发布管理系统依托多媒体网络技术，以车站触摸显示屏终端为媒介向乘客提供信息服务，作为城市轨道交通对外宣传、提升自身的整体形象、为进入轨道交通内部的乘客提供服务指南的重要窗口。随着建设智慧地铁的发展背景，乘客信息服务方式和内容需要更为智能，当前乘客信息的播放终端发布信息版式固定，发布模式不灵活，内容单一，缺少智能化的信息发布和便捷查询，且基于传统分布式架构的服务资源耦合度高，应用系统规模和复杂度及代码规模不断增长，应用容错性和扩展性差，难以维护和更新。本文针对地铁智慧车站建设需求，基于微服务架构设计了综合资讯发布管理系统软硬件架构，具备终端播放版式和各类服务信息的定制发布及乘客自主查询功能，实现发布业务信息、发布商业广告、提供车站周边环境及车站周边地图、线网地图信息及各项附加服务的查询功能，为轨道交通的信息沟通提供了重要手段。

2 需求分析

2.1 资讯服务和运营管理

地铁常规运营模式下资讯业务一般包含提供商业广告和运营信息查询、车站周边信息查询、列车时刻表查询、出行查询、公交换乘信息查询、线网查询、运营与导示信息交替显示、网管功能等实时动态的多媒体信息。车站配置 LCD 触摸屏为站内乘客交互终端，可配合网管平台实现远程开关机、定时开关机、智能分屏功能、对接广告运营商的视频信号、实现运营信息的展示与交互等功能，并通过计算机网络系统实现终端远程监控，使设备安装、系统管理、系统升级、系统维护等实现更加方便、快捷、准确。车站配置 LCD 触摸屏显示终端的主要业务为以下方面：

1）周边信息，包括车站附近公交车站名称和可换乘路线，附近道路和地标信息等。
2）线网信息，包括地铁线网地图展示及换乘查询。
3）导航信息，包括车站平面图、线路运行图、服务设施位置等导航指引。
4）运营信息，包括本站首末班车时刻，车站发布的运营通告、失物招领、紧急消息等。
5）媒体信息，包括线路运营宣传、公益广告、文化旅游等图片及视频播放信息。

随着智慧地铁建设发展，资讯服务信息不再局限为简单的运营信息，而是需要及时灵活地发布车站和列车客流密度、环境感知因素、客流疏导情况，提供信息定制和乘客自主查询功能，需要将多系统的采集数据融合发布显示，多系统间接口的固定交互和业务逻辑高耦合问题在当前资讯服务应用中较为突出，影响了当前资讯服务新业务按需扩展，因此需要解耦固定端口，实现灵活扩展。

2.2 Spring 框架发展现状

Spring 是一个开放源代码的轻量级应用程序框架，地铁综合资讯发布管理系统基于 Java 语言开发，随着 J2EE 应用程序框架的不断发展，软件产品也不断升级重构。在 Spring 框架初始应用时，所有的配置都需要通过 XML 实现，随着项目的扩大，需要频繁地在 Java 和 XML 之间切换，在 Spring 之后的迭代版本开始逐步采用 Java 配置替换 XML 配置。随着动态语言的发展，Java 配置方式的应用开发明显过于烦琐，配置复杂、开发效率低等问题日益凸显，同时与第三方集成的繁杂也严重影响了框架的可用性和高效性。

为解决上述问题，在核心 Spring 框架的基础上出现了全新 Spring Boot 框架，该框架核心思想是约定大于配置，使用特定方式进行配置，使开发人员不再需要定义样板化的配置，可实现通过少量代码创建一个基于 Spring 的独立的、产品级别的应用，主要优点如下：

1）集中配置和注解，简化开发流程，开箱即用，更快、更方便地与第三方组件及应用整合，比如消息队列、缓存等在企业级开发中常用的组件，可以快速构建和运行 Spring 应用。

2）提供 Spring 各个插件的基于 Maven 的 pom 模板配置。

3）提供丰富的企业级非业务功能开发特性，包括系统监控、故障诊断、权限控制、安全和健康检查等。

4）部署和运行便捷，内嵌 Tomcat 和 Jetty 容器，无须生成 JAVA WAR 文件及烦琐的 Web 配置。

通过升级 Spring Boot 框架，产品实现了系统前后端分离，使得后端服务相对独立，不受前端界面渲染的影响，形成服务化初始模型。

3 系统架构和关键技术

3.1 系统总体架构

地铁综合资讯发布管理系统以综合资讯发布管理服务为处理中心，各车站服务为子处理端，通过标准数据接口及数据格式，实现车站展示终端配套管理、参数配置、数据更新、接口定义、权限控制等功能，系统总体架构如图 1 所示。

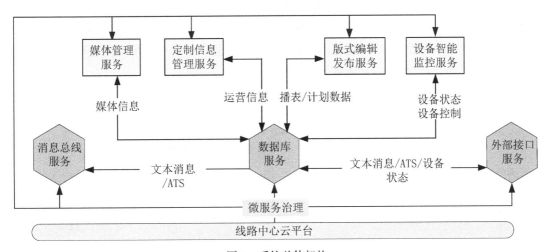

图 1 系统总体架构

地铁综合资讯发布管理系统依托地铁线路中心工业云平台实现，在线路中心云平台部署业务服务应用和与外部的接口服务程序，采用中台提供的 MQ 消息总线服务和 MySQL 数据库服务服务，并由云平台实现微服务治理，实现系统的数据采集、数据缓存、持久化、数据发布和数据共享，通过各服务接口向车站终端提供综合资讯信息。

车站终端主要分布于车站站厅和站台，站台设备分为上行站台设备和下行站台设备，各设备按照所属区域及位置从中心发布管理系统服务获取版式渲染需要的展示数据，主要包括版式、播放计划、媒体资源的获取以及各设备对应的周边、车站图、运营信息等定制化服务内容的获取。

3.2 基于微服务的软件架构研究

（1）微服务架构优势

微服务的核心思路是将庞大的单体应用进行划分，将高耦合度的交互业务转变为若干个小服务的组合，每个服务功能相对单一，每个服务根据业务需求和行业技术发展变化选择适合的技术类型进行开发维护，将业务封装后对外提供服务，通过使用容器做高可用部署，提高应用服务的可用性和稳定性。通过构建各个不同的独立服务实现系统业务功能，可以分型进行模块化开发，可以快速封装，具备松耦合、技术多元、可独立部署等应用开发优势。

微服务架构是去中心化的软件组织架构，解决了应用微服务化之后的服务治理问题。独立的各个服务之间通过轻量级通信网络协议实现调用和数据交互，通过依赖构建一套自动化运行机制实现集中式服务管理。微服务架构模式下各个服务有独立的运行进程，每个服务都可以独立进行部署，当业务发生变更时只需修改对应微服务重新部署，无需重新编译、部署整个应用，可以大幅缩短升级周期。

（2）Spring Cloud 框架

Spring Cloud 是一个基于 Spring Boot 实现的云应用开发工具，利用 Spring Boot 的开发优点简化了分布式系统的搭建，是完整的微服务解决方案，其框架如图 2 所示。Spring Cloud 提供服务注册（Eureka Server）、服务网关（Zuul）、断路器（Hystrix）、客户端负载均衡器（Ribbon）、声明式服务调用（Feign）等组件，基本包含了微服务架构各方面的需求，封装了成套的轻量级组件，节约了开发成本。Spring Cloud Eureka 定义了服务注册，服务消费者通过 Ribbon 实现以合适节点访问获取服务生产者的信息，且 Hystrix 可以防止对某一故障服务持续进行访问，避免系统因任务积压导致瘫痪。

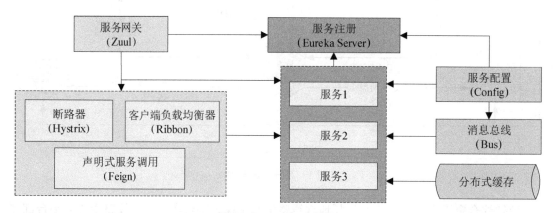

图 2　Spring Cloud 框架

3.3 基于 RESTful 的数据接口定义

传统远程过程调用（RPC）基于原生 TCP，需要在客户端和服务器之间建立通信连接，数据报文格式自定义、速度快、效率高，用于多系统之间的内部调用。HTTP 是一种网络传输协议，规定了数据传输的格式，在实际应用中更加灵活。RESTful 通过定义指定路径实现对服务的访问和数据交互，通常包含 POST、DELETE、PUT 和 GET 四种请求方式分别实现操作对象的增、删、改、查功能。RESTful 数据结构可读性和可扩展性强，且调用和测试更加便捷明了。基于微服务设计模式，各个业务被拆分为独立对外提供的服务，通信机制采用 RESTful 更加合适，因此地铁综合资讯发布管理系统的核心业务数据通过统一的 RESTful 风格的 JSON API 通信，数据处理流程如图 3 所示，主要包含系统前后端之间的交互和终端与中心服务之间的交互。

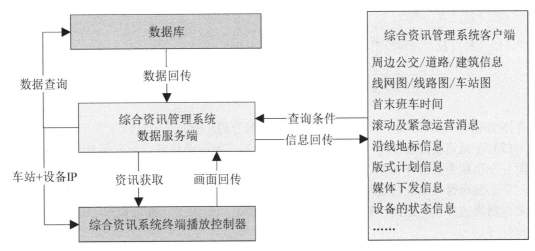

图 3 数据处理流程

一方面，中心综合资讯发布管理系统前端与后端服务通过 RESTful API 进行服务访问和数据交互，实现业务处理。数据服务端完成内外部数据的采集和处理，按照业务需求形成统一通用的接口数据协议，以网络访问形式对外提供服务数据给客户端使用。例如，周边环境等信息可以通过客户端录入信息数据，将 html、excel、图片、文本、视频等资源上传，由数据服务端解析为 Json 格式进行前后端数据调用及展示。

另一方面，车站 LCD 触摸屏终端播放控制器与中心服务之间的物理接口为千兆以太网端口，也通过 RESTful API 方式实现服务访问和资源获取。例如，列车时刻表查询，把中心相关接口提供的列车时刻表信息通过网管平台统一获取中转后以文字形式下发到 LCD 触摸屏终端展现给乘客。

4 功能设计与实现

4.1 后端管理业务拆分设计

地铁综合咨询发布管理系统涵盖了地铁各类运营服务信息的上传、编辑、审核、发布等内容，基于微服务设计理念，按照用户业务类别和操作流程将系统功能划分为媒体资源管理、车站定制信息管理、版式自定义发布和终端播放管理四个子系统，各子系统的服务模块设计如图 4 所示。

（1）媒体资源管理　媒体资源管理模块实现客户端本地图片、视频及自定义文件资源上传到中心媒体服务器，供播放终端依据播放计划按需下载播出，并提供媒体属性获取、生

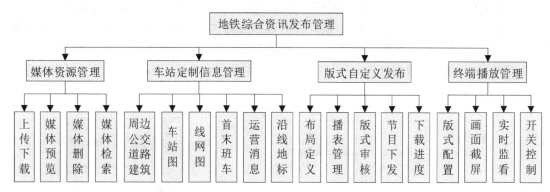

图 4 地铁综合资讯发布管理系统服务设计

成媒体缩略图、媒体预览、媒体下载、媒体删除等管理功能。

（2）车站定制信息管理　车站定制信息是针对车站运营信息、导向信息、换乘信息等非图片和视频类的服务信息，提供的按车站、按区域灵活配置功能。车站终端播放设备通过中心发布管理系统的定制化接口获取上述服务信息，用于版式对应模块的数据渲染，主要包括周边公交、道路、建筑、线网图、线路图、车站图、首末班车、运营消息及沿线地标等。

（3）版式自定义发布　版式是一个完整的可以在播放器上进行播放的内容整体，规定了在播放器屏幕的哪个位置播放哪个播放列表的内容，即终端播放画面分区设置，包括播放画面显示比例、屏幕大小以及各播放列表的大小、位置信息编辑、播放频道中逻辑变量管理。

（4）终端播放管理　按照线路-车站-设备模式，将各节点的监控功能整合到一个设备树结构，为车站媒体播放终端配置播放版式，将播放计划下发播放；同时，管理系统可以通过画面截屏和实时监看对各播放终端的输出画面进行监控，实现在线开关机等设备控制。

4.2 终端信息获取及显示

终端触摸播放设备运行包括初始化、媒体下载、播放、退出模块，业务流程如图5所示，主要包括初始化、资源下载、播放、退出四个部分。

1）初始化：初始化配置文件、授权文件、主框架基本参数，启动相关线程。
2）资源下载：根据下发的版式定义和播放计划文件，从中心服务端获取播放资源。
3）播放：将主框架上组件按最新播放计划将各区域数据及媒体显示到屏幕上。
4）退出：释放资源，退出播放。

触摸查询终端与综合资讯管理服务之间通过 RESTful API 接口获取播放内容，包括设备开关机控制、音量调节、心跳报活、计划获取、媒体获取、周边及车站定制信息、运营信息等。触摸查询终端控制软件将整个程序作为一个容器，按照服务端定义的播放版式及计划描述文件的定义，对画面的各个分区进行渲染绘制，包括视频播放组件、图片播放组件、交互查询播放组件、文本播放组件、定制组件等，根据版式中播放列表的类型选择相应播放组件进行播放和相应功能的查询操作。

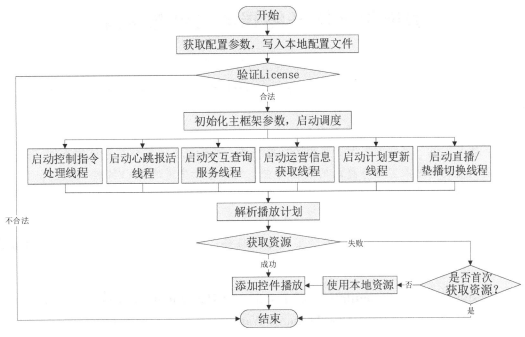

图 5 终端触摸播放设备业务流程

5 结语

基于微服务架构组件化设计思路,将地铁综合资讯发布管理系统核心业务划分为独立的微服务,对传统媒体资源及定制化信息发布管理业务重新设计,采用前后端分离的模式,运用 Spring Cloud 框架实现业务服务。结果表明重构后的发布管理系统服务调用响应速度得到提高,并发处理终端数量提高一倍,且扩展应用和新需求实现更为便利。基于微服务的地铁综合资讯发布管理系统解决了传统单体架构代码臃肿、业务逻辑耦合、资源无法隔离、扩展困难等问题,但同时也需要更高水平的项目管理,使开发人员、测试人员和维护人员更加便捷地协调工作,特别是在业务粒度划分、接口一致性、数据模板定义、测试运维等方面对项目成员的要求更高。

参 考 文 献

[1] 洪华军,吴建波,冷文浩. 一种基于微服务架构的业务系统设计与实现 [J]. 计算机与数字工程,2018,46(1):149-154.

[2] 辛园园,钮俊,谢志军,等. 微服务体系结构实现框架综述 [J]. 计算机工程与应用,2018,54(19):10-17.

[3] 吴文峻,于鑫,蒲彦均,等. 微服务时代的复杂服务软件开发 [J]. 计算机科学,2020,47(12):11-17.

[4] 汪峥,王孔明,范琪,等. 地铁车辆基地综合自动化管理系统设计 [J]. 城市轨道交通研究,2020,23(10):166-170.

智能乘客服务终端的设计与实现

黄志威，赵伟慧，汪晓臣，孙同庆

中国铁道科学研究院集团有限公司电子计算技术研究所，北京 100081

【摘要】 本文研究了智能乘客服务终端的软件设计方案和实现方法，通过分析智能乘客资讯系统的架构和智能乘客服务终端的功能需求，探讨既有乘客信息系统的不足，提出具备可交互功能的智能乘客服务终端的软件需求。文章基于先进的MVVM技术理念，结合智能乘客服务终端的业务特点，逐步构建并优化智能乘客服务终端的软件架构，实现了智能乘客服务终端的分层模块化功能，实现模块解耦和业务解耦，解决关键技术难点。

【关键词】 智能乘客服务；可交互式智能服务；MVVM架构；智慧车站；乘客信息系统

Design and Implementation of Intelligent Passenger Service Terminal

Huang Zhiwei, Zhao Weihui, Wang Xiaochen, Sun Tongqing

Institute of Computing Technology, China Academy of Railway Sciences Corporation Limited, Beijing 100081

Abstract: This paper studies the architecture of the intelligent passenger information system. By analyzing the functional requirements of the intelligent passenger service terminal and the shortcomings of the existing passenger information system, this paper discusses puts forward the software requirements of the intelligent passenger service terminal with interactive function. Based on the advanced MVVM architecture, combined with the characteristics of the intelligent passenger service terminal, this paper gradually constructs and optimizes the software architecture of the intelligent passenger service terminal, realizes the hierarchical modular function of the intelligent passenger service terminal, realizes the module decoupling and business decoupling, and solves the key technical difficulties.

Key words: intelligent passenger service; passenger interaction terminal; MVVM architecture; smart station; PIS

1 引言

城市轨道交通是服务大众出行的重要交通组成部分，轨道交通车站内的乘客服务设备体现了车站对乘客的智能化服务水平，是城市轨道交通乘客服务信息化、智能化出行体验的必要组成。乘客通过地铁站点的各类显示终端，能及时了解列车的运行信息、公共信息及安全事项等，同时该系统在列车运行空隙时间可播放天气预报、时事新闻、娱乐节目等内容，除了传统意义上的出行服务外，还兼有城市宣传、城市文化传播等特点。这些信息服务能够有效提升地铁服务质量，解决乘客出行信息化需求，提高车站运营服务水平。城市轨道交通建设正面临着从数字化向智慧车站的过渡，乘客信息系统作为传统乘客服务系统，其服务内容固定，形式单一，终端展示信息有限，服务能力已经不能满足目前乘客出行的智能化服务需求。

2 智能乘客资讯系统概述

智能乘客资讯系统基于乘客信息系统（PIS）的服务内容拓展而来，随着智慧车站的建设和完善，PIS播放终端亟待提供具备乘客交流服务能力的智能显示终端，构建开放的、多业务的、智慧的综合乘客服务系统。智能乘客资讯系统便是基于乘客的智能互动服务需求开发的一套可交互的综合服务终端，为智慧车站建设提供智能化乘客综合服务的系统。

智能乘客资讯系统作为城市轨道交通对外宣传、提升自身的整体形象、为进入轨道交通内部的乘客提供服务指南的重要窗口，能起到发布业务信息、发布商业广告、提供车站周边环境及车站周边地图、线网地图信息及各项服务的介绍、提供信息查询等功能；为轨道交通的信息沟通提供重要手段。此外，通过计算机网络系统实现终端远程监控，使设备安装、系统管理、系统升级、系统维护等实现方便、快捷、准确。

2.1 传统 PIS 播放终端的不足

传统 PIS 的多媒体播放终端（简称播放终端）通过视频、文字、图片向乘客展示到站信息、运营信息、媒体信息等综合服务信息。PIS 信息的传递是由运营到乘客的单向传递，信息显示从运营视角传递必要的行车信息、运营信息、视频信息，数据来源单一，缺少乘客反馈，无法提供乘客服务按需自助服务的途径。随着智能化、网络化的发展，传统方式已经无法适应乘客对服务个性化和快速响应的需求，PIS 功能亟待通过技术创新提出更加智能化的服务内容。

2.2 智能乘客服务终端的特点

随着云计算、人工智能、5G、物联网等技术的普及，我们通过移动终端能够获得各种功能丰富且便捷的应用，这些便捷应用的重要体现是通过人机互动完成的。很明显，当前 PIS 的服务能力受到制约条件之一是不具备人机互动能力，智能乘客资讯系统与人工智能、物联网等技术结合，通过智能乘客服务终端（简称服务终端）提供智能化的交互式乘客服务。

如果将 PIS 的播放终端比作是我们客厅内传统的电视机，那么智能乘客资讯系统的服务终端就是现在的智能电视机。传统的 PIS 可以类似我们传统收看电视节目的形式，只能收看当前时段电视台播出的节目，不能选择其他内容。而智能电视机的观众可以选择收看电视节目，也可以选择观看电影、游戏互动、网上购物等其他功能，用户可以根据自己的需求选择不同的服务内容。同样，服务终端能够弥补 PIS 播放终端无法为乘客提供互动式服务的缺憾。乘客可以根据实际出行需求，自助使用服务终端提供的各种智能化查询、资讯等个性服务功能。

传统 PIS 显示终端通常采用上挂方式，在乘客无法接触的位置进行信息展示。智能服务终端采用落地或者嵌入墙体、屏蔽门等方式,使乘客可以使用终端的触控服务功能。显示终端具备触摸屏、拾音器等输入设备和感知设备,能够采集使用者需求提供对应的服务信息,为每一位乘客提供个性化服务。

3 服务终端需求分析

3.1 智能乘客资讯系统整体架构

智能乘客资讯系统的整体架构由中心系统、车站系统、终端系统3层构成,如图1所示。

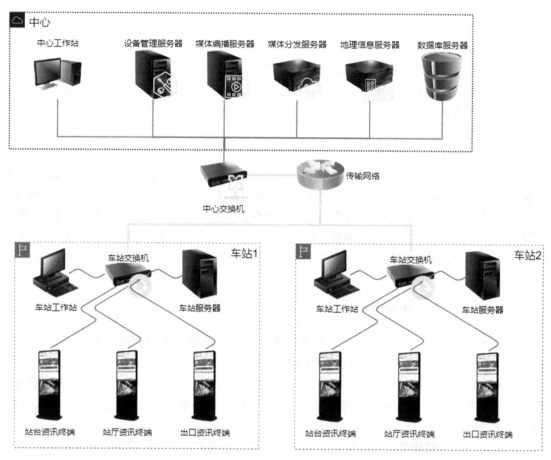

图1 智能乘客资讯系统整体架构

中心层是中心计算和存储云平台,具备中心统一运维管理、信息发布、媒体编播、地理信息、数据查询等系统功能,为车站提供智能化管理以及专业的编播服务和地理信息服务。

车站层主要有车站交换机、车站服务器、车站管理工作站,能够管理站内各个终端设备,具备设备监控,运维统计等车站维护功能。

终端层即智能乘客服务终端提供了乘客交互式智能化服务体验,集成了控制器、显示屏、光传输器、触摸屏、传感器等设备，为乘客提供多功能的智能化服务体验。

根据层级化分，中心功能主要是专业功能服务和统一管理，车站主要功能是站内设备维护管理，终端设备主要功能是面向乘客的智能化服务。

3.2 服务终端的硬件组成

为给乘客提供智能化、便利化的服务体验，智能乘客服务终端设备除显示屏、控制器，还具备触摸屏、温度传感器、摄像头、传声器阵列等传感设备。控制器可以通过调用这些硬件传感设备结合人工智能（AI）算法提供人性化服务。终端控制器采用高性能的 x86 控制板，能够满足 4K 播放显示和虚拟现实（VR）的 3D 显示的解码能力，同时满足播放画面监视回传的共性能编码能力。

智能乘客服务终端与 PIS 播放终端的不同是将终端控制设备前置，与终端显示设备集成为整体终端设备。PIS 播放控制器通过光传输器一分八的功能进行多路输出，这种硬件结构导致无法实现终端屏和乘客的一对一交互。通过前置终端控制器，实现了每个屏独立的服务能力。与 PIS 播放器上挂式的安装方式不同，智能乘客服务终端通常采用落地式竖屏显示方式，满足乘客能够触控操作的服务需求。

3.3 服务终端功能分析

智能乘客服务终端具备 PIS 传统播放终端功能，同时提供更加丰富的乘客互动功能。通过对地铁运营单位的调研，以及对乘客需求的调研，我们将面向乘客可交互的服务终端定义为八个功能模块。

如图 2 所示，服务终端的主要显示功能业务有：周边信息展示、文化旅游景点介绍、线网信息查询、商业广告及媒体、日期及时间展示、线路运营信息、出行路径查询、图片宣传信息。

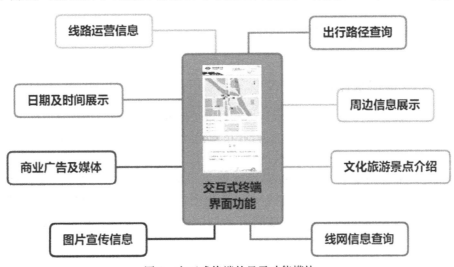

图 2 交互式终端的显示功能模块

（1）周边信息展示 可以包含周边建筑信息、周边道路信息、周边公交换乘信息等，帮助乘客了解周边站点和周边地图。通过采用周边地图和 3D 站内图的方式，直观地展示周边信息。

（2）文化旅游景点介绍 对于通过高铁、飞机等交通工具到达本市的非本市乘客，乘坐城市内的轨道交通是市内出行重要的公共出行方案之一。对这部分乘客而言，本市的文化旅游景点介绍是展示城市文化风貌的重要方式，可以提升城市整体形象。

（3）线网信息查询 城市轨道交通通常是网络化运行的，线网图的展示能够直观地向乘客展示通过轨道交通能够到达的目的地，方便乘客出行。通过站点查询，也可以便捷地查询目的站需要换乘的地铁线路。

（4）商业广告及媒体 商业广告及媒体宣传信息是 PIS 的组成部分。运营企业可以通过投入商业广告产生收益，在服务乘客的同时能够获得广告收益。同时视频媒体宣传也是重要媒体宣传手段，可以投放城市宣传片、乘客宣传视频、公益广告等，提升城市形象，宣传城市文化。乘客在等车的同时也能够通过视频媒体避免枯燥乏味的等待。

（5）日期及时间展示 包括日期时间展示、天气展示、周边温湿度展示、客流密度信息展示等。

（6）线路运营信息 包括车站文字信息、失物招领等滚动文字信息，周末班车时刻表、列车到站信息等列车运行信息，客流密度、温湿度等站内传感信息。

（7）出行路径查询 通过乘客输入的出发地和目的地查询乘客出行路线，同时查看需要乘坐地铁的出发站和目的站，让乘客可以知道需要如何换乘和在哪站下车。

（8）图片宣传信息 本功能结合地铁站内设置宣传橱窗功能，使综合资讯终端具备动态的宣传图片切换播放功能，运营人员可以选择不同区域发布不同的图片宣传信息，支持多图多效果的轮播功能。

（9）维护监控功能 终端设备除显示服务功能，还具备维护监控功能，主要有：设备状态上报、设备画面截图、设备实时画面监控、设备定时开关机、设备远程开关机、设备远程重启、设备音量调节等。

4 服务终端软件设计方案

4.1 传统 PIS 播控软件架构

良好的软件设计架构是软件产品稳定性和可维护性的必要条件，因此在软件开发中要格外注重软件的设计架构。当前互联网的 WEB 技术发展迅速，UI 展示方式多样化，这与其灵活框架是密不可分的。在 PIS 播控软件的架构设计上，我们充分借鉴了 WEB 灵活的 UI 设计模式。播放终端软件采用了先进的 MVC 设计理念，将业务数据作为 Model 层，通过 REST 服务以 JSON 数据为载体与后台系统进行业务数据通信；前端显示的 View 层提供各种业务的显示模块，通过 Controller 控制器，控制 Model 数据在 View 组件中展示。这种方式实现了显示和业务的最低耦合，有利于业务拓展。按照 MVC 理念设计的播放终端软件的简化架构如图 3 所示。

4.2 服务终端软件架构设计

服务终端软件既具备 PIS 播放软件的播放显示功能，同时拓展了乘客可交互的服务功能。因此在软件设计上我们充分借鉴已有的 PIS 播放终端的先进理念，然而这种 MVC 的播

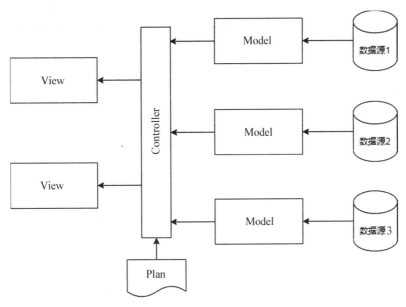

图 3　PIS 播放终端 MVC 架构

控软件设计框架的数据是单向传递，在服务终端软件架构中，我们需要将前端显示的用户输入指令传递给后台服务，那么就需要构建非常复杂的 Controller 控制器，实现数据的回传，使其无法有效地从架构层面解耦。基于这种思考，通过对互动式终端业务分析，将终端软件数据流进行整理拆分，优化改进既有框架，结合 MVVM 框架构建了新的服务终端软件架构，通过数据的双向绑定，实现了业务和显示的解耦。

MVVM 是 Model-View-ViewModel 的简写。它本质上就是 MVC 的改进版。MVVM 将其中的显示抽象为视图和数据，分开业务逻辑和显示视图，即模型-视图-视图模型。模型指的是后端传递的数据，视图指的是所看到的页面。视图模型是 MVVM 模式的核心，它是连接 View 和 Model 的桥梁。ViewModel 有两个功能（图 4）：一是将模型转化成视图，即将后端传递的数据转化成所看到的页面，实现的方式是数据绑定。二是将视图转化成模型，即将所看到的页面转化成后端的数据，实现的方式是事件监听。两者结合，我们称之为数据的双向绑定。

图 4　MVVM 模型

在成熟的 WEB 框架中，ViewModel 的工作已经在框架中自动完成。服务终端软件中，我们利用事件监听和数据绑定开发了服务终端软件的 ViewModel 组件模块。依据 MVVM 模型，我们根据智能服务终端的业务将整体的原 MVC 框架的 Controller 剥离出多个 ViewModel，原框架的 Controller 控制所有 View 显示和 Model 数据。ViewModel 并不是简单替代 Controller，而是将 Controller 的业务逻辑提取出来，实现的是业务逻辑组件的重用。在 MVVM 框架中，ViewModel 设计为一对一的 View 显示，简化控制模块。实际业务中，一个模型可以用多个数据源，也可以被多个显示界面使用，基于这种初始需求我们设计了交互式终端的基本框架，通过基础框架一步步的演变优化，构建出符合智能服务终端业务需求的最终框架。服务终端基础框架如图5所示。

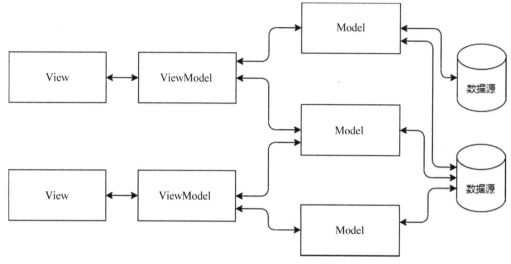

图5　服务终端基础框架

这个整体框架中，后台提供了基于REST的服务接口，终端调用后台服务接口实现统一管理。为进一步详细区分终端软件和后台接口，我们可以将图5细分为后台服务部分和终端软件部分，如图6所示。

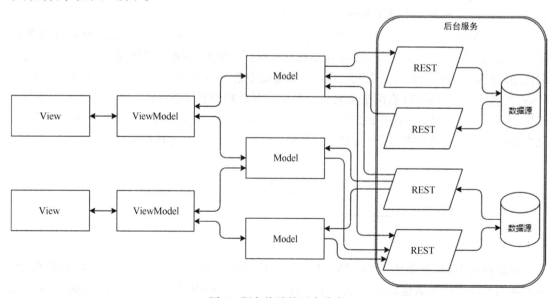

图6　服务终端前后台分离

图6中，通过数据流细分我们可以进一步优化。一个Model通过调用多个后台服务实现终端数据通信和业务功能，而ViewModel通过多个Model数据控制View的UI显示。我们将接口业务和UI的Model模型分开，确保ViewModel和Model是一一对应的关系，并且确保

MVVM 的双向绑定模型，以及业务处理和后台接口服务是一一对应关系。这样简化了我们需要实现的 ViewModel 功能复杂度，同时也简化了业务处理的复杂度，数据流模型优化如图 7 所示。

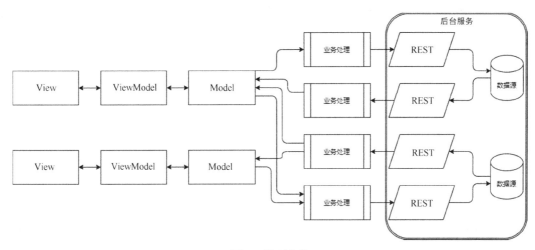

图 7　模型优化

从图 7 中可以看到，业务复杂点就在于 UI 的 Model 模型和业务处理之间的交互。为降低模块间交互复杂的问题，我们引入了事件总线，降低模块间交互难度，提高可维护性，其结构如图 8 所示。

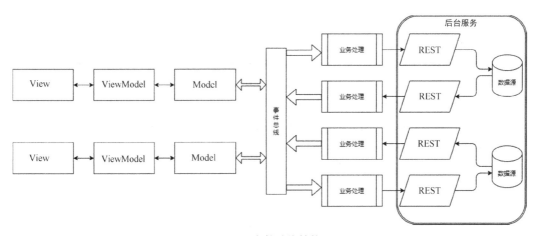

图 8　事件总线结构

通过这一模型，我们已经极大地简化了软件结构，将模块间逻辑充分解耦。软件的另一个设计难点在于前端 UI 的高度可定制化，我们通过后台播放计划控制终端所有显示内容，将 View-ViewModel-Model 封装为具有单一完备功能的 UI 显示模型，我们称之为 ViewModule，同时引入控制器，控制器通过播放计划，控制各个显示模型的创建、销毁，并绘制整个显示区域。业务模块通过事件总线控制显示模块的详细显示内容，达到高度定制化显示的目的，同时使各个业务充分解耦。基于 MVVM 的架构优化如图 9 所示。

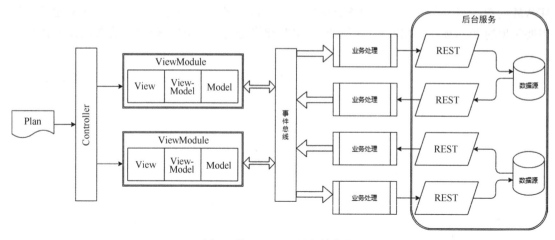

图 9 基于 MVVM 的架构优化

通过智能服务终端的业务分析进行模型优化，我们参照 MVVM 的特点构建其软件架构模型。我们将整体架构分为显示层、控制器、事件总线、业务层 4 部分，整体功能架构如图 10 所示。显示层完成终端界面展示和交互功能，封装了基于 MVVM 显示方式的数据绑定和时间监听；控制器作为界面整体控制模块，实现软件显示控制功能，实时处理模块的显示调度和任务调度；事件总线提供了业务数据和显示层、控制器的传输通道，统一通过事件监听的方式实现层级间复杂调用，解耦业务关联；业务层进行后台数据通信处理后台业务相关的服务调用，降低业务间耦合度。

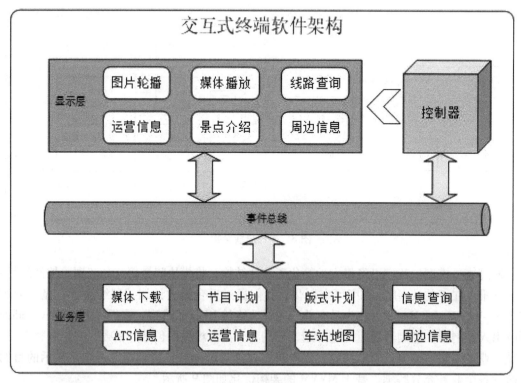

图 10 软件架构

5 软件功能实现

在软件实现方面，我们采用 Java 开发语言结合 JNI 技术调用驱动层 C++语言实现智能服务终端的开发，软件功能关键技术如图 11 所示。Java 具有良好的跨平台特性，软件可以方便地部署在基于 x86 平台的 Windows 和 Linux 环境中。

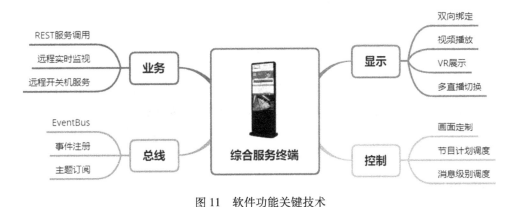

图 11　软件功能关键技术

5.1　显示技术

（1）基于 Java 的双向绑定技术　在 MVVM 的框架下，视图和模型之间的桥梁是该架构的关键，实现 ViewModel 的双向绑定功能是智能服务终端技术难点之一。Java 语言提供了属性值的数据绑定，也提供了观察者模式的时间监听，利用 Java 的属性类 Property 数据绑定、事件监听以及绑定计算等技术，我们可以实现显示界面 View 和显示模型 Model 的双向绑定，通过 Java 属性类绑定的特点完成我们各个视图模块中 ViewModel 组件的编写。

（2）视频播放及直播切换技术　服务终端软件具备多种视频格式的解析能力，能够支持标清、高清、超高清视频解码。采用 Java 的 JNI 技术调用 VLC 提供的开源媒体播放器，实现嵌入 JPanel 多媒体播放。同时，为提供直播播放的高可用性，我们在播放器中增加了直播流检测功能，主备多直播地址时，播放器能够通过数据流量自动监测直播地址稳定性并切换直播地址，达到播放的高可用性。

（3）周边信息 VR 显示引擎　随着显示技术的不断创新，VR 展示技术的出现为乘客提供了更加直观的车站及周边介绍，通过采用 3D 模型，服务终端方便显示周边信息的场景和站内导航场景。利用 VR 显示技术，可以立体呈现车站信息、城市线路信息、周边信息和景点信息。服务终端 VR 技术采用基于 WebGL 的 3D 渲染引擎，打造与真实场景一致的虚拟现实场景，为使用者提供更好的信息显示体验。

5.2　控制调度

（1）定制化界面显示技术　显示画面可定制化，是互动式终端的主要特点，其显示方式不同于通常我们的程序交互界面，运营人员可以根据需要设置不同位置的终端设备显示不同的服务内容。例如，在出入口显示周边地图、路径查询功能等，在站台的设备显示列车到达信息、车厢拥挤度、车厢空调强弱等信息。这就需要智能服务终端具备灵活的播放画面定制功能，能够使运营人员自主设计终端显示内容，实现灵活、丰富的展示形式。

为实现这项技术，我们对既有的 MVVM 架构增加了额外的控制模块，能够根据中心数据展示不同的显示画面，做到全画面可定制。这里使用的关键技术是基于 JSON 格式的版式定制技术，我们将整个画面进行业务分析，制订了计划、布局、播表、媒体的 4 级嵌套显示结构的编播协议，可以灵活绘制布局区域、编辑区域内容、编排节目计划等。

（2）节目计划调度及同步播放　服务终端的视频节目播放功能提供了按照时间的节目单制作功能，能够严格按照时间编排节目单，准确播放对应视频节目。软件通过精准的节目单编排和时钟同步技术，在播放过程中按照时间精确控制播放进度，实现不同终端间的同步播放和节目调度。

（3）消息级别调度　相同的消息发布区域在不同用户向同一设备发布消息时会产生冲突，为解决消息显示冲突的问题，服务终端提供了按照消息发送级别的调度播放机制。消息级别调度采用秒级准实时调度算法，通过高级别覆盖低级别，依次播放、撤销的显示原则，精准调度多种用户级别的消息，控制消息有序播放显示。

5.3　业务处理

（1）基于 REST 的服务调用　业务模块与后台通信采用了基于 REST 的微服务远程调用，通过后台服务提供的智能化服务接口，既能实现版式计划、节目播放、下载上报等终端编播服务，也可以实现列车到站信息查询、智能出行规划、语音输入查询等智能化的乘客服务体验。同时，服务终端可以提供基于 REST 的设备状态、设备截屏等设备监控的服务接口。

（2）远程实时监视　服务终端播放画面的远程实时监视是运维人员查看现场实际播放情况的直观方式，通过远程播放调看功能，运维人员可以随时查看设备工作状态，便于维护。远程调看采用 RTSP 方式回传播放画面，通过 Java 调用 FFMPEG 开源多媒体框架，构建本地 RTSP 服务，后台管理人员使用拉流方式查看服务终端的画面。

（3）远程控制服务　服务终端提供了方便维护的远程控制服务，便于中心管理系统对设备进行远程操控。功能包括远程关机、开机、重启、音量调节等设备控制功能。通过 Java 调用系统层命令实现设备控制。

5.4　事件总线

软件内部的模块间通信采用事件总线技术是模块解耦的关键。通过事件总线可以解除业务间相互依赖，不同业务间即使在相同的区域显示也不会彼此影响，也可以解决界面显示的单线程处理和多业务并发执行间的数据分发处理问题。时间总线通过发布者、订阅者模式实现一对一、一对多、多对多等不同应用场景的数据通信。

6　结语

本文结合传统 PIS 播放终端的不足，构建了具备可交互功能的智能乘客服务终端软件，分析了智能服务终端软件的功能特性，在 PIS 终端架构基础上通过数据流分析优化交互式特点的服务终端软件架构，提出具备高可靠和易维护的软件架构模型。智能乘客服务终端有丰富的可交互功能特性，用户体验更加便捷，是未来乘客服务系统的发展趋势之一。智能服务终端人机交互功能可以很好地结合人工智能技术、5G 技术，物联网技术实现更加优质的服务，如语音互连、线上互动、站内实时反馈等。交互式智能、实时服务可以很大地拓宽服务内容，提升服务质量，是服务终端智能化发展的趋势。

参 考 文 献

[1] 阚庭明. 城市轨道交通乘客信息系统技术发展趋势探讨［J］. 铁路计算机应用，2009，18（1）：37-39.

[2] 周成尧，刘畅，邓瑾，等. 城市轨道交通智能列车乘客服务系统研究［J］. 现代城市轨道交通，2020（8）：20-26.

[3] 游俊慧. MVC、MVP、MVVM 三种架构模式的对比［J］. 办公自动化，2020，25（22）：11-12，27.

[4] 李嘉，赵凯强，李长云. Web 前端开发技术的演化与 MVVM 设计模式研究［J］. 电脑知识与技术，2018，14（2）：221-222，251.

[5] 刘立. MVVM 模式分析与应用［J］. 微型电脑应用，2012，28（12）：57-60.

激光和高清卡口融合在车辆超限检测的研究

朱熙豪,汪内利,郑于海,陶杰,亓凌

浙江省机电设计研究院有限公司,杭州 310000

【摘要】 为了提升公路超限车辆的管理水平,本文设计了基于激光和高清卡口融合的车辆超限检测系统。基于激光扫描测距技术对过往车辆轮廓尺寸进行全天候非接触式实时测量,配合高清卡口,实现车辆长、宽、高不停车检测、车辆牌照识别和防逃逸抓拍,替代了原有的人工测量,提升了公路的管理水平,并利用PSO算法对车辆轮廓数据进行择优,避免一些干扰数据,有效提高了车辆轮廓的边缘连续性。最后,通过不同车型、不同速度区间的多次试验比较测量结果,发现误差均小于5%,验证了激光和高清卡口融合的车辆超限检测系统具备较好的可用性、鲁棒性。

【关键词】 智能交通;车辆超限;不停车检测;PSO算法

Research on the Fusion of Laser and HD Bayonet in Vehicle Overrun Detection

Zhu Xihao, Wang Neili, Zheng Yuhai, Tao Jie, Qi Ling

Zhejiang Institute of Mechanical & Electrical Engineering, Hangzhou 310000

Abstract: In order to improve the management level of highway overrun vehicles, this paper designs a vehicle overrun detection system based on the fusion of laser and HD bayonet. Based on the laser scanning ranging technology, the non-contact real-time measurement of the outline size of the past vehicles is carried out all day long, wide and high with high-definition bayonet to realize the non-stop detection of vehicle length, width and height, vehicle license plate recognition and anti escape capture, which replaces the original manual measurement and improves the highway management level. The PSO algorithm is used to optimize the vehicle contour data to avoid some interference data and effectively improve the edge continuity of the vehicle contour. Finally, by comparing the measurement results of different vehicle models and different speed ranges, it is found that the error is less than 5%, which verifies the availability and robustness of the vehicle overrun detection system based on the fusion of laser and HD bayonet.

Key words: intelligent transportation; vehicle overrun; non-stop detection; PSO Algorithm

1 引言

随着公路基础设施和运输装备的发展,车辆超限现象日益严重,成为影响交通安全的主

基金项目:浙江省公路管理局科技计划项目(2018H30)。

要因素之一。据交通部门统计，70%的道路交通事故是由于车辆超限引发的[1]。货车驾驶员为使运送成本降低，违规超限。然而，车辆超限严重破坏了公路设施，增加了公路维护费用，缩短了公路使用寿命。超限车辆在行驶过程中，由于视线遮挡以及制动性能的下降，诱使交通事故发生[2]。

因此，研究一种经济适用、检测速度快、适合动态扫描、高精度的智能超限检测，对于提高公路的管理水平，保障公众的出行安全，具有重要意义。

2 国内外研究现状及发展趋势

2.1 国外研究现状

在汽车出现的早期，国外就已经开始了对车辆超限的整治。在超限检测发展前期，国外大多使用红外激光传感设备，利用超高车辆对红外接收器的遮挡判断车辆超过限定高度。现在，激光扫描技术成为比较主流的测量方式。目前，有瑞士的 Leica 公司、美国的 3D DIGITAL 公司、加拿大的 Optech 公司、法国的 MENSI 公司、日本的 Minolta 公司等正在从事这方面的研究，并已形成了规模较大的产业，其产品在速度、精度、易操作性等方面已经满足实际应用场景的需求。

2.2 国内研究现状

我国关于车辆外廓尺寸测量问题的研究最早开始于 20 世纪 70 年代，并逐步从人工测量方法发展到三坐标测量机测量方法。近年来，我国的专家学者也开始基于激光测距的车辆分类、轮廓尺寸测量研究。以长安大学的基于二维激光扫描仪的汽车轮廓三维检测系统为例，可在机动车辆低速行驶条件下完成车辆外廓尺寸的测量和三维轮廓的绘制[3]。对于机器视觉的超限检测目前虽然也是一个重要研究方向，但是由于其精度问题尚未具备实用性。

2.3 本文研究方向

现有的解决方案测量范围有限、安装及维护较为复杂、成本较高，且无法实现动态的高精度超限检测等。如果能够提出一种高精度、不停车实现车辆外廓尺寸的测量的方案，那么将有效解决当前车辆超限检测的根本问题。

因此，本文将采用激光测距原理，对过往车辆轮廓尺寸进行全天候非接触式实时测量，实现车辆轮廓重建及长、宽、高的自动化测量；并融合高清卡口对车牌等信息进行识别，结合公安交通管理综合应用平台的机动车数据判别是否超限，对超限货车行为进行抓拍取证，达到不停车超限检测的目的。

3 系统总体架构

3.1 系统总体架构的设计

本系统基于扫描测距技术对过往车辆轮廓尺寸进行全天候非接触式实时测量。融合车高清卡口，可实现车辆超限不停车检测、车辆信息识别和抓拍。系统总体架构如图1所示。

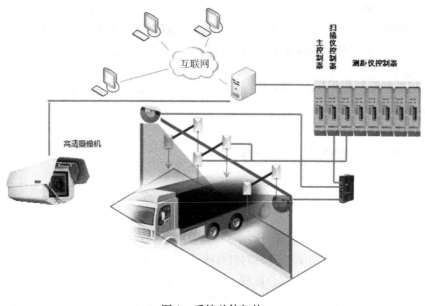

图 1　系统总体架构

将激光测距仪与扫描仪采集到的数据进行预处理，传输到主控制器中进行分析与整合，实现超限车辆的判断。同时可以融合高清卡口的车牌识别系统进行违法判断取证，完成超限违法车辆的识别和取证。判定结果在后面的 LED 信息显示板上显示，进而引导违规车辆进入特定区域接受处理。

3.2　检测设备布局

根据实际的应用场景，本文利用激光扫描仪不断地对垂直于车辆行驶方向的切面进行扫描；激光测距仪阵列按照一定间距排布；高清卡口正对车道，且三类设备均按车道成对配置。将三类检测设备安装在同一个门架上，以节约成本。检测设备布局如图 2 所示。

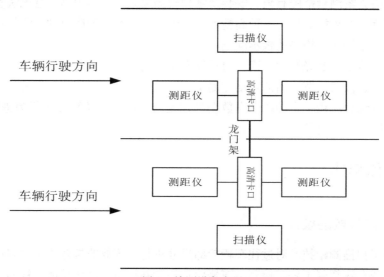

图 2　检测设备布局

4 车辆数据生成与整体轮廓提取的研究

4.1 车辆轮廓数据的生成

（1）宽高数据的生成　系统采用多个激光测距扫描仪沿车辆行进的垂直方向进行不断扫描，根据整个道路的宽度配置扫描仪数量保证了横截面不留死角。将扫描仪每次获得的数据进行整合，即可获得一次车道横截面信息。最终根据扫描数据得出车辆的宽度和高度数据，测量方式如图3所示。

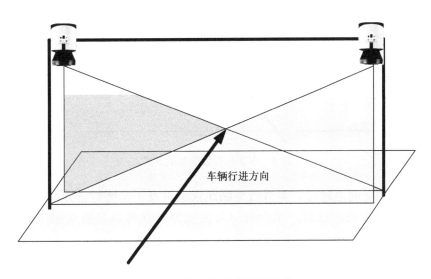

图3　车辆宽高数据测量方式

激光扫描仪以极坐标形式输出扫描数据，被检测车辆表面反射回的各扫描点的极径 $p(m)$ 和极角 θ 分别为

$$p(m), m=1,2,\cdots,21 \tag{1}$$

$$\theta \in [\theta_{\text{start}}, \theta_{\text{end}}] = [91°, 91.5°, 92°, \cdots, 101°] \tag{2}$$

式中，m 为周期传感器扫描点的个数；θ_{start} 为传感器输出的起始角度值；θ_{end} 为传感器输出的终止角度值。

根据极坐标系到直角坐标系的转换公式

$$x = p\cos\theta, \quad y = p\sin\theta \tag{3}$$

可得被测点到传感器的水平和垂直距离为

$$x(m) = |p(m)\cos\theta|, \quad y(m) = |p(m)\sin\theta| \tag{4}$$

物体的高度值由以下公式所得

$$h(m) = H - y(m) \tag{5}$$

式中，H 为传感器扫描原点到地面的垂直距离；$h(m)$ 为测得物体某点上的高度值。

同理，车辆宽度信息为

$$data\_w(m) = x_1(m) - x_2(m) \tag{6}$$

计算传感器一个扫描周期来获得高度和宽度的值，再采用根据优化算法，获取合适的高度和宽度值。

（2）长高数据的生成　激光测距仪沿车辆行进方向排列，一对测距仪之间的距离可以预先设定。车辆长高数据测量方式如图 4 所示。

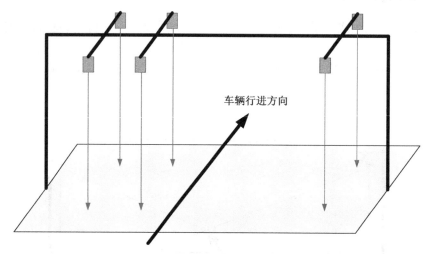

图 4　车辆长高数据测量方式

这样当车辆在下面通过时，多对激光测距仪沿垂直于车辆行进方向平行排列，相邻测距仪的间距保证车辆通过时，至少有一对激光测距仪可以完整地记录整个车辆行驶过程。

车辆完整经过一对激光测距仪时，两个激光测距仪可以分别获得一组车辆数据，车辆数据信息包括车辆进入时刻、驶离时刻以及车辆关键特征点通过的时刻。由于测距仪的间距可以预先设定，在确定的现场这是一个常量，因此车辆两个特征点间的长度可以通过时间与测距仪的间距进行计算。整个车辆的长度由多个这样的阶段长度组成，因此将每段长度累加就获得了整个车辆的长度数据。

由于测距仪安装的高度可以预先设定，因此测距仪测取的距离信息也直接反映了车辆高度信息，即车辆瞬时高度等于测距仪距地面原点距离减去距离测量值。

4.2　车辆轮廓数据处理

在激光测距扫描仪采集数据的过程中，考虑到环境因素和天气因素，在测量过程中不可避免地会有干扰数据。另一方面，车辆行进过程中，也会发生不受控制的摇摆和抖动，即真实的车辆轮廓数据也在发生变动。虽然利用激光测距扫描仪多次获取了车辆轮廓数据，但不能简单地使用所获得的最大值或者平均值，而是要将获得数据进行择优，从而计算获得最大可能的车辆轮廓信息。

PSO 信息优化算法是采用比较新粒子、个体和群体极值的适应度值来更新个体和群体极值位置。其中粒子每更新一次位置，就计算一次适应度值。

在 D 维的搜索空间中，$X=(X_1, X_2, \cdots, X_n)$ 是 n 个粒子组成的种群。第 i 个粒子的 D 维向量为 $X_i=(X_{i1}, X_{i2}, \cdots, X_{iD})^T$，其速度为 $V_i=(V_{i1}, V_{i2}, \cdots, V_{iD})^T$，其个体极值为 $P_i=$

$(P_{i1}, P_{i2}, \cdots, P_{iD})^T$，其种群的全局极值为 $P_g = (P_{g1}, P_{g2}, \cdots, P_{gD})^T$。其中 X_i 代表第 i 个粒子在 D 维搜索空间中的位置和该问题的一个潜在解，根据目标函数即可计算出每个粒子位置。通过每次迭代，通过比较个体和全局极值来使得粒子更新自身的速度和位置。为防止粒子的盲目搜索，本系统将其位置和速度限制在 $[-X_{max}, X_{max}]$、$[-V_{max}, V_{max}]$。相关公式如下

$$V_{id}^{k+1} = \omega V_{id}^k + c_1 r_1 (P_{id}^k - X_{id}^k) + c_2 r_2 (P_{gd}^k - X_{id}^k) \tag{7}$$

$$X_{id}^{k+1} = X_{id}^k + V_{id}^{k+1} \tag{8}$$

式中，ω 为惯性权重；$d = 1, 2, \cdots, D$；$i = 1, 2, \cdots, n$；k 为当前迭代次数；V_{id} 为粒子的速度；c_1 和 c_2 为非负的常数，称为加速度因子；r_1 和 r_2 为分布于 $[0, 1]$ 之间的随机数。

为了更好地平衡算法全局与局部搜索能力，本系统通过试验选用惯性权重，采用线性递减惯性权重 LDIW，即

$$\omega(k) = \omega_{start} - (\omega_{start} - \omega_{end}) k / T_{max} \tag{9}$$

式中，ω_{start} 为惯性权重；ω_{end} 为迭代至最大次数时的惯性权重；k 为当前迭代代数；T_{max} 为最大迭代代数[4]。

如图 5 所示，经过优化后的车辆轮廓边缘光滑且准确，对比证明了 PSO 算法有较好的寻优能力，通过迭代寻优计算，能够迅速找到最优解，从而实现车辆轮廓数据择优，减少误差。

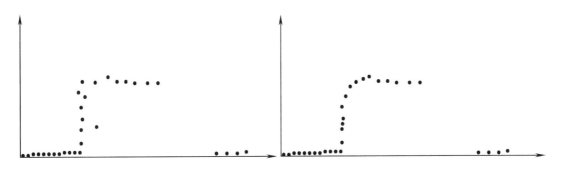

图 5　车辆轮廓数据优化对比

4.3　测量得到的基本轮廓

本系统核心由激光扫描仪测距仪、激光测距仪、控制器等部件组成，激光测距仪测量到数据后先进行抗干扰滤波，生成有效的距离发送到测距仪控制器，测距仪控制器接收到数据后判断是否为车辆数据，若是车辆数据即开始建立车辆断面信息，待车辆完全驶出后即获得一个车辆的长高信息，标记时间后送往主控制器。

同理，激光扫描根据车辆的进入和驶离可以获得一个车辆的宽度信息，标记时间后也送往主控制器。主控制器根据搜集到的长高信息以及宽度信息，进行时间和车道匹配，从而获得一个车辆的完整轮廓信息。检测所得到的常见车辆轮廓模型如图 6 所示。

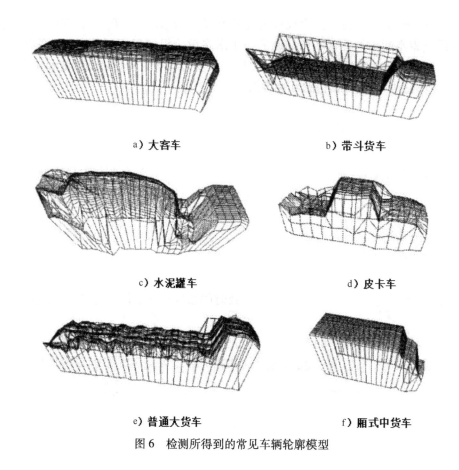

a) 大客车　　　　　　　　b) 带斗货车

c) 水泥罐车　　　　　　　d) 皮卡车

e) 普通大货车　　　　　　f) 厢式中货车

图 6　检测所得到的常见车辆轮廓模型

5　超限判别

5.1　高清卡口数据

利用龙门架上已有高清卡口，对超限检测区域进行全天候实时监控并记录相关图像数据。从中自动获取车辆的通过时间、地点、行驶方向、号牌号码、号牌颜色、车身颜色等数据，并将获取到的信息通过计算机网络传输到卡口系统控制中心的数据库中进行数据存储、查询、比对等处理。

高清卡口数据里的车辆牌照号作为车辆第一标识，将是判别超限车辆信息最有效的证据。对获取的每帧图像，利用图像处理技术对行驶中的车辆的车牌进行定位和跟踪，从中自动提取车牌图像，然后经过车牌精定位、切分和识别模块准确地自动分割和识别字符，得到车牌的全部字符信息以及颜色和类别信息[5]。

高清卡口的数据将与激光测量到的车辆轮廓数据进行融合匹配，依据车牌匹配可准确地实现车辆信息的关联，通过车牌可以知道该车辆的所属地区，也可根据车牌查到该车辆的主人以及该车辆的登记信息[6]。

5.2 货车注册登记数据

当实现车辆信息和车辆轮廓数据的匹配融合后，结合公安交通管理综合应用平台的机动车数据，获取车辆技术参数，如车辆型号、外部和内部尺寸等。车辆核定的装载长、宽、高将作为判别是否超限的重要依据。

5.3 超限判别

根据《中华人民共和国道路交通安全法实施条例》规定，机动车载物不得超过机动车行驶证上核定的载质量，装载长度、宽度不得超出车厢。重型、中型载货汽车以及半挂车载物，高度从地面起不得超过 4m；载运集装箱的车辆不得超过 4.2m；其他载货的机动车载物，高度从地面起不得超过 2.5m[7]。超限判别流程如图7所示。

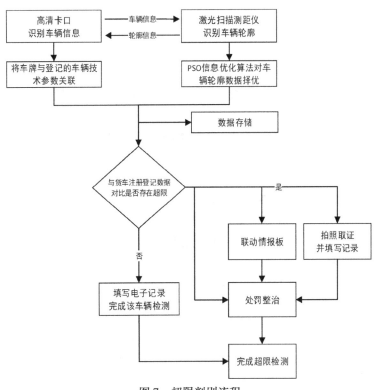

图 7　超限判别流程

根据上述国家法律法规，通过激光扫描到的车辆轮廓信息将与车辆注册登记的核定值进行比较判别，超过核定值即做出联动警告[8]。通过高清卡口的拍照取证及获取的车辆信息结合激光扫描到的车辆轮廓信息进行数据存储，并通过后方情报板进行消息发布告警超限车辆在指定地点接受处罚整治。

6 试验及分析

为了验证 PSO 信息优化算法对车辆轮廓数据择优的有效性。本文在正常行驶的情况进行测试，挑选车辆尺寸为 962cm×234cm×272cm，分在 0~30km/h、30~60km/h、60~90km/h 三个速度区间，各进行 30 次试验。A 组为利用 PSO 信息优化算法对车辆轮廓数据择优，B 组为未经优化的车辆轮廓数据，统计两组的长、宽、高的平均误差，如图 8 所示。

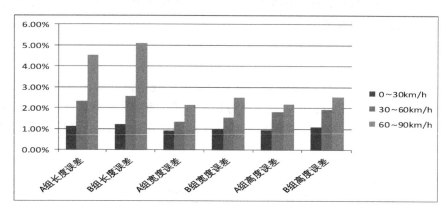

图 8　平均误差统计

通过对 A、B 两组测试数据的误差值对比，可以发现经过 PSO 信息优化算法后测得的车辆轮廓数据误差有一定程度的减少。在 0~30km/h、30~60km/h、60~90km/h 三个速度下，可以发现随着测试速度的增加，误差也在明显增加。激光扫描仪采集的数据是离散点，不可能完全找到车身最宽和最高处，这是造成测量误差的主要原因，但是经过 PSO 信息优化算法后，误差基本都在 5% 以内。

为了更好地贴合实际情况，本文在车辆尺寸为 962cm×234cm×272cm 的基础上，新增车辆尺寸为 625cm×202cm×215cm 和车辆尺寸为 428cm×194cm×188cm 的测试组，分别代表当前主流的小、中、大三类货车，在 0~30km/h、30~60km/h、60~90km/h 三个速度区间，各进行 30 次试验。试验数据见表 1~表 3。

表 1　962cm×234cm×272cm 车辆试验误差

测试区间	长	宽	高
0~30km/h	1.12%	0.90%	0.95%
30~60km/h	2.31%	1.33%	1.80%
60~90km/h	4.52%	2.11%	3.52%

表 2　625cm×202cm×215cm 车辆试验误差

测试区间	长	宽	高
0~30km/h	0.98%	0.88%	0.92%
30~60km/h	2.10%	1.25%	1.69%
60~90km/h	4.10%	2.02%	3.23%

表 3 428cm×194cm×188cm 车辆试验误差

测试区间	长	宽	高
0~30km/h	0.92%	0.82%	0.89%
30~60km/h	1.93%	1.07%	1.63%
60~90km/h	3.85%	1.92%	3.02%

由此可见，车辆尺寸的增加将显著影响测量的精准度，对于车辆长和高的测量误差也明显高于对车宽测量的误差。这主要是由于车辆自身行驶中并非保持完全的直线运动，又加之外界环境的干扰，导致了对于长度和高度的测量精度明显低于宽度的测量精度。

7 结语

为了提升公路超限超载车辆的管理水平，本文基于激光和高清卡口融合对在车辆超限检测进行了深度研究，基于激光扫描测距技术对过往车辆轮廓尺寸进行全天候非接触式实时测量。配合高清卡口，实现车辆长、宽、高不停车检测、车辆牌照识别和防逃逸抓拍。实现24h 不间断全天候检测，替代了原有的人工测量，提升了公路的管理水平[9]。此外，利用PSO 优化算法对获得的车辆轮廓数据进行择优，剔除在测量过程中出现的干扰数据，有效提高了车辆轮廓的边缘连续性和准确性。通过本文的研究，实现了对道路车辆的超限检测、报警及取证等功能，填补了公路不停车超限车辆检测的空洞，进一步提高了公路运营管理水平，更好地保障了公众出行的安全。

激光和高清卡口融合在车辆超限检测的研究与应用是一个较为复杂的过程，其设计过程涉及了多门学科。本文虽然取得了一定的成果，但仍有许多不足之处需要完善。未来还需要在实际应用场景下进行大量的试验与分析，在路网范围内进行更深入的实际推广试行，进行更广泛的验证，以进一步完善、提高系统的适应性[10]。

参 考 文 献

[1] 卫蓬. 国内公路安全监管体制中的超限超载监管问题浅析 [J]. 统计与管理, 2018, (11)：58-61.
[2] KHURANA A, NAGLA K S. Improved auto-extrinsic calibration between stereo vision camera and laser range finder [J]. International Journal of Image and Data Fusion, 2021, 12 (2)：122-154.
[3] YUAN X R, LIU G, SUN B Y, et al. A contactless measurement instrument based on fusion of a single-point laser range finder and a VIO system [J]. Journal of Physics：Conference Series, 2021, 1820 (1)：012112.
[4] 彭丽萍. 货运车辆超限超载治理方案设计 [D]. 广州：华南理工大学, 2018.
[5] TAN Y, SHANG Y. Smart and HD Bayonet Comprehensively Search System [C]//International Conference on Applications and Techniques in Cyber Security and Intelligence. Berlin：Springer, 2019：1584-1588.
[6] QIAN Y, LI Z. A method of multi-license plate location in road bayonet image [J]. International Journal of Advanced Research in Artificial Intelligence (IJARAI), 2015, 4 (4)：62-68.
[7] 付宇. 日本公路治超治限的新手段与启示 [J]. 交通与运输, 2019 (1)：33-36.
[8] 杜佳忻. 我国公路安全监管体制中超限超载监管问题探析 [J]. 知识经济, 2018 (17)：84-85.
[9] 刘芹. 公路交通安全设施现状及养护发展方向 [J]. 工程技术研究, 2019 (16)：249-250.
[10] 周宇. 脉冲式激光测距仪的研究与设计 [D]. 武汉：华中师范大学, 2016.

基于语义分析的网约车与地铁换乘特征研究

于泳波[1,2]，侯佳[1,2]

1. 南京市城市与交通规划设计研究院股份有限公司，南京 210018
2. 江苏省交通大数据与仿真平台技术工程研究中心，南京 210018

【摘要】 为提升城市公交吸引力，在对网约车依赖较高区域和时段内增设公交服务以方便乘客与地铁接驳，需要了解乘客使用网约车与地铁接驳的特征。基于南京市网约车订单数据，通过语义分析技术，设定与地铁换乘接驳地点信息语义规则，设置与地铁站相关的5个基础词向量，再将每个地点抽象成词向量，通过计算与基础词向量的余弦相似度，提取与地铁换乘接驳的网约车出行订单信息。使用南京市居民出行调查数据和地铁 AFC 数据，以及手机信令数据校核识别结果，表明识别结果在可靠的范围内。研究表明，使用网约车与地铁接驳时，接驳距离为 1~4km 的行程数最多，约占全部行程的 67%。早高峰期间，对于时间要求较高的通勤出行，居民更愿意通过打车的方法更快地到达地铁站。而晚高峰时段，部分从地铁站回家的居民依然会选择打车的方式，但打车的次数、比例均低于早高峰从家去地铁站的情形。研究成果可支撑特定区域和时段内，公交与地铁短途接驳线路规划与时刻表设计。

【关键词】 城市交通；语义分析；网约车订单数据；换乘识别；客流来源去向分布

Transfer Characteristics of Online Car-hailing between Metro Based on Semantic Analysis

Yu Yongbo[1,2], Hou Jia[1,2]

1. Nanjing Institute of City & Transport Planning Co., Ltd, Nanjing 210018
2. Jiangsu Transportation Big Data and Simulation Platform Technology Engineering Research Center, Nanjing 210018

Abstract: In order to enhance the attractiveness of urban public transport, public transport services should be added in areas and time periods with high dependence on online car Hailing to facilitate the connection between passengers and subway. Based on Nanjing online car hailing order data, through semantic analysis technology, the semantic rules of subway transfer and connection location information were set, and five basic word vectors related to subway station were set. Then each location was abstracted into a word vector, and cosine similarity was calculated with the basic word vector to extract the transfer connection with subway online car hailing travel order information. Nanjing residents travel survey data and subway AFC data, as well as mobile phone signaling data was used to verify the identification results, it shows that the identification results are in a reliable range. It is concluded that when using the online car hailing to connect with the subway, the number of trips with the connection distance of 1-4km is the most, accounting for about 67% of the total journey. According to the analysis of the characteristics of different time periods and starting and ending points, it is concluded that residents are more willing to take a taxi to get to the subway station faster in the morning peak hours for commuters with higher time requirements. In the evening rush hour, some residents who come home from the subway station will still choose to take a taxi, but the number and proportion of taking a taxi are lower than that in the morning peak. The research results can support the planning and timetable design of bus and subway short distance connection in specific areas and time periods.

Key words: urban transportation; semantic analysis; online car-hailing data; transfer recognition; source and destination distribution of passenger flow

基于边缘计算的瞬时动态车路协同系统建设

杨哲,张青山,郑至城,张旎靖

中移(上海)信息通信科技有限公司,上海 201210

【摘要】 本文提出了瞬时动态条件下基于边缘计算的车路协同系统建设。依托新一代5G和V2X信息与通信技术,基于边缘计算的车路协同系统将车与路、车与车、车与人有机地连接在一起,为自动驾驶车辆提供行车相关的综合信息服务,确保驾驶的安全、高效和舒适。在介绍系统架构、通信方式、数据来源以及核心能力的基础上,本文进一步介绍了基于系统核心能力可以实现的基础信息服务和应用信息服务,展示出系统的可行性与先进性。

【关键词】 瞬时动态;边缘计算;车路协同;交通服务

Collaborative Vehicle Infrastructure System (CVIS) under Instantaneous Dynamic Conditions Based on Mobile Edge Computing

Yang Zhe, Zhang Qingshan, Zheng Zhicheng, Zhang Nijing

China Mobile Shanghai ICT Co., Ltd., Shanghai 201210

Abstract: In this paper, construction of a collaborative vehicle infrastructure system (CVIS) based on mobile edge computing (MEC) under instantaneous dynamic conditions is presented. Thanks to the 5G and V2X technologies, the vehicle is organically connected to its neighboring roads, vehicles, and pedestrians by MEC-based CVIS, which provides integrated information services to autonomous vehicles, to guarantee driving safety, efficiency and comfortability. After presentation of the system architecture, communication modes, data sources and its core capabilities, this paper further introduces fundamental information services and application information services built with the system capabilities, which shows the feasibility and advances of this MEC-based CVIS.

Key words: instantaneous dynamic; MEC; CVIS; traffic service

1 引言

智能网联汽车是中国制造2035交通强国战略重点产业领域之一,智能网联汽车技术的发展需要兼顾智能化、网联化,从而形成现代化综合交通体系[1]。作为车联网的高级发展阶段,车路协同可以获取更完善的道路感知信息,为安全、高效、舒适的自动驾驶应用提供全方位信息服务,同时可通过降低车辆系统复杂度来降低自动驾驶车辆的成本,在环境感知、规划决策和控制执行等方面为单车智能自动驾驶助力升级,加速自动驾驶应用成熟[2]。

随着车联网政策的推行,智能网联汽车无论在产业还是标准层面都有了新的进展。2016年,工业和信息化部(以下简称"工信部")首次发布了《智能网联汽车技术路线图》,梳理了智能网联汽车的关键技术,提出了技术发展路径与时间规划。2019年6月6日,工信部向中国移动发放 5G 商用牌照,中国正式进入 5G 商用元年。2021 年 3 月,工信部、交通运输部、国家标准化管理委员会联合印发《国家车联网产业标准体系建设指南(智能交通相关)》,指南显示,到 2025 年,制修订智能管理和服务、车路协同等领域智能交通关键标准 20 项以上,系统形成能够支撑车联网应用、满足交通运输管理和服务需求的标准体系[3]。

在真实交通场景下,道路具有交通参与者数量众多、行人和路况随机性强等特点,仅依赖单车智能实现自动驾驶还存在很多方面的局限,如感知局限,车载传感器无法感知视域范围外的驾驶环境,造成驾驶盲区;规划局限,自动驾驶车辆无法与周边其他交通参与者协同路径规划和驾驶决策,可能会造成路径冲突,降低行驶效率;控制局限,自动驾驶车辆无法与同一交通系统中的其他参与者协同控制,对所处交通系统的安全稳定运行带来隐患;算力局限,由于单车人工智能(Artificial Intelligence,AI)算力不足导致自动驾驶 AI 能力受限,这可能会引发一系列驾驶安全和效率问题。

为解决这一系列难题,本文提出瞬时动态条件下基于边缘计算的车路协同系统,可在低时延、高可靠的前提下实现对海量高并发数据的实时计算处理,为自动驾驶车辆提供实时动态信息服务。系统由"云-边-路-端"分层架构组成,包括机动车辆、非机动车辆、行人等各类交通参与者,路侧单元(Road Side Unit,RSU)、工控机、交换机及各种路侧感知设备,以及涵盖边缘云、区域云、中心云的边云系统平台。系统实时接收来自感知、地图、定位、气象、交管等多方信息,并对其进行融合计算,实现人、车、路、云的全面连接,满足自动驾驶局部区域业务低时延、高可靠与全局业务计算复杂性高的需求,为不同等级的自动驾驶车辆提供信息服务,为交通参与者与管理者提供丰富的业务应用服务。

2 基于边缘计算的车路协同系统架构

2.1 系统架构

基于边缘计算的车路协同系统由"云-边-路-端"分层架构构成(图 1),通过联合交通参与者的端侧系统、基于路端感知的路侧系统以及边云协同系统,为自动驾驶车辆提供基础信息服务和应用信息服务。

"端"指在混合交通中的交通参与者,包括车端感知设备、具有通信功能的车载单元(On Board Unit,OBU)、弱势交通参与者(Vulnerable Road User,VRU)网联设备等。交通参与者的感知信息既可以通过基于 C-V2X 的 PC5 空口经路侧基础设施采集上传至边云系统,也可以通过基于 5G 的 Uu 空口直接上传。"路"指路侧基础设施,包括独立部署的 RSU、与 5G 基站共站的 RSU,以及摄像头、激光雷达、毫米波雷达等路侧感知设备,路侧感知设备通过工控机进行融合计算后上传至边云系统平台进行统一处理。边云协同系统指由边缘云、区域云或中心云构成的云端计算系统,为协同应用提供数据汇聚、存储、计算以及基础运营管理等服务。其中边缘云主要分布在网络边缘侧,提供实时数据处理、分析决策能力,通常部署于街或区,运行实时协同应用;区域云、中心云一般部署于市、省及全国,提供需要巨量计算能力支撑的准实时或非实时应用服务[4]。

在"云-边-路-端"的系统架构下,车端和路端将实现基础设施的全面信息化,形成底

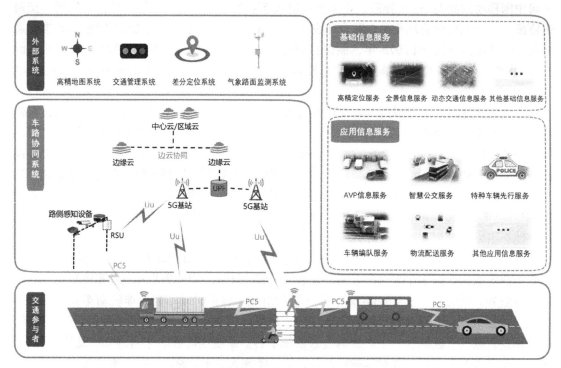

图 1　基于边缘计算的车路协同系统架构

层与顶层的数字化映射，而 5G 与 C-V2X 的联合组网可构建出广覆盖蜂窝通信与直连通信协同的融合网络，保障了智慧交通业务的连续性，通过人工智能和大数据技术实现海量数据分析与实时决策，从而构建出一个全覆盖的可提供实时交通信息服务的智能交通一体化系统平台。

2.2　系统通信方式

实现可靠、经济、高效的网联自动驾驶，首先需要安全可靠的通信方式。蜂窝通信因其自身大容量、广覆盖、移动性好等优势，从 2012 年开始获得业内广泛支持。在融合了蜂窝移动通信和直连通信两种模式之后，C-V2X 系统确立了基于 4G/5G 的系统框架和关键技术原理，并启动在 3GPP 的 LTE-V2X 车联网国际标准制定[5]。

基于 C-V2X 提供的蜂窝通信（也称 LTE-V-Cell）方式和直连通信（也称 LTE-V-Direct）方式的接口特性，本系统构建了以下组网方式：

（1）LTE-Uu　基于 Uu 空口的通信方式，即用户终端通过蜂窝网络实现数据互联互通。这种通信方式可以提高 LTE-V2X 网络的整体接入和组网效率，提供时延敏感度低且更连续的信息服务，如影音娱乐、道路救援、远程车辆调度和远程车辆诊断等服务。

（2）5G　与 4G 的通信方式类似，5G 通过 5G 基站完成数据的上下行，两者之间区别在于 5G 可以通过 UPF 分流的方式实现流量在网络边缘的卸载，以保证数据处理的低时延要求，提供大带宽数据上下行服务或时延敏感度较高的信息服务，如车载数据回传、实时地图信息下发、远程车辆控制等服务。

（3）PC5 基于在车辆高速运动状态下道路交通安全的低时延、高可靠传输要求，系统使用了 PC5 直连通信的广播通信信道，即用户终端之间不经过基站直接通信。此链路大大简化了通信过程，保证了终端间通信的稳定性、连续性以及特殊区域/大流量需求区域的数据可靠性，一般提供交通安全相关的信息服务，如车车通信、红绿灯信息播发、路权分配等服务。

以上三种通信方式各有优劣，系统根据不同业务和场景的需求差异提供灵活的网络组合和网络资源。当前，C-V2X 网络尚未完全铺展开，4G/5G 是车联网推广的有效载体，通过轻量级的应用和较小代价就可以让用户体验到车联网给生活带来的便捷。未来，基于 NR PC5 的通信方式，系统可以提供广播、组播、单播等组合播发的通信方式，大大降低通信链路的复杂性。系统通过对目前较为成熟的两种通信链路的组合应用，加上 5G 通信的边缘计算技术，可以提供大带宽、低时延、高可靠的车联网强化管道服务，为路侧和车端的海量数据交互提供通信时延小于 30ms 的通信链路，为最终将自动驾驶车辆的"眼睛"甚至"大脑"交给边缘计算车路协同系统提供可能性。

2.3 系统数据来源

在基于边缘计算的车路协同系统中，数据主要来自于路侧、车端和行人端的感知设备以及外部环境系统。

为减少车端计算成本以及提供基于全局视角的交通信息，本系统在路侧部署了摄像头、激光雷达和毫米波雷达等感知设备。在对路侧原始视频数据和点云数据等进行感知识别及融合计算后，感知设备会将数据通过 RSU 上传至边缘云以供进一步信息融合。

车端和行人端感知设备主要包括部署在车端的各种传感器和 OBU 以及弱势交通参与者的网联设备（手持设备、穿戴设备等）。作为车端的通信计算单元，OBU 可以实现车车之间以及与 RSU 之间的信息交互，同时具备一定的信息存储能力和简单的数据处理能力。车载 OBU 通过 C-V2X 实现车车之间的信息共享，同时 RSU 通过汇聚实时车端信息实现进一步交通数据补充。弱势交通参与者通过自身的网联设备向网络侧上报自身的位置、速度等感知信息。

除此之外，系统也需要高精地图系统、交通管理系统、高精定位平台以及气象监测等外部系统的数据支撑。RSU 作为路侧基础设施，可以将收集的路侧感知信息、车端信息以及外部系统信息等通过 Uu 接口以及内网接口上传至边缘云进行多源数据融合处理，并将边缘云的处理结果反馈至路侧设备实现信息回传。系统数据来源见表 1。

表 1 系统数据来源

数据类型	数据来源	提供数据
路侧感知信息	路侧传感设备	提供路侧环境信息的感知数据，用于生成道路交通的地图环境信息
端侧信息	车端	提供车端感知数据，如基本安全消息（Basic Safety Message, BSM）、共享感知消息（Sharing Sensor Message, SSM）等
	行人端	提供弱势交通参与者的感知数据，如行人安全消息（Pedestrian Safety Message, PSM）等

(续)

数据类型	数据来源	提供数据
环境信息	高精地图系统	提供高精地图数据，包括对于高精度地图的切割、分发、更新，以及为不同的应用提供不同数据类型的地图数据
	交通管理系统	主要提供交通信号灯信息，包括路口编号、位置以及相关的灯态、灯色、倒计时等信息
	高精定位平台	提供差分定位数据，包括对于差分数据的按区域切割、分发、更新数据
	气象路面监测系统	提供气象数据、路面状况数据，包括温度、能见度、路面积水情况、路面温度状况等

2.4 系统能力

通过路侧感知设备、OBU、RSU、边缘云、区域云及中心云等基础设施，利用 V2X 和 5G 通信技术，基于边缘计算的车路协同系统主要提供高动态边缘交互、全景数据以及规划决策与调度运营三种核心能力。

2.4.1 高动态边缘交互

高动态边缘交互主要是通过搭建低时延大数据的处理架构，为系统中的感知数据上行汇聚、平台间的数据低时延交互处理以及下行数据的匹配分发提供可靠的数据链路，与 5G 和 C-V2X 网络一起承担系统中强化管道的角色。高动态边缘交互数据流如图 2 所示。

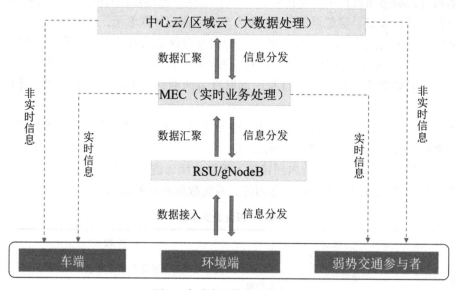

图 2　高动态边缘交互数据流

在本系统中，传输链路首先将车端、环境端产生的多元感知数据通过 C-V2X 网络或 5G 网络汇聚到边缘侧，边缘侧对接入数据进行初次加工处理，再按照系统中各个应用的需求通过高动态边缘交互对数据进行路由，同时将这些数据上传至区域云/中心云。在边缘侧处理完成的低时延数据由高动态边缘交互匹配向下播发。区域云/中心云对汇聚的交通大数据分析处理，进一步挖掘数据中的高价值信息，将生成的区域调度类信息播发至相应的边缘云。

高动态边缘交互不局限于平台设备间的数据交互，同时可以筛选低置信度数据，实现实时监控网络状况，为上层应用提供统一的数据接口，是数据质量、网络质量的第一判定界面，是车联网规模化推广最核心的底层能力，实现端到端时延小于100ms的保障。

2.4.2 全景数据

全景数据主要是通过搭建低时延多元数据的融合处理架构，为系统中汇聚的多源感知数据提供低时延的数据融合处理，并进一步提供风险预警、提醒告警、车辆连续追踪等能力。在区域云/中心云上，全景数据可提供基于交通大数据的区域交通态势分析以及全局交通态势分析，结合高精度地图的能力调用和图层叠加，将传统的高精度地图升级为分钟级更新的全景动态高精度地图。全景数据核心能力如图3所示。

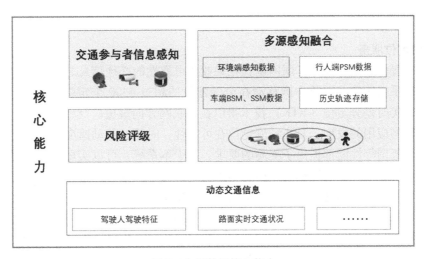

图3　全景数据核心能力

道路侧的交通信息内容多样，包括来自摄像头、激光雷达、毫米波雷达等传感器的数据，以及基于车辆的车端状态数据等，这些路侧交通的多元数据都由高动态边缘交互汇聚并路由到全景数据，全景数据对车路感知数据、地图、交管、气象等多方数据进行融合计算，可以实现对车路协同系统覆盖区域的所有交通参与者信息、道路交通动态信息以及路面状况动态信息进行全方位实时监测。

2.4.3 协同规划决策与调度运营能力

协同规划决策与调度运营主要提供对智能网联自动驾驶车辆的智能调度与全局/局部规划决策。通过协同优化多车的行驶路径、车速、车辆行为，以及面向具体作业任务的智能调度，实现路网及作业任务的高效运行。与当前单车路径规划不同的是，协同规划决策可以基于全景数据提供的全局视角交通参与者数据，结合图论、二次规划算法等方法进行行驶路径规划，确保更安全、高效和舒适的行驶过程，同时基于动态交通信息实时更新规划路线，以减小事故发生概率、提升驾驶体验。

目前依靠车联网专用通信网络依然存在20ms的空口通信时延，为了规避因时延给高级自动驾驶辅助数据服务带来的安全风险，系统在获取实时交通信息的同时，可对交通状况进行 50~100ms 的短时预测，将某一个时间段内获取的多个交通参与者位置信息统一到同一个时间轴。这样不仅能消除由于通信时延和计算时延带来的时间误差，更能提高平台提供数据服务的一致性和有效性。

3 基于边缘计算的车路协同系统信息服务

利用基于边缘计算的车路协同系统的核心能力，可以为不同级别的自动驾驶车辆提供高精定位、全景服务、动态交通信息等可靠的全场景辅助驾驶基础信息服务。基于市场对车联网商业化的应用需求，结合车路协同系统的基础信息服务能力，系统可为各种应用场景提供相应的应用信息服务，如自主泊车、智慧公交、特种车辆优先、车辆编队、物流配送、示范园区等。

3.1 基础信息服务

3.1.1 高精定位服务

高精度位置信息是保证与车联网位置相关业务可靠性的必须信息之一。依靠基于边缘计算的车路协同系统能力，以及中国移动在全国建设的超过 4400 个定位基准站形成的 CORS 网络，传统的实时差分定位（RTK）技术得以在车联网方向被更广泛地应用。

随着车联网应用的发展，对高精度定位在可靠性、时延、移动速度、定位精度、数据刷新频率、通信范围等性能都提出了更高的要求。基于本系统，可以实现覆盖全国的厘米级定位和亚米级定位服务，满足终端用户所有场景的定位需求。高精度定位服务面向对位置有精准要求的全行业客户，如地理信息、自动驾驶、共享单车、机场、农业、电力等行业，同时可根据客户需求，提供定制的定位服务和完整的端到端解决方案。

3.1.2 全景服务

基于全景数据基础产品能力，可以为网联车辆提供边缘侧信息服务。全景服务包含自动驾驶过程中环境感知和信息融合这两个关键环节，结合全景数据提供的交通参与者信息以及来自交管、气象等多方环境信息，网联自动驾驶车辆可以实现下一步规划决策和车辆控制。当网联车辆进入感知覆盖区域时，全景数据可以计算和分析出对此车辆有用的交通信息并下发至车辆，以此使网联车辆安全、高效、舒适地驾驶通过全景感知覆盖区域。同时，全景服务也可以是交管信息监控平台中的一环，实现交管部门对管辖范围内的 360°无死角全方位实时监控，以此实现对全域内突发事件的迅速反馈。

全景服务还是风险预警系统的重要数据源。在获取了大量实时交通参与者信息后，全景数据可结合车辆的瞬时状态和驾驶意图计算出交通参与者之间的风险影响指数，以此提醒车辆规避行车风险，从而降低交通事故率，提升驾驶的安全性。

3.1.3 动态交通信息服务

随着智能网联的推广，车端回传数据越来越丰富。不远的未来，车路协同系统不仅可以获取车辆的位置、速度等基本信息，还可以汇入海量基于车端感知以及行人交通参与者的信息数据。随着数据量以及覆盖范围的扩大，服务范围更大的中心云开始发挥作用。基于中心云的车路协同系统可以针对道路中多车的行车数据进行分析，从而获知和标记不良驾驶行为习惯，比如暴力制动、紧急加速、紧急变道等，将其纳入数据库以用作危险标记以及道路危险提醒；面对道路拥堵状况，系统也可以针对某段时间的拥堵交通大数据进行分析和预测，从而对道路拥堵进行优化。系统可以实现绝大多数甚至所有交通参与者与中心网络互联互通，在中心云形成交通大数据。通过对交通大数据的深度挖掘，可获得交通流量分析、交流流量预测、行车路线推荐、交通诱导、驾驶习惯分析、驾驶意图等信息，为道路交通环境提供更多动态交通信息服务。

3.2 应用信息服务

3.2.1 网控自主泊车

根据调研，约60%的用户在停车场存在"找车位难、等待时间长、停车难"等痛点[6]，为解决此问题，自主代客泊车应运而生。

目前的自主泊车服务大部分是在车端部署超声波雷达、前视摄像头以及鱼眼摄像头等多组传感器来实现单车智能自主泊车，造价较高，而且容易出现视觉盲区，效率和安全性都有待考察。基于本文提出的边缘计算车路协同系统，可以实现场端实时获取停车场空位情况、道路状况，实时下发路径规划信息协助网联车辆完成自主泊车过程。在通过边缘云甚至区域云、中心云覆盖更大范围的城市区域时，系统可以实现多个停车场联动，为车主规划选择最佳停车场，完成更高效率的自主泊车。

3.2.2 园区自动驾驶

园区自动驾驶是当前商业模式清晰的重要场景之一。基于边缘计算的车路协同系统可以作为园区运力调度、订单系统、自动驾驶、仓储管理、安防监控、车辆出入、数字月台等多种应用的基础能力环境，助力传统园区的数字化升级改造，提升园区物流效能、降低管理成本、实现车人货单协同，为企业的降耗增效提供整体解决方案。

此外，园区自动驾驶解决方案可根据客户的不同，提供多种形态的定制化开发，包括封闭园区、半开放物流园区、示范性园区等。

3.2.3 网控车辆编队

车辆编队一般指两台或两台以上的车辆（多指货车等大型车辆）保持固定的间距进行编队行驶，所有车辆通过车车通信技术（Vehicle-to-Vehicle，V2V）相互关联，第一辆车作为领航车辆，设置好路线和车速，后面的车自动跟随前车行驶，所有车辆能够同步领航车的动作，进行同样的制动或减速操作。车辆编队的应用场景主要为高速公路，具有场景简单、环境封闭的特点。

依托于5G网络、高精度定位及5G-V2X优势，结合自有感知识别、高动态边缘交互与规划决策调度的系统能力，实现主动安全监测、精准路线规划、物流追踪管理、车辆管理、智能调度、辅助驾驶等核心能力，提高综合物流系统决策和执行效率，提升协同运营和调度能力，保障行车安全。

3.2.4 其他市场应用

面向公交系统的"V2X+智慧公交"、面向物流场景的"V2X+智慧物流"、面向高速公路场景的"V2X+智慧高速"，甚至城市交通态势感知等，基于边缘计算的车路协同系统都有相应的发挥空间与应用兼容性。每个地域、每个场景的道路交通状况都有所不同，基于本系统所提供的解决方案都会有所差异，先化零为整，从基础场景、可复制性高的场景切入，再进行不断扩充，对各个应用场景进行精细化运营，是本系统在车联网市场落地推广的发展路线。

4 结语

本文提出一个瞬时动态条件下基于边缘计算的车路协同系统，可实时接收来自感知、地图、定位、气象、交管等多方信息，初期主要为网联自动驾驶车辆提供实时动态信息服务以及安全保障，为交通参与者与管理者提供丰富全面的业务应用服务。智慧化的车联网建设，不仅为交通运输提供更为高效的物理通道，也同时形成道路交通的数据通道，促进智慧城市的发展。随着服务的逐步扩大，系统将利用其数据汇聚、全覆盖、低时延等优势，伴随道路部署到各个城市乃至全国的各个角落，为推动社会智能化转型，推进交通强国、科技强国、数字中国建设，建立健全的车联网智慧交通相关体系贡献更多力量。

参 考 文 献

[1] 中华人民共和国国务院新闻办公室. 中国交通的可持续发展白皮书［R］. 北京：中华人民共和国国务院新闻办公室，2020.

[2] 中国信息通信研究院. 车联网白皮书（网联自动驾驶分册）［R］. 北京：中国信息通信研究院，2020.

[3] 工业和信息化部，交通运输部，国家标准化管理委员会. 国家车联网产业标准体系建设指南（智能交通相关）［Z］. 北京：工业和信息化部，2021.

[4] 李克强，常雪阳，李家文，等. 智能网联汽车云控系统及其实现［J］. 汽车工程，2020 42（12）：1595-1605.

[5] 陈山枝，胡金玲，等. 蜂窝车联网（C-V2X）［M］. 北京：人民邮电出版社，2020.

[6] 陈超卓，余杰，等. 自主代客泊车系统总体技术要求［Z］. 2021.

基于并行变异微分进化算法的公交车调度优化

丁贤勇，李玉贞

上海电科智能系统股份有限公司，上海　200063

【摘要】 随着城市化进程的加快，越来越多的市民选择公交出行。作为城市的重要交通工具，合理的公交调度既能降低公交公司的运营费用，又能满足市民出行需求。本文从平衡公交公司和乘客的利益角度出发，构建基于运营成本和乘客等待损失最小的公交车调度模型。为高效求解该模型，提出一种并行变异微分进化算法（PMDE）。该算法将当前种群划分两个大小相同的子种群，并分配两种不同的变异策略。两个子群在运行期间以并行方式实施个体进化，较优子群中最好的个体参与较差子群的进化以加强两个子群的协同。利用8个标准函数对PMDE的有效性进行验证，试验结果表明，提出的PMDE能够显著提高算法的收敛性能和稳定性。最后，结合文献中的公交数据，利用PMDE算法对建立的公交调度模型进行求解，结果表明该算法能够以较快的收敛速度获得满意的调度方案。

【关键词】 公交调度；微分进化；并行变异；变异策略

Optimization on Bus Scheduling Based on Parallel Mutation Differential Evolution
Ding Xianyong, Li Yuzhen

Shanghai SEARI Intelligent System Co., Ltd., Shanghai 200063

Abstract: With the acceleration of urbanization, more and more citizens select to travel by bus. As an important means of transportation in the city, reasonable bus scheduling can not only reduce the operating cost of bus company, but also meet the travel needs of citizens. From the perspective of balancing the interests of bus company and passengers, this paper constructs a bus scheduling model based on the minimum operating cost and waiting loss of passengers. A parallel mutation differential evolution algorithm (PMDE) is proposed to solve the model. The PMDE divides the current population into two subpopulations with the same size, and allocates two different mutation strategies for them. The two subgroups implement individual evolution in parallel manner during the run of the algorithm, and the best individuals in the better subgroup participate in the evolution of the worse subgroup to strengthen the cooperation between the two subgroups. Eight standard functions are used to verify the effectiveness of PMDE, and the experimental results demonstrate that the proposed PMDE can significantly improve the convergence performance and stability. Finally, PMDE is used to solve the established bus scheduling model based on bus data in the literature, and the results show that it can obtain a satisfactory scheduling scheme with faster convergence speed.

Key words: bus scheduling; differential evolution; parallel mutation; mutation strategies

1 引言

随着城市车辆和人口的逐步扩大，交通拥堵和环境污染也成为城市发展过程中面临的重要问题，公共交通出行成为新的流行方式，可以节约出行成本、降低运营成本、缓解道路拥堵、降低环境污染等。地面运行的公交车如何设定运行线路和运行时刻，对于企业运营成本和人们出行便捷性有重要的意义。公交智能调度属于智能交通领域研究的范畴，也是研究的重点。如何更科学地制定公交调度机制，对于公交管理部门来说至关重要，也是影响民生的重要方面。

鉴于此，国内外学者做了很多公交车辆调度研究。Palma[1]等人研究在固定一条线路和固定数量的公交车辆情况下，对乘客出行时间与公交实际运营时间不匹配时进行优化，构造了在连续时间内最小化乘客的总时间延误模型。Wang 和 Shen[2]等把路线和燃料的因素考虑在内，运用启发式算法进行公交车调度。Ceder[3]等人对不同车辆类型的公共车辆调度问题进行研究，并用启发式算法对模型进行求解。丁勇[4]等通过研究泰州市公交智能化方面的现状和问题，将遗传算法应用于该市的公交调度问题。邓芳玥[5]等对遗传算法进行改进，将其作用于公交线路调度问题研究。武斌[6]利用模糊多目标规划模型进行智能交通研究，并且用遗传算法验证模型是合理的。彭蝶飞[7]等根据景区现有的公共交通资源和旅客的出行规律，构建了以旅游公交营运成本、游客等待成本和游客流失成本三方面优化目标的模型，并通过遗传算法进行了验证研究。徐晨畅[8]等对于突发交通状况应对，提出相应的公交智能调度算法。

本文从平衡公交公司和乘客的利益角度出发，构建基于运营成本和乘客等待损失最小的公交车调度模型，并提出一种并行变异微分进化算法（PMDE）对模型进化优化。PMDE算法在标准函数上的优化结果表明其具有较高的收敛性能。此外，进一步利用文献中的公交数据对 PMDE 算法以及调度模型的有效性进行研究，仿真结果表明提出的算法能够以较快的收敛速度获得满意的调度方案。

2 公交调度模型

为同时保障公交公司和乘客的利益，建立的公交调度模型通常应当包含两个方面[10]：一是最小化公交公司的营运成本，二是最小化乘客因等车而造成的损失。前者与营运里程、发车次数以及每公里的营运成本有关；后者与等车时长和单位时间的损失费用有关。

为便于表示公交调度模型，定义如下变量：$Cost$ 是待优化的目标函数；α_1 和 α_2 分别是公交公司的营运成本和乘客因等待所产生的损失的权重；OM 是公交线路的总里程数；Δt_i 和 T_i 分别是第 i 个时间段的发车间隔和时间长度；N 是一天中所有的运行时间段；C_1 是每辆车每公里的营运成本；C_2 是每位乘客每等待 1min 所产生的等待损失费用；S 是公交车所走路线包含的总站点数；$P_{i,j}$ 是在第 i 个时间段第 j 个站点的乘客数量。具体的公交调度模型为[10]

$$\min Cost = \alpha_1 C_1 OM \cdot \sum_{i=1}^{N} \frac{T_i}{\Delta t_i} + \alpha_2 C_2 \sum_{i=1}^{N} \frac{T_i}{\Delta t_i} \sum_{j=1}^{S} \frac{(P_{i,j}/T_i)\Delta t_i^2}{2} \tag{1}$$

约束条件

$$\alpha_1+\alpha_2=1 \tag{2}$$

$$\Delta t_{\min} \leq \Delta t_i \leq \Delta t_{\max} \tag{3}$$

式（2）是权重约束，确保公交公司营运成本的权重与乘客等待损失的权重之和为1。式（3）是最小最大发车间隔约束，发车间隔越大，发车次数越少，乘客等待的时间越长；发车间隔越小，发车次数越多，乘客等待的时间越短。

3 微分进化算法及其改进

3.1 微分进化算法

在DE中，每代种群Pop_T由NP个个体$X_{i,T}=\{x_{i,T}^1, x_{i,T}^2, \cdots, x_{i,T}^D\}$组成，其中$D$为优化问题的维度。DE的变异、交叉以及选择操作如下所示：

（1）变异 DE利用变异操作为种群中的每个个体$X_{i,T}$生成一个变异个体$V_{i,T+1}=\{v_{i,T+1}^1, v_{i,T+1}^2, \cdots, v_{i,T+1}^D\}$。常见的变异策略如下所示：

1）DE/rand/1

$$V_{i,T+1}=X_{r1,T}+F(X_{r2,T}-X_{r3,T}) \tag{4}$$

2）DE/rand/2

$$V_{i,T+1}=X_{r1,T}+F(X_{r2,T}-X_{r3,T})+F(X_{r4,T}-X_{r5,T}) \tag{5}$$

3）DE/best/1

$$V_{i,T+1}=X_{\text{best},T}+F(X_{r1,T}-X_{r2,T}) \tag{6}$$

4）DE/best/2

$$V_{i,T+1}=X_{\text{best},T}+F(X_{r1,T}-X_{r2,T})+F(X_{r3,T}-X_{r4,T}) \tag{7}$$

5）DE/current-to-rand/1

$$U_{i,T+1}=X_{i,T}+K(X_{r1,T}-X_{i,T})+F(X_{r2,T}-X_{r3,T}) \tag{8}$$

式中，F是缩放因子；$r1$、$r2$、$r3$、$r4$和$r5$是索引，随机来自$[1, NP]$，且互不相同；$X_{\text{best},T}$是第T代种群中最优个体。

（2）交叉 DE利用下述等式生成目标个体$X_{i,T}$对应的试验个体$U_{i,T+1}=\{u_{i,T+1}^1, u_{i,T+1}^2, \cdots, u_{i,T+1}^D\}$。

$$u_{i,T+1}^j=\begin{cases}v_{i,T+1}^j & r_j \leq CR \text{ 或 } j=j_r \\ x_{i,T}^j & \text{其他}\end{cases} \tag{9}$$

式中，j_r是$[1, D]$之间的随机整数；r_j是$[0, 1]$区间内的随机数；CR是交叉概率，$CR \in [0, 1]$。

（3）选择 目标个体$X_{i,G}$和试验个体$U_{i,G+1}$中更好的个体将进入下代种群（以最小化问题为例，则选择目标函数值更小的个体）。

$$X_{i,T+1}=\begin{cases}U_{i,T+1} & f(U_{i,T+1}) \leq f(X_{i,T}) \\ X_{i,T} & \text{其他}\end{cases} \tag{10}$$

3.2 并行变异微分进化算法

变异策略直接影响DE的收敛性能和可靠性，不同的优化问题往往需要不同的变异策略[9]。常用的变异策略已在上节给出，其中 DE/rand/1 变异策略已经在多个文献中使用，有着较强的多样性保持能力和收敛速度。DE/rand/2 变异策略的收敛速度明显要慢于 DE/rand/1。DE/best/1 和 DE/best/2 两种策略具有更快的寻优速度，但是容易陷入局部最优，难以实现全局优化。DE/current-to-rand/1 变异策略并不参与后续的交叉操作，虽然寻优速度差于其他几种策略，但是具有更好的可靠性。

一般来讲，如果算法在整个运行过程中，仅仅只采用单一变异策略，受优化问题的特征所限，常常很难取得令人满意的优化结果。比如，对于单峰函数，适合采用收敛速度快的 DE/best/1 和 DE/best/2 策略；而对于多峰函数，则适合采用全局探索能力强的 DE/rand/1 变异策略；如果不清楚优化问题的特征，则适合采用多种变异策略共同参与个体变异，从而避免单一策略带来的不足。

基于上述分析，本文提出一种并行变异微分进化算法（PMDE）。该算法根据个体的目标函数值将当前种群划分成 2 个相同的子种群 S1 和 S2，即两者的种群规模均为 $NP/2$。S1 存放种群中最好的个体，而 S2 存放种群中最差的个体。在执行变异操作时，对于 S1，采用传统的 DE/rand/1 变异策略；对于 S2，则采用 DE/current-to-rand/1 变异策略。此外，为了加强 2 个子群的协同交流，共同促进进化，利用 S1 中最优的 5 个个体代替 DE/current-to-rand/1 中的 $X_{r1,T}$，见式（11）。由于 S2 中的个体较差，S1 中较优个体的引入可以为 S2 的进化提供有价值的引导，加快寻优速度。

$$U_{i,T+1}=X_{i,T}+K(X_{best,T}^{S1}-X_{i,T})+F(X_{r2,T}-X_{r3,T}) \tag{11}$$

较优种群 S1 为整个种群的进化提供明确的前进方向，而且 DE/rand/1 变异策略的使用能够有效维持搜索多样性，避免早熟收敛；较差种群 S2 则有利于适时调节种群多样性，为种群的进化注入活力，DE/current-to-rand/1 策略的使用能够提高算法的稳定性。同时，S1 中 5 个最优个体的引入能够显著提高种群 S2 的变异速度和求解精度。S1 和 S2 在算法运行期间，执行并行进化，因此并未增加原始 DE 算法的时间复杂度。

PMDE 的算法流程如下所示：

1）步骤 1：设置控制参数 NP、F 和 CR；随机初始化 $T=0$ 代初始种群 Pop_0。

2）步骤 2：根据每个个体的目标函数值，对当前种群 Pop_T 进行排序，并划分成 2 个大小相同的子群 S1 和 S2。从 S1 中选取 5 个最优个体。

3）步骤 3：对于 S1 中的每个个体，分别利用式（4）、式（9）和式（10）执行变异、交叉和选择操作。

4）步骤 4：对于 S2 中的每个个体，利用式（11）和式（10）执行变异、选择操作。

5）步骤 5：S1 和 S2 中的个体组成下一代种群 Pop_{T+1}。

6）步骤 6：判断当前代 T 是否到达最大进化代数 T_{max}。如果 $T \geq T_{max}$，则终止进化，输出结果；否则，令 $T=T+1$，并转到步骤 2 继续执行。

4 试验研究

4.1 PMDE 有效性验证

利用表 1 的 8 个标准测试函数对 PMDE 算法进行评估。其中 $F1 \sim F4$ 为单峰函数，$F5 \sim$

$F8$ 为多峰函数。每个函数的搜索空间、维数以及全局最优均已在表 1 中给出。为了显示 PMDE 的优越性，将其与四种基本 DE 算法（DE/rand/1/bin、DE/rand/2/bin、DE/best/1/bin、DE/best/2/bin）进行对比。所有算法的种群规模均设置为 80。对于 DE/rand/1/bin、DE/rand/2/bin 和 PMDE，控制参数设置为 $F = 0.5$ 和 $CR = 0.9$。对于 DE/best/1/bin 和 DE/best/2/bin，参数设置为 $F = 0.7$ 和 $CR = 0.5$。算法在每个函数上均运行 20 次。5 种算法所得的最优解、最差解以及所得解的平均值和标准差见表 2。此外，绘制了算法在部分函数上的进化曲线，如图 1 所示。

表 1 标准函数

测试函数	搜索空间	维数	全局最优
$F1(x) = \sum_{i=1}^{D} x_i^2$	$[-100,100]$	30	0
$F2(x) = \sum_{i=1}^{D} \left(\sum_{j=1}^{i} x_j \right)^2$	$[-100,100]$	30	0
$F3(x) = \sum_{i=1}^{D} (10^6)^{\frac{i-1}{D-1}} x_i^2$	$[-100,100]$	30	0
$F4(x) = \sum_{i=1}^{D} |x_i| + \prod_{i=1}^{D} |x_i|$	$[-10,10]$	30	0
$F5(x) = -20\exp\left(-0.2\sqrt{\frac{1}{D}\sum_{i=1}^{D} x_i^2}\right) - \exp\left(\frac{1}{D}\sum_{i=1}^{D} \cos 2\pi x_i\right) + 20 + e$	$[-32,32]$	30	0
$F6(x) = 10D + \sum_{i=1}^{D} [x_i^2 - 10\cos(2\pi x_i)]$	$[-0.5,0.5]$	30	0
$F7(x) = \sum_{i=1}^{D} \left\{ 0.5 + \frac{\sin^2(\sqrt{x_i^2 + x_{i+1}^2}) - 0.5}{[1 + 0.001(x_i^2 + x_{i+1}^2)]^2} \right\} \quad x_{D+1} = x_1$	$[-0.5,0.5]$	30	0
$F8(x) = \frac{10}{D}\prod_{i=1}^{D} \left(1 + i\sum_{j=1}^{32} \frac{|2^j x_i - round(2^j x_i)|}{2^j}\right)^{\frac{10}{D^{1.2}}} - \frac{10}{D^2}$	$[-100,100]$	30	0

表 2 5 种算法在每个函数上所得的最优解、最差解、平均值以及标准差

算法/函数		F1	F2	F3	F4	F5	F6	F7	F8
DE/rand/1/bin	最优解	5.14×10^{-12}	2.31	4.51×10^{-9}	2.20×10^{-6}	6.03×10^{-7}	2.31×10^{-14}	0.00	3.33×10^{-1}
	最差解	1.72×10^{-10}	2.00×10^{1}	5.89×10^{-8}	1.15×10^{-5}	3.62×10^{-6}	4.71×10^{-13}	4.22×10^{-15}	5.31×10^{-1}
	平均值	3.68×10^{-11}	9.31	2.22×10^{-8}	5.37×10^{-6}	1.56×10^{-6}	1.16×10^{-13}	9.71×10^{-16}	4.34×10^{-1}
	标准差	3.87×10^{-11}	3.96	1.64×10^{-8}	2.60×10^{-6}	7.41×10^{-7}	1.18×10^{-13}	1.08×10^{-15}	5.26×10^{-2}
DE/rand/2/bin	最优解	1.76×10^{2}	1.09×10^{4}	6.89×10^{3}	3.20×10^{1}	5.20	8.89×10^{-1}	9.82×10^{-3}	7.77
	最差解	6.03×10^{2}	1.91×10^{4}	1.44×10^{4}	5.18×10^{1}	7.06	2.21	3.06×10^{-2}	1.56×10^{1}
	平均值	3.93×10^{2}	1.55×10^{4}	1.08×10^{4}	4.13×10^{1}	6.01	1.62	1.69×10^{-2}	1.08×10^{1}
	标准差	1.09×10^{2}	2.41×10^{3}	1.99×10^{3}	5.86	4.77×10^{-1}	3.52×10^{-1}	5.21×10^{-3}	1.90

（续）

算法/函数		F1	F2	F3	F4	F5	F6	F7	F8
DE/best/1/bin	最优解	5.01×10^{-18}	5.14×10^{3}	3.03×10^{-15}	2.60×10^{-10}	7.22×10^{-10}	0.00	0.00	3.14×10^{-1}
	最差解	2.60×10^{-16}	1.36×10^{4}	1.25×10^{-13}	1.22×10^{-9}	5.15×10^{-9}	0.00	0.00	5.70×10^{-1}
	平均值	4.48×10^{-17}	8.60×10^{3}	2.52×10^{-14}	5.36×10^{-10}	2.52×10^{-9}	0.00	0.00	4.66×10^{-1}
	标准差	5.61×10^{-17}	2.42×10^{3}	2.94×10^{-14}	2.28×10^{-10}	1.37×10^{-9}	0.00	0.00	5.90×10^{-2}
DE/best/2/bin	最优解	1.06×10^{2}	1.72×10^{4}	6.89×10^{3}	4.45	4.34	3.53×10^{-1}	3.52×10^{-3}	4.47
	最差解	2.41×10^{2}	3.02×10^{4}	1.44×10^{4}	6.62	5.38	9.13×10^{-1}	1.18×10^{-2}	7.36
	平均值	1.69×10^{2}	2.52×10^{4}	1.08×10^{4}	5.31	4.83	6.43×10^{-1}	7.23×10^{-3}	5.90
	标准差	4.08×10^{1}	3.36×10^{3}	1.99×10^{3}	5.28×10^{-1}	2.64×10^{-1}	1.26×10^{-1}	2.25×10^{-3}	8.51×10^{-1}
PMDE	最优解	4.40×10^{-34}	9.17×10^{-3}	5.94×10^{-31}	2.38×10^{-17}	4.00×10^{-15}	0.00	0.00	2.59×10^{-1}
	最差解	1.52×10^{-32}	9.23×10^{-2}	3.14×10^{-29}	2.15×10^{-16}	7.55×10^{-15}	0.00	0.00	4.25×10^{-1}
	平均值	3.55×10^{-33}	3.80×10^{-2}	7.75×10^{-30}	1.13×10^{-16}	7.37×10^{-15}	0.00	0.00	3.39×10^{-1}
	标准差	4.10×10^{-33}	1.87×10^{-2}	8.83×10^{-30}	5.84×10^{-17}	7.74×10^{-16}	0.00	0.00	4.44×10^{-2}

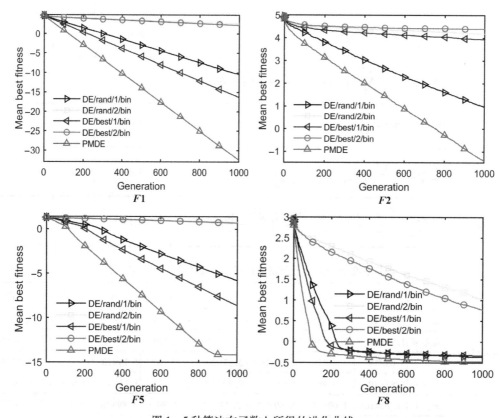

图1　5种算法在函数上所得的进化曲线

根据表2所示的优化结果，可以看出本文提出的PMDE算法在测试函数上的整体表现明显优于其他4种算法。对于单峰函数$F1\sim F4$、多峰函数$F5$和$F8$，PMDE所得的最优解、最差解、平均值和标准差均好于 DE/rand/1/bin、DE/rand/2/bin、DE/best/1/bin 和 DE/best/2/bin，这表明 PMDE 具有更高的求解精度和良好的稳定性。对于多峰函数 $F6$ 和 $F7$，PMDE 所得的结果与 DE/best/1/bin 一样，但明显优于其他 3 种算法。对于采用相同参数的 DE/rand/1/bin 和 DE/rand/2/bin，以及 DE/best/1/bin 和 DE/best/2/bin，所得的结果也有明显的差异，这也验证了变异策略对算法的性能有重要影响。此外，图 1 的进化曲线表明提出的 PMDE 具有更快的收敛速度。简而言之，PMDE 算法能够有效增强 DE 算法的收敛性能和可靠性。

4.2 PMDE 在公交调度中的应用

利用参考文献 [10] 的公交数据检验 PMDE 的应用性能，结果见表 3。公交车的运营时间为 6:00—20:30，以小时为单位，划分为 15 个时间段。利用 PMDE 对公交调度模型进行优化的目标就是找出每个时间段内的发车间隔。最小和最大发车间隔分别设置为 3min 和 20min。设置问题的维数为 15，种群规模为 40，最大进化代数为 150。同时应用基本 DE 算法和 PMDE 算法对公交调度模型进行求解，调度结果见表 4。

表 3　各时段每个公交站点对应的人流量　　　　　　（单位：人/h）

时间段	Station1	Station2	Station3	Station4	Station5	Station6	Station7	Station8	Station9	Station10
06:00—07:00	78	95	101	110	123	35	28	20	15	0
07:00—08:00	270	368	405	501	623	198	204	165	60	0
08:00—09:00	123	179	200	256	263	183	120	120	70	0
09:00—10:00	65	125	156	194	190	124	119	50	65	0
10:00—11:00	55	119	162	145	178	123	123	56	68	0
11:00—12:00	60	121	153	192	165	120	131	71	82	0
12:00—13:00	67	120	158	180	200	192	191	136	124	0
13:00—14:00	69	126	161	201	180	190	200	124	114	0
14:00—15:00	60	112	149	199	195	178	127	200	131	0
15:00—16:00	268	379	413	554	689	297	205	171	78	0
16:00—17:00	301	456	523	618	705	201	197	165	141	0
17:00—18:00	197	245	305	412	496	214	125	59	65	0
18:00—19:00	55	121	201	208	216	200	119	50	48	0
19:00—20:00	65	59	102	161	162	109	60	0	0	0
20:00—20:30	0	0	23	32	39	20	0	0	0	0

表 4　DE 算法和 PMDE 算法所得的公交调度方案

时间段	DE 算法		PMDE 算法	
	发车间隔/min	发车次数	发车间隔/min	发车次数
06:00—07:00	10	6	10	6
07:00—08:00	4	15	5	12
08:00—09:00	6	10	6	10
09:00—10:00	7	8.6	8	7.5
10:00—11:00	8	7.5	8	7.5
11:00—12:00	7	8.6	7	8.6
12:00—13:00	6	10	7	8.6
13:00—14:00	7	8.6	7	8.6
14:00—15:00	7	8.6	7	8.6
15:00—16:00	4	15	4	15
16:00—17:00	4	15	4	15
17:00—18:00	5	12	5	12
18:00—19:00	7	8.6	7	8.6
19:00—20:00	9	6.7	9	6.7
20:00—20:30	14	2.1	16	1.9
目标函数值	6795.69		6788.45	

从表 4 的调度结果可以看出，基本 DE 和 PMDE 算法均得到了一种可行的公交调度方案，但 PMDE 所得的目标函数值明显比 DE 算法的更小，这表明 PMDE 算法具有更高的求解精度。此外，图 2 所示为两种算法的寻优曲线，从中可以发现 PMDE 算法具有更快的寻优速度，在 40 多代时已经开始收敛。

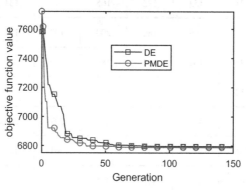

图 2　DE 算法和 PMDE 算法所得的进化曲线

5　结语

针对公交车调度问题，本文综合考虑公交公司和乘客的利益，建立基于公交营运成本和乘客等待损失最小的公交调度模型，并提出一种并行变异微分进化算法（PMDE）对其进行优化。PMDE 根据个体的适应值将种群划分成 2 个大小相同的较优种群和较差种群，并为其分别分配 DE/rand/1 和 DE/current-to-rand/1 变异策略。在算法运行过程中，两种策略并行执行，同时较优种群中的优秀个体参与较差种群的个体变异，从而加快收敛。

利用标准函数对提出的 PMDE 算法进行试验分析，并与 DE/rand/1/bin、DE/rand/2/bin、DE/best/1/bin 和 DE/best/2/bin 4 种算法进行对比。试验结果表明，PMDE 能够获得更高的求解精度和收敛速度，整体性能明显优于对比算法。同时，利用文献中的公交站点数据对 PMDE 的实用性进行验证，仿真结果表明 PMDE 能够获得合理、有效的公交调度方案，求解质量和寻优速度明显比基本 DE 算法更高。

参 考 文 献

[1] PALMA A D, LINDSEY R. Optimal timetables for public transportation [J]. Transportation Research Part B: Methodological, 2001, 35 (8): 789-813.

[2] WANG H, SHEN J. Heuristic approaches for solving transit vehicle scheduling problem with route and fueling time constraints [J]. Applied Mathematics and Computation, 2007, 190 (2): 1237-1249.

[3] CEDER A A. Public transport vehicle scheduling with multi vehicle type [J]. Transportation Research Part C: Emerging Technologies, 2011, 19 (3): 485-497.

[4] 丁勇, 姜枫, 武玉艳. 遗传算法在公交调度中的应用 [J]. 计算机科学, 2016, 43 (11A): 601-603.

[5] 邓芳玥, 王欢. 基于改进遗传算法的公交线路调度模型 [J]. 交通世界, 2017, 77 (33): 158-159.

[6] 武斌. 基于遗传算法的公交调度模糊最优解 [J]. 计算机科学, 2019, 33 (12): 50-53.

[7] 彭蝶飞, 彭懿, 郭啸. 基于遗传算法的公交智能调度与优化 [J]. 运筹与管理, 2019, 28 (11): 34-38.

[8] 徐晨畅, 钱松荣. 基于遗传算法的突发公交智能调度算法 [J]. 微型电脑应用, 2020, 36 (7): 78-80.

[9] MA Y, BAI Y. A multi-population differential evolution with best-random mutation strategy for large-scale global optimization [J]. Applied Intelligence, 2020, 50: 1510-1526.

[10] 刘芹. 差分进化细菌觅食算法求解公交车调度问题 [J]. 交通运输系统工程与信息, 2012, 12 (2): 156-161.

基于改进差分进化算法的交叉口信号配时优化

李玉贞[1]，王世豪[2]

1. 上海电科智能系统股份有限公司，上海　200063
2. 河南警察学院，郑州　450046

【摘要】 快速增长的机动车数量与有限的道路资源之间的矛盾日益突出。交叉口作为道路的重要组成部分，交通信号配时的合理与否往往制约着道路的通行效率。目前，常用的固定信号配时方案无法根据实时交通数据流而动态调整，降低了道路的运行效率。针对该问题，构建基于车辆总延误时间的目标函数，并提出一种改进差分进化算法（IDE）对其进行求解。该算法在个体变异阶段引入两种变异策略，从而实现全局探索能力到局部开发能力的转变。同时，利用正弦函数自动调整每代所需的控制参数。利用8个测试函数对IDE的优化性能进行评估，试验结果表明，IDE算法能够显著提高DE算法的收敛精度和稳定性。进一步将IDE算法应用于交叉口配时问题，仿真结果表明提出的IDE算法是一种求解交叉口配时问题的有效方法，能够降低车辆延误时间，提高通行效率。

【关键词】 交叉口信号配时；延误时间；差分进化；变异策略

Timing Optimization of Intersection Traffic Signal Based on an Improved Differential Evolution Algorithm

Li Yuzhen[1], Wang Shihao[2]

1. Shanghai SEARI Intelligent System Co., Ltd., Shanghai 200063
2. Henan Police College, Zhengzhou 450046

Abstract: The contradiction between the rapid growth of the number of motor vehicles and the limited road resources has become increasingly prominent. Intersection is an important part of the road, while the traffic signal timing often restricts the traffic efficiency of the road. At present, the commonly used fixed signal timing scheme cannot be adjusted dynamically according to the real-time traffic data stream, thus reducing the operation efficiency of the road. To solve this problem, an objective function based on total delay time is constructed, and an improved differential evolution algorithm (IDE) is proposed to deal with it. The IDE introduces two mutation strategies in the individual mutation stage, and thus realizes the transformation from global exploration ability to local exploitation ability. At the same time, the sine function is used to automatically adjust the control parameters required by each generation. Eight test functions are utilized to evaluate the performance of the proposed IDE, and the experimental results verify that IDE can dramatically enhance the con-

---

河南省科技攻关项目（212102210532）。

vergence accuracy and stability. Furthermore, the IDE is applied to the intersection signal timing, and the simulation results indicate that it is an effective method, and is able to reduce the vehicles delay time and improve the traffic efficiency.

Key words: intersection signal timing; delay time; differential evolution; mutation strategy

基于关键路口的动态子区划分

王冬冬

上海电科智能系统股份有限公司,上海　200063

【摘要】 针对子区划分过程中没有考虑关键路口的问题,提出了以关键路口为核心的子区划分方法。首先,基于流量和饱和度构建关键系数模型确定关键路口;其次,根据相邻路口的间距、周期和路段流量构建子区划分的关联度模型;最后,通过逐层搜索算法,依次将子区外关联系数最大且关联系数和组合关联系数满足阈值要求的相邻路口划入子区。子区划分结果表明,以关键路口为核心的子区划分能够优先保证关键路口与相邻路口的协调,减少关键路口的排队拥堵。

【关键词】 关键路口;子区划分;关键系数;关联度;逐层搜索

Dynamic Sub-area Division Based on Key Intersections

Wang Dongdong

Shanghai SEARI Intelligent System Co., Ltd., Shanghai 200063

Abstract: Aiming at the problem that key intersections are not considered in the process of sub-area division, a sub-division method with key intersections as the core is proposed. Firstly, the key coefficient model based on flow and saturation to determine key intersections was built. Secondly, the correlation model for subdivision was built according to the distance, signal cycle and road flow of adjacent intersections. Finally, the intersections with the largest correlation coefficient among the adjacent intersections outside the sub-area and the correlation coefficient and the combined correlation coefficient meet the threshold requirements were classified into the sub-area in order. The result of sub-area division shows that the sub-area division with key intersections as the core can ensure the coordination between key intersections and adjacent intersections first, and reduce the queuing congestion at key intersections.

Key words: key intersection; sub-area division; key coefficient; degree of relevance; layer-by-layer search

1 引言

交通信号控制子区是城市交通信号协调控制的基本单元,通过划分子区能够将路网结构和交通流特性相似的相邻路口进行协调控制,是缓解交通拥堵、减少停车、提高通行效率的有效手段。

针对子区划分,当前的研究成果主要集中在关联度计算和子区划分算法的研究两个方面。在关联度计算方面,主要提出了通过周期、间距、流量、排队长度、饱和度等构建关联度模型划分子区。Walinchus[1]首次提出交通控制子区的概念，指出在子区划分的过程中应当考虑道路物理特性、路口饱和度和相位差误差等因素。赵文涛等[2]根据周期相近原则和距离最大原则划分子区。徐建闽等[3]考虑子区内交叉口的相似性和关联度，提出了基于路口、路段不同拥挤程度的路网动态分区方法。卢凯等[4]考虑路段排队车辆、交通流量及周期时长等，分别对相邻交叉口关联度和多交叉口组合关联度模型进行研究。田秀娟等[5]综合考虑路网中相邻交叉口间距、路段流量、车流离散特性、行程时间、信号周期和路段车流密度等因素，对交叉口关联性进行定量分析，将交通状态相似的路口和路段划分到同一子区。

在子区划分算法研究方面，一般选择将路网转化为图论的形式，研究图的最优化问题。徐建闽等[3]利用谱聚类算法将聚类转化为图的最优化问题，通过谱聚类算法设计了动态分区算法。田秀娟等[5]和张正华等[6]先后运行图论思想，将道路网络抽象为网络拓扑结构，提出基于改进的社区算法进行子区划分的方法，在传统的社区算法中引入交叉口关联度，实现路网不同交通特性的动态子区划分。傅惠等[7]提出一种考虑路网多模式属性的分区算法，以社会车、公交车速度以及路网拓扑关系为依据，按照初始子区划分、子区合并、子区边界调整的顺序分三步划分子区。

以上几种子区划分方法，划分思路都是将交通特性相似的路口分成一个子区，缺少子区核心的概念，导致路网真正的关键路口可能由于交通特性与相邻路口不同而分到不同子区，加剧关键路口与相邻路口间的拥堵。鉴于前面几种子区划分方法的不足，本文提出了一种以关键路口为核心的子区划分方法，突出关键路口在子区划分中的作用。通过关键系数反映路口在路网中的重要程度，并在关键路口确定后根据周期、间距、路段流量构建关联度模型计算关联系数，并通过逐层搜索算法实现动态子区划分。

2 关键路口确定

关键路口是指交通控制子区中需要重点控制的路口，一个子区只有一个关键路口，一般代表子区内的最堵点或最需要重点关注的点，因此子区内的信号控制一般围绕关键路口展开，保证关键路口的通行效率[2]。关键路口包括静态关键路口和动态关键路口。

关键路口可以是人为指定的，也可以是根据路网实时的交通特征动态变化的。人为指定的关键路口一般不会改变，因此这类关键路口也被称为静态关键路口。静态关键路口可以是分时段的，比如上下学期间学校附近的路口以及大型公司、工厂附近的大路口；也可以是不分时段的，比如两条城市主干道相交的路口。静态关键路口都是根据以往经验或实际需求确定，具有较大的主观性，但能够满足交通管理部门的特定需求。

根据路网实时的交通流特性确定的关键路口会伴随交通流特性实时变化，这类关键路口被称为动态关键路口。动态关键路口代表当前路网中主要的拥堵路口，提前发现这些路口有利于交通管理者做出有针对性的预防疏导措施。这类关键路口主要集中在流量和饱和度大的路口，因此可以通过构建路口流量和路口饱和度关键系数模型确定动态关键路口。

2.1 流量关键系数

路口流量越大，说明路口在路网中的作用越大，可作为关键路口的判断指标。路口流量关键系数表示路口流量占路网中路口流量最大值的比例。若路口 i 的路口流量为 Q_i，则路口 i 的流量关键系数为

$$k_{Q_i} = \frac{Q_i}{\max(Q_a)}, \forall a \in N \tag{1}$$

式中，k_{Q_i} 是路口 i 的流量关键系数；N 是路网内的路口集合。

2.2 饱和度关键系数

关键路口一般选择饱和度或流量较大的路口，交通管理者一般选择围绕关键路口设计子区控制策略，以提高关键路口的通行效率。饱和度反映路口供需矛盾的严重程度，饱和甚至过饱和的路口最容易出现拥堵，这类路口也最可能是关键路口。若路口 i 的路口饱和度为 S_i，则路口 i 的饱和度关键系数为

$$k_{S_i} = \frac{S_i}{\max(S_a)}, \forall a \in N \tag{2}$$

式中，k_{S_i} 是路口 i 的饱和度关键系数。

2.3 关键系数

路口流量和路口饱和度可以在很大程度上反映路口的关键程度，若两个路口的流量相似，则可以选择路口饱和度大的路口为关键路口；若两个路口的路口饱和度相似，则可以选择路口流量大的路口作为关键路口。根据两个参数的重要程度，对两个参数加权取平均，得到路网内任意路口 i 的关键系数 k_i 为

$$k_i = bk_{Q_i} + (1-b)k_{S_i} \tag{3}$$

式中，b 是流量关键系数的重要程度，$b \in [0, 1]$。

3 关联度模型

在实施交通信号控制时，一块范围较大的区域往往需要划分成多个相对独立的子区，每个子区根据各自的交通特点执行相应的信号控制方案，子区划分的依据可以简单归纳为：间距适当、周期相近、流量相关。

通过关联度 l 反映两个路口适合协调控制的程度，$l \in (0, 1]$。当两个相邻路口完全不能协调控制时，关联度 l 取 0；反之，关联度 l 取 1。由于不存在不可能协调的两个路口，因此 $l > 0$。

3.1 间距关联度

首先考虑间距适当原则，即路口间距应低于一定阈值。路口间距反映车辆行驶过程中，上下游车辆的路段容量。当路口间距较小时，车道保持连续行驶状态，二者适合进行协调控制，同时路段容量小，若协调不到位则容易出现交通拥堵，因此一般要求将路口间距小于最小阈值 $d_{\min}$ 的两个路口划分到一个子区；反之，路口间距较大，车辆在行驶过程中开始离散，因此对超过间距最大阈值 $d_{\max}$ 的两个路口不进行协调控制。一般认为间距低于 200m 的路口应当进行协调控制[2]，间距大于 800m 的路口不宜采用协调控制[8]。

$$ld_{ij} = \begin{cases} 1 & d_{ij} \leq d_{\min} \\ 1 - \dfrac{d_{ij} - d_{\min}}{d_{\max} - d_{\min}} & d_{\min} < d_{ij} < d_{\max}, j \in N_{\text{near}(i)} \\ 0 & d_{ij} \geq d_{\max} \end{cases} \quad (4)$$

式中，ld_{ij}是节点i和节点j两个路口的间距关联度；$N_{\text{near}(i)}$是与路口节点i有道路直接相连的路口节点集合；d_{ij}是路口节点i到相邻路口节点j的间距（m）。

3.2 周期关联度

其次，考虑周期相近原则。周期关联度即周期相似性。若相邻两个路口周期相近或相等，或者两个路口的周期接近2倍关系，只需要对其中一个路口周期做很小的调整就可以实现协调控制，说明两个路口的周期关联度大，适合进行协调控制，反之则没必要进行协调控制。

$$lc_{ij} = \left[1.5 - \dfrac{\max(c_i, c_j)}{\min(c_i, c_j)}\right] \times 2, j \in N_{\text{near}(i)} \quad (5)$$

式中，lc_{ij}是节点i和节点j两个路口的周期关联度；c_i是节点i的周期（s）。

3.3 路段流量关联度

最后，考虑流量相关原则。子区划分过程中，应当将路段流量更大的相邻两个路口分到一个子区，保证更多车辆能够享受绿波效果；同时路段流量接近的多个路口分到同一子区也便于子区内信号控制方案的设计。

子区划分以关键路口为核心，关键路口与子区外相邻路口中路段流量最大的路口应当在同一子区。当子区边界路口与子区外相邻路口之间的路段流量接近子区内最大路段流量时，应当将该相邻路口划分到子区。

$$lq_{ij} = \min\left\{\dfrac{\max(q_{ij}, q_{ji})}{\max(q_{pk})}, 1\right\}, i \in A_m, j \in \overline{A}, j \in N_{\text{near}(i)}, \forall p, k \in A_m \quad (6)$$

式中，lq_{ij}是节点i和节点j两个路口之间的路段流量关联度；q_{ij}是节点i和节点j两个路口之间的路段流量；A_m是子区m内的路口集合；$\overline{A}$是未分子区的路口集合。

3.4 关联系数和组合关联系数计算

子区划分主要考虑周期、间距、路段流量三个因素，根据三个因素的重要程度确定权重，通过加权平均得到综合考虑路口间距关联度、周期关联度、路段流量关联度的综合关联度，以下简称关联系数。

$$l_{ij} = \alpha ld_{ij} + \beta lc_{ij} + \gamma lq_{ij} \quad (7)$$

式中，l_{ij}是节点i和节点j两个路口之间关联系数；α、β、γ分别是路口间距关联度、周期关联度、路段流量关联度的权重，$\alpha + \beta + \gamma = 1$。

最后，借鉴卢凯[4]文中的组合关联度概念，提出通过组合关联系数控制子区规模，保证子区内通行效率的方法。组合关联系数表示子区内相邻路口间关联系数的乘积。

4 动态分区方法

关键路口为子区内的第一个路口,以关键路口为中心向四周逐层搜索关联系数最大且满足关联阈值要求的路口新增到子区,直至找不到关联系数满足阈值要求的路口,或子区规模达到上限。m 表示子区编号,且初始值为 1。组合关联系数,表示子区组合关联系数与新增路口关联系数的乘积,组合关联系数初始值为 1。具体算法思路如下:

Step1:根据路网拓扑结构,构建路网邻接矩阵 E,E_{ij} 表示路口节点 i 到路口节点 j 之间的联通性,两个路口间有路段连接时为 1,否则为 0,进入 Step2。

Step2:给指定的静态关键路口设定关键系数,最大值为 1,对路网中所有路口计算动态关键系数,若路口存在静态关键系数,则从两者中取大值,进入 Step3。

Step3:从路网所有未划分子区的路口 $\bar{A}$ 中选择关键系数最大的路口为关键路口,作为 m 子区的第一个路口,更新 A_m 和 $\bar{A}$,进入 Step4。

Step4:基于 m 子区的路口集合 A_m 和所有未分子区的路口集合 $\bar{A}$,利用邻接矩阵 E 确定 m 子区边界外未划分子区的相邻路口集合 $N_{near(A_m)} \cap \bar{A}$,计算 m 子区与子区外相邻路口关联系数的最大值,判断最大关联系数是否大于关联阈值,若是,则进入 Step5,否则返回 Step3。

Step5:判断子区组合关联系数是否大于组合关联阈值,若是,则将最大关联路口新增到 m 子区,更新 A_m 和 $\bar{A}$,返回 Step4,否则 $m+1$,返回 Step3。

Step6:直至所有路口全部划分子区。

5 算例分析

以上海某块区域为示范路网,如图 1 所示(图中横纵轴坐标单位为 m)。结合百度地图获取路口间距和车道数据,选择 8:00—9:00 交通检测数据和信号机的信号配时数据进行模型算例分析。首先,利用车道流量计算路口总流量,并结合信号配时数据和停车线法计算车道通行能力和路口饱和度,由此确定关键系数和关键路口。然后根据路口间距、路口信号周期长度、路段流量分别计算间距关联度、周期关联度和路段流量关联度,进而得到路口间的关联系数。最后,根据组合关联系数来限制单子区的规模。

在关键路口的计算中,对路口流量和路口饱和度采用相同的权重,取 $b=0.5$,选择待分子区路网中关键系数最大的路口作为第

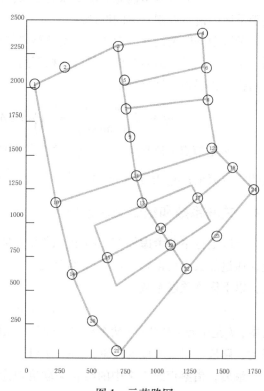

图 1 示范路网

一个子区的关键路口,路口关键系数见表1。再对子区进行划分,计算路口间的关联系数,这里取 $\alpha=0.3$、$\beta=0.4$、$\gamma=0.3$,取关联阈值为0.65,组合关联阈值为0.2,得到路口间的关联系数见表2,子区的划分结果如图2所示。

表1 路口关键系数

路口号	关键系数	路口号	关键系数
1	0.715	13	0.531
2	0.485	14	0.354
3	0.716	15	0.264
4	0.388	16	0.574
5	0.509	17	0.270
6	0.330	18	0.417
7	0.515	19	0.388
8	0.330	20	0.355
9	0.427	21	0.655
10	0.257	22	0.998
11	0.631	23	0.500
12	0.409	24	0.827

表2 路口关联系数

节点关系	关联系数	节点关系	关联系数
1⟵⟶10	0.429	14⟵⟶15	0.708
2⟵⟶1	0.990	16⟵⟶13	0.631
3⟵⟶2	0.859	16⟵⟶15	0.267
3⟵⟶4	0.713	16⟵⟶17	0.292
3⟵⟶5	0.792	18⟵⟶12	0.941
5⟵6	0.273	18⟵⟶17	0.746
5⟵⟶7	0.680	19⟵⟶16	0.663
7⟵⟶8	0.273	19⟶17	0.345
7⟵⟶9	0.832	20⟵⟶14	0.876
8⟵6	0.826	21⟵⟶20	0.374
9⟵⟶11	0.676	22⟵⟶19	0.711
11⟵⟶10	0.582	22⟵⟶21	0.832
11⟵⟶13	1.000	22⟵⟶23	0.860
12⟵⟶8	0.822	23⟵⟶24	0.800
13⟶15	0.457	24⟵⟶18	0.407
14⟵⟶10	0.722		

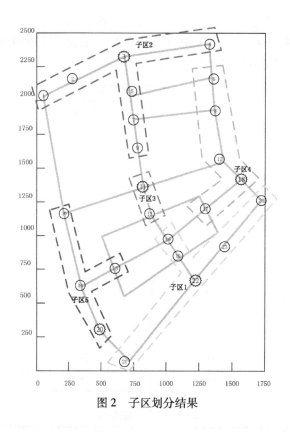

图 2 子区划分结果

图 2 中齿形角星代表关键路口，圆形代表一般路口，区域内所有关键路口均为动态关键路口。子区划分结果表明，以关键路口为核心的子区划分能够优先保证关键路口与相邻路口的协调，使经过关键路口的车辆以协调车速通过，减少排队拥堵。

与其他算法相比，本算法主次清晰。算法首先确定关键路口，能够从路网中找到"最重要"的关键路口；其次，围绕关键路口划分子区，能够最大限度地缓解关键路口的拥堵。

6 结语

本文提出基于关键路口的子区划分方法，主要包含关键路口确定和子区划分方法的研究。首先基于流量和饱和度计算的关键系数能够提前确定关键路口；其次以关键路口为核心的子区划分，能够将关键路口与周边可关联路口划分到同一子区，减少关键路口上下游由于非协调控制导致的排队拥堵。不过，子区关联阈值和组合关联阈值的合理取值有待进一步测试。

参 考 文 献

[1] WALINCHUS R J. Real-time network decomposition and subnetwork interfacing [J]. Highway Research Record，1971，366：20-28.

[2] 赵文涛，钱晓杰，朱芸，等. 基于关键路口的动态交通子区划分 [J]. 计算机与应用化学，2012，29(10)：1241-1244.

［3］ 徐建闽，鄢小文，荆彬彬，等. 考虑交叉口不同饱和度的路网动态分区方法［J］. 交通运输系统工程与信息，2017（4）：145-152.

［4］ 卢凯，徐建闽，李轶舜. 基于关联度分析的协调控制子区划分方法［J］. 华南理工大学学报（自然科学版），2009，37（7）：6-9.

［5］ 田秀娟，于德新，周户星，等. 基于改进 Newman 算法的动态控制子区划分［J］. 浙江大学学报（工学版），2019，53（5）：950-956.

［6］ 张正华，钱锦，房崇鑫，等. 基于改进社区发现算法的交通控制子区动态划分［J］. 扬州大学学报（自然科学版），2020，23（4）：73-78.

［7］ 傅惠，王叶飞，陈赛飞. 面向宏观基本图的多模式交通路网分区算法［J］. 工业工程，2020，23（1）：1-9.

［8］ 首艳芳. 基于群决策理论的交通区域协调控制理论与方法研究［D］. 广州：华南理工大学，2011.

交管业务视频可视化融合与实践

朱毅

上海电科智能系统股份有限公司，上海 200063

【摘要】 本文介绍了基于端、边、云架构的交管行业的视频可视化融合与实践。视频系统是交管业务应用中的重要组成部分，但是在实际应用中，视频系统与业务应用的结合程度并不高，无法满足深入的业务实战要求。通过云边协同技术，在中心端实现业务端的视频格式转换融合，满足多屏播放、适配无插件浏览器播放的需求。在边缘端，随着硬件算力的不断增强，在边缘端实现本地视频的业务信息叠加，满足实际业务实战需求。

【关键词】 端边云；视频可视化融合；边缘计算

Integration and Practice of Video Application in Traffic Management

Zhu Yi

Shanghai SEARI Intelligent System Co., Ltd., Shanghai 200063

Abstract: This paper introduces the video integration and practice of traffic management based on device, edge and cloud architecture. Video system is an important part of traffic management business application, but in practical application, the combination degree of video system and business application is not high, which can not meet the in-depth business requirements. Through the cloud edge collaboration technology, the video format conversion and integration of the business end can be realized in the central end to meet the needs of multi screen and plug-in free browser. At the edge end, with the increasing hardware computing power, the local video can be overlapped with valueable information to meet the actual business needs.

Key words: device edge cloud; video visualization application; edge computing

1 引言

视频系统（图1）是交管业务中的重要组成部分，是交管系统的"眼睛"，通过视频系统可以直观查看当前的实时路况态势、辅助实时指挥警员即时处置路面状况，从而满足交管的实战业务指挥需求。视频应用包括了从基本的实时态势监控、云台视频控制、历史视频回放，到卡口稽查布控、多功能电子警察违章抓拍等多种视频应用。近年来随着人工智能技术的发展，基于深度学习技术的视频识别与应用更是得到了极大的发展，出现了多功能的复合视频检测设备等智能视频AI设备。

但是在现有的智能交管业务应用中，视频平台与现有业务应用的业务融合支持不高。在现有的指挥中心交管应用中，视频主要通过视频平台管理，视频平台的作用仅仅是把前端的视频统一管起来，满足视频浏览、控制、播放的要求，并没有做到与业务应用的融合，无法

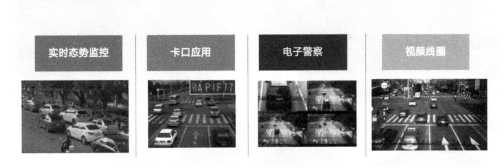

图 1　视频系统

满足实际更深入的业务融合需求。

业务对于视频的需求主要表现在以下几个方面：

（1）视频多屏播放的适配要求　视频应用的播放需求从传统的 C/S 客户端，逐步发展到桌面端、浏览器端、移动端的多端平台。目前，大部分的交通视频平台以 C/S 客户端为主，如果需要提供 Web 播放的支持，那么提供给业务视频集成方面以依赖传统 IE 控件方式为主，对于交管业务的业务融合支持度不佳，在无插件播放视频、插件兼容性上带来诸多的集成不便性。

现有交管应用大多以 H5 浏览器为主，传统的基于 ActiveX 技术的视频 OCX 控件无法在 chrome 的版本上运行。现有的主流规范 GB/T 28181—2016《公共安全视频监控联网系统信息传输、交换、控制技术要求》（以下简称"28181"），对于 Web 端视频播放支持度不够，通过 28181 输出的视频流还不能直接提供浏览器播放；在视频播放应用上，对于基于 H5 的浏览器的应用支持不足。

（2）视频与业务的融合　在展示方式方面，现有的可视化展示方式有二维的 GIS 地图和三维模型，虽然可视化程度都较高，但是真实程度较差。现有的视频更多地只是完成一些基本的播放控制的需求。

通过视频与业务标签融合以后，基于视频的指挥满足真实的应用实战的需求，通过在视频叠加业务标签，以视频作为背景实现业务信息增强，从而满足交管的实际业务指挥与处理的实战需求。

（3）边缘端的视频融合　随着视频资源的广泛普及，传统以中心为模式的视频集中处理的模式受到了巨大挑战。随着 5G、大量高清视频的普及，传统视频资源通过中心进行集中处理，往往带来巨大的算力与带宽消耗。

基于端、边、云的架构理念，在边缘侧，随着本地 AI 硬件能力的增强，可以在边缘端直接对路口的视频进行 AI 处理，直接进行视频加速的编解码处理。通过部署推理侧硬件 AI 算法模型，可以直接在路口边缘侧识别多种结构化信息。通过边缘端的直接处理，直接服务于边缘本地的业务需求，从而与中心视频处理形成协同处理，减轻中心的算力负担，减少本地与中心的网络延迟。

综上所述，本文主要围绕视频多屏播放、视频管理应用、视频边缘端 AI 处理，采用基于端、边、云的架构,实现视频与业务应用的有效融合,从而真正发挥视频应用的作用。

2 中心端视频业务增强

2.1 视频多屏播放的需求

对于传统的视频业务应用,交管业务条线管理主要是通过视频平台厂商提供的控件完成基本的视频播放、云台控制、视频回放等基本应用。由于视频控件的不标准,需要适配多家视频厂家,造成维护难度的加大。

随着 GB/T 28181—2016《公共安全视频监控联网系统信息传输、交换、控制技术要求》在安防行业的标准化,形成了统一的标准规范,在登录注册、获取视频资源、云台控制、实时点播、历史回放上形成了统一。

但是只有国标协议是不够的,随着大屏可视化、移动互联网播放的普及,视频不仅仅是在传统的桌面终端上播放,同时也要适配移动端、H5 浏览器端、大屏展示等多端的需求。现有的 28181 国标协议的输出视频流,无法直接在 H5 浏览器上进行播放,而传统的视频控件往往以 OCX 为主,只能适配陈旧的 IE 浏览器,造成使用上的问题。

因此,需要通过对接入的视频进行格式转换,从而满足视频多端浏览的需求。

2.1.1 视频的采集处理

流媒体服务(图 2)是整个视频业务平台的核心中间件,前端通信通过 RTSP、GB/T 28181—2016 等标准协议采集的实时视频流,实时推送到流媒体服务中,流媒体服务完成了视频流的接入、采集、转换格式,为多个业务端提供视频拉流服务,避免向前端摄像机直接拉流。

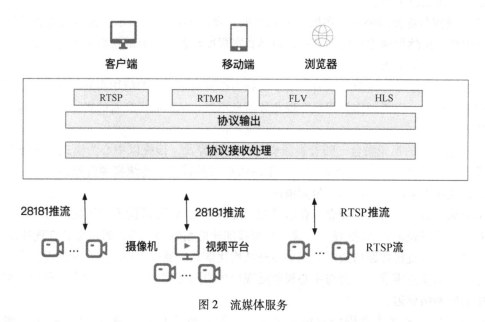

图 2 流媒体服务

流媒体服务需要支持多种业务流的格式，支持 RTSP、FLV、HLS 等多种视频流的推流需要。

GB/T 28181—2016 规定了城市监控报警联网系统中信息传输、交换、控制的互联结构、通信协议结构，传输、交换、控制的基本要求和安全性要求，以及控制、传输流程和协议接口等技术要求。该标准适用于安全防范监控报警联网系统的方案设计、系统检测、验收以及与之相关的设备研发、生产，其他信息系统可参考采用。

因此，首先通过部署视频通信网关，与视频平台进行 GB/T 28181—2016 的接口协议交互，订阅获取实时视频流，推送到流媒体网关。

2.1.2 视频的流媒体转发

流媒体部分主要实现接收 28181 输出的 PS 流或者 TS 流的处理，实现解封装的协议格式转换，输出 RTSP、HLS、RTMP、FLV 等多种视频格式流，直接在流媒体端输出原生 H5 浏览器支持的视频格式，同时满足原生客户端、移动端、播放的需求。

目前，主流场景的流输出格式见表 1。

表 1　主流场景的流输出格式

传输协议	播放器	延迟	内存占用	CPU 负荷
RTMP	Flash	1s	430MB	11%
HTTP-FLV	Video	1s	310MB	4.4%
HLS	Video	20s	205MB	3%

（1）HTTP-FLV　HTTP-FLV 直播的方式是一种比较新颖的方式，该技术基于 HTML5，可以通过无插件的方式实现视频直播，而且由于 RTMP 负载可以平滑地转换成 HTTP-FLV 协议，所以其正在逐渐取代 RTMP 成为新的直播技术标准。

FLV 的延时较小，对于浏览器的支持比较好，因此可以作为在浏览器播放视频的选择。

（2）HLS　HLS 协议是苹果公司主导的技术标准，该技术标准兼容性最佳。除了桌面浏览器，手机浏览器甚至是手机 QQ、手机微信都支持该直播协议。

HLS 协议的优势：①可以在不同速率的版本间自由切换，实现无缝播放；②省去使用其他协议的烦恼。

HLS 协议的劣势：①延迟大小受切片大小影响，不适合直播，适合视频点播；②实时性差，延迟高，HLS 的延迟基本在 10s 以上；③TS 切片较小，会造成海量小文件，对存储和缓存都有一定的挑战。

2.1.3 浏览器无插件视频播放

为了实现 H5 浏览器视频播放无插件的要求，通过前端与流媒体配合，进行了 HLS、FLV 等多种视频流格式的输出。

其中，HLS 的方案适合非高实时性的播放要求，FLV 的延迟较小，可以作为目前的主流的视频播放方案。通过综合运用 HLS、FLV 的视频，可以满足不同的场景输出需求。

前端通过基于无插件的 JS 库进行播放，可以实现免插件方式播放展示视频流。

2.1.4 移动端视频播放

移动端自身具备便携性与灵活性的特点，可以通过移动端直接查看视频列表和播放视频，满足交管用户的业务体验流畅性。移动端视频界面如图 3 所示。

通过开放移动设备 Android 端、iOS 端的移动端应用，进行视频监控信息管理，实现实时掌控视频信息设备的状态、布局以及必要情况，可发送本地视频信息给云端，做到灵活即时信息交互。

移动端主要提供的基本功能包括：

1）摄像机列表：为用户以列表的形式展示所有平台（相机）数据，通过单击通道可以观看每一个通道的视频。而且每一行数据都可以动态关联实时媒体流信息并展示在页面中，通过单击相应链接可以查看流媒体的信息并可以观看直播流媒体。

2）多路视频播放：为用户提供同屏播放多个摄像头视频信息界面，用户可以通过单击添加按钮进入摄像机列表界面，搜索选中需要查看的设备，添加到多屏播放界面。

3）地图视频定位：在地图界面标记当前附近所有的摄像头设备位置，方便用户观察设备的分布情况，形象地支持监控布局，并支持单击摄像头图标来播放摄像头采集的监控视频。

图 3　移动端视频界面

2.2　视频应用管理平台

以往的业务应用在调用视频管理时，缺乏统一的视频管理接口。因此，通过视频管理平台的集中功能封装，开放出视频业务的常用服务接口，满足上端业务应用调用视频的需求。

2.2.1　视频信息查询

提供视频资源查询、关键字检索等功能。通过接口，可以获取视频点位列表以及设备的基本能力信息列表。

2.2.2　视频实时播放

实时点播视频，提供原始视频流的多种格式转换，提供 RTSP、FLV、HLS 等多种格式输出，提供单屏播放（图 4）、多屏播放，满足视频多端播放的需求。

2.2.3　视频历史回放

提供视频历史回放的统一接口，实现录像列表查询、录像自定义开始时间与结束时间的点播、录像的启停、回放、下载。

2.2.4　视频云台控制

提供视频云台播放的能力，实现云台预置位控制、焦点光圈控制、预置位播放等视频云台控制类的相关操作。

2.2.5　设备运维管理

负责视频资源的运维管理监视、设备告警通知管理。

交管业务视频可视化融合与实践   67

图 4　单屏播放

2.3　视频中心标注增强

复用中心视频标注的服务架构以及编解码技术。通过流媒体框架分析 RTSP 或 RTMP 流媒体，实现以视频为背景的业务元素叠加，根据获取的多元素标注信息（包括图标、附加图片、文字信息、建筑信息、路口信息、警员信息等），与视频帧叠加，推送至流媒体服务器，满足多端展示的需求。

3　边缘端的视频处理

3.1　背景

在以往传统的边缘端，受制于算力能力的限制，前端的视频相机直接发送视频流到中心端，由中心端完成视频的业务处理。

随着边缘计算的发展，本地的算力不断增强，许多基于边缘计算场景的 AI 加速卡可以在本地实现多路编解码处理，从而在一些应用场景下，解放中心的计算压力。路口等本地的边缘场景，需要视频实时转发、业务信息叠加增强，通过本地可以推给周边的警员，满足实时业务处置的需求。

交通现场的状况往往会发生各类紧急事件，警员需要立即进行正确且高效的处理。但由于缺乏对周边路口情况的认知或者对现场环境的不熟悉，警员可能无法做出最有效的判断。通过增加对实时视频添加标注，从而提供给现场警员有效的辅助。例如，将本地车牌信息、布控车辆、周边标志性建筑等信息叠加在车辆视频上，为警员提供直接的业务辅助。

基于以上业务需求，在保证高稳定性、低延迟性特点下，分析并叠加标注。通过本地分析相机的视频流协议,转换其封装格式,根据视频信息解码,分解成视频帧后叠加从 API 中获取推测端车辆信息,最后再编码封装成直播流推送给现场警员。

3.2 业务流程

业务流程如图 5 所示。

1)上层发送推流请求视频流标注及推流地址。

2)通过本地视频 28181 服务,将实时视频流推送给本地的流媒体服务器。

3)本地视频推测分析模块将视频中的车辆信息(号牌号码、过车数据量、视频画面车辆位置等信息)推送给视频标注服务。

4)本地视频标注服务结合推测分析的车辆信息以及本地的静态标注信息(如建筑、路口信息、设备信息等),叠加到实时视频中。

5)视频标注服务将标注的实时流信息推送给第三方应用(如手机端,AI 眼镜等流媒体播放平台)。

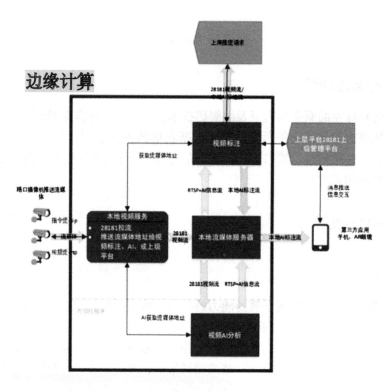

图 5 业务流程

3.3 视频标注处理

应用层通过接口选择视频来源,根据每个视频源所支持的视频图层类型,建立分配场景,选择需要叠加的视频图层,设置视频图层的配置参数与图层展示参数,完成场景的建立。图层类型、手动标注类型分别见表 2、表 3。

表 2　图层类型

编号	字段类型
0	自由标注
1	建筑物
2	路口
3	信号灯
4	信号机
5	摄像机
6	警员
7	警车
8	号牌识别车辆（过车车牌）
9	号牌识别特殊车辆

表 3　手动标注类型

编号	字段类型
1	图标
2	直线
3	圆形
4	方框
5	文字
6	图片

根据不同的需求，在路口低点相机视角中，结合 AI 分析车辆及本地数据库静态信息进行标注。标注内容包括但不限于动态车辆、动态警员、静态建筑、路口信息、信号灯、信号机、设备等，从而形成可视化的标注处理（图 6）。

图 6　可视化的标注处理

4 结语

传统的视频与业务应用的结合度不高，对于多屏展示，H5 浏览器的应用支持不够，传统的 Web 展示方案只能提供 OCX 的空间，无法满足 H5 现代浏览器的播放要求。通过基于 28181 协议接入视频流，搭建流媒体服务，实现流媒体格式转换，实现多种视频流格式的输出，支持 HLS、FLV 等多种视频格式化输出，直接满足无插件浏览器播放的要求，同时满足大屏、移动端、客户端、浏览器端的多端播放要求。通过封装统一的视频应用平台，实现视频资源服务能力的统一封装并且对外开放出 API 接口服务，从而更好地满足业务应用与视频的结合。随着边缘端算力的增强，基于边缘计算的本地 AI 卡实现本地的视频编解码，通过本地 AI 硬件的推理能力，实现视频本地的编解码处理，叠加业务增强信息，转发到相关流媒体软件，推送周边本地警员，满足本地实时的业务联动需求。

参 考 文 献

[1] 国家质量监督检验检疫总局. 公共安全视频监控联网系统信息传输、交换、控制技术要求：GB/T 28181—2016［S］. 北京：中国标准出版社，2016.

[2] 展晓凯，魏晓红. 音视频开发进阶指南：基于 Android 与 iOS 平台的实践［M］. 北京：机械工业出版社，2017.

[3] 晓成. 在线视频技术精要［M］. 北京：人民邮电出版社，2020.

道路交通信号控制机可靠性设计与分析

曾艳萍

连云港杰瑞电子有限公司，连云港　222006

【摘要】 针对道路交通信号控制机使用环境、功能和结构特点，提出了道路交通信号控制机的可靠性设计与分析方法。结合可靠性设计理念，提出了面向道路交通信号控制机的可靠性设计原则，并基于实践经验提出了针对性设计解决措施，建立了整机可靠性模型，进行了可靠性预计、分析和验证，为同类道路交通信号控制机的研发设计和现场运行维护提供了理论依据。

【关键词】 道路交通；信号控制机；可靠性设计；可靠性分析

Reliability Design and Analysis of Road Traffic Signal Controller

Zeng Yanping

Lianyungang JARI Electronics Co. , Ltd. , Lianyungang 222006

Abstract：according to the use environment, function and structure characteristics of road traffic signal controller, the reliability design and analysis method of road traffic signal controller is proposed. Combined with the concept of reliability design, this paper puts forward the reliability design criteria for the road traffic signal controller, and puts forward the targeted design solutions based on practical experience, establishes the reliability model of the whole machine, and carries out the reliability prediction, analysis and verification, which provides a theoretical basis for the R & D design and field operation and maintenance of similar road traffic signal controllers.

Key words：road traffic；signal controller；reliability design；reliability analysis

1　引言

道路交通信号控制机作为道路交通信号控制系统的前端设备，需长时间不间断运行，且主要安装在城市道路交叉路口，甚至是绿化带等区域，其运行环境有着明显的日晒、雨淋、高湿、雷电等露天恶劣环境特征，同时还需应对周围环境中各种电磁源干扰，这些因素对道路交通信号控制机的可靠性提出了更高的要求。因此，本文基于可靠性设计方法，在满足道路交通信号控制机功能和性能基本需求基础上，着重结合道路交通信号控制领域工程实践和经验，针对影响道路交通信号控制机可靠性的关键问题和潜在问题逐一进行了分析和强化设计，实现道路交通信号控制机的可靠性能力提升。

2　道路交通信号控制机功能分析

道路交通信号控制机的主要功能单元包括：供电单元、主控单元、驱动输出单元、人机交互单元、检测单元和应急黄闪单元等，其主要功能是根据主控单元中预设运行参数及实时采集的现场交通流数据等信息形成优化配时方案，并根据方案实时输出对交叉路口道路交通信号灯的驱动控制指令，实现对交叉路口道路交通信号灯的实时控制，达到对交叉路口各方向交通流进行实时有序控制及疏导的目的，其功能单元组成如图1所示。其中，主控单元负责与远程的城市交通指挥控制中心、人机交互单元及道路交叉路口的倒计时器等现场设备进行信息交互，对采集的交叉路口交通流数据进行综合分析和处理，生成配时优化方案；供电单元负责为道路交通信号控制机各功能单元提供稳定可靠的DC24V/DC5V工作电源；

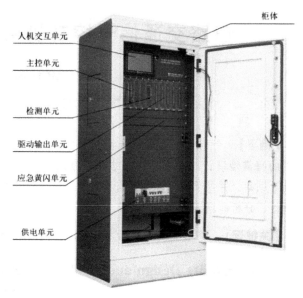

图1 道路交通信号控制机功能单元组成

驱动输出单元按接收的控制指令控制交叉路口各方向道路交通信号灯的显示状态，并实时检测道路交通信号灯工作状态，将检测的信息反馈给主控单元进行道路交通信号灯状态诊断和控制；人机交互单元通过触摸操控和显示界面等方式，负责为道路交通信号控制机参数设置和查询提供人机交互，并能进行道路交通信号控制机运行状态和参数配置的综合显示；检测单元负责实时检测交叉路口各车道通行车辆的车速、车型及数量等信息；当主控单元、驱动输出单元或交叉路口道路交通信号灯等设备异常时，应急黄闪单元负责接管并控制交叉路口道路交通信号灯的驱动输出，道路交通信号控制机控制结构如图2所示。

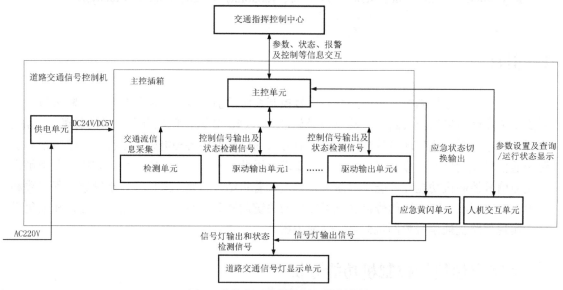

图2 道路交通信号控制机控制结构

3 道路交通信号控制机可靠性设计

3.1 器件选型

在元器件选型时,优先选用满足可靠性要求的相应质量等级标准元器件。如道路交通信号控制机主控单元中所使用的关键 ARM 处理模块、CPLD 可编程逻辑处理器、DC/DC 电源变换器及 RS485、LAN、USB、RS232 等各接口类型的通信芯片等元器件的选型,除考虑各元器件的温湿度、抗电磁干扰能力、封装形式等相关指标外,还针对道路交通信号控制机在道路交叉路口露天工作的特殊环境特点考虑了其环境适应性及维修性指标,并综合设备成本及经济效益等因素考虑了元器件的自身处理能力、容量、功耗及可扩展资源等重要性能及技术指标。对于未明确可靠性指标的元器件,在道路交通信号控制机的设计过程中,进行了可靠性预计。

3.2 降额设计

采用降额使用的设计方式,使元器件工作时所受的应力低于其规定的额定值。如在道路交通信号控制机驱动输出单元中晶闸管控制电路的使用及设计时,针对其所带负载的大小及类型不同,以及控制输出状态的频繁闪烁的使用要求,除采用加装散热面积大、导热性好的散热片进行传导散热的热设计外,还针对其动态特性 dV_D/dt 和 dI_{com}/dt 及极限特性 dI_T/dt 和 $I_{T(RMS)}$ 等电性能参数依据相关降额等级和降额因子进行了一定程度的降额设计,确保驱动输出控制单元的低故障率和高可靠性。

3.3 模块化设计

道路交通信号控制机主控插箱采用模块化设计思想,各功能单元板均使用标准 4U(1U = 44.45mm)插件式结构,所有功能单元板通过底板上的数据总线接口进行相互连接和信息交互,可保证相同功能的插件能够互换,以提升可维修性,有效减少道路交通信号控制机内部接线和接口设计,其结构外形如图 3 所示。该主控插箱也可作为独立于室外柜体的单元进行生产、调试及维修,携带方便,拆卸简单,可维修性强。

图 3 道路交通信号控制机主控插箱结构外形

3.4 冗余设计

针对道路交通信号控制机的可靠性薄弱环节及其关键性功能进行冗余设计。如道路交通信号控制机对道路交通信号灯的驱动输出及控制设计中，采用了"负载状态自检测"的电路设计和"应急黄闪单元"的冗余设计，通过驱动输出单元上的道路交通信号灯状态自检测功能实时检测交叉路口道路交通信号灯的当前状态与驱动输出控制信号的一致性。当检测到两者状态不一致时，则认为故障，主控单元将自动隔离驱动输出单元，并强制切换为由"应急黄闪单元"接管道路交通信号灯状态的输出控制，确保道路交叉路口道路交通信号灯正常显示输出，并将道路交叉路口的现场故障情况实时上报至远程的城市道路交通指挥控制中心，便于交通管理部门及时掌控交叉路口的现场故障状态，及时安排故障维修。

3.5 电磁兼容和抗干扰设计

为确保道路交通信号控制机检测单元检测的数据准确，并避免将外部干扰信号引入检测单元，检测单元采用光耦器件隔离的方式进行线圈信号接收和处理，防止由线圈引入的外部干扰信号对检测单元中 CPLD 可编程逻辑处理器和 DC/DC 电源变换芯片造成随机性损坏；同时在 CPLD 可编程逻辑处理器中使用了成熟的消抖电路对检测到的线圈信号进行预处理，防止主控单元因误检测所形成的不真实数据而导致的配时优化方案不合理或误动作等，如图4所示。同时在进行道路交通信号控制机主控单元和驱动输出单元等其他功能单元电路板设计时，还充分考虑了强电、高频信号、电磁传导及耦合等电磁干扰因素，采用了屏蔽、隔离、滤波、接地等设计方式进行了电磁兼容和抗干扰处理。

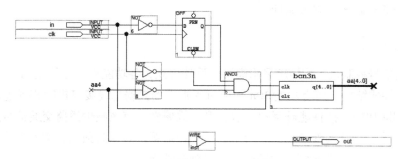

图4　检测单元检测信号消抖实现电路示意图

3.6 热设计

针对道路交通信号控制机驱动输出单元中晶闸管工作时发热量大的特点，热设计时进行了冷却方法的选择、元器件的安装与布局、印制电路板散热结构的设计和室外机柜散热结构的设计等综合热设计。一是通过在热源晶闸管上安装导热系数大的散热片及主控插箱等结构件选用导热性好的金属材料以增强传导散热；二是通过主控插箱开孔（图3）及室外机柜顶部加装风扇增强对流来散热；三是通过对晶闸管之间和其他元器件之间进行合理布局及加大印制电路板相关印制线宽度增强辐射散热，保证了道路交通信号控制机驱动输出单元长时间运行的热可靠性。

3.7 防雷设计

因道路交通信号控制机处于露天工作环境,对其采取必备的防雷措施必不可少。道路交通信号控制机主要进行了加装线路避雷器、降低接地电阻、加强线路绝缘等防雷设计。如道路交通信号控制机供电单元在系统供电前端配备了防雷器、过电压过电流开关和滤波器等防护装置,并对道路交叉路口每台道路交通信号控制机按规定的要求进行地线埋设和施工接线,以实现对由外界环境引起的浪涌、过电压、过电流等不利因素进行防护处理,确保道路交通信号控制机在雷雨等恶劣天气条件下的工作电源稳定、可靠。

3.8 软件可靠性设计

道路交通信号控制机软件作为运行在主控单元 ARM 模块中的"信号控制中枢",是道路交通信号控制机通信、配时优化、参数设置、方案调度和状态诊断等多功能于一体的可视化应用软件,其结构框图如图5所示。为确保道路交通信号控制机控制软件的稳定性和可靠性,道路交通信号控制机可靠性设计针对软件主要是强化避错设计和容错设计。首先,在避错设计方面,从模块化、模块独立、信息隐蔽及局部化等可靠性软件设计准则角度出发,用可靠、成熟的模块来构造道路交通信号控制机软件,使每一个模块实现一个相对独立的特定子功能,各模块之间也相对简单和独立,模块中使用局部数据元素使一些关系密切的软件元素物理上彼此靠近,有助于实现信息隐蔽,从而提高道路交通信号控制机软件的可靠性。其次,在容错设计方面,软件设计人员采用了恢复块法,当道路交通信号控制机通过自诊断方式检测到出现驱动输出信号紊乱等严重故障时,将会强行切换至黄闪控制模式,以实现容错的目的。

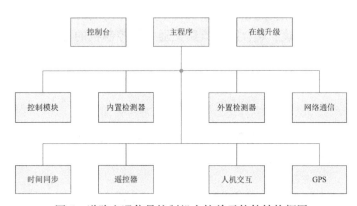

图5 道路交通信号控制机主控单元软件结构框图

4 道路交通信号控制机可靠性分析与建模

道路交通信号控制机在运行时,其供电单元、主控单元、检测单元和人机交互单元必须同时工作,而驱动输出单元和应急黄闪单元两者间为冗余互备,其基本可靠性模型如图6所示。

如图6所示,道路交通信号控制机可采用串联模型来计算其可靠性相关参数。根据串联

图 6　道路交通信号控制机基本可靠性模型

系统的定义，道路交通信号控制机的可靠度可用各组成单元的可靠度的乘积来表示，该串联模型的数学模型为

$$R_s(t) = \prod_{i=1}^{n} R_i(t) \tag{1}$$

由于各组成单元及模块独立且主要为电子元器件，其寿命服从指数分布，则可靠度为

$$R_i(t) = e^{-\lambda_i t} \tag{2}$$

整个道路交通信号控制机产品也服从指数分布，其可靠度为

$$R_s(t) = e^{-\lambda_s t} \tag{3}$$

整个道路交通信号控制机产品的故障率为

$$\lambda_s = \sum_{i=1}^{n} \lambda_i \tag{4}$$

整个道路交通信号控制机产品的平均故障间隔时间（MTBF）为

$$\text{MTBF} = \frac{1}{\lambda_s} = \frac{1}{\sum_{i=1}^{n} \lambda_i} \tag{5}$$

式（1）~式（5）中，λ_s 为道路交通信号控制机的故障率；λ_i 为道路交通信号控制机第 i 个单元的故障率；MTBF 为道路交通信号控制机的平均故障间隔时间；$R_i(t)$ 为道路交通信号控制机的第 i 个单元的可靠度；$R_s(t)$ 为道路交通信号控制机的可靠度；n 为组成道路交通信号控制机的单元数。

同理，道路交通信号控制机第 i 个单元的故障率可用下式表示

$$\lambda_i = \sum_{j=1}^{m} \lambda_{ij} \tag{6}$$

式中，λ_{ij} 为道路交通信号控制机的第 i 个单元中第 j 个模块的故障率；m 为组成道路交通信号控制机的第 i 个单元的模块数。

5　道路交通信号控制机可靠性预计与验证

道路交通信号控制机可靠性预计采用的是"元器件计数法"，其预计模型为

$$\lambda_{ij} = \sum_{k=1}^{p} N_k \lambda_{G_k} \pi_{Qk} \tag{7}$$

式中，λ_{ij} 为模块故障率的预计值；λ_{Gk} 为模块第 k 种元器件的通用故障率；π_{Qk} 为模块第 k 种元器件的通用质量系数；N_k 为模块第 k 种元器件的数量；p 为模块所用元器件的种类数目。

按照上述预计模型，基于各模块元器件参数和指标，统计出组成道路交通信号控制机的各功能单元的故障率，具体见表 1；再按照前文可靠性框图及可靠性数学模型计算出整个道

路交通信号控制机的可靠性参数值,从而得到道路交通信号控制机的预计可靠性值。通过将预计的可靠性值与要求的可靠性值相比较,可以发现可靠性分配是否合理,以及设计中的薄弱环节,必要时进行可靠性的再分配,以及改进原方案和设计以提高道路交通信号控制机的可靠度。

表1 道路交通信号控制机各功能单元可靠性预计数据

序号	组成单元	故障率 $\lambda_i/(10^{-6}/h)$
1	供电单元	7.81
2	主控单元	8.92
3	检测单元	5.35
4	驱动输出单元	8.19
5	应急黄闪单元	3.07
6	人机交互单元	4.28

通过上述计算可以得到该型道路交通信号控制机的平均故障间隔时间 MTBF 可达 16080h,可以满足该型道路交通信号控制机设计指标中的运行时间要求,且该型道路交通信号控制机产品通过了依据 GB 25280—2016《道路交通信号控制机》进行的产品性能、功能及稳定性等相关指标的检测,其中试验过程中的部分温度运行曲线如图7所示。

该型道路交通信号控制机自2007年投入市场以来,已经在江苏、湖北和西安等省份及城市安装运行,地域分布跨度大,环境适应性强,运行状况良好,深受用户好评。

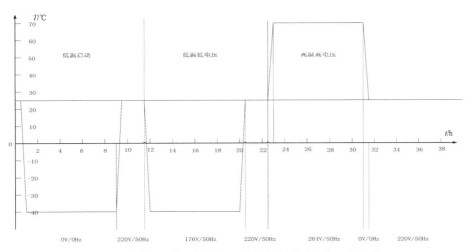

图7 道路交通信号控制机可靠性研制试验温度运行曲线

6 结语

当今社会,城市化加剧,车辆保有量急剧增加,城市基础设施无法快速适应这些变化,致使存在道路交通经常性拥堵、人们出行困难等问题，道路交通信号控制机的使用不仅极大地缓解了上述问题，且在城市智慧化进程中也发挥了积极作用。但交叉路口高湿、振动及电磁干扰等环境特征，以及长时间不间断的运行要求，均对道路交通信号控制机可靠性提出了更高的要求。本文基于可靠性设计方法，在满足道路交通信号控制机功能和性能基本需求的基础上，着重结合领域工程实践和经验，针对影响道路交通信号控制机可靠性的关键问题和潜在问题逐一进行了分析和强化设计，实现道路交通信号控制机的可靠性能力提升，可为同类道路交通信号控制机的研发和运维提供参考。

参 考 文 献

［1］李良巧. 可靠性工程师手册［M］. 北京：中国人民大学出版社，2017.
［2］王蓓. 航天电子元器件可靠性设计与分析［J］. 电子元器件与信息技术，2020，4（1）：13-14，17.
［3］吴杰，吴松，杨毅，等. 某型信号处理机的可靠性设计与试验验证［J］. 电子产品可靠性与环境试验，2020，38（S1）：4.
［4］朱棣，周琳. 电子产品软件可靠性设计控制方法［J］. 电子质量，2015（9）：18-21.
［5］孟令志，王彦，李海峰. 电磁兼容的分析与设计［J］. 机电元件，2019，10（5）：10-15.
［6］赵晓凡. 基于功能安全的电磁兼容及防护技术［J］. 微波学报，2018，34（S2）：102-105.
［7］薛艳. 高速数字电路的设计思路［J］. 西部皮革，2016（18）：7.
［8］王琳，吴高峰. 一种提高电子设备振动环境适应性的优化设计［J］. 工业控制计算机，2018，31（1）：134-135.

基于平行仿真的大型活动期间交通保障决策研究

孙杨世佳[1]，汪晖[2]

1. 上海市城乡建设和交通发展研究院，上海 200032
2. 上海市隧道工程轨道交通设计研究院，上海 200235

【摘要】 本文在剖析大型活动期间的交通特征与管控难点的基础上，基于平行仿真系统理论与思想，构建了大型活动平行交通仿真与决策技术框架体系，并对具体模块和流程进行研究。针对崇明花博会入岛交通需求，以高东收费站为研究对象，基于平行仿真研究通行效率与ECT车道设置关系进行研究，得出合理的ETC车道数量、布设位置可以有效提高收费站通行能力。通过对崇明花博会入岛交通保障的案例分析，表明交通仿真技术能将传统经验导向型的管理与决策模式向数据驱动、技术赋能的新型交通管控模式转变，能够在大型活动前期规划、中后期的总结与评估中提供决策支持作用。

【关键词】 平行仿真；大型活动；交通组织；预案评估；花博会

Research on Traffic Organization During Large-scale Events Based on Parallel Simulation

Sun Yangshijia[1], Wang Hui[2]

1. Shanghai Urban and Rural Construction & Transportation Development Institute, Shanghai 200032
2. Shanghai Tunnel Engineering Rail Transit Design Institute, Shanghai 200235

Abstract: This paper analyses traffic characteristics and control difficulties during large-scale events, builds a technical framework system of parallel traffic simulation and decision-making for large-scale events based on the idea of parallel simulation and studies its specific modules and processes. Aiming at the traffic demand of Chongming Flower Exposition into the island, Gaodong Toll Station is taken as the research object, and the relationship between traffic efficiency and ECT lane setting is studied based on parallel simulation. Reasonable ETC lane number and layout location can effectively improve the traffic capacity of toll station. Through the case study on the traffic organization evaluation of the Chongming Flower Expo, it is shown that the traffic simulation technology can transform the traditional experience-oriented management and decision-making mode to the new traffic control mode driven by data and technology, and can provide decision support in the preliminary planning, summary, and evaluation of large-scale events.

Key words: parallel simulation; large-scale events; traffic organization; plan evaluation; flower exposition

---

⊖ 项目资助：上海市科学技术委员会项目《交通拥堵预判与智能主动管控技术研究与示范》（项目编号：19DZ1209000）和上海市科学技术委员会项目《城市综合交通平行仿真与决策支持系统应用示范》（项目编号：19DZ1208805）。

1　引言

美国联邦公路局对大型活动进行了明确定义，即已规划的在特定的时间和地点发生的能引起交通需求不正常增长的特殊事件，包括体育活动、游行、国家庆典、国际峰会、节日集会、焰火表演等[1]。随着社会、经济、文化的发展与国际交流合作的增强，区域性、国际性的运动会、展览会、文化演出等大型活动频繁举行。大型活动的诱发性交通需求与城市的常规性交通需求将产生双重叠加效应，对城市的道路和公共交通都带来了巨大的压力，特别是对于特大城市而言，给拥堵的城市路网可能带来"雪上加霜"的影响。

关于城市大型活动的研究是随着奥运会或世博会的举办逐渐进入国内外学者的视线中，主要集中在以下几个方面：一是从宏观层面研究交通特征分析与需求预测、交通管理与控制策略以及交通规划方法的研究等[2-4]；二是从微观层面研究交通流的特性、个体出行特征、应急交通疏散等[5-6]。总体上，现有的研究还是侧重于超大规模、影响较大的活动，更多关注交通政策、规划建设层面。但交通问题的解决不仅需要宏观的视角，即在设施规划建设阶段制定好相应的组织方案，也需要从中微观的角度出发，利用效率高、成本低的管控手段来应对大型活动举办期间可能出现的各种随机性、偶发性的情况。同时，大型活动时期的交通组织与保障任务也逐步成为交通管理部门的日常工作之一，但常规化的交通管理方法对于非常态化的交通拥堵效果不明显，难以应对大型活动期间复杂多变的交通活动需求。针对多种交通管控手段与交通组织方案，平行仿真技术能有效增加大型活动期间不同预案效果的可预见性与主动性，对于大型活动的安全保障与交通管理的升级赋能具有较强的现实意义。

2　大型活动平行交通仿真与决策技术框架体系

平行系统最早由中国科学院王飞跃提出。平行系统是指由某一个自然的现实系统和对应的一个或多个虚拟或理想的人工系统所组成的共同系统[7]，以动态数据驱动、数据建模、参数估计、传感器、数据同化算法、自适应建模等技术方法为实现路径，将仿真系统嵌入实际系统中，实现仿真系统与实际系统的相互映射、平行执行。相比传统仿真方法，平行系统能够将被动转变为主动、将虚拟静态转变为真实动态以及由离线转变为在线。

在大型活动举办期间的交通需求主要分为城市背景交通需求、参观游客交通需求以及后勤保障交通需求。其中，参观游客交通需求是活动期间最主要的交通需求主体，在时间上具有波动性，在空间上具有高强度、高汇聚等特征。

将平行系统的理念运用到大型活动场景下的真实交通系统中，不仅能够将离线仿真改变成在线模式，而且利用动态交通仿真技术实时再现整体路网交通需求（源）和运行状况（流），对交通系统进行滚动式更新并对交通管控措施实时改进与优化，从而达到整个交通系统的最优化。

2.1　面向大型活动的平行交通仿真系统总体架构

平行交通应用到大型活动交通场景主要包括"两大系统+三个子系统"，即仿真交通系统、真实交通系统、数据测量子系统、数据处理子系统和决策分析子系统,如图1所示。数据测量子系统是通过各种物联网设备、数据采集手段(如线圈、视频探头、GPS等),对实际交通系统的状态、事件、活动等进行实时监测,从而获取实际交通世界的真实映射关系。同时根据仿真的需求,可向数据测量子系统提出数据采集和感知需求,控制相关传感器获取所需的交通数据。数据处理子系统接收采集数据,对数据进行处理与加工,包括数据修复、数据融合、数据标准化等,将原始数据转换成仿真交通系统可理解、可接入的交通信息。决策分析子系统将仿真运行和推演的结果进行分析,从而反馈到真实交通系统,支撑交通管理部门进行措施评估优化、交通政策制定、公交布设规划等决策。利用人工智能、数据建模等技术,构建真实交通系统的"数字底座",即仿真交通系统,可以对具体的交通管控措施进行不断"推演"与"评估",同时以低成本、低风险的方式反复试验,能够对具体的交通解决方案进行全面、准确、及时的评估和修正。

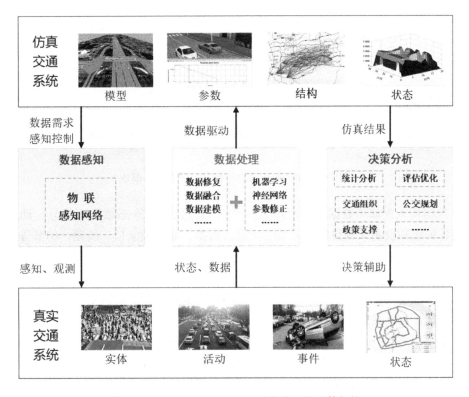

图1 面向大型活动的平行交通仿真系统总体架构

2.2 面向大型活动的平行交通仿真具体模块

根据平行交通仿真总体架构,进一步构建面向大型活动的平行交通仿真具体模块,模块之间的关系以及前后流程架构如图2所示。面向世博会、运动会、演唱会、展览会等大型活动,平行交通仿真系统主要包含三个层级,即数据层、模型层和仿真与决策层。数据层中包括数据接入模块与数据处理模块,主要负责动静态交通信息、活动信息等数据接入,同时将接入数据进行过滤、标准化、融合等处理,可导入宏观、中观、微观的交通仿真模型。模型层包括传统交通模型以及交通仿真模型,传统模型主要是利用现有数学模型进行交通需求预测、交通方式划分等交通态势的分析,而交通仿真模型主要是依托仿真软件进行车辆行为、路径决策等分析。仿真与决策层包括仿真结果的输出与决策辅助功能,通过宏观、中观、微观仿真软件输出流量、车速、排队长度、延误等结果,用于支撑大型活动的交通管控措施、周边道路信号优化等方案的决策。

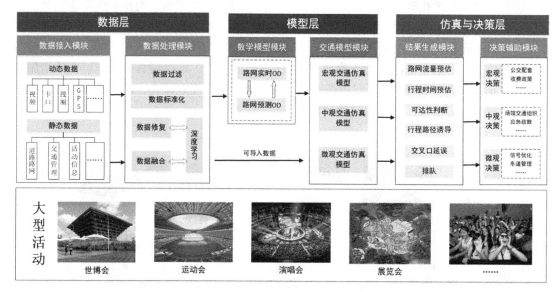

图 2　面向大型活动的平行交通仿真具体模块

（1）数据接入模块　数据接入模块主要包括动态数据和静态数据两部分。动态数据不仅可通过各种感知设备来获得实时采集的交通流数据,如视频卡口、线圈、GPS 等,也可通过各种交通控制设备的实时显示信息,如交通信号灯、道路可变信息板等。静态数据中包括两部分,一部分是大型活动场馆周边路网数据,包括道路属性、基础设施、控制设备等,另一方面是大型活动的展览信息,如活动开放时间、客流规模等。若需要对仿真结果进行三维建模展示,则还需要接入大型场馆及周边路网的环境数据等。

（2）数据处理模块　将原始实测交通流数据预处理后,利用深度学习等人工智能算法对错误数据进行处理、对缺失数据进行修补并进行标准化处理,同时可将多源交通数据进行融合分析提高数据准确性,从而得到能够直接用于模型的标准化数据。

（3）数学模型模块　结合交通需求、出行分布等模型,预测大型活动周边路网流量情况、出行方式选择等。

（4）交通模型模块　主要依托宏观、中观、微观交通仿真软件,进行车辆生成、车辆行为、路径决策等平行仿真验证。同时,通过交互模块来实现计算结果数据用于展示界面和决策模块,并按照决策控制相关交通设施和计算模型。

（5）结果生成模块　该模块主要用于平行交通仿真结果的生成与展示,包括路网流量预估、行程时间预测、路径诱导、排队长度等仿真结果。

（6）决策辅助模块　决策辅助模块主要帮助交通管理工作者针对大型交通活动的管控措施进行辅助决策,包括车道动态管理、信号优先、紧急疏散预案的选择等。

3 基于仿真的崇明花博会入岛交通组织评估

3.1 花博会期间入岛交通需求分析

2018 年,上海市崇明区确定承办第十届花博会,展会规划总面积 10km²,展会时间为 2021 年 5 月 21 日—2021 年 7 月 2 日,共 43 天会期。出入崇明岛的通道主要有 G40 陆运通道和越江轮渡水运通道两种。崇明公路网总体运行良好,平均饱和度为 0.3,平均车速约为 45km/h[8],但是节假日期间,G40 出入口呈现交通拥堵常态化趋势,高东出入口、陈海出入口成为进出崇明的交通瓶颈点。崇明水运航线主要有宝杨至南门/堡镇、石洞口至南门/新河、吴淞至新河等多条,日单向总航次为 68 次,最大运能 3739 人、车 1158 辆[8]。

根据客流预测,崇明花博会总客流约为 580 万人,日均交通客流可达 5.8 万人,设计客流 12 万人,极限客流 19.8 万人[8]。从目前的交通供求关系分析,现状的入岛交通无法满足花博会高峰期间的客流需求。水运通道通过挖掘后最多能够承担 15%的客流,其余客流均需要通过陆运通道来进行分担,同时高东、陈海两个出入口的拥堵情况也将更为严峻,因此通过平行仿真等技术对交通保障方案进行效果评估来有效挖掘道路通行潜能,从而解决花博会期间的大客流集散问题。

3.2 基于 VISSIM 的平行交通系统搭建

在面向大型活动的平行交通仿真系统总体架构的思路基础上,针对高东收费站在花博会期间的大客流入岛需求,构建一个收费站电子不停车收费系统(ETC)车道管理的闭环平行仿真系统,如图 3 所示,辅助收费站通道管理与布设,形成主动式、智能化的优化管理模式,实现动态、实时、在线地对收费站通行效率进行评估与改进。闭环系统包括实际交通系统和平行仿真系统,其中实际交通系统为平行仿真系统提供实时数据,而平行仿真系统得到优化管理方案,并在真实交通系统中进行应用。根据交通运行状况以及延误、排队长度等评价指标,可对管理方案进行二次仿真、调整与修正,实现在不同交通需求场景下的方案最优化。

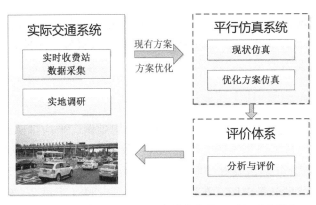

图 3 G40 高东收费站 ETC 车道优化管理平行系统结构

对 G40 沪陕高速高东收费站进行抽象处理。参数设置如下:收费站上游路段为单向四车道，下游路段为单向 2 车道，分别长 200m；收费广场的减速渐变路段、加速渐变路段分别长 50m；单向的收费区域长 30m，收费通道宽度为 3.5m，即仿真总长度为 530m。

收费广场共设 22 个车道，入口车道 9 个，出口车道 13 个，其中入口车道中有 5 个为前往启东、崇明方向，4 个为前往浦东机场方向。前往启东、崇明方向的入口车道包含 3 个 ETC 车道和 2 个人工半自动收费车道（MTC），ETC 车道为自内向外第一、二、三条，前往浦东机场方向的入口车道包含 2 个 ETC 车道和 2 个 MTC 车道，ETC 车道为自内向外第一、二条。在 VISSIM 中进行高东收费站建模，如图 4 所示。

图 4　高东收费站抽象示意图

根据实地数据调研与资料查阅，通常情况下 MTC 通道的车辆服务时间均值为 7.0s，方差为 4.98，离去时间均值为 7.2s，方差为 2.64，而 ETC 通道的车辆服务时间均值为 5.1s，方差为 1.89s，离去时间均值为 2.9s，方差为 2.23。

3.3　基于仿真的收费站 ETC 车道影响分析

（1）基于仿真的 ETC 车道数量影响分析　利用沪陕高速高东收费站仿真模型，分析在不同 ETC 车道数量的情况下收费站的通行能力。仿真参数设置如下：入口广场设置 5 个收费车道，ETC 车道限速 20km/h，车流量为 1000pcu/h，ETC 车辆比例为 60%，仿真结果如图 5 所示。

通过仿真模拟发现，ETC 车道数量对于收费站的通行能力具有比较显著的影响，车道设置方案与最优配置方案差距越大，通行能力的折损就越明显。因此，合理的 ETC 车道与 MTC 车道配置能大幅提升收费站的通行能力，如在 ETC 车辆比例为 60% 时，设置 3 个 ETC 车道较为合理。

（2）基于仿真的 ETC 车道位置影响分析　在研究 ETC 车道数量影响的基础上，进一步分析不同 ETC 车道位置情况下 MTC、ETC 车辆的平均延误、平均排队长度与总延误。利用高东收费站仿真模型，以入口作为研究对象，入口收费广场共 5 个收费车道，包括 3 个 ETC 车道和 2 个 MTC 车道，分别仿真在 1000pcu/h、2000pcu/h、3000pcu/h 交通量情况下，将 ETC 收费车道设置在收费站最内侧（车道 1、2、3）、中间（车道 2、3、4）和最外侧（车道 3、4、5）各项指标的变化情况。

由表 1 可知，通常情况下 MTC 车辆平均延误由长到短分别为中置式、内置式、外置式，而 ETC 车辆平均延误由长到短分别为中置式、外置式和内置式。MTC 和 ETC 车辆的平均延

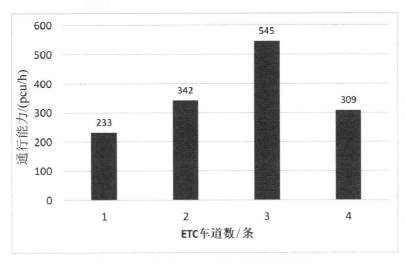

图 5 高东收费站入口 ETC 车道数仿真结果

误与到达速度存在密切关心，到达速度的不同又与收费车道的布置形式有关，不同的布设位置导致收费广场车辆交织状态具有差异。综合各项仿真结果指标，从车辆平均排队长度和收费站平均延误来看，由大到小分别为内置式、外置式和中置式。因此，收费站 ETC 车道建议采用内置式布设方案，减少 MTC 车辆和 ETC 车辆的交织，内置式 ETC 车道正对着高速公路上游快车道，能够保证 ETC 车辆以较高的车速通过收费站。同时，入口收费广场按照内快外慢的速度分布，能够有效提高收费广场的安全性。

表 1 基于仿真的 ETC 车道布设影响分析

仿真流量输入/(pcu/h)	ETC 车道位置	MTC 车辆平均延误/s	ETC 车辆平均延误/s	车辆平均排队长度/m	收费站平均延误/s
1000	内置	48.75	44.93	16.62	46.86
	外置	50.25	49.19	17.02	49.98
	中置	52.73	50.87	17.08	51.77
2000	内置	53.77	45.66	18.78	49.33
	外置	50.76	46.83	18.76	49.69
	中置	52.68	50.06	18.84	51.27
3000	内置	52.15	51.74	19.06	51.95
	外置	50.21	48.56	19.12	49.77
	中置	54.08	47.21	19.12	50.67

（3）基于仿真的 ETC 车辆比例影响分析　在不同输入交通量和 ETC 车辆比例下，ETC 车辆比例、交通量与收费站通行能力之间的关系如图 6 所示。收费站通行能力与交通量呈线性关系，但达到收费站服务瓶颈后逐步呈现稳定的趋势。同时，ETC 车辆比例与收费站通行能力存在密切关系。按照高东收费站 ETC 车道现状设置情况来看，ETC 车辆比例达到 60% 时，收费站通行能力基本处于较高水平。当交通量处于 600puc/h 以下时，ETC 车辆比例对

收费站通行能力影响较小,主要是由于 MTC 车辆和 ETC 车辆都能以低延误通过收费站。总体来说,对于限定车道数和车道类型的收费站,过高或过低的 ETC 车辆比例都将会对收费站通行能力产生显著影响。

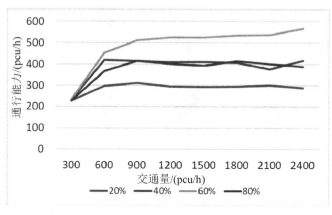

图 6　不同交通量与 ETC 车辆比例的仿真结果

4　结语

针对大型活动高强度、高汇聚、难管控等交通特性,引入平行仿真系统理论与思想,从而构建了面向大型活动的平行交通仿真系统总体架构,并详细阐述了数据接入、数据处理、数学模型、交通模型、结果生成、决策辅助等具体模块功能。在此基础上,以崇明花博会长江隧桥入岛交通组织与保障为场景,基于 VISSIM 仿真软件构建高东收费站仿真模型,并具体分析了 ETC 车道数量、ETC 车道位置以及 ETC 车辆比例等因素对收费站入口的通行能力的影响。根据仿真结果可知,合理的 ETC 车道数设置可以有效提高收费站通行能力,同时内置式的布设方式在车辆平均排队长度、收费站平均延误两项指标中均较优,ETC 车辆比例在交通量较少时对收费站通行能力影响较小,但随着流量的增加,与 ETC 车辆比例相匹配的 ETC 车道布置较为重要。

基于平行仿真理论,能够实现真实交通系统与人工交通系统相互映射与交互,并辅助 ETC 车道设置、动态车道管理、可变限速等交通管控措施的决策。由于受到数据条件、现场验证等多方面因素影响,高东收费站仿真案例仍存在诸多不足,如仿真后评估、实时数据接入等,但在一定程度上证明了平行系统理论在大型活动期间的交通组织与保障具有可行性与优越性。同时,随着对平行仿真系统的分析、管理和控制等关键技术的深入研究,平行系统理论也可应用于更为复杂的交通系统管理与控制中,如智慧信号控制、路径诱导、突发事件等场景中,进一步支撑城市的交通数字底座建设与城市治理的数字化转型。

参考文献

[1] LATOSKI S P, DUNN J R W M, WAGENBLAST B, et al. Managing travel for planned special events [R]. Washington DC: Federal Highway Administration, 2003.
[2] VILLIERS C, NGUYEN L D, ZALEWSKI J. Evaluation of traffic management strategies for special events

using probe data[J]. Transportation Research Interdisciplinary Perspectives, 2019, 2: 100052.

[3] 孙壮志, 郭继孚, 马海红. 北京奥运会交通规划及交通组织管理[J]. 城市交通, 2008, 6 (3): 11-15, 34.

[4] 孙剑, 李克平, 杨晓光. 2010年上海世博会交通需求预测研究[J]. 交通与运输（学术版）, 2005 (2): 1-3.

[5] 周成成. 大型活动突发事件下交通疏散效率评价研究[D]. 成都: 西南交通大学, 2014.

[6] 尹瑞. 大型活动结束期间的行人交通网络动态均衡模型[J]. 交通运输研究, 2016, 2 (6): 24.

[7] 王飞跃. 平行系统方法与复杂系统的管理和控制[J]. 控制与决策, 2004, 19 (5): 485-489.

[8] 汪勇, 范宇杰. 大客流入岛交通组织分析——以崇明花博会为例[J]. 中国市政工程, 2019 (5): 28-30, 41.

车载轻量化道路日常巡检系统设计与应用

刘浩，曹旺辉，汤峰

上海厉鲨科技有限公司，上海　200233

【摘要】　针对道路日常巡检工作量大、效率低、成本高等现状问题，本文设计研发了一套轻量化道路智能养护巡检系统，包括一套车载硬件设备、病害识别算法、软件平台等三部分，系统架构轻量化，适应多种车辆，可以快速安装部署，有利于大范围落地应用。车载硬件主要包括道路数据采集复合传感器、数据处理设备。基于多传感器融合技术，建立基于图像和激光点云数据的融合分析算法，快速地自动识别出道路养护巡检领域关注的病害事件，并进行严重程度判定。同时，提供了相应的巡检业务操作和巡检业务管理两套软件。本系统在上海道路试点应用取得了良好的效果，对常见的裂缝、坑槽、井盖高差等病害可实现95%以上的准确率。利用本系统，道路管理部门和养护单位可以做到迅速、及时、准确、动态的路况状态管理，同时连续性的巡检数据为养护决策提供了科学有效的依据，提升了道路养护管理的智能化水平[1]。

【关键词】　道路巡检；道路巡检设备；道路病害识别

Design and Application of Vehicle Light-weight Road Routine Inspection System

Liu Hao, Cao Wanghui, Tang Feng

Shanghai SharpShark Technology Co., Ltd., Shanghai 200233

Abstract: Due to the heavy workload, low efficiency and high cost of road daily inspection, this paper designs and develops a lightweight intelligent road inspection system, including a set of on-board hardware equipment, disease identification algorithm and software platform. The system architecture is lightweight, suitable for a variety of vehicles, and can be quickly installed and deployed, which is conducive to large-scale application. Vehicle hardware mainly includes multi-sensor for road data acquisition and data processing equipment. Based on multi-sensor fusion technology, a fusion analysis algorithm based on image and laser point cloud data is established, which can quickly and automatically identify the disease events concerned in the field of road maintenance inspection, and determine the severity. At the same time, it provides two sets of software for patrol operation and patrol management. The system has achieved good results in Shanghai Road pilot application, and can achieve more than 95% accuracy rate for common diseases such as cracks, pits and covers. Using this system, the road management department and Road maintenance company can achieve rapid, timely, accurate and dynamic road condition management. At the same time, the continuous inspection data provides a scientific and effective basis for maintenance decision-making, and improves the intelligent level of road maintenance management.

Key words: road inspection; road inspection equipment; road disease identification

1 引言

近年来,全国公路养护里程不断上升。据交通运输部统计数据显示,2020 年我国公路养护里程预计为 485 万 km,占公路总里程 98%以上,基本做到了有路必养,每年在公路养护中的投入高达数千亿元,潜在市场巨大[2]。

道路日常养护是公路管理工作中最为重要的环节,对延长道路的使用寿命,保持公路使用性能,保证行车安全、舒适、畅通有着重要意义[3]。当前有三种道路日常巡检方式:

1) 人工巡查:人员开车在道路巡查,发现病害时手工填报纸质表格,然后通过内业整理上报,这种方式的及时性、准确性和便捷性都比较差,目前已经很少应用。

2) 移动设备巡查:巡查方式与人工相似,只是在发现病害是通过移动设备(手持 PDA 或智能手机)进行拍照,填写病害信息并上报,这种方式实时性好,且可以形成巡检数字化资产,但本质依然是人工识别病害,准确性和效率低下。

3) 车载巡检设备:在巡检车上部署摄像头等传感器设备,以车速实时拍摄道路画面,通过车载服务器搭载的算法自动识别出病害,实时上传到后台。这种方法虽然可以自动识别事件,巡检效率高,但是目前行业内主要以摄像头等视觉为主进行数据采集,导致识别内容和准确率有限,难以满足要求。

因此,利用人工智能、多源传感器数据融合及大数据等新兴技术,研发出能够高效、便捷、低价应用于道路设施健康、路侧设施完整性等方面的产品,就具有非常强的必要性和迫切性[2]。本文提出一种轻量化智能道路巡检系统,设备架构简单,可以快速安装使用,同时搭载视觉和激光融合的智能算法识别道路病害种类多,准确率高,有助于提升道路养护巡检工作的效率、准确性,降低了成本。

2 道路养护巡检系统设计

2.1 系统整体架构设计

轻量化智能道路养护巡检系统是一套包含车载硬件设备、应用软件、智能算法和云端服务器的完整系统。其中,车载硬件设备通过设计的支架安装在普通汽车上,适应大部分机动车;应用软件包括安装在平板计算机上的业务操作软件以及后台业务管理平台软件;智能算法部署在车载边缘计算终端。系统架构如图 1 所示,系统组成及功能见表 1。

表 1 系统组成及功能

序号	类型	组成	功能
1	硬件部分	高清监控相机、工业相机、激光雷达、边缘计算终端、组合惯导、通信模块等	数据采集:道路视频数据、点云数据、定位数据采集
2	软件部分	车载平板计算机端软件 业务管理平台	平板计算机软件:设备操作、巡检业务操作 业务管理平台:巡检业务管理、巡检人员管理、巡检数据展示分析

（续）

序号	类型	组成	功能
3	算法部分	图像识别算法、数据融合识别算法	分析采集的数据，自动识别道路病害、自动确定病害位置
4	云端服务器	包括计算、存储、网络资源	提供应用软件部署和巡检数据存储相关的计算、存储、数据库和网络资源

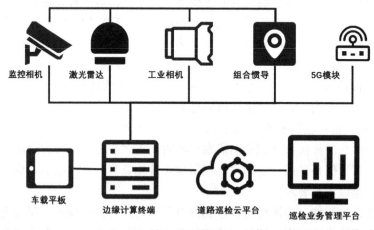

图 1　系统架构

2.2　车载硬件设备设计

车载硬件设备全部安装在车上，达到车规级标准，设备之间通过有线连接。其中相机、激光、组合惯导等数据采集设备通过定制的支架安装在车顶，传感器部署位置和角度可以进行优化调整，如图 2 所示。边缘计算终端、平板计算机、通信模块安装在车内。通过对硬件设备的整体功耗进行控制（80W 左右），不需要外置电源，车载点烟器（最大 120W）即可供电。因此，整套设备架构轻量化，适应大部分小轿车，可以快速安装部署。

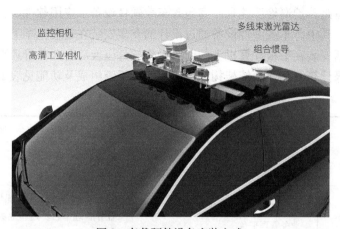

图 2　车载硬件设备安装方式

2.2.1 车载硬件设备功能

3台高清相机主要用来采集道路附属设施、两侧路域环境的图像信息。每台相机可以检测2车道宽度，3台相机覆盖21m。相机图像达到200万像素，支持同步时钟信号功能，通过网线与边缘计算终端连接。高清相机采集的数据用来分析识别沥青路面的泛油、水泥路面的破碎板、露骨、路面修补不合格、井盖缺损、标志牌破损、隔离栏破损、两侧（桥梁）护栏破损、雨水篦子缺损、声障屏破损、绿化养护不善、货物抛洒、里程桩缺损和里程字符识别等14种定性的道路病害和事件。

2台工业相机主要用来采集路面的图像，每台相机可以检测2车道路幅宽度（>7m），检测精度达到毫米级。相机图像达到230万像素，通过USB3.0接口与边缘计算终端连接，支持同步时钟信号功能。工业相机采集的数据用来分析识别沥青路面的龟裂、横向裂缝、纵向裂缝和水泥路面的裂缝等4种裂缝类路面病害。

1台激光雷达用来检测具有高度和深度信息的道路病害，检测精度达到厘米级，检测范围覆盖全路幅。雷达同时发射和接收高频激光束，同时进行360°旋转，提供厘米级的三维空间点云数据。雷达具备时钟同步接口，通过网线与边缘计算终端连接。激光雷达采集的数据用来分析识别沥青路面的坑塘、沉陷、波浪拥包、水泥路面的错台、拱起、坑洞、井盖高差、桥头跳车（高差）等8种具有高差或深度的道路病害。

组合惯导通过RS232与边缘计算终端连接。惯导可以实现厘米级精确定位，并在失去GPS失锁后确定当前所在的位置，适应于道路隧道、高架桥梁下等定位信号不良区域。同时以50Hz的频率提供时钟源给高清相机、工业相机、激光雷达，使不同传感器与惯导的时间保持一致，从而实现不同传感器采样数据位置的统一。

4G模块通过RS485接口与边缘计算终端连接，实现车端与云端服务器通信。将车端边缘计算终端处理好的数据实时传输至云端，同时接收云端下发给车端的指令。

平板计算机通过连接线与边缘计算终端连接，下发控制指令进行设备操作，同时接收查看设备返回的数据。内置巡检业务操作软件，巡检人员可以进行设备查看、设置，以及全部的巡检工作流程操作。

边缘计算终端是系统的车端计算中枢，与所有车载设备连接，接收设备数据，同时向设备发出控制信号。边缘计算终端部署病害识别算法，实时处理采集的图像、激光点云和惯导定位数据并进行融合分析，识别出上文中的病害，同时进行数据压缩与存储等工作。

2.2.2 硬件传感器部署方式设计

（1）传感器平面部署方式

为了保证相机图像的视角范围满足要求，采用图3所示的传感器平面部署方式：设计了一套设备安装底板和传感器连接件，底板长1500mm，宽600mm，适应绝大多数的小轿车，传感器连接件可以在垂直和水平方向上旋转。相机、激光雷达和惯导通过定制的连接件安装在底板上，整个底板通过支架安装在车顶靠近前风窗玻璃上边缘。

3台高清相机安装在相应连接件上，通过连接件分别安装在底板的左前、中间、右前方，靠近底板前边缘线，安装高度1800mm。左、右前方的设备靠底板两侧边缘对称安装，中间设备安装在底板最中间，从而获得质量最佳的相机图像。通过计算和实测，3台相机垂直向下旋转16°，可以获得质量最佳的普通相机图像，中间的相机可以检测两条车道，同时

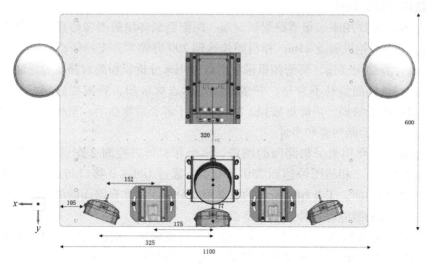

图 3 传感器平面部署方式

车头不会遮挡画面。

2 台工业相机安装在相应连接件上,通过连接件分别安装在中间普通相机两侧的底板上,沿着底板前边缘安装,安装高度 1800mm,相距 350mm。通过计算和实测,工业相机垂直方向向下旋转 6°,可以覆盖两条车道的宽度且同时车头不会遮挡画面。

1 台激光雷达安装在相应连接件上,通过连接件安装在中间一台普通相机后面的底板上,距离相机 77mm,安装高度 1900mm。激光雷达主要扫描路面上的目标,而不是路面以上的空间,因此需要调整激光雷达垂直向下。基于小轿车的常规尺寸,通过试验和理论计算对旋转角度进行设计,得出雷达垂直向下旋转 17°时,激光雷达最下面的线束 64 刚好与车头临界。

(2) 传感器垂直角度调整方式

本文采用的高清相机为 200 万像素,垂直视场角 $2\alpha = 48°$,已知相机的安装高度为 $h = 1800$mm(其中发动机前盖高度为 h_3,驾驶室高度为 h_2,设备安装支架高度为 h_1),车辆发动机盖长度为 w,垂直方向旋转角度为 γ,如图 4 所示。

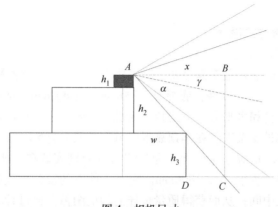

图 4 相机尺寸

由于普通相机水平安装时，大部分的画面范围并不是路面，因此需要调整普通相机垂直向下。基于小轿车的常规尺寸计算，经过计算相机垂直向下最大可旋转16°时车头刚好会进入画面产生遮挡，计算过程如下：

1) 计算 AB 的长 x

$$x/(x-w) = h/h_3$$
$$x = wh/(h_1+h_2) = 2.16\text{m}$$

2) 计算角 γ

$$\tan(\alpha+\gamma) = h/x = (h_1+h_2)/w$$
$$\gamma = \arctan[(h_1+h_2)/w] - \alpha = 16°$$

3) 传感器检测到路面的最小距离 CD

$$CD = x - w = wh/(h_1+h_2) - w = wh_3/(h_1+h_2) = 0.96\text{m}$$

同理可得，工业相机向下最大垂直旋转角度为6°时，可获得最佳的检测图像；激光雷达向下最大旋转角度为36°时，可获得最佳的检测数据。

2.3 病害识别算法功能设计

道路病害识别算法是一套包含基于纯视觉图像识别算法、基于激光和视觉多源数据的融合识别算法。整体算法功能实现流程如图5所示，包括数据采集、数据预处理、数据分析、数据输出四个部分。

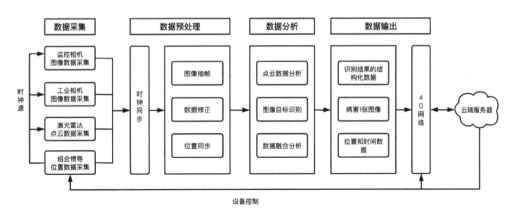

图5 整体算法功能实现流程

（1）视觉识别算法设计

采用机器视觉的相关算法，包括EfficientNet神经网络和传统图像处理方法，实现病害目标识别和定性的严重程度分级，算法设计如下：

第一部分用于判断图像中是否存在达到上报标准的道路缺陷。对于程度轻微、达不到上报标准的病害，以病害修补痕迹、桥梁接缝图像作为负样本进行训练。基于图像样本建立病害存在性识别算法模型，建立过程如图6所示。

第二部分用于像素级分类，判断每个像素是否属于道路缺陷，可重叠分块处理将图像分为若干512像素×512像素的重叠的图像块，送入语义分割网络进行训练。

第三部分采用基于统计学的方法进行判定，判断缺陷类型、严重程度。

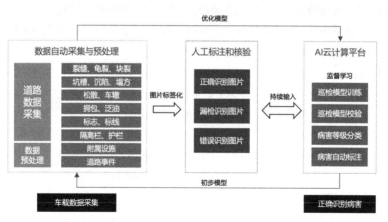

图 6　模型建立过程

（2）激光点云与视觉数据融合分析算法设计

结合采集的激光点云数据和图像数据，可实现由道路设施破损下沉、凸起、断裂等引起的地面崎岖不平、具有高差和深度的病害[4]，例如：井盖沉陷、桥头高差跳车等。

1）根据点云数据中呈现的道路立体特征、空间分布、3D 模型和位置等信息，运用点云数据处理算法对点云数据中的道路高差信息进行自动提取[4]。

2）为了获取目标属性、纹理和语义信息，依据图像数据进行目标分类识别。

3）采用点云数据和影像数据融合的方法，对点云和影像数据中提取的目标结果进行综合处理，最终获得道路高差类病害类型、深度面积、坐标等信息。

（3）算法识别的功能

基于视觉和激光的融合算法，可以实现诸多病害的高效识别，详见表 2。其中，裂缝、坑槽、井盖病害的识别准确率达到 95%以上。

表 2　病害识别

识别目标	识别内容
道路病害	裂缝
	坑槽
	碎裂
	修补
	拥包
	沉陷
	车辙
	泛油
交通标志牌	破损
	遮挡
交通标线	破损
	污渍

(续)

识别目标	识别内容
绿化	破损
	缺失
桥梁	桥梁路面病害
	桥头错台高差
	护栏缺失
井盖	破损
	缺失
	沉降高差
占道物品	物品占道识别
行人/非机动	行人/非机动闯入识别
道路火灾	道路火灾识别
异常停车	异常停车识别
违禁车辆	危化品车识别

2.4 道路巡检管理云平台设计

道路巡检管理云平台主要是管理人员使用的应用软件，可以管理辖区内道路巡检视频和报警事件；采用 B/S 架构，可以实时查看巡检数据和统计报表；可以与路政管理等现有的管理系统打通，作为整体的管理环节的一部分，增加整体的业务管理系统的完整性。总体来说具有如下功能（图 7）：

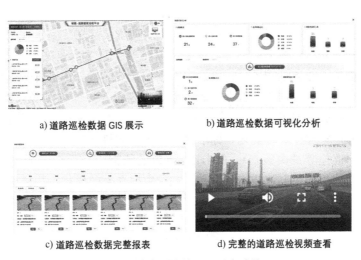

a) 道路巡检数据 GIS 展示　　b) 道路巡检数据可视化分析

c) 道路巡检数据完整报表　　d) 完整的道路巡检视频查看

图 7　道路巡检管理云平台功能

1）实现对辖区范围内道路巡检全过程的实时监控。
2）实现自动智能识别与预警功能。
3）实现视频接入管理，使管理人员、上级部门能够实时查看现场巡检视频和巡检数据。

4）建立一套 PC 端、手机端、大屏展示等综合管理系统，可以满足不同层级管理人员的功能使用需求。

3 道路养护巡检系统应用

基于本文研究的道路养护巡检系统，在上海市的青浦、宝山等 1000km 区管公路上应用。设备安装在普通小轿车上，利用车载点烟器供电，只需要一位巡检人员兼驾驶员就可实现 200km/天的巡检里程，实时分析输出巡检结果。在横缝、纵缝、龟裂、坑槽、路面松散、井盖高差、护栏缺损等病害上可以实现 95%以上的准确率，大大节约了人力，应用效果良好。应用本系统带来的效益对比见表3。

表 3 效益对比

对比指标	人工巡检	本系统
人力（200km/天）/人	10	1
巡检效率/[（km/天）/人]	10~20	200~500
病害上报时间	5min	实时上报事件
病害识别操作	现场人工目测或工具测量	无需下车，开车时自动巡检
病害上报操作	填写纸质或电子的上报信息	系统自动上报病害、产生报表
数据资产	只有病害的离散数据信息	全部道路的数字图像和点云信息

4 结语

智能道路养护巡检系统车载设备轻量化，可以快速安装部署，适于大范围应用。智能算法利用视觉图像和激光点云数据能够自动识别出道路养护巡检行业关注的各类病害。同时，为巡检管理人员提供了业务管理平台，可以实时掌握养护巡检工作进度，查看病害数据，建立管辖道路巡检全过程的数据资产数据库。本系统提高了养护巡检管理效率，减少了人力，加快了巡检速度，确保了巡检质量，减轻了工作强度，还兼有较强的适应性和兼容性[5]，促进了公路巡检养护管理作业智能化、标准化以及管理的科学化。系统在上海区管公路应用效果良好，为公路巡检养护决策提供了科学、有效的依据[1]。后续希望在充分降低产品成本的前提下，在部分浮动车上加装相关设备，利用数据众筹的模式大规模积累全路网的相关数据，建立全国的路况大数据平台[2]。

参 考 文 献

[1] 林杰，金明. 智能化高速公路巡检养护管理系统关键技术与设计[J]. 公路，2020（4）：340-344.
[2] 常光照. 车载轻量化道路智能巡检系统探析[J]. 中国安防，2020（9）：100-104.
[3] 王瑞成. 公路智能化日常养护管理系统设计与实现[D]. 天津：天津大学. 2017.
[4] 郭峰，潘永祥，邹友峰. 车载 LiDAR 系统在井盖病害监测中的应用研究[J]. 2017（4）：64-73.
[5] 陈松林. 基于 PDA 的公路养护巡检数据采集系统的研制[J]. 电子工程师. 2008（8）：68-71.

深圳交通运输数据共享开放服务研究与实践

徐忠于[1]，杨东龙[1]，曾乾瑜[1]，刘漫霞[1]，田浩[2]

1. 深圳市交通运输局，深圳 518040
2. 深圳前海云创交通科技服务有限公司，深圳 518040

【摘要】 近年来，随着"互联网+政务服务"取得显著成效，各部门数据共享和企业数据开放在我国数据建设和智能交通中的作用逐渐凸显。然而，"信息孤岛"的存在仍不可避免，交通数据的收集、存储、利用和价值挖掘仍有很大的改进空间。交通数据的共享与开放是政府履行职责的内在要求。为满足政府部门或政府部门间信息共享的需要，必须加强市场化共享和开放服务，促进政府与企业的合作。本文从交通数据共享应用、目录标准化、共享规则建设等方面，介绍了深圳市近年来交通数据共享和开放服务的实践，以期为智能交通建设提供一些有价值的参考。

【关键词】 智慧交通；数据共享开放；数据管理；数据服务

A Study and Practice on Transport Data Sharing and Open Services in Shenzhen

Xu Zhongyu[1], Yang Donglong[1], Zeng Qianyu[1], Liu Manxia[1], Tian Hao[2]

1. Shenzhen Municipal Transportation Bureau, Shenzhen 518040
2. Shenzhen Qianhai yunchuang Transportation Technology Service Co., Ltd., Shenzhen 518040

Abstract: In recent years, with remarkable achievement on "Internet + government services", Data sharing among different departments and data open to enterprises have gradually play an more important role in data construction and Intelligent Transportation in China. However, the existence of "information island" is still inevitable, and the collection, storage, utilization and value mining of transportation data still have much room for improvement. In this paper, the sharing and opening of transportation data with strict management is discussed, which is the inherent requirement of the government to fulfill its responsibilities. To meet the needs of information sharing across government departments or governmental subdivisions, it is necessary to strengthen the market-oriented sharing and open services towards improving the cooperation between government and enterprises. Including transportation data sharing application, directory standardization and sharing rules building, this paper also introduced recent practice of the sharing and open service of transportation data in Shenzhen, in order to provide some valuable reference for the construction of intelligent transportation.

Key words: intelligent transportation; data sharing and open; data management; data service

1 引言

作为数字政府建设的重要组成部分，智慧交通建设正在我国蓬勃发展。"交通"领域数据共享成为众多部门、企业重点关注的热点领域,但交通领域信息化建设中"信息孤岛""数据烟囱"[1]的存在,致使数据资源的发现与利用效率不高、存放分散、表现形式多样,逐步成为制约智慧交通建设的重大影响因素。

国家、省、市也高度重视并出台相关政策促进交通强国建设,推动数据共享开放,并强调信息共享应遵循统一标准、规范,进行信息资源的采集、存储、交换和共享工作,统筹建设信息共享的目录体系和交换体系。目前,交通部、北京、深圳等政府数据开放平台上面都发布了交通数据,为社会和公众提供广泛的数据共享开放服务,来满足各种交通需求,解决实际交通的问题和障碍。但仍以静态数据为主,存在没有实现标准化、规范化、互操作和机器可读等质量问题,影响开放交通数据的利用和发挥其价值和作用。在数据开放上,技术层面的主要痛点难点主要有三个方面:一是在数据标准上不统一,各类信息系统林立、数据质量参差不齐[2];二是原有系统与数据开放要求不匹配,各个系统对数据处理后进行对接效率低、难度大,必须加强数据治理,形成部门内、部门间、政企间的数据交互标准,打通数据融合的底层通道,同时加快建设统一的数据开放平台;三是共享开放的方式方法,应用"数据沙箱""联邦学习"等技术,提升数据开放效率,更好地保障数据安全。

在此基础上,深圳结合众多政府部门、企业、高校与交通部门的交通运输数据共享开放案例,率先展开交通运输全领域高频共享数据目录编制工作,定期更新交通运输现行数据目录体系,持续优化交换机制,包括但不限于接口对接、平台订阅、静态数据等多种方式,做好数据共享开放管理及信息资源服务。

2 深圳市交通领域数据共享开放应用成效

在大数据时代,应充分挖掘数据中的价值规律,提升政府提高社会治理水平和政府管理的能力。如今随着各级政府积极推动公共数据资源的"共享"与"开放",激活政府数据资产、打破数据孤岛,通过大数据的政用、商用、民用,真正实现百姓、企业、政府的三方共赢,已经成为政府信息化转型的重要目标。

2.1 政府部门之间的数据共享

以深圳市交通运输局智能政务服务平台为例:"智慧政务"让数字多跑路,让群众少跑路,注重民众获得感,构建高效便民的交通服务体系。市交通运输局通过事项梳理、申报材料分析、审核要点研究、流程优化、事项标准化、电子表单定制等具体工作,通过数据共享进行政府内部跨部门协同办理,实现"全流程网办、自动化处理"的政务服务新模式。在网约车许可中全国首创"无人工干预自动审批",从申请到证件核发,没收一份纸质材料或扫描件,没有人工进行签批,全部在网上申请,全部系统自动办理,免去群众奔波之劳,消除权力寻租之患,每年自动核发各类证件以及年审近540万件。大数据融合于政务服务,最大限度地减少了企业和群众跑路次数,让企业和群众办事像"网购"一样方便。

2.2 面向企业公众的数据开放

在过去的"十三五"数字政府"互联网+政务服务"建设中,深圳在2016年的网约车许可中首创了"无人工干预自动审批",后面逐步推广形成秒批,而秒批的背后是各部门的数据共享，可以说是数据驱动了整个业务流程的再造，重塑了政务服务。

数据开放需要统筹管理、快速响应、高效合作。提炼数据中有价值、可用于分析和应用的数据，编制数据共享开放目录，明确数据资源共享、开放的范围与条件，满足企业、公众的数据需求，使数据产生更大的价值。在过去的一年，深圳市在数据开放方面取得了非常明显的成效，如在公众出行方面，打通数据链，大力推动乘车码，让老百姓乘车更方便；在腾讯、百度查询实时公交，利用高德在线叫出租车，作为一名普通市民都会有很大的获得感。这背后离不开市交通运输部门的数据开放，但数据开放实际上也面临着隐私、政府与市场边界等问题。

3 交通运输领域数据"智"理措施与实践

3.1 数据管理

面对巨大的交通数据体量，深圳市交通运输部门在市委市政府的坚强领导下，以增强民众获得感为导向，以数据治理为核心，以安全运行为底线，以创新发展为动能，不断将信息化、智慧化技术与业务打磨融合，不断提高智慧交通的前瞻性、科学性、引领性，为构建现代化、国际化、一体化的综合交通运输体系和高品质、高效能、高融合的城市交通运行体系提供强大的"智慧源动力"。

（1）部门管理　从数据管理的角度出发，在交通数据的开放过程中按照统一的开放标准、审核机制，以需求为导向，构建基于现有系统、部门职能的数据开放流程及目录体系，各部门对开放交通数据进行划分，给出"数据目录"和"数据服务"。数据目录可以对外公开；数据服务按需申请。统筹管理，统一出口，符合新形势下交通运输数据开放目录的建设与管理需求。

（2）数据库管理　立足于交通部门信息化建设现状，按严格标准提出由服务模式、数据存储、信息需求和管理机制组成的可行解决总体框架。加强数据库管理，借助数据应用，能够满足多部门、多单位、大范围信息资源交换和共享。为了促进信息资源共享和利用，将高频、基础、重要的数据进行有效管理，将可共享信息编目，以实现信息资源的分类管理、快速检索和精准定位。

（3）目录编制管理　从各单位的交通运输信息资源需求及实际案例出发，依据交通部门工作职能，采用数据信息，按行政许可数据、基础数据、养护数据、运行数据等分类，对目录体系进行总体分析，重点分析目录层次、目录报送、目录审核、目录更新和目录服务评估，确定高频目录，分步实施、常态更新，优化数据目录建设。交通运输数据目录需满足两方面需求：一是功能性需求，满足跨上下级政府部门的纵向信息共享、平级政府部门间横向信息交换、政企合作数据开放需求、产学研信息资源整合等工作开展需要；二是非功能性需求，迭代更新的目录推动数据资源的摸查与梳理，作为数据治理的一种方式，为政府部门统筹管理提供抓手。

（4）常态更新管理　交通运输数据在全社会范围的共享与应用，高频数据管理与价值挖掘，数据应用效果的评估与反馈，可以促进交通运输数据目录的迭代更新。交通运输信息资源目录的编制，有利于发现数据管理的不足之处，促进数据治理的不断完善和发展，可进一步挖掘交通运输数据资源价值，提升交通运输行业服务质量。同时，交通运输目录的实现也对我国政务信息资源目录体系的建设有一定的参考价值。

（5）数据管理规则　根据交通运输信息数据使用场景及用途，归类现状数据资源，梳理形成交通运输信息数据资源采集目录；按照政府数据保密要求，基于目录制定一套管理规则，明确交通运输信息数据共享开放模式，实施路径及部门职责要求。

3.2　目录管理

（1）高频数据　数据目录有着为数据管理提供有力支撑的潜力，良好的数据管理会发挥智慧交通在交通运输安全方面重大的作用。早在2012年，深圳就推出了出租车车载智能终端技术规范，通过设备规范了行业的管理，计价、服务规范以及拾物寻回等都离不开车载终端的数据支持。根据统计，2020年深圳市交通运输部门完成了市公安局、市政数局、南科大、机场集团等20家左右单位的数据整合，热点关注的高频共享数据信息有：

1）公共交通设施：公交站点数据。
2）常规公交：GPS数据、基础数据、公交线路数据、IC卡刷卡数据。
3）出租车：GPS数据。
4）道路运输：车辆GPS数据、网约车数据、共享单车。
5）货物运输工具信息：车辆信息、车辆GPS数据。
6）道路交通运行监控。
7）路内停车。

（2）目录效果　抓住交通运输数字发展新机遇，以优先开放为原则，保密前置为例外，建立4大类29小类348项数据信息的数据开放目录，并逐步完善由信息资源数据集目录、开放目录、共享目录组成的交通运输信息资源目录，形成交通运输政务信息资源的"总账本"，为分散异构的交通数据的共享和开放提供基础性支撑。信息资源数据集目录实现对内部数据的管理、检索、查询和汇聚；开放目录实现面向全社会的数据发布功能；共享目录实现政府部门间的数据交互，促进业务协同及政府部门服务能力的提升。汇聚到社会方方面面的交通数据，打造数字交通，促进数字孪生发展，通过数据开放合作，相信一定会碰撞出智慧的火花，给社会治理、公众服务带来更好的变化。

3.3　数据服务

注重数据"智"理，增强交通治理科学性、精准性。打造全方位交通数据感知平台，汇聚整合民航、铁路、公路、水运、公交、轨道、出租等30类75项交通行业数据[3]，通过多源数据融合支撑交通运行动态监测，监测数据广泛应用于道路设施规划、交通拥堵治理、公交线网优化等方面，增强道路设施规划和交通综合治理的科学性、针对性，推出的道路占挖统筹计划系统，加强项目数据与行政审批数据协同应用，进一步合理统筹安排城市道路占挖工程，在保障城市建设需要的同时最大限度地降低对老百姓日常出行的影响。

（1）数据服务应用　2020年，深圳市交通运输部门向腾讯、百度、高德、机场集团、中山大学、南方科技大学、前海云创等高校、企业、研究机构，开放了一批高频需求数据，包括公共交通GPS数据、线网数据、道路交通运行监控数据、路内停车数据以及占挖数据等,形成了由市场自主提供的"实时公交""在线出租"等一批便民服务产品,孵化了由高校咨询机构研究提出的"公交线网优化""光明逸仙出行"以及"客流传播模型"等一批科研成果。交通运输部门立足交通治理,做好数据治理,市场、高校、研究机构基于业务能力,输出服务、输出成果,通过数据开放,催化交通运输服务百花齐放,更好地满足人民对美好出行的新期待。

(2) 数据服务效果 以"腾讯地图实时公交应用"为例,市交通运输部门向腾讯开放公共交通数据,由腾讯负责将数据与地图、微信等生态进行深度整合,向市民提供实时公交查询服务。自 2020 年 9 月上线以来,每日累次查询次数近 200 万次。同时腾讯地图还开展了公交出行红包奖励活动,引导用户公交出行的使用习惯。通过数据开放合作,把交通信息服务送到了每一位市民的手掌心。相信深圳市将持续推进交通运输数据开放,鼓励企业运用交通数据创新创业、服务大众,协同打造"人悦其行、物畅其流"的典范城市,让出行更美好[4]。

数据服务的繁花似锦,离不开高度的数据开放,数据的高度开放,离不开有效的机制体制。为此,在数据共享、开放上建立了一套机制体制。以制度化手段加大交通运输数据开放力度,形成数据开放制度体系。

4 建立交通运输数据管理机制

数据开放是建设智慧城市的必然要求。智慧城市建设离不开数据,数据采集的成本是高昂的,也是低廉的。数据往往伴随某项业务与服务而产生,这时获取成本是低廉的,但如果专门为了收集数据而采集,那么其成本是高昂的。因此,数据开放能够最大限度地发挥数据的作用,形成良好的智慧交通、智慧城市的生态。

4.1 共享开放管理原则

在认真分析市交通运输各业务部门数据共享案例的基础上,结合深圳市交通运输信息化建设特点和发展实际,提出几点数据共享开放管理原则:①由"1 对 N"被动式应对转变为主动式推送,掌握工作主导权;②以数据目录主动发布为核心,优化数据工作流程,提高资源流通效率[5];③"谁提供,谁负责","谁使用,谁负责",提供贯穿数据全周期的管理;④数据开放是有严格管理的开放,开放的数据要经过审核处理,保护敏感信息和公民隐私。

根据数据内容、使用方法与范围,研究开放共享的方式与方法,结合数据共享开放工作管理需要,编制两部管理办法,提升管理水平。具体编制原则如下:

1) 科学性原则:通过大量的标准、文献、资料以及实地调研工作,管理办法满足分类科学、层次清晰、框架合理、内容全面的要求,并适应深圳市智慧交通发展实际。

2) 先进性原则:管理办法着眼于实现交通运输现代化和建设交通运输强国的战略目标,强化数据共享开放工作在智慧交通系统建设发展中的地位和作用,促进数据价值挖掘与数据赋能产业发展。

3) 适用性原则:在管理办法的编制中,提高数据管理在系统应用层面的重要性;在数据目录编排上,结合各系统的层次关系,提高目录查阅的规律性和便捷性[6]。

4) 地方性原则:从管理办法所覆盖范围的确定,管理办法总体章节的设计,到最终数据目录的筛选填充,均始终依托深圳市交通运输部门系统建设和部门管理的实际,满足调研过程中获取的数据共享、开放需求。

4.2 管理办法主要内容

内部数据管理办法:主要明确部门职责、数据目录及更新、开放共享的方法途径及内部分工、数据管理要求、保障机制等,重点强调交通局内部的管理与分工,用于指导数据管理工作。

对外数据共享开放管理办法:主要明确对外数据共享开放目录、开放共享对象及条件、数据申请方式途径、开放共享审核内容及时限、数据保密义务、数据评估机制、保障机制等,重点强调局外单位的数据申请、方式,用于指导数据使用单位按规定申请数据开放共享。

基于数据共享管理及数据共享案例,从维护完善目录、优化管理机制、提升共享效率出发、突破现有管理理念,创新数据共享开放新格局,还可以加强以下几方面:①将所有共享开放的数据纳入数据目录;②重点关注敏感数据,建立起有效的数据更新及安全保护机制;③提供高效获取数据服务的共享途径和方式,助力智慧交通数据应用场景的快速发展。

5 结语

交通运输信息数据资源产生于各职能部门履行职责过程中的各个环节,这些信息资源是各部门开展相关业务的基础和依据,在行业管理、科学决策、对外服务等方面发挥着越来越重要的作用。深圳还将继续在市政府的统一部署下,持续推动数据开放,推进交通运输数据向企业、高校、研究机构开放,提升数字服务能力,实现数据资源的价值最大化,形成"政府数字治理+市场数字服务"双提升的交通运输数据开放新格局。

参 考 文 献

[1] 张德青. 基于电子政务标准的省级政府信息公开目录体系研究[D]. 合肥:合肥工业大学,2009.
[2] 曹大岭,邢廷炎,刘福江. 电子政务中数据目录规范化编制流程及实现机制[J]. 计算机应用,2011,31(A01):196-198.
[3] 林垚. 基于数据元技术的交通科学数据目录设计[J]. 科学技术与工程,2011,11(13):3085-3089.
[4] ZHANG Z P, ZHANG N. A novel development scheme of mobility as a service:Can it provide a sustainable environment for China?[J] Sustainability,2021,13(8):4233-4233.
[5] 龙莎. 基于数据治理的开放交通数据发布流程优化及质量控制[D]. 大连:大连海事大学,2020.
[6] Information technology-Metadata registries (MDR)——Part 1:Framework:ISO/IEC 11179-1:2004[S].

基于实测数据的排阵式交叉口饱和流率修正

郑喆，马万经，王玲

同济大学道路与交通工程教育部重点实验室，上海 201804

【摘要】 为了更为准确地计算排阵式信号交叉口饱和流率，在实测数据的支持下，建立了排阵式信号交叉口饱和流率修正模型。首先，采用视频录像对深圳市前海路排阵式控制区进行数据采集与对比分析，论证了排阵式控制对排序区内各条车道饱和流率存在影响。在此基础上，运用因素分析法，分别从驾驶员非熟悉操作、排序区车道利用及排序区车辆滞留三个方面对其影响进行了分析，并运用概率论及数理统计，建立了排阵式控制对饱和流率影响的修正模型。研究表明：排阵式控制虽然可通过动态的车道功能设置提高交叉口整体通行能力，但对进口车道饱和流率将造成一定负面影响，其中排序区车道的不均匀利用是排阵式控制对饱和流率影响的最主要因素，降低饱和流率约 15.32%；驾驶员非熟悉操作违规进入排序区会导致阻塞，降低本车道及相邻车道的饱和流率分别为 6.15% 和 3.92%；排序区车辆滞留会导致下一相位车辆阻塞并降低其饱和流率，发生概率与信号控制及车辆运行速度有关，可通过设置足够的清空时间来避免。

【关键词】 交通工程；饱和流率；概率论；排阵式信号交叉口；实测数据；因素分析法

Revision of Saturation Flow Rate at Tandem Intersections Based on Field Data

Zheng Zhe, Ma Wanjing, Wang Ling

Tongji University, The Key Laboratory of Road and Traffic Engineering of the Ministry of Education, Tongji Univer Sity Shanghai 201804

Abstract: In order to accurately calculate the saturation flow rate at pre-signal intersections, the saturation flow rate adjustment model for pre-signal intersection was established based on the measured data. First, the field data of the sort area in Qian Hai Rd. in Shenzhen was collected by video cameras. It was shown that the saturation flow rate of the sort area was significantly affected by the pre-signal control based on comparison analysis. Then, with the factor analysis method, the influence of the saturation flow rate in sort area was analyzed from three aspects, including the unfamiliar operation, the lane utilization in sort area, and the sort area retention. The saturation flow rate adjustment model was established using the probability theory and mathematical statistics accordingly. Results show that the pre-signal control brings negative impact on saturation flow rate of the approach lanes, although it can significantly improve the capacity of the whole intersection with the dynamic use of approach lanes. The uneven utilization of lanes in sort area is the main factor of

---

⊖ 基金项目：国家重点研发计划资助（2018YFB1601000）。

the effect in saturation flow rate caused by pre-signal control, with the reduction by 15.32%. The illegal driving into the sort area caused by unfamiliar operation can cause the lane blockage, which reduces the saturation flow rate in this lane and adjacent lane for 6.15% and 3.92%, respectively. The sort area retention causes the vehicle blockage in the next phase and reduction of the saturation flow rate, which is affected by the signal timing and vehicular speed. It could be avoided by setting sufficient clearance time in practice.

Key words: traffic engineering; saturation flow rate; probability theory; pre-signal intersections; measured data; factor analysis method

突发重大疫情严控期城市道路交通管理探讨

王少飞，周欣，朱湧

1. 招商局重庆交通科研设计院有限公司智慧城市与数字交通工程院，重庆 400067
2. 国家山区公路工程技术研究中心，重庆 400067

【摘要】 突发重大疫情下的城市交通应急管理问题尚未引起足够重视，相关研究成果还非常少。新冠肺炎（COVID-19）爆发后，已经充分暴露出我国大城市的交通运输部门在应对突发重大疫情措施上的薄弱和不足。本文首先阐述突发重大疫情相比其他灾变事件对城市交通影响的差异性，在此基础上研究分析了突发重大疫情下的城市交通应急管理体制、机制问题。针对突发重大疫情下，城市交通供求关系发生突变，城市道路交通管理的重心发生转移，从车辆管理、交通管理、交通控制、公共服务和宣传教育5个方面系统地提出疫情严控期的城市道路交通管理对策。

【关键词】 城市道路；突发疫情；交通管理与控制；应急管理；公共服务

Research on Urban Road Traffic Management During in Severe Epidemic Control

Wang Shaofei, Zhou Xin, Zhu Yong

1. China Merchants Chongqing Communications Research & Design Institute Co., Ltd., Chongqing 400067
2. National Engineering & Research Center for Highways in Mountain Area, Chongqing 400067

Abstract: The urban traffic emergency management in case of epidemic outbreak has not attracted enough attention, and the relevant research results are very few. The COVID-19 outbreak has fully exposed the weakness and insufficiency of transportation departments in major city of China in dealing with the outbreak of epidemics. Firstly, this paper expounds the difference of the impact of the sudden epidemic on urban traffic compared with other disasters, and then studies and analyzes the urban traffic emergency management system and mechanism under the sudden epidemic. In view of the sudden change of the relationship between urban traffic supply and demand, and the shift of the focus of urban road traffic management, this paper systematically puts forward the countermeasures of urban road traffic management in the period of strict epidemic control from five aspects of vehicle management, traffic management, traffic control, public service, publicity and education.

Key words: urban road; outburst of epidemic; traffic management and control; emergency management; public service

---

⊖ 基金项目：重庆市技术创新与应用发展专项重点项目（cstc2019jscx-tjsbX0013）。

1 引言

当前,新型冠状病毒肺炎(COVID-19)正在全世界肆虐,疫情十分严峻,全国各界为打赢疫情防控的人民战争、总体战、阻击战而努力奋战。突发重大疫情下的城市交通应急管理问题尚未引起足够重视,我国学者的研究成果还比较少[1]。世界卫生组织(WHO)发布的有关突发重大疫情防范和应对指导文件中,均未涉及此部分内容[2]。2009 年 12 月,美国公共交通运输协会(American Public Transportation Association,APTA)安全风险管理工作组发布了技术标准 APTA SS-S-SEM-005-09《制定传染性病毒应对计划》(Developing a Contagious Virus Response Plan)[3-4],并于 2013 年 4 月完成第一次修订;该标准介绍了美国公共交通运输部门应对传染性病毒计划的主要思路和基本措施,包括载运工具消杀防疫、公共交通服务调整、疫情防控知识传播等,但不包含城市道路交通应急管理内容。在 SARS 疫情后,为应对突发公共卫生事件,中华人民共和国卫生部于 2003 年 11 月发布了《突发公共卫生事件交通应急规定》;2020 年 1 月,中国国务院应对新型冠状病毒感染的肺炎疫情联防联控机制印发《公共交通工具消毒操作技术指南》,但上述指导性文件更多还是在强调对公共交通运输工具的消杀防疫以及对疑似患者的筛查、隔离等,并未涉及突发重大疫情下的城市道路交通管理措施。

新冠肺炎(COVID-19)爆发后,已经充分暴露出我国大城市的交通运输部门在应对突发重大疫情措施上的薄弱和不足。本文首先阐述突发重大疫情相比其他灾变事件对城市交通影响的差异性,在此基础上研究突发重大疫情下的城市交通应急管理体制、机制问题,提出疫情严控期的城市道路交通管理对策,以期为我国城市交通运输部门制定政策、出台措施提供参考。

2 疫情与其他灾变事件对城市交通影响的差异性

与基础设施事故(桥梁垮塌、隧道垮塌、道路塌陷等)、自然灾害(地震、台风、洪涝等)、火灾事故、危化品事故、恐怖袭击等灾变事件相比,突发重大疫情对城市交通体系的影响表现迥异,见表 1。正是由于这些差异,使得突发重大疫情下的城市交通应急管理工作面临新挑战和新需求。

表 1 疫情与其他灾变事件对城市交通影响的差异

对比项	灾害	
	突发重大疫情	其他灾变事件
持续时间	长,达到数十天甚至数月	短,数天至几十天不等
影响范围	大,全市范围	小(自然灾害除外),城市局部区域
影响人群	多,全体市民	少(自然灾害除外),部分市民
对交通系统运行的影响	人为主动干预城市交通系统运行,后果可以预见	突发性、阻断性、破坏性,引发人员伤亡、车辆损坏,损失不可估量
对交通出行方式的影响	对各类交通方式均有影响	对城市局部区域的部分交通方式(如道路交通或轨道交通)有影响(自然灾害除外)

（续）

对比项	灾害	
	突发重大疫情	其他灾变事件
对交通基础设施的影响	对交通基础设施本身无任何影响	对交通基础设施可能会造成严重损坏
对交通运输需求的影响	发生突变	影响不大

3 突发重大疫情严控期的城市交通运输需求

世界卫生组织（WHO）将突发重大疫情发展分为大流行间期、预警期、大流行期和过渡期[1-2]，其描述了传染性病毒的传播过程，各个国家和地区在不同时期面临不同的风险，如图1所示。

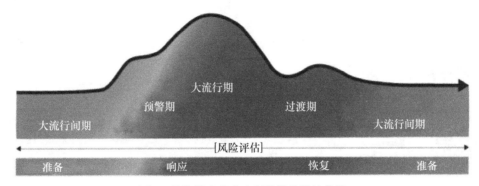

图1 传染性病毒大流行阶段连续性曲线

在传染性病毒大流行期，各城市极有可能启动重大突发公共卫生事件I级响应，采取极为严格的管制措施，以防止疫情大范围扩散。在此情况下，城市交通运输需求将发生显著变化。

3.1 城市交通供求关系变化

突发重大疫情下，城市交通供求关系发生突变。因疫情防控工作需要，城市居民生活方式发生突变，导致居民出行目的、出行强度、出行方式、时空分布等也随之发生突变，前后对比见表2。

表2 突发重大疫情对城市交通供求关系的影响

对比项	阶段	
	疫情发生前	疫情爆发后
城市生产	正常的社会生产活动	三停：停工（业）、停产、停课
居民生活方式	出行自由	出行受控
居民出行目的	刚性需求：日常通勤、日常生活 非刚性需求：亲朋聚会、外出就餐、旅游休闲、商场购物	刚性需求：基本通勤、基本生活、看病就医 非刚性需求：大幅减少，甚至基本终止

(续)

对比项	阶段	
	疫情发生前	疫情爆发后
居民出行强度	高	极低
居民出行方式	公共交通、私家车	私家车、自行车、步行
居民出行时间分布	早晚高峰、平峰、夜间	白天呈现低峰、夜间出行极少
居民出行空间分布	中长距离出行	居住生活圈，以小区→超市/农贸市场→小区为主或部分为小区→工作单位→小区

总体而言，城市交通出行需求和交通系统负荷呈现大幅度下降，加之地面公交、巡游出租车、网约车、工程车停运或部分停运，常态化的城市道路交通拥堵骤然消失，道路空间资源极为充裕，城市全路网交通指数[5]保持畅通状态，如图2所示。

a）平时拥堵的城市道路　　　　　　　b）突发重大疫情严控期的城市道路

图2　突发重大疫情对城市道路交通运行的影响

3.2　城市交通应急保障需求

在突发重大疫情时，因抗击疫情需要，将出现大量的应急保障需求，主要包括：

1）因临时医院等抢建工程，将会有部分工程车辆要在城市内穿行，运送建筑设施及材料、医疗物资及设备，转运渣土等。

2）医疗救护人员的运输，包括医疗救护人员的市内通勤，以及外地医疗救护人员抵达火车站、机场后的市区运输保障。

3）疫病患者群体的运输，为避免疫病患者的交叉感染，由街道/社区组成专门的护送队，运送患者至疫情防控救治定点医院。

4）防疫应急物资、社会民生物资的运输，特别是需要保障防疫应急物资尽快达到抗击疫情一线，保障疫情防控工作需要。

5）各疫情防控救治定点医院、红十字会物资仓库、物流园区、应急物资中转调运站、抢建工程工地将有大批车辆（救护车、物流车、工程车等）出入，是突发重大疫情严控期城市交通组织管理的重点区域。

4 突发重大疫情下的城市交通应急管理体制

在突发重大疫情时，当地城市将会迅速成立疫情防控指挥部。鉴于交通运输保障工作在突发重大疫情防控阻击战中的重要作用，有必要在疫情防控指挥部下设置交通运输保障工作组，并建议配置城市道路交通保障、城市交通运输保障和城际交通运输保障3个专班，如图3所示。

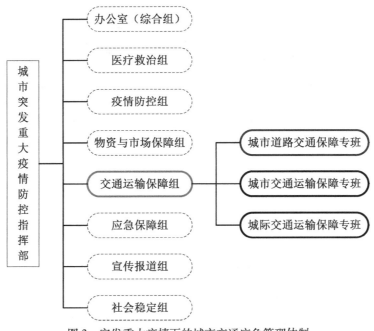

图3 突发重大疫情下的城市交通应急管理体制

其中，城市道路交通保障专班重点负责突发重大疫情期的车辆管理、交通管理工作，由公安交通管理部门负责；城市交通运输保障专班重点负责突发重大疫情期的医护人员群体运输、疫病患者群体运输、公共交通运输、各类物资运输等，由交通运输部门负责；城际交通运输保障专项重点负责突发重大疫情期的公路、水路、铁路、民航4大城际交通及物流运输工作，由交通运输、公安交通管理部门负责。

5 突发重大疫情下的城市交通应急管理机制

在突发重大疫情时，3个工作专班需要在交通保障组的统一指挥下，形成情况互通、信息共享、协同作战机制，如图4所示。

城市道路交通保障专班依托城市公安交通指挥控制中心（TMC），负责重点车辆、主要道路、重要区域和关键卡点的管理工作。其主要职责是围绕内防疫情扩散、阻断疫情传播的目标，保障市内防疫应急物资、社会民生物资运输通道畅通。

城市交通运输保障、城际交通运输保障专班依托城市交通运行协调指挥中心（TOCC），负责城市公共交通、城际交通运输和出入市区卡点的管理工作。其主要职责是围绕内（外）防疫情扩散、阻断疫情传播的目标，保障城际防疫应急物资、社会民生物资运输通道畅通，

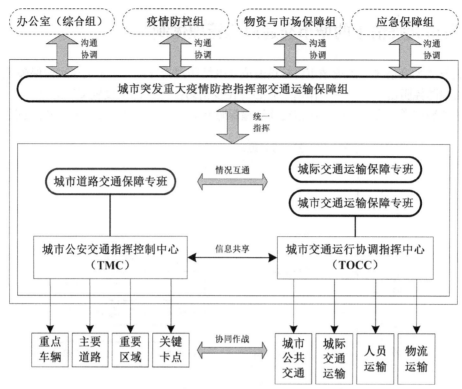

图 4 突发重大疫情下的城市交通应急管理机制

满足重点人员市内、城际出行需求。

TMC 和 TOCC 需要共享的信息见表 3，通过数字化协同应急指挥平台，保障 3 个工作专班运行更加协同、更加高效。

表 3 突发重大疫情下的城市交通应急管理需要共享的信息列表

信息提供单位	城市道路交通保障专班	城市交通运输保障专班	城际交通运输保障专班
信息共享内容	1. 城市道路交通运行指数 2. 纳入管控的主要道路信息（道路名称、管控时间管控要求） 3. 纳入管控的重要区域信息（如疫情防控救治定点医院、红十字会物资仓库、物流园区、应急物资中转留运站、抢建工程区域及现场值守民警信息等） 4. 市区道路防疫检查站信息（卡点位置、检查时间及现场值守民警信息等） 5. 重点排查的车辆信息（车辆牌照、所有权人、市内行驶轨迹） 6. TMC 值班负责人、联系电话	1. 城市应急保障车辆信息（车辆类型及牌照、归属单位、驾驶人信息、调度单位等） 2. 市内重点人员运输保障任务单（如医护人员群体、疫病患者群体的运输起点和终点） 3. 市内重点物资运输保障任务单（如医疗防护物资、生产生活物资的运输起点和终点） 4. 城市公共交通运行计划 5. TOCC 值班负责人、联系电话	1. 城际重点物资运输任务单（车辆类型及牌照、归属单位、驾驶人信息、运输任务单） 2. 进出市区的防疫检查站信息（卡点位置、检查时间及现场值守民警信息等） 3. 协调通行车辆信息
信息接收单位	城市交通运输保障专班 城际交通运输保障专班	城市道路交通保障专班	城市道路交通保障专班

6 突发重大疫情严控期的城市道路交通管理对策

突发重大疫情下,由于城市交通供求关系发生突变,城市道路交通管理的重心已经从"缓堵保畅"转移到保障市内防疫应急物资、社会民生物资运输通道畅通以及保障医疗救护、疫病患者等重点群体市内出行需求。因此,公安交通管理部门在战时状态应采用与平时状态截然不同的对策。

6.1 车辆管理对策

车辆管理的对象主要是来自重点疫区的车辆和保障疫情防控工作的车辆。

1) 在市区道路关键节点设置防疫检查站,对来自重点疫区的车辆、人员进行必要的健康检测、信息登记和交通管制。对来自重点疫区的车辆和人员,及时配合疫情防控人员采取隔离措施。

2) 以市疫情防控指挥部的名义下发通知,由市交通运输、公安交通管理部门向全市防疫工作车辆、医护人员班车、防疫物资运输车辆、抢建工程车辆、殡葬服务车辆等发放特别通行证。全市公安交管、城管、环保部门对持证车辆的一般违规行为进行教育警告纠正,原则上不予处罚。

6.2 交通管理对策

根据疫情态势和市疫情防控指挥部的相关要求,可采取以下交通管理对策。

1) 利用大数据等新一代信息技术手段[6],对基本通勤、基本生活、应急物资、疫情防控等运输需求进行详细、快速调查,合理确定各类需求的优先级,优先疫情防控、基本民生类需求,为科学制定协同实施的交通组织与交通管控措施提供数据支撑。

2) 除经许可的保供运输车、免费交通车、公务用车、具有特别通行证的车辆外,中心城区实行机动车禁行管理。此策略宜慎用,一旦启用,必须要有配套的保障市民必要出行需求(如部分行业通勤、市民看病就医等)的交通运输工具;同时在疫情得到有效控制后,应逐步解除机动车禁行管理措施,如先期恢复公交车、巡游出租车、网络预约出租汽运行,再适时解除私家车禁行令。

3) 按照节假日模式进行城市道路交通管理,延迟恢复机动车工作日高峰时段区域限行交通管制措施,即尾号限行措施。

4) 暂时取消中心城区大货车限行区域,放宽货运车辆进城条件,以保障临时医院等抢建工程和防疫应急、社会民生物资运输的需要。

5) 加强对疫情防控救治定点医院、红十字会物资仓库、物流园区、应急物资中转调运站、货运站场、配送站点、抢建工程区域周边道路管控,设置重点运输线路指示标志,保障应急物资、民生物资在城市内顺利转运、配送。

6) 针对疫情防控期间,市民居家防疫、停车需求上升等实际问题,采取免费开放公共停车场、减免路侧停车收费等措施,最大限度地满足私家车停车需求。

6.3 交通控制对策

根据疫情态势和市疫情防控指挥部的相关要求,可采取以下交通控制对策。

1）基于物联网、大数据等数字化技术手段，加强对疫情防控救治定点医院、红十字会物资仓库、物流园区、应急物资中转调运站、货运站场、配送站点、抢建工程区域、大型交通枢纽等场所的车流和人流监测，并对大流量状态及时发出预警信号。

2）疫情严控期间，道路交通量极小，如果按正常的配时或智能信号控制，反而导致交通延误增加，甚至导致部分机动车闯红灯的现象。可根据实际情况，对道路交叉口交通信号进行调整，设置为"黄灯闪烁运行"方式或采用缩短信号周期方案。

3）根据疫情态势及交通出行变化趋势，对道路交通运行进行动态评估，对交通管理与控制方案进行动态调整。特别是针对全社会复工复学后，交通出行方式由公共交通向个体机动化交通转移带来的道路行车压力、停车压力进行充分评估，并根据职住空间分布、出行OD时空分布、交通流量预测等数据，制定道路交通管理与控制方案。

6.4　公共服务对策

疫情防控期间，为减少人员聚集，减少交叉感染风险，向全社会大力推行交管业务线上服务。各位机动车驾驶人只需下载"交管12123"App，或登录"交管12123"Web端、"交管12123"语音平台，即可网上办理申领免检标志、机动车检验预约、期满换领驾驶证、遗失补领驾驶证等多项车驾管业务，还可办理违法处理和罚款缴纳业务。

6.5　宣传教育对策

加强疫情期间的交通信息发布及防控知识宣传。通过网络、手机、电视、道路交通信息发布屏等方式，对疫情防控期间的道路交通管理方案进行实时发布，并加强对疫情防控知识和疫情防控工作要求的宣传，实现政府、单位、个人的行动协同，营造有利的疫情防控氛围。

7　思考

针对此次新型冠状病毒肺炎（COVID-19）爆发初期，我国城市交通运输保障工作中存在的突出问题，有3点思考：

1）要进一步健全突发重大疫情下的城市交通应急管理"一案三制"，包括城市交通应急预案、城市交通应急管理体制、城市交通应急管理机制、城市交通应急管理法制。

2）要进一步优化完善城市公安交通指挥控制平台、城市交通运行协调指挥平台功能，增加突发重大疫情下的城市交通应急管理功能模块。

3）交通运输保障工作在突发重大疫情防控阻击战中有着十分重要的作用，在开展突发公共卫生事件应急演练时应纳入城市交通应急管理演练子项。

8　结语

突发重大疫情下，城市交通供求关系发生突变，城市道路交通管理的重心发生转移。本文按照突发重大疫情联防联控、群防群控、严防严控要求，深入研究分析了突发重大疫情下的城市交通应急管理体制、机制问题，并从车辆管理、交通管理、交通控制、公共服务和宣传教育 5 个方面系统地提出疫情严控期的城市道路交通管理对策。建议要进一步健全突发重大疫情下的城市交通应急管理"一案三制",优化完善城市智能交通管控平台功能,定期开展突发重大疫情下的城市交通应急管理演练。

参 考 文 献

[1]《中国公路学报》编辑部. 中国交通工程学术研究综述·2016［J］. 中国公路学报, 2016, 29（6）: 1-161.

[2] WHO. Pandemic Influenza Preparedness and Response［R］. Geneva: WHO, 2009.

[3] American Public Transportation Association (APTA). Developing a Contagious Virus Response Plan (APTA-SS-SEM-S-005-09)［Z］. 2013.

[4] Department of Homeland Security. Pandemic Influenza Preparedness, Response, and Recovery: Guide for Critical Infrastructure and Key Resources［Z］. 2009.

[5] 吴娇蓉, 刘梦瑶. 复工期杭州市实施公共交通时段性免费政策的舆情及效果分析［J］. 综合运输, 2020（12）: 1-9.

[6] 胡雁宾, 刘君, 胡伟超. 新冠肺炎疫情下加强道路交通应急管理的建议［J］. 综合运输, 2020（4）: 1-3.

城市轨道交通运输系统阻断突发重大疫情传播的对策

张冬奇[1]，王少飞[2,3]，周欣[2,3]

1. 重庆城市交通开发投资（集团）有限公司，重庆 404100
2. 招商局重庆交通科研设计院有限公司智慧城市与数字交通工程院，重庆 400067
3. 国家山区公路工程技术研究中心，重庆 400067

【摘要】 城市轨道交通在促进经济发展、保障社会民生等方面发挥着非常重要的作用，当突发重大疫情出现时，城市轨道交通网络存在车站环境复杂、人员密集度高、运输工具封闭、串联城区组团等特点，是内防疫情扩散、阻断疫情传播的主战场之一。国内外有关交通运输系统阻断突发重大疫情传播的成果还比较少。通过理论研究提出突发重大疫情在城市轨道交通运输中的传播机理，包括节点传播、通道传播和跨区传播；突发重大疫情在城市轨道交通运输中的传播除了具有流行病学的传播特点之外，还有在交通运输主通道中扩散的自身特点，包括交叉感染、强关联性、不平衡性和外部扩散。根据突发重大疫情防控的实际情况，提出城市处于疫区和非疫区两大类实施分级防控的标准。以防止疫情扩散为目标，提出疫区和非疫区城市轨道交通运输组织的基本对策，疫区城市在启动重大突发公共卫生事件Ⅰ级响应后，为内防疫情扩散，轨道交通运输系统必须立即停运，以全面阻断疫情传播，同时还应保留必要的应急运力，采用专列方式运行以抗击疫情；非疫区城市则应采用更加科学灵活的运输组织方式以阻断疫情节点传播、通道传播和跨区传播，包括调整运行模式、采用经济杠杆等。未来还需要根据实际的疫情数据、轨道交通运行数据等建立城市轨道交通运输通道的疫情扩散模型，研究阻断措施对降低基本传染数（R0）的贡献率，评估疫情下实施的轨道交通运输组织策略的合理性。

【关键词】 轨道交通运输；突发公共卫生事件；联防联控；疫情传播；应急管理

Countermeasures for Urban Rail Transit System to Block the Spread of Sudden Major Epidemic

Zhang Dongqi[1], Wang Shaofei[2,3], Zhou Xin[2,3]

1. *Chongqing Urban Transportation Development Investment（Group）Co.，Ltd.，Chongqing 404100*
2. *China Merchants Chongqing Communications Research&Design Institute Co.，Ltd.，Chongqing 400067*
3. *National Engineering&Research Center for Highways in Mountain Area，Chongqing 400067*

Abstract：Urban rail transit plays a very important role in promoting economic development,

---

基金项目：重庆市技术创新与应用发展专项重点项目（cstc2019jscx-tjsbX0011）。

ensuring people's livelihood and other aspects. When the epidemic broke out, the urban rail transit network has the characteristics of complex station environment, high personnel density, closed means of transportation, tandem urban clusters and so on, which is one of the main battlefields for internal prevention and interdiction of the spread of the epidemic. At home and abroad, there are few achievements about the transportation system blocking the spread of major outbreaks. Through theoretical research, the paper puts forward the transmission mechanism of sudden major epidemic in urban rail transit, including node transmission, channel transmission and cross region transmission. The transmission of sudden major epidemic in urban rail transit has not only epidemiological transmission characteristics, but also its own characteristics in the main channel of transportation, including cross infection, strong correlation, imbalance and external diffusion. According to the actual situation of the prevention and control of the sudden major epidemic, this paper puts forward the standards of the implementation of the classified prevention and control in the two major categories of urban epidemic area and non epidemic area. In order to prevent the spread of the epidemic, the basic countermeasures of urban rail transit organization in epidemic area and non epidemic area are put forward. After starting the level I response to major public health emergencies, in order to prevent the spread of the epidemic internally, the rail transit system must be shut down immediately to stop the spread of the epidemic in an all-round way. At the same time, the necessary emergency transportation capacity should be reserved and special train operation should be adopted to combat the epidemic. The non epidemic area cities should adopt more scientific and flexible transportation organization to block node transmission, channel transmission and cross region transmission, including adjusting operation mode and adopting economic leverage. In the future, according to the actual epidemic data and rail transit operation data, we need to establish the epidemic diffusion model of urban rail transit transport channels, study the contribution rate of blocking measures to reduce R0, and evaluate the rationality of the implementation of rail transit organization Strategy under the epidemic situation.

Key words: rail transit; public health emergencies; joint prevention and control; epidemic transmission; emergency management

1 引言

当前，新型冠状病毒肺炎（COVID-19）疫情仍十分严峻，全国各界为打赢疫情防控的人民战争、总体战、阻击战而努力奋战，已经在病毒研究、阻断传播、有效管控和应急响应等方面取得显著成效。城市轨道交通是一种可持续性、面向大众、绿色环保、安全便捷的交通运输模式，具有全天候、运量大、速度快、班次密、安全舒适、准点可靠和节能环保等突出优势，在促进经济发展、保障社会民生等方面发挥着非常重要的作用。COVID-19 具有极强的人传染人的传播能力且其潜伏周期较长，当突发重大疫情出现时，集中表现为易感染及扩散快。轨道交通是城市交通运输体系的主动脉，从突发重大疫情联防联控、群防群控的角度看，城市轨道交通网络存在车站环境复杂、人员密集度高、运输工具封闭、串联城区组团等特点，是内防疫情扩散、阻断疫情传播的主战场之一。

总体而言，国内外有关交通运输系统阻断突发重大疫情传播的成果还比较少[1]。世界卫生组织（WHO）发布的有关突发重大疫情防范和应对指导文件中，均未涉及此部分内容[2-3]。2009年12月，美国公共交通运输协会（American Public Transportation Association，APTA）安全风险管理工作组发布了技术标准APTA SS-S-SEM-005-09《制定传染性病毒应对计划》（Developing a Contagious Virus Response Plan）[4-5]，并于2013年4月完成第一次修订；该标准介绍了美国公共交通运输部门应对传染性病毒计划的主要思路和基本措施，包括载运工具消杀防疫、公共交通服务调整、疫情防控知识传播等。为控制检疫传染病通过交通工具及其乘运的人员、物资传播，防止检疫传染病流行，保障人体健康，我国国务院于1998年11月发布了《国内交通卫生检疫条例》[6]；卫生部、铁道部、交通部、民航总局根据该条例于1999年9月发布了《国内交通卫生检疫条例实施方案》[7]；在SARS疫情后，为应对突发公共卫生事件，卫生部、交通部于2003年11月发布了《突发公共卫生事件交通应急规定》[8]；2020年1月，国务院应对新型冠状病毒感染的肺炎疫情联防联控机制印发《公共交通工具消毒操作技术指南》[9]。但上述指导性文件更多的还是在强调对公共交通运输工具的消杀防疫以及对疑似患者的筛查、隔离等，并未过多涉及突发重大疫情下的城市轨道交通运行组织问题。

本文首先对突发重大疫情在城市轨道交通运输中的传播机理和传播特点进行了研究；然后根据突发重大疫情防控的实际情况，提出城市轨道交通运输对突发重大疫情的分级防控标准；最后以内防疫情扩散为目标，提出疫区和非疫区城市轨道交通运输组织的基本对策。

2 突发重大疫情在城市轨道交通运输中的传播

以SARS、COVID-19为代表的突发重大疫情，在城市轨道交通运输中的传播除了具有流行病学的传播特点之外，还有在交通运输主通道中扩散的自身特点，如图1所示。为内防疫情扩散、阻断疫情传播，需要研究疫情通过城市轨道交通运输扩散的机理和特点，为进一步建立城市轨道交通运输分级防控体制机制、创新交通运输组织策略提供理论依据。

2.1 传播机理

与铁路交通运输重点需要外防疫情扩散、阻断疫情传播所不同的是，城市轨道交通运输重点需要内防疫情扩散、阻断疫情传播。

1. 节点传播

轨道交通站是城市疫情高发区和无疫情区的接口，是阻断疫情传播的关键节点，如图2所示。城市轨道交通运输系统疫情防控的主要措施需要在轨道交通站全面落实到位，特别是设置在民航机场、铁路客站、交通枢纽、核心商圈、高等院校、旅游景点、大型小区、农贸市场、工业园区、重点医院的站点。这些关键节点必须配备相应的消杀防疫、人员防护、客流监测、安全防控及信息发布等设施，以便在突发重大疫情联防联控期间能够有效地联动响应，实施应急管控措施。

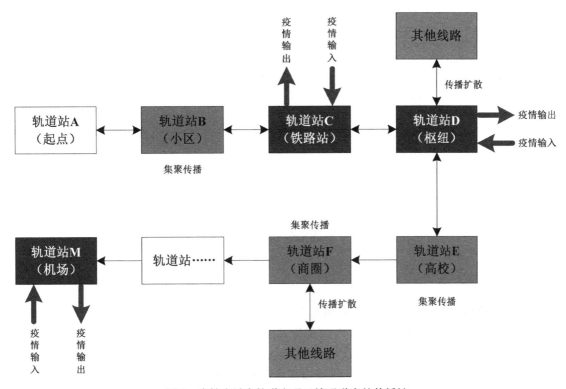

图 1 疫情在城市轨道交通运输通道中的传播链

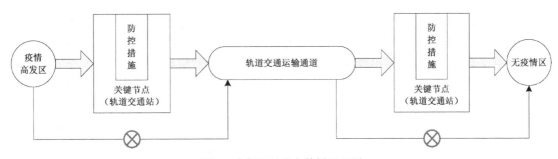

图 2 疫情通过节点传播机理图

2. 通道传播

由于轨道交通具有人员密集度高、运输工具封闭的特点,所以疫情由关键节点开始传播将进一步诱发通道传播,即疫情在通道内的扩散速度要高于一般条件下的扩散速度[10],轨道交通沿线各接口相关区域,如核心商圈、高等院校、大型小区、农贸市场、工业园区由无疫情区转化为疫情多发区甚至高发区,疫情可能会发生多点扩散,如图 3 所示。

3. 跨区传播

由于轨道交通还具有多条线路同站换乘的特点,所以可能会出现跨组团、跨区域扩散的现象,这是由城市产业布局、社会公众出行的特点所决定的。因此,与疫情高发区有密切交通联系的无疫情区,尽管在空间位置上相隔较远,但仍然是疫情蔓延的高危地区,如图 4 所示。

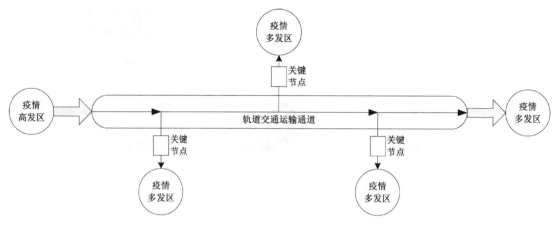

图 3　疫情通过通道传播机理图

2.2 传播特点

中国疾病预防控制中心（CDC）研究得出 COVID-19 的基本传染数（R0）约为 3.77，高于 SARS，见表 1。因此，COVID-19 的强传染性、长潜伏周期特点加之其在城市轨道交通运输中的传播机理，将呈现交叉感染、强关联性、不平衡性以及外部扩散的特点。

1）交叉感染。由于轨道交通串联城市多个组团，通常民航机场、铁路客站、交通枢纽、核心商圈、高等院校、旅游景点、大型小区、农贸市场、工业园区等均设有轨道站，同时多条轨道交通线路可能还有同站换乘，如果对轨道交通运输通道不进行有效管控，由于流行性疾病存在接触、飞沫等传播途径，故存在高密度人群流动造成的交叉感染隐患，形成三代、四代感染病例，疫情可能会在城市内迅速扩散，传染链条延长，造成难以控制的局面。

2）强关联性。轨道交通沿线的输入性疫情高发是与民航机场、铁路客站、交通枢纽密切联系强相关的，而轨道交通沿线的本地病例高发则与核心商圈、高等院校、大型小区、农贸市场、工业园区等密切联系强相关。

3）不平衡性。由于城市轨道交通网络是逐步发展的，城市内部分区域轨道交通线路数量多、里程长、密度高，而部分区域轨道交通线路数量少、里程短、密度低，突发重大疫情可能在轨道交通运输更加发达的区域、组团更为严重。

4）外部扩散。城市轨道交通与沿线民航机场、铁路站点、交通枢纽等密切联系，由于内防疫情扩散不到位，还会由于人口流动给别的城市带来输入性疫情。

表 1　流行性疾病基本传染数 R0

疾病	传播途径	R0
脊髓灰质炎	粪口传播	5~7
HIV/AIDS	性传播	2~5
SARS	空气传播、飞沫传播	0.85~3
伊波拉出血热	液体传播	1.5~2.5
COVID-19	接触传播、飞沫传播、粪口传播	3.77

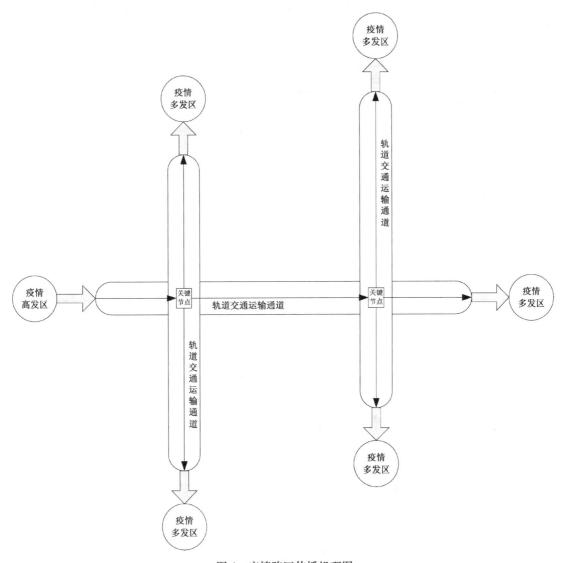

图 4 疫情跨区传播机理图

3 城市轨道交通运输对突发重大疫情防控分级

我国根据突发公共卫生事件性质、危害程度、涉及范围,将其划分为特别重大(Ⅰ级)、重大(Ⅱ级)、较大(Ⅲ级)和一般(Ⅳ级)四级[11]。根据突发重大疫情防控的实际情况,按城市处于疫区和非疫区两大类实施分级防控,见表2、表3。

疫区和非疫区分级防控的主要区别在于突发特别重大公共卫生事件时,是否阻断轨道交通运输通道,即轨道交通运输系统停运。如此次武汉市在启动重大突发公共卫生事件Ⅰ级响应后,配合城市"封城",武汉市轨道交通运输系统必须立即停运,直至疫情趋于缓解或解除。而对于其他大型城市,如北京、上海、重庆、深圳、广州等,在抗击疫情的同时为保障社会生产生活，轨道交通运输系统应立即调整运行，但须慎用停运措施，避免措施过激。

表2 突发公共卫生事件轨道交通分级防控（疫区）

突发公共卫生事件级别	轨道交通防控级别	主要措施	疫情状态
特别重大（Ⅰ级）	Ⅰ级响应	停止运行	失控
重大（Ⅱ级）	Ⅱ级响应	消杀防疫、乘客检测、安全隔离、调整运行	爆发
较大（Ⅲ级）	Ⅲ级响应	消杀防疫、乘客检测	蔓延
一般（Ⅳ级）	Ⅳ级响应	消杀防疫	平稳

表3 突发公共卫生事件轨道交通分级防控（非疫区）

突发公共卫生事件级别	轨道交通防控级别	主要措施	疫情状态
特别重大（Ⅰ级）	Ⅰ级响应	消杀防疫、乘客检测、安全隔离、调整运行/停止运行	爆发
重大（Ⅱ级）	Ⅱ级响应	消杀防疫、乘客检测、安全隔离、调整运行	蔓延
较大（Ⅲ级）	Ⅲ级响应	消杀防疫、乘客检测	平稳
一般（Ⅳ级）	Ⅳ级响应	消杀防疫	

4 突发重大疫情下城市轨道交通运输组织策略

WHO 将突发重大疫情发展分为大流行间期、预警期、大流行期和过渡期[3]，其描述了传染性病毒的传播过程，各个国家和地区在不同时期面临不同的风险，如图5所示。

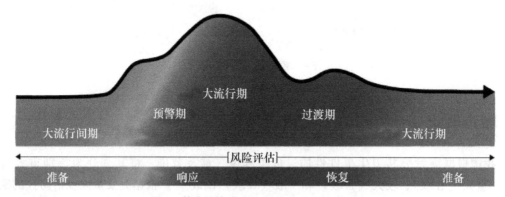

图5 传染性病毒大流行阶段连续性曲线

部分大城市在突发公共卫生事件爆发时，针对特别重大突发公共卫生事件（如 SARS、COVID-19 等）的轨道交通运输组织措施极有可能出现"极端化""一刀切"倾向，给疫情防控工作和社会生产生活造成严重的不利影响，本文根据 WHO 描述的疫情发展阶段，以防止疫情扩散为目标，提出疫区和非疫区城市轨道交通运输组织的基本对策。

4.1 疫区城市

疫区城市在启动重大突发公共卫生事件 I 级响应后，为内防疫情扩散，轨道交通运输系统必须立即停运，以全面阻断疫情传播。

为抗击疫情，城市轨道交通运输系统还应保留必要的应急运力，采用专列方式运行，同时加强轨道列车和轨道车站的消杀防疫，以保障医疗救援队的运送、疑似患者的集中运送等。

1. 集中运送外地医疗救护人员

鉴于疫区城市在启动重大突发公共卫生事件 I 级响应后，能够调度的车辆极为有限，当外地增援的医疗救护人员集中到达疫区时，在线路条件允许时可采用轨道专列的方式，将外地增援的医疗救护人员从机场、火车站集中运送到疫情防控收治定点医院，以缓解交通运输保障压力。

2. 集中运送疑似患者

由于疫区城市在启动重大突发公共卫生事件 I 级响应后，整个公共交通系统暂停运营，大量的疑似患者出行不便，可能无法尽快到达疫情防控收治定点医院得到救治，耽误病情；同时也增加了交叉感染的风险。在线路条件允许时，可采用轨道专列的方式，通过接驳公交或其他指定运输车辆（政府征用的出租车、志愿者车辆等），社区或居委会组织疑似患者从各个小区集中到达轨道站，以轨道专列的方式将疑似患者快速送达疫情防控收治定点医院。如图 6 所示。

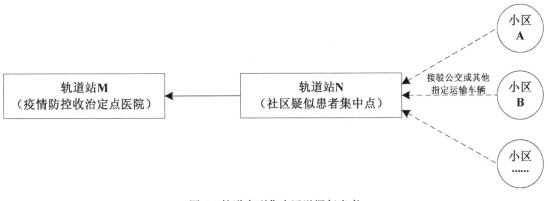

图 6 轨道专列集中运送疑似患者

4.2 非疫区城市

非疫区城市在启动重大突发公共卫生事件 I 级响应后，轨道交通运输系统应采用更加科学灵活的运输组织方式以阻断疫情节点传播、通道传播和跨区传播。

1. 调整运行模式

1）阻断疫情节点传播。关闭部分轨道车站出入口；加强轨道列车和轨道车站的消杀防疫、乘客体温监测和防护措施检查；设置轨道站点临时隔离观察区，对体温异常乘客进行现场临时隔离；全线网各车站开启全新风运转模式，并提高通风系统与空调系统滤网清洗、消毒频率，确保通风过滤效果良好。

2）阻断疫情通道传播。关闭部分站点特别是核心商圈站点，轨道列车运行不停站，如重庆市在抗击 COVID-19 期间，轨道交通 3 号线观音桥站、南坪站，2 号线临江门站、杨家坪站，1 号线与环线沙坪坝站暂时关闭，以降低客流密度；采取有效的乘客引导措施，保障轨道站无排队、不拥挤，确保疫情下客流快速疏散，防止病毒通过轨道场站和交通工具传播；区间隧道开启定时通风，进一步提高区间隧道内空气流动性。

3）阻断疫情跨区传播。关闭部分换乘站点，轨道列车运行不停站，有效遏制疫情的跨区域、跨组团传播。

4）实施特殊运营措施。在日客流量较低时，采取缩短运营时间、延长发车间隔、周末不延时收班等手段；在日客流量逐步恢复到正常水平时，实时监测全网各站运行区间的列车满载率，根据客流情况及时组织备用列车加开上线，降低客流密度、加快客流疏散，满足乘客出行需求。

2. 采用经济杠杆

老年人体质较弱，易感染流行性疾病，特别是在早高峰，老年人搭乘轨道列车的比例较高。从关爱老年人身体健康的角度出发，应倡导老年人尽可能减少出行，包括搭乘轨道交通工具，以降低因人员密集带来的感染风险。可以在突发重大公共卫生事件Ⅰ级响应期间，暂停老年人轨道交通免费卡的使用，通过经济杠杆抑制老年人出行量[12]。

5 结语

1）提出突发重大疫情在城市轨道交通运输中的传播机理，包括节点传播、通道传播和跨区传播。突发重大疫情在城市轨道交通运输中的传播除了具有流行病学的传播特点之外，还有在交通运输主通道中扩散的自身特点，包括交叉感染、强关联性、不平衡性和外部扩散。

2）根据突发重大疫情防控的实际情况，按城市处于疫区和非疫区两大类实施分级防控，其主要区别在于突发特别重大公共卫生事件时，是否阻断轨道交通运输通道，即轨道交通运输系统停运。

3）以防止疫情扩散为目标，提出疫区和非疫区城市轨道交通运输组织的基本对策。疫区城市在启动重大突发公共卫生事件Ⅰ级响应后，为内防疫情扩散，轨道交通运输系统必须立即停运，以全面阻断疫情传播，同时还应保留必要的应急运力，采用专列方式运行以抗击疫情；非疫区城市在启动重大突发公共卫生事件Ⅰ级响应后，应采用更加科学灵活的运输组织方式以阻断疫情节点传播、通道传播和跨区传播，包括调整运行模式、采用经济杠杆等。

4）下一步，在 COVID-19 疫情结束后，还需要根据实际的疫情数据、轨道交通运行数据等建立城市轨道交通运输通道的疫情扩散模型，研究阻断措施对降低 R0 的贡献率，评估疫情下实施的轨道交通运输组织策略的合理性。

参 考 文 献

[1]《中国公路学报》编辑部. 中国交通工程学术研究综述·2016 [J]. 中国公路学报, 2016, 29（6）: 1-161.

[2] 世界卫生组织. 大流行性流感的防范和应对[R]. 日内瓦：世界卫生组织, 2009.
[3] 世界卫生组织. 指导和协调国家及国际流感大流行准备和应对的世界卫生组织指南[R]. 日内瓦：世界卫生组织, 2017.
[4] American Public Transportation Association (APTA). Developing a Contagious Virus Response Plan (APTA-SS-SEM-S-005-09) [Z]. 2013.
[5] Department of Homeland Security. Pandemic Influenza Preparedness, Response, and Recovery: Guide for Critical Infrastructure and Key Resources [Z]. 2009.
[6] 中华人民共和国国务院. 国内交通卫生检疫条例[Z]. 1999.
[7] 中华人民共和国卫生部, 铁道部, 交通部, 民航总局. 国内交通卫生检疫条例实施方案[Z]. 1999.
[8] 中华人民共和国国务院应对新型冠状病毒感染的肺炎疫情联防联控机制. 公共交通工具消毒操作技术指南[Z]. 2020.
[9] 中华人民共和国卫生部, 交通部. 突发公共卫生事件交通应急规定[Z]. 2003.
[10] 张殿业, 陈刚, 金健, 等. 铁路运输阻断SARS疫情系统对策研究[J]. 中国铁道科学, 2003, 24 (5): 115-119.
[11] 中华人民共和国国务院. 国家突发公共卫生事件应急预案[Z]. 2006.
[12] 姚恩建, 张茜, 张锐. 公共交通票价对通勤走廊出行结构的影响[J]. 交通运输工程学报, 2017, 17 (6): 104-114.

基于驾驶行为绩效的驾驶疲劳分级与预警研究

李庆印[1]，曹倩[1]，谢中教[2]，翟慧[3]，张俊波[4]，仝瑞亚[4]

1. 山东理工大学，淄博 255000
2. 山东省公安厅交管局，济南 250000
3. 山东通广电子有限公司，淄博 255000
4. 淄博市公安局交通警察支队，淄博 255000

【摘要】 疲劳驾驶已经成为现代交通事故中的主要原因，对驾驶疲劳的预测对于减少交通极其重要。本文利用 BP 神经网络与驾驶疲劳预测结合，用驾驶行为绩效作为评价指标，将六项心率变异性指标作为识别向量，建立驾驶精神疲劳分类器。组织实验，采集数据，用 Matlab 进行数据处理，实现驾驶疲劳精准检测，并进行预警。

【关键词】 疲劳驾驶；BP 神经网络；驾驶行为绩效

Research on Driving Fatigue Classification and Early Warning Based on Driving Behavior Performance

Li Qingyin[1], Cao Qian[1], Xie Zhongjiao[2], Zhai Hui[3], Zhang Junbo[4], Tong Ruiya[4]

1. Shandong University of Technology, Zibo 255000
2. Traffic Management Bureau of Shandong Province Public Security Department, Jinan 250000
3. Shandong Guangtong Electronics Company, Zibo 255000
4. Zibo Public Security Bureau Traffic Police Detachment, Zibo 255000

Abstract: Fatigue driving has become the main cause of traffic accidents in modern times. The prediction of fatigue driving is very important to reduce traffic. In this paper, BP neural network was combined with driving fatigue prediction, driving behavior performance was used as evaluation index, six heart rate variability indexes were used as recognition vector, and a layer of driving fatigue classifier was constructed. Organize experiments, collect data, use Matlab for data processing, achieve precise detection of driving fatigue, and carry out early warning.

Key words: fatigue driving; BP neural network; performance of driving behavior

1 引言

随着我国汽车产业的不断发展和汽车的普及，交通安全事故发生率居高不下，造成大量的人员伤亡和巨大的经济损失。疲劳驾驶不仅影响驾驶性能，而且会导致高事故风险，增加事故严重程度。

据国内外研究表明，有 20%～30% 的交通事故由疲劳驾驶引起。心率变异性指标

(HRV) 与算法模型相结合,能够识别出驾驶员的驾驶状况并保证 90% 以上的正确识别率[1]。因此心率变异性的提取至关重要。用设备采集心率数据,再从数据中心提取 RRI (RR 间期),利用此计算模型的输入层,模型对疲劳驾驶的监测精度高达 97%[2]。基于奇异值熵和分形维数构造功能性大脑网络,之后使用基于 B 样条曲线空间卷积的图神经网络对功能性大脑网络进行分类,能够高精度识别疲劳状态[5]。智能交通环境下可以利用新兴的 5G 以及车联网技术,实现时时监测和分析驾驶员的生理信息,并且及时做出危险预警,当疲劳状态超出一定范围时,系统自动发出预警[3]。除了心率指标,脑电、皮电等数据也能反映出驾驶员的疲劳状态,结合多种指标进行分析,更能准确地划分出驾驶疲劳等级的阈值[4]。在得到驾驶员驾驶疲劳等级后,如何进行预警是减少驾驶疲劳所导致的交通事故的关键所在。合适的预警方式不仅能够做出预警,还可以在一定程度上缓解驾驶疲劳。不同环境下,声音对缓解疲劳的能力稍有差异,但通过研究得出 75dB 和 80dB 的声音在不同环境下所表现出的稳定性和显著性最好,因此在设置驾驶疲劳预警提示音时,可将声音设置为 75dB 或 80dB[14]。

2 实验方法确定

疲劳驾驶会导致驾驶员判断能力下降、反应迟钝和操作失误增加,影响驾驶员的注意力、感觉、知觉、思维、判断、意志、决定和运动等诸方面,降低驾驶员的驾驶能力,驾驶员遇到紧急情况的反应能力下降,因此遇到紧急情况的反应时间能够有效地反映出驾驶员的驾驶状态,故本文以驾驶员的反应时间作为驾驶行为绩效指标,评价驾驶员的疲劳状态。

实验过程

随机选取五名驾驶员(年龄在 30~50 岁之间,两名女性,三名男性,有超过五年的驾龄,身体健康状况良好,无任何影响实验精准度的疾病),在参与实验前一天,驾驶员必须保证充足的睡眠。在实验开始前,驾驶员分别进行 5min 的模拟实验,目的在于熟悉实验流程以及实验环境。工作人员熟悉心电采集以及障碍物播报程序,确保实验顺利无误,减小外界可能带来的干扰,减小实验误差。测试完成后,驾驶员需静坐等待,让驾驶员冷静下来,确保实验过程中不要有太大的情绪波动。

参与实验的驾驶员需佩戴心电采集设备,在无车辆或车辆较少的路段上进行实验,让驾驶员保持 55~60km/h 的车速行驶,采集驾驶员的心电变化数据。

在整个行车过程中,前排乘客座需有一名检测人员,配备秒表、障碍物提示播报器等实验器材,每过一段时间,会提醒驾驶员前方 100m 位置有障碍物存在,驾驶员需要在听到提示后的第一时间踩制动踏板,记录驾驶员的反应时间(听到提示后与踩下制动踏板的时间间隔)。整个实验过程中障碍物提醒出现 240 次,全过程约 4h,障碍物提醒时间随机,但应尽量保证全过程提醒次数保持均衡。

将所有反应时间按升序排列并汇总起来,设定一定长度的探测步长,从反应时间的最小值开始,逐步向上探测,以此寻求驾驶疲劳等级的分级阈值。

具体的计算步骤如下:

采用探测的方式,设定一定长度 s,逐段进行分析研究。集合 $X\{x_1, x_2, \cdots, x_n\}$ 为驾驶行为绩效按照升序排列后汇总的集合。

首先将探测步长定义为 s，在集合 X 中截取区间 $[x_1, x_s)$，确定截取到的子区间内元素数量为 n_1，从而计算区间的密度值，即元素数量和步长的比值：

$$\mathrm{dens}_1 = \frac{n}{s}, s = \frac{\max(X) - \min(X)}{1 + 3.222 \lg n} \tag{1}$$

其次，再加一个步长 s，找出集合 X 中落入 $[x_1, x_{2s})$ 的数据个数 n_2，并计算密度值：

$$\mathrm{dens}_2 = \frac{n_2}{2s}$$

循环上述步骤，计算出所有密度值，dens_1、$\mathrm{dens}_2 \cdots$，当出现 $\mathrm{dens}_i < \mathrm{dens}_{i-1}$ 时停止循环，得到一级疲劳、二级疲劳的分级阈值

$$\alpha_1 = \frac{1}{s} \sum_{(i-2)s+1}^{(i-1)s} x_j + \sqrt[3]{\frac{\sum_{k=1}^{(i-1)s} \left(\frac{1}{s} \sum_{j=(i-2)s+1}^{(i-1)s} (x_j) - x_k \right)}{(i-1)s}} \tag{2}$$

最后在行为绩效集合 X 中去除集合 $[x_1, \alpha_1)$ 中的元素，将剩下的元素重新按照升序排列，并生成新的元素下标，将重新生成的序列仍然记为 X，重复上述步骤，最终得到所有行为绩效分级阈值 $(\alpha_1, \alpha_2, \alpha_3, \cdots, \alpha_{m-1})$，$m$ 为精神疲劳等级数。

将得到的驾驶行为绩效按照升序的方式排列，根据上述过程进行探测，获得分级阈值，因此将驾驶疲劳分为两个等级，得到分级阈值为 600ms。

3 驾驶疲劳识别模型建立

3.1 心率变异性

心率变异性是每次心跳周期差异性的变化，人体处于不同状态时，心率所表现出来的状态不同，因此从驾驶员心电信号中提取出来的心率变异性可以反映出驾驶员当下的精神疲劳状态。选取以下六个心率变异性指标识别驾驶疲劳，以此构成驾驶疲劳识别向量。

$$c_1 = \mathrm{VLF}/(\mathrm{VLF} + \mathrm{LF} + \mathrm{HF}) \tag{3}$$

$$c_2 = \mathrm{LF}/(\mathrm{VLF} + \mathrm{LF} + \mathrm{HF}) \tag{4}$$

$$c_3 = \mathrm{HF}/(\mathrm{VLF} + \mathrm{LF} + \mathrm{HF}) \tag{5}$$

$$c_4 = \mathrm{LF}(\mathrm{LF} + \mathrm{HF}) \tag{6}$$

$$c_5 = \mathrm{HF}/(\mathrm{LF} + \mathrm{HF}) \tag{7}$$

$$c_6 = \sum_{i=1}^{n} R_i / n \tag{8}$$

3.2 驾驶疲劳分类模型设计

利用 BP 神经网络建立驾驶疲劳识别模型，建立一个包含输入、输出及隐含层的三层神经网络模型。设输入层和隐含层、隐含层和输出层之间的连接权系为 w_{jk}，w_{kr}（$j=1, 2, \cdots, m$）。那么对于第 i 级精神疲劳所有的样本输出总误差定义即为

$$E_i = \sum_{l=1}^{n} \sum_{r=1}^{m} (e_{lr} - y_{lr})^2 \tag{9}$$

根据驾驶员的心电数据,提取出心率变异性指标,构成驾驶疲劳的识别向量,从中选取某一个识别向量输入模型的第一层输入层,输入到已经训练好的 BP 神经网络中,得到输出向量 $(y_1, y_2, \cdots, y_m)$,根据公式(9)分别计算其与各级疲劳标准输出间的误差 E_i ($i = 1, 2, \cdots, m$),可得该测试样本的疲劳等级:

$$k = \{l | E_i = \min_{1 \leq j \leq m}(E_j)\} \tag{10}$$

利用 Matlab 提取出 RR 间期,计算六项变异性指标,构成驾驶疲劳分级的识别向量。计算得出所有驾驶员的心率变异性指标,由于数据庞大,故提取一名驾驶员的一部分指标,见表1。

表 1 识别向量

	c_1	c_2	c_3	c_4	c_5	c_6
一级	0.81	0.19	0.04	0.76	0.24	801.78
	0.05	0.48	0.35	0.63	0.39	845.81
二级	0.39	0.45	0.14	0.73	0.24	799.03
	0.44	0.43	0.15	0.77	0.22	823.61

3.3 驾驶精神疲劳状态识别

在上述算法的基础上,采用 MATLAB 编程,训练和测试神经网络,将计算出来的识别向量输入模型,分析得出驾驶员不同生理特征下所对应的驾驶疲劳等级。结果表明,在实验的最后一小时,驾驶员多处于二级疲劳状态。

4 疲劳预警

驾驶疲劳主要是因为驾驶员长期进行驾驶作业,并且道路环境单一造成驾驶员生理和心理上的疲劳,影响驾驶员的判断能力,当遇到紧急情况时,驾驶员的反应时间变长,无法冷静做出适当的应急措施。驾驶疲劳严重影响到行车安全和高效出行,一旦因驾驶疲劳而发生事故,会占用公共资源,造成交通拥堵,加大道路的通行压力,因此在事故发生前对疲劳进行预警将会发挥巨大作用。

4.1 预警判断

本文的预警依据主要是驾驶员的心率变异性,通过心率变异性指标的分析,确定驾驶员当时的精神疲劳状态。进行驾驶疲劳预警的逻辑主要根据上文利用 BP 神经网络建立的驾驶疲劳分级模型来确定,模型对驾驶疲劳分级的准确度达到80%以上。根据对驾驶行为绩效的分析计算,将驾驶行为分为两级,当疲劳等级为二级时,就说明驾驶员处于疲劳状态,通过分析检测到的心率变异性指标,确定驾驶员此时的疲劳等级。此时是否发出警报提醒驾驶员根据决策树模型来判断。若等级为一级,则不发出警报提醒驾驶员休息。若等级为二级,则间隔10s再次进行检测,此时若等级为一,则重复上述步骤进行检测,结果仍然为一级则不进行预警,结果为二级就发出警报,提醒驾驶员,如果第二次检测仍然为二级,则对驾驶员发出警报，提醒驾驶员需尽快休息调整（连续两次检测结果都为二级才发出警报，否则重复决策判断）。实验需要实时监测采集驾驶员的心电数据并进行分析。当驾驶员疲劳等级长期处于二级甚至有超出二级范围的趋势，则立即提醒驾驶员寻找停车场地，停车休息，以保持驾驶员行车过程中处于清醒状态。

4.2 驾驶疲劳警报提醒方式

对于驾驶疲劳的提醒，主要通过车内显示屏和音响两种方式。当判断出驾驶员处于疲劳状态需要进行提醒时，显示屏上弹出警告标志，并闪烁黄灯，音响发出"滴滴滴"警报，且提示音的强度设置为75dB。驾驶员需要点击屏幕上确认按钮表示自己已知晓，并且尽快停车休息，警报才会停止。若警报发出后，驾驶员仍持续处于驾驶作业状态，则隔20min后，系统将继续进行检测，检测后警报再次发出，此时提醒时屏幕开始闪烁红光，且警报声强度更改为80dB。这种预警提醒方式，不仅能够让驾驶员知晓自己处于疲劳状态，督促驾驶员尽快调整自身状态，而且能够在精神上对驾驶员产生一些轻微刺激，能保证驾驶员在接收到警报提醒到停车休息这段时间内处于清醒状态，以免驾驶员所处环境不允许立即停车。间隔一段时间的警报提醒也可以保证外界给驾驶员提供刺激，短暂缓解驾驶员的疲劳。

5 结语

利用BP神经网络，构建驾驶疲劳的分级模型，分析心电数据，能够准确迅速地得到驾驶员当前的疲劳状态，确定疲劳等级。同时利用行为绩效值划分等级以及采用BP神经网络建立模型，可以看出驾驶疲劳等级划分仅受驾驶行为绩效值的影响，因此该模型不受其他主观因素的影响，保证了模型的准确性和科学性。

模型实现了对驾驶员心电数据的准确分析，结合当下新兴的互联网技术，实现驾驶疲劳的实时预警，发现疲劳到发出警报的时间很短，以实现信息的有效性和及时性。这对于减少疲劳驾驶行为，规范驾驶员驾驶习惯有重要意义。

疲劳的预警过程也是一个短暂缓解驾驶员精神疲劳的有效方法，通过图像提醒和声音警报刺激驾驶员的神经系统，使驾驶员产生兴奋，缓解疲劳状态以及疲劳造成的视觉、听觉、认知能力和反应速度等方面能力的减弱。

本文实验设备比较简单，反应时间等数据由检测人员手动按秒表得到，由于检测人员本身存在一定的操作反应时间，故得到的驾驶行为绩效值存在一定的误差，但不影响实验的整体效果。对于此，未来可以引进更先进的设备，如在制动踏板上安装传感器，以此感应驾驶员踩制动踏板的时间。

参 考 文 献

[1] 李园园, 刘汉, 李东升, 等. HRV分析在驾驶疲劳中的应用研究[J]. 汽车实用技术, 2021（06）：193-194.

[2] 兰成辉, 李江天, 李敏, 等. 基于皮电和肌电的驾驶疲劳判别阈值研究[J]. 科技风, 2021（05）：171-172.

[3] 刘彩虹, 李淦初, 李诗. 基于5G和车联网技术下的疲劳驾驶预警系统[J]. 电脑知识与技术, 2021

(04): 181-183.

[4] 王清. 基于智能手表的疲劳驾驶检测方法研究 [D]. 西安：西北大学，2020.

[5] LIN Z Q, QIU T R, LIU P, et al. Fatigue driving recognition based on deep learning and graphneural network [J]. Biomedical Signal Processing and Control, 2021, 68: 102598.

[6] ZOU S L, QIU T R, HUANG P F, et al. The functional brain network based on the combination of shortest path tree and its application in fatigue driving state recognition and analysis of the neural mechanism of fatigue driving [J]. Biomedical Signal Processing and Control, 2020, 62: 102129.

[7] LI S L, RUI S S, LI K J, et al. A modification to the two driving forces model for fatigue threshold prediction [J]. International Journal of Fatigue, 2021, 149 (10): 6259.

[8] 王焕博. 驾驶员主观疲劳状态对事故倾向性的预测作用 [D]. 大连：辽宁师范大学，2017.

[9] 胥川，王雪松，陈小鸿，等. 基于决策树的驾驶疲劳等级分析与判定 [J]. 同济大学学报（自然科学版），2015，(01): 75-81.

[10] 崔中发，朱国华，朱磊基，等. 高危车辆疲劳驾驶综合监测和安全防控集成与应用示范 [Z]. 2019.

[11] 张灵聪，尹志勇，王正国. 驾驶疲劳的生理特点 [C]//中国生理学会. 中国生理学会第六届应用生理学委员会全国学术会议论文摘要汇编 [出版地不详：出版者不详]，2003.

[12] 孔研，常若松，刘天娇，等. 驾驶员主观疲劳状态与方向盘转角对事故倾向性的综合预测模型 [J]. 人类工效学，2018（02）: 36-42.

[13] 王琳，付荣荣，张陈，等. 基于无线体域网和复合生理信号近似熵的驾驶疲劳研究 [J]. 中国生物医学工程学报，2017（05）: 543-549.

[14] 胡志刚，胡佳斌，乔现玲. 不同响度音乐对单调声音环境下驾驶疲劳缓解实验研究 [J]. 重庆交通大学学报（自然科学版），2017（09）: 73-79.

基于复杂网络的自主式交通系统演化模型研究

张黎明[1,2]，肖尧[1,2]，姜硕[1,2]，熊宸[1,2]，金书鑫[1,2]，蔡铭[1,2]

1. 中山大学智能工程学院，广州　510006
2. 广东省智能交通系统重点实验室，广州　510006

【摘要】　伴随着新兴技术的蓬勃发展和出行需求的日益增加，交通系统的有机组成和运行机制正在发生深刻改变，自主式运行和自组织服务成为其显著特征。为了适应交通系统的不断变化，从宏观网络角度来探索其发展规律和演化机制具有显著意义。本研究将面向自主式交通系统，以交通要素为节点，要素关联为边，初步构建复杂网络，并分析其演化特征。基于复杂网络理论构建演化模型，利用 Logistic 方程描述要素演化过程，揭示交通系统演化机理。并根据推演得到的系统稳定态提出了代际划分方法，科学合理地描述自主式交通系统的发展特征和规律。

【关键词】　自主式交通系统；演化模型；代际划分；复杂网络；Logistic 方程

A Study on the Evolution Model of Autonomous Transportation System Based on Complex Network

Zhang Liming[1,2], Xiao Yao[1,2], Jiang Shuo[1,2], Xiong Chen[1,2], Jin Shuxin[1,2], Cai Ming[1,2]

1. School of Intelligent Systems Engineering, Sun Yat-Sen University, Guangzhou 510006
2. Guangdong Key Laboratory of Intelligent Transportation Systems (ITS), Guangzhou 510006

Abstract: With the developing emerging technologies and the increasing travel demand, the organic composition and operating mechanism of the transportation system are significantly changing, and the autonomous operation as well as the self-organizing service have become its distinctive features. To adapt to the continuous changes of the transportation system, it's significant to explore its development law and evolution mechanism from a macroscopic perspective. This research is oriented to autonomous transportation systems. By taking transportation elements as nodes and element associations as edges, a complex network is initially constructed, and its evolutionary characteristics are analyzed. Based on the complex network theory, the evolution model is constructed, and the logistic equation is used to describe the evolution process of elements and reveal the evolution mechanism of the transportation system. A generational division method is proposed according to the inferred system stable state, and it can further scientifically describes the development characteristics and laws of the autonomous transportation system.

Key words: autonomous transportation system; evolution model; generational division; complex network; logistic equation

---

基金项目：国家重点研发计划资助（2020YFB1600400）。

1 引言

随着当代社会的发展，交通需求进一步提升，用户希望得到主动的服务，决策者也希望系统提升自主响应能力；并且伴随着信息量的指数增长和更新迭代加快，交通系统复杂性不断加大，靠人指挥交通系统已满足不了需求，这将促使传统智能交通系统（Intelligent Transportation System）向自主式交通系统（Autonomous Transportation System）转变，因此，建设自主式交通系统成为必然趋势。自主式交通系统是一个具有自组织性质的开放复杂巨系统，并沿着"弱自主-半自主-全自主"的方向发展。面向自主式交通系统，首先要对系统架构进行研究。立足现在，面向未来，构建交通系统演化模型并划分代际，探索交通系统的发展规律和演化特征，从而推断系统架构的相应变化，为管理者提供决策依据，以制定长期有效的市场调节手段和宏观调控计划。

目前，国内外交通领域对演化模型的研究主要集中在交通流、运输能力和运输方式等内部层面。早在20世纪，Biham等人[1]利用动力学模型对城市自组织交通流的演化进行模拟。姜克锦[2]等人选取道路网容量与交通量作为序参量，构建了自组织与他组织复合演化模型，认为城市交通各子系统之间的竞合关系是演化的本质动力。林义成[3]等人建立了城市交通运输方式共生演化模型，讨论了共生演化的实质。朱佳翔[4]以运输能力代表演化水平，构建了都市圈交通体系的logistic演化模型，从微观层面揭示了演化规律。Wang[5]等人通过构建交通网络状态模型，得到了交通流演化过程中的过渡特征和时间规律。邓润飞[6]等人应用系统动力学模型构建了单一和两种运输方式的交通动态演化模型，探讨了系统演化机理。刘新民[7]等人引进了演化度的概念，考虑经济、资源环境以及政府调控等因素，构建了交通系统演化模型。可以看出，面向整个交通系统的演化模型研究较少，并且缺乏系统性理论研究，没有直观地呈现出演化特征。所以本文从自主式交通系统构成要素的角度出发，利用复杂网络构建演化模型，进行相似性分析并划分代际，更加直观条理地展现系统体系架构的发展规律。

2 自主式交通概述

在人工智能、物联网和边缘计算等新兴技术的推动下，自主式交通可以通过自主感知、自主学习、自主决策、自主响应的业务逻辑，以自组织运行和自主化服务的方式，完成人与物的运输。其本质是减少人为干预，提升交通系统的自主能力，从而构建一种具备交通需求主动响应、载运工具自动运行、基础设施主动管控、外部环境主动适应等能力的综合运输系统。

一般系统论和理论生物学的创始人路德维希·冯·贝塔朗菲对系统的定义为："系统是相互联系相互作用的诸元素的综合体"。所以对自主式交通系统进行解构，定义其构成要素，通过研究各要素的演化直观反映交通系统的变化。

本研究将自主式交通系统解构为五类要素，分别是需求、技术、服务、功能和组分。其中需求要素表示人和物实现空间位移的相关要求；技术要素表示对自主式交通系统产生推动作用的关键技术集合；服务要素是指以交通业务为导向的一类活动；功能是指在交通系统中发挥某种特定作用的模块；组分对应传统交通要素，包括人、车、路、货和环境等。五种要素之间存在特定的关联关系，可以概括为：组分中的人产生相关需求，促生出服务来满足需求，而服务的实现需要各种功能的支撑，技术作为客观生产要素，影响功能的迭代更替，组分通过结合功能促进自身的发展转变。

总体而言，服务、功能和组分直接参与到交通活动中，且三者之间相互关联；需求和技术作为内外驱动力，影响前三类要素，并推动交通系统的不断发展。

3 自主式交通复杂网络及演化特征

3.1 自主式交通系统复杂网络构建

近年来，复杂网络作为广受关注的底层方法，在交通领域也有很多相关研究。但这些研究主要关注具象化的交通网络空间结构[8]，但对于抽象的交通系统架构很少有相关研究。

交通系统在时空维度和物理结构上具备复杂网络的特性，各构成要素间存在特定的关联关系。通过结合复杂网络的相关理论，可以更加深刻地剖析交通系统，定性和定量地分析其复杂性，掌握交通网络在微观和宏观层面上的变化规律，并从图论的角度直观展现交通系统的生成、演化和扩展特征[9]。

复杂网络具备高度的复杂性特征，如节点多样性、作用多样性、属性多样性、动力学复杂性和网络演化等。所以在构建交通系统复杂网络时，需要确定节点类型和相关属性，考虑节点之间的连接关系及相互作用，以及节点和边的变化状态；还需要研究交通网络的开放性，即与外界的交互。根据 ATS 要素构成，将网络中的节点确定为各类不同的要素，边表示不同要素的关联关系，节点和边的属性根据要素在交通系统中的参与角色和作用机制进行设置。

根据上文分析，将 ATS 复杂网络中的节点分为两大类：交通外部节点和交通内部节点，前者代表需求和技术要素，后者指服务、功能和组分要素。外部节点及属性由自身发展路线决定，内部节点的产生、发展和消亡通过与其他节点的相互作用决定。除了需求与技术以外，服务、功能和组分内部以及五类不同要素间都存在对应关系，可以通过关联关系建立节点之间的边，并根据要素属性为边赋权。交通复杂网络中的五类节点以及节点之间存在的边如图 1 所示。

3.2 自主式交通系统演化特征分析

由于受到技术需求驱动发展的动力机制、不同要素间的竞合机制以及与资源环境相互协调的适应机制的影响，自主式交通系统的演化发展并非是一种简单的线性规律，而是呈现出相互制约发展的非线性规律，下面将结合上文分析并阐述自主式交通系统的动态演化特征。

（1）交通系统发展呈现生态系统演化特征　自主式交通系统本身就是一个以交通活动为主体，受相关政策、经济发展、资源环境等因素影响，在特定的时空范围内与需求技术要素协同作用而形成的复合生态系统。所以在其发展演化过程中会呈现较为明显的生态系统演化特征。在生态学中，某一种群的发展受到资源和天敌的制约，会呈现先递增后递减的波动

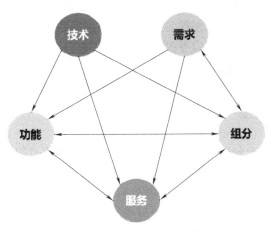

图 1　自主式交通复杂网络中节点类型与边关系

变化趋势，交通系统也有相似的变化规律。

ATS 组分要素作为物理实体，其发展变化可以在现实世界中直观表现出来，因此以某一组分为例进行分析。如条件自动化驾驶机动车（L3）发展初期，在用户需求和相关技术的推动下，该载运工具的市场占有率不断提高，在达到一定规模后呈现加速发展的态势。但是随着需求的不断提高，行业发展和技术创新促生出新的服务和功能，高度自动化驾驶机动车（L4）面世，与 L3 机动车产生竞争作用。由于 L3 机动车对资源的使用效率明显落后，发展空间受到限制，会因各方因素的约束出现规模效应递减的趋势。通过分析可以得出以下结论：类似于生态系统演化，交通系统中的要素发展具备规模效益先递增后递减的规律，所以通过增强自身的需求和技术竞争力，提高资源环境利用效率，才能实现持续稳定发展[6]。

（2）各要素的演化通过联动机制相互影响制约　由于自主式交通系统的五类构成要素间存在特定的联动机制，各自的演化会受到其他要素的影响和制约，所以演化特征具有一定的相似性。根据要素间的相互作用可知，要素间存在一对一、一对多和多对多的关联关系，通过互动、竞争和协同作用实现动态演化。其关联关系可以分为不同类要素外部关联和同类要素内部关联，这其中包含两层含义：一是两要素间是否存在联系，二是关联程度的大小，分别对其进行定性和定量分析。在外部关联中，主要考虑该要素对其他要素发挥作用的大小；在内部关联中，通过判断两要素参与交通活动的相似程度，确定两者间作用的正负性，并推断关联强度。当自主式交通系统中的某一要素发生变化时，会通过关联关系牵动其他要素的变化。随着外界条件的不断输入，交通系统中的要素不断产生、发展和消亡，从而实现动态演化。

（3）技术和需求是交通系统发展的持续动力　回顾交通发展历史，"机械化—电气化—信息化—智慧化"的工业革命与交通领域重大变革息息相关；人口增长和消费水平的提高，导致客货运基数的增大，社会对运输效率提升的需求更加迫切。在新兴技术推动和客货运输需求牵引的双重驱动下，交通系统的变革速度逐渐加快。特别是对于自主式交通系统，技术和需求是其发展的持续动力。

服务、功能和组分要素的需求竞争力和技术竞争力是其在同类要素中竞争发展的关键。

要素的竞争力越高，表明对需求的适配性更强且具备更前沿的技术，其资源环境利用率越高，能够以更低的环境影响和资源损耗，完成更优质的交通运输活动，从而在发展中处于优势地位，这也刺激了其他要素改变自身的自主化水平和需求目标水平，在竞争中形成良性循环，从而推动整个交通系统的进步[6]。

4 交通系统演化模型与代际划分

结合产品生命周期理论分析自主式交通系统中的要素演化过程：五类构成要素本身遵循一定的生命周期规律，从进入交通系统到淘汰需要经过形成、成长、成熟、衰退四个阶段[10]。当新的技术或需求出现时，将可能促生一种新的服务、功能或组分；在前期成长阶段，其比重将不断提高，并进一步扩大生产规模，从而推动需求更替和技术革新；当该要素的竞争力潜能被充分挖掘和释放后，会进入增长和比重相对稳定的成熟阶段；随着具备更强技术和需求竞争力的同类要素出现，该要素在整个交通系统中将处于劣势，从而进入衰退阶段，比重逐渐降低直至被彻底代替[11]。为更加准确地揭示演化的规律和过程，本文建立演化模型，进行进一步的量化分析。

4.1 演化模型构建思路

自主式交通系统演化模型的初步构想是构建三层的复杂网络，根据交通内部节点确定服务层、功能层和组分层。并根据交通外部节点创建需求包和技术包，作为系统演化的驱动力输入到演化模型中。随着社会的发展，会有新需求和新技术输入到演化模型中，分别与三层内节点建立联系，影响每一层内部的变化，从而层间相互影响并不断演化。

基于此技术路线，认为每一层要素的消亡和产生是由技术、需求以及同类要素内部关联直接决定的。ATS 演化模型的示意图如图 2 所示。其中，层内白色节点表示要素处于激活状态，黑色节点表示要素处于消亡或未被激活状态，层间和层内的连线表示两要素之间存在关联关系。

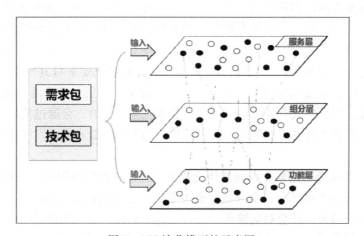

图 2 ATS 演化模型的示意图

该模型动态演化的前提是构建复杂网络节点间的映射关系，并确定服务层、功能层和组分层的演化状态值。

为了确定节点间的映射关系,分别为需求、技术、服务、功能和组分设置不同的属性,通过关联属性将各要素在小颗粒度层面上精确地串联起来。综合考虑五类要素的性质,认为可以从本体属性和连接属性两方面切入分析。本体属性主要用于构建节点的属性,可以从描述该要素的存在时间、地域限制、自主化水平、需求满足程度以及竞争力等角度去设置。关联属性主要用于构建边的属性,从同类和不同类要素两个层面去分析,前者考虑是否存在关联关系以及关联程度,后者考虑竞合关系以及作用系数。在定义好所有要素的属性后,便可以构建演化模型中的节点和边,并确定属性,明确要素间的映射关系。部分属性可以通过专家评分、模糊数学和逻辑回归等方法量化得到。

接下来需要确定三层的演化状态值。服务和功能是比较抽象的要素,其演化状态不易量化描述,但是它们都与不同的组分关联,可以借助组分层这一中间媒介反映另外两层的演化。在组分层内,定义某一组分的总体数量为 Q,过程状态可以用该组分的增长速率 V 来表示。

将互为竞争关系的组分定义为同类组分,互为合作关系的定义为不同类组分。为准确反映系统的自组织演化过程,本文采用生态学中提出的 Logistic 方程[12]构建相关函数,通过市场调研采集客观数据得到某一组分的总体数量 Q,其增长速率 V 可以用 dQ/dt 来表示,且 V 为非线性函数:

$$\frac{dQ}{dt} = (N+T)\left[1-\frac{Q}{K}\right]Q$$

式中,N 和 T 分别表示该组分受需求和技术影响所具备的竞争力值,反映其本身的增长速率,可由本体属性得到;K 表示该组分的市场容量水平,是考虑场景限制、资源环境等影响因素的最大总量,则 Q/K 表示该要素消耗的总资源。

令 $y=\dfrac{Q}{K}$,可得到

$$\frac{dy}{dt} = (N+T)y(1-y)$$

假设当前代际为 $t=0$,总体数量为 $Q(t)=Q_0$,得到微分方程的解:

$$y(t) = \frac{K}{1+\left(\dfrac{K}{Q_0}-1\right)e^{-(N+T)t}}$$

已知存在三种组分,由连接属性可知,组分 A 和组分 B 为相互竞争的同类组分,组分 C 和组分 A、B 存在促进作用,构建这三种组分的演化状态模型。

$$\begin{cases} \dfrac{dQ_A}{dt} = (N_A+T_A)\left[1-\dfrac{Q_A+\alpha_{AB}y_B-\alpha_{AC}y_C}{K_A}\right]Q_A \\ \dfrac{dQ_B}{dt} = (N_B+T_B)\left[1-\dfrac{Q_B+\alpha_{AB}y_A-\alpha_{BC}y_C}{K_B}\right]Q_B \\ \dfrac{dQ_C}{dt} = (N_C+T_C)\left[1-\dfrac{Q_C-\alpha_{AC}y_A-\alpha_{BC}y_B}{K_C}\right]Q_C \end{cases}$$

式中,Q_A、Q_B、Q_C 分别表示组分 A、B、C 的总体数量,$(N+T)$ 表示不同组分由技术需求

决定的基本增长速率，α表示两组分间存在的作用系数，一般取α≥0。

当有新的需求和技术输入时，($N+T$)和α都会发生变化，要素间发生竞合作用并不断演化，直至达到稳定状态。服务、功能和组分之间存在关联关系和关联强度，所以服务和功能的演化状态通过组分的演化结果推断得出。

4.2 交通系统代际划分

代际划分是一种常见的社会学研究方法，在承认所谓的"代"是一种社会事实的基础上，以一些足以形成代际区分的重大事件等作为划分标准。基于上文提出的内外因驱动的演化模型，通过配置内在需求更替和外在技术变革的不同组合作为输入，各要素节点通过属性关联并不断发展演化，最终推演得到满足内外因约束的系统稳定态。为了能够更加科学条理地描述自主式交通系统的发展特征和规律，总结系统演化路线，需要对演化得到的各稳定态进行分析，从而实现代际划分。首先对系统稳定态进行相似性分析并聚类，得到不同的ATS代基，代基之间即为划分的代际。面向各个代基，可以分析交通系统体系架构的演进，并根据服务运作过程中人为参与程度与交通系统协作能力，量化表述各代基的自主化水平。代际划分的技术路线如图3所示。

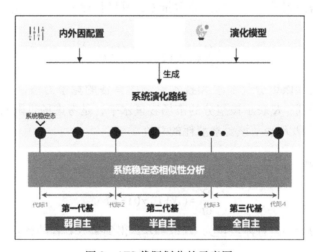

图3 ATS代际划分的示意图

5 结语

自主式交通系统的构成要素间存在特定的关联关系和联动机制，各要素的演化推动交通系统不断发展。本文分析了自主式交通系统的演化特征，根据交通要素及关联关系构建了复杂网络的节点和边，并设置相关属性，建立了内外因驱动的交通系统演化模型，通过Logistic方程定量描述要素演化过程，揭示了交通系统演化机理。最后对演化模型输出的稳定态进行相似性分析，提出代际划分的方法，以便直观系统地展现交通系统体系架构的变化，为总结系统的演化路线和发展规律奠定了理论基础，继而为管理者提供宏观决策依据，有利于形成交通系统的可持续发展态势。

参 考 文 献

[1] BIHAM O, MIDDLETON A A, LEVINE D. Self Organization and a Dynamical Transition in Traffic Flow Models [J]. Physical Review A, 1992, 46 (10): R6124.
[2] 姜克锦, 张殿业, 刘帆洨. 城市交通系统自组织与他组织复合演化过程 [J]. 西南交通大学学报, 2008 (05): 605-609.
[3] 林义成, 李夏苗, 刘大鹏. 基于 Logistic 增长的城市交通运输方式共生模型及演化机理 [J]. 铁道科学与工程学报, 2009, 6 (06): 91-96.
[4] 朱佳翔. 都市圈交通体系结构演化与优化研究 [D]. 南京: 南京航空航天大学, 2010.
[5] WANG L, CHEN H, YANG L. Transition characteristic analysis of traffic evolution process for urban traffic network [J]. The Scientific World Journal, 2014: 603274.
[6] 邓润飞. 城市群交通运输系统演化模型及规律特征研究 [J]. 交通运输工程与信息学报, 2017, 15 (03): 100-108.
[7] 刘新民, 孙峥, 孙秋霞. 基于 Logistic 模型的城市交通系统演化研究 [J]. 重庆交通大学学报（自然科学版）, 2016, 35 (01): 156-161, 166.
[8] 肖尧, 郑建风. 复杂交通运输网络上的拥挤与效率问题研究 [J]. 物理学报, 2013, 62 (17): 547-552.
[9] 蒋雄. 交通系统的复杂网络特性及应用研究 [D]. 长沙: 长沙理工大学, 2013.
[10] 张会恒. 论产业生命周期理论 [J]. 财贸研究, 2004 (06): 7-11.
[11] 魏际刚, 邱成利, 胡吉平, 等. 运输方式涨落的系统动力学模型 [J]. 数量经济技术经济研究, 2001 (04): 88-91.
[12] VERHULST P F. Notice sur la loi que la population suit dans son accroissement [J]. Corresp. Math. Phys., 1838, 10: 113-126.

基于联邦学习的自主式交通个性出行服务框架

贺俊姝[1,2]，邓卓琳[1,2]，陈家涛[1,2]，由林麟[1,2]，蔡铭[1,2]

1. 中山大学智能工程学院，广州 510006
2. 广东省智能交通系统重点实验室，广州 510006

【摘要】 面对交通系统向自主式演化的发展趋势，个性化出行服务亟需攻克由数据安全、隐私保护形成的数据孤岛难题，构建全新的服务模式，以推动服务的有序提升。为此，本文提出了一种基于联邦学习的个性化出行服务框架，通过功能、逻辑和物理三个架构视图，介绍了该服务的功能构成、业务逻辑与交互过程，并针对该服务，提出了评估服务质量的指标体系。该框架构建了面向隐私保护的自主化服务新模式，可为新一代个性化出行服务的建设提供有效指导。

【关键词】 自主式交通；个性化出行服务；系统架构；联邦学习；隐私安全

A Framework of Personalized Mobility Service for Autonomous Transportation System Based on Federated Learning

He Junshu[1,2], Deng Zhuolin[1,2], Chen Jiatao[1,2], You Linlin[1,2], Cai Ming[1,2]

1. School of Intelligent Systems Engineering, Sun Yat-Sen University, Guangzhou 510006
2. Guangdong Key Laboratory of Intelligent Transportation Systems (ITS), Guangzhou 510006

Abstract: With the evaluation of autonomous transportation system, the continuous improvement of the personalized mobility service (PMS) requires a novel mechanism to tackle data silos formed by data security and privacy protection. Hence, this paper proposes a PMS framework based on federated learning. In genral, this framework introduces the function composition, business logic and delivery peocesse of PMS through functional, logical and physical architectures. Moreover, a set of indicators is also defined to evaluate the quality of PMS. In summary, the proposed framework demonstrates a novel privacy-oriented model of autonomous services, which can guide the construction of the next-genenration PMS effectively and effectively.

Key words: autonomous transportation; personalized travel service; federated learning; privacy security

1 引言

近年来，随着我国经济的快速发展和人民生活水平的不断提高，多元化的出行结构逐步

⊖ 基金项目：国家重点研发计划/National Key Research and Development Program of China（2020YFB1600400）；国家自然科学基金/National Natural Science Foundation of China（62002398）。

呈现，泛生出各类交通出行方式[1-2]，以满足日益增长且不断演变的交通出行需求。面向新形式，当前智能出行服务存在两点不足：其一，现有服务系统对信息的处理手段相对滞后，服务形式过于泛化，难以满足出行者的个性化需求；其二，服务模式多以需求动态响应为主，未对响应方案进行有针对性的优化，很大程度上制约了交通系统的协同化运作。

随着交通运营综合化与用户出行便捷化程度的不断提升，信息融合共享和用户服务个性化技术将得到更充分的发展和应用[3-4]，通过与大数据、云计算、5G等新兴技术的深度整合，可实现交通系统从被动式需求供给向主动式服务响应的转化，形成以自组织运营与自主化服务为代表的新一代自主式交通系统（Autonomous Transportation System，ATS）。面向新愿景，ATS以"感知-学习-决策-响应"为系统运作逻辑[5]，实现交通实体运行状态的主动感知、多样交通需求的主动学习、高效服务方案的主动决策、系统整体协同的主动响应。

个性化出行服务作为ATS的核心服务之一，通过广泛感知融合多源数据，精准学习识别用户出行画像，按需制定个性化出行方案、动态优化系统运行状态[6]，来实现个人出行服务的实时响应，不断提升服务的个性化与自主化程度。总的来说，该流程需要协同交通系统的不同参与方，实现对宏观系统运行状态到微观个体行为偏好的自主感知与学习[7]，为满足宏微观系统优化目标，对个体出行方案进行快速有效的自主决策与响应。

随着大众对数据安全、隐私保护的广泛关注，更细粒度的数据孤岛正在大量产生，不断抑制各类数据的有效共享，使得集中式的数据融合机制无法得到有效实施[8]。因此，亟需一种全新的数据整合模式，以实现个性化出行服务的自主化核心。为此，本文提出基于联邦学习的个性化出行服务框架，以数据不出本地为前提，协同各服务参与方，实现面向ATS的新一代个性化出行服务。

为构建基于联邦学习的个性化出行服务框架，本文将首先描述基于联邦学习的个性化出行服务；其次，将分别定义该服务框架所包含的功能、逻辑与物理架构；最后，提出评价服务质量的指标体系。

2 基于联邦学习的个性化出行服务

个性化出行服务依托通信、电子和网络技术，基于多媒体和移动端等信息服务交互平台，为出行者提供有针对性的出行信息与服务。该服务可根据用户所提供的出发地、目的地及出发时间，融合微观用户个体出行特征与宏观交通系统运行状况，生成个性化出行方案，包含路径信息、交通模式信息以及行程时间信息，以实现对个体出行需求的自主响应。具体而言，该服务需要不断收集用户的出行数据，挖掘出行者的关键特征，如性别、年龄、兴趣偏好、经济收入等，并对关键特征进行标签化处理，构建个体出行画像，再根据画像提炼出行需求与特征，分析各类用户的出行偏好，进而结合用户实际需求，推荐具有针对性的出行方案，从而实现出行服务的个性化，更好地满足用户的多样化出行需求。

现阶段，以集中计算为范式的个性化出行服务得到了广泛的研究[9-11]。总的来说，该服务的有效运行，需要持续收集大量的用户数据，其中不乏涉及用户隐私的敏感信息，如出行者的移动轨迹、行为活动等，因相关数据的传输基于公网，使得隐私信息面临被泄漏的风险。例如，特斯拉汽车公司在使用车辆GPS数据进行交通流量预测时，将车辆的位置信息泄漏，给相关车主带来了不必要的安全隐患[12]。为建立更受信的信息服务平台，世界各国相继制定了一系列用以保护个人数据的法律与法规，如中国的《国家安全法》和欧盟的《通用数据保护条例（GDPR）》等，进一步加大了数据共享交换的难度，形成了更广更深的数据孤岛，限制了现有个性化服务的进一步发展。

为了解决数据孤岛所带来的数据整合难题，联邦学习（Federated Learning，FL）应运而生，提供了一种极具吸引力的分布式安全计算范式[13-15]。如图1所示，其主要思想是借助数据持有方自身的存储和计算能力，协同分布在不同设备上的数据集，共同训练一个全局模型，以达到与集中式数据处理相近的效果。因为在整个交互过程中，任何一方无需透露原始私有数据，只上传聚合参数，所以联邦学习可有效降低隐私泄漏风险[16]。

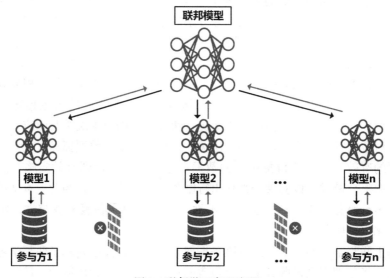

图1　联邦学习实现流程

为实现个性化服务的持续发展，通过融合联邦学习，面向 ATS 自主感知、学习、决策、响应的运行机制，以满足不断提升的个性化出行服务需求，本文提出了一种基于联邦学习的个性化出行服务框架，通过定义该框架的功能、逻辑、物理架构，及其服务质量评价指标体系，为新一代个性化出行服务的构建提供指引。

3　服务框架设计

面向 ATS，服务系统的建立依托于功能模块的构建及其内部依赖关系的梳理，通过定义信息与物理世界的交互，综合描述系统的基本构成、运行逻辑与交互模式。为此，现从功能架构、逻辑架构和物理架构三个关联视图，对基于联邦学习的个性化出行服务框架进行整体描述。

3.1　功能架构

功能架构描述了面向 ATS 的个性化出行服务所需功能，它由核心业务逻辑所对应的自主感知、自主学习、自主决策及自主响应四大功能域，以及功能域内的具体功能构成，是对该服务在功能实现层面的解构。细化的功能架构如图2所示。

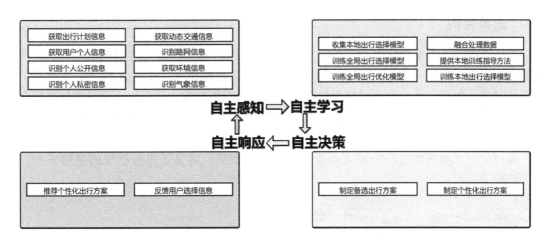

图 2　基于联邦学习的个性化出行服务功能架构

1) 自主感知功能域：包含实现主动获取与识别交通、环境及个人信息的感知功能。针对数据安全、隐私保护的要求，通过融合集中式与分布式的数据处理模式，感知功能的运作具备公开与私密两种模式。在公开模式中，感知功能可通过通用数据接口，实现对用户出行计划与个人数据中可公开部分的获取；在私密模式中，私密数据则需按照联邦学习的要求，对私有数据进行本地化的存储与处理，获取脱敏后的聚合参数。

此外，面向交通环境等外界信息，自主感知功能具备直接感知与间接感知两种模式。前者直接采集、识别与气象、环境、车流等相关的原始数据；后者获取加工处理后的路网、动态交通状态等结构化数据。

2) 自主学习功能域：包含感知数据融合、用户画像提取与出行模式优化等学习功能，用以形成出行选择模型与出行方案优化模型。自主学习因数据共享模式的不同，同样可分为隐私与公开两种模式。

首先，在隐私学习模式中，基于联邦学习，云端（联邦学习的协调者）为个人信息设备（联邦学习的参与方）提供训练指导方案，各参与方通过处理私有数据，训练得到本地出行选择模型，并将本地参数上传给协调者，完成全局出行选择模型的聚合；随后，协调者将全局出行选择模型向下更新到参与方，参与方再根据自身特征，调整得到与全局协同的本地出行选择模型。

其次，在公开学习模式中，基于多源异构数据融合机制，云端（服务的数据中心）对个人公开数据、气象与路网数据进行融合，自主分析交通系统运行状态，训练得到出行方案优化模型。

3) 自主决策功能域：包含自主生成用户出行方案的决策功能。自主决策过程有云端方案与终端方案生成两大步骤。前者生成满足全局优化目标的出行备选方案；后者基于本地出行选择模型，对备选方案进行筛选，得到个性化的出行方案。

4) 自主响应功能域：包含个性化方案推荐与用户反馈收集的响应功能。用以实现推荐方案的高效执行，并将执行状态反馈回自主感知流程。通过持续的迭代，不断提升个性化出行的自主服务水平。

3.2 逻辑架构

逻辑架构定义了个性化出行服务的实现逻辑，展示了服务所需功能间的依赖关系，及其数据传递流程。根据"感知-学习-决策-响应"的 ATS 运作逻辑，个性化出行服务定义了八类具体过程，包括：面向自主感知的数据采集与数据识别过程；面向自主学习的数据融合与数据分析过程；面向自主决策的方案生成与方案选择过程；面向自主响应的方案执行与信息反馈过程。

通过组织八类具体过程所需功能及功能间的数据流，定义了服务框架的逻辑架构，如图3所示。

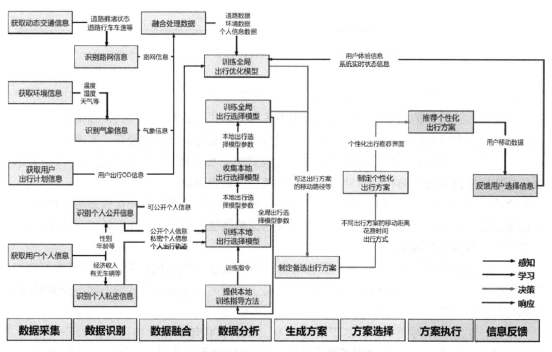

图 3 基于联邦学习的个性化出行服务逻辑架构

1）数据采集：描述了感知设备、路侧设备等相关数据采集设备对数据的获取过程。该过程需要采集性别、年龄、经济收入等用户个人信息，温度、天气等环境信息，以及行车车速、道路拥堵状态等交通信息。

2）数据识别：描述了各数据分类提取的过程。该过程将感知数据识别为路网、气象、个人公开与个人私密四类数据。

3）数据融合：描述了各类数据融合处理的过程。该过程将四类数据进行统一的汇总，并根据数据需求，将对应数据分配到指定功能。

4）数据分析：描述了数据处理与学习的过程。该过程涉及两类数据分析流程：流程一，基于个人公开与私密数据，通过联邦学习，训练得到出行选择模型；流程二，基于个人公开数据、气象与路网数据的融合，训练得到出行方案优化模型。

5）生成方案：描述了备选出行方案的生成过程。该过程基于出行选择模型与出行方案优化模型,自动决策生成多个备选出行方案。其中,出行方案包含用户可选择的出行方式、出行路径等信息。

6) 方案选择:描述了个性化出行方案的生成过程。该过程通过分析用户个人偏好,对备选出行方案进行评价,制定个性化出行方案。

7) 方案执行:描述了出行方案的执行过程。该过程通过个人信息设备所提供的交互界面,展示个性化出行方案,并辅助用户依照推荐方案完成出行。

8) 信息反馈:描述了方案执行后的用户反馈过程。该过程将出行中所生成的用户体验数据与系统实时状态数据反馈到数据分析过程,实现出行方案优化模型的自主更新。

3.3 物理架构

物理架构是功能架构和逻辑架构向现实世界的映射,展示了信息与物理世界各实体间的交互过程。通过分析功能与物理实体之间以及逻辑数据流与信息流之间的对应关系,将基于联邦学习的个性化出行服务所需功能与数据流映射至物理世界,得到个体、模块、系统三层物理实体,及其所对应的信息流,以此定义该服务的物理架构,如图 4 所示。

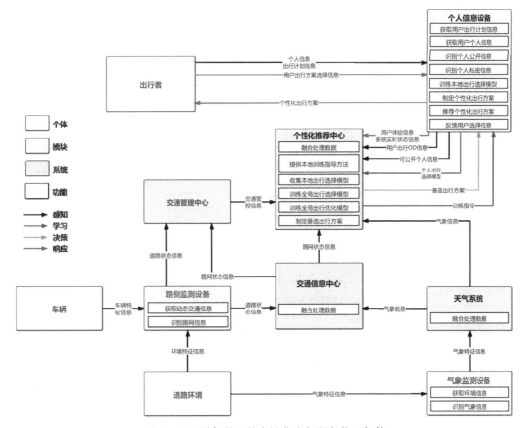

图 4 基于联邦学习的个性化出行服务物理架构

1) 物理实体:包含功能在物理世界中的映射。总的来说,物理实体可依据其自身具备的功能分为个体、模块、系统三类。其中个体是交通系统中最基本的物理实体,不实现具体功能，是原始交通信息的主要来源；模块是能够独立实现简单功能的物理实体，一般存在于个体与系统之间，充当二者关联的中介；系统是能够实现管理、决策等复杂功能的物理实体，通常是物理架构的核心。

在基于联邦学习的个性化出行服务物理架构中，存在两个核心物理实体，分别为个性化推荐中心和个人信息设备。

- 个性化推荐中心：它通过发布训练指令，为个人信息设备指定数据处理方法，并通过收集各设备的本地参数，聚合生成个人出行选择模型。同时，通过结合路网交通状态信息，有针对性地优化全局交通流量的分配，生成满足整体用户偏好的一系列备选方案。
- 个人信息设备：它通过采集用户个人数据，通过联邦学习，训练得到用户出行选择模型，可对备选出行方案进行个性化处理，为出行者提供最优出行方案。因此，在基于联邦学习的个性化出行服务中，个人信息设备不仅作为出行者与交通系统交互的接口，也是参与出行计划决策的关键要素。

2）信息流：包含物理实体间为实现服务所需传递的信息。其中，信息流按照产生的阶段，可分为"感知""学习""决策""响应"四类，用以表示信息流在交互过程中的先后顺序。

4 个性化出行服务质量评价指标体系

本文面向"安全""高效""便捷""绿色""经济"的 ATS 建设目标，针对基于联邦学习的个性化出行服务框架，如图 5 所示，提出了"使用便捷""内容丰富""信息准确""用户安全""出行满意"五个方面的服务质量评价指标，共包含 12 项细化指标，见表 1。

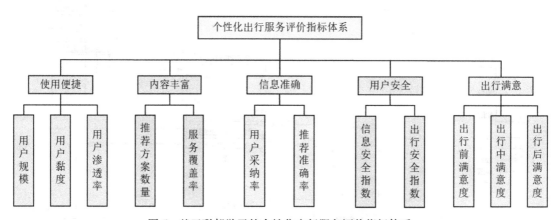

图 5 基于联邦学习的个性化出行服务评价指标体系

表 1 细化指标定义与描述

序号	指标	描述
1	用户规模	用于度量使用该服务的用户总体数量。随着用户规模的增大，可参与本地出行选择模型训练的联邦学习参与方也将变得更多，可更全面细致地刻画用户出行画像，提升服务的智慧化水平
2	用户黏度	用于度量用户对于该服务的依赖度与吸引度。该指标的计算依据单位统计时间内，该服务使用人次占总用户的百分比。该指标数值的高低，也可以很好地反映服务对用户的友好度

（续）

序号	指标	描　述
3	用户渗透率	用于度量该服务在部署区域的覆盖率。该指标的计算基于单位统计周期内，统计区域内该服务用户数占总体出行者的百分比。用户渗透率越高，代表该服务的使用倾向越明显，对系统整体运行的监控与提升越明显
4	服务覆盖率	用于度量该服务覆盖的最大区域范围。该指标统计用户使用该服务的地理跨度。服务覆盖率越高，代表服务的潜在用户越广泛，其自主化服务的范围越大
5	推荐方案数量	用于度量出行方案的丰富程度。该指标统计各用户每次出行请求所获得推荐出行方案数量的中位数。该指标数值越大，出行者可选择的出行方案越多样
6	用户采纳率	用于度量出行方案被出行者采纳的比例。该指标计算单位时间内，采纳推荐的出行方案的用户占发起服务请求用户的比例。该指标数值越高，代表推荐的准确性越高，其自主响应能力越精确
7	推荐准确率	用于度量出行方案的个性化推荐准确度。该指标指出行者在实际出行过程中采纳个性化出行服务推荐方案中高位次方案的占比，推荐准确率越高，表明推荐方案的顺序越符合用户的出行选择偏好
8	信息安全指数	用于度量该服务的信息安全程度。该指标以信息共享量为标定基础，统计用户在使用该服务过程中，向上传输聚合参数的平均次数。信息共享量越少，出行者暴露个人隐私的概率越小
9	出行安全指数	用于度量出行方案的安全程度。该指标需通过综合分析影响用户出行安全的因素获得[17]，包括出行方式、路径车流速度、路面质量等。该指标数值越高，表明该服务推荐的出行方案越安全
10	出行前满意度	用于度量出行前的服务满意度。该指标需通过统计分析用户反馈的调查问卷获取[18-19]，问卷包含用户对出行计划请求界面、服务响应时效等内容的满意程度。用户作主观评价，即"非常满意""满意""一般""不满意""非常不满意"
11	出行中满意度	用于度量出行中的服务满意度。该指标需通过统计分析用户反馈的调查问卷获取[18-19]，问卷包含用户对出行方案推荐界面、出行方案辅助信息、出行体验等内容的满意程度。用户作主观评价，即"非常满意""满意""一般""不满意""非常不满意"
12	出行后满意度	用于度量出行后的服务满意度。该指标需通过统计分析用户反馈的调查问卷获取[18-19]，问卷包含用户对实际出行路线、实际到达感受等内容的满意程度。用户作主观评价，即"非常满意""满意""一般""不满意""非常不满意"

4　结语

智能交通系统在新技术与新需求的影响下不断演变，以自组织运营与自主化服务为重点的自主式交通系统（ATS）正成为未来交通的发展方向。本研究面向隐私保护下的 ATS 个性化出行服务，以联邦学习为基础，将服务框架解构成功能、逻辑、物理三个架构层次，阐述了该服务的功能构成、业务逻辑与交互过程，最后构建了服务质量评价体系。本研究有助于构建面向隐私保护的自主化服务新模式,不断推动基础理论、核心算法、关键技术的研究,促进相关应用系统的研发,为 ATS 的建设夯实基础。

参 考 文 献

[1] ETTEMA D, FRIMAN M, GÄRLING T, et al. Travel mode use, travel mode shift and subjective well-being: Overview of theories, empirical findings and policy implications [J]. Mobility, sociability and well-being of urban living, 2016: 129-150.

[2] ARIAS-MOLINARES D, GARCÍA-PALOMARES J C. The Ws of MaaS: Understanding mobility as a service fromaliterature review [Z]. 2020.

[3] LI F, LV Z. Reliable vehicle type recognition based on information fusion in multiple sensor networks [J]. Computer Networks, 2017, 117: 76-84.

[4] KUHAIL M A, AHMAD B, ROTTINGHAUS C. Smart resident: A personalized transportation guidance system [C]//2018 IEEE 5th International Congress on Information Science and Technology (CiSt). New York: IEEE, 2018: 547-551.

[5] 秦勇, 孙璇, 马小平, 等. 智能铁路 2.0 体系框架及其应用研究 [J]. 北京交通大学学报, 2019, 203 (01): 143-150.

[6] SONG X, DANAF M, ATASOY B, et al. Personalized menu optimization with preference updater: a Boston case study [J]. Transportation Research Record, 2018, 2672 (8): 599-607.

[7] AZEVEDO C L, SESHADRI R, GAO S, et al. Tripod: sustainable travel incentives with prediction, optimization, and personalization [C]//Proceedings of the Transportation Research Record 97th Annual Meeting. [S. l.: s. n.], 2018.

[8] GOLSHAN B, HALEVY A, MIHAILA G, et al. Data integration: After the teenage years [C]//Proceedings of the 36th ACM SIGMOD-SIGACT-SIGAI symposium on principles of database systems. [S. l.: s. n.], 2017: 101-106.

[9] CUI G, LUO J, WANG X. Personalized travel route recommendation using collaborative filtering based on GPS trajectories [J]. International journal of digital earth, 2018, 11 (3): 284-307.

[10] LOGESH R, SUBRAMANIYASWAMY V, VIJAYAKUMAR V, at al. A hybrid quantum-induced swarm intelligence clustering for the urban trip recommendation in smart city [J]. Future Generation Computer Systems, 2018, 83: 653-673.

[11] SUN X, HUANG Z, PENG X, at al. Building a model-based personalised recommendation approach for tourist attractions from geotagged social media data [J]. International Journal of Digital Earth, 2019, 12 (6): 661-678.

[12] LIU Y, JAMES J Q, KANG J, et al. Privacy-preserving traffic flow prediction: A federated learning approach [J]. IEEE Internet of Things Journal, 2020, 7 (8): 7751-7763.

[13] KONEČNÝ J, MCMAHAN H B, RAMAGE D, at al. Federated optimization: distributed machine learning for on-device intelligence [J]. arXiv preprint arXiv, 2016: 1610. 02527.

[14] MCMAHAN B, MOORE E, RAMAGE D, at al. Communication-efficient learning of deep networks from decentralized data [C]//Artificial intelligence and statistics. PMLR. [S. l.: s. n.] 2017: 1273-1282.

[15] BONAWITZ K, EICHNER H, GRIESKAMP W, at al. Towards federated learning at scale: system design [J]. arXiv preprint arXiv, 2019: 1902. 01046.

[16] YANG Q, LIU Y, CHEN T, at al. Federated machine learning: concept and applications [J]. ACM Transactions on Intelligent Systems and Technology, 2019, 10 (2): 1-19.

[17] CAO B, CAO H H, LIU Y. Research on construction and application of an evaluation system for regional road traffic safety [Z]. 2018.
[18] DE VOS J, SCHWANEN T, VAN ACKER V, et al. How satisfying is the Scale for Travel Satisfaction [J]. Transportation Research Part F: Traffic Psychology and Behaviour, 2015, 29: 121-130.
[19] SUSILO Y O, ABENOZA R, WOODCOCK A, et al. Findings from measuring door-to-door travellers' travel satisfaction with traditional and smartphone app survey methods in eight European cities [J]. European Journal of Transport and Infrastructure Research, 2017, 17 (3).

基于轨迹数据的交叉口信号控制优化

万丽娟，俞春辉，马卓，马万经

同济大学道路与交通工程教育部重点实验室，上海 201804

【摘要】 传统的定时信号控制方法主要依赖固定检测器（如环形线圈）采集的流量数据，然而固定检测器的安装和维护成本高、覆盖范围小。随着浮动车的发展，其衍生出的轨迹数据包含更丰富的交通信息，为信号控制提供了新的数据源和思路。然而大多数相关研究均假设浮动车渗透率高或采样间隔小。本文构建了一种基于抽样轨迹数据的双层多目标定时信号控制优化框架，适用于低精度的轨迹数据。模型分别以过饱和相位数量最少和车辆平均延误最小为主要和次要目标，在未饱和及过饱和状态下同时优化周期时长与绿信比。通过同一时段内多个周期轨迹数据叠加的方法和等比例原则（SRPs）能有效解决浮动车渗透率低的问题，同时构建信号配时方案变化下的抽样轨迹演变准则，提出基于抽样轨迹密度的过饱和相位识别方法，最后建模为混合整数非线性规划（MINLP）问题。案例分析表明，相比于 Synchro 优化的方案，本方法能显著降低交叉口延误、提升通行能力。敏感性分析表明：本研究可以基于低采样频率（15s）和低渗透率（2%）的轨迹数据对交叉口进行配时优化。

【关键词】 固定信号控制；轨迹数据；混合整数非线性规划模型；低浮动车渗透率

Fixed-time Traffic Signal Control Based on Vehicle Trajectory Data at Isolated Intersections

Wan Lijuan, Yu Chunhui, Ma Zhuo, Ma Wanjing

The Key Laboratory of Road and Traffic Engineering of the Ministry of Education, Tongji University, Shanghai 201804

Abstract: Existing fixed-time traffic signal optimization methods mainly use traffic volumes collected by infrastructure-based detectors (e.g., loop detectors). These infrastructure-based detectors generally have high maintenance costs and low coverage. With the development of probe vehicles, vehicle trajectory data provide more information about traffic states and can be utilized for signal timing. However, most related studies assume high penetration rates of probe vehicles or short sampling intervals. This paper develops a hierarchical multi-objective optimization framework to optimize fixed-time traffic signals based on sampled vehicle trajectories at isolated signalized intersections, which is applicable to low-resolution trajectory data. The number of over-saturated phases and average vehicle delays are adopted as the primary and the secondary objectives, respectively. The ag-

---

基金项目：
① 国家重点研发计划：城市多模式交通系统协同控制关键技术与系统集成（2018YFB1601000）。
② 上海市科技创新行动计划项目（19DZ1209004 和 20DZ1202805）。
③ 上海市教育发展基金会和上海市教育委员会"曙光计划"：智能网联环境下新型混合交通流控制与优化（19SG16）。

gregation of sampled trajectory data during the same period across multiple cycles and Same-ratio Principles (SRPs) are proposed to compensate for the limitations of low penetration rates of probe vehicles. The evolution of sampled trajectories with varying signal timings is formulated explicitly. A sampled-trajectory-density method is proposed to identify over-saturated phases. Then a mixed-integer non-linear programming (MINLP) model is formulated. Simulation studies validate the advantages of the proposed model over the one in Synchro Studio. Sensitivity analysis shows that: the proposed model can handle sampling intervals as long as 15 s when sufficient sampled vehicle trajectories are collected.

Key words: fixed-time signal optimization; trajectory data; mixed-integer non-linear programming model; low penetration rate of probe vehicle

1 引言

随着城市化的快速发展，交通拥堵问题日益严重，对人们的日常出行以及社会活动产生了巨大影响，进一步导致了严重的经济损失和空气污染[1]。根据2015年Urban Mobility Report 的统计，美国每人每年因交通拥堵浪费 42h[2]。交叉口作为道路的交叉点，是车辆汇集和疏散的中心，也往往成为交通流运行的瓶颈。而合理的交通信号控制可以改善交叉口的运行状况、降低车辆延误、提升交通运输系统的效率。

交叉口信号控制主要有以下三种控制策略：定时控制[3]，感应控制[4]和自适应控制[5]。目前相关研究主要集中于基于固定检测器采集的实时交通数据对交叉口进行自适应信号控制，然而由于该类检测器的安装与维护成本较高，定时信号控制仍然是目前世界上应用最广泛的控制模式，例如美国和加拿大超过95%的信号控制机仍采用定时控制模式[6]。因此，对于定时信号控制优化的研究依然有着非常重要的意义[7,8]。

随着搭载GPS导航软件（如高德地图）的浮动车越来越多，衍生出大量的轨迹数据。浮动车轨迹数据覆盖范围广、成本低、在时间和空间上连续，相比于传统的集计流量数据，轨迹数据包含了更丰富的非集计信息，如车辆的位置和速度。大量研究已利用轨迹数据对单点交叉口进行信号控制优化。在假设浮动车渗透率为100%的理想交通环境下，考虑个体车辆的轨迹信息，Li和Ban[9]提出了一种固定周期时长的混合整数非线性规划（MINLP）模型用于信号配时方案优化，然而，现实中浮动车渗透率无法达到100%。为了解决该问题，Feng等[10]利用浮动车轨迹数据预测常规车辆的到达时刻表，建立了以延误或排队长度最小为目标的信号相位实时自适应分配算法，优化相位相序和绿灯时长。研究中采用动态规划算法对建立的双层规划模型进行求解，结果表明该模型在渗透率为25%时的效果比感应控制差。Yao等[11]基于浮动车轨迹数据建立了一种动态车队消散模型对车辆到达进行预测，以车辆延误最小为目标建立信号控制模型优化绿灯时长，并用遗传算法进行求解，结果表明在渗透率至少为50%时模型的效果才优于传统的自适应信号控制。

大多数基于轨迹数据的信号配时研究集中于高精度数据下的自适应信号控制。然而，在低浮动车渗透率和长采样间隔数据的条件下，即使是定时控制也并非易事。Yao等[12]提出了一种基于高精度轨迹数据的定时信号控制模型，从抽样轨迹数据中提取车辆到达与排队状态信息以估计干线上的车辆延误,并以延误最小化为目标建立优化模型,最后采用多粒子群优化算法(PSO)对模型进行求解,结果表明即使在100%渗透率下该模型的改进效果也非常有限。Yan等[13]利用历史浮动车轨迹数据识别路网中的主要交通流,提出了一种路网级的多带宽信号协调控制模型(NMBSC),为识别出的主要交通流提供绿波,考虑了带宽及带间的联系,构建了二元混合整数线性规划(MILP)模型优化相位差与相位相序,并使用一种基于分解的启发式算法来求得近似解,该研究虽然适用于较低的浮动车渗透率,但是轨迹数据的采样间隔较短(即5s)。

上述基于轨迹数据的信号控制方法依赖于高精度的轨迹数据,只有在高浮动车渗透率(如渗透率大于25%)或短采样间隔(如采样间隔为5s)的条件下才能保证信号控制发挥优势。然而,现实中浮动车渗透率为3%~12%[14],数据采样间隔通常在10~30s间波动[15],几乎没有研究能够解决低浮动车渗透率和长数据采样间隔条件下的信号配时问题。

2 优化模型

本节建立双层多目标的优化框架对单点交叉口固定信号控制方案进行优化,适用于低精度的轨迹数据,在未饱和及过饱和状态下优化周期时长与绿信比。下面将依次介绍目标方程、轨迹约束、信号控制约束和过饱和相位的识别方法。

2.1 目标方程

一般情况下,未饱和及过饱和状态下的信号配时优化目标不同。未饱和状态下通常以车辆延误最小为目标;在过饱和状态下,交通需求超过交叉口通行能力,排队长度会随着时间的积累而趋向于无穷,造成排队溢流和严重的交通拥堵,因此以最小化过饱和相位数为优化目标能有效降低交叉口饱和度。为了同时考虑这两种状态,本文提出了一种分层多目标的优化结构,主要目标为最小化过饱和相位数,次要目标为最小化车辆延误,具体表达式分别如下:

$$\min \sum_{i=1}^{8} o_i \tag{1}$$

$$\min \sum_{i=1}^{8} \sum_{j \in J_i} d_j \tag{2}$$

式中,o_i表示相位i状态的二元变量,当相位i过饱和时,$o_i=1$,反之$o_i=0$;d_j为轨迹j的延误;J_i是相位i的抽样轨迹数据集。

2.2 轨迹约束

本节基于叠加后的抽样轨迹数据建立轨迹约束模型,引入等比例原则探讨信号配时方案变化前后车辆轨迹的演变过程。为了构造约束条件,将抽样轨迹分为停车轨迹和未停车轨迹两类进行分析。

2.2.1 等比例原则(SRPs)

本节将探讨信号配时方案变化前后车辆轨迹的演变过程。图1a和图1b展示了绿信比和交通需求不变而周期时长改变时车辆轨迹的演变过程,图1b的信号周期更长。如果没有红灯的影响，图 1a 与图 1b 中的深色轨迹最早可分别在 $0.5C_a$ 和 $0.5C_b$ 时刻通过停车线，即轨迹最早到达时间。图 1a 中深色轨迹在 $0.8C_a$ 时刻通过停车线（即 $t_j=0.8$），根据几何相似性，图 1b 中深色轨迹会在 $0.8C_b$ 时刻通过停车线（即 $t_j=0.8$）。即这两幅子图中深色轨迹的实际驶离时间 t_j 相同，延误 d_j 分别是 $0.3C_a$ 和 $0.3C_b$，深色轨迹前的车辆清空时间分别为 $0.1C_a$ 和 $0.1C_b$。于是得到第一等比例原则（SPR-1）：当绿信比不变而周期时长变化时，轨迹最早到达时间、实际驶离时间以及延误与周期时长的比值保持不变。

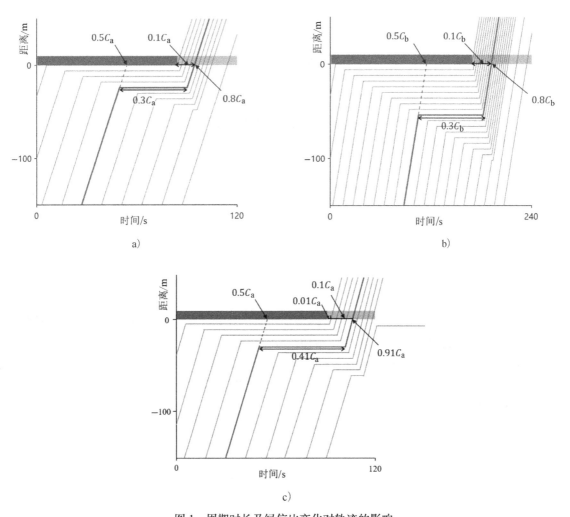

图 1 周期时长及绿信比变化对轨迹的影响
a）周期长度 C_a，绿信比 0.3　b）周期长度 C_b，绿信比 0.3　c）周期长度 C_a，绿信比 0.2

图 1a 和图 1c 展示了当周期时长不变而绿信比变化时车辆轨迹的演变过程。图 1c 中相位的绿信比为 0.2，且交通状态为略过饱和，深色轨迹实际通过停车线的时刻为 $0.91C_a$（即 $t_j=0.91$），延误为 $0.41C_a$。此延误由三部分组成：红灯时间（$0.3C_a$），取决于绿信比；前一周期遗留的排队车辆消散时间（$0.01C_a$），在未饱和状态时为 0，过饱和状态时随着饱和程度的增加而增加；本周期深色轨迹前的车辆消散时间（$0.1C_a$），取决于轨迹的消散速率，也称为饱和流率或到达率。当绿信比发生变化时，若深色轨迹在不同信号配时方案下都停

车,则第三部分延误保持不变。结合第一等比例原则(SPR-1),可得出第二等比例原则(SPR-2):当周期时长和绿信比都发生变化时,如果深色轨迹在不同信号配时方案下都停车,则第三部分延误与周期时长的比值保持不变。

2.2.2 最早到达时间

对于初始信号配时方案相位 i 的抽样轨迹数据 $j \in J_i$,其驶离交叉口的时间和延误分别表示为与周期时长 C^0 的比值 t_j^0 和 d_j^0/C^0,那么以自由流速度行驶的最早到达时间可以表示为 $t_j^0 - d_j^0/C^0$。根据 2.2.1 节得出的结论,不同信号配时方案下总存在拥有相同最早到达时间的对应轨迹:

$$t_j^0 - \frac{d_j^0}{C^0} = t_j - \frac{d_j}{C}, \forall j \in J_j; i=1,\cdots,8 \tag{3}$$

为简化表示,t_j 和 d_j 为信号配时方案变化后轨迹 j 的离开时间和延误,但此轨迹 j 并不是初始信号配时方案下的轨迹 j,而是在不同配时方案下相对应的另一条轨迹。

2.2.3 停车轨迹演变

初始信号配时方案下的采样轨迹被分为停车轨迹 ($j \in J_i^s$) 和不停车轨迹 ($j \in J_i^n$)。为了更好地描述轨迹 j 的类别,引入变量 s_j^0:若 $j \in J_i^s$,$s_j^0 = 1$;若 $j \in J_i^n$,$s_j^0 = 0$。图 2 展示了初始信号配时方案下停车轨迹 j 在信号配时方案变化后的演变过程。

引入变量 λ_j 表示轨迹 j 在信号配时方案变化后是否发生停车:若停车,则 $\lambda_j = 1$;反之 $\lambda_j = 0$,λ_j 定义为

$$-\lambda_j \leq (g_i - g_i^0) - \left(\frac{d_j^0}{C^0} - (\delta_j^0 - 1)(1 - g_i^0)\right) \leq 1 - \lambda_j, \forall j \in J_i^s; i=1,\cdots,8 \tag{4}$$

式中,g_i^0 为初始信号配时方案的绿信比;δ_j^0 是初始信号配时方案下轨迹 j 离开交叉口的周期索引;g_i 是新信号配时方案的绿信比。阈值 $(d_j^0/C^0) - (\delta_j^0 - 1)(1 - g_i^0)$ 是到达周期的红灯延误和轨迹 j 之前所有车辆的消散时间之和。根据 2.2.1 节中提出的等比例原则(SRPs),阈值在信号配时方案变化时保持不变。公式(4)保证当绿信比增量 $(g_i - g_i^0)$ 不超过阈值时,轨迹 j 仍会停车;反之轨迹 j 不发生停车。

2.2.4 不停车轨迹演变

图 3 展示了初始信号配时方案下不停车轨迹 j ($s_j^0 = 0$) 在信号配时方案变化后的演变过程。如图 4 所示,引入剩余绿信比 e_j^0 表示使轨迹 j 从未停车状态变为停车状态所需的最小绿信比减小量,e_j^0 定义为

$$e_j^0 = \tau(t_j^0 - T_i), \forall j \in J_i^n; i=1,\cdots,8 \tag{5}$$

式中,T_i 是初始信号配时方案相位 i 的所有排队车辆的清空时刻。由于交通流在不同周期间存在波动,T_i 取所有排队车辆驶离交叉口时间 t_j^0 的 95% 分位数。$\tau \in (0.1)$ 是修正因子,基于图 4 所示的几何相似关系,τ 与 T_i 以及绿信比 g_i^0 有关:

$$\tau = \frac{1 - g_i^0}{T_i} \tag{6}$$

根据 2.2.1 节中提出的 SPR-1,剩余绿信比在信号配时方案变化时保持不变,则 λ_j 和 e_j^0 的关系如下,公式(7)保证当绿信比的减小量 $(g_i^0 - g_i)$ 超过剩余绿信比 e_j^0 时,$\lambda_j = 1$;反

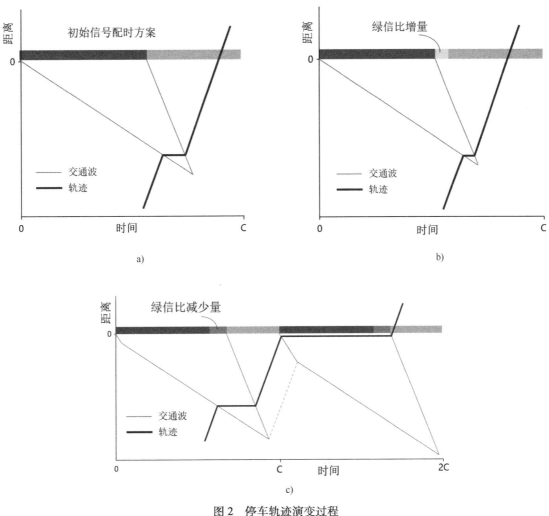

图 2　停车轨迹演变过程
a) 初始信号配时方案　b) 绿信比增加　c) 绿信比减小

之 $\lambda_j = 0$。

$$\lambda_j - 1 \leq (g_i^0 - g_i) - e_j^0, \quad \forall j \in J_i^n; i=1,\cdots,8 \tag{7}$$

2.2.5 轨迹延误

显然,在不同信号配时方案下始终保持不停车的轨迹延误为 0 ($\lambda_j=0$):

$$-\lambda_j M \leq d_j \leq \lambda_j M, \quad \forall j \in J_i; i=1,\cdots,8 \tag{8}$$

公式(8)保证当 $\lambda_j = 0$ 时,$d_j^0 = 0$。对于停车轨迹($\lambda_j = 1$),离开时间 t_j 由公式(9)确定:

$$\lambda_j - 1 \leq (t_j - \delta_j(1-g_i)) - (t_j^0 - \delta_j^0(1-g_i^0)) \leq 1-\lambda_j, \quad \forall j \in J_i; i=1,\cdots,8 \tag{9}$$

式中,δ_j 是新信号配时方案下轨迹 j 离开交叉口的周期索引。在略过饱和的状态下,本文忽略前一周期残余车辆轨迹的影响,因此,根据 2.2.1 节提出的第二等比例原则(SRP-2),公式(9)保证了当信号配时方案变化时,轨迹 j 前的排队车辆以饱和流率驶离交叉口所需的消散时间 $t_j^0 - \delta_j^0(1-g_i^0)$ 或 $t_j - \delta_j(1-g_i)$ 保持不变。

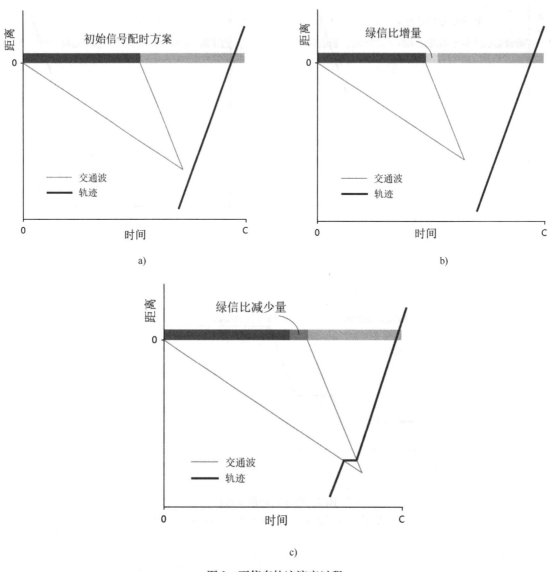

图3 不停车轨迹演变过程
a）初始信号配时方案 b）绿信比增加 c）绿信比减小

2.3 信号约束

信号约束包括周期时长约束、绿灯时长约束以及双环相位结构约束：

$$C_{min} \leq C \leq C_{max} \tag{10}$$

$$\frac{G_{min,i}}{C} \leq g_i \leq \frac{G_{max,i}}{C}, \forall i = 1, \cdots, 8 \tag{11}$$

$$g_1 + g_2 = g_5 + g_6 \tag{12}$$

$$g_3 + g_4 = g_7 + g_8 \tag{13}$$

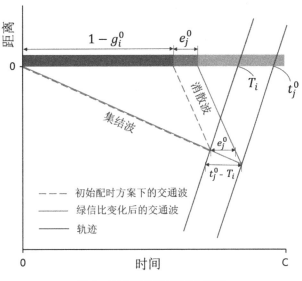

图 4 剩余绿信比计算示意图

$$g_1+g_2+g_3+g_4+\frac{L}{C}=1 \quad (14)$$

式中，L 为一个周期的总损失时间。由于公式（12）和公式（13）的分界约束，只需一个环的周期约束（14）即可。

2.4 过饱和相位识别

本文提出了一种基于抽样轨迹密度的过饱和相位识别方法，抽样轨迹密度定义为一段时间内通过的轨迹数量。图 5 和图 6 展示了未饱和以及过饱和状态下的全样本轨迹时空图。图 5 展示了未饱和状态下多个周期的轨迹数据叠加前后的时空图，可以观察到绿灯开始前几秒的轨迹密度大于最后几秒，因为绿灯开始的几秒内车辆以饱和流率驶离交叉口，而绿灯结束的几秒内车辆以到达流率驶离交叉口。图 6 展示了多个周期的轨迹数据叠加前后的情形。图 6a 中表示了不同周期的分隔线，其最早驶离时间是周期的开始时间。与图 5b 不同的是，图 6b 中绿灯开始的前几秒用于疏散前一周期的排队车辆，但这些车辆没有被计入轨迹密度的计算中。相反，在绿灯最后几秒内，排队车辆以饱和流率驶离交叉口，于是出现了绿灯开始前几秒的轨迹密度小于绿灯快结束后几秒的情况。

为了计算抽样轨迹密度，引入二元变量 u_j^s 和 u_j^e。若抽样轨迹 j 在到达周期 ($k=1$) 绿灯的前几秒（或后几秒）通过停车线，则 $u_j^s=1$（或 $u_j^e=1$）；反之 $u_j^s=0$（或 $u_j^e=0$）。u_j^s 的约束条件为

$$u_j^s-g_i \leq t_j \leq 2-g_i+g_iP-u_j^s+(1-u_j^s)K, \quad \forall j \in J_i; i=1,\cdots,8 \quad (15)$$

$$1-g_i+g_iP-u_j^s \leq t_j, \quad \forall j \in J_i; i=1,\cdots,8 \quad (16)$$

其中 P 是识别过饱和相位的百分数阈值。公式（15）和公式（16）保证当 $u_j^s=1$ 时，$1-g_i \leq t_j \leq 1-g_i+g_iP$；当 $u_j^s=0$ 时，$1-g_i+g_iP \leq t_j$。u_j^e 的约束条件为

$$u_j^e-g_iP \leq t_j \leq 2-u_j^e+(1-u_j^e)K, \quad \forall j \in J_i; i=1,\cdots,8 \quad (17)$$

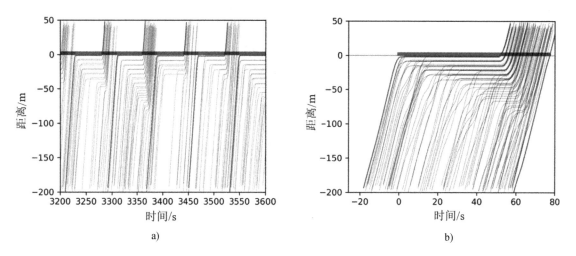

图 5　未饱和状态下的全样本轨迹时空图
a）未叠加　b）叠加于一个周期内

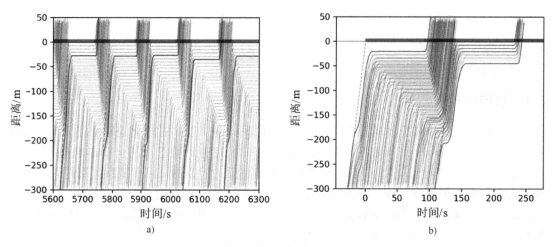

图 6　过饱和状态下的全样本轨迹时空图
a）未叠加　b）叠加于一个周期内

$$(1-u_j^e)M \geq \sum_{k=2}^{K}\delta_{j,k}, \forall j \in J_i; i=1,\cdots,8 \tag{18}$$

$$t_j \leq 1-g_iP+u_j^e+(1-\delta_{j,1})K, \forall j \in J_i; i=1,\cdots,8 \tag{19}$$

公式（17）保证当 $u_j^e=1$ 时，$1-g_iP \leq t_j \leq 1$；公式（18）保证对于 $k=2,\cdots,K$，存在 $\delta_{j,k}=1$ 时，$u_j^e=0$；公式（19）保证当 $u_j^e=0$ 且 $\delta_{j,1}=1$ 时，$t_j \leq 1-g_iP$。可以直接用绿灯开始前几秒和最后几秒内的抽样轨迹数量 $\sum_j u_j^s$ 和 $\sum_j u_j^e$ 来计算 o_i：

$$(o_i-1)M \leq \sum_{j\in J_i}u_j^e - \sum_{j\in J_i}u_j^s \leq o_iM, \forall i=1,\cdots,8 \tag{20}$$

若 $\sum_{j\in J_i}u_j^s < \sum_{j\in J_i}u_j^e$，则相位 i 被识别为过饱和相位（$o_i=1$）；反之，相位 i 为未饱和相位（o_i

=0)。对于过饱和相位,绿灯时长取最大值以增加车辆通过量、减少排队长度:

$$o_i - 1 \leq g_i - \frac{G_{\max,i}}{C} \leq 1 - o_i, \forall i = 1, \cdots, 8 \qquad (21)$$

3 求解算法

上述建立的优化模型为分层多目标的 MINLP 模型。当决策变量 C 确定时,该模型变为分层多目标的 MILP 模型,这类模型通常可以被现有的求解器求解,如 Gurobi 9.0.0[16]。因此,首先枚举所有可能的周期时长 C($C_{\min} \leq C \leq C_{\max}$),然后对于每一个固定的 C,采用 Gurobi 9.0.0 对 MILP 模型进行求解,最后获得全局最优解。

4 仿真案例

4.1 仿真设计

为了验证本文模型的效果,我们将其应用在一个六相位四路交叉口中,图 7a 和图 7b 分别展示了交叉口的车道功能分配和双环信号控制结构。车辆限速为 50km/h。

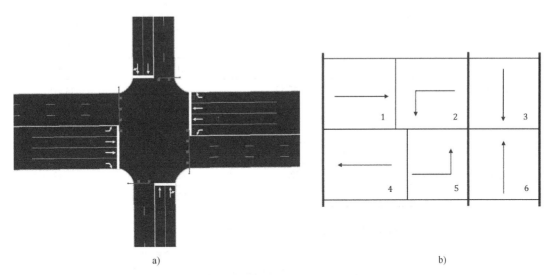

图 7 典型的四路交叉口
a) 车道功能分配 b) 双环信号控制结构

初始和对照信号配时方案由著名信号优化软件 Synchro Studio 7 生成[17]。仿真在微观交通仿真软件 Vissim 4.3 中进行[18],仿真时长为 9000s,预热时间 1000s。轨迹数据采集的时间范围为 1000~8200s,共 2h,采样间隔为 1s,浮动车渗透率 10%。表 1 为基准交通流量和相应的流量-通行能力比(v/c 比),仿真时在基准交通流量的基础上乘以需求因子作为仿真输入的交通流量。

表 1 基准交通流量和流量/通行能力比

交通流量/(pcu/h)(v/c)	东进口道	南进口道	西进口道	北进口道
直行	1000（0.99）	750（1.06）	1000（0.99）	750（1.06）
左转	500（0.96）	0（0）	500（0.96）	0（0）
右转	60（0.12）	60（1.06）	60（0.12）	60（1.06）

最大周期时长和最小周期时长（C_{max} 和 C_{min}）、最大绿灯时长和最小绿灯时长（$G_{max,i}$ 和 $G_{min,i}$）可根据交通信号配时手册中的方法确定[1]，C_{max} 和 C_{min} 会随着交通需求水平的不同而不同。初始信号周期时长 C^0 和绿信比 g_i^0 等参数由 Synchro 优化得到，在双环六相位信号控制结构中，一个周期的总损失时间 L 设为 15s。周期索引的最大值 K 设为 3。通过反复试验，用于识别过饱和相位的绿灯时长百分比阈值 P 设为 10%最佳。

4.2 结果分析

本文采用车辆平均延误作为模型效果的评价指标，该指标均可以从 Vissim 仿真中获取，本文模型与 Synchro 模型的对比结果见表 2。

表 2 车辆平均延误

需求等级	需求因子	车辆平均延误/(s/辆)		
		Synchro 方案	本文方案	降低率（%）
未饱和	0.70	20.83	19.41	6.84
	0.80	23.01	21.21	7.80
	0.90	27.12	23.10	14.83
	0.95	30.41	24.38	19.82
	1.00	37.84	31.00	18.07
略过饱和	1.10	50.29	47.02	6.50
	1.15	72.84	71.30	2.12
	1.17	96.47	82.23	14.76

从表 2 中可以看出，在车辆平均延误方面，本文方案在未饱和状态以及过饱和状态下的效果均优于 Synchro 方案。当需求因子为 0.7 时，本文方案较 Synchro 方案的延误减少约 7%。当交通需求继续增加，在接近饱和的时候延误减少达到 19%。如图 8 所示，本文方案下排队长度更短，延误也更小，其原因是绿灯时长分配更加合理、利用更充分。当识别到交通状态饱和后，目标方程（1）的优先级高于目标方程（2），此时本文模型的重点是减少过饱和相位数量，因此略过饱和状态下的延误降低率没有未饱和状态下高。另外，由于只有离开交叉口的车辆延误被统计，过饱和状态时车辆平均延误可能会被低估，因此未饱和状态和过饱和状态下的延误变化趋势不同。当需求因子为 1.10 和 1.15 时，延误分别下降 6.5%和 2.12%；但当需求因子增加到 1.17 时，由于绿灯时间利用更充分，车辆平均延误降低 14.76%。从图 9a 中可以看出，Synchro 方案中相位 1 过饱和，每个周期的绿灯开始时间均用来消散上一个周期的剩余排队车辆；相反，图 9b 中本文方案相位 1 始终保持未饱和，排

队长度更短、延误更低。

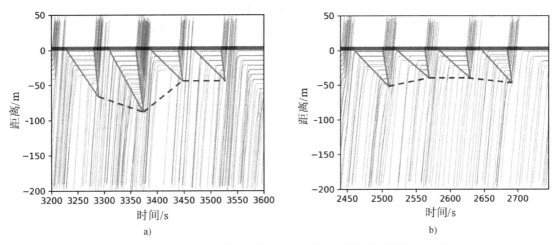

图 8 未饱和状态下（需求因子 0.9）西进口直行车辆轨迹时空图
a）Synchro 方案 b）本文方案

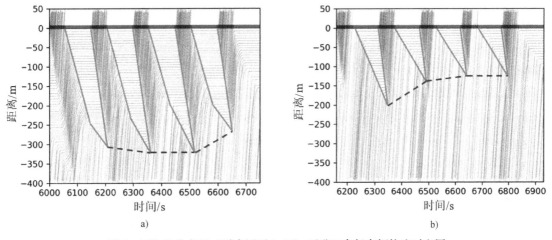

图 9 过饱和状态下（需求因子 1.17）西进口直行车辆轨迹时空图
a）Synchro 方案 b）本文方案

4.3 敏感性分析

本文模型的效果主要受到两个关键因素的影响：浮动车渗透率和轨迹数据采样间隔，本节将对这两个因素进行敏感性分析，探究它们对模型的影响。采用的浮动车渗透率为 2%、5%、10% 和 15%，采样间隔为 2s、5s、10s、15s 和 20s，将 2h 的抽样轨迹数据作为模型的输入。由于现实中浮动车渗透率很难估计，且影响本文模型效果的主要是抽样轨迹的数量，因此本节采用抽样轨迹数量替代浮动车渗透率。在需求因子为 0.9 的未饱和状态下，当浮动车渗透率为 2%、5%、10% 和 15% 时，抽样轨迹数量分别为 165、412、825 和 1238。

图 10 展示了需求因子为 0.9 时采样间隔和轨迹数量的敏感性分析结果，描绘了在不同数据环境下与 Synchro 方案相比本文方案的车辆延误降低率和交叉口通过量增加率。当采样

间隔小于 20s 时，本文方案在不同轨迹数量下效果稳定，当抽样轨迹数量从 165 增加到 1238 时，车辆延误降低率和通过量增加率分别保持在 14% 和 0% 左右，这表明相比于 Synchro 方案，本文方案在保持交叉口通行能力不变的前提下能显著降低车辆延误。然而当采样间隔增加至 20s 时，本文模型在车辆延误和车辆通过量两个指标上均不如 Synchro 方案，这是因为用采样间隔为 20s 的抽样轨迹计算 t_j^0、d_j^0 和 δ_j^0 等参数时存在较大误差。

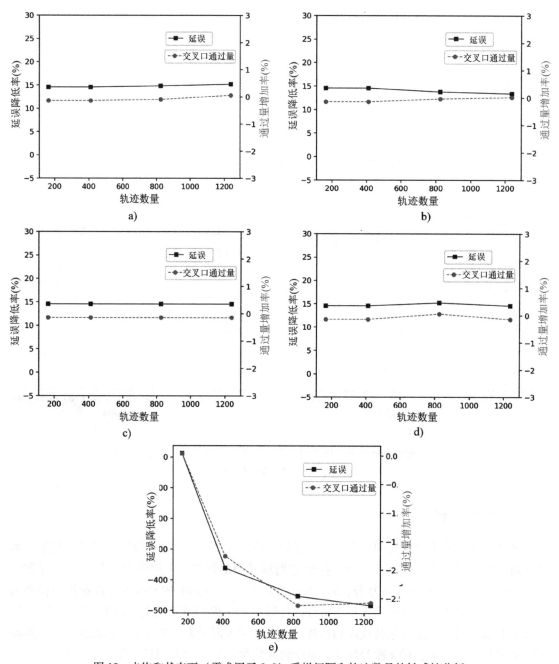

图 10　未饱和状态下（需求因子 0.9）采样间隔和轨迹数量的敏感性分析
　a）采样间隔为 2s　b）采样间隔为 5s　c）采样间隔为 10s　d）采样间隔为 15s　e）采样间隔为 20s

5 结语

本文构建了基于抽样轨迹数据的双层多目标定时信号控制优化框架。模型分别以过饱和相位数量最少和平均车辆延误最小为主要和次要目标,在未饱和及过饱和状态下同时优化周期时长与绿信比。通过同一时段内多个周期轨迹数据叠加的方法和等比例原则(SRPs)能有效解决浮动车渗透率低的问题,同时构建了信号配时方案变化下的抽样轨迹演变准则,提出了基于抽样轨迹密度的过饱和相位识别方法。随后将上述优化问题建模为 MINLP 问题,通过枚举周期时长等线性化方法将其转化为一系列 MINLP 模型。案例结果表明,相比于 Synchro 优化的方案,本文方法能显著降低交叉口延误、提高通行能力。敏感性分析表明:本研究可以基于低采样频率(15s)和低渗透率(2%)的轨迹数据对交叉口进行信号配时优化。

参 考 文 献

[1] KOONCE P, RODEGERDTS L, LEE K, et al. Traffic Signal Timing Manual [M]. Washington DC: Federal Highway Administration, 2008.

[2] SCHRANK D, EISELE B, LOMAX T, et al. 2015 Urban Mobility Scorecard [R]. Report. College Station: Texas A&M Transportation Institute and IN-RIX. [S.l.: s.n.], 2015.

[3] WEBSTER F V. Traffic Signal Settings [M]. London: Her Majesty's Stationery Office, 1958.

[4] YIN Y, LI M, SKABARDONIS A. Offline offset refiner for coordinated actuated signal control systems [J]. Journal of Transportation Engineering, 2007, 133 (7): 423-432.

[5] MIRCHANDANI P, HEAD L. A real-time traffic signal control system: architecture, algorithms, and analysis [J]. Transportation Research Part C: Emerging Technologies, 2001, 9 (6): 415-432.

[6] TANG K, BOLTZE M, NAKAMURA H, et al. Global practices on road traffic signal control: fixed-time control at isolated intersections. Elsevier [Z]. 2019.

[7] YIN Y. Robust optimal traffic signal timing [J]. Transportation Research Part B: Methodological, 2008, 42 (10): 911-924.

[8] SMITH B L, SCHERER W T, HAUSER T A, et al. Data-driven methodology for signal timing plan development: A computational approach [J]. Computer-Aided Civil and Infrastructure Engineering, 2002, 17 (6): 387-395.

[9] LI W, BAN X. Connected vehicles based traffic signal timing optimization [J]. Ieee Transactions on Intelligent Transportation Systems, 2019, 20 (12): 4354-4366.

[10] FENG Y, HEAD K L, KHOSHMAGHAM S, et al. A real-time adaptive signal control in a connected vehicle environment [J]. Transportation Research Part C: Emerging Technologies, 2015, 55: 460-473.

[11] YAO Z, JIANG Y, ZHAO B, et al. A dynamic optimization method for adaptive signal control in a connected vehicle environment [J]. Journal of Intelligent Transportation Systems, 2020, 24 (2): 184-200.

[12] YAO J, TAN C, TANG K. An optimization model for arterial coordination control based on sampled vehicle trajectories: The STREAM model [J]. Transportation Research Part C: Emerging Technologies, 2019, 109: 211-232.

[13] YAN H, HE F, LIN X, et al. Network-level multiband signal coordination scheme based on vehicle trajectory data [J]. Transportation Research Part C: Emerging Technologies, 2019, 107: 266-286.

[14] ZHENG J, LIU H X. Estimating traffic volumes for signalized intersections using connected vehicle data [J]. Transportation Research Part C: Emerging Technologies, 2017, 79: 347-362.

[15] NIE Y. How can the taxi industry survive the tide of ridesourcing? Evidence from Shenzhen, China [J]. Transportation Research Part C: Emerging Technologies, 2017, 79: 242-256.

[16] Gurobi Optimization, Inc. Gurobi optimizer reference manual. [Z] 2017.

[17] DAVID H, JOHN A. Synchro Studio 7 User Guide [M]. Sugar Land: Trafficware Ltd, 2006.

[18] PTV A. VISSIM User Manual 4.3 [Z]. 2006.

欧洲 MaaS 生态体系建设与思考

王梦园，欧阳新加

深圳城市交通规划设计研究中心股份有限公司，深圳 518000

【摘要】 随着 MaaS 体系在欧洲市场上日益成熟，众多欧洲城市，如柏林、巴黎、马德里、斯德哥尔摩和维也纳等，均开始启动 MaaS 项目。为了加快建立完善的 MaaS 体系，欧盟委员会在"地平线 2020"资助计划下启动了 MyCorridor、IMOVE、MaaS4EU 三个重大研究项目来探索不同的 MaaS 组织架构，并制定了相关法规。预计至 2025 年，MaaS 的市场规模将以 35%~40% 的年复合增长率增长，且 MaaS 将不仅向用户提供"一站式"出行服务，还将提供智慧停车、电动汽车充电等其他增值服务。本文从欧盟推行 MaaS 的顶层设计入手，探索 MaaS 的发展组织架构，寻找有效的商业模式，并引入"MaaS 市场准备指标"评分体系，旨在为深圳市建立 MaaS 生态系统带来一些启发。

【关键词】 MaaS；出行即服务；顶层设计；组织架构；商业模式；市场准备度

Development of European MaaS system and Thinkings

Wang Mengyuan, Ouyang Xinjia

Shenzhen Urban Transport Planning and Design Research Center Co., Ltd., Shenzhen 518000

Abstract: As the MaaS system is maturing in the European market, many European cities, such as Berlin, Paris, Madrid, Stockholm and Vienna, have started MaaS projects. In order to accelerate the establishment of a comprehensive MaaS system, the European Commission has launched four major research projects under the Horizon 2020 funding program-MyCorridor, IMOVE, MaaS4EU and MaaSiFIE - to explore different MaaS organizational structures and develop related regulations. The MaaS market is expected to grow at a CAGR of 35%~40% by 2025, and MaaS will not only provide users with "one-stop" mobility services, but also other value-added services such as smart parking and EV charging. In this paper, we will start from the top-level design of MaaS implementation in EU, explore the organizational structure of MaaS development, find effective business models, and introduce the "MaaS market readiness index" scoring system, aiming to bring some inspirations for the establishment of MaaS ecosystem in Shenzhen.

Key words: MaaS; mobility as a service; top-level design; organization and architecture; business model; market readiness

1 引言

"出行即服务（MaaS）"——自 2014 年被提出之后，这一概念在欧洲范围内即引发了广泛的关注。MaaS 主要旨在建构无缝、门到门的多式联运整合系统，以提升公共交通的使用率、减少私家车的持有，达到节能减排和减少道路堵塞的目的。

欧洲权威交通研究机构 Ramboll 于 2019 年发布了《赫尔辛基 MaaS（出行即服务）白皮书》[1]，报告中表明：在赫尔辛基地区，MaaS 用户使用公共交通的频率比非用户高 15%，并且在推行 MaaS 服务后，市区内私家车出行减少了 38%。随着 MaaS 市场的持续增长，更全面地了解各地区对于 MaaS 领域的顶层设计、相关的政策、不同的组织架构和商业模式至关重要。

本文首先调查了欧洲国家为推动 MaaS 发展颁布的政策法规，并对五类主要 MaaS 组织架构进行了阐述，并对其优缺点进行了分析。接下来以 Maas 企业 GlobalMaaS 为例，通过商业模式画布法对其商业模式进行深入分解，并且引入市场准备度雷达图，描述了德国慕尼黑等城市对于 MaaS 的市场准备情况。最后，根据上述方法对深圳发展 MaaS 提出笔者的个人见解。

2　MaaS 的顶层设计

欧盟在较早时期就开展了对未来交通体系的部署。在 2010 年发布的《2010/40 智能交通系统指令》[2]中，欧盟建立了欧洲智能交通系统早期发展框架，其中将整合交通服务发展多式联运、提供实时交通信息、安装车内紧急呼叫系统、建立智慧停车系统规定为五大优先发展领域。在 2011 年发布的《欧洲交通战略部署》[3]白皮书中明确规定：多式联运体系应作为智能交通系统的关键要素。至 2020 年止，欧盟范围内需建立多式联运信息管理和支付系统。出行即服务（MaaS）体系作为多式联运体系的一个重要实现模式，也是智能交通体系中的重要发展对象。

在数据共享方面，针对 2020 年发布的《欧盟数据战略》[4]，欧洲 MaaS 联盟首先提出了与 MaaS 体系相关数据的标准化要求，其中包括企业间统一数据格式、建议监管部门起草数据集的国家标准等方针。

3　各国的法律政策和行动措施

以欧盟对于多式联运体系的总体规划为指导，欧洲各国开始积极制定有关法规和发展战略。近年来突出的实例包括：

- 芬兰于 2017 年发布的《新交通法》[5]中要求交通运输运营商必须向第三方开放数据并提供应用程序接口（API），以保证第三方可以免费获取实时更新的完整数据；还规定开放票务和支付系统的接口并提供票务转售权。
- 瑞典公共交通机构尝试建立一个全国范围的 MaaS 服务集成平台。
- 丹麦政府决定将私营交通运输企业整合纳入国家公共交通运输体系，并集中向第三方开放数据和票务系统。
- 德国汉堡公共交通机构牵头推出了 MaaS 服务应用。

4　研究项目

目前欧洲范围内众多国家和城市的机构都在从事 MaaS 有关的研究，本文整理了四个重大项目,对其进行简单介绍,见表1。

表1 MAASiFiE、MaaS4EU、MyCorridor、IMOVE 研究项目介绍[6]

项目名称	研究目的	研究内容
MAASiFiE	分析 MaaS 模型,为欧洲的 MaaS 未来发展制定路线和实施建议	• 分析 MaaS 的发展现状和未来趋势 • 研究商业和运营模式 • 分析技术需求和互操作性问题,以及法律的支持和挑战 • 进行 MaaS 的社会经济和环境影响评估等
MaaS4EU	为商业、终端用户、技术和数据、政策四个方面提供可量化框架和工具	• 设计多个原型商业模式 • 通过示范项目探索各种终端用户对 MaaS 服务和产品的偏好、需求和接受程度 • 开发一个开放的平台,整合不同数据源的技术、流程和接口 • 提出必要的 MaaS 政策框架等
MyCorridor	发展一个技术和商业平台,确保为 MaaS 提供一个可持续、无缝衔接、集成的公共与私人交通系统,并且将其融入国家间的出行链	• 定义、开发和测试以移动令牌和适用于国际试点走廊漫游的一站式商店为基础的集成架构 • 对关于终端用户可接受性、商业模式、MaaS 整合、潜在激励和政策进行循证建议
IMOVE	实现有关用户需求和偏好的实时数据采集、提供信息交换的数据、改善不同 MaaS 服务组件之间互操作性	在柏林、哥德堡、大曼彻斯特、都灵进行 IMOVE 试验室试点项目

5 MaaS 体系组织架构

在国家政策的积极鼓励下,探索如何将 MaaS 与传统交通结构有机结合便成为创建 MaaS 体系组织架构的首要任务。根据欧洲大都市交通管理局(EMTA)发布的调查报告《EMTA 关于 MaaS 的观点》[7],MaaS 体系组织架构被划分为五大类别:

(1)私营交通企业竞争模式(数据封闭式)(图1) 该模式以各大私营交通企业为主导,纵向发展出各自的一体化 MaaS 商业生态系统,各生态系统间进行市场竞争。该模式的优势在于,各企业可以相对便利地整合各自的交通服务。但由于各生态系统的不兼容性会导致不同的交通模式的相互排斥。例如图1中如果用户选择公司 A 的出租车服务,则下一行程的交通工具只能继续在公司 A 中选择而不能选择其他公司的交通服务。所以总体来讲,该结构虽然在商业可行性上最易达成(各私营交通公司可直接建立自己的 MaaS 服务体系),但在运行以及可持续发展上不具备优势。

(2)完全政府部门主导模式(图2) 该模式设想了一个由政府部门,例如交通运输局,来诱导和控制 MaaS 体系开发的组织架构,该机构同时承担了数据处理、系统集成和服务提供的角色。该模式的优势在于保证 MaaS 服务体系最大程度地符合公共政策,并简化了监管工作。然而,由于政府部门仅能对公共交通服务进行整合,不能将其他私营企业(例

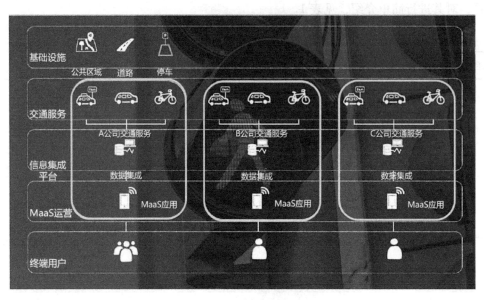

图1 公交企业竞争模式组织架构

如出租车企业、共享汽车、共享单车等提供的交通服务）进行整合，无疑极大限制了 MaaS 的可用性和灵活性，单一的 MaaS 服务体系也不能迎合所有用户的出行需求。

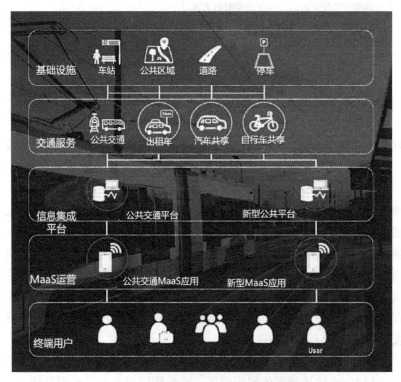

图2 完全政府部门主导模式组织架构

（3）去中心化市场主导模式（图3） 该模式是以市场经济主导，各交通企业开放数据及支付接口,各商业组织负责集成各种交通服务和开展 MaaS 服务。其中公共领域作为一个监管者的角色,要起到积极促进市场发展的作用,不仅需要确保交通运输服务的有效供应,还要确保私营交通企业开放数据以及支付票据系统的访问权。开放的市场会为 MaaS 服务的创新带来更多可能,也因为服务的多样性会使用户接受度大大提升。然而,商业性的 MaaS 体系可能会因以经济利益为目标,逐渐偏离公共政策目标。

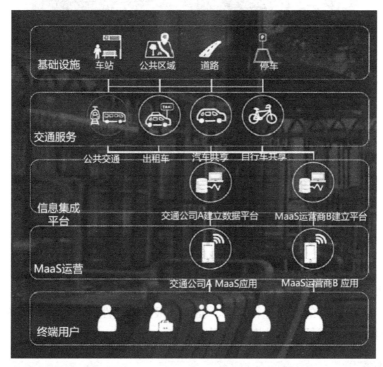

图3 去中心化市场主导模式组织架构

(4)标准化生态模式(私营交通企业负责开放并整合数据)(图4) 标准化生态系统设想基于技术标准化,它的核心在于,私营交通企业需完全开放数据接口并负责对数据进行标准化处理与整合。生态系统标准化的目标是为 MaaS 服务创造一个非歧视的公平竞争关系,使任何组织都能轻松访问所有相关系统,以减少不同接口之间的相互转换。该模式强调无论是交通运营商还是 MaaS 运营商均需要提供统一标准的数据和应用接口,以便政府部门可对其进行有效监管。数据标准化也可使各利益相关方更高效地整合处理数据,所有行业利益相关者均可从中受益。

目前,围绕 MaaS 技术标准化的讨论主要由公共部门和技术组织推行。其中的技术解决方案包括标准化数据和交易应用技术接口,以及分布式账本技术(区块链)。这两种技术均可减少对中心化的依赖。但目前 MaaS 生态系统中的所有利益相关方是否均同意实施标准化技术,允许第三方和政府部门访问潜在的商业利益数据,仍然是个问号。

(5)开放市场模式(由政府部门建立公共数据平台)(图5) 该模式中将 MaaS 的整合任务从 MaaS 运营商的任务体系中分离出来,由公共领域承担数据以及系统整合角色,建立公共数据平台完全开发数据,以确保公平、可持续以及更好地实现公共价值的发展。该模式

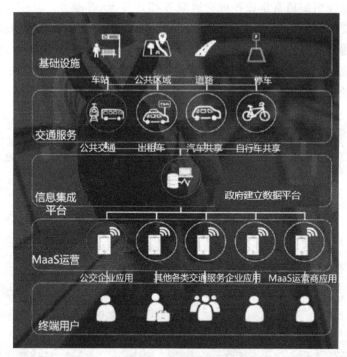

图 4 标准化生态模式组织架构

可打破商业组织进入 MaaS 的壁垒，使得各商业组织之间可以专注于商业模式的开放，并纯粹根据其服务和品牌能力的差异进行竞争，而不是根据排他性、数据以及系统所有权和市场资本化进行竞争，从而减低了行业垄断的风险。

图 5 开放市场模式组织架构

政府部门作为官方机构具备更高的可信度,由它来建立公共数据平台可以极大地降低所有利益相关方的风险。并且政府部门通过对数据的整合还能确保公共部门更好地进行监管、政策制定和基础设施的规划调整,使得政府部门能够以低风险和可控的方式了解 MaaS 在其战略目标中的作用。

不过,如果由政府部门独自开放公共数据平台,整个实行过程可能变得繁琐而缓慢。所以在技术开发方面,政府部门和技术组织合作似乎是一个更好的选择。五类 MaaS 组织架构对比见表2。

表 2 五类 MaaS 组织架构对比

模式	交通服务	信息集成平台	MaaS 应用
私营交通企业竞争模式	• 各私营交通企业整合其运营的所有种类交通服务资源	• 各企业建立独立平台	• 各私营交通企业研发各自应用
完全政府部门主导模式	• 政府整合公共交通资源 • 各企业整合其运营的交通服务资源	• 政府开发平台	• 政府研发应用
去中心化市场主导模式	• 政府整合公共交通资源 • 各企业整合其运营的交通服务资源	• 交通企业或其他企业建立平台	• 交通企业或其他企业研发应用
标准化生态模式	• 政府整合公共交通资源 • 各企业整合其运营的交通服务资源	• 政府开发平台	• 政府研发公共交通 MaaS 应用 • 私营交通企业或其他企业研发其他类型交通服务 MaaS 应用
开放市场模式	• 政府整合公共交通资源 • 各企业整合其运营的交通服务资源	• 政府开发平台并开放接口	• 政府研发公共交通 MaaS 应用 • 私营交通企业或其他企业研发其他类型交通服务 MaaS 应用

6 MaaS 商业模式

在完整的 MaaS 组织架构下,如何建立可行的商业模式是每个决定进入 MaaS 行业的商业组织需要考虑的首要问题。欧洲范围内已经涌现了众多 MaaS 运营企业,其中芬兰公司 MaaS Global 在 MaaS 服务领域已取得了一些显著的效益。由 MaaS Global 公司开发的 MaaS 应用 Whim 自 2017 年启动以来已实现了 400 万次用户出行活动,并获得了"2019 年欧洲未来独角兽"大奖。UITP 国际公共交通协会通过商业画布图[8]的方式对 MaaS Global 公司的商业模式进行了详细的解析。

商业模式画布提供了一个全面的视角,通过多种商业要素组合来描述一个具体的商业模式,以刻画出企业创造、交付和获取价值的操作链条。商业模式画布由 9 个基本要素组成,分别为客户细分、价值主张、渠道平台、客户关系、收入来源、核心资源、关键业务、重要伙伴、成本结构，见表 3。

表 3 MaaS Global 商业模式

重要合作伙伴： • 投资者 • 政府部门 • 交通运营商 • 技术公司 • 保险公司 • 第三方平台供应商	关键业务： • 确保平台中包含尽可能多的运输供应商 • 与其他主要伙伴的关系管理 • 维护平台，包括票务服务和实时旅行数据 • 运输商和其他服务商的大数据收集和分析 • 确保所有服务的独立创新 核心资源： • 软件功能平台 • 人力资源：产品设计和定价专家、合作伙伴管理、信息技术人员、营销团队和客户关系管理团队 • 财政资源 • 信息资源	价值主张： • 提供个人出行订阅服务 • 规划无缝一体化的出行计划、支付和票务接口（例如，价格竞争力、降低成本、用更少的时间提供便利） • 通过多式联运的选择，实现门到门的客户体验	客户关系： 自动服务和自助服务，在特定情况下提供人工服务 渠道平台： 基于应用 APP 的渠道	客户关系： 自动服务和自助服务，在特定情况下提供人工服务 客户群体： 1. 私家车出行用户 2. 结合多种交通工具出行用户 3. 游客
成本结构： • 向交通供应商付款 • 软件开发/维护费用 • 雇员工资和公关费用 • 营销和广告费			收入来源： • 向客户收取的订阅费 • 随用随付 • 额外服务包收费	

从商业模式画布中可知，Global MaaS 公司的关键业务是将赫尔辛基本地所有的交通方式（包括公共交通工具、共享单车和电动脚踏车、共享汽车、出租车和租车服务）整合到一个应用程序 Whim 中，以此为渠道平台，为客户提供从路线规划到订票购票的一站式服务。它的收益形式有三种，分别为：

1）即走即付：MaaS 客户可以直接在应用上一键支付单次出行的所有费用，无论该行程中包含多少种交通工具。

2）订阅套餐：Whim 根据不同的用户群体制定了多种订阅服务，包括无限制公共交通套餐或无限制租车套餐等。

3）服务包：Whim 也提供单个交通方式的包月服务，比如 30 天租车服务等。

商业模式画布对于初创 MaaS 公司在部署规划商业模式方面起到了较好的刻画作用，可以清晰地展示出公司的商业运行模式，并直观地判断其是否可行。

7　MaaS 市场准备度指标

越来越多的欧洲城市希望开始建立 MaaS 体系，对此 CIVITAS（欧洲城市活力与可持续发展组织）为各地方对于 MaaS 体系的准备程度制定了统一的指标[9]。MaaS 准备程度指标可作为地方当局在建立 MaaS 体系前的一个检查清单。这些指标有助于确保每个关键点在规划过程中都有被考量。

MaaS 市场准备度指标由八个不同的部分组成，具体分为政策鼓励、地方政府规划、支付系统开放情况、信息集成平台、停车制度、共享交通服务水平、共享交通接受度、多式联运可视化程度。CIVITAS 机构对每个指标也制定了详细的评分标准。

下面以德国慕尼黑市为例，对慕尼黑 MaaS 市场准备度进行评分。目前，由慕尼黑公共交通机构推出的 MaaS 应用（MVG more）已经投入使用。应用中整合了公共交通、共享汽车、共享单车、共享电动踏板等交通服务，并可以进行单程旅行的购票服务。其次，慕尼黑市正在建立一个智能城市数据平台，以收集城市中的各种信息并进行整合。设想在未来可以开放提供给第三方，从而建立更多元化的 MaaS 服务体系。

图 6 为慕尼黑市 MaaS 市场准备度的评分图。由图可知：在共享交通运作模式、共享交通种类、专家态度、停车制度方面，慕尼黑市均取得了较优异的评分。而在其他方面，尤其是信息集成平台评分较低，说明在这些方面对于 MaaS 体系的准备不足，还需要完善。

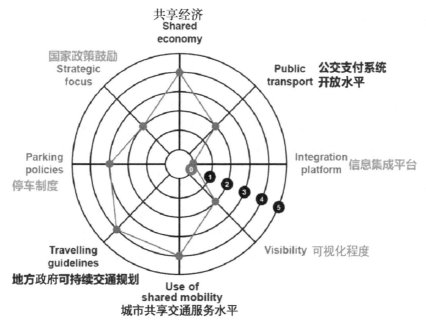

图 6　慕尼黑市 MaaS 市场准备度评分图

接下来，再以瑞典首都斯德哥尔摩为例，对其市场准备情况进行分析。斯德哥尔摩市公共交通方式包括地铁、有轨电车、公交车、城际列车和客运航线，其费用统一可用公交卡支付，未来公交卡还可以用来支付共享单车费用。其次，斯德哥尔摩制定了一系列支持共享汽车和按需响应交通方式的停车政策。目前，斯德哥尔摩市有约 800 辆共享汽车，占城市汽车总量的 2%。图 7 为斯德哥尔摩市场准备度评分图。

图 7　斯德哥尔摩 MaaS 市场准备度评分图

8　对深圳市的启发

虽然 MaaS 概念是欧盟提出来的,但是我国政府对其也十分重视。构建现代化交通运输体系,其核心之一就是实现交通运输的一体化,从而实现交通大国向交通强国的转变。2017年发布的现代综合交通运输体系规划中明确指出,构建"一站式"出行服务体系,实现客运"一票到家"的目标,通过整合不同交通服务来提高用户出行效率以及城市运行效率。

深圳市作为首批交通强国试点城市,正在积极探索建立 MaaS 服务体系。结合 CIVITAS 发表的 MaaS 市场准备度指标评分制度和深圳市的具体情况,深圳市的 MaaS 市场准备度评分如图 8 所示。

由图 8 可见,深圳市在政策鼓励、共享交通以及停车制度方面准备十分充分,然而在公交支付系统开放、信息集成平台建立和多式联运信息可视化方面准备还不够充分。对此结合欧洲经验,分别从政府、公交运营企业以及 MaaS 运营商的角度出发,提出以下几条建议:

政府部门:

1) 作为 MaaS 体系推进的主导者,应尽快分别部署城市、省市、国家各级的 maas 相关法规条例。

2) 应积极鼓励支持各城市的试点工程,以公私合营为主要形式,在明确社会目标的前提下逐步实施,应尽量避免发展为资本密集型产业。

3) 为确保市场的公平竞争,政府应对公交企业提出以下几项原则性规定:

① 公交企业需保证 MaaS 运营商至少能够获得与其向终端用户直销的相同的交通服务和票价。

② 公交企业需向 MaaS 与供应商提供支付界面和数据访问的权限,并保证数据完整准确。

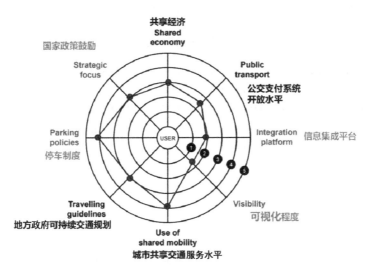

图 8　深圳市 MaaS 市场准备度评分图

③ 公交企业不应以任何压榨利润的策略对 MaaS 运营商进行价格挤压。

4）应开始建立监管体系，以确保 MaaS 服务的高效运作和可持续发展。

公交企业：

1）与 MaaS 运营商之间签订完整的数据共享协议。需要求 MaaS 运营商将终端用户数据反馈给公交企业，以便利用数据完善交通管理、交通与城市规划以及更科学地制定政策。

2）应提供统一的数字格式的基本数据，其中包括运营时刻表、路线表、实时调度能力等信息。

3）应积极配合上述政府部门对公交企业提出的要求。

MaaS 运营商：

1）应加强与公共部门的联系和合作关系。可根据深圳市的具体情况探索合适的商业模式，并积极与公共部门展开对话，向政府部门展示成功试点案例，以取得政府信任与政策支持。

2）应建立用户账户整合平台，并保证支付方式的多样性与便利性。另外，还可以考虑全新的定价和收费体系，例如动态定价以及订阅服务等。

3）应通过合同协议明确各方相关责任，保证各方沟通的公开透明，可以考虑应用区块链技术。

从 MaaS 体系组织架构的选择来看，在国家政策法规支持下，深圳市应优先考虑以政府部门建立公共数据平台的体系来建立 MaaS 的生态系统。因为对于私营企业或公交企业来讲，建立一个 MaaS 数据平台成本过高且短时间内看不到收益。而由政府部门牵头，与技术公司合作，合力打造信息数据平台，就大大降低了其他各利益相关方的参与成本，政府也可对该体系进行更好的监管并更科学地制定交通政策。利用对第三方免费开放应用程序接口的途径来吸引商业组织积极参与到 MaaS 体系的建立中，以提高 MaaS 市场活力，建立可持续发展的公私合营体系。

综上所述，MaaS 生态环境的建立需要针对国家、城市的具体情况合理定制。只有不断探索和完善,才能打造真正适合我国国情的 MaaS 体系。

<h2 style="text-align:center">参 考 文 献</h2>

［1］ HARTIKAINEN A, PITKÄNEN J P, RIIHELÄ A, etc. Insights from the world's first Mobility-as-a-Service (MaaS) system ［R］. HELSINKI：Ramboll, 2019.

［2］ DIRECTIVE 2010/40/EU, DIRECTIVE 2010/40/EU OF THE EUROPEAN PARLIAMENT AND OF THE COUNCIL of 7 July 2010 on the framework for the deployment of Intelligent Transport Systems in the field of road transport and for interfaces with other modes of transport ［R］. European Union：Official Journal of the European Union, 2010.

［3］ European Commission. White Paper on transport—Roadmap to a single European transport area—Towards a competitive and resource-efficient transport system ［R］. Luxembourg：Publications Office of the European Union, 2011.

［4］ COM (2020) 66 final, COMMUNICATION FROM THE COMMISSION TO THE EUROPEAN PARLIAMENT, THE COUNCIL, THE EUROPEAN ECONOMIC AND SOCIAL COMMITTEE AND THE COMMITTEE OF THE REGIONS A European strategy for data ［R］. Luxembourg：EUROPEAN COMMISSION, 2020.

［5］ 320/2017; amendments up to 731/2018 included, Act on Transport Services ［R］. Helsinki：Finland Ministry of Transport and Communications, 2018.

［6］ 李瑞敏. 出行即服务(MaaS)概论［M］. 北京：人民交通出版社股份有限公司, 2020：44.

［7］ THOMAS G. A sustainable public value MaaS Ecosystem, A perspective of Europe's Transport Authorities ［Z］. 2019.

［8］ KAO P J, BUSQUET C, LUBELLO V, et al. Review of business models for new mobility services ［EB/OL］. (2019-12-11) ［2021-09-11］ http://h2020-gecko.eu/fileadmin/user_upload/publications/GECKO_D1.2_Review_of_business_models_for_new_mobility_services.pdf.

［9］ STELLA A. MaaS Readiness Level Indicators for local authorities ［Z］. 2017.

数据时代背景下数字交通 2.0 总体架构的思考

王凯[1]，朱玮[2]

1. 深圳市城市交通规划设计研究中心股份有限公司，深圳 518057
2. 深圳市医疗保障局，深圳 518000

【摘要】 随着人类社会逐步从 IT（Information Technology，信息技术）时代进入 DT（Data Technology，数据技术）时代，数字交通建设进入 2.0，交通数字化转型从"数字"转向"数智"。但纵观目前国内已发布的"数字交通"建设规划，其总体架构多数仍采用传统 IT 架构，对"数字交通"建设的统筹和共建分工的指导意义不足。本文从分析传统 IT 架构指导"数字交通"建设存在的问题着手，尝试提出"数字孪生交通"模型构建思路和数字交通 2.0 总体架构，为数据新时代背景下的数字交通和智慧交通发展及建设提供指导。

【关键词】 数字交通；智慧交通；总体架构

Thinking on the Overall Architecture of Digital Transportation 2.0 under the Background of the Data Technology

Wang Kai[1], Zhu Wei[2]

1. Shenzhen Urban Transportation Planning and Design Research Center Co., Ltd., Shenzhen 518057
2. Medical Security Bureau of Shenzhen Municipality, Shenzhen, 518000

Abstract: As human society gradually moves from the IT (Information Technology) era to the DT (Data Technology) era, the construction of digital transportation has entered 2.0, and the digital transformation of transportation has shifted from "digital" to "digital intelligence." Most of the published "digital transportation" construction plans still adopt the traditional IT architecture in their overall structure, which has insufficient guiding significance for the overall planning and joint construction of "digital transportation" construction. This article starts from the analysis of the problems existing in the construction of "digital transportation" guided by the traditional IT architecture, and tries to put forward the idea of constructing the "digital twin transportation" model and the overall architecture of digital transportation 2.0, to provide for the development and construction of digital transportation and smart transportation under the background of the new era of data guide.

Key words: digital transportation; smart transportation; overall architecture

1 引言

2019 年 7 月，交通部印发《数字交通发展规划纲要》[1]，明确提出"数字交通是以数据为关键要素和核心驱动，促进物理和虚拟空间的交通运输活动不断融合、交互作用的现代交通运输体系，要求构建数字化的采集体系、网络化的传输体系、智能化的应用体系"，显著提升行业治理和公共服务能力。2019年9月19日，中共中央、国务院正式印发的《交通强国建设纲要》[2]，进一步为数字交通和智慧交通的发展指明了方向，要求大力发展智慧交通。推动大数据、互联网、人工智能、区块链、超级计算等新技术与交通行业深度融合。推进数据资源赋能交通发展，加速交通基础设施网、运输服务网、能源网与信息网络融合发展，构建泛在先进的交通信息基础设施。数字交通和智慧交通发展逐渐呈现重"智慧"向重"交通"转变、单一发展向融合发展转变、重管理向重服务转变[3]。但目前各地数字交通建设仍以业务应用为主，面向行业服务和交通部门内部行政管理的智慧化提升较弱。当下交通管理和服务的流程通常为：管理者接收到管理对象的需求或感知管理对象状态异常后，按照管理规则对管理对象做出相应行政行为，是基于管理者对物理世界的认知而做出的行政行为，但因人对信息感知、认知的碎片化、片面性，以及信息处理能力的有限性，导致交通管理和服务呈现随意、被动和割裂状态。

目前的数字交通技术和场景多以交通基础设施数字化、交通仿真模型构建、高精度地图构建等单一场景或技术为主[4-6]，随着大数据、云计算、人工智能等新一代信息技术的发展和应用，逐步进入"DT"（data technology）时代，要求政府数字化建设从功能提供向数据服务转变，对数据资源进行按需汇聚、统一治理，对业务支撑系统进行全面的重构，对应用系统逐步向云平台迁移，解决系统重复建设、系统灵活性和扩展能力不强、数据标准不一致、数据资源分散、数据资源利用率低等核心问题，以支撑交通公共服务便捷化、办公能力高效化、治理能力精准化，提高政府服务型政府、高效型政府的水平。

数据时代背景下，亟需充分利用新兴信息化技术构建数据智能运用能力，帮助建立对交通物理世界的整体认知，实时、全面、精准地感知交通管理对象的状态特征和发展趋势，利用人工智能算法提供决策支撑和精准化能力，提高信息处理能力，辅助高效精准行政管理，提高交通管理和服务水平。

2 目前数字交通架构设计现状及存在问题

2.1 数字交通建设实例

2.1.1 浙江：1+3+N

2020年11月，浙江省交通运输厅印发《浙江省数字交通建设方案（2020-2025年）（试行）》[7]，规划建设形成"1+3+N"为核心的数字交通框架体系，即打造数字交通统一的"1"个基础平台，包括"数字交通一朵云""数据资源一中心""应用支撑一套组件"；着力推动交通运输行业治理、设施装备、运输服务"3"个方面的数字化，并延伸开展N个应用和场景建设，如图1所示。

2.1.2 上海："云-网-边-端-安全-应用"协同一体的数字交通基本框架

2021年4月，上海市交通委员会、上海市道路运输管理局印发《上海市交通行业数字化转型实施意见（2021-2023年）》[8]，提出围绕数据要素采集、协同、共享、应用全周期，面向"规建管用"全流程，形成"云-网-边-端-安全-应用"协同一体的数字交通基本框架。主要任务包括推动道路智慧化建设、港航数字化升级、道路设施数字化管养、交通执法数字化革新、一站式出行等，以实现交通基础设施全要素、全周期智能化，全链条、一体化交通

图 1 浙江省数字交通框架体系架构图

服务广泛应用,数字孪生型交通治理体系全面赋能行业效能提升的发展目标。

2.2 目前数字交通架构设计存在问题

目前各地数字交通或者智慧交通建设突出强调基础支撑平台一体化,重点强调交通基础设施数字化,以及轨道、港航、枢纽、公交、运输等业务管理的智慧化,缺乏对数据、规则、业务的一体化设计,且尚未建立数据、规则、业务等的统分关系,导致各系统建设从数据之上基本都是自成体系,数据孤岛依然存在且越来越大。

2.2.1 没有采取面向对象的视角组织和管理数据

交通管理和服务的行政行为是围绕管理服务对象展开的,目前业务系统的建设已切换至以用户(对象)为中心,但数据组织和管理的视角并没有切换,采取的仍是部门视角,由各部门根据系统建设情况分散编目、管理数据,没有建立统一视图,同一对象的信息分散在各个部门,且部门间同一对象的描述方式不一致,导致数据多源、格式不统一,对对象进行画像也如同"瞎子摸象"。

2.2.2 没有对"数字交通"进行数字化建模

建设"数字交通",即在数字世界中建立交通物理世界的主体、客体、运行规则、权责体系及其行为等的映射。要实现这种映射,需要先建立"数字交通"的模型,通过建模统一"数字孪生政府"描述方式,即对数据进行标准化定义,然后再进行数字化转换。

1. 没有对交通对象统一建模

交通系统是包括人、车、路、环境等主要要素的一个多主体、无主管、自组织的复杂大系统[9]。将数据组织方式切换至面向对象的视角,需要将交通物理世界主体、客体等客观物质视为对象,对人、车、路、企业、环境等各类交通对象统一建模,通过编制元数据方案定义对象的描述标准,包括对象的名称、描述对象的要素集、各要素的数据标准、要素的管理部门等,实现不同部门按照统一标准对同一对象主体从多维度进行描述。

2. 没有对交通运行和管理规则建模

建立物理世界的映射,除对客观物质进行映射外,还需要对其运行规则进行映射,因此建设"数字孪生交通"需对交通运行和管理规则进行全面数字化,即交通管理和服务职能数字化，包括政府组织架构数字化、任务受理和分发规则数字化。目前大部分地方管理的仅是单个部门内单线事项，而政府运行规则的范围不仅是政务服务、行政监管等，还包括内部事务、部门间协同任务（内部一件事）、上级交办等，每类事项描述的要点是不同的，须对其进行分别建模，然后数字化。

3. 没有建立完整的数据权责体系

在"数字孪生交通"中，部门履职体现为依托业务系统依职能管理各客体的状态属性，需要将部门职能与管理对象及管理对象各要素的责任关联，建立完整的数据权责体系。此外，尚未建立运营-业务-数据的反向反馈和优化机制，导致数据质量差，可用性低。

2.2.3 没有对应用层进行分层解耦

目前"数字交通"架构中应用层多为一整块呈现的，各业务数据从输入到输出是一个黑盒子，而在现实中业务运作经过了多个环节，如以交通行政审批为例，业务信息传递流向和处理机制可分解为申办、受理、审批、反馈等，这其中每一环节的统分关系是不一样的，如不对应用层加以分层解耦，会导致业务无法相互融合、协同。

2.2.4 缺少对"数字交通"家底的统一管理

目前"数字交通"架构中多提出了运营运维体系的概念，事实上运营运维顺利开展的基础是清楚"家底"。但多数地方对"数字交通"的家底，包括项目、数据、硬件等资产家底并不清楚，即使有部分管理也是零星地散落在各系统中，没有对系统进行统一管理，因此无法全面了解"数字交通"建设和运行现状。各单位在做"数字交通"建设项目设计时对现状基本"一摸黑"，出现大量复建设。各地为搞清家底，纷纷开展了运动式的"资产普查"，但由于缺乏动态更新机制，普查的效果也只是阶段性摸清家底。

2.2.5 缺少对"数字交通"建设项目的全生命周期管理

"数字交通"的资产不是一瞬生成的，是伴随着建设项目各阶段的实施，逐步积累并动态更新的，只有对项目进行全生命周期管理，才可能实现家底的动态管理。随着"数字交通"改革的推进，各地纷纷开展了各种智慧交通建设，但没有建立项目闭环管理的机制，开展相关工作的方式仍是人工审核文档，没有建设系统对项目建设全过程进行监管。

3 数字交通 2.0 总体架构设计思路

数据时代背景下的"数字交通"架构设计需从两方面考虑，一是对各种个性化的设备、架构、系统进行分析，找出共性部分进行抽象，纳入统一管理；二是采用"分而治之"的思想，把问题划分开来各个解决，并对数据、应用进行分层解耦，以便于控制、延展和分配资源，实现"高内聚、低耦合"。

3.1 统一构建"数字交通"模型

通过建模统一"表述语言"，统一不同部门对数字世界的表达方式。该模型包括对象模型、运行规则模型、数据权责模型等。一是将交通管理和服务的主体、客体等客观物质按照最小颗粒度划分，对其进行建模；二是将交通管理组织架构及管理、服务运行规则（包括职能和事项）按照最小颗粒度划分，对其进行建模；三是建立数据、职能、事项的关联关系，构建数据权责三元模型（图2），完善数据权责体系。

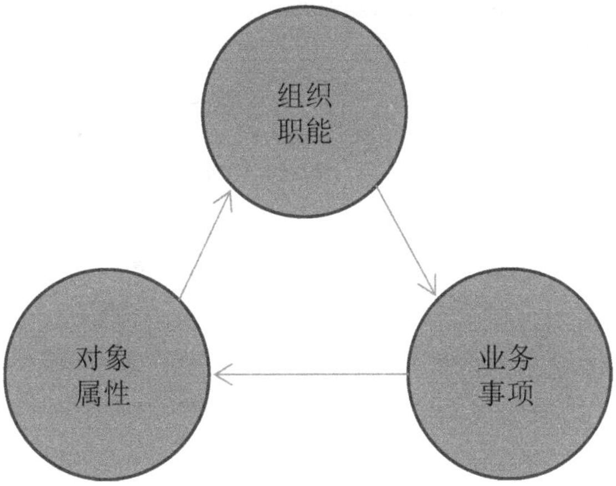

图 2　数据权责三元模型

3.2　采取面向对象视角组织和管理数据

基于对象模型建设逻辑实体库，集中统一管理各实体状况，并要求政府各部门将采集数据和履职行为结果数据，根据数据权责写回至逻辑实体库中，形成数据管理闭环，以从根本上解决数据多源和共享的痛点，且避免数据反复治理。

3.3　对应用层进行分层解耦

参照人对信息感知、认知、处理的过程，对业务信息传递流向和处理机制进行分层解耦，将传统架构中的应用层分解成受理分析、任务下达（协同）及业务应用层，以实体对象信息+任务流信息为主线，进行层和层之间的数据传送。

3.4　对"数字交通"家底进行统一管理

将"数字交通"建设采购的硬件设备、网络IP地址、开发的软件系统、梳理的运行规则，以及履职过程中形成的数据等，视为"数字孪生交通"的资产，建设管理平台对其进行统一管理，依托平台对项目申报、设计、实施、验收、运营运维等实行闭环管理。同时通过将各阶段实施的成果在平台上进行登记和验收，与资产管理结合起来，实现资产的动态管理，以全面反映"数字交通"建设和运行现状，为项目设计、报批审核、需求分析、运维运营提供参考依据。

4　"数字交通"2.0总体架构设计

4.1　总体架构

总体架构如图3所示。

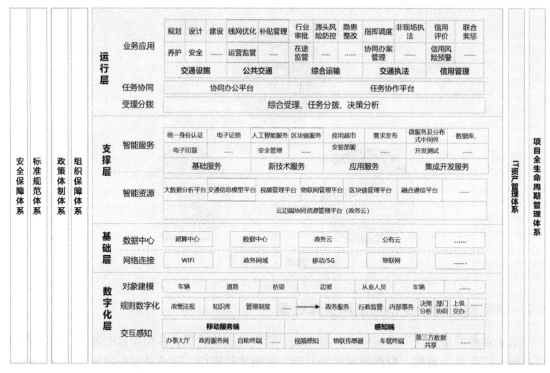

图 3　数字交通 2.0 总体架构

4.2　各层的内涵、外延

1. **数字化层**：负责建立物理世界的映射

主要功能是构建对象、规则模型，并进行数字化转换。通过建模对物理世界进行标准化定义，通过交互设备采集数据实现物理世界的数字化转换。

1) 对象建模：对交通管理和服务的所有主体、客体进行数字化建模，主要工作包括梳理对象目录，定义各对象元数据标准，建立对象各要素与组织机构、事项的关联关系等。

2) 规则建模：对交通管理组织架构及职责分工进行建模，主要工作包括组织架构建模和梳理、事项建模和事项目录管理、事项标准化、建立事项与对象模型各要素的关联关系等。事项范围包括政务服务事项、行政监管事项、内部事务决策分析任务、部门协调任务、上级指派任务等。

3) 交互感知建模：负责与物理世界的交互，通过各类终端采集信息，实现对象的数字化转换。终端的主要用途是展示服务、感知客体状态信息、获取客体需求等，终端的范围包括 APP、PC、自助终端、大屏、执法仪、摄像头、感知探头等。

2. **基础层**：负责提供基础资源

主要提供支撑层之上所有平台正常运行所需的网络、计算、存储资源集，包括各类资源平台以及对网络、计算、存储资源集进行统一管理和运维的资产管理平台。其中，数据中心、云资源、政务网域可由政务信息资源管理部门统一提供。

3. 支撑层：负责提供基础软件支撑平台

具体包括智能服务平台和智能资源平台。

1）智能服务：提供自运行层之上所有平台正常运行所需的基础服务、新技术服务等，包括统一身份认证、人工智能服务等。

2）智能资源：按照总体架构分层解耦情况，建设模型、数据、工具、渠道、感知设备等管理平台，对各类资产进行登记、管理和运营运维，并向IT资产管理平台输出资产登记信息。

4. 运行层：负责交通服务和管理的实际运作

1）受理分拨：负责生成任务，确定任务派发规则。其任务生成方式主要包括：一是接收交互层所传递的客体状态信息及需求，根据业务受理规则对需求进行研判，生成任务派发信息；二是根据周期性业务既定规则（如双随机一公开），生成任务派发信息；三是对所有客体状态进行综合分析，开展监测预警和风险研判，生成任务派发信息。

2）任务协同：将受理分拨平台生成的任务，按照派发规则分发至各业务系统，并对任务进行跟踪反馈，将各任务执行结果回写到逻辑实体库中。

3）业务应用：对接收到的各项任务进行落实并反馈任务执行结果。

5 总体架构搭建路径

"数字交通"各项目建设的初衷是构建"数字政府"相关组成部分，其建设原则应按照整体架构设计和规划，实现管理对象数字化和业务职能数字化，以落实数据职责，而非简单地通过信息化手段实现业务流转。因此对对象、对象要素、组织架构、事项、受理规则等的梳理细化，贯穿于"数字交通"项目建设始终。

目前"数字交通"项目申报和审批是基于文档开展的，没有科学的手段对现状梳理符合性、系统设计合理性、成果产出与设计一致性等进行验证，各系统设计方案与架构是否与规划保持一致也难以评估。若能将项目建议书、可行性报告、需求分析报告、详细设计文档、竣工报告等进行数字化建模，依托建立项目申报、设计、建设实施、验收等闭环管理机制，将各阶段编写文档的工作转化为在项目全生命周期管理平台上梳理网络、软硬件系统、数据等资产现状，开展对象建模、事项梳理和规则梳理等工作，登记系统软件模块功能等，同时改变项目申报、审批、验收的方式，转变为在项目全生命周期管理平台上对各环节各项工作落实情况进行检查和监督。如此，即可将搭建架构的任务落在实处。

6 结语

"数字交通"改革建设已进入深水区，且出现了统筹部门和业务应用部门分工不清，导致统筹难、孤岛越来越大等问题。因此本文在对"数字交通"建设实践进行分析的基础上，突破传统思维，提出了一种全新的总体架构，为"数字交通"建设提供了新的建设思路。

参 考 文 献

[1] 交通运输部. 交通运输部关于印发《数字交通发展规划纲要》的通知 [Z]. 2019.

［2］中华人民共和国国务院. 交通强国建设纲要［Z］. 2019.
［3］伍朝辉, 武晓博, 王亮. 交通强国背景下智慧交通发展趋势展望［J］. 交通运输研究, 2019（4）：26-36.
［4］张竞涛. 数字孪生技术在智能交通应用中的态势与建议［J］. 信息通信技术与政策, 2020, 309（03）：27-31.
［5］伍朝辉, 刘振正, 石可, 等. 交通场景数字孪生构建与虚实融合应用研究［J］. 系统仿真学报, 2021（2）：295-305.
［6］季玮, 赵志峰, 谢天, 等. 数字孪生智能交通系统的技术内涵与应用展望［C］//第十五届中国智能交通年会.［出版地不详：出版者不详］, 2020.
［7］浙江省交通运输厅. 关于印发《浙江省数字交通建设方案（2020-2025年）（试行）》的通知［Z］. 2020.
［8］上海市交通委员会, 上海市道路运输管理局. 关于印发《上海市交通行业数字化转型实施意见（2021-2023年）》的通知［Z］. 2021.
［9］罗增智. 面向对象城市交通管理系统的构建［J］. 中国城市经济, 2012（02）：18.

基于北斗高精度定位的城市交通精准治理应用研究

姚双双，韩广广，孙超

深圳城市交通规划设计研究中心股份有限公司，深圳 518057

【摘要】 当今城市交通面临着道路拥堵、停车收费混乱、执法监督困难等严峻挑战，基于"北斗+"的智慧交通概念在这一背景下应运而生。本文介绍并对比了GPS导航和北斗导航在智能交通领域建设的现状特点，并在北斗导航定位技术的基础上，探索分析了基于北斗高精度定位技术构建智慧交通管理应用、智慧出行服务应用和智慧交管大数据分析应用三大体系，并对今后"北斗+"技术在智慧交通中的大规模推广应用进行了展望和成效分析，为实现北斗导航定位技术与智慧交通建设的深度融合及城市可持续发展提供参考。

【关键词】 北斗高精度定位；智慧交通；大数据

Research on the Application of Urban Traffic Accurate Management Based on Beidou High-precision Positioning

Yao Shuangshuang, Han Guangguang, Sun Chao

Shenzhen Urban Transportation Planning and Design Research Center Co., Ltd., Shenzhen, 518057, China

Abstract: Today's urban traffic is faced with severe challenges such as road congestion, disordered parking fees, and difficulty in law enforcement supervision. The concept of smart traffic based on "Beidou+" came into being under this background. This article introduces and compares the current characteristics of GPS navigation and Beidou navigation in the field of intelligent transportation. On the basis of Beidou navigation and positioning technology, explores and analyzes the construction of intelligent traffic management applications, intelligent travel service applications and wisdom based on Beidou high-precision positioning technology. The three major systems of traffic management big data analysis and application, and the prospect and effectiveness analysis of the large scale promotion and application of "Beidou+" technology in smart transportation in the future, in order to realize the deep integration of Beidou navigation and positioning technology and smart transportation construction and urban sustainability Provide reference for development.

Key words: Beidou high-precision positioning; smart transportation; big data

1 引言

目前世界上主要有四大全球卫星导航系统，分别是美国的GPS、俄罗斯的格洛纳斯卫星

⊖ 基金项目：国家自然科学基金委员会 基于大数据的智慧交通基础理论与关键技术（2019-Nat-001-NSFC）.

导航系统、欧盟的伽利略卫星导航系统和我国的北斗卫星导航系统（北斗系统）[1]。北斗卫星导航系统是我国着眼于国家安全和经济社会发展需要，自主建设、独立运行的卫星导航系统，打破了发达国家对卫星导航系统的垄断。随着 2020 年 6 月 23 日我国成功发射北斗系统第 55 颗导航卫星，北斗三号全球卫星导航系统星座部署全面完成，北斗系统应用工作进入从试点示范向常态化、规模化应用转变，从以政府主导向政府市场"双管齐下"转变的阶段。

交通行业具有点多、线长、面广和移动性强的特点，是导航系统最大的行业用户。随着新型智慧城市的建设与发展，交通管理与综合运输也正在向智慧交通方向演进，智慧交通包含路、车、路侧设施、管理系统一整套体系，而车载导航终端是路与车连接的有效手段，是智慧交通承上启下的关键环节。由于 GPS 和移动通信系统存在自身保密性差，在无人区、无图区和经济落后地区存在严重控制盲区，并且在信号管理方面存在受美国控制的缺陷，致使车辆在管理监控中使用 GPS 时存在严重安全隐患。因此，依托我国自主知识产权的北斗定位平台，构建基于车辆监控管理系统的交通治理新体系成为当前急需解决的问题。与 GPS 相比，北斗系统有着自身的优势，在功能上，北斗系统的位置报告、指令传输功能是 GPS 所没有的；在定位精度上，与 GPS 使用的双频信号相比，北斗系统作为后发卫星，其三频信号可以更好地消除高阶电离层延迟影响，提高定位可靠性，增强数据预处理能力，提高模糊度的固定效率[2]。并且北斗系统具备短报文通信服务特性，在卫星监测下，信息的传递不再受制于地理环境和自然灾害的影响[3]。因此，基于北斗系统定位的交通信息服务对于交通资源的合理利用、公众出行的实时引导、交通综合管控的精准有效和城市出行大数据精确分析起着良好的促进作用，结合北斗技术，融合其他高新技术共同助力构建畅通、安全、智能化的城市智慧新交管精准治理体系，具有广泛的应用前景[4]。

本文基于城市交通精准治理在高精度定位地图的建设需求，结合城市智能交通管控发展现状和业务需求，通过布设北斗高精度定位车载和路侧终端，探索构建城市预约出行管理服务、车路协同信息发布服务的智慧出行服务应用体系，构建精准路网运行状况监测、车辆安全监管服务、非现场交通执法辅助、交通基础设施健康监管的智慧交通管理应用体系，构建北斗车辆大数据分析和城市出行模式大数据分析的智慧交管大数据分析应用体系，从而实现基于"北斗+"的新一代智慧交通精准治理新模式。

2 研究现状

2.1 GPS 在智能交通领域的应用现状

目前城市交通管理还是以管为主，基本以视频、巡逻、主动上报等手段，需要交管部门主动发现。管理者和行车者之间缺少互通，出行者缺少信息获取手段。对于车辆的监控、管理与调度，逐渐成为交通管理者和民众共同关注的热点问题。

针对车辆的精准定位、预防车辆盗窃等问题，基于卫星导航的车辆定位监控调度系统起着重要的作用。GPS 在城市交通管控中的应用主要有三大方面[5]：一是在缓解运输压力、改善道路状况方面的应用，包括运用 GPS 和电子地图的车辆实时定位跟踪，为出行者提供相对畅通的出行路线规划和导航，对区域交通流量、车辆状况实时监测并合理调度管控，对事故车辆或紧急情况进行援助；二是在智能交通系统中精细化辅助支撑决策的应用，包括基于GIS平台用户出行起讫点的最佳路径规划，车辆自主实时导航定位与车辆跟踪监控定位、智能调度、信息服务、交通事故分析；三是在交通附属工程中作为辅助工具提供技术应用，包括公路测量和立体导航等。

2.2 北斗卫星导航系统在智能交通领域的应用现状

近年来，随着国内北斗系统相关产品及增强系统的逐渐成熟，北斗系统在道路运输安全监管、海上船舶监控、交通安全应急等多个典型交通领域都得到了应用[4]。北斗卫星导航系统与其他卫星导航系统相比，拥有先进的信息服务、导航功能，新增了通信功能，系统主要优点包括全天候的快速定位、覆盖面广、极少的信号盲区、车辆管控能力强、保密性强以及系统扩展性较好[6]。

将北斗系统应用于交通管理中，主要体现在以下几个方面：

1）在车辆智能导航中的应用。通过将"北斗"应用于车辆导航系统中，实现对车辆的实时定位和行驶状态的监控，基于电子地图知道车辆行驶路径，通过多数据源融合算法，对车辆位置进行精准测量，提供科学管理依据。

2）在道路交通监测方面的应用。北斗卫星导航系统融合通信技术，运用一定的编程设置，实时监测道路交通情况、包括交通流量、车辆速度、交通密度和拥堵情况。

3）在GPS传统盲区定位方面的应用。车辆行驶过程中会因为遇到高层建筑、林荫路、城市峡谷或封闭性强的隧道等，卫星信号受到不同程度的遮挡，可能会出现定位不准或短暂信号缺失等问题。北斗隧道定位信号扩展系统构建隧道内北斗导航全覆盖，通过无缝技术进行定位调整，应用多星座卫星组合重建，实现分散系统向集中整合处理过渡，从而更加准确稳定地进行定位，有效补充隧道内车辆安全监管的空白，辅助完善全国路网无缝监管和无盲区导航。此外，通过将定位系统安装在一些移动基站信号比较强的地下车库中，能够实现地下停车场信号无障碍接收和传输，解决信号遮挡区域不能实现信号接收处理的问题。

3 北斗高精度定位技术在城市交通治理的应用

基于北斗高精度定位技术和5G通信等高新技术，通过城市级北斗高精度服务覆盖，打造基于北斗高精度服务的服务场景。本文主要探讨基于北斗导航定位技术的城市交通治理应用场景，总体建设思路如图1所示。

构建"北斗高精+5G+ETC+视频"车载终端，结合交通运输部已建设重点营运车辆平台和"两客一危"平台的北斗数据，通过5G网络、北斗卫星网络和覆盖城市核心区域的北斗地基增强系统进行终端数据传输，统一汇聚至城市交通管理平台，进行各项数据的融合分析、算法识别等，从而为公众智慧出行、城市交通管控提供业务应用服务。

在智慧出行应用方面，鼓励市民使用"北斗高精+5G+视频"车载终端，在供需失衡、交通压力大的区域或路段，探索公众预约出行，引导降低小汽车出行总量，实现交通供需在可控范围内的调节。此外通过车载设备，还可实现在车辆行驶过程中实时路口提醒、城市级分车道导航、停车诱导服务和一键报警救援等应用；在城市交通管理功能上，基于北斗数据，交管部门可对预约出行进行统一监管、对路网运行进行监测、对重点车辆进行监管、辅

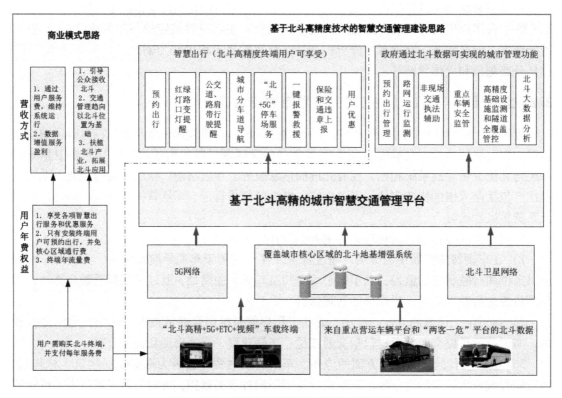

图1 北斗+智慧交通精准治理总体建设思路

助交警非现场执法、对交通基础设施进行健康监测和隧道内无盲区监管，通过对北斗大数据进行分析处理，拓展城市治理服务功能，全面支撑交通管理与服务，构建城市数字化智能化交通科学决策体系。

3.1 北斗+智慧出行服务应用

3.1.1 北斗城市预约出行管理服务应用

道路预约出行管理是交通需求管控的一项创新性举措，其核心思想是通过对高峰时段、拥堵路段进行交通总量控制，促使出行者提前规划出行，科学选择出行路径，合理选择出行方式，从而针对性地控制机动车上路率。利用北斗高精定位技术，对不同车辆在不同时空的通行权限进行精准监管，配合相关处罚及拥堵收费等，强化拥堵路段和时间的交通流管控；同时，可在高速路进行基于轨迹的自由流收费，提升收费和清算效率与准确度。

总体技术路线如图2所示。

预约出行管理的初步管理思路如下：

1）确定核心区需预约出行的范围。根据对城市路网交通运行状态的研判，确定预约通行路段和时间；在特定的时段内，进入预约通行路段需要提前预约；在预约通行路段入口设置禁令标志，提示未预约车辆禁止驶入。

2）预约可出行，非预约需付费。安装并接收"北斗高精+5G+ETC"服务的用户，可以进行预约出行，并免通行费；在划定预约范围的核心区域，通过电子车牌等监控方式校验进

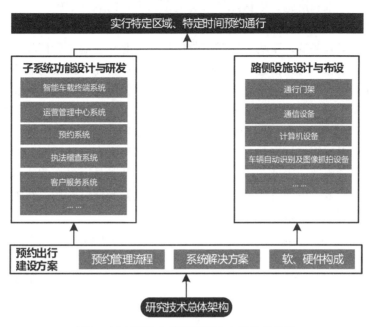

图 2　城市预约出行管理服务应用技术路线

入车辆是否属于预约车辆，如属于预约车辆则免除费用，如果是未预约车辆，则通过车辆通行信息测算通行费，通过交通罚单通知和缴费渠道通知车主缴纳核心区通行费。通过此方式，从而科学限制高峰期进入主干路网的交通总量，如图 3 所示。

图 3　北斗自由流收费总体思路

此外，城市交通预约出行目前尚缺乏法定依据和相关政策支持，因此需要开展相应的立法研究和法制准备工作，为政策实施与执法提供依据。城市交通预约出行将引起小汽车使用者向公共交通方式转移并增加其压力，同时还将引起车流时空分布调整，使有关道路交通流量增加及交通运行改变。因此，需要开展研究预测客运量转移、交通流量和路网运行变化情况，提出相应解决对策和措施，以保障城市交通预约出行的顺利实施。

3.1.2 北斗车路协同信息发布服务应用

通过安装北斗车载终端，车辆可实时接收信息，以北斗终端作为接收介质，将道路的运行路况信息、事故信息、封路信息、维修信息等推送给行驶在本路段的北斗车辆，语音提醒驾驶员前方路况，实现车路协同信息发送服务，引导驾驶员选择快捷的路径，打造简易版车路协同服务，避免车辆长时间拥堵、连续追尾等危险情况。具体包括以下场景：

1）红绿灯路口变灯提醒。针对部分路口信号灯无通行时间提醒功能，驾驶员不知道红绿灯变灯时间，易引起闯红灯事故；此外还存在红绿灯被大车遮挡情况，后车看不到变灯提醒，也会引起行车者不适。因此，可以利用车载终端，驾驶员通过车载终端显示或接收红绿灯变灯信息和时间提醒，方便驾驶员驾车；当大量车辆安装此终端后，将缩短路口车辆起步时间，提升路口通行效率，减少路口拥堵。

2）城市分车道导航。通过北斗高精度服务，可为驾驶员提供车道级导航服务，提供分道行驶、超车提醒、行驶速度最快车道提醒等功能。

3）"北斗+5G"停车场服务。利用北斗高精度结合 5G 应用提供停车场服务，在室外场地可直接利用北斗高精度提供停车场服务，在室内北斗信号不易覆盖区域，利用 5G 技术建设 5G 停车场，一套终端可满足多种停车场使用。

4）一键报警救援。在发生交通事故时，驾驶员不需要电话，可通过终端一键救援按钮直接接入交通报警中心，向中心报警救援。

5）保险和交通违章上报。当安装北斗终端记录仪的车辆发生交通碰撞事故后，自动启动记录功能，将事故发生前 30s 的图像信息和发生碰撞时记录的信息、车辆发生事故的定位信息、车辆信息等上传管理平台。管理平台与保险公司进行数据关联，以便对车辆事故后进行保险和赔付处理；同时可实现事故的快速报警，缩短上报时间、简化报警手续，有利于快速疏解交通，并保护驾乘人员的安全，避免二次事故的发生。

3.2 北斗+智慧交通管理

3.2.1 北斗精准路网运行状况监测

货运车辆是造成城市周边交通拥堵的主要源头，危险品车辆是城市交通关注的焦点车辆，需要精准感知其状态。以城市的全部管辖范围，联网联控重点营运车辆卫星定位数据，获得车辆的实时行驶轨迹、行驶速度、行程时间和里程等数据，进而实现对路网路况的实时分析和拥堵程度分析。主要包括以下应用场景：

1）车辆行驶卫星数据动态分析。首先接受车辆的卫星定位数据，排除信号较弱的不确定性较高的定位数据；对信号接收不良的定位点进行数据补偿等预处理；对处理过后的定位点确定其判断域，以判断域内的道路为候选道路；根据地图匹配算法的匹配规则，依次计算定位点轨迹和候选道路的匹配相似度；选取相似度最好的候选道路为此次匹配道路；在匹配道路上，根据垂直算法或者其他地图匹配算法，计算出匹配点，作为本次地图匹配结果，即车辆所在位置；在数字地图上显示匹配结果。经过分析获得车辆的实时行驶轨迹、行驶速度、行程时间等数据；进而实现对交通流状态信息（流量、速度、密度）的采集与分析。

2）道路运行状态分析。路段拥堵状态可采用五级来描述路段拥堵状态，分别是畅通（深绿色）、基本畅通（浅绿色）、轻度拥堵（黄色）、中度拥堵（橙色）和严重拥堵（红色)。拥挤度具体等级划分标准见表1。

表1 拥挤度等级划分标准

拥挤度（颜色示意）	设计速度/(km/h)	
	100	80 或 60
畅通	≥70	≥55
基本畅通	[50, 70)	[40, 55)
轻度拥挤	[35, 50)	[25, 40)
中度拥挤	[20, 35)	[15, 25)
严重拥堵	[0, 20)	[0, 15)

注：当速度为0并且断面交通量也为0时，路段为畅通状态。

当发生交通事故而造成拥堵时，根据路网运行状态智能预警系统发出的报警信息，快速确定拥堵位置桩号及上下行方向，利用视频联动功能，调用拥堵点的摄像机进行分析确认。

3）禁停区域监控及预警。根据管理要求在城市范围内的禁停区域划定禁停区，如有监管范围内的车辆驶入并驻留，在一定时间范围内启动预警服务或报警程序通知相关人员，相关人员使用监控系统调用附近摄像机进行查看，启动相关管理程序进行管理。

3.2.2 北斗重点车辆安全监管服务

营运客车、货车和危险化学品运输车辆的超载、超速、随意停车、疲劳驾驶等交通安全违法、违规行为是造成交通事故，特别是群死群伤重大交通事故的重要因素[7]。重点车辆可视化监管是城市交通管理的重难点，导航定位系统是重点车辆安全运营监管系统最为关键的组成部分。运输企业可建立车载"北斗"系统应用与监控责任制，通过对接重点车辆联网联控卫星定位数据，对所辖区域设置GIS展示地图，展示辖区内本地特种车辆的实时状态和数据信息，通过管理系统、人员、信息的三方配合与协调，对专用车辆的行驶路线、行驶速度、停车地点、事故等情况进行监控，共同完成事件的快速、准确、专业化处理，从而有效地保证重点车辆运输安全，降低交通延误和阻塞，实现可视化监管、车辆动态位置监管等服务，提高道路的运营安全和效率水平，提高整个路段的通行能力。

3.2.3 北斗非现场交通执法辅助

现有摄像头、电子眼等传统违法监控设备系统存在盲区死角，交警在执法时不易取证。由此，部分驾驶员抱有侥幸心理，认为只要能躲过路面交警、"电子警察"就"万事大吉"，交通违法行为就变得相对随意，对道路通行造成了严重影响。因此，通过在车辆上安装北斗终端设备，融合视频卡口数据，可实现车辆违法联防联控，提升城市交通安全。

用户在车辆安装"北斗4G/5G车载终端"，终端有北斗高精定位芯片、摄像机、4G/5G通信模块，可实时采集车辆的定位、摄像机拍摄的路况信息，可用"北斗高精度终端+高清视频实时回传+车牌智能识别"方式，实现辅助违章管理和事故报警信息上报等功能（图4）。主要包括以下应用场景：

1）北斗货车轨迹非现场执法。可利用车辆的北斗轨迹以及区域内交通卡口车辆的对比，实现非法营运车辆的非现场执法功能。管理平台监测到车辆进入管理区域后，后台数据库即可实时获知该车辆的经营业户信息、北斗正常年检等相关营运信息，如果发现车辆后台记录为异常信息，即可标识车辆为问题车辆，可及时通知前方执法单元，对问题车辆进行拦

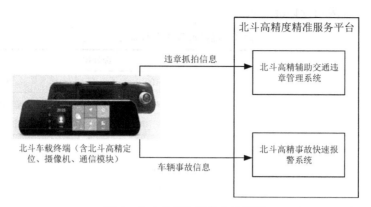

图 4 北斗车载终端信息流转图

截,实现精准执法。也可将北斗轨迹与区域交通卡口的图像信息协同应用分析,进行非法营运车辆的管控,当卡口抓拍到车辆车牌号,且后台对比车辆为北斗终端,而系统为接收到车辆传输的北斗轨迹信息,即可分析出北斗终端被屏蔽或未在线,将该车辆的信息通知到前方执法单元,对问题车辆进行拦截,实现精准执法。

2)黑名单车辆非现场执法。通过建设超限超载等黑名单车辆库,黑名单车辆进入区域管理划定的电子围栏区域后,系统可自动报警,并将黑名单车辆的实时轨迹位置信息主动推送至前方执法单元,联动到一线执法人员精准执法。

3)北斗高精度交通违章上报管理。当驾驶员发现前面车辆有交通违法行为,驾驶员通过语音或按键触发抓拍按钮,将交通违法行为发生完整过程的视频信息实时抓拍,并实时上传到管理平台。管理平台与交警执法系统联动,按交通执法程序进行审核证据,实现精准执法。

3.2.4 北斗高精度、全覆盖应用服务

北斗高精度、全覆盖应用服务包括以下场景:

1)北斗高精度在交通基础设施健康监测中的应用。北斗高精度定位和短报文技术可用于城市中大型桥梁、高危边坡等重大交通基础设施在没有 4G 信号情况下的 24 小时智能化、信息化、自动化在线监测,能够全面掌握基础设施运营的安全状况,在交通基础设施建设、日常养护、管理和突发事件应急处置发挥巨大作用(图 5)。此外,还可基于北斗和车载视频对城市道路进行日常养护、病害巡查监测和智能检测,精确定位病害位置,全覆盖、无盲区监测,包括遗撒物、裂缝、坑洼等小微病害、突发病害的可视化巡查和智能发现。

2)北斗隧道信号扩展定位系统应用。隧道内部的运营管理相对复杂、施工环境恶劣、事故发生率较高,并且钢筋混凝土对卫星信号的阻挡较强,管理人员对隧道内部情况管控相对困难。因此,通过研发北斗隧道定位信号扩展系统,构建基于北斗卫星导航的隧道内定位信息全覆盖,有效补充隧道内车辆安全监管的空白,完善全国路网无缝监管(图 6、图 7)。

隧道内车辆监控需要完成两方面的主要工作:

1)对重点运营车辆在隧道中的紧急事件进行全方位的监控。

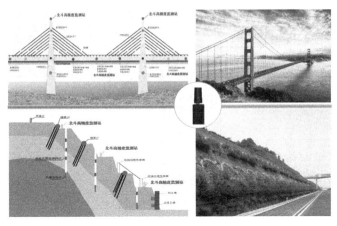

图 5 北斗高精度应用于交通基础设施监测

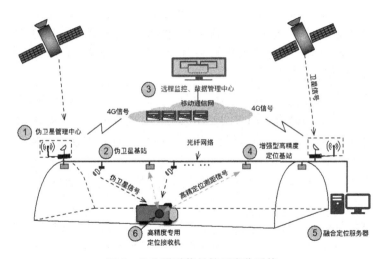

图 6 北斗隧道信号扩展定位系统

2）当隧道遇到突发事故时，迅速反馈事故的准确位置信息。

3.3 北斗+智慧交管大数据分析

3.3.1 北斗车辆大数据分析

利用全国已建设"两客一危"车辆监管平台和全国道路货运车辆公共监管服务平台的北斗车辆大数据、辅助手机信令和浮动车等交通数据进行大数据分析，对区域客、货运交通出行特征、路网交通量、车辆构成、车速及运行状态等进行全面综合评价分析，为路网运行管理、交通规划、交通养护提供决策方面的支持。

利用交通大数据拓展城市治理服务功能，全面支撑投资决策、交通流量调控、运行监测、安全应急、出行服务等交通管理与服务，构建城市数字化智能化交通科学决策体系，逐步实现与其他管理部门的数据共享，实现社会治理智慧化。

3.3.2 城市出行模式大数据分析

具体包括以下应用：

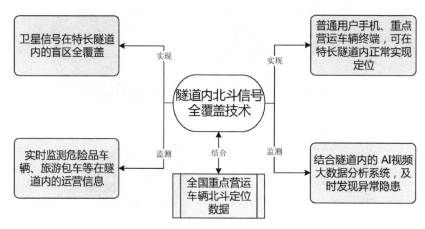

图 7　隧道北斗覆盖实现功能

1）OD 分析及出行热力图。利用城市的北斗车辆的轨迹数据，可实现城市主要交通干线 OD 分析，分析车辆的进入和驶出目的地，利用热力图展示客货车辆在城市不同时段的聚集特征。基于车辆 OD 数据，分析货车交通走廊，为城市日常交通精细化管理、货车路径规划、交通运营管理和建设提供分析决策。

2）交通车流统计及热力图。通过对进入城市区域内主要干线公路的北斗车的交通量数据进行处理，展示主要交通路段不同时间内车流对比，并以列表形式对流量大的道路进行排名，帮助管理者快速掌握道路车流量信息，为管理者提供直观的数据支撑。

3）区域内交通迁徙图。可以查看实时进入城市市境内车辆的迁入及迁出图，并对全国各省车辆的进入和驶出城市区域的客货车进行同比、环比分析，提高交通运输宏观掌控能力，增强交通运输运行管理的预见性、主动性和协同性。

4）区域路网运行状态分析。利用进入城市区域的北斗车辆轨迹数据，可以得到区域路网全天候运行车速，从而对城市市内道路拥堵时段、拥堵路段和节点进行识别并计算延误时间，辅助管理决策。

4　北斗+城市交通预期成效与意义

利用北斗、大数据、人工智能和可视化等技术进行关联分析，可有效应对车辆交通管理过程中的安全风险挑战，全面建成与小康社会要求相适应、覆盖应急管理全过程、全社会共同参与的智慧交通管理服务体系。利用现有资源，完善信息化交通疏堵能力，提升综合决策分析能力，构建统一、高效、智能的基于北斗高精度的智慧交通统一管理平台。综合成效如下：

1）构建智慧交通出行新模式，以预约通行来解决城市交通拥堵问题，形成北斗车辆联网联控的落地实施，实现城市交通运行监测"一张图"，全面掌握区域内北斗车辆的运行态势，实现电子围栏管理和应急事件全过程动态管理。

2）健全北斗车辆监测预警体系，提升突发事件响应能力。以北斗车辆的北斗数据和智慧城市体系为基础，以各类物联传感设备为支撑，加强信息资源整合，进一步提升事件感知和预警能力。

3）完善交通综合应急指挥和应急保障体系，加强应急资源管理能力，提升救援效率，避免事故造成的次生灾害和二次经济财产损失。通过平台建设促进应急保障工作细化和下沉，完善应急资源管理、应急队伍建设，强化应急基础管理能力。

4）建成交通综合应急辅助决策和综合研判协同体系，实现事件高效处置。基于数据挖掘和人工智能技术，对事件态势进行推演，自动匹配预案，优化流程，为事件有效处置提供决策辅助。整合流程和资源，联动各部门机构，统一指挥、统一调度，实现事件协同处置和机构之间的有序配合，高效应对突发状况。

5）建成路网运行监测与车路协同体系，高效利用区域内路网资源，提升道路通行效率。通过对路网内的车辆运行态势的综合分析，感知路网运行状态，实现基于北斗系统的车路协同与信息发布，共享数据资源，提高综合服务能力。

6）建成基于北斗车辆的大数据分析与辅助决策体系，融合数据应用，挖掘数据价值。通过重点车辆的资源使用、流程时效、任务执行、数据传输、质量考核和数据挖掘结果等专题分析、可视化展示，为业务平台提供基础数据，落实车辆运行管理数据标准与规范，实现数据整合与清洗，实现知识共享与服务。综合利用大数据分析结果，为社会综合治理和区域经济运行情况提供辅助决策。

5 结语

现阶段，高精度定位技术逐渐应用到各行业中，尤其中国北斗高精度定位技术日趋成熟，对行业发展产生了深远影响。北斗高精度定位技术在城市交通管控中得到广泛应用，通过布设北斗高精度定位车载和路侧终端，构建城市预约出行管理服务、车路协同信息发布服务的智慧出行服务应用体系，构建精准路网运行状况监测、车辆安全监管服务、非现场交通执法辅助、交通基础设施健康监管的智慧交通管理应用体系，构建北斗车辆大数据分析和城市出行模式大数据分析的智慧交管大数据分析应用体系，从而实现基于"北斗+"的新一代智慧交通精准治理模式，为未来区域交通建设树立标杆。利用交通大数据拓展城市治理服务功能，全面支撑投资决策、交通流量调控、运行监测、安全应急、出行服务等城市管理与服务，构建城市数字化智能化交通科学决策体系，逐步实现与其他管理部门的数据共享，实现社会治理智慧化。

参 考 文 献

[1] 汪威，陈琳，朱松苗. 北斗位置服务在交通领域应用技术研究［J］. 苏州科技大学学报（工程技术版），2020（S01）：55-59.

[2] 沈海军. 百度百科-北斗卫星导航系统［EB/OL］.（2021-05-28）［2021-06-09］. https://baike.baidu.com/item/%E5%8C%97%E6%96%97%E5%8D%AB%E6%98%9F%E5%AF%BC%E8%88%AA%E7%B3%BB%E7%BB%9F? fromtitle=%E5%8C%97%E6%96%97%E5%AF%BC%E8%88%AA%E7%B3%BB%E7%BB%9F&fromid=10560690.

[3] 杨元喜. 揭秘北斗导航系统独门绝技：一优势令美欧学习［EB/OL］.（2015-04-30）［2021-06-09］. http://military.people.com.cn/n/2015/0430/c1011-26932682.html.

[4] 谢士琴，汪泽民，牛鹏飞，等."北斗+"技术在智慧交通系统中的应用［G］//卫星导航定位技术文

集（2020）. [出版地不详：出版者不详]，2020：81-84.
[5] 孙伟伟，韩杰尧. GPS、GIS 技术在道路交通运输系统中的应用 [J]. 汽车实用技术，2018（23）：29-30.
[6] 武梦迪. 基于北斗卫星导航的车辆运输监控调度系统的设计 [D]. 绵阳：西南科技大学.
[7] 陈豪. 北斗定位系统在重点营运车辆安全监管中的应用 [J]. 交通与港航，2015（02）：44-47.

数字化驱动下的"十四五"交通运输行业转型升级思考——以广东省为例

张永捷，孙超，王守峰

深圳市城市交通规划设计研究中心股份有限公司，深圳 518057

【摘要】 在新发展阶段，交通运输部印发了交通强国、数字交通"十四五"发展规划和交通运输领域新基建指导意见等一系列重要文件，旨在指导各省市开展新一轮数字交通规划和建设。本文以广东省为例，通过分析广东区域经济发展格局和"数字政府"改革的新要求，总结"十三五"数字交通建设存在的不足，围绕"数据链"主线，构建全要素、全方式、全周期的数字交通体系，提出新时期数字交通的4大转型原则、321转型策略、7大转型建议，以促进先进信息技术与交通运输领域的深度融合，着力打造精准感知、精确推演、精细治理、精心服务的数字交通运输体系，加快交通运输信息化向数字化、网络化、智能化进程建设，为交通强国、"数字政府"和广东省现代化综合交通运输体系建设提供坚强支撑。

【关键词】 十四五规划；交通运输；转型原则；转型策略；转型建议

Thinking on the Transformation and Upgrading of Transportation Industry in the 14th Five-Year-Plan Driven by Digitalization: Illustrated by the case of Guangdong Province

Zhang Yongjie, Sun Chao, Wang Shoufeng

Shenzhen Urban Transport Planning and Design Research Center Co., Ltd., Shenzhen 518057

Abstract: In the new development stage, the Ministry of transport issued a series of important documents, such as a powerful transportation country, the "14th Five-Year-Plan" of digital transportation and the new infrastructure guidance in the field of transportation, aiming to guide the provinces and cities to carry out a new round of digital traffic planning and construction. Illustrated by the case of Guangdong Province, this paper analyzes the regional economic development pattern of Guangdong Province and the new requirements of "digital government" reform, and summarizes the shortcomings of the "13th Five-Year-Plan" digital transportation construction. Focusing on the main line of "data link", this paper constructs a digital transportation system with all elements, all modes and all cycles, and puts forward four transformation principles, 321 transformation strategies and seven transformation suggestions of digital transportation in the new era. In order to promote the deep integration of advanced information technology and transportation field, we will strive to build a digital transportation system with accurate perception, accurate deduction, fine governance and meticulous service. Accelerate the construction of transportation informatization to the process of digitalization, networking and intelligence, and provide strong support for the construction of a powerful transportation country, a digital government and a modern integrated transportation system in Guangdong Province.

Key words：the 14th Five-Year-Plan；transportation；transformation principle；transformation strategy；Transformation suggestions

1 引言

"十四五"时期是我国在全面建成小康社会、实现第一个百年奋斗目标之后，乘势而上开启全面建设社会主义现代化国家新征程、向第二个百年奋斗目标进军的第一个五年。站在两个一百年的历史交汇期，抢抓第四次科技革命新机遇，坚持以人民为中心，坚持以创新为第一动力，促进先进信息技术与交通运输深度融合[1]，加快建设交通强国、"数字政府"和广东省现代化综合交通运输体系，是广东省未来交通运输行业发展的重要战略任务。

"十四五"时期，广东省交通运输行业转型以"数据链"为主线，以业务为驱动，通过构建 1 个全要素、全方式、全周期的数字交通体系，遵循 4 个基本原则，聚焦 7 大重点任务，即"147"的广东省数字交通"十四五"总体框架，指导"十四五"时期广东省交通数字化建设。

在数字化的大背景下，以广东省为切入，探讨新时期数字交通转型升级模式，以期为全国其他省市的数字交通建设和发展提供参考和借鉴。

2 "十四五"转型迫切要求

随着"十四五"建设新征程的开启，数字交通迎来新的发展机遇，再度定义了行业管理、人员出行、物资流通的新模式和新场景。与过去的发展模式相比，广东在新一轮数字交通建设中面临新形势和新问题。

2.1 形势研判

（1）数字交通建设成为新征程上落实新基建战略的主战场　我国将加快形成以国内大循环为主体、国内国际双循环相互促进的新发展格局。加强新型基础设施建设是提升国内循环的重要抓手，以新型基础设施主导的数字经济成为新一轮经济增长新动能，数字交通是传统基建、先进制造、新兴科技等多行业多领域的交互融合载体。以智慧枢纽、智慧高速、智慧道路、交通大数据平台等为载体的新型基础设施规模化建设，能够在提高交通运输自身运行效率及安全保障水平的同时，有力带动关联产业创新升级，经济发展新动能作用突出，是未来数字交通建设的主战场（图1、图2）。

（2）数字交通建设是实现交通强国战略的重要支撑　《交通强国建设纲要》提出大力发展智慧交通，推动人工智能、区块链、超级计算等新技术与交通行业深度融合，推进数据资源赋能交通发展。交通运输部批复广东省交通运输厅交通强国试点方案，广东省将按照试点工作要求，围绕交通基础设施高质量发展、交通与旅游等产业融合发展、智慧交通建设等方面开展试点，打造贯通全省、畅通国内、连接全球的"12312"现代化交通体系。《国家综合立体交通网规划纲要》提出加快提升交通运输科技创新能力，推进交通基础设施数字化、

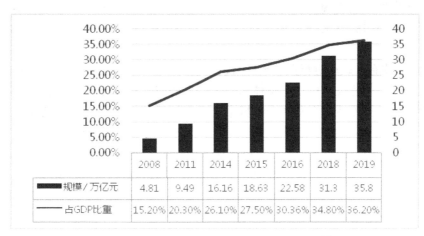

图 1　我国数字经济总体规模及占 GDP 比重[2]

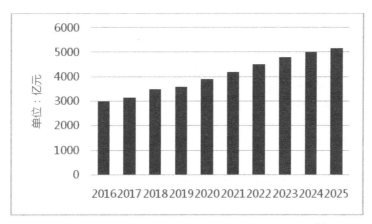

图 2　广东省"十四五"数字基础设施投资规模预测[3]

网联化。利用新技术赋能交通基础设施发展，构建综合交通大数据中心体系，利用新技术赋能交通基础设施发展，加强公路、城市道路、内河高等级航道等交通基础设施提质升级。交通运输部相继印发《数字交通发展纲要》《推进综合交通运输大数据发展行动纲要（2020-2025 年）》等重要文件，要求以"数据链"为主线，促进先进信息技术与交通运输深度融合，推动交通基础设施数字转型、智能升级，构建综合交通大数据中心体系。国家不断在理念、制度和战略方面发力创新，创新驱动的高质量发展成为核心任务，广东省将紧紧围绕上述国家发展新战略提供的新机遇，加快推进数字交通建设，为城市治理体系和治理能力现代化发展提供重要支撑。

（3）区域发展新格局对数字交通发展提出新挑战　广东省委"1+1+9"工作部署指出，加快构建广东省"一核一带一区"区域发展新格局，推动打造广州、深圳、珠江口西岸、汕潮揭、湛茂五大都市圈，全省交通运输工作会议强调，构建陆海、内外联动格局，持续提升综合运输服务现代化水平。城市群、都市群的发展依赖区域性交通、信息等基础设施的互联互通，数字化是加速人流、物流、资金流、信息流集聚的重要媒介，是区域一体化发展的重要基础。广东省数字交通将以数据资源汇集和共享服务为目标，增强跨地区、跨部门综合交通运输系统运行管理和服务的协同性，推动跨区域综合运输体系发展。

（4）"数字政府"改革对行业治理能力提出新要求　"十三五"时期广东率先在全国部署"数字政府"改革建设，建立了整体运行、共享协同、服务集成的"数字政府"业务体系。2020年新冠肺炎疫情的突发冲击给城市交通系统运营组织带来严峻挑战，公众健康申报、出行轨迹等数据采集共享变得相当频繁，广东粤康码实现了与国家、30个省份健康通行码的数据互通（105个部门306类约75亿条），访问次数达15.2亿次，"数字政府"平台发挥了重要作用。未来广东"数字政府"行业监管和服务提出了"一网通办、一网统管、省市协同"的新模式[4]，"数字交通"的数据全域融合、业务闭环协同、要素智能配置的交通运输行业治理新范式将为其提供重要支撑（图3）。

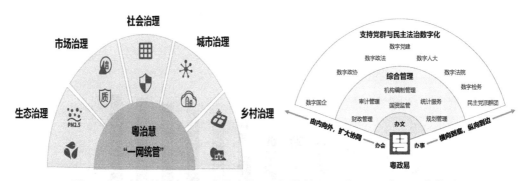

图3　省、市、县（市、区）联动的"一网统管"和"一网通办"工作体系

（5）人民出行美好新期望要求交通服务迈上新台阶　"十四五"时期人民出行服务需求将呈现"门到门""一站式"的特征，高品质出行成为"体验经济"时代的新焦点。广东随着港珠澳大桥、广深港高铁、深中通道等线路开通，将加快形成大湾区都市圈出行格局，人民群众希望得到更加个性、安全、便捷的智慧化数字化交通运输服务（图4）。数字交通以技术为驱动，着力谋求以全面精细的数据感知、智能主动的业务决策、智慧高效的业务处置，提升出行和物流服务品质，增强人民获得感，是应对交通服务变革的重要途径。

2.2　转型面临的新问题

"十三五"期间，广东省数字交通建设取得了明显成效，但还存在以下几个方面的不足。

（1）数字化感知能力尚有不足　数据采集类型、更新频率、覆盖范围、数据质量等不足之处逐渐显现，老旧设备更新及国产技术应用推进速度较缓，交通运输全域、全量、全时的感知体系尚未建成，感知监测范围需进一步拓展。

（2）行业治理协同性有待提升　行业内外的信息互联互通难、共享程度不高、业务协同不足等问题依然存在，信息化的整体效益和规模效益未充分体现，获得感不强。行业"纵向到底"的全省范围内的一体化协同应用较少，"横向到边"的综合性应用尚未充分整合、各自为战。

数字化驱动下的"十四五"交通运输行业转型升级思考——以广东省为例

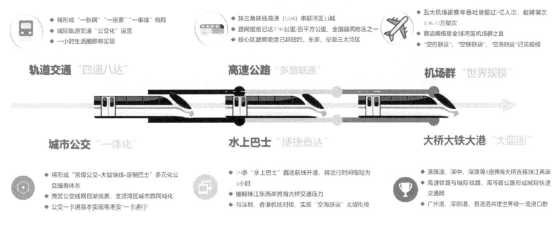

图 4 粤港澳大湾区多样化交通出行服务

（3）全链条一站式多元服务体系尚未形成 已建立汽车客运联网售票系统、全省公共交通一卡通系统、定制包车公共信息服务等出行服务系统，但以公路为主且独立发展，覆盖水路、铁路、民航、公交和共享单车等全类型运输方式的一体化公共服务平台尚未建立。

（4）综合交通运输数据治理水平有待提高 数据分析总体以统计展示为主，数据资源开发利用水平较低，跨业务、多维度的综合的大数据挖掘及智能决策分析能力不足。关键信息基础设施和关键数据资源安全防护能力不足，软硬件供应链安全威胁日趋增大。

（5）融合创新环境有待完善 跨部门合作、产学研用产业生态互通协同不足，政府与行业协同发展模式有待深化。人工智能、5G、北斗、自动驾驶等新技术与交通运输融合应用相对不足。受经济发展水平、人才技术等因素的制约，粤东、粤西、粤北发展水平与大湾区地区差距较大，创新活力有待提升。政策、资金、技术、数据等要素配置机制有待完善。

3 "十四五"转型总体思路

3.1 转型原则

（1）远近结合，注重落地 注重远近结合，近期加快成熟数字交通技术在"十四五"交通运输领域的深化应用，远期跟踪新技术、新业态、新模式发展，适度超前布局至 2035 年。坚持问题和目标导向，明确任务推进路径、责任主体和资金筹措等，确保规划落地。

（2）承上启下，跨界协同 加强部省与省市联动、行业协同、区域协调，充分发挥政府统筹协调、支持引导作用，发挥企业市场主体、技术创新作用，形成发展合力，提高系统性、整体性和协同性。

（3）因地制宜，点面结合　根据广东省各区域的交通建设、经济水平、交通治理场景的不同，因地制宜推行差异化的发展策略。以点为示范，逐步到面的推广应用，发挥规模效益和带动作用。

（4）动态修订，跟踪评估　以数字交通"十四五"发展规划方案为指导，建立数字交通年度实施方案，动态跟踪规划年度实施情况，根据广东省综合交通、新技术等发展情况，适时评估与修订。

3.2 转型策略

十四五时期交通数字化转型重点以"三级协同、二轮驱动、一应用集群"策略（321策略）为抓手，打造新一轮数字交通运输体系，开启新时期交通运输行业转型升级建设和治理的新范式。

（1）3协同，即部省协同、省市协同、区域协同　部省协同主要是交通部层数据、平台、协议进行打通，实现数据上传和下放高效顺畅，构建部省共建、共管一盘棋的新格局。省市协同主要是面向省交通运输厅，促进省市交通数据的共享和业务系统的功能复用，如电子证照、重点车辆、运政执法等系统。区域协同主要是区域内高速路数据共享、智能协同诱导、高品质出行体验为侧重点。引导区域城市加强协同合作，以核心城市为支点，率先建立区域交通数据共享中枢，推动跨层级、跨部门的业务协同。

（2）2驱动，即数据驱动、业务驱动　以"数据链"为主线，通过对海量多源异构数据的融合创新，深挖数据价值，构建数字交通发展能力侧。以业务需求为导向，通过数据促进交通运输管理服务的降本提质增效，形成数据与业务双轮驱动的数字交通推进模式，为行业治理和便民服务注入新动能，释放新活力。

（3）1集群，即新模式、新业态、新技术应用集群　以新技术发展为引领，以培育发展新业态和新模式为目标，推动新一代信息技术等与广东省交通运输领域各层面、各领域的深度融合与渗透，增强行业创新能力，强化创新要素的集聚效应，形成新模式、新业态、新技术应用集群。

3.3 转型目标

以"数据链"为主线，构建全要素①、全方式②、全周期③的数字交通体系[5]，实现人工智能、5G等技术在交通运输领域深度融合与推广应用，数据及信息化基础设施共享集约，交通治理和政务服务在线协同，数字交通产业融合交叉，数字交通发展指数④全国领先[6]，有力支撑广东交通率先实现治理体系和治理能力现代化。

---

① 全要素：人、车路、环境、信息。

② 全方式：公路、铁路、水运、航空、城市交通。

③ 全周期：规划、建设、运营管理、维修养护、优化提升阶段。

④ 以基础设施、建设成效、保障措施三类指标评估数字交通发展水平，采用百分制评分，分为五个发展水平（观望、觉醒、新兴、追赶、领先）。

到 2022 年，初步形成数据驱动的交通治理体系，厅数字化转型升级初见成效。"1168"一体化数字平台框架基本形成，建成交通运输行业大数据应用中心，建立完备的数据汇聚、清洗、管理、应用和共享机制，释放数据价值，辅助领导决策，推动业务创新，数据共享率不低于 80%。数据驱动优化厅各项业务流程，打通厅处室、直属单位、企业各项业务的关键环节，打造整合资源、优化流程、资源共享、数据可视、应用一体的数字交通运输厅，有力支撑广东省数字政府建设。

到 2025 年，基本形成全要素、全方式、全周期的数字交通体系，交通行业数字化转型升级成效显著，数字交通发展水平走在全国前列。依托新型基础设施建设，基本实现人、车、路、环境等交通要素数字化，形成数字化的交通大数据采集体系；基础设施建管养、公铁水运输市场监督治理、安全应急、政务服务、公众出行等领域基本实现数字化转型，网络安全可信可靠可控，基本实现较为完善的行业数字化治理与服务新模式。

4 "十四五"数字化转型升级建议

以交通运输部的《数字交通发展规划纲要》《数字交通"十四五"发展规划》、省政府的《广东省数字政府"十四五"发展规划》等上位文件为指导，广东省"十四五"交通运输数字化转型升级将以需求为导向，以数据为驱动，以智慧为核心，聚焦行业痛难点，提出数字交通感知传输、基础设施、综合运输、政务服务、产业生态等七大重点任务，显著提升行业治理数字化专业化水平，逐步实现全要素、全方式、全周期的数字交通美好愿景。

4.1 "数字"+感知，构筑交通一体化感知传输网

推进高速公路光纤主干网和政务外网建设，为数字交通提供广覆盖、低时延、大带宽、安全可靠的通信网络服务。推进智能视频、重大基础设施资产与运行状态等数据采集，丰富数据采集和运行监测手段。

依托广东省高速公路光纤主干网升级工程、广东省交通运输智能视频云平台、港珠澳大桥智能化运维技术集成应用、重大跨海交通集群工程智能安全监测与应急管控等数字交通网络基础设施升级整合、重大基础设施安全监测主动防控等数字交通基础设施夯实工程，升级打造全省干线传输网络，深化整合政务外网，协同推进交通运输业务效率提升、一网统管能力建设；以数字农村公路发展建设为基础，借助视频监测、北斗高精定位等先进技术强化全省路网监测、运营、管理数字化升级；以港珠澳大桥等重大基础设施为示范，全面打造广东省重大基础设施安全监测、智能运维、数字管理一体化、全生命周期保障体系，加强对关键重大基础设施的运行安全保障力度。

4.2 "数字"+基建，让新技术与传统基础加速融合

融合 5G、人工智能等新技术推进高速公路、综合交通枢纽、港口航道等基础设施智能化改造升级，构建智能交通融合基础设施体系，推动交通基础设施数字转型，带动关联产业

融合发展。

推动滨海旅游公路、深圳机荷高速公路与外环、乐广高速公路等智慧化建设，推动高速公路运营管控智慧化和创新科技集成化应用。推进综合客运枢纽智能化升级，在广州南站、深圳前海综合交通枢纽、佛山西站等综合枢纽推广道路电子客票，提供综合客运一体衔接的全程电子化服务，实现客运售取票、检票、安检、乘降、换乘、停车等"一码通行"。推动珠江、西江高等级航道及北江船闸、沿海重要航道、沿海及内河主要港口码头等重要水路交通节点感知网络全覆盖，建立健全电子航道图建设与应用标准，探索推进基于北斗卫星定位的高等级航道电子航道图应用（图5）。

图5　广州南沙港区四期新建大型自动化集装箱码头

4.3 "数字"+运输，让多方式运输更协同高效

以安全和效率为标准，打破公路、水路、港口和铁路管理部门壁垒，以一站化、智慧化、可视化、便捷化为目标，逐步实现行业部省市三级联动一盘棋管理，支撑引领广东省综合运输客货运服务一体化。

统筹构建广东省综合运输业务协同平台，按照综合运输市场监管、公共服务的总业务链条梳理整合原有办事和服务流程，强化公、铁、水运输系统间的交互联动，实现综合运输统一信息系统入口。推进联程客运票务一体化，推动不同运输方式票务系统有效对接，以广州白云机场、广州南站、深圳福田站等重点客运枢纽为试点，推行综合运输联程客票，实现联程套票优惠票价。以广州、深圳等重点港口为核心，建立铁水联运公共信息平台，建立区块链电子提单应用平台，推进多式联运电子提单应用。

围绕"碳达峰、碳中和"的政策导向，推动交通运输方式向更加节能减排方向转变。优化交通能源结构，推进新能源汽车在城市公交、城市环卫、出租车、短途货物运输等领域的推广应用。推进船舶、港口污染防治，严格执行船舶排放区要求，推广LNG节能环保船舶。完善交通环境监测体系，实现交通运输能耗与排放实时监测、交通环境异常预警、交通环境保护重点单位协同监管等功能。

4.4 "数字"+政务，让政务服务更人本便捷

充分利用"数字政府"改革成果，推进政务数据共享融通，打造"一网通办"平台，完善"粤系列"移动应用品牌，打造政务服务"指尖办"平台，为企业、群众和公务人员提供更优质的服务。

全面归集融合行政许可、检查、处罚、交通信用、电子证件等数据，推动行业管理与政务审批联动，建立全省统一的"一网通办"政务服务平台，强化部、省、地市等政务服务业务协同（图6）。积极拓展"粤省事""粤商通""粤政易"平台应用，推动更多政务服务事项入驻，实现群众企业办事网上办、信用办、就近办、掌上办，打造更加便捷的政务服务体系。

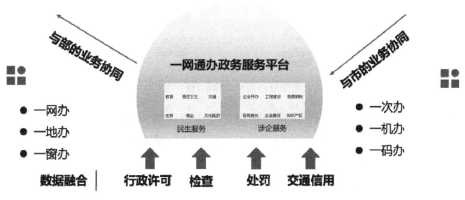

图6 "一网通办"政务服务平台：行业管理与行政许可审批联动

4.5 "数字"+出行，满足人民对美好出行体验的向往

创新出行服务发展模式，面向未来出行，以片区为试点探索未来出行的可持续发展模式，逐步拓展到区域与城市层面，为人民群众提供全链条、一站式、门到门的优质出行服务。

鼓励第三方发展基于"出行即服务"理念的一体化联运服务经营平台，整合线上线下资源，为用户规划多种运输方式的最优化出行路径，提供一站式自行办理购票、支付、电子出票、提醒出行、办理登乘、改签等复合性功能。推进跨方式一体化支付的MaaS试验平台在粤港澳大湾区的率先应用（图7）。积极拓展交通一卡通、乘车码应用场景由市内公共交通向出租车（含网约车）、水上巴士、城际道路客运、城际轨道客运、跨境穿梭巴士与客轮等场景应用。

4.6 "数字"+中枢，打造交通智变的驱动引擎

以统筹集约、业务应用、共享共治、安全可控为导向，加强交通运输领域数据治理的整体谋划、统筹布局和顶层设计，全面推进广东省交通运输领域数据治理体系建设，为数字交通可持续发展提供源源不断动能。

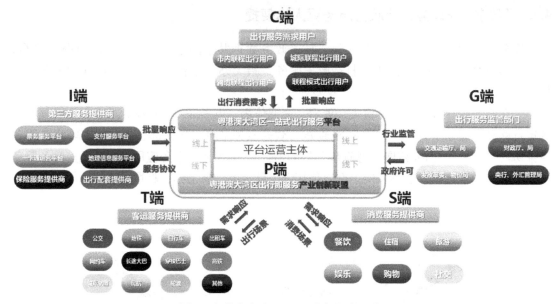

图 7　粤港澳大湾区 MaaS 出行服务生态

以数据的产生、存储、处理、应用、更新等全生命周期为治理闭环，强化顶层设计和规划，建立统一规范的数据管理制度和标准，以交通运输领域业务为主线，深入发掘交通运输领域数据资源应用前景和真实数据应用需求，建立全省交通运输领域数据资源的共享机制，逐步推进地市局、交通运输企业、第三方业务数据共享应用，同步推进数据安全管理、关键信息基础设施的安全保障技术应用，从而实现高质量的数据服务、高效的数据流通、深层次的数据洞察（图 8）。

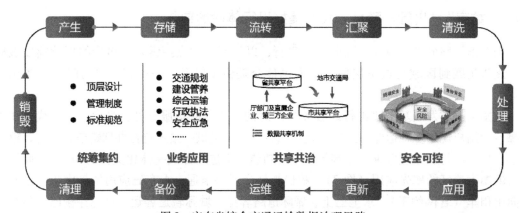

图 8　广东省综合交通运输数据治理思路

4.7　"数字"+生态，构建交通融合产业生态集群

坚持政府引导、市场主导的发展策略，强化市场的资源配置能力，打通科技与基建、运输服务的壁垒，提升科技创新服务基建、综合运输的能力，鼓励技术创新、产业创新，推动

数字交通与其他产业的进一步融合，构建开放聚合的创新发展生态圈。

建立健全数字交通政策与标准规范，以政策、标准规范引导产业整合，对于人工智能、智能制造等前沿技术，采取鼓励研发、示范运行、标准规范、政策扶持等措施引导产业整合。构建数字交通协同创新体系，开展创新创业大赛和数字交通论坛，促进技术交流、人才挖掘，形成良好的产业创新氛围，加快科技成果转移转化。构建开放聚合的数字交通生态圈，制定数字交通产业扶持政策，培育新型市场主体，鼓励交通运输、信息科技企业发展为数字交通解决方案供应商，促进新型市场主体发展。推动数字交通协同创新平台建设，建立"1省级+N地市和大型集团企业级+M专业领域"的协同创新信息平台多级架构。以广东省交通科技协同创新信息平台，建立项目、成果、专家、标准等科技资源库，为产学研用各方开启协同创新一站式全链条服务（图9）。

图 9　交通科技协同"一中心五主体"创新生态

5　结语

我国发展仍处于重要战略机遇期，以 5G、北斗、区块链、人工智能等为代表的新一代信息技术正在深刻影响交通行业的变革。要抓住新技术的窗口期，与交通行业进行深度融合，推动交通运输领域新模式、新业态发展，倒逼交通运输行业加速转型，探索省、市、区域层面的数字交通协同发展机制，共同推动数字交通发展，全面支撑交通强国、交通强省建设，为人民提供高品质、高便捷、高实惠的美好出行体验。

参 考 文 献

[1] 交通运输部综合规划司. 数字交通"十四五"发展规划［R］. 北京：交通运输部，2021.
[2] 鲍荣富，等. 建筑国际比较系列专题报告［R］. 上海：华泰证券研究所，2019.
[3] 中国电子信息产业发展研究院."新基建"政策白皮书［R］. 北京：中国电子信息产业发展研究院，2020.

［4］广东省政务服务数据管理局. 广东省数字政府改革建设"十四五"规划［R］. 广州：广东省政府，2021.
［5］广东省交通运输厅. 广东省"数字交通"战略规划［R］. 广州：广东省交通运输厅，2019.
［6］新华三集团数字经济研究院. 中国城市数字经济指数白皮书（2018）［R］. 杭州：新华三集团，2018.

数据驱动的智慧道路规划设计与关键技术

朱启政，张新宇，丁思锐

深圳市城市交通规划设计研究中心股份有限公司，深圳 518057

【摘要】 城市治理体系和治理能力现代化的推进，要求不断提升城市治理的科学化、精细化和智能化水平，让城市运转更聪明、更智慧。针对道路交通当前面临的设施效率与承载力瓶颈、方式结构有待优化、安全保障亟需提升、活力不足等问题，本文围绕"感知-研判-管控-评估"的闭环治理思路，提出了数据驱动的智慧道路规划设计与关键技术，并以深圳市、佛山市、无锡市等实践经验作为实证研究和关键技术应用效果评估的案例。最终展望数据驱动下的智慧道路规划设计思路，讨论下阶段仍然有待攻克的关键技术及有待创新的体制机制。

【关键词】 交通治理；数据驱动；智慧道路

Data Driven Intelligent Road Planning and Design and Key Technologies
Zhu Qizheng, Zhang Xinyu, Ding Sirui

Shenzhen Urban Transportation Planning and Design Research Center Co., Ltd., Shenzhen 518057

Abstract: To modernize the urban governance system and capacity, we need to make urban governance more scientific, refined and intelligent, so that cities can operate smarter and more intelligent. In view of the bottleneck of facility efficiency and carrying capacity, the mode structure needs to be optimized, the safety guarantee needs to be improved, and the vitality is insufficient, etc., the paper proposes data-driven intelligent road planning and design and key technologies based on the closed-loop governance idea of "sentiment-research-management-evaluation". The practical experience of Shenzhen, Foshan, Wuxi and other cities is taken as the case of empirical research and application effect evaluation of key technologies. Finally, the thinking of data-driven intelligent road planning and design is prospected, and the key technologies to be solved and the institutional mechanisms to be innovated in the next stage are discussed.

Key words: traffic governance; data driven; intelligent road

1 引言

党的十八大以来，我国城市建设的核心目标是要推进城市治理体系和治理能力现代化，要建设以人民为中心、人民满意的现代化城市，要求不断提升城市治理的科学化、精细化和智能化水平，让城市运转得更聪明、更智慧。作为公共空间的重要组成部分，道路和街道不仅承载了大城市中每天超过千万人次的绿色出行，更承载着市民活动、休憩、交往等多元诉求和对生活的美好向往。高品质的道路和街道，是彰显文化底蕴、特色气质的城市名片，事关每一位市民的安全、健康和幸福。以街道治理提升出行体验、打造活力街区，是落实以人民为中心、高质量发展的关键建设举措。

近年来，随着国家大力发展智慧城市、新基建，街道建设与物联网、大数据、车路协同、人工智能等先进技术深度融合，衍生出一系列智慧道路应用场景需求[1]。本文以数据驱动治理的关键技术方法创新为主线，围绕"感知-研判-规划设计-评估"的闭环治理思路展开讨论，并以不同城市的实践经验作为实证研究和关键技术应用效果评估的案例。最后展望数据驱动下的智慧道路规划设计思路，讨论下阶段仍然有待攻克的关键技术及有待创新的体制机制。

2 智慧道路内涵

2.1 智慧道路建设的必要性与重要性

随着城市发展进入以精细化调控为主的"存量"阶段，以基础设施建设满足不断增长的出行需求的发展模式难以为继，需要持续强化智慧化手段在设施效率效能提升、出行方式结构优化、安全水平提升、城市活力提升等方面的作用[2]，以推动城市可持续发展。

（1）以智慧化手段提升道路基础设施效率效能　当前，大城市交通基础设施建设已进入下半场，交通基础设施建设基本稳定。随着高密度超大城市土地资源日益紧缺，交通基础设施建设面临空间紧约束的困境，道路交通发展逐步进入"存量优化"为主的新阶段。大城市受空间资源约束日益严重，城市建设用地趋紧，城市基建集中建设已过高峰期，逐渐进入基础建设平稳运行、存量挖潜的阶段，道路里程每年增速约为2%（图1）。

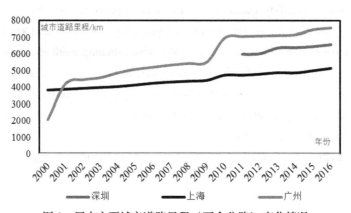

图1　国内主要城市道路里程（不含公路）变化情况

与此同时，道路交通运行效率面临持续下降的挑战。以深圳为例，2015—2020年全市高峰时段平均车速分别为 29.4km/h、27.0km/h、28.0km/h、26.4km/h、26.0km/h 和 25.6km/h（图2）。参考国内外世界级城市的交通治理经验，为保障社会经济运转效率，高峰时段路网平均车速目标阈值需要维持在25km/h以上。亟待探索全新技术手段，提高路网性能和资源利用率。在路口、车道实施智慧精准管控，精细化提升道路资源利用率和运行效率，是超高密度城市新时代交通发展诉求下的必然选择。

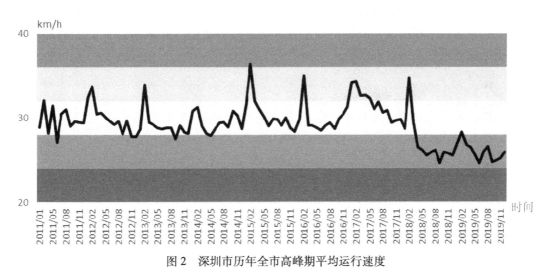

图 2 深圳市历年全市高峰期平均运行速度

（2）以智慧化手段提高绿色出行方式的吸引力 在城市基础设施建设阶段，随着城市轨道交通等重大基础设施的陆续建成，公共交通分担率呈现逐年上升趋势。但进入"存量"发展阶段后，小汽车出行比例逐步维持稳定，公共交通分担率提升进入瓶颈期，基础设施建设和需求管理政策等手段难以进一步发挥方式结构调整的作用（图3）。亟待利用智慧化手段，精准匹配市民的出行需求和出行服务，赋能公交优先发展战略，提升地面公交服务水平与吸引力、精细化匹配轨道交通运能，吸引小汽车出行向公共交通转移，实现交通方式结构优化。

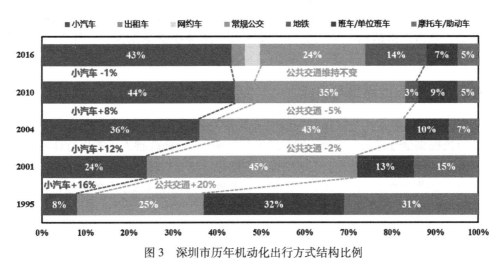

图 3 深圳市历年机动化出行方式结构比例

（3）以智慧化手段营造更安全安心的出行环境 道路交通安全问题仍然是困扰我国大部分城市的关键问题之一。应对道路交通安全问题，在不同的城市发展阶段应有差异化的策略措施。以深圳市为例，在交通基础设施建设阶段，为破解交通事故死亡人数持续上升的问题，深圳持续开展交通整治行动，通过传统交通改善措施，大力推广"电子警察"、卡口、铁骑等新型执法设备,实现事故数大幅下降,道路交通万车死亡率从 2005 年的 11.79 下降至 2019 年的 0.77（图 4）。进入存量发展阶段后,则重点应用视频 AI、大数据监管等智慧技术,并结合新技术积极探索新的治理手段,交通事故数量、万车死亡率取得持续稳步下降,接近伦敦等世界发达城市水平。

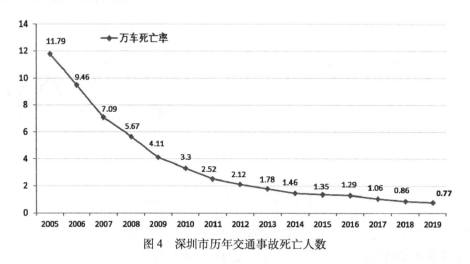

图 4　深圳市历年交通事故死亡人数

（4）以智慧化手段打造充满活力的高品质空间　对标伦敦、新加坡等全球标杆城市,我国大部分城市的街道在空间活力和魅力上仍存在较大差距。国内外研究表明,活动类型、活动强度、活动时长等活动特征,对于个体情绪和生理状态具有显著的影响。在公共空间中更多地参与组织、合作、交流等各类社会活动,有助于改善心理健康,减少各类反社会和犯罪行为,提升市民安全感和幸福感。每日保证充足的活动时间,可以有效预防心血管病、糖尿病、癌症、肥胖等 20 种以上的慢性疾病。因此,有必要通过智慧化手段的赋能,丰富街道活动类型、提高活动强度、增加街道活动时长,提升每一位市民的出行幸福感和获得感。

2.2　智慧道路建设的愿景与目标

智慧道路建设的愿景,不仅仅围绕政府决策和"交通大脑"建设集中发力,而是重点聚焦"为市民提供全过程的、伴随式的智慧出行服务",全面改善人民的出行体验。具体目标方面,围绕出行效率显著提升、方式结构更加绿色、安全保障不断增强、活动体验明显改善四大目标,提供全过程、伴随式的出行服务。并通过智能计算云平台的构建,实现对各类交通数据的长期动态监测,为后续精细化治理提供支持[3]。

2.3　智慧道路建设技术路线

为打造高效、绿色、安全、健康活力的智慧道路,本研究充分吸收了国内外城市街道治理经验的基础上,提出了"数据驱动的智慧道路规划设计"的技术方法,包含两方面的突破：一是在数据采集与活动需求观测阶段,建立了相对完整的技术方法体系；二是基于智能计算云平台,对规划目标进行长期动态监测,实现街道治理的科学化、精细化和智能化（图 5）。

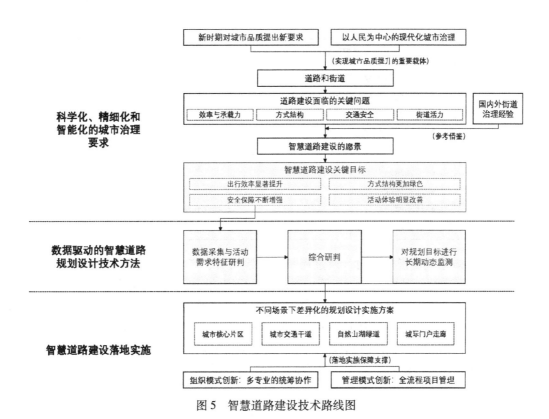

图 5 智慧道路建设技术路线图

3 智慧道路关键技术

3.1 数据观测及感知技术

数据观测体系方面，为了把握道路上不同人群、不同类别的活动需求，全时空、全方位、细颗粒度感知居民活动特征，需要多源异构动态数据作为支撑。围绕出行效率、方式结构、交通安全、活动体验四方面，构建智慧道路数据观测及感知体系，不同类型的数据指标，需要依托不同的感知设备、数据来源或调查手段进行采集（表1）。

表 1 智慧道路数据观测及感知体系

指标类型	关键观测指标	数据来源
出行效率	• 路段/车道平均车速 • 进口道车辆排队长度、停车次数 • 红灯等待时间	地磁、广域雷达、视频车辆检测器等
方式结构	• 全方式/机动化出行方式结构	居民出行调查
	• 出行需求 OD	居民出行调查、手机信令/位置数据
	• 公交出行效率（与小汽车竞争力）	公交 GPS 数据、公交 IC 卡刷卡数据、百度地图 API 步行导航数据

(续)

指标类型	关键观测指标	数据来源
交通安全	• 道路交通事故空间分布 • 道路交通死亡与重伤事故路段分布 • 事故时间分布 • 事故成因分布 • 事故伤害主体分布	高清电警等设备、事故统计数据
活动体验	• 活动类型 • 活动强度 • 活动时长 • 活动出行幸福感	市民意愿调查问卷、完整活动链调查、连续视频观测、照片拍摄

（1）出行效率关键指标观测　通过视频车辆检测器、广域雷达等设备的布设，实现出行效率关键指标观测。其中，视频车辆检测器则采用视频图像分析技术，对图像中设定的检测区域内的运动物体进行检测，获取所需的交通信息。摄像机具有多车道视频实时分析及计算功能，可以提供车流量、车道平均速度、车头时距、车头间距、车道时间占有率、车道空间占有率、车辆类型、车辆排队长度、交通状态等交通数据，还可以通过车牌识别和轨迹分析实现出行需求特征的获取。此外，视频监测器还可以进行人的检测，通过对行人规模、轨迹的捕获实现对行人的管控。而在拥堵问题的路口，布设广域雷达车检器，采集进口道车辆排队长度、停车次数、红灯等待时间、多断面平均车速等数据。广域雷达路段单功能检测器是对城市道路路段处的交通流状况进行检测，通过对交通流的参数进行检测，可为交通信息处理系统提供精确的交通参数，为交通管控者的城市交通决策提供数据依据，也可通过交通信息发布系统进行发布，起到缓解交通拥堵的目的。

（2）方式结构关键指标观测　全方式/机动化出行方式结构、出行需求 OD、公共交通（常规公交+地铁）出行效率等关键指标的观测与甄别，通常需要用到居民出行调查、手机信令/位置数据、移动支付、公交 GPS 数据、IC 卡刷卡数据、互联网地图 API 步行导航数据等不同数据。全面了解公共交通乘客的出行时间和空间分布特性，掌握乘客出行规律，能够为方式结构优化调整提供依据。方式结构关键指标观测的核心是掌握不同类别乘客的出行需求与完整活动链，传统方法一般通过居民出行调查、跟车问卷等调查获取公交出行需求数据，该方法投入大且精度低。为提高公共交通需求特征分析精度，运用海量行业数据，包括视频监控数据、IC 卡刷卡数据、GPS 车辆定位数据等，挖掘各类数据间内在联系，进而推算出公交 OD 矩阵。同时借助模块化编程技术，快速完成从原始数据到目标结果的自动化处理，从而实现快速构建公交模型。

（3）交通安全关键指标观测　利用高清电警等设备、事故统计数据，实现交通安全关键指标观测。针对道路交通安全事故提出交通安全治理对策，这需要准确把握事故发生的特征、理清事故发生机理，这些特征包括事故发生空间分布、事故发生时间分布、事故的严重性分析、事故致因分析等（图6）。其中，事故发生空间分布可细分为事故在不同区的分布情况、在不同类型路段的分布情况、在不同节点的分布情况；事故发生的时间分布可细分为事故在不同季节的分布情况、在白天与黑夜的分布情况、在不同时段的分布情况等；故事的严重性分析包括事故受伤害主体分布、事故致死率分析等；事故致因分析包括事故责任主体分析、驾驶员肇事原因分析等。

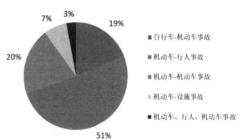

a) 深圳市道路交通事故高风险点/多发点判别分布　　b) 深圳市道路交通事故伤害主体分布

图6　交通安全关键指标分析（以深圳市为例）

（4）活动体验关键指标观测　活动类型、活动强度、活动时长、活动出行幸福感等活动体验关键指标观测，需要依托杨·盖尔的城市公共空间和公共生活质量调查方法，开展了大规模的街道活动观测和市民意愿调查，为人群、活动类别和需求层次的细分提供定量支撑（图7）。一是通过市民意愿调查问卷、完整活动链的出行幸福感调查，系统了解市民在街道上曾经参与过哪些活动、活动过程中的感受，以及哪些活动未能得到满足，通过调查，进一步明确公共空间改善的目标方向。二是进行了连续视频观测和影像照片拍摄，基于影像数据采集和人群画像，观测市民在街道上休憩、遮阳打伞和问路等行为，为座椅、风雨连廊、信息标识指引等街道设施在空间上精细化布局提供依据。

图7　活动体验关键指标观测方法

3.2　综合研判与管控技术

在各类数据观测及感知的基础上，针对交通治理的长期性诉求和实时动态调控等及时性诉求，需要分别建立支撑城市生长中长期推演的"慢脑"和交通事件实时响应的"快脑"两套体系。"慢脑"的作用是对土地利用、人口岗位、居民活动、交通方式结构等进行模型仿真，推演城市宏观的中长期变化规律，为优化智慧道路建设提供依据。"快脑"则是采用在线仿真技术，围绕交通运行状态动态评估、拥堵事件敏捷预测、人流应急疏散等场景，进行中微观的短期预测，支持颗粒度更精细、响应速度更敏捷的交通调控。"快脑"构建过程中，涉及拥堵事件敏捷预测、智慧公交地铁协同运营、人流预警与应急预案优选等关键技术（图8）。

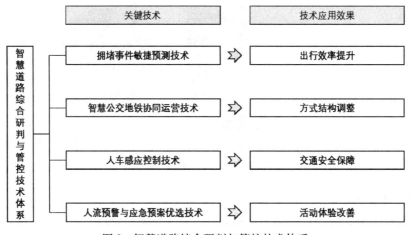

图8 智慧道路综合研判与管控技术体系

1）面向出行效率提升的拥堵事件敏捷预测技术。通过车道级仿真预测评估交通事件产生的影响时空范围，采用信号联控、分级诱导，同时联动交警"铁骑"第一时间到达有效的"疏解节点"，提高事件处理效率。

2）面向方式结构调整的智慧公交地铁协同运营技术。通过协同调度常规公交、定制公交、地铁及微循环巴士，合理调配运力、分配客流，实现综合治堵。

3）面向交通安全保障的人车感应控制技术。在灯控路段过街安装行人检测器，实现"车多放车、人多放人"感应控制，同时安装智慧道钉，提升行人交通安全警示。为增强对行人安全过街交通意识的宣传教育，在路段过街位置安装行人过街安全智能警示系统，通过行人检测器与信号控制系统对接，当检测到行人闯红灯时，智能广告灯箱将发出刺耳的汽车制动声，对闯红灯的行人造成提醒，实现交通安全宣传教育的目的。

4）面向活动体验改善的人流预警与应急预案优选技术。基于视频AI与互联网大数据融合，即时触发预警，将人流疏散的需求分配到站点、线路及慢行路网，对地铁、公交运力资源做出合理配置，通过区域的慢行屏、站台信息屏、灯杆信息屏、广播等渠道实现智能疏散指引。

3.3 评估与闭环治理技术

评估与闭环治理，最重要的是实现对各类道路上的各类交通数据的长期动态监测，为后续精细化治理提供支持。需要引入城市生长管理的理念，依托新基建形成交通综合管控的"智慧城市交通大脑"，实现复杂环境的城市道路交通情景再现、预判与多交通方式的协同精准调控，建立大城市生长完整观测体系，形成多维度、高频次的城市活力治理评估闭环。依托长期的动态数据积累，在街道治理前、中、后，分别对出行效率、方式结构、交通安全、活力体验等关键指标进行持续观测，来评估街道空间、活动场所和出行服务是否能够贴合市民的多样化需求。以此形成数据闭环评估常态化机制，为城市提供长期、稳定、优质的品质服务水平。

4 在城市交通治理中的应用实践

深圳在智慧道路方面开展了大量的探索和实践，侨香路、红荔路、福田中心区等代表项目迭代创新，并将相关实践经验推广至佛山三龙湾大道，智慧道路有了落地的实践和应用。

4.1 城市核心片区

福田中心区是深圳的中央活力区，智慧道路建设以"体验的革命"为主线，应用场景包括区域智能信控、动态限速管理、公交车路协同、智慧公交站台、过街安全警示、交通在线仿真、室内停车导航等，出行体验基本覆盖全出行链，市民出行获得感和幸福感显著提升（图9）。

图9 福田中心区智慧街区

福田中心区围绕安全保障不断增强、出行效率显著提升、方式结构更加绿色、活动体验明显改善四大目标，提供全过程、伴随式的出行服务。通过"感-算-知-判-治"的技术逻辑构建智能计算云平台，实现对各类交通数据的长期动态监测，为后续精细化治理提供支持。

改造前后的各项观测数据均有明显提升，达到了规划预期效果。5个月间绿色交通比例从改造前的76%提升至78%，小汽车出行比例有所下降，出行方式结构更加绿色、健康。从出行安全的角度，2020年福田中心区违法率同比降低10%以上，未来随着各类智慧化管控措施逐步深入人心，福田中心区将迈入零伤亡愿景。从出行效率提升的角度，福田中心区变得更加方便交流。福田中心区平均全链条出行时间减少4%，按照2019年居民出行调查得到的深圳市民平均时间价值79元/小时计算，对于每天进出福田中心区的137万人次而言，每年节约的时间价值约40亿元，具有显著的经济和社会效益。最后，对每天街头的最大瞬时人流量做了观测，工作日从19.4万上升至19.8万，增幅2.1%；周末从10.4万上升至11.3万，增幅8.6%。通过改造后的意愿调查，有34%的受访者表示，每个月来福田中心区的次数更多了；58%的受访者表示，在福田中心区的停留、活动时间明显增长。这些都反映了中心区在全龄友好、激发创造等方面显著提升。

4.2 城市交通干道

侨香路是深圳首条智慧道路，试点建设了深圳首批智慧杆，初步搭建了市级智慧道路管理平台，实现了车辆平均在途实践缩短 8%，全线杆件减少 32%，实现了堆"人-车-路-环境"的实时全息管控（图 10）。

图 10 侨香路智慧道路

红荔路是深圳市福田区重要的生活性主干道，在侨香路试点经验的基础上，智慧道路方案更关注市民出行服务，应用场景包括公交车路协同、过街安全警示、交通运行全息感知、交通事件 AI 识别等。红荔路智慧道路的目标是应用视频识别、高精度地图、智能分析等高新技术，完善道路智能感知与服务设施，构建智能化的设施管养和交通治理体系，预留车路协同基础设施，为交通参与者提供美好的出行体验，为交通管理者提供精细的治理手段，打造深圳市智慧道路创新示范工程，让市民叫好，让政府满意。

4.3 自然山湖绿道

深圳光明马拉松智慧绿道，是"美丽+智慧"的山湖绿道，全长 26.8 千米，通过前端融入多项"黑科技"的智慧路灯和后台智慧化集成管理平台系统，打造科技与人文并重的智慧绿道，建成后成为光明区乃至深圳的城市名片。

沿绿道共布设 800 多根多功能智能杆，全线约 300 路高清摄像头，实现赛事期间全线无死角监控。信息屏与广播内容按需定制，大大丰富了赛事过程服务，实现了智能识别各分段运动员数量，把控赛事进程；实现智能分析运动员的标签属性，支持赛后多维度复盘统计。

4.4 城际门户走廊

三龙湾智慧大道作为佛山市首条智慧道路，项目聚焦"城市治理、运行效率、出行服务、交通安全"四大应用场景，包括智能信控、公交车路协同、智慧公交站台、行人过街警示、内涝监测、行车诱导、路况信息推送、交通在线仿真、交通运行全息感知、交通事件

AI 识别，整体方案更注重出行体验，主要为驾驶员信息服务和市民公交服务。最终实现了交通、交警、城管、水务、气象等多部门数据统一建设和管理，实现对未来 2 小时的常态预测与事件的应急仿真，实现车辆抛锚识别、道路遗撒识别、违停识别、行人横穿马路识别等，实现内涝监测、货车超速检测、公交优先等。

5 结语

随着交通新基建与传统基建的融合，智慧道路为新型智慧城市建设提供了重大发展机遇。然而以传统规划框架难以落实智慧交通功能和规划目标实现，亟待在智慧交通产业的技术创新基础上，突破现有规划体制机制，建立多专业协同机制，统筹推进城市设计、交通规划、智慧交通、景观设计四个设计，建立规划主导的全流程项目管理模式（Planning - Engineering Procurement Construction，P-EPC），设计师全程跟踪负责规划、设计、落地实施各个项目阶段，保障规划理念的有效落地。

面向科学化、精细化、智能化的城市交通现代化治理要求，深圳在智慧道路整体解决方案和规划建设体制机制创新上，已探索出一套深圳经验，并在深圳、佛山、无锡等智慧道路建设中成功落地应用，为公众提供更高效、安全、一体化的出行服务体验，为全国高密度超大城市的智慧道路建设提供切实可行的完整解决方案。

参 考 文 献

[1] 郭瑞雪. 智慧道路设计的场景要素及路径保障机制［J］. 上海建设科技，2021，244（02）：39-41+52.
[2] 郑茂宽，张舜卿. 夯实智慧道路数字底座，构建车路协同新体系［J］. 张江科技评论，2021，24（01）：32-35.
[3] 刘锐晶，朱兆芳，邢锦，等. 大数据时代天津智慧城市智能交通建设与道路交通发展展望［J］. 城市道桥与防洪，2021，261（01）：1-7，244.

基于智能网联技术的智慧公交服务应用浅析

朱安康

深圳市城市交通规划设计研究中心股份有限公司，深圳 518057

【摘要】 本文针对公交等待时间长、公交到站抵离不精准、公交候车信息不对称等公交出行痛点，基于智能网联技术，面向车路协同及自动驾驶两个发展阶段，对智慧公交服务应用进行浅析。车路协同阶段，围绕"场站-线路-站点"，构建公交发班精准管控、公交通行精准优化、公交信息精准服务三大优化场景应用，实现发车间隔最优、车辆抵离精准、公交信息服务可靠；自动驾驶阶段，将一站式出行服务理念与无人驾驶体验深度结合，围绕"道路管控-柔性调度-一站服务"，构建以人为本、随需而至、无缝衔接、柔性出行的智能出行极致体验。智慧公交服务应用为实现公交出行时间精准可控、公交服务品质提升、公交科技体验服务提供新的思路。

【关键词】 智能网联；公交营运调度；在途精准优化；精准信息服务；一站式出行服务

Analysis on the Application of Intelligent Bus Service Based on Intelligent Network Technology

Zhu Ankang

Shenzhen Urban Transportation Planning and Design Research Center Co., Ltd, Shenzhen 518057

Abstract: In view of the bus travel pain points such as long waiting time, inaccuracy of bus arrival and departure, and asymmetric bus waiting information, this paper analyzes the application of intelligent bus service based on intelligent networking technology and facing the two development stages of vehicle road coordination and automatic driving. In the stage of vehicle route coordination, focusing on "station line station", three optimization scenarios of bus departure precise control, bus passage precise optimization and bus information precise service are constructed to achieve optimal departure interval, accurate vehicle arrival and departure and reliable bus information service; In the stage of automatic driving, the concept of one-stop travel service is deeply combined with the experience of unmanned driving, and the ultimate experience of intelligent travel with people-oriented, on-demand, seamless connection and flexible travel is built around "road control flexible scheduling one-stop service". The application of smart bus service provides new ideas for realizing accurate and controllable bus travel time, improving bus service quality, and bus technology experience service.

Key words: intelligent net work; bus operation scheduling; accurate optimization on the way; precise information service; one-stop travel service

---

⊖ 基金项目："创新链+产业链"融合专项：面向智能驾驶的新型车路协同关键技术研发及产业化（2019-Cit-005-IITB）。

1 引言

自 2011 年，交通运输部启动公交都市创建工程以来，全国公交建设进入新时期。经过近十年建设，现阶段各地公交发展改革已进入攻坚期，线网革命与体制变革亟需多视角评估与精准调控，全方位提升公交出行体验[1]。但是，由于未能精准获取公交出行特征，高峰期到站大间隔现象明显，部分公交线路等待时间较长，公交出行体验不佳。一是公交路上运行时间不可靠，高峰期到站大间隔现象明显，以福田中心区为例，平均候车时间超 10min 的约 40%，部分站点候车时间超 20min。二是乘客候车和到站实时信息不可知，无效等待时间长，亟需通过精准公交提升公交运行时间可靠性，并多途径发布公交时刻表级运行信息（图1、图2）。

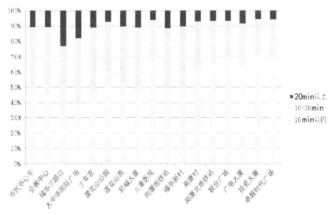

图 1　福田中心区公交站点候车时间间隔

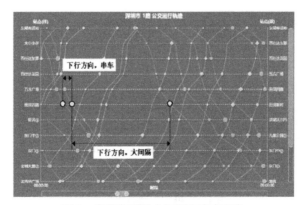

图 2　高峰期到站大间隔和串车现象

2 智慧服务应用

2.1 精准出行服务

基于"云-边-端"的智能网联技术，结合 5G 车联网的车路协同，优先选取公交走廊线路,围绕"场站-线路-站点"三大公交运行场景的智慧提升,构建公交发班精准管控、公交运行精准优化、公交信息精准服务三大优化场景,降低公交车辆运行延误,实现发车间隔最优、车辆抵离精准、公交信息服务可靠,推动公交运行效率的整体提升(图3)。

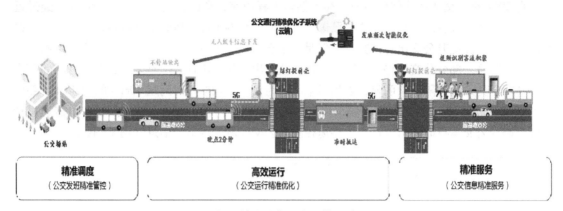

图3 精准出行服务整体思路

2.1.1 公交发班精准管控

基于深圳通、公交车载视频等已有数据接入与智慧公交站亭视频、WiFi探针客流采集,对公交走廊线路客流、沿线站点客流进行实时监测,实时评估车辆满载率,通过线路客流短时预测与客流运力差额分析,动态优化高峰及平峰公交发班频次,并将优化方案推送至公交公司智能调度平台,提升运输效益,改善乘车体验(图4)。

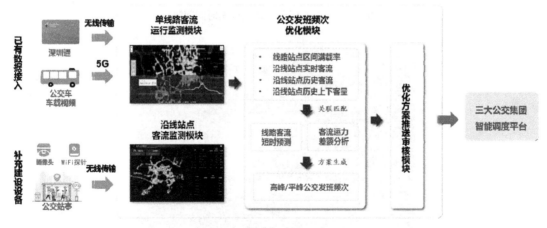

图4 发班频次动态优化应用

服务于精准公交车路协同的公交营运调度技术基于精准公交运行的公交排班智能优化适配,实现公交发班频次的动态优化。首先通过智慧公交站亭视频及公交车车载视频,运用ReID技术精准跟踪公交沿线的客流,提取公交线路的精准客流(OD)规律并短时预测线路客流量,支撑精准公交的运营调度。从公交收入、运营成本、线路利润、线路服务水平等方面,结合线路精准客流(OD)及短时预测客流,建立公交发出时刻表模型及车辆动态调度模型,输出精准公交动态发班时刻表,实现精准公交客流与运力的精准匹配,在提升精准公交服务水平同时兼顾线路运营收益[2]。

2.1.2 公交通行精准优化

结合公交线路沿途布设的车路协同设备，充分发挥云端优势，与交警信号平台、公交调度平台、公交车辆实现低延迟信息交互，通过信号灯态信息推送、公交信号主动优先、自适应绿波协调、公交车速自适应引导等功能，引导公交走廊的公交车精准快速通过路口，并降低路段通行延误（图5）。

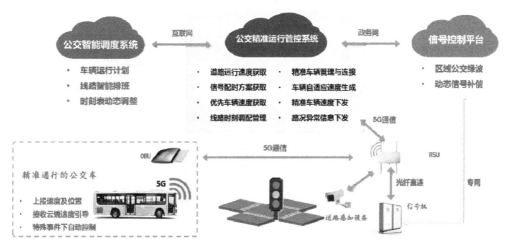

图5 公交通行精准优化应用

服务于精准公交车路协同的信控技术通过提取、处理、分析采集低延迟的路网实时运行数据和公交运行速度及精准车辆位置信息，建立公交优先控制方法流程和配时参数优化模型，在常态交通状态、饱和交通状态、突发交通事件等场景下，协调处理公交车辆与社会车辆的通行权，通过运用交通信号相应的单点控制、干线协调控制、区域协调控制等控制策略[3]。重点实现基于公交网络的交通信号优先（合理调节全线路的公交车辆分布）、基于公交干线信号绿波优化（根据道路等级、公交线路数量、早晚高峰公共交通潮汐特性设计公交绿波带）、基于公交路口的感应优先控制（按线路、道路等级确定各方向公交信号优先级别），从点、线、面三层次保障公交全线精准运行。

服务于精准公交车路协同的V2X智能交通云技术具体包括精准定位公交车辆，感知车辆及道路运行态势，通过路侧RSU与精准公交车辆实现低延迟的信息交互[4]。

1) 在公交车精准定位感知方面，通过北斗/GPS双模定设备定位，并运用实时CORS系统差分修正处理，在路段上、交叉口进口道渠化段前、进口道渠化段内、交叉口停车线内、交叉口出口道五个空间维度实现公交车辆亚米级实时位置、速度、方向等信息采集，并通过5G通信高清回传公交运行监测视频及运行状态信息[5]。

2) 在道路运行感知方面，通过正向雷达设备（采集进口道车辆交通量及排队长度）、视频设备（采集停车线内路口各流向交通量）、智慧路灯（采集路段交通运行情况）、智慧公交站亭（采集候车客流）实现道路运行的感知。

3) 在V2X信息交互方面，依托RSU设备，将智能交通云实时计算出的公交车引导速度，通过5G网络低延时下发给公交车辆，引导车辆精准通过交叉路口，并将道路危险状况提示信息、限速预警信息、闯红灯预警信息、交通事件信息等自动下发至对应车辆，保障公交安全驾驶[6]。

2.1.3 公交信息精准服务

依托移动端手机 App 或微信小程序、智慧公交站台等载体，结合精准的公交调度及运行抵离，精准预估每辆公交到离站时间，并与沿线地铁站点的时刻信息关联，提供公交+地铁出行的全链条出行时间精准预估，解决公交候车信息不对称问题，便于旅客根据车辆精准到站时间选择出发时间，并减少站台候车旅客候车焦虑感，显著改善公众候车体验（图6）。

图 6　公交信息精准服务应用

2.2　一站式出行服务

将"一站式出行"理念与无人驾驶体验深度结合，打造"柔性出行、多元融合"的新一代出行服务，并为新型出行服务提供孵化支撑。从道路管控、柔性调度、一站服务三大方面支撑一站式出行服务应用，具体包括柔性车辆调度应用、一站出行服务应用和综合运用服务应用（图7）。

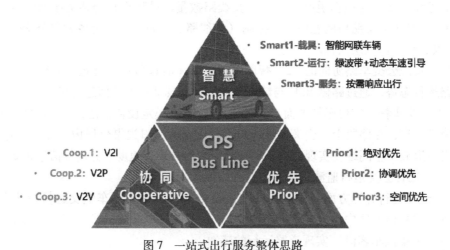

图 7　一站式出行服务整体思路

（1）协同应用场景　依托车路协同技术（LTE-V），打破人-车-路协同交互屏障，构建和谐新交通。

1）Coop.1：V2I。基础设施与示范公交进行通信，提示道路拥堵、施工情况、限速、信号灯、天气、地面坑洼情况等。

2）Coop.2：V2P。基于行人感应设备，智能网联公交实现行人闯入感知预警，安全运行；在学校、医院、政务服务厅等大客流路口，不打断信号协调控制的前提下，设置行人优先信号与动态过街指引斑马线，以人为本，效率共赢。

3）Coop.3：V2V。行驶过程中附近公交车进行位置信息交互，辅助驾驶人盲区内潜在碰撞预警；聚合同行车辆进行编队行驶，控制车车速度、车距保持，有效降低油耗，减少交通事故，实现节能运行与集约同行。

（2）优先应用场景　打通 CPS Bus 示范公交实时运行系统与交通信控系统，针对动态通行需求实施弹性优先通行权。

1）Prior1：绝对优先。高峰期或特殊展会期间，针对公交车辆，在车流量较少的非协调路口，实行绝对优先通行权。

2）Prior2：协调优先。针对非高峰期或晚点公交车辆，在协调路口，实施绿灯延长或红灯缩短的优先通行模式。

3）Prior3：空间优先。动态设置路口/路段公交专用车道，赋予道路空间优先权，早晚高峰期间赋予绝对空间优先权；平峰期间，在交通流量较大的路口，设置智慧公交专用可变车道，无公交车辆到达时，允许社会车辆占用专用道，公交车辆到达时，切换为公交专用车道；实现道路空间的动态管理，提高道路交通运行效率。

（3）智慧　打通依托智慧载具、智慧运行、智慧服务手段，打造"多元融合、柔性出行"公交服务。

1）Smart1：载具。自动驾驶车辆基于 5G 的 LTE-V 车路协同、驾驶人可视化信息交互（路口信号、车速引导、预警及调度等信息）、实时采集上下客流、盲区预警辅助驾驶等功能，支持刷脸支付/扫码支付，大带宽、低时延、大接入。

2）Smart2：运行。动态调整绿波带带宽与带速，与公交动态车速引导相结合。针对高峰通行需求，优化信号周期，适时调配路权资源。

3）Smart3：服务。基于出行预约/站亭客流监测数据，小运量公交按需响应，动态规划行驶路径与停靠站点，蓄车点均衡分布，快速响应、快速抵达大客流站点。

2.2.1　沿线道路监测管控

实现全程道路运行检测、车路协同交互、信号优先控制与可变车道控制，根据道路实时状态和智能网联公交车运行状态，动态调整信号管控策略，并通过车路协同实时与智能网联车辆交互（图8）。

2.2.2　公交柔性车辆调度

结合公交运行状态、乘车需求采集等实时数据，融合手机信令等历史交通大数据的预测分析结果，经过 MaaS 核心模块实时运算，实现供需匹配、动态规划、实时调度，同时将结果下发给运营车辆控制车辆自动运行，结果同时供监测管理和信息服务使用。通过对无人驾驶公交车辆进行智能化调度，实现车辆运行监测、动态路径规划、多模式集群调度、高精度动态诱导等功能（图9）。

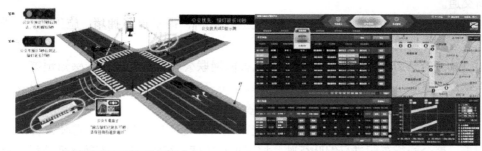

图 8　沿线道路监测管控场景

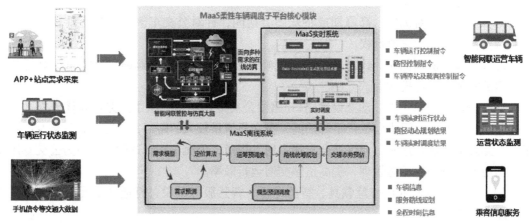

图 9　柔性车辆调度场景

2.2.3　公交一站出行服务

面向出行用户提供一站式出行服务，串联"出行前-出行中-出行后"全场景，提供全程出行链规划、出行预约服务、无感支付服务、全程时刻信息与系统评价等服务，打造出行连贯、时间精准、支付无感的出行体验（图 10）。

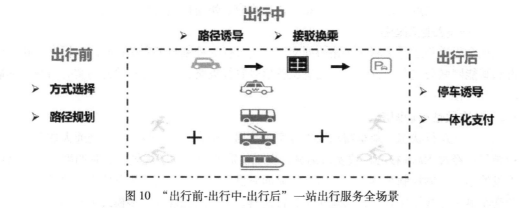

图 10　"出行前-出行中-出行后"一站出行服务全场景

根据车辆运行状态、乘车需求采集等实时数据，融合手机信令等历史交通大数据的预测分析结果，经过 MaaS 核心模块实时运算，实现供需匹配、动态规划、实时调度，同时将结果下发给运营车辆控制车辆自动运行，结果同时供监测管理和信息服务使用。

根据出行者的 OD，规划轨道、云巴、接驳小巴、共享单车、共享汽车等链条式出行方式，出行者选择出行链，确认出行预约订单，后台进行调度统筹，向乘客反馈出行信息；乘客出行全链条实现无感支付与乘车，出行中提供车辆时刻信息提醒；出行后对本次服务过程进行评价。

2.3 服务效益分析

公交出行延误由乘客候车时间、乘客上车时间、公交运行时间三部分的延误组成，以深圳市高峰时段公交出行调研数据为基础，对智慧服务应用效益进行分析。经估算，智慧服务应用将实现高峰时段单趟出行时间降低 4.7min 延误，具体指标分解如下。

2.3.1 高峰期公交运行延误缩短

按连续 4 个路口作为一个干道控制子区，每个子区通过精准的公交信号协调优化，一个控制子区可降低 20s，按干线公交平均服务距离 19km 计（公交服务距离为 8~30km，取中位值），将途径 38 个路口（按 JTG B01-2014《公路工程技术标准》中二级干线公路不小于 0.5km 设置一个平面交叉口计算），将降低延误 180s（9 个干道控制子区）。

2.3.2 高峰期乘客候车时间缩短

选取深圳市 100 条干线线路，平均高峰期前后车辆抵达站点的间隔时间 10min，根据乘客抵达公交站亭的时间分布服从伽马分布模型，折算出乘客现阶段平均候车时间 6.67min，通过精准公交的动态调度，降低高峰期公交抵达间隔（目标值下降 1min），通过上述流程计算出精准公交的平均候车时间 6min，得出高峰期乘客候车缩短时间 40s。

2.3.3 高峰期乘客上车延误缩短

选取深圳市 100 条干线线路，统计分析得出，平均每条线路有 7 个高峰客流站点（上车人数大于 10 人），通过动态调度车辆，缩短抵达间隔（目标值下降 1min），客流集聚速度 1.6 人/min，减少每趟车上车人数 11.2 人，减少上车延误 56s（按每人上车耗时 5s 计，含刷卡时间）。

3 结语

基于智能网联技术，面向车路协同及自动驾驶两个发展阶段，对智慧公交服务应用进行浅析。车路协同阶段，围绕"场站-线路-站点"，构建公交发班精准管控、公交通行精准优化、公交信息精准服务三大优化场景应用，实现发车间隔最优、车辆抵离精准、公交信息服务可靠；自动驾驶阶段，将一站式出行服务理念与无人驾驶体验深度结合，围绕"道路管控-柔性调度-一站服务"，构建以人为本、随需而至、无缝衔接、柔性出行的智能出行极致体验。智慧公交服务应用为实现公交出行时间精准可控、公交服务品质提升、公交科技体验服务提供新的思路。

参 考 文 献

[1] 郭丽苹，张兴宇. 车路协同技术应用与推广探讨 [J]. 中国交通信息化，2021（S1）：163-165.

[2] 彭飞. 基于车路协同感知的实时调度模型研究 [D]. 重庆：重庆邮电大学，2020.
[3] 魏然，罗毅. 基于车路协同的公交优先策略 [J]. 工业控制计算机，2021，34（04）：114-115.
[4] 金宇. 车路协同环境下干线交通信号协调控制方法研究 [D]. 哈尔滨：哈尔滨工业大学，2020.
[5] 刘志. 基于多源信息融合的智慧公交车路协同控制系统研究 [J]. 交通科技，2020（06）：118-122.
[6] 范宇杰. 车路协同环境下公交车辆车速引导方法 [J]. 交通与运输，2020，36（04）：75-80.

城市更新背景下的智慧街区设计思路——以白石洲为例

田浩洋,陈佳裕,杨招波

深圳市城市交通规划设计研究中心股份有限公司,深圳 518052

【摘要】 近年,国家持续大力推动智慧交通建设,其中,智慧交通融合新基建已经成为智慧城市建设的首要抓手,衍生出了一系列智慧街区应用场景。本文梳理了智慧街区的概念及设计目标,并以白石洲城市更新背景下的智慧街区设计为例,分析了高密度立体开发城区未来交通出行的痛点和诉求,提出了具体的设计思路,为同类的智慧街区规划设计提供参考。

【关键词】 新基建;智慧街区;城市更新

Smart Street Design in the Context of Urban Renewal—— Taking Baishizhou Area as an Example

Tian Haoyang, Chen Jiayu, Yang Zhaobo

Shenzhen Urban Transportation Planning and Design Research Center Co., Ltd., Shenzhen 518052

Abstract: In recent years, the country has vigorously promoted the construction of smart transportation. From the country to the region, the integration of new infrastructure construction and smart transportation has become the primary focus of smart city construction, and a series of smart neighborhood application scenarios have been derived. This paper sorts out the concept and design goals of smart street, and takes the smart street design in the context of urban renewal in Baishizhou as an example, analyzes the pain points of the street after urban renewal, and proposes construction ideas and plans to provide similar smart street planning reference.

Key words: new infrastructure construction; smart street; urban renewal

城市更新背景下枢纽建设驱动老城区复兴规划实践——以深圳雅园枢纽为例

方世泉

深圳城市交通规划设计研究中心股份有限公司，深圳　518057

【摘要】 随着社会经济的发展，城市的建设与发展取得了辉煌的成绩，同时也出现了交通拥堵、用地紧张、城市品质低下等问题，城市发展陷入困境，城市更新建设势在必行。结合国内外相关经验，城市更新成功与否，与重大交通设施的支撑力度息息相关。轨道作为大运量交通设施，它的建设能有效地缓解地面的交通压力，将轨道枢纽引入城市更新片区是破局城市发展困境的一剂良药。本文以深圳市罗湖区雅园枢纽为例，分析了城市更新背景下轨道枢纽的交通详细规划策略与实践，对城市更新背景下枢纽的建设与规划做了积极的探索与研究，总结了城市更新背景下以"枢纽营城"为愿景的轨道线站位布局调整、地上/地下空间一体化设计、地面道路交通协同改造等相关经验，为以后类似项目规划建设提供依据与参考。

【关键词】 枢纽营城

Planning Practice of Old City Renewal Driven by Hub Construction under the Background of Urban Renewal——A Case Study of Yayuan Hub in Shenzhen

Fang Shiquan

Shenzhen Urban Transportation Planning and Design Research Center Co., Ltd., Shenzhen 518057

Abstract: With the development of social economy, as the vanguard of the reform and opening up, the urban construction and development of the old city has made brilliant achievements, but at the same time, there are also traffic congestion, land shortage, low quality of the city and other problems, urban development into a dilemma, urban renewal construction is imperative. Combined with relevant experience at home and abroad, the success of urban renewal is closely related to the support strength of major transportation facilities. As a transportation facility with large volume, the construction of rail can effectively relieve the traffic pressure on the ground. The introduction of rail hub into the urban renewal area is a good medicine to break the dilemma of urban development. Taking Yayuan Hub in Luohu District of Shenzhen as an example, this paper analyzes the detailed transportation planning strategy and practice of rail hub under the background of urban renewal, and makes active exploration and research on the construction and planning of the hub under the background of urban renewal. In the context of urban renewal, this paper summarizes relevant experiences, such as the layout adjustment of railway stations, the integrated design of above and below ground space, and the coordinated transformation of ground road traffic, with the vision of "Hub Battening City", to provide basis and reference for the planning and construction of similar projects in the future.

Key words: hub city

1 引言

随着社会主义现代化进程的推进，我国城市建设发展势头迅猛强劲，在此过程中，老城区由于地理位置及政策的优越性，抢占了建设的先机。随着时间的流逝，老城区既有设施逐渐老化，城市居民诉求悄然发生改变，原有的公共设施及布局不再适合新时代的发展诉求，城市更新迫在眉睫。轨道枢纽作为大运量交通的转换节点，对周边片区发展具有良好的推动作用，这一点已有大量的国内外相关案例验证。城市更新如何与枢纽实现有机结合，真正做到站城一体化，关键还要从需求出发，顺应城市发展的趋势。

现阶段城市发展趋势主要有两个变化：一是城市空间利用逐渐从"刚性需求"转化为"品质需求"，城市居民对城市公共空间的渴望与日俱增；二是城市交通发展由前些年的个性化小汽车出行为主体交通出行模式转变为以"轨道公交"为主体的公共交通出行模式。本文结合深圳市雅园枢纽规划设计经验，对城市更新背景下老城区枢纽规划建设模式进行探讨和研究，重点分享在路网基本成形、土地资源紧张、道路交通运行压力大、城市空间品质低下及重大设施集中布局的老城区，如何平衡轨道枢纽、地下空间、道路交通三者关系，如何与周边城市更新协同，如何与重大基建协同，实现枢纽与城市融合共生。

2 老城区的特征及发展诉求——以深圳罗湖区为例

罗湖区是深圳市老城区，1979年1月中共广东省委决定撤销宝安县成立深圳市，同年3月29日，罗湖区成立。经过几十年的发展，罗湖区正面临用地紧张、交通拥堵、城市空间品质低下等问题，亟需通过轨道枢纽的驱动，来焕发城市新生（图1）。罗湖区作为深圳市的老城区主要有以下几点特征及发展诉求。

2.1 老城区的特征

（1）交通拥堵 根据交通中心TRANSPAAS数据平台数据分析显示，从2019年下半年深圳市全市早高峰各区路网运行状况来看，罗湖区整体处于比较拥堵状态，拥堵程度明显大于深圳市其他区（图2）。

（2）城市空间品质较差 以雅园枢纽研究基地范围的建筑数据调查来看，基地周围建筑年限基本在20年以上，楼龄较长，整体建筑质量较差。从现场探勘的照片来看，建筑外里面比较老旧，呈现的城市空间品质比较消极（图3~图5）。

（3）土地供需矛盾日益尖锐 随着改革开放几十年来的发展，罗湖区土地资源紧张，"十二五"期间土地整备入库量为深圳倒数第二，土地整备难度大，已进入向地下要空间、向更新要空间的新发展阶段。由于罗湖区整备土地规模过小，重大基础设施和产业用地的比例几乎为零，且土地整备实施情况较差，成为约束发展的重要因素（图6、图7）。

图 1　早期罗湖景象

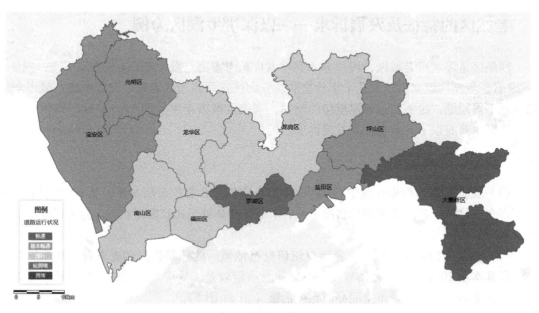

图 2　深圳市早高峰路网运行状况

（4）交通运行环境的转变　随着老城区的发展，其交通运行环境也发生了质的改变，主要体现在四个方面。首先是人口的增长，根据《罗湖区统计年鉴2020》统计数据可知，

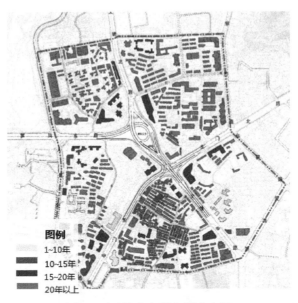

图 3 项目周边建筑年限分布图

图 4 项目周边建筑质量分布图

罗湖区1990年末常住人口为419100人，2019年末常住人口为1056623人，增至2倍多。其次是机动车保有量增长，根据深圳市交管局数据可知，深圳市汽车保有量从2007年突破100万辆，至2021年3月底深圳市汽车保有量为363万辆，增至3倍多。第三是交通出行结构改变，随着城市建设和交通出行环境变化城市交通出行结构主要由两个变化：一是公共交通出行比例的增长；二是公共交通中城市轨道交通比例的增长。主要原因有两个方面：一方面随着地面私人小汽车的出行环境恶化，时效性没法保证，而且不经济；另一方面随着公共交通设施（尤其是轨网）越来越完善，从经济性和时效性角度公共交通比个性化出行具有

图 5 基地周边建筑现状

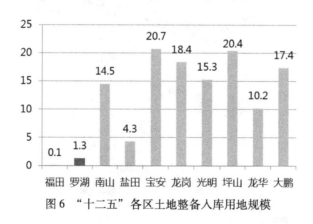

图 6 "十二五"各区土地整备入库用地规模

较大优势,导致个性化小汽车出行使用黏度降低。以深圳市交通局数据为例,2009 年城市轨道出行占公共交通出行比例为 6%,2021 年城市轨道出行占公共交通出行比例为 60%。第四是城市开发量剧增,随着开放的进一步深入,我国城市开发建设如火如荼地进行,根据《罗湖区统计年鉴 2020》房地产业统计数据可知,深圳市 2009 年至 2019 年期间,房屋施工面积呈波动上升趋势。人口的增长、机动车保有量剧增、城市开发量的剧增,导致发生和吸引的交通量剧增,新增的交通量叠加到既有路网当中,对既有路网的承载能力提出了更高的要求,可供道路设施使用的土地越来越有限,发展公共交通特别是大运量交通来解决城市交通问题已经是大势所趋(图 8、图 9)。

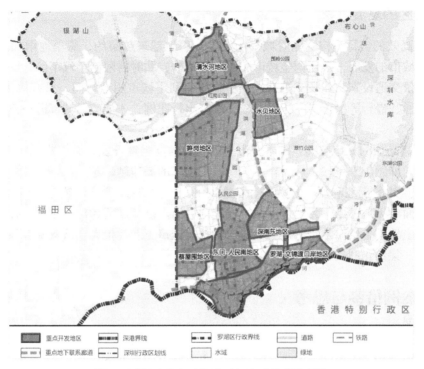

图 7　罗湖区重点开发地区与地下联系示意图

图 8　雅园立交建成初期

图 9　雅园立交现状

2.2 老城区的发展诉求

（1）更高效的出行结构　随着城市的发展，用地越来越集约，简单地增加道路供应已经无法支撑城市的发展，必须调整城市交通出行结构，此时需限制小汽车保有量的增长，同时借由大运量交通设施的建设支撑来进一步集约化利用城市用地空间。只有优化出行结构，提高公共交通、慢行等绿色出行比例，减小汽车出行比例，才能破局城市道路交通出行的供需矛盾。

（2）更高品质的城市空间　随着城市土地利用的高强度开发，城市建筑密度越来越高，城市空间的压抑感越来越强，居民对高品质城市空间的渴望越来越强烈。

（3）更集约的土地利用　作为城市先发地区，城市的开发建设领先于城市一般区域，老城区往往面对无地可用、无增量土地可供应的局面。以罗湖区为例，城市核心区开发建设早已成形，土地整备供应常年低于全市平均水平，城市更新代价大，这就要求利用好每一寸可利用土地，集约化利用，提高土地利用效率。

3 相关案例借鉴与思考

为顺利推进项目，少走弯路降低试错率，项目组先后对上海五角场、深圳黄木岗等同类案例进行调研分析，借鉴学习先进规划理念，主要学习成果如下。

3.1 上海江湾五角场

江湾五角场位于上海市东北部，由邯郸路、四平路、黄兴路、翔殷路、淞沪路相交而成，曾是上海历史上最早、规模最大、最具综合性的城市发展总体规划——"大上海计划"中交通干道的交汇点。民国时期"大上海计划"把五角场规划为上海市发展的中心，后由于战争原因计划搁置，被人遗忘了大半个世纪。

随着改革开放，江湾五角场迎来了新的发展契机，1996年五角场地区更新项目立项，通过一系列实时且可适的城市规划、交通规划、产业规划指引五角场片区的建设与发展，对片区的地块布局、交通支撑、产业发展起到了良性的引导作用，提升了五角场地区的竞争力，实现强有力的可持续发展。

其中《杨浦区分区规划》提出"一中心、一发展带、两轴线、五功能区"的多层次、网络状、组团式的空间布局结构，其中"一中心"即为江湾五角场市级副中心，具体是将以五角场城市副中心为重点，结合西区的复旦、同济等科研机构和东片理工水产等科研生产基地，创建知识型、人文、生态、现代服务业聚集的现代城区。五角场建成后设施竖向布局上总共分为5层：地上一层为中环路高架层，地面层为五路交叉环岛，地下一层为慢行及地下空间层，地下二层为淞沪路-黄兴路下沉隧道层，地下三层为轨道层、停车层（图10、图11）。

3.2 深圳黄木岗

黄木岗枢纽地处福田中心区东北部，是深圳未来城市发展的重点区域，位于笋岗西路、泥岗西路、华富路、华强北路五路交会叉路口。结合轨道交通14号线建设情况，14号线在此设黄木岗站，与既有7号线、规划24号线形成地铁换乘枢纽。为优化片区的城市功能，

图 10　五角场改造前

图 11　五角场改造后

提升片区交通运行效率，打造高品质的城市发展空间，市政府研究决定利用地铁枢纽建设契机，拆除黄木岗立交桥，对该片区的市政交通、土地利用、地下慢行系统等进行全面提升（图12、图13）。

图 12　黄木岗立交改造前

图 13　黄木岗立交改造后

黄木岗枢纽是按照"站城一体化"的理念规划设计，结合城市更新规划了"一核、五轴、多点",以轨道交通为核心,通过五个轴带有效连接体育中心、市二医院、华富村、华强北商业街、笔架山公园、中心公园等多个区域,形成集体育、医疗、教育、商业办公、居住于一体的综合型城市新中心区。

黄木岗枢纽建成后为上下七层结构。最上面三层为道路交通,一座单脊双索钢拱桥位于最上层,也就是南北向的华富路跨线高架桥;东西向的笋岗西路下沉为地下快速路;地面是五路交会路口,通过红绿灯调控实现互联互通。最下面四层为轨道交通系统,负一层是站厅和城市地下空间,负二层和负三层为地铁7、14号线站台,负四层为地铁24号线站台。

3.3 借鉴与思考

综上所述,结合对上海五角场、深圳黄木岗等国内同类案例的分析、调研,主要借鉴以下三点:

1) 从宽马路、高架桥到绿色交通、生态环境的规划理念的转变。传统意义的道路交通优化调整往往围绕着交通设施增量供应模式展开,车多修路、修高架,导致道路交通设施规模越来越大,而忽略了两地分隔对城市两侧用地融合发展带来的阻碍。

2) 更集约高效的竖向布局。结合黄木岗案例,各设施竖向布局从上到下依次顺序道路-地下空间-轨道。这样布局有两个好处:一是空间布局上更集约,提高枢纽客流的竖向提升效率,同时利于地下商业空间吸引地面客流及轨道提升客流;二是减少道路竖曲线对地下空间的切割,实现地下可利用空间产出最大化。

3) 与城市更新弹性结合。五角场作为上海市城市副中心,它的发展不是一蹴而就的,而是结合五角场的改造建设以及周边城市更新的弹性结合,由点带面,推动片区发展。深圳黄木岗也是结合华富村等的旧改,制定弹性的衔接接口,良性引导旧改的发展方向。

4 城市更新背景下枢纽建设驱动老城区复兴规划策略

4.1 枢纽营城,站城一体

老城区引入枢纽,主要对城市的四个方面产生重大促进作用:首先是交通方面,引入枢纽,由于轨道的辐射范围广、时间可靠性强等优势,将有效地提升公共交通的出行比例,对枢纽及周边地区的绿色出行具有良好的引导作用;其次是产业方面,引入枢纽,以枢纽为纽带,提高组团间的出行效率,伴随着枢纽的辐射半径扩大,促使产业形成互动,实现城市产业联动发展;三是城市建设方面,由于枢纽建设具有投资大、影响范围广等特性,故引入枢纽建设可以对基础设施建设及周边地块的建设开发具有一定的促进作用,可以结合枢纽建设进行地上、地下一体化开发,协同周边地块的建设,利用枢纽引入人流,活化整个枢纽片区的商业活力;四是价值锚定,老城区引入枢纽可以提升老城区的首位度,提高枢纽区域在城市里的站位,有助于提升枢纽片区的城市形象,同时随着枢纽的建设,对枢纽及周边片区的土地价格同样具有锚定作用,结合枢纽周边片区的开发,政府可以通过枢纽及周边土地的溢价平衡部分枢纽建设投资。

4.2 交通协同，多维支撑

城市的建设与发展离不开交通的支撑和枢纽及周边地区的建设与发展。交通的支撑主要体现在以下四个方面：首先是轨道，通过优化调整轨道的线站位布局，使枢纽能更好地契合周边居民的出行需求，提高出行效率；其次是道路，结合枢纽建设的用地、空间要求，优化道路交通设施的平面线形与竖向布局，在保证枢纽及周边地区出行效率的同时，空间上适当让位于轨道与地下空间；第三是公交，结合枢纽的建设，切实落实公交优先政策，提升公交路权，强化轨道与公交接驳，提升轨道、公交的便利性及服务水平；第四是慢行，结合枢纽的建设，复兴道路慢行，提供多元化、多层次的慢行路径选择，打造兼具通勤性、休憩性的慢行体系。

4.3 响应国家高质量发展号召，复兴城市空间

以枢纽建设为契机，对枢纽及周边片区的城市空间进行统筹考虑，空间部分主要分为两块：一是地下空间，结合轨道换乘，打造高品质城市地下空间，实现地下空间、轨道换乘、商业的三者有机结合，同时设置更多的地下空间接口，使空间上更为联通，争取连网成片，形成规模效应，提升地下空间的生命力；二是地面空间，通过轨道、道路交通的优化与调整，可以释放部分用地用于开发与建设，释放用地的开发应兼顾城市空间品质及枢纽建设投资平衡。

4.4 提前应对更新，弹性衔接未来

老城区的基础设施建设往往离不开与城市更新的协同，轨道枢纽作为城市百年工程更离不开与城市更新的协同。由于城市更新具有涉及利益广、协调难度大、建设周期长等特征，与轨道枢纽的建设必然存在开发建设的时间差，此时如何预判城市更新的走向、预留衔接的接口，显得尤为重要。综上，基于城市更新的特征，枢纽建设与城市更新的结合要做到刚柔并济，提供刚性、弹性两种衔接模式，满足基本功能的同时保持一定的前瞻性，实现进可攻、退可守的更新协同局面。

5 雅园枢纽规划实践

根据深圳市轨道线网规划，轨道3号线、24号线和25号线将在雅园立交附近交汇（图14）。借助轨道建设契机，对雅园立交及周边交通进行统一梳理，打造站城一体枢纽，实现轨道建设与城市建设的双赢，真正实现"建轨道就是建城市"。

5.1 契合换乘需求，调整站位布局

根据深圳市规划与自然资源局2019年底轨道线路详细规划征求意见稿，24号线、25号线的线站位布局在雅园立交处，为减少对现状立交运行造成影响避开雅园立交核心范围设站，24/25号线换乘采用通道换乘的形式，换乘距离较远。结合轨道换乘客流预测，对轨道线站位进行优化调整，实现24/25号线站厅换乘，3/24号线站厅换乘，3/25号线换乘提供两种换乘方案：一是付费区换乘，在翠竹站3号线先换乘24号线，乘坐24号线到雅园站再换乘25号线；二是非付费区换乘，采用通道进行换乘，走行距离约600m（图15~图18）。

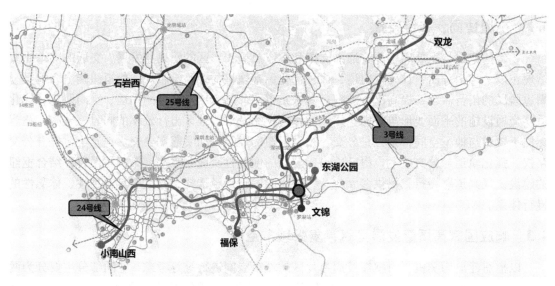

图 14 雅园枢纽区域位置图

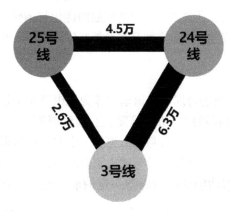 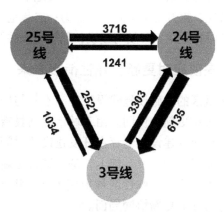

图 15 全日换乘客流（人次/日）　　图 16 早高峰换乘客流（人次/h）

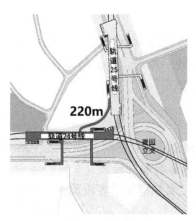 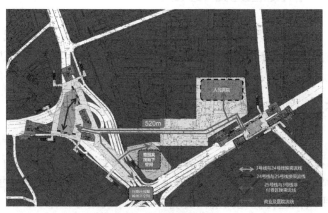

图 17 原方案　　图 18 优化方案

5.2 协同轨道布局，优化道路交通

雅园立交现状为全互通立交，现状立交两侧受立交分隔，两地分隔严重，联系不便，呈现"象限城市"现象。结合轨道站位布局调整，轨道站位布局与现状雅园立交桩基存在大面积冲突，为实施轨道站点采用大面积截桩施工不安全也不经济，故需对立交进行拆除改造（图 19）。为减少两侧用地分隔，同时将竖向空间尽量让位于地下空间与轨道站点，对雅园立交节点进行主要流向下沉，其余流向采用地面平交形式组织。结合现状流量调查数据可知，笋岗东路西转北向、文景北路南北向为主要流向。针对这两股主要车流进行隧道下沉改造，同时为节约竖向空间采用"长、短隧"的形式出洞（图 20、图 21）。

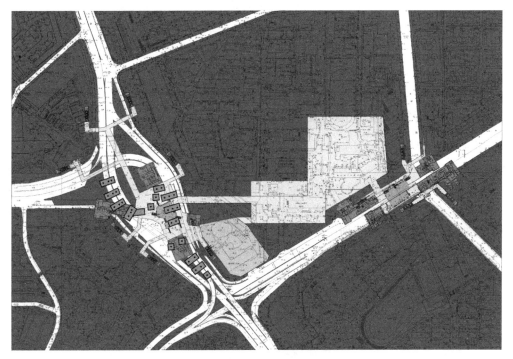

图 19 枢纽布局与桥墩关系

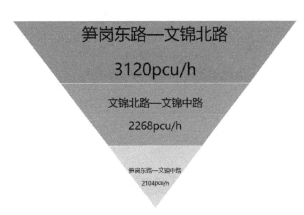

图 20 雅园立交节点主要流向

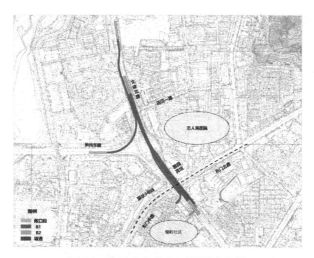

图 21　雅园立交节点下沉隧道布局

5.3　结合片区特色，复兴慢行交通

雅园地处罗湖国际消费服务中心，高端的城市定位对城市慢行空间提出了更高的要求。项目周边紧邻东门商业街、人民医院、儿童公园、学校等重要设施，对慢行出行体验要求较高。结合此次轨道枢纽建设，打造地上、地下两套慢行体系，并结合公交站点，通过设置地面、地下衔接点，高效、便捷地完成了地面与地下的衔接、转换。对于地面慢行系统部分，在现状基础上对接周边慢行规划，采取增设自行车道、配建自行车停车场、划分路权、品质化改造等措施，打造"全龄友好"的慢行出行体验（图22~图24）。

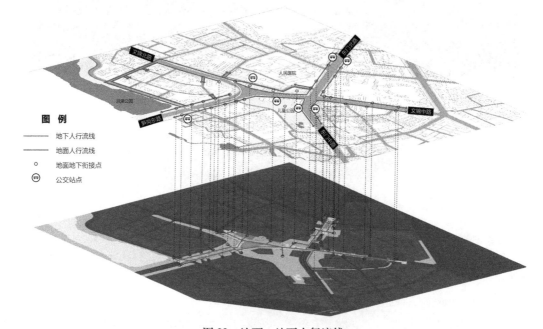

图 22　地面、地下人行流线

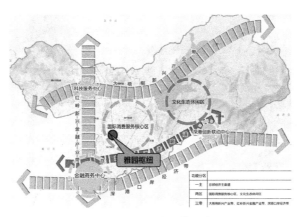

图 23　罗湖区城市总体规划图

图 24　地面慢行改造意向图

5.4　应对更新态势,提供有力支撑

(1) 人民医院城市更新　人民医院现状片区出行界面主要集中在南面,进出交通组织混乱,常常出现"进不去,出不来"的现象,随着人民医院更新新增开发量38.9万 m²,如不进行整治,拥堵将进一步加剧。此次结合雅园枢纽建设,建议进一步将南北交通界面进行功能厘清,结合枢纽站点出入口布局,建议将南侧作为公共交通出行界面,服务于轨道交通、常规公交、慢行、即停即走出租车、网约车等交通,北部作为个性化出行服务界面,服务于私人小汽车到发,缓解现状人民医院南部交通界面过于集聚的情形,减少交织,提高出行效率(图25、图26)。

(2) 螺岭片区城市更新　螺岭片区城市更新开发量为182万 m²,预测年小汽车出行总量为2790pcu/h,经初步评估,现有地面交通无法支撑更新的开发建设体量,需增加立体化出行供应,新增一对进出匝道,缓解地面交通压力(图27、图28)。

5.5　巧用资源禀赋,塑造品质空间

在地铁24号线、25号线交汇处打造雅园枢纽地下核心公共空间,连接人民医院、儿童

图 25 人民医院现状

图 26 人民医院规划

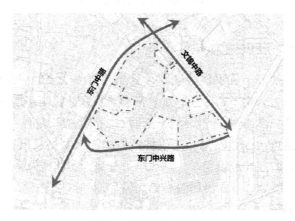

图 27 螺岭片区现状

公园、大居住板块等，确保交通空间的放行识别性的同时，对应四面八方交错的密集流线，形成雅园最具代表性的公共空间。结合医院及西侧建筑，综合土地开发，枢纽站点设置绿色下沉广场、立体交互中庭，为西侧区域的人流抵达雅园地铁站提供便利，提升上盖商业价值，区域打造一个标志性的枢纽开发空间。在洪湖公园及儿童公园两处设置各具街区功能及

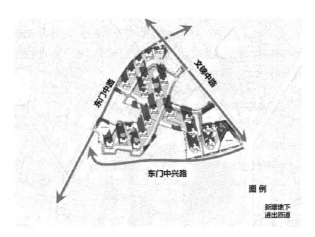

图 28　螺岭片区规划

特色的"NODE",形成特色且有目的性的地下空间,吸引人流,并通过高品质的地下商业街连接轨道站点,给乘客带来不一样的乘车体验。将城市绿带融入枢纽系统,避免地下空间采光及通风品质不佳的问题,同时通过下沉广场,巧妙解决大规模人员疏散,避免地面突出过多疏散构筑物(图29)。

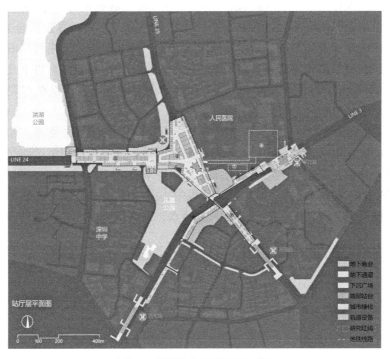

图 29　雅园枢纽站厅层平面图

5.6　合理开发用地,促进片区融合

通过轨道枢纽及道路交通设施的优化与调整,可腾挪用地约 1.65 万 m²,依据《深圳市

城市规划标准与准则》中规定的基础容积率和修正标准对潜力用地开发强度进行预算，释放地块，规划容积率为 11.5，最大可实现总建设增量为 19 万 m^2。为避免城市空间过于拥挤，同时考虑适度回收枢纽建设投资成本，建议将释放地块开发项目定位为雅园新地标、公园综合体，对释放地块进行适度开发建设（图 30）。

图 30　释放地块开发意向

6　结语

当城市发展进入存量用地供应时代，规划新增的重大基础设施常常面对"见缝插针"、无地可用的尴尬局面，新增的设施选址与布局往往不甚合理，未能真正贴合老百姓的需求，这就需要规划建设者从更加宏观的角度看问题，用更大胆的改造方案来破局旧设施桎梏。本文总结了老城区在城市更新背景下，新增轨道枢纽规划建设应着重注意以下几点问题：

1）摆脱既有设施束缚，以人为本，从老百姓的真实诉求出发，以更宏观的视野思考问题，制定、调整线站位布局方案。

2）顺应城市发展趋势，单方面的地面道路交通设施供应已无法经济、有效地解决交通问题，必须借由大运量交通设施的引入来解决交通问题，故需重新厘清道路交通在未来交通中具有的权重及地位，在空间不足的情况下作适当的取舍。

3）在轨道枢纽及周边地块开发建设的过程中，需积极应对相邻城市更新，考虑到城市更新周期长、涉及利益群体多、协调难度大等特点，需制定刚性和弹性两种方案，随时应对情况变化。

4）枢纽开发建设过程中，可适当考虑对其产生的商业价值空间进行开发利用，实现基础设施投资的可持续发展。

昆山市动迁小区机动车停车特征分析

李佳贤[1]，杨晓光[1]，徐广俊[2]，陈煜[1]，李锐[1]

1. 同济大学道路与交通工程教育部重点实验室，上海　201804
2. 苏州规划设计研究院股份有限公司昆山分公司，苏州　215126

【摘要】 城市居民小区停车问题日益突出，有限的停车资源无法满足日益增长的停车需求，存在着机动车乱停侵占消防通道的现象，如何破解居民小区停车难题并改善停车环境受到全社会关注。本文从现状出发，以数据为基础，通过现场调研及问卷调查的方式对昆山市动迁小区停车现状及居民停车行为进行分析，并基于小区停车流水数据对机动车停车特征进行解析。本文重点挖掘昆山市动迁小区的停车问题、停车需求、停车时长等居民停车行为特征，可有助于从问题入手，结合停车行为特征及居民停车改善建议，针对性地改善城市居民小区停车环境。本文的研究可为破解城市居民小区停车难题提供参考，可有助于从居民需求及停车数据出发，构建智能停车系统，改善小区停车环境。

【关键词】 城市交通；停车交通；停车行为；问卷调查；老旧小区

Analysis of Motor Vehicle Parking Characteristics in Kunshan Relocated Neighborhood

Li Jiaxian[1], Yang Xiaoguang[1], Xu Guangjun[2], Chen Yu[1], Li Rui[1]

1. *The Key Laboratory of Road and Traffic Engineering of Ministry of Education, Tongji University, Shanghai 201804*
2. *Suzhou Planning and Design Institute Co., Ltd., Kunshan Branch, Suzhou 215126*

Abstract: The parking problem is becoming more and more prominent in residential neighborhoods. The limited parking resources cannot meet the growing parking demand. There is the phenomenon of motor vehicle parking encroaching on fire escapes. It is of concern to the whole society how to crack the parking problem and improve the parking environment in the residential neighborhoods. Based on the data, this paper analyzed the current situation of parking and residents' parking behavior in the relocated neighborhoods of Kunshan City based on the on-site research and questionnaire survey. The characteristics of motor vehicle parking were analyzed based on the parking flow data of the relocated neighborhoods. The paper focuses on the parking problem, parking demand, parking duration, and other characteristics of residents' parking behavior in the relocated neighborhoods. Based on the parking problem, it is useful to improve the parking environment in residential neighborhoods in a targeted manner by combining the parking behavior characteristics and residents' parking improvement suggestions. The research can provide a reference for cracking the parking problem in the residential neigh-

---

基金项目：国家自然科学基金（52072264）。

borhoods. And it is helpful to build an intelligent parking system to improve the parking environment in the residential neighborhood based on the residents' demand and parking data.

Key words: urban traffic; parking traffic; parking behavior; questionnaire survey; old neighborhood

1 引言

"停车难"的问题日益突出，特别是在老旧小区内。由于小区停车空间资源有限，导致了机动车乱停在小区内的道路、绿化、活动广场等公共空间[1]，小区消防生命通道经常被机动车侵占，如何破解供给约束条件下的老旧小区停车难题是需要持续研究的课题。

2021年，国家发展改革委、住房城乡建设部、公安部、自然资源部联合发布《关于推动城市停车设施发展的意见》的通知，提出通过改扩建停车设施与创新停车设施、共建共管共享模式等措施，基本满足居住小区等重点区域停车需求，进一步提升老旧小区停车设施发展，改善工作效能[2]。全球各地针对不同的停车问题，结合自身现状及需求，通过不同的停车设施改善措施以缓解居住小区停车难现状，其中美国帕萨迪纳[3]、德国慕尼黑[4]、北京[5]、上海[5-9]、杭州[5]、深圳[10-11]、成都[5]、淮安[12]、连云港[12]等城市的部分小区通过有效的政策措施改善了小区内的停车现状并取得了一定的成效（表1）。

表1 国内外城市居民小区停车改善措施总结

研究对象	政策措施	实施案例	适用情况
小区内部循环	精细化停车管理与收费标准	北京、上海、慕尼黑	1) 小区内部停车空间不足，但整体空间充足，充分利用小区内部闲置空间，盘活空间资源 2) 精细规划小区内部停车交通流线，确保交通畅通安全
小区内部循环	充分挖掘小区内部空间	上海、淮安	
小区内部循环	优化出入口布局和停车流线组织	上海、连云港	
内外有机结合	小区周边停车资源设置临时停车位	上海、淮安	1) 小区内部停车空间不足，充分利用周边道路资源，疏解小区停车压力 2) 小区内部停车空间与周边市政商业等公用停车位的使用情况，在时间层面上呈现互补，实现空间资源充分利用 3) 智能手段助力停车管理
内外有机结合	错峰共享智慧停车与预约接送	杭州、深圳	
内外有机结合	小区与市政设施商业医院等车位共享	深圳、成都、帕萨迪纳	
停车使用主体	征求小区居民意见	上海、深圳、淮安	1) 以人为本，因地制宜，充分了解小区停车需求再做规划 2) 调动小区居民自身积极性，增强参与感
停车使用主体	发挥小区居民自治主体性	上海	

张晓东等人从城市停车管理的角度探索城市停车政策和规划的实施方案，他们认为制度

保障和智能手段是实现停车智能化管理的重要抓手[13];潘璐和朱瑶瑶等人对居民小区的停车问题进行分析并提出了停车治理方法[14-15];纪翔峰和曾飞等人基于智能技术手段对城市智能停车管理系统进行研究[16-17]。如何针对性开展城市居民小区停车设施改善工作,需要先对居民小区的停车问题、停车现状、停车特征、居民需求及停车改善建议进行分析,在对居民小区停车数据充分挖掘分析的基础上,从问题出发,针对性地采取停车改善措施,才可有效改善居民小区的停车环境并缓解停车难现状。因此,本研究通过现场调研及问卷调查等方式,从停车数据出发,挖掘分析昆山市动迁小区的停车问题及停车行为特征,为后续昆山市动迁小区停车改善工作奠定基础。

2 停车现状调查分析

2.1 停车现状调研

本文对昆山市6个动迁小区的停车现状情况进行调查,这些小区位于昆山经济技术开发区东侧,自2003年左右开始兴建,小区周边有国际会展中心、公园、开发区行政服务中心及工业园区,并且小区内及小区周边建设有配套的生活服务设施。小区调研结果如表2所示,A小区、B小区、C小区、D小区四个小区是配套建设的小区,小区整体情况类似,小区的入住率在90%左右;E小区是大型居住小区,小区的入住率超过90%;F小区入住率最低,小区的入住率低于60%。数据显示,各动迁小区内住户的租客比例在40%左右;小区内停车配建指标低于0.7,其中E小区的停车配建指标低于0.3;小区内的停车收费非常便宜。

如图1所示,通过小区内现场调研发现,各小区内消防通道标志标线已设置,可在一定程度上保障消防生命通道的畅通。考虑到小区内大量的停车需求,在符合国家及行业相关规定的前提下,在保证消防通道畅通的情景下,各小区内部宽敞的道路会设置路侧停车位和夜间路侧临时停车位以满足小区住户的停车需求。但是部分小区也存在住户随意将车辆停放在小区楼栋楼梯门口和侵占消防通道的现象;其中A小区、B小区、C小区、D小区存在停车位面积过大的现象和小区内土地资源空间利用率低的现象,需要进一步优化改善,提高小区内的土地空间利用效率。

表2 昆山市各动迁小区停车现状

小区编号	入住率	入住租客占比	总户数(户)	车位数量(车位)	停车配建(车位/户)	停车收费标准
A小区	90%左右	40%左右	1665	759	0.46	住户:250元/年,30元/月 访客:1h内免费,1~24h收费5元
B小区			1410	884	0.63	
C小区			1280	816	0.64	
D小区			1564	810	0.52	
E小区	96%	40%	3810	1120	0.29	住户:800元/年,450元/半年 访客:1h内免费,1~24h收费5元
F小区	55%	42%	1201	509	0.42	

a) A 小区宽敞道路路侧停车位

b) D 小区宽敞道路路侧停车位

c) B 小区停车位面积过大

d) D 小区停车位面积过大

e) D 小区楼栋门口车辆乱停

f) E 小区车辆乱停侵占消防通道

图 1 部分小区停车现状图

2.2 停车问卷调查

通过问卷调查的方式，获取各动迁小区内住户的机动车停车行为数据，共收集到 301 份有效调查问卷，各小区的问卷调查样本量图 2，E 小区接受调查的人最多，其次是 F 小区。问卷调查结果显示（图 3），接受调查的小区住户的小汽车停放时段主要集中在夜间时段（18:00—次日 8:00）；小汽车停车位置主要是在小区内部停车位中，但是存在一定比例的车辆乱停在小区内公共空间的情况，其中 E 小区乱停现象最为严重，主要是由于 E 小区停车供需严重不匹配所导致的。同时数据显示，接受调查的住户希望基于挖掘小区内部潜在停车资源与协调小区周边停车资源的方法，通过优化小区交通组织、增设机动车停车位、加强机动车停车管理、实施停车资源共享等措施，改善小区内的停车环境与缓解停车难现状。

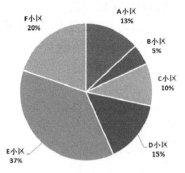

图 2 各小区受访者占比

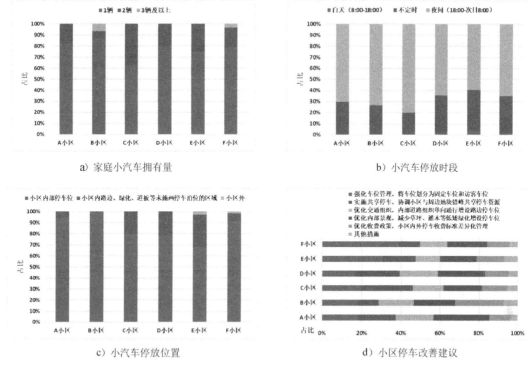

a) 家庭小汽车拥有量　　　　b) 小汽车停放时段

c) 小汽车停放位置　　　　d) 小区停车改善建议

图 3　停车问卷调查数据分析

3　小区停车数据分析

通过对各动迁小区的 2021 年的有效停车流水数据（表 3）分析发现，小区内的车辆类型主要有 VIP 车辆、固定车、月租车、临时车、过期车、无牌车，其中 VIP 车辆、固定车、月租车等车辆的所有人是小区内的住户，临时车、无牌车等车辆的所有人主要是小区的临时访客。如图 4 所示，各动迁小区内访客的临时停车比例在 20%~30%，住户的刚性需求停车（夜间固定停车需求）比例大部分超过 70%。

表 3　各动迁小区停车流水数据概况

小区代码	数据范围（车辆出场时段）	数据样本量
A 小区	2021 年 3 月 1 日—2021 年 3 月 31 日	47578
B 小区	2021 年 3 月 1 日—2021 年 3 月 31 日	39348
C 小区	2021 年 3 月 1 日—2021 年 3 月 31 日	44471
D 小区	2021 年 3 月 1 日—2021 年 3 月 31 日	53327
E 小区	2021 年 4 月 6 日—2021 年 4 月 12 日	23467
F 小区	2021 年 4 月 12 日—2021 年 4 月 20 日	5379

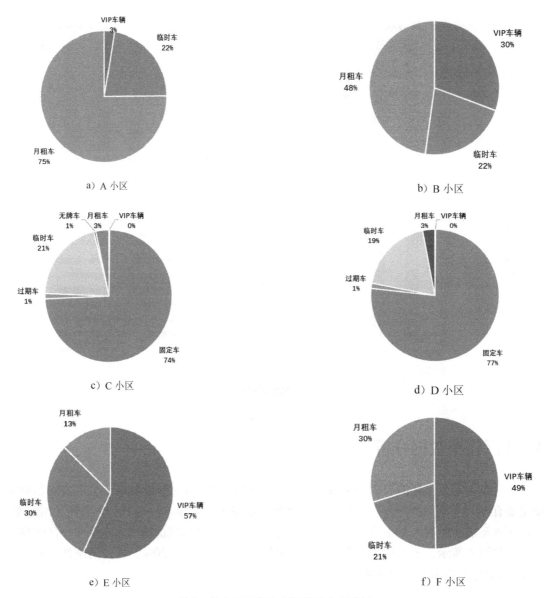

图 4 各小区内进出车辆类型分布特征

3.1 停车需求分析

如图 5、图 6 所示,各动迁小区的日均小时出入场停车数量存在明显的峰值,17 时的日均小时入场停车数量最多,7 时的日均小时停车出场数量最多;其中工作日的峰值比周末的峰值相对较大,原因是工作日车辆出入场的停车需求较为集中。数据表明,在夜间时段(17 时—21 时)工作日的日均小时入场停车数量比周末多,在白天时段(8 时—16 时)周末的日均小时入场停车数量比工作日多;在某些时段(8 时—19 时)周末的日均小时出场停车数量大部分比工作日多,工作日小汽车出场时段主要集中在上班高峰时段(6 时—7 时),8 时的周末的日均小时停车出场数量分布较为均衡。

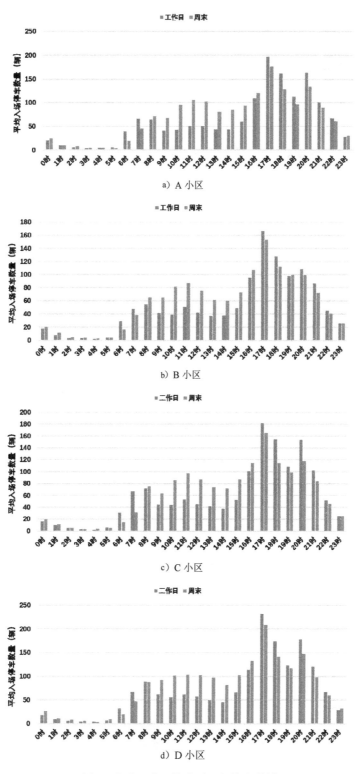

图 5 各小区内日均小时入场停车数量

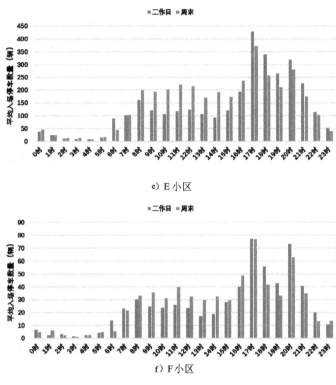

e) E小区

f) F小区

图 5　各小区内日均小时入场停车数量（续）

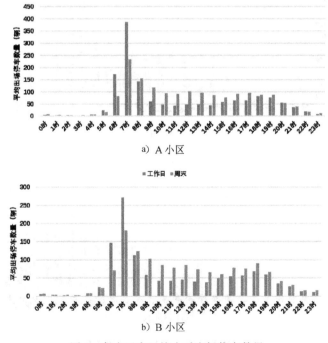

a) A小区

b) B小区

图 6　各小区内日均小时出场停车数量

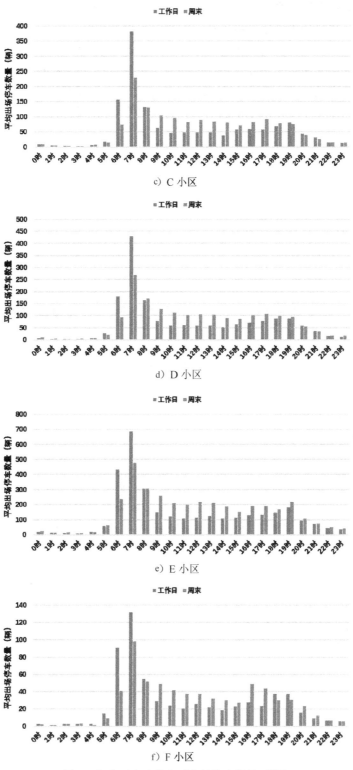

图 6 各小区内日均小时出场停车数量（续）

如图 7 所示，各动迁小区的日均小时停车数量存在明显的波谷特征（两边高中间低），夜间小区内的停车数量较为稳定，白天小区内的停车数量开始下降，其中周末白天的日均小时停车数量要大于工作日的，日均小时停车数量的波动特征主要是小区住户工作日上班和周末休息导致的。如图 8 所示，各动迁小区的一周 7 天的日均入场未出场停车数量波动较小，基本维持在一个稳定的区间；日均入场未出场停车数量中主要是以 VIP 车辆、固定车、月租车等车辆类型为主，主要是由于小区内每天的固定停车需求较为稳定。

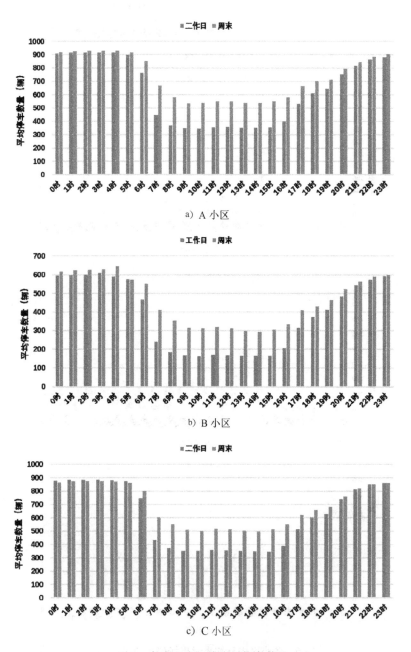

图 7 各小区内日均小时停车数量

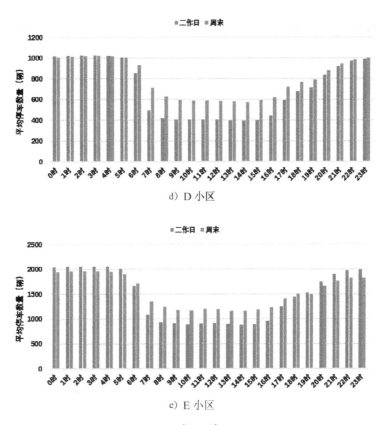

d) D 小区

e) E 小区

f) F 小区

图 7 各小区内日均小时停车数量（续）

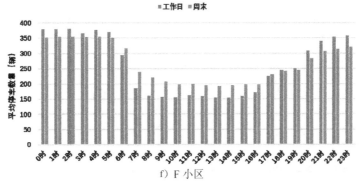

式中，Q_i 为小区内小时停车数量，单位辆；Q_{0i} 为小区内第 i-1 时段的已有停车数量，单位辆；Q_{1i} 为小区内第 i 时段的小时入场停车数量，单位辆；Q_{2i} 为小区内第 i 时段的小时出行停车数量，单位辆；Q 为小区内入场未出场日均停车数量，单位辆。

3.2 停车时长分析

如图 9 所示，小区内的 90% 以上车辆的停车时长小于等于 24h，7 成左右的车辆停车时

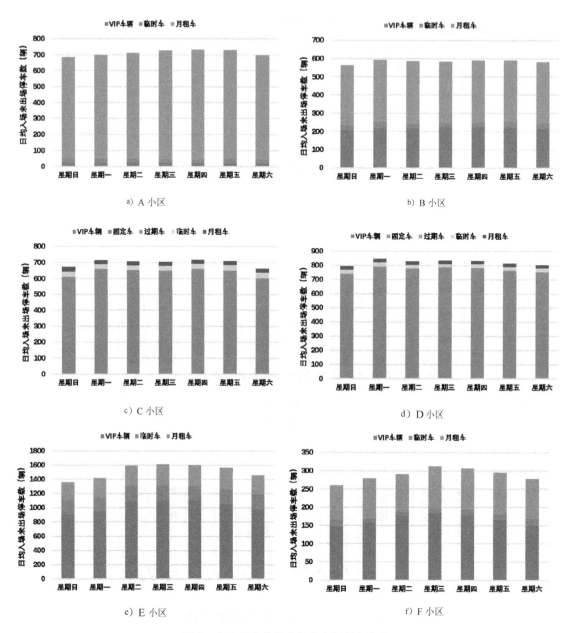

图 8 各小区内日均入场未出场停车数量

长小于等于 12h，近 50%的车辆的停车时长小于等于 6h。如图 10 所示，各小区不同入场时段的车辆平均停车时长存在一定波动规律，白天时段（5 时—14 时）入场的车辆平均停车时长较低，大部分低于 8h；15 时—23 时的时段入场的车辆平均停车时长较高，大部分大于 10h。数据显示，E 小区在周末 8 时—23 时的时段入场的车辆停车时长比工作日的要低，其他小区周末大部分时段的车辆停车时长要大于工作日的；可能是由于 E 小区是大型小区，居住着较多需要三班倒的工厂工作人员，导致工作日平均停车时长较高。如图 11 所示，不同车辆类型的车辆停车时长不同，其中临时车辆平均停车时长普遍在 2h 左右，小区住户的车辆（VIP车辆、固定车、月租车）的平均停车时长普遍大于10h。

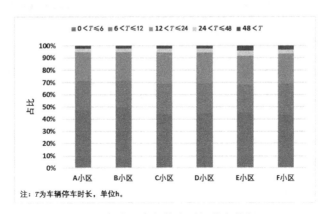

图9 各小区车辆停车时长分布特征

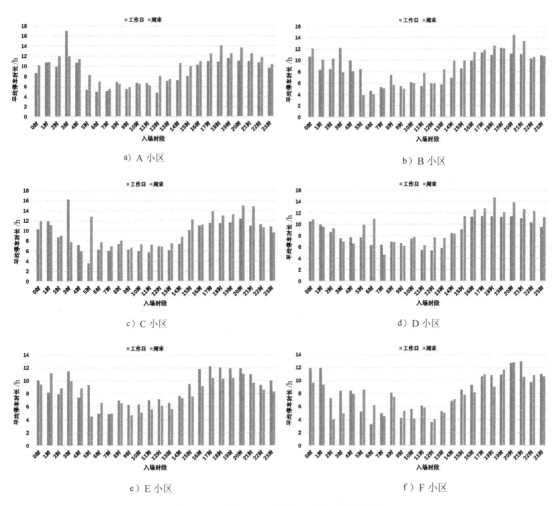

图10 不同入场时段车辆平均停车时长

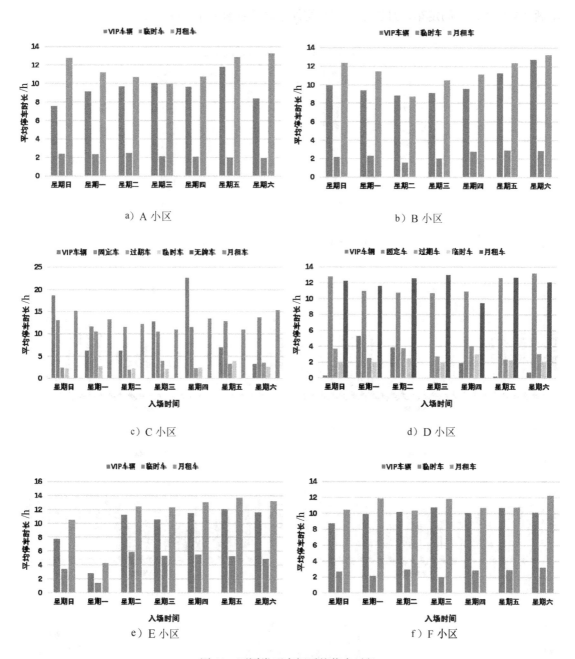

图 11 不同类型车辆平均停车时长

4 结语

通过现场调研及问卷调查的分析结果发现,由于小区内停车资源有限,昆山经济技术开发区东侧的动迁小区住户的小汽车存在随意乱停现象,会侵占小区内的消防生命通道;其中 E 小区的停车供需存在明显不匹配的情况,小区停车资源非常紧张,亟需改善小区内的停车资源；接受问卷调查的小区住户希望小区内可增设停车设施并加强停车管理，协调共享周边停车资源以满足小区夜间停车需求。基于小区停车流水数据分析发现，小区停车需求存在一定的波动规律，小区车辆出入场存在明显的高峰，车辆入场高峰时段在下班晚高峰时段，车辆出场高峰时段在上班早高峰时段。白天大部分时段小区内周末停车数量高于工作日，小区内日均入场未出场停车数量维持在一个稳定的范围。车辆平均停车时长随入场时段的波动而变化，下午及夜间时段入场的车辆的停车时长较长；访客的临时车的平均停车时长在2h左右，住户的车辆的平均停车时长大部分大于10h。昆山市动迁小区的停车特征分析挖掘，有助于小区停车设施改善及小区智能化停车管理水平的提高，在下一步的研究中可基于论文研究结果，采取针对性的小区停车改善措施。

参 考 文 献

[1] 环球网. 老旧小区停车难题怎么破？[EB/OL]. (2020-07-03) [2021-09-01]. https://baijiahao.baidu.com/s?id=1671167034355614655&wfr=spider&for=pc.

[2] 中国政府网. 国务院办公厅转发《关于推动城市停车设施发展的意见》[EB/OL]. (2021-05-07) [2021-09-01]. http://www.ziyang.gov.cn/_ziyang/detail.aspx?id=181298.

[3] 王学勇, 袁泉, 刘志明, 等. 停车改革促进老城复兴——以美国帕萨迪纳市为例 [J]. 城市交通, 2020, 18 (06): 58-64.

[4] 交通与发展政策研究所ITDP.【慕尼黑】欧洲停车政策改革系列 [EB/OL]. (2019-09-12) [2021-09-01]. https://mp.weixin.qq.com/s/aRg22157MW6ELXkg8aQI-A.

[5] 陈雪梅, 刘欣欣, 景然然, 等. 城市停车专题 [J]. 城市停车, 2021, 1: 31-127.

[6] 上海松江. 这样操作, 老旧小区停车一样不难! 不信来松江这里看看 [EB/OL]. (2021-03-18) [2021-09-01]. https://mp.weixin.qq.com/s/zk8W2xs5Hzn-BATugBYebg.

[7] 上海松江. "抢位大战"曾在松江这里每晚上演, 如今却"停战"了, 背后是什么神操作？[EB/OL]. (2021-02-09) [2021-09-01]. https://mp.weixin.qq.com/s/7oZOEiysj6nifQjLDodEQg.

[8] 上海松江. 来抄作业! 别人家的小区停车真不难, 解决方法看这里 [EB/OL]. (2021-03-05) [2021-09-01]. https://mp.weixin.qq.com/s/P84In78FrxPdFNC-6T_JLQ.

[9] 今日闵行. 从"抢车位"到"轻松停", 闵行这个小区是怎么做到的？[EB/OL]. (2021-03-11) [2021-09-01]. https://mp.weixin.qq.com/s/ik0MBU5-tRaDD9eRSt8yVA.

[10] 新时代新罗湖. 接入车位数约3万个! 罗湖"错峰共享智慧停车"改革成效显著 [EB/OL]. (2021-03-24) [2021-09-01]. https://mp.weixin.qq.com/s/aQFqfe1y6GNsi3VM_UbJWg.

[11] ITS智能交通. 破解停车难题, 深圳探索错峰共享停车模式 [EB/OL]. (2020-08-26) [2021-09-01]. https://mp.weixin.qq.com/s/qgUmNnl_p0Tivw2CGgVUuQ.

[12] 江苏省城市交通规划研究中心. 老旧小区停车难这么干! ——江苏省停车便利化工程典型案例系列 [EB/OL]. (2021-05-25) [2021-09-01]. https://mp.weixin.qq.com/s/g3-d3Hcj1CSFLGthyQ4bjg.

[13] 张晓东, 刘斌, 戴帅, 等. 专题论坛 (6): 城市停车政策和规划实践 [J]. 城市交通, 2017, 15 (04): 117-118.

[14] 潘璐, 刘春雨, 曹天恒. 北京市居住区停车问题分析及治理策略研究 [C]//中国城市规划学会城市交通规划学术委员会. 交通治理与空间重塑——2020年中国城市交通规划年会论文集. [出版地不详: 出版者不详], 2020.

[15] 朱瑶瑶. 温州市区老旧小区停车治理研究[D]. 西安：长安大学，2020.

[16] 纪翔峰，王雯雯，吴蕾. 基于信息物理系统的城市停车管理系统及关键运营技术分析[C]//中国智能交通协会. 第十二届中国智能交通年会大会论文集.[出版地不详：出版者不详]，2017.

[17] 曾飞，易龙根，蔡晶晶. 智能停车场泊位诱导系统设计与开发[C]//中国智能交通协会. 第十二届中国智能交通年会大会论文集.[出版地不详：出版者不详] 2017.

PART II

二、轨道交通领域

高铁场景下移动性管理仿真评估

林尚静[1]，田锦[2]，马冀[2]，庄琲[1]，肖志勇[3]

1. 北京邮电大学电子工程学院，北京 100876
2. 金陵科技学院网络与通信工程学院，南京 211169
3. 武汉烽火技术服务有限公司，武汉 430205

【摘要】 随着我国高速铁路的建设与普及，高铁移动通信需求持续增长。高铁列车高速移动导致信令交互失败问题、高铁列车车体穿透损耗导致信令传输失败问题，以及大量用户并发导致信令风暴问题均对现有移动通信系统的移动性管理机制提出了挑战。因此，评估现有移动通信系统的移动性管理机制是否有效具有重要意义。本文对高铁场景下长期演进系统（Long Term Evolution，LTE）移动性管理过程中的切换流程和无线链路失败重建流程进行了仿真评估。仿真结果表明，现有的 LTE 移动性管理过程无法支持高铁场景下的用户需求，从而需要研究新的机制以解决高速移动下的群移动性管理问题。

【关键词】 高铁通信；切换；无线链路失败恢复；性能仿真

Performance Evaluation on Mobility Management in High-speed Railway System

Lin Shangjing[1], Tian Jin[2], Ma Ji[2], Zhuang Bei[1], Xiao Zhiyong[3]

1. *School of Electronic Engineering, Beijing University of Posts and Telecommunications, Beijing 100876*
2. *School of Networking and Communication Engineering, Jinling Institute of Technology, Nanjing 211169*
3. *Wuhan Fiber Home Technical Services Co., Ltd., Wuhan 430205*

Abstract: With the gradual popularization and application of China's high-speed railway, the demand for high-speed railway mobile communication services continue to grow. The problems of signalling interaction failure caused by high-speed train movement, signalling transmission failure caused by the penetration loss of high-speed train body, and signalling storm caused by large-scale concurrent users all challenge the mobility management mechanism of the existing mobile communication system. Therefore, it is of great significance to evaluate whether the mobility management mechanism of the existing mobile communication system is effective. We simulate and evaluate the handover process and radio link failure and recovery process in the Long Term Evolution (LTE) mobility management process under high-speed rail scenarios. The simulation results show that the existing LTE mobility management process cannot support the user's demand in high-speed railway scenarios, and a new mechanism needs to be developed to solve the problem of mobility management when high-speed train moves.

Key words: high-speed railway communication; handover; radio link failure and recovery; performance evaluation

基于智能识别技术的铁路旅客运输安全检查管理信息系统

张秋亮，唐雯，杨栋

中国铁道科学研究院集团有限公司电子计算技术研究所，北京 100081

【摘要】 随着铁路旅客运输安检提质工作的推进，目前的安检作业模式已经无法满足安检提质信息化的要求。本文首先深入分析了系统的关键技术，详细阐述了智能识别技术的算法模型训练及更新迭代流程。然后，在分析车站安检作业现状和需求的基础上，提出了铁路旅客运输安全检查管理信息系统的整体架构，介绍了系统功能设计及技术创新点。目前系统在京张高铁上线应用，对于铁路客站安检查危业务起到了重要的支撑和推动作用，达到了预期的应用效果。

【关键词】 禁限物品；安检查危；深度学习；卷积神经网络

Railway Passenger Transport Safety Inspection Management Information System Based on Intelligent Identification Technology

Zhang Qiuliang, Tang Wen, Yang Dong

Institute of Computing Technology, China Academy of Railway Sciences Corporation Limited, Beijing 100081

Abstract: With the quality improvement of railway passenger transport security inspection, the current mode has been unable to meet the requirements of security inspection quality improvement informatization. Firstly, this paper deeply analyze the key technologies of the system and describe the training of algorithm model and the update iterative process of intelligent recognition technology in detail. Then, based on the analysis of the current situation and demand of railway station security inspection, this paper propose the overall architecture of railway passenger transport safety inspection management information system, and introduce the system function design and technical innovation. Now, the system is applied in Beijing Zhangjiakou high-speed railway. It played an important role in supporting and promoting the safety inspection and danger detection in the railway passenger station. It has achieved the expected application effect.

Key words: prohibited items; safety inspection; deep learning; convolution neural network

1 引言

铁路旅客运输安全检查主要依托安检仪检测过机旅客行李成像，值机人员根据图像颜色及形状判断查堵禁限物品。从近年客运安检中出现的部分漏查漏检事件来看，目前铁路客运安检物防和技防措施相对较少，仍采用传统的人工判图形式，相关查获记录等采用人工纸质登记，信息化水平较低，在设备和人员方面都存在一定有待优化完善之处。目前，铁路客运安检主要存在以下问题[1-3]：

1）安检仪均为单机运行，运行检测的行李图像信息存储在各个安检仪内，存储空间有限且扩展调用不便，同时也不利于安检图像信息的使用与共享。

2）安检仪仅作为旅客行李检测成像工具，形成图像供安检值机员判别，信息化水平还不够高，禁限物品图像自动识别辅助查验等先进技术应用有待提升。

3）客运安全检查效果严重依赖值机人员人工判断，安检人员值机判图质量与其业务素质、责任心密切相关，同时也和安检人员的情绪状态、疲劳程度关联性较大。从日常检查及现场反馈情况来看，安检人员流动性较大，培训效果存在一定差距、业务水平没有保证，同时安检查获物品与其收入的关联机制没有真正建立，正向激励不足。

4）有效的安检资源更多关注旅客行包、禁限物品，缺乏有效技术手段对特定重点人群进行及时、必要的预警和提示。

因此，结合先进的人工智能技术，研发一套铁路旅客运输安全检查管理信息系统势在必行。以人工智能代替人工，实现违禁品自动识别，违禁品联动报警。以技防辅助代替人防，将会减轻一线安检人员的工作强度，提升违禁品检出有效性，提高安检信息化水平。

2 智能识别算法设计

（1）算法模型比选　安检过程中违禁品识别的关键技术在于目标检测与识别的方法。近年来，目标检测与识别的方法主要有级联分类器、HOG 检测、DPM 算法、卷积神经网络算法等[4-6]。

级联分类框架（Haar/LBP/积分 HOG/ACF feature+Adaboost）主要采用了滑动窗口机制与级联分类器相结合的方式，使用 Haar 特征从原始灰度图像的积分图中快速计算得出目标检测结果。这个算法第一次使目标检测成为现实。HOG+SVM 结构相比于级联分类框架中原始的 Haar 特征更加复杂。不仅可以用于刚性物体的检测，也可以检测行人等非刚性目标。此结构的效果较好且速度快，目前依然活跃在嵌入式领域中。DPM 算法是使用弹簧模型进行目标检测，即进行了多尺度多部位检测，底层图像特征抽取采用的是 fHoG。

在深度学习正式介入之前，传统的目标检测方法都分为区域选择、提取特征、分类回归三步，这样就有两个难以解决的问题：其一是区域选择的策略效果差、时间复杂度高；其二是手工提取的特征鲁棒性较差。但是云计算时代来临后，目标检测任务所使用的框架大多是基于卷积神经网络。

卷积神经网络（Convolutional Neural Network，CNN）是一类包含卷积计算且具有深度结构的前馈神经网络，是深度学习的代表算法之一。卷积神经网络具有表征学习能力，能够按其阶层结构对输入信息进行平移不变分类。卷积神经网络仿造生物的视知觉机制构建，可以进行监督学习和非监督学习，其隐含层内的卷积核参数共享和层间连接的稀疏性，使得卷积神经网络能够对格点化特征有较小的计算量。

表 1 展示的是 ILSVRC（ImageNet Large Scale Visual Recognition Challenge）竞赛 2012 年的比赛结果。ILSVRC 是近年来机器视觉领域最受追捧也是最具权威的学术竞赛之一，代表

了图像领域的最高水平。2012 年之前，图像分类最好的成绩是 26.2% 的错误率，2012 年，基于卷积神经网络 AlexNet 的出现使得错误率降到 15.4%。之后几年，ILSVRC 竞赛的冠军算法均采用的是基于深度学习和卷积神经网络的识别、定位和检测方法的融合算法，并在识别精确度与时间复杂度等性能方面有明显的提升。

表 1　ILSVRC 竞赛结果比对

模型网络	TOP-5 错误率
卷积神经网络 SENet	2.3%
卷积神经网络 ResNet	3.6%
卷积神经网络 GoogleNet	6.7%
卷积神经网络 VGG	6.8%
卷积神经网络 AlexNet	15.4%

从表 1 中可以看出，基于深度学习和卷积神经网络的目标检测技术的错误率远远低于其他目标检测方法，因此在安检违禁品识别的关键技术选取上，选用基于深度学习和卷积神经网络的目标检测技术更加合理。

（2）算法流程设计　针对安检 X 光图像设计的算法为两阶段目标检测算法，通过训练卷积神经网络得到适用于安检 X 光图像数据的识别模型。该模型的输入是一定尺度范围的 X 光图像，输出为该图像中存在的禁限物品类别、坐标和置信度，算法流程设计如图 1 所示。

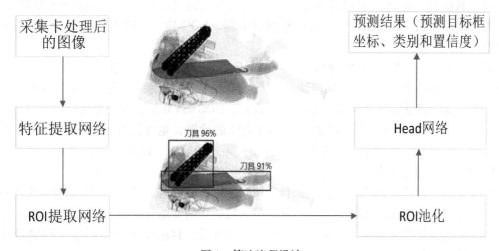

图 1　算法流程设计

网络包括两个阶段，第一阶段为 ROI（Region of Interest）提取，包括特征提取网络和网络产生候选区 RPN（Region Proposal Network）。第二阶段为预测框提取，将不同长度的输入特征转化为固定长度的输出特征。算法流程如下：

1）经过捕获卡处理后的图像在补边、减均值后保持原有尺寸送入特征提取网络。
2）特征提取网络采用全卷积网络结构，输出特征图。
3）特征图经过 RPN，输出可能有目标的区域 ROI。

4）ROI 经过池化（Pooling）变换后产生小尺寸的特征图，再经过 Head 网络后完成分类和定位偏移量的计算。

5）Head 网络的输出偏离量对 ROI 精修，得到最终预测结果，即针对安检扫描图像的目标检测结果和置信度。

（3）算法模型更新　禁限物品识别模型训练算法部署在武清主数据中心的 GPU 服务器，车站安检通道通过路局集团公司的端口映射转发服务，利用空闲时段定期向武清主数据中心 GPU 服务器上传禁限物品图像数据。武清主数据中心基于大量禁限物品的图像数据进行深度学习，实现模型训练算法的优化提升，生成新的识别模型，并定期将最新的识别模型通过安全生产网更新传送至中心站集中分析服务，模型持续迭代流程如图 2 所示。

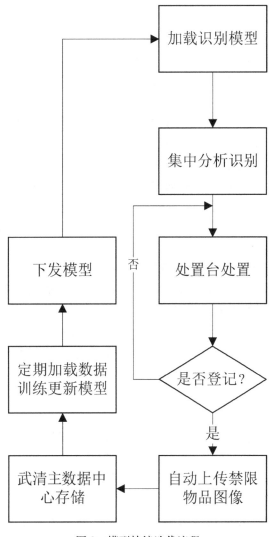

图 2　模型持续迭代流程

中心站集中分析设备将禁限物品识别图像推送至对应安检通道处置台，由处置台现场查验判断是否需要登记，系统将登记的禁限物品图像信息自动上传至武清主数据中心服务器。

武清主数据中心基于大量的禁限物品标记图像对模型训练算法定期优化提升，将最新的识别模型通过安全生产网下发至中心站集中分析服务进行加载迭代更新。

3 系统设计

铁路旅客运输安全检查管理信息系统覆盖国铁集团、路局集团公司、客运站段等层级，满足禁限物品识别检测、禁限物品信息溯源及"人-包"关联、客流密度的安检策略优化、液体安全检查、客运安检标准化规范化建设等功能需求。该系统旨在规范铁路客运安检与服务工作的作业流程，提高铁路客运安检与服务工作的效率和质量。

3.1 总体架构

铁路旅客运输安全检查管理信息系统采用集中部署三级应用的总体架构，即在武清主数据中心集中部署系统应用软件，国铁集团、路局集团公司、车站三级应用。系统采用 B/S 结构研发，国铁集团用户、路局用户、车站用户只需通过安全生产网的 PC 终端即可访问系统，总体架构如图 3 所示。

系统在武清主数据中心部署三级应用软件与模型训练算法，模型训练算法基于禁限物品标记图像的不断积累，升级优化迭代，提升禁限物品的识别率；在路局集团公司部署存储服务与端口映射服务，存储服务实现客运站安检图像数据的集中存储，端口转发映射服务实现禁限物品标记图像信息上传至武清主数据中心；在独立站/中心站部署集中分析服务，实现对独立站、中心站及代管站实时安检数据的集中分析与值机辅助判图；在独立站、中心站及代管站，将安检设备统一接入安全生产网，在车站端部署安检图像标准化上传服务，与既有的安检仪对接，实现安检图像数据上传。

独立站、中心站及代管站的安检图像数据通过安全生产网集中上传至路局集团公司存储服务器；路局集团公司的端口映射服务通过安全生产网将各车站的禁限物品标记图像信息自动上传至武清主数据中心；武清主数据中心的识别算法模型对禁限物品标记图像进行深度学习，并通过安全生产网将最新算法模型迭代更新至独立站/中心站分析服务；独立站、中心站及代管站的实时安检通道 X 光数据通过安全生产网传输至中心站分析服务。

3.2 系统主要功能

铁路旅客运输安全检查管理信息系统可实现对客运站安检通道的规范化管理，全面提升客运生产的安全性，保障旅客的出行体验以及人身权益。系统主要功能如下：

1）依托禁限物品图像识别算法，实现安检值机智能辅助功能，利用信息化手段对过机的行李物品进行智能筛查，存疑的图像提示值机人员进行重点判断、重点查验。

2）实现安检图像数据在武清大数据中心集中存储，在存储时长上实行差异化存储，高效运用存储资源，满足相关存储时长要求，同时为值机智能辅助系统深度学习创造条件。

3）对安检查获禁限物品登记、移交、存放、处置等实行电子化管理，有效减少重复人工录入。

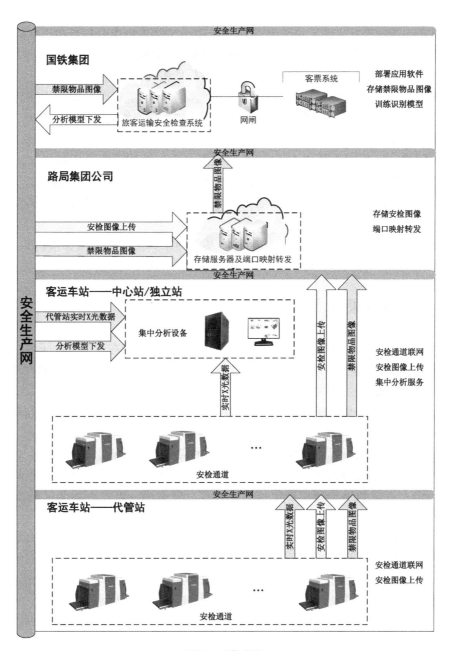

图 3 总体架构

4）建立不同安检策略，根据列车到发信息以及重要节假日安检等级进行灵活配置，符合车站安检工作的实际需要；基于大数据统计分析与人工智能的态势感知，实时掌握安检数据并掌控各站安检口安检态势。

3.3 技术创新点

（1）安检通道联网集中存储技术　将安检仪接入安全生产网，利用空闲时段集中上传X光图像，实现安检数据的集中存储管理，为系统提供数据支撑，为安检图像识别分析积累原始数据。

（2）基于云边结合技术的系统顶层设计　在中心站部署集中分析设备，实时高效地进行禁限物品智能识别；在武清主数据中心，建立禁限物品数据集，动态训练智能识别模型，并更新到集中分析设备，构建云端学习训练和集中分析相结合的技术架构。

（3）基于深度学习技术和计算机视觉技术的禁限物品智能识别　基于卷积神经网络和深度学习算法，构建铁路客运禁限物品图像数据集，训练禁限物品智能识别模型，并对主流算法进行性能比选和优化，设计高效可靠的铁路客运安检禁限物品智能识别算法。

（4）禁限物品信息溯源及"人-包"关联检测　基于智能视频分析技术与人脸识别技术，识别检测旅客行李、旅客人脸及二者的对应关系，并结合旅客的购票信息，构建"人-包"关联检测手段，为禁限物品信息全流程溯源、旅客行李丢失等情况，提供快速的查询追溯功能。

（5）基于多信息融合安检策略优化配置　基于列车到发信息、旅客排队长度等信息，研究基于多信息融合的安检策略优化配置，提高安检率，优化安检作业流程。

4　应用实践及效果

按照总体方案设计的要求，自 2020 年 8 月以来，系统先后在清河、太子城、张家口及青岛等车站进行了试点应用，对于铁路客站安检查危业务起到了重要的支撑和推动作用，达到了预期的应用效果。

1）铁路旅客运输安全检查管理信息系统的建设，统一了全路客运安检查危业务相关的软硬件配置条件及数据接口标准，实现了铁路客运安检查危的统一规范化建设。

2）系统充分利用人工智能和数据识别分析技术实现安检查危业务模型化，通过对站内安检流程状态进行实时监控、分析及预测，有利于发现车站运营安全风险，并及时分析问题，帮助工作人员做到早发现、早干预、早处理、可追溯，确保客运车站的安全、有序运营。

3）旅客运输安全检查管理信息系统可有效提升安检服务效率和水平，提高危险物品检出率，为旅客提供安全优质的旅行环境。根据高铁车站状态与实时客流量，综合评价站内资源，统筹决策，优化调整安检流程并及时发布信息，为旅客提供安全便捷化的信息服务，切实提高旅客体验。

4）利用信息化手段对过机行李物品进行智能筛查，存疑图像提示值机人员重点判断、重点查验，提高判图准确程度，减轻值机人员劳动强度，提高了值机人员的工作效率。

5　结语

铁路旅客运输安全检查管理信息系统的研发具有广阔的发展前景，所带来的效益也不仅局限于安检查危业务本身，随着系统的全面推广应用，会使其在车站安全管理的各个方面相互促进、协调发展，成为更加实用和完善的基于计算机网络的现代化管理信息系统。同时，系统在实际应用中可根据需要及技术的发展增加其他相关业务模块，促进旅客运输安全检查管理信息系统向更高层次发展[7]。

参 考 文 献

[1] REDMON J, DIVVALA S, GIRSHICK R, et al. You Only Look Once: Unified, Real-Time Object Detection [C]//IEEE Conference on Computer Vision and Pattern Recognition (CVPR). NYC: IEEE, 2016.
[2] 王京, 王冰, 王珂. 铁路客运站安检区域人脸识别系统设计与实现 [J]. 铁路计算机应用, 2012, 21 (6): 83-86.
[3] 井冰, 李红升, 刘琦, 等. 人工智能在安检中的应用浅析 [J]. 中国安全防范技术与应用, 2020 (1): 58-63.
[4] 井冰, 芦朋, 梅楠, 等. 安检设备联网研究及展望 [J]. 中国安全防范认证, 2017 (6): 34-38.
[5] 廖癸秋, 皱云鹏. 具备违禁物品智能识别功能的X射线安检仪 [J]. 中国安防, 2019 (9): 69-75.
[6] 支洪平, 彭志超, 鲁盈悦, 等. 基于深度学习的X光安检图像智能识别设备的设计与实现 [J]. 电子测试, 2019 (10): 5-8.
[7] 曾学, 王新颖. RFID标签在机场行李系统中的应用 [J]. 科技创新与生产力, 2017 (5): 90-91.

HXD2 机车自动驾驶系统研究及应用

姜正，杜海宾，王瑞，陈广泰，崔可强

中车大连机车研究所有限公司，大连 116021

【摘要】 机车自动驾驶技术作为智能化技术的典型应用不仅能够提高铁路机务在机车运用方面的智能化、信息化水平，而且对于提升铁路机车运输效率与运用安全，降低司机劳动强度提供了有效途径。本文介绍的 HXD2 机车自动驾驶系统正是基于铁路货运运用要求，结合机辆特性与功能需求，在充分考虑机车运用司控习惯的基础上，研究与设计的一种机车自动控制系统。西康铁路超 4 万 km 的运用效果表明，该自动驾驶系统在保证列车安全稳定运行的基础上，满足了各种技术指标和功能要求，取得了一定的经济和社会效益，具有极大的推广价值。

【关键词】 HXD2 机车；自动驾驶系统；行程规划；西康铁路

The Design and Implement of Automatic Driving System Used by HXD2 Locomotive

Jiang Zheng, Du Haibin, Wang Rui, Chen Guangtai, Cui Keqiang

CRRC Dalian Institute Co., Ltd., Dalian 116021

Abstract: The automatic driving system as a typical application of intelligent technology is an effective way not only on enhancing the intelligent and information for the operation of Railway Locomotives, but also on promoting railway transportation efficiency and reducing labor intensity of drivers. This article introduced the automatic driving system used by HXD2 locomotive is designed based on the existing locomotive operation and management system, and following driver's driving behavior. It improves the efficiency and security, also meets the technical and function requirements when running on the XiKang railway. This automatic driving system which has made some economic and social benefits is worth extending.

Key words: HXD2 locomotive; automatic driving system; trip planning; Xikang railway

1 引言

我国铁路运输具有线路繁忙、客货混跑、信号多变等特点，列车运行环境复杂，需要对机车运用和运行规划进行极为复杂的科学管理。目前铁路机车操纵仍是基于"人工操作，监控防护"的原则，人的因素仍是运营安全和效益的最主要因素，因为人工操作不当造成的安全问题和影响运输效率的情况无法杜绝。同时，伴随铁路改革的不断深化，机务智能化、信息化、规范化工作在某些应用领域取得了一定效果，智能化技术作为新一轮科技革命的重要引领因素，正在快速地推动轨道交通行业进步。

机车自动驾驶技术作为智能化技术的典型应用已经成为势不可挡的潮流,给行业带来了极大变革[1-3]。因此,围绕机车自动驾驶技术开展研究探索与运用推广不仅能够提高铁路机务在机车运用方面的智能化、信息化水平,而且为提升铁路机车运输效率与运用安全、降低司机劳动强度提供了有效途径。

2 总体结构组成

HXD2 机车自动驾驶系统是依据该型号机车牵引与制动特性,基于列车运行线路数据、机车信号状态、列车编组、运行揭示等信息,结合运行时间和速度限制要求,在线规划最优列车运行速度及牵引制动状态,实时控制列车依照规划速度曲线运行,并根据机车当前运行状态进行实时自适应控制调整,使列车处于最佳运行状态,最终实现 HXD2 机车在司机值守状态下的自动驾驶功能,达到列车运行安全、正点、平稳、减负、节能的要求。

自动驾驶系统由 ATO(Automatic Train Operation)主控单元、列车控制管理系统(Train Control and Management System,TCMS)接口模块、机车制动控制单元(Brake Control Unit,BCU)接口模块、人机交互单元(Display Manager Interface,DMI)、列车运行监控记录装置(LKJ)安全信息平台、数据记录传输装置构成,如图 1 所示。

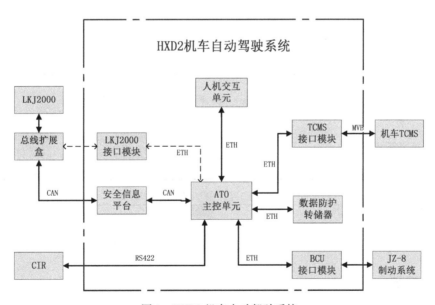

图 1 HXD2 机车自动驾驶系统

ATO 主控单元是机车自动驾驶系统的核心组成部分,是优化与控制运算的实现载体,具有优化计算功能、自适应控制功能、优化计算输入数据的接收与存储功能,以及行车日志记录功能等,主控单元采用二乘二取二冗余安全计算机结构,其数据信息或控制指令通过以太网或 CAN 接口与外部设备进行信息交互。

TCMS 和 BCU 接口模块是自动驾驶系统实现与机车网络控制系统和制动系统交互的桥梁,通过两种接口模块分别获取机车网络控制系统数据信息和机车 JZ-8 型空气制动系统数据信息,并实现 ATO 主控单元控制命令的下达转发工作。

LKJ 安全信息平台起到 LKJ 安全隔离作用，通过 CAN 接口获取运行基础线路数据、站名表、运行揭示、机车信号、限速等信息，并为自动驾驶系统与 LKJ 的双向交互提供通道。

人机交互单元用于系统初始化信息输入确认、列车运行基本信息显示、优化操纵曲线显示、手自动切换发起、语音提示/报警、行程总结显示、数据转储等用途，是人机交互的主要载体，配合优化控制器以共同实现对机车的智能操纵控制。

数据防护转储器用于记录机车自动驾驶运行的日志信息、故障信息及维护数据，通过无线传输方式实时下载自动驾驶运行状态并上传更新系统各部件的软件程序。

3 系统功能特点

HXD2 机车自动驾驶系统将传统由司机观察与监视的机车运行监控信息、各系统状态信息、列尾风压信息等数据纳入到自动驾驶系统的外部输入范畴，依据机车操纵"五色图"[4]操作要求，通过机辆最优控制算法和行程自动控制策略，实时规划行车最优速度曲线，并根据信号变化情况、线路运行状态等做出实时自适应调整，从而替代司机实现自动控制机车牵引、制动、电气设备等按照最优规划曲线的速度要求安全稳定地运行。图 2 为 HXD2 机车自动驾驶系统整体功能示意图。

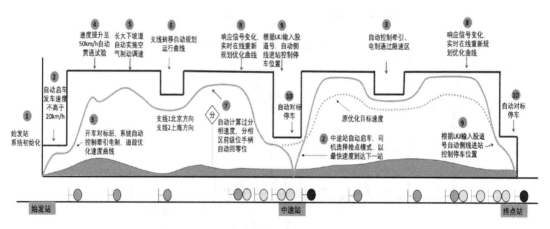

图 2　HXD2 机车自动驾驶系统整体功能示意图

3.1 行程规划

HXD2 机车自动驾驶系统根据列车运行图规定，依据运行线路数据、司机输入的列车编组信息、机辆特性及工作模式等进行全程或实时行程规划，并输出区段最优行程规划曲线；同时，列车运行中根据机车信号及调度指令（临时限速、侧线行车等）要求进行动态优化。

整个行程规划过程主要分为三个阶段：起始加速阶段、区间调速阶段和定点停车阶段；其中，区间调速阶段又分为低限速进入高限速（升速阶段）、限速阶段（匀速阶段）、高限速进入低限速阶段（降速阶段），如图 3 所示。

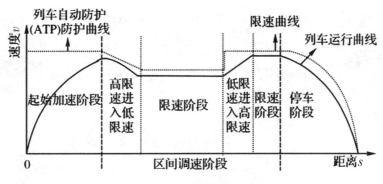

图 3　行程规划曲线示意图

3.2　自适应控制

自动驾驶系统实时控制机车按照行程规划的速度曲线运行，但是机车系统本身、运行线路状况、周围环境等均存在一定的不确定性或变数，任何不确定因素均可能影响机车不完全按照既定优化方式行驶。自动驾驶系统自适应控制功能基于列车速度和加速度的鲁棒特性闭环控制模型，以调整机车牵引功率的方式实时控制机车的牵引力与制动力输出，从而保证机车严格按照优化操纵曲线的限制进行自动巡航运行。自适应闭环控制模型如图 4 所示。

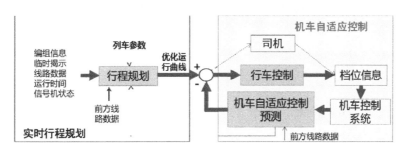

图 4　自适应闭环控制模型

3.3　运行工况控制

机车的整个运行过程是一个连续的控制过程，自动驾驶系统控制机车运行时需要根据当前线路地形地势、机车信号状态、运行限速要求等不断调整机车运行工况，在满足安全要求和按照规划运行的前提下，尽量减小列车速度变化带来的运行冲击。HXD2 机车自动驾驶系统的运行工况主要分为牵引工况、动力制动（即电制动）工况、空气制动工况和惰行工况四种。机车自动驾驶运行状态下的实时运行工况状态可以通过人机交互单元行程规划曲线获取，如图 5 所示。

3.4　运行模式管理

HXD2 机车自动驾驶系统分为"辅助驾驶"和"自动驾驶"两种工作状态[5]。"辅助驾驶状态"即"人工驾驶状态"，此时司机拥有机车实际控制权，自动驾驶系统可作为参考用

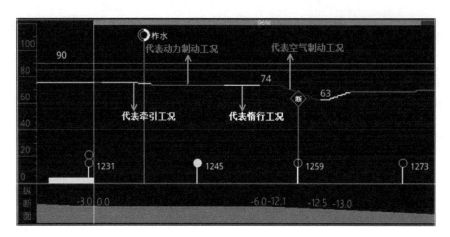

图 5　规划速度曲线运行工况示意图

于司控指导;"自动驾驶状态"时,自动驾驶系统具有机车实际控制权,控制机车按照行程规划曲线自动运行,司机仅辅助监视机车自动运行状态。

当机车处于"自动驾驶状态"时,针对调度联控、防洪防汛、特殊情况等要求,自动驾驶系统具有多种运行模式管理功能:点单模式、达速模式、定时模式和限速模式。各运行控制模式可根据调度计划及列车运行状态进行相互转换,自动驾驶系统依据不同模式实时调整机车控制策略,并优化计算输出不同行程规划速度曲线,如图 6 所示。

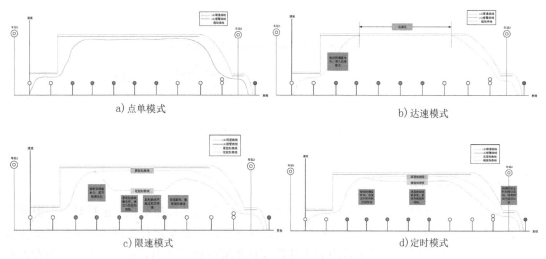

a) 点单模式　　　　　　　　　　　　　　b) 达速模式

c) 限速模式　　　　　　　　　　　　　　d) 定时模式

图 6　自动驾驶各运行模式规划曲线示意图

3.5　安全导向防护

安全导向防护功能旨在提升机车处于自动驾驶运行时的可靠性和安全性,防范因相关设备故障、控制异常或其他因素带来的安全风险与安全隐患[6,7]。安全导向基于异常状态时引导并转向安全控制方式的原则使机车运行在安全可控范围内,是机车在自动驾驶系统控制运行时的有效安全防护措施。安全导向防护控制包括自动驾驶系统正常控车运行时的安全导向控制、自动驾驶系统控车异常状态时的安全导向控制、人工驾驶状态下自动驾驶系统异常状态时的安全导向控制及其他情况下的安全导向控制四种应用场景。具体信息见表1。

表1 安全导向紧急程度分类

安全防护运用场景	现象表现	控制方法	典型故障或应用
自动驾驶系统正常控车运行时	机车运行在自动驾驶系统控制状态下,且自动驾驶系统工作正常,司机作为值守人员辅助监控列车实时运行	追踪调控的安全导向方法、防护超速降速的安全导向方法、预警提示的安全导向方法	自动系统按照规划曲线自适应控车运行,司机仅值守监视
自动驾驶系统异常控车状态时	机车运行在自动驾驶模式下,但自动驾驶系统或相关系统、设备出现工作异常情况将导致机车处于自动非正常状态	特别紧急异常状态时控制方法、紧急异常状态时控制方法、一般异常状态时控制方法	特别紧急故障:与TCMS接口模块通信异常、与BCU接口模块通信异常等;紧急故障:规划停车未过标、规划低速缓解等。一般故障:工况转换频繁、空气制动规划不合理等
人工驾驶状态下自动驾驶系统异常状态时	机车运行在人工驾驶模式下,但自动驾驶系统或相关系统、设备出现工作异常情况,这将导致机车无法由人工驾驶模式向自动驾驶模式切换	非功能完整性预警的安全导向方法	LKJ2000系统故障、TCMS故障、BCU系统故障、CIR故障、多轴隔离等
其他情况时	机车处于自动驾驶模式下运行时,为帮助司机快速、高效地操控机车退出自动驾驶模式	功能冗余安全导向方法	规划速度不合理需要退出自动驾驶

3.6 其他控制功能

此外,自动驾驶系统还具有起车控制、停车过标控制、过分相控制、贯通试验、系统显示、语音提示、防护存储记录等功能。

1) 起车控制:具备发车条件后,由司机确认并进入自动驾驶模式,控制列车在始发站或中间站自动平稳起车。

2) 停车过标控制:按照实时机车信号状态、线路股道长度,合理运用空气制动控制列车在规定的地点自动停车对标。

3) 过分相控制:在分相区段采用自动或半自动过分相时,根据分相里程确定分相位置,控制列车在断电标前卸载并以合理的速度越过电分相无电区,或依据信号状态控制列车在合适的停车位置停车。

4) 贯通试验:按照规定的地点和条件在行程规划曲线中体现贯通信息,并自动进行贯通试验操作。

5) 系统显示:通过人机交互单元实时显示机车工作状态、工作模式、列车速度、线路限速、控制指令状态、行程规划曲线、运行线路纵断面、系统提示信息等。

6) 语音提示:对人机交互的重要信息、报警信息等进行语音提示。

7）防护存储记录：记录司机操作信息、列车运行信息、控制信息、设备状态信息等。

4 应用与效益分析

4.1 现场应用

2019年5月，中国铁路西安局集团公司牵头组织实施铁路机车智能驾驶技术研究，并立项基于L5级的HXD2机车自动驾驶系统应用，中车大连机车研究所有限公司作为项目承担单位进行技术研发工作，安康机务段作为重要的应用实验验证单位，指派所属HXD21536机车和专职司机在西康线（"陇海铁路-新丰镇站"至"襄渝铁路-安康东站"，全长251km）进行自动驾驶系统线路运用测试。

截至2021年2月，自动驾驶系统运用测试里程已经超过4万km，已完成要求的各场景功能试验和所有特殊场景实验验证，完全满足L5级标准要求，实现了包括控制列车起车、运行途中自适应调速和停车在内的各种功能，如图7所示。

图 7　HXD2 机车自动驾驶系统现场应用

4.2 效益分析

1）运输效益：自动驾驶系统以列车操纵五色图为基础，按照列车运行标尺（区段图定运行时分）规划列车运行曲线并控制列车精准贴线行驶，实现了按图行车，减少了机外、站内停车等频次，提高了运输效率。

2）间接经济效益：我国普速铁路线路复杂、客货混跑、行车密度大、昼夜运行，特别是货运列车运行时间长，机车乘务员工作压力大。自动驾驶系统投入后，运行途中对机车的操纵量大幅下降，降低了司机的劳动强度。同时，自动驾驶系统通过网络系统向机车控制系统发送操作指令，减少了司控器及机械部件的操纵频次，从而降低了机械损耗。

3）社会效益：机车自动驾驶系统研制及应用不仅符合铁路改革发展要求，而且可以引领和推动国内机车自动驾驶技术的深入开展和应用推广，为全面深入掌握机车自动控制核心技术、提升铁路智能化和自动化运用管理、推动国内货运机车自动驾驶系统的全面应用提供强有力支持。

5 结语

铁路机车自动驾驶技术的研究探索与运用推广不仅能够提高铁路机务在机车运用方面的智能化、信息化水平，而且对于提升铁路机车运输效率与运用安全、降低司机疲劳提供了有效途径，作为新一轮科技革命的重要引领因素，正在快速地推动轨道交通行业进步。

HXD2机车自动驾驶系统正是依据铁路货运运用规则规范，结合机辆特性与功能需求，在充分考虑机车运用司控习惯的基础上，研究与设计的一种机车自动控制系统。西康铁路超4万km的运用效果表明，该自动驾驶系统在保证列车安全稳定运行的基础上，满足了各种技术指标和功能要求，取得了一定的经济和社会效益，具有极大的推广价值。

参 考 文 献

[1] 朱贺田.货运列车自动驾驶关键技术研究[J].铁路通信信号工程技术，2020（6）：20-23.
[2] 肖家博，尚敬.货运机车自动驾驶系统研究与设计[J].控制与信息技术，2016（6）：38-43.
[3] 李国华，刘尧，黄晋，等.基于司机操纵模式学习的列车节能自动驾驶研究[J].湖南大学学报（自然科学版），2019，46（4）：128-140.
[4] 中国铁路西安局集团公司机务处安康机务段.列车操纵五色图-西康线货运[Z].2019.
[5] 蔡永辉，张朋刚，宁侨，等.机车自动驾驶系统模式切换策略研究[J].机车电传动，2020（1）：74-78.
[6] 茹锡勇，刘振华，肖家博，等.机车自动驾驶系统安全导向策略研究[J].机车电传动，2020（1）：65-68，84.
[7] 罗湘萍，肖春昱，田师峤.轨道交通车辆主动径向系统故障导向安全策略研究[J].城市轨道交通研究，2020（9）：87-90.

铁路5G专网安全架构设计与研究

祝咏升[1]，张骁[2]

1. 中国铁道科学研究院集团有限公司电子计算技术研究所，北京 100081
2. 北京经纬信息技术有限公司，北京 100081

【摘要】 通过分析5G专网部署方案与特点，结合铁路5G专网组网需求和架构设计，基于内生安全防护思想，研究网络监测预警、可信身份验证、拟态安全防御技术，提出铁路5G专网安全域及架构设计方案，构建具有内生安全特性的安全防御能力，有效提升铁路5G专网网络安全防护水平。

【关键词】 铁路5G专网；内生安全；网络切片安全；边缘计算安全；拟态安全

Design and Research on 5G-R Cybersecurity Architecture

Zhu Yongsheng[1], Zhang Xiao[2]

1. Institute of Computing Technology, China Academy of Railway Sciences Corporation Limited, Beijing 100081
2. Beijing Jingwei Information Technology Co., Ltd., Beijing 100081

Abstract: Through analysis of 5G private network deployment plans and characteristics, combined with 5G-R networking requirements and architecture design, based on Mimic security protection ideas, We research Network Monitoring and Pre-warning, Trusted Identity Verification, Mimic Security Defense technologies, and propose 5G-R security domain and architecture design schemes, build security defense capabilities with mimic security features, and improve the security protection level of railway 5G private network networks effectively.

Key words: 5G-R; endogenous security; network slicing security; MEC security; mimic security

1 引言

2020年新基建理念提出，助推铁路信息化建设进入新发展阶段，铁路新基建的建设中，5G网络及技术的应用是一项重要内容。5G技术具有多元化、宽带化、泛在化等特点，适合于铁路多场景应用需要，与铁路多种业务场景融合，能发挥更大优势，能有效改善货运效率、优化客运服务、改善旅客出行体验[1]。5G适应铁路智能化发展的同时，5G组网架构设计需要适应铁路既有网络架构和不同业务应用场景的差异化安全服务需求，在满足铁路5G网络对承载网所提出大带宽、低延时、高速率等新需求的同时，需紧密贴合铁路行业应用特

⊖ 基金项目：中国铁道科学研究院集团有限公司科研重大课题（2020YJ016）。

点,对铁路 5G 专网部署方案进行研究与设计,同步规划与设计铁路 5G 专网安全架构,构建安全可信的铁路 5G 专网环境,为铁路智能化发展提供网络与信息安全保障[1]。

2 铁路 5G 专网部署

2.1 5G 专网部署方案

目前 5G 专网的部署方案可根据不同安全级别需求分为三大类,每类部署方案又根据运营商和企业的具体要求提供不同的细分方案。第一类是虚拟专用,运营商在公网通过逻辑隔离方式划分虚拟专属网络,可实现对不同业务流量之间的数据隔离以及对网络速率和时延的保障,但安全性相对较低。第二类是完全本地部署,对于安全敏感型政企,可通过完全物理独立,甚至是专用基站、专用频率的方式建立 5G 专网,从而实现从控制面、用户面到核心网整体网络完全私有,使数据高度安全且不共享,但建设成本最高。第三类是公网专用,对于用户面数据安全隔离有较高要求的企业可在虚拟专网的基础上增加部署企业专有的数据转发网元用户面管理功能(User Plane Function, UPF),并根据安全需求可将专用 UPF 下沉部署到企业园区,从而保障企业本地数据不出园区,对敏感数据安全隔离[2]。公网专用方案是业界主流,其体系架构如图 1 所示。

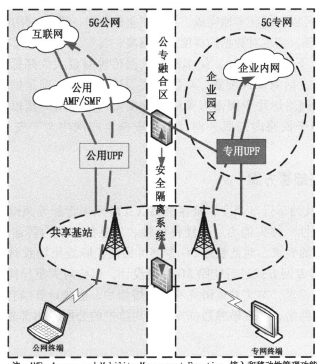

注:AMF, Access and Mobility Management Function, 接入和移动性管理功能。
SMF, Session Management Function, 会话管理功能。
UPF, User Plane Function, 用户面管理功能。

图 1 5G 公网专用体系架构图

2.1.1 网络切片专网部署特点

网络切片技术是实现公网专用的关键技术之一，在运用网络切片技术构建专网的策略中，专网仍然基于公网的物理网络资源，通过对不同业务应用和功能切片进行端到端的逻辑隔离划分出虚拟子网，使数据流和信令流相对封闭，以达到类似物理独立专网的效果[3-4]。该部署策略具有部署成本低、覆盖区域广、运营效率较高等优势，但由于核心网仍然基于运营商公网，其网络质量容易受公网影响，且安全性虽采取切片间隔离加密防护，但仍有一定的安全风险。

然而，铁路 5G 专网承载着各路局、站段运营管理、应急处置管理等统一管理应用，旅客隐私数据及支付信息等均对数据安全有着较高的要求，对此，铁路 5G 专网在运营商提供的安全防护基础上，需要进一步提升相应的低时延和数据隔离的安全保障能力，通过针对具体业务特点构建不同隔离防护等级的软、硬切片，满足不同场景下的不同应用对网络隔离的差异化需求。该部署策略适用于铁路内部服务网中对安全有一定需求并且需要覆盖区域较大的业务。

2.1.2 边缘计算专网部署特点

边缘计算（MEC）是一种新型网络部署策略，同时也是实现 5G 专网的关键技术之一。可将 5G 接入网在靠近用户移动终端的位置提供更低延迟、更优质量的网络服务和云计算能力[5]。另外，结合 5G 网络 UPF 下沉能力，形成边缘计算 UPF 混合专网，可将 UPF 及部分 5G 核心网的关键网元直接下沉到铁路本地园区进行部署，通过对特定业务流量进行端到端的分流，使数据处理可以在园区本地完成，从而使业务数据、信令、用户隐私信息等需要做机密防护的数据不出场，实现对数据的高度安全隔离[6-7]。

另外，由于 UPF 下沉到了本地，使本地的数据传输时延大大降低，并且可根据铁路不同应用场景的需求灵活对硬件配置、功能模块等进行定制，满足铁路多种业务的个性化需求。该策略对比网络切片专网部署策略具有极低的端到端时延以及更高的数据安全隔离度等优势，适用于铁路内部服务网及部分安全生产网中对于安全有着较高要求的业务。

2.2 铁路 5G 专网部署方案

铁路 5G 专网涉及列车行车调度、旅客隐私以及虚拟化管理等关键重要功能，其网络的安全可靠性、稳定性、抗灾能力、软硬件运维、信息处理能力等诸多方面均较传统信息网络系统有着更高的要求，对此铁路 5G 专网可根据实际应用场景对安全的需求，采用专用 UPF 或本地部署专网方式进行铁路 5G 专网设计，以应对大量异构终端，多样化、灵活化应用的安全防护需求。本文着重研究利用网络切片、边缘计算结合专用 UPF 的形式，在公网建立专用隔离网络，实现敏感数据安全隔离防护的公网专用部署方式，架构如图 2 所示。

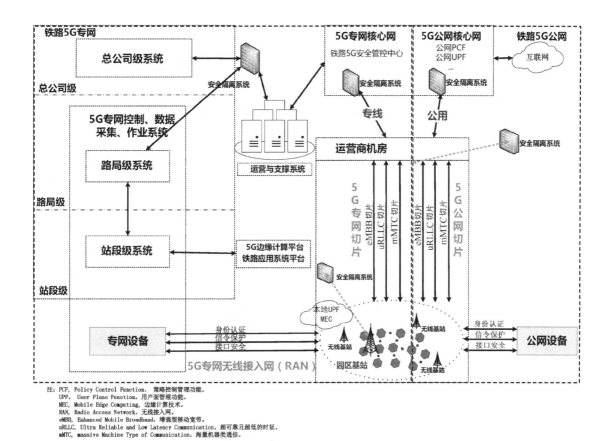

图 2 铁路 5G 专网架构图

3 铁路 5G 专网安全设计

3.1 铁路 5G 专网安全域设计

5G 网络安全架构是 4G 网络的延续，且继承 4G 网络安全域分层的安全架构设计，其接入网与核心网的边界清楚，空口和数据传输上也继承了 4G 网络的安全防护措施[8]。同时 5G 网络在广播消息保护、伪基站检测以及对于数据机密性和完整性的保护等方面均进行了安全升级。对此，铁路 5G 专网安全域设计应能够应对新一代通信技术所带来的潜在安全挑战，包括虚拟化业务功能集、人工智能技术和应用、新的网络部署方式和接入设备类型等，并在铁路 5G 网络安全架构设计时充分考虑数据安全保护[9]，特别是对新型接入设备的数据保护措施，体现统一认证机制和业务应用认证，满足能力开放功能，以及支持切片安全隔离和边缘计算安全部署。

根据铁路现有网络架构及网络安全防护现状，铁路 5G 专网在网络安全总体架构上仍采用应用层、归属层、服务层和传输层四层结构设计模式，在此基础上结合铁路 5G 网络组网新特点和安全防护新需要，研究提出铁路 5G 专网安全域设计图，如图 3 所示。

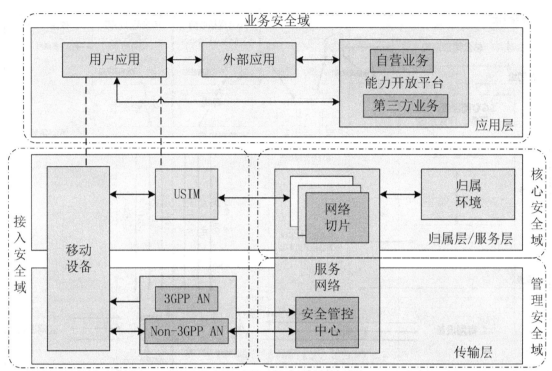

注：3GPP, 3rd Generation Partnership Project, 第三代合作伙伴计划。
AN, Access Network, 接入网。
USIM, Universal Subscriber Identity Module, 全球用户识别卡。

图 3 铁路 5G 专网安全域设计图

1）接入安全域。该安全域处在用户侧网络环境中，需要保障网络数据获取和业务接入稳定运行，保证用户鉴权功能的实施以及用户设备接入网络的操作和信息安全，包括 3GPP 接入和非 3GPP 接入两种接入方式，保护对空口的攻击，防止攻击从服务网络到接入网络的安全蔓延[10]。具体安全机制包括双向接入认证、传输加密、数据完整性保护等，保证用户设备与网络之间的数据及信令的机密性和完整性，包括无线网和核心网信令保护，使之能够安全通过网络进行接入认证。

2）核心安全域。该安全域处在归属层，针对核心网的虚拟化、软件化切片分层特性，进行入侵检测、行为过滤、数据保护，对集中控制器、南北向接口等进行重点防护，以保障接入网与核心网、服务层到归属层之间的接口安全。5G 接入网与核心网分离设计，两网之间的接口可采用例如 IPSec（互联网安全协议）的安全机制，以实现安全隔离要求。

3）业务安全域。该安全域涉及用户应用、外部应用、能力开放平台、自营业务平台及第三方业务平台安全，保障用户安全可靠地完成预期业务操作和应用，保障网络侧业务正常，避免未授权的恶意滥用操作，同时防止利用平台和应用对网络发起的攻击。具体防护措施包括通过运用如 PIN 码（个人识别密码）等防护机制保护终端和 USIM（全球用户识别卡）的安全；通过部署恶意程序查杀和系统漏洞扫描软硬件保障业务正常运行；对相关业务的敏感操作进行认证、授权及审计等。同时，核心网业务应用操作和数据交换都要通过核心网防火墙实行有效安全隔离和访问控制。

4）管理安全域。安全管控中心包括虚拟化管理、统一认证管理、切片安全管理等，其防护策略与平台类的防护策略类似。需要加强对各类业务操作行为的监管与控制，强化身份认证、授权及行为审计，对网络各节点、网元之间信令和用户面数据的安全通信进行统一认证与管理，包括接入网与服务网络共同节点之间的交互安全。

3.2 铁路5G专网安全架构设计

根据上述铁路5G专网安全域设计，结合目前最新内生安全网络防护思想，铁路5G专网架构设计采用用户面与控制面分离、应用与承载解耦的面向服务化架构设计思路，运用内生安全关键技术，对系统进行全方位、覆盖全生命周期的安全防护[11]。铁路5G专网安全架构在设计上更多地考虑到基础设施边云化、系统架构服务化、业务服务网络切片化、运维管理及生命周期闭环化等新特征带来的安全隐患。

铁路5G专网安全架构设计由核心网（5GC）、无线接入网（RAN）、用户终端（UE）和运营与支撑系统（OSS）四部分组成[1]，针对用户终端、接入安全、服务应用、功能管理、网络节点以及业务供需关系和模块间的关系设计如图4所示。

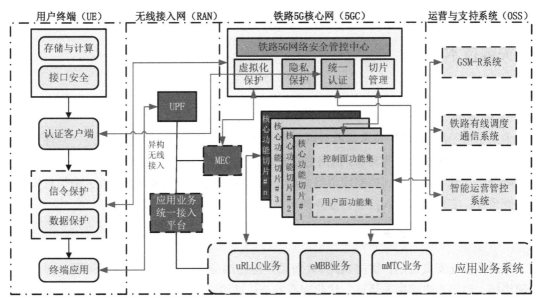

图4 铁路5G专网安全架构图

1）用户终端。该部分处在用户面，主要保护用户在使用移动终端时的环境、终端设备以及USIM卡等方面的安全；保障用户设备接入无线接入网后的信令及数据安全，进行的业务应用及相关操作的通信安全，获取、存储、计算数据的隐私安全等。

2）无线接入网。铁路5G无线接入网（RAN）具备边缘计算、分场景部署、用户接入安全验证等特征，以满足异构无线多点接入、低延时、轻量化密码算法等多样化的业务需求。虽然5G网络向虚拟化、边云化方向发展导致网络边界越来越模糊，但传统接入网防护仍然不能放松，铁路5G无线接入网需要具备分析过滤、监测预警能力，并将分析监测到的可疑操作上报至核心网的铁路 5G 安全管控中心进行统一审核验证管理。

3）铁路 5G 核心网。该部分采用控制中心与应用功能分离的设计，安全管控中心是网络系统的指挥中枢，负责系统核心安全管理、统一认证、虚拟化及隐私保护等管理。功能切片是根据特定业务需求和应用场景定制的逻辑组合，每个切片间需要进行有效的隔离，确保各个切片功能互不影响，不同切片间可根据业务需求，对数据实行加密隔离存储或按业务运行的最小需求加密共享。控制面功能集包括控制面网络功能、会话管理、开放服务等；用户面功能集包括用户面网络功能、开放接口安全、数据保护等。

4）运营与支持系统。该部分和业务提供商强相关，和运营商网络弱相关。对安全性要求较高的业务，除了传输安全保障之外，相应系统要做端到端的安全保护；例如移动支付、客票业务、列车调度等，即使网络保障了传输安全，运营与支持系统也要做端到端的安全保障，确保业务正常运行。对于涉及边缘计算的应用和业务还需要强化虚拟机的安全隔离措施，防止由于硬件资源共用引发的数据非授权共享。

铁路 5G 专网安全架构设计采用内生安全思想和关键技术，相对于传统的网络架构具有防止漏洞后门、可检测并干预授权用户进行非授权操作、可处理海量异构终端接入的安全问题等优势，其防御模式由事后处理、被动防御变为事前预测、主动防御，具有自适应、自主、自成长能力的新型防御体系。

4 关键技术

4.1 网络监测预警技术

采用 5G 网络监测预警技术，有效解决现有网络固有的安全功能扩展性差、个性定制化困难等问题，采用安全监测与 5G 网络通信松耦合的机制，将安全监测架构与 5G 网络架构深度融合，从基础设施层到控制层再到应用层，实现铁路 5G 专网的全流程、全信息安全状态监测预警，实现动态接入控制、服务器负载均衡、资源调度等功能。

4.2 可信身份验证技术

采用零信任安全机制，解决铁路 5G 海量异构终端身份可信验证与管理问题，融合不同的网络接入和多态终端接入认证，优化现有安全认证协议，以支持不同的认证方式、不同的身份标识及认证凭证，满足海量终端在异构网络间进行切换时的安全认证需求，保障同一业务在更换终端或更换接入方式时业务连续安全。

4.3 拟态安全防御技术

采用拟态安全防御技术，建立动态化、伪随机化、多样化安全防御机制，主动改变自身结构和属性，给攻击者制造不可预测的迷局，增加攻击难度。该技术可与目前被动防御模式共同构建主被动融合的新型防御体系，有效阻断攻击链，针对未知漏洞和后门的攻击进行有效防御，适用于动态异构的铁路 5G 应用场景，有效改善网络威胁的被动防御状态为主动、动态防御。

5 结语

本文基于铁路实际业务场景对 5G 网络安全级别的不同需求，针对 5G 专网部署特点与不足进行分析，研究提出适用于广域部署且有一定安全需求的网络切片专网部署策略和适用于更低时延且有较高安全需求的边缘计算结合下沉 UPF 专网部署策略。采用基于内生安全思想及关键技术，提出铁路 5G 应用场景的专网安全域及架构设计方案，对专网安全架构形成支撑，构建较为有效的安全防御体系，为后续铁路 5G 专网及公专融合安全设计提供思考借鉴。随着 5G 网络应用的持续深入，铁路行业将与运营商和网络安全企业开展深度合作，共同探讨 5G 组网及安全设计方案，并持续优化改进 5G 网络安全架构及防护策略，最终构建更加安全可靠的铁路 5G 网络，保障铁路业务稳定、高效、安全地运营。

参 考 文 献

[1] 周宇晖. 铁路 5G 专网系统架构和组网技术研究［J］. 中国铁路，2020（11）：10-15.

[2] 聂衡，赵慧玲. 支持行业应用的 5G 核心网方案［J］. 移动通信，2021，45（01）：2-5.

[3] 杨文聪，杨文强，唐雄燕，等. 5G 专网核心网部署模式与挑战［J］. 移动通信，2021，45（01）：30-34.

[4] 李明春，王威，倪西冰. 边缘计算在铁路行业的应用和价值［J］. 信息通信技术，2020，14（4）：37-44，64.

[5] 项弘禹，肖扬文，张贤，等. 5G 边缘计算和网络切片技术［J］. 电信科学，2017，33（6）：54-63.

[6] 刘默涵，曲成昊. 融合 5G 铁路全连接智能信息网络研究［J］. 中国新通信，2021，23（04）：34-35.

[7] 汪双兔，汪海旸. 基于 MEC 的 5G 虚拟专网在家电企业应用研究［J］. 信息技术与网络安全，2021，40（01）：56-61.

[8] 华为技术有限公司. 华为携手业界共同保障 5G 安全［Z］. 2020.

[9] 丁建文，郑鹏，李海鹰，等. 铁路新一代移动通信专网互联互通关键技术研究［J］. 中国铁路，2020（11）：31-40.

[10] 邹俊飞. 第五代移动通信核心网络架构与关键技术分析［J］. 电子测试，2020（23）：76-77.

[11] 乔思远. 聚焦 5G 内生安全，构建 5G 安全新防线［Z］. 2019.

京张高铁客服信息工程 BIM 技术应用实践

肖彦峰

中国铁道科学研究院集团有限公司电子计算技术研究所
（中铁科（北京）信息工程设计咨询有限公司），北京　100081

【摘要】 本文总结了 BIM 技术在京张高铁客服信息工程中的应用背景、技术路线、技术流程及框架，探索了基于 BIM 的客服信息工程族库管理、虚拟建造、工艺分析、多专业融合、车站日照采光分析、旅客流线分析、机房 VR 技术等应用。

【关键词】 京张高铁；智能建造；铁路客服信息工程；BIM 技术

Application of BIM Technology in Customer Service Information Engineering of Beijing Zhangjiakou High Speed Railway

Xiao Yanfeng

Institute of Computing Technology, China Academy of Railway Sciences Corporation Limited （China Railway Technology（Beijing）Information Engineering Design Consulting Co., Ltd.），Beijing 100081

Abstract：This paper summarizes the background, overall framework, technical route, application process of BIM (Building Information modeling) technology in the customer service information engineering of Beijing Zhangjiakou High Speed Railway, and explores the application of BIM based customer service information engineering family library management, virtual construction, process analysis, multi-disciplinary integration, station sunshine and daylighting analysis, passenger flow analysis, VR (Virtual Reality) of computer room and so on.

Key words：Beijing Zhangjiakou high speed railway；intelligent construction；railway customer service information engineering；BIM

1 引言

智能高铁较为正式的定义是将云计算、物联网、大数据、移动互联网、BIM 等先进的现代化技术，运用到高铁的建设和运营中，推动铁路从数字化向智能化方向发展[1]。京张高铁智能化主要包括智能建造、智能装备和智能运营三大板块，具体涵盖智能工程建设与基础设施、智能出行、智能经营、智能列车、智能行车组织等方面的内容[2]，最终实现铁路设备设施更加安全可靠，运营管理更加经济高效，客货服务更加温馨便捷，展现中国铁路良好的社会形象。

《新一代人工智能发展规划》《"互联网＋"行动计划》等政策与需求驱动兴起一次新的工业革命浪潮，推动建筑业迈向由建筑信息模型（BIM）与移动互联、物联网、云计算、大数据、增强现实（AR）、虚拟现实（VR）等信息技术为支撑的智能建造。同时，也为铁路建造提供了新的思路，着力推动中国铁路由传统建设体系向新时期智能建造模式的探索和转变，中国铁路初步确定了以 BIM 技术为先导的智能建造发展方向[3]。随着新兴信息技术的不断涌现，传统铁路客服信息工程的设计、施工和建设管理方式已经难以满足日益复杂化的系统发展以及精细化、高标准、信息化管理的需要。京张高铁客服信息工程有必要结合新兴的信息化技术提升客服信息工程整体设计、施工与建设管理水平。BIM 技术是一个涵盖项目从设计到运维生命期的数据化管理工具，利用 BIM 技术通过整合数据化、信息化模型，进行设计应用、施工应用和建设管理，可以解决项目建设过程中复杂的技术问题[4]，提升铁路精细化管理水平、增加资源利用率[5]。

《高速铁路客服工程细部设计和工艺质量标准》[6]和《铁总建设〔2018〕》35 号文件均对铁路客服信息工程设计及施工结合 BIM 技术的应用提出了明确规范和要求，将 BIM 技术作为铁路客服信息工程建设过程中的重要技术之一。

2 项目概况

新建京张高铁全线客服信息工程共分为三个标段，北京段、河北段、太子城站。根据工程需求，在太子城站，北京段的清河站、昌平站、八达岭长城站，河北段的东花园北站、怀来站、下花园北站、宣化北站、张家口站的客服信息工程建设过程中进行了 BIM 技术的深化应用。京张高铁客服信息设备 BIM 模型数量统计见表1。

表 1 京张高铁客服信息设备 BIM 模型数量统计表

站点	自动售票机/台	自动检票机/台	安检仪/台	扬声器/台	半球摄像机/台	枪式摄像机/台	快球摄像机/台	综合信息显示屏/块	信息桥架/米	无线WiFi AP/台
太子城站	7	28	6	151	47	68	10	50	3686	30
张家口站	29	96	4	245	94	170	11	50	5473	100
宣化北站	6	15	2	157	11	58	15	24	3198	74
下花园北站	4	10	2	62	6	49	11	15	5303	32
怀来站	6	15	2	165	19	91	19	31	5921	67
东花园北站	4	10	2	130	9	60	20	22	3208	18
八达岭长城站	9	36	3	190	36	161	19	23	3632	118
昌平站	4	15	2	134	16	73	13	23	3525	63
清河站	36	87	12	260	30	279	75	59	4030	66

在京张高铁客服信息工程中，站房建筑 BIM 模型如图 1 所示。

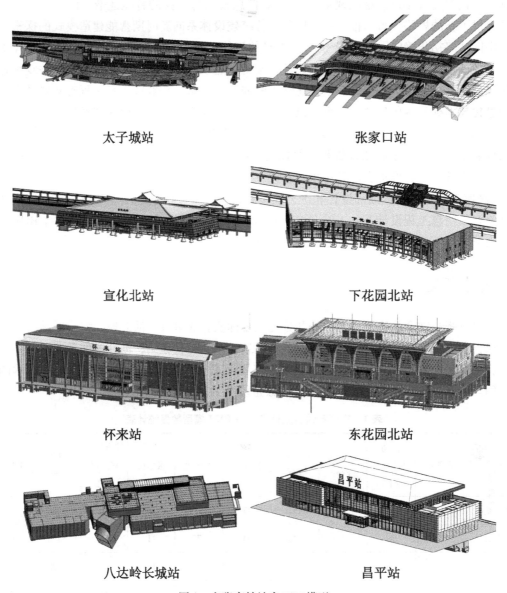

图 1 京张高铁站房 BIM 模型

3 制定标准

随着铁路 BIM 联盟的成立以及 BIM 技术在铁路工程建设项目各阶段的不断应用,BIM 技术在铁路行业的应用成为发展的必然趋势。依据铁路 BIM 联盟相关标准要求,围绕客服信息专业,在协议、语义、术语、表达、交付、构件、应用等各方面开展了标准的验证和完善工作,并根据京张高铁客服信息工程特点和专业需求制定了京张高铁客服信息工程 BIM 系列标准,具体包括《铁路客服信息工程 BIM 分类与编码标准》《铁路客服信息工程 BIM 建模及交付标准》《铁路客服信息模型施工应用标准》,如图 2 所示。

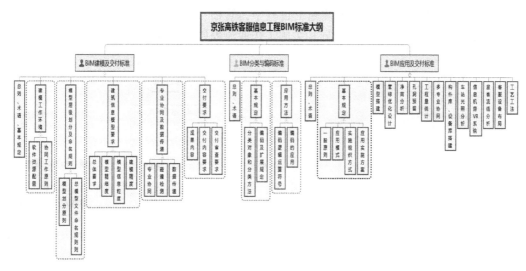

图 2　京张高铁客服信息工程 BIM 标准大纲

4　技术路线

在京张高铁客服信息工程建设过程中，通过应用 BIM 技术对铁路客服信息专业相关设备构件进行三维精确建模，并结合站房专业中机电与装修模型对客服设备的施工方案进行可视化分析、设备安装精确定位、工艺仿真模拟及管槽碰撞检查，形成施工前的深化方案，指导施工作业，同时采用信息化手段对施工作业进行数字化管理，提供模型数据管理、电子施工日志和隐蔽工程影像管理等功能。

BIM 技术应用是一个随着工程开展，进行二、三维工程信息综合集成并不断深化优化，从而达到深化设计、指导施工、节约成本、缩短工期目标的过程。BIM 技术在客服信息工程建设过程中的应用流程如图 3 所示。

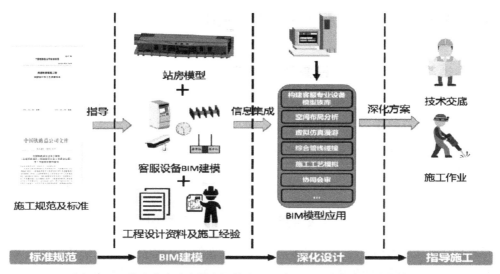

图 3　BIM 技术在京张高铁客服信息工程建设过程中的应用技术路线图

在京张高铁客服信息工程的安装施工过程中,管槽、桥架、吊挂件、立柱、机房设备、综合显示屏等设备应用 BIM 技术指导相关施工作业流程如图 4 所示。

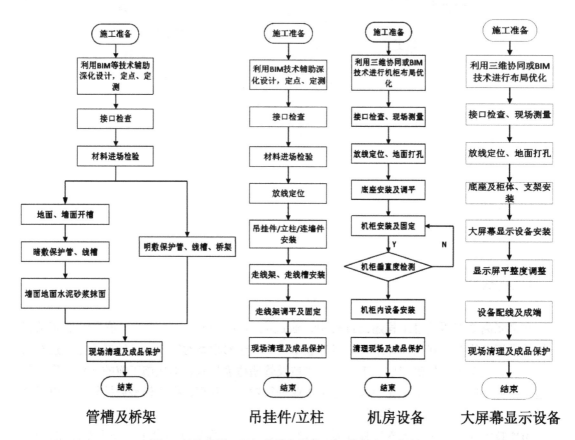

图 4 铁路客服工程相关设备安装 BIM 技术应用路线图

5 京张高铁客服信息工程 BIM 技术应用

5.1 构建铁路客服信息专业设备 BIM 族库

BIM 模型是 BIM 项目实施的基础。在京张高铁客服信息工程中,应用 BIM 技术对客服信息专业涉及的所有终端设备进行了建模,主要包含客票设备 BIM 族库、视频监控设备 BIM 族库、综合显示及时钟设备 BIM 族库和信息机房设备 BIM 族库四大类,如图 5 所示,其成果丰富了现有客服信息专业设备族库,为未来新建客服信息工程的 BIM 应用奠定了基础。

5.2 基于 BIM 的京张高铁客服信息工程与站房工程协同优化

利用 BIM 技术将客服信息工程与站房工程多专业模型、全过程深度协同应用,解决工程重难点位置融合问题,深化优化设计,指导现场施工,提升工程效率和质量。

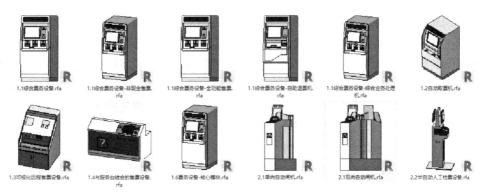

客票设备 BIM 族库

视频监控设备 BIM 族库

综合显示及时钟设备 BIM 族库

信息机房设备 BIM 族库

图 5 铁路客服信息专业设备 BIM 族库

应用 BIM 技术，结合站房专业 BIM 模型，依据 Q/CR 9524—2018《高速铁路客服工程细部设计和工艺质量标准》规范，进行进站通道屏及监控摄像机安装点位优化、站房外立面监控摄像机及广播扬声器整体布局优化、售票厅终端设备安装点位优化、进站口检票闸机安装点位优化，对站房线槽进行了优化，对站台预埋件进行深化优化设计。对站房的走廊、地下空间、站台、楼梯等净空要求严格的区域进行净高分析，快速找出净高不满足客服设备安装要求的区域，提前发现问题并与站房施工单位沟通解决，大幅度减少现场返工，有效保证施工进度，改善工程质量。在对客服专业部分重点部位摄像机和扬声器进行设计安装位置的过程中，运用 BIM 技术综合考虑站房外立面玻璃幕墙、干挂石材等具体装修情况，定点定测客服专业摄像机、扬声器设备安装位置及工艺风格。站房外立面室外摄像机、扬声器设备安装方式定点定测，设备与装修面深入融合、整体布局优化效果如图 6 所示。

进站通道屏、摄像机安装点位优化

站房外立面摄像机、扬声器布局优化

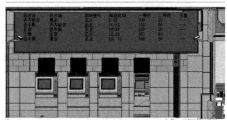
售票厅终端设备安装点位优化

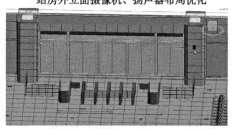
进站口检票闸机安装点位优化

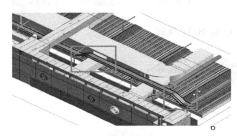
站房内多专业线槽综合优化

站台预埋件设计优化

图 6　基于 BIM 的京张高铁客服信息工程与站房工程协同优化

5.3　基于 BIM 的京张高铁客服信息工程检票闸机安装施工工序工艺仿真

基于 BIM 的检票闸机安装工艺仿真，通过三维场景建模结合施工工艺要点，达到"所见即所得，重点突出，简洁直观"指导优化施工的效果。运用 Revit、3DMAX、U3D 技术，动态仿真模拟关键工序工艺，主要包括以下内容（图 7）：

1）检票机垂直正下方建议预留线槽用于综合布线及内部走线。

2）自动检票设备与检票口门距离不宜小于 3m。
3）自动检票设备入口端应与房建地砖对缝整齐。
4）安装自动检票设备位置的地面平整度误差不超过 2mm。
5）自动检票设备安装后底部应使用密封胶密封。
6）自动检票设备在寒冷环境安装时应配备加热模块。

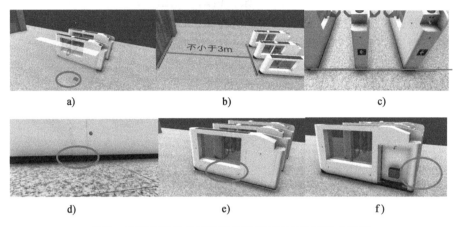

图 7　基于 BIM 的检票闸机安装施工工艺仿真优化模拟

5.4　基于 BIM 的京张高铁车站旅客流线及客服设备布局动态仿真

利用 BIM 技术精确仿真模拟分析京张高铁怀来站旅客购票、进站、候车、出站等流线，结合车站功能区分布及各功能区内客服终端设备的设计布局，深化设计，从而达到将车站功能空间分配、客服设备安装数量及分布与旅客流线路径最优化匹配融合的效果，最大化发挥客服设备在车站不同功能区内的效能，更好地满足旅客在购票、进站、候车、出站过程中对服务信息的精细化需求，提升旅客车站出行体验，如图 8 所示。

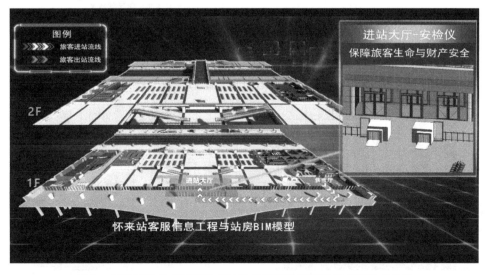

图 8　基于 BIM 的京张高铁车站旅客流线及客服设备布局动态仿真

5.5 基于 BIM+GIS 的京张高铁车站日照运行轨迹动态仿真模拟

利用 BIM+GIS 仿真技术模拟车站日照采光，分析站内检票闸机设备受光照影响情况，解决检票闸机设备受光照影响问题。阳光透过车站玻璃幕墙直射站内的检票闸机，会降低设备人脸识别性能，甚至造成旅客无法检票的问题，给旅客出行带来不便。针对此问题，项目团队运用 BIM+GIS 技术进行了科研创新探索，精确模拟出了京张高铁全线站房外全年时间中太阳的运行轨迹，以及光照经站房玻璃幕墙透射进站内的仿真情况，从而为车站运营单位制定解决检票闸机设备避免光照影响方案提供参考依据，如图 9~图 12 所示。

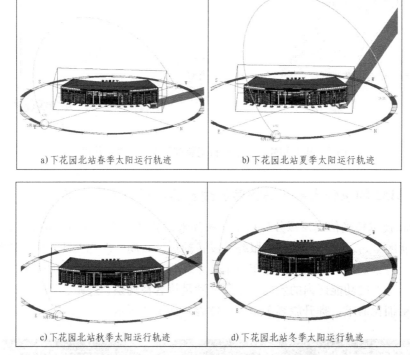

a) 下花园北站春季太阳运行轨迹　　b) 下花园北站夏季太阳运行轨迹

c) 下花园北站秋季太阳运行轨迹　　d) 下花园北站冬季太阳运行轨迹

图 9　基于 BIM+GIS 的京张高铁车站日照运行轨迹动态仿真模拟

图 10　基于 BIM+GIS 的京张高铁车站站内某时间段日照仿真模拟

京张高铁客服信息工程 BIM 技术应用实践　　297

图 11　基于 BIM+GIS 的京张高铁车站日照采光仿真分析（车站外部视图）

图 12　基于 BIM+GIS 的京张高铁车站日照采光仿真分析（车站内部视图）

5.6　基于 BIM+VR 的京张高铁信息机房管理系统

研发应用了京张高铁信息机房 BIM+VR 管理系统，"场景互动，身临其境，所见即所得"，填补了机房工艺交底不直观、不清晰、不彻底的技术空白。信息机房结构复杂，多专业交叉，设备数量庞大，管线规格繁杂且数量多，室内空间紧张，施工难度大。本项目提出了一种创新的技术管理模式及应用系统，在信息机房工程施工作业前，施工技术人员基于本系统对机房设备安装的总体布局、施工工艺、工序以及工法进行三维模拟，可以深入了解施工方案及内容，通过对比分析不同施工方案的可行性，解决现场各阶段工艺工序难点，如图 13~图 16 所示。

图 13 京张高铁信息机房 BIM+VR 管理系统（系统显示屏及 AR 操作台）

图 14 京张高铁信息机房 BIM+VR 管理系统（AR 操作台及 VR 场景漫游路径控制令牌）

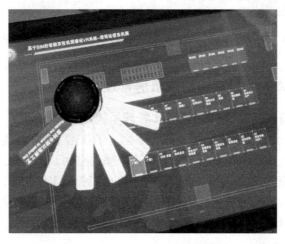

图 15 京张高铁信息机房 BIM+VR 管理系统（AR 操作台及工艺工法标签控制令牌）

图 16 京张高铁信息机房 BIM+VR 管理系统（系统界面）

在机房施工过程中运用 BIM 技术及铁路客服信息机房 BIM 管理系统辅助施工，将 BIM 技术应用到信息机房"一体化"[7]建设的每一个环节，包括机房土建、装修、消防、风水电、环境空间、防雷接地、机柜及柜内设备、走线架、光纤槽、综合线缆优化等细部设计和施工工艺，在设计、施工前进行了精确的 BIM 建模，给工程人员以直观展示和参考，整体及局部在施工前都进行了充分深度的优化，如图 17 所示。

a）太子城站机房模型

b）张家口站机房模型

c）宣化北站机房模型

d）下花园北站机房模型

e）怀来站机房模型

f）东花园北站机房模型

g）八达岭站机房模型

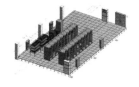
h）清河站机房模型

图 17 京张高铁客服信息工程信息机房 BIM 模型

6 应用效果总结

表 2 为使用 BIM 技术对京张高铁客服信息工程施工方案进行优化前后的效果对比。

表 2 基于 BIM 技术的施工方案优化前后对比

设备	优化前方案	优化后方案
自动检票机	检票机下方没有考虑预留线槽；设备与检票口之间的间距设置不规范；忽略了设备位置地面平衡度因素	在检票机下方预留线槽；进站闸机由三窄一宽变为五窄一宽，机尾与进站口幕墙间距不小于 3m，左侧人工通道取消；安装设备位置地面平整度误差不大于 2mm
自动售票机	自动售票机的类型、数量与摆放位置，依赖于传统方式，没有结合站房的结构特点及装修风格，忽略了用户习惯	经过与站房 BIM 模型进行整合，并分析客流分布规律，合理、科学地对自动售票机进行定点定测安装
摄像机	只对摄像机的类型、数量和位置进行了初步设计，对摄像机覆盖范围功能性缺乏考虑	通过整合站房 BIM 模型，调整摄像机的类型、位置及安装方式，使其符合站房整体装修风格，在实现功能的同时保证美观性；对客服专业部分重点部位摄像机进行定点定测安装高度和监控范围
综合显示屏	没有对综合显示屏（票额屏、进站显示屏、窗口屏、候车信息屏）的具体尺寸做要求，其安装效果、位置装修专业结合不紧密	结合站房 BIM 模型，实现综合显示屏与装饰装修对砖对缝安装；通过模型分析，提前发现显示屏宽度与房建结构预留宽度之间的碰撞点，及时对显示屏宽度进行尺寸调整
管槽	信息管槽的安装依赖于二维图纸，显示结果不直观，且与机电专业管线图纸结合使用较为复杂，专业之间交叉，信息集成度不高，无法及时发现管槽碰撞问题	结合站房专业机电 BIM 模型，充分运用 BIM 技术的信息集成，专业综合，三维数据的特性，预判、发现、协调并解决客服信息与站房其他专业的管槽碰撞问题
信息机房工程	初步设计资料信息不够全面精细，与站房专业预留接口较少，工程过程信息不确定性较多，变化较大，管理难度较大	对信息机房所有设备设施进行精细化 BIM 建模，深化设计优化走线架、机柜及柜内设备布局。机房管理系统实现模型的轻量化展示查阅，信息机房设备属性的数据库备份管理，根据不同的用户权限实现信息机房设备属性的增、删、改、查，方便工程人员对信息机房所有设备信息的更新、检索和追溯

京张高铁客服信息工程通过 BIM 技术的应用，不仅能显著提高建设、设计、施工单位及设备厂家等之间的协同工作效率，实现客服信息工程数据的协同、规范、可追溯性，而且可以为工程相关的细部设计、先进工艺工法的落地应用提供更加直观和便捷的技术手段。

7 结语

BIM 技术在京张高铁客服信息工程中的应用，进一步验证了智能建造在该专业领域的应用价值，解决了客服信息工程建设过程中存在的实际问题，起到了降低建设成本、优化设计、辅助指导施工、标准化、精细化管理的重要作用，同时也提升了本专业与相关专业之间的协作能力。随着 BIM 技术在铁路行业的不断发展和完善，以及新技术的兴起并成熟，大数据、人工智能、物联网、5G 等新一代信息技术的发展推动着 BIM 技术在铁路行业的深度应用，通过将各类新兴信息技术与 BIM 技术在铁路领域的有效融合，逐步形成完整的应用生态链，为发展铁路智能建造提供有力的新技术支撑。BIM 技术在铁路智能建造过程中的深化应用，推进了铁路建造过程中的精益、智慧、高效、绿色协同发展，为提升铁路建造技术，提高铁路建造水平提供参考[8]。

参 考 文 献

[1] 刘为群. BIM 技术应用于数字铁路建设的实践与思考 [J]. 铁道学报，2019，41（3）：97-101.
[2] 李红侠. 京张高速铁路智能化技术应用进展 [J]. 铁道标准设计，2021，65（5）：1-5.
[3] 中国铁路总公司工程管理中心. 中国铁路 BIM 技术研发和应用框架 [J]. 铁路技术创新，2014（2）：7-11.
[4] BRYDE D, BROQUETAS M, VOLM J M. The project benefits of buil-ding information modeling (BIM) [J]. International Journal of Project Management, 2013, 31 (7): 971-980.
[5] 王同军. 基于 BIM 的铁路工程管理平台建设与展望 [J]. 铁路技术创新，2015（3）：8-13.
[6] 中国铁路总公司. 高速铁路客服工程细部设计和工艺质量标准：Q/CR 9524—2018 [S]. 北京：中国铁道出版社，2018.
[7] 乔磊. 模块化的数据交互与融合——一体化机房建设 [J]. 智能建筑，2017（7）：35-38.
[8] 赵有明. 基于 BIM 技术的智能建造在铁路行业的应用与发展 [J]. 铁路计算机应用，2019（6）：1-6.

基于 BIM 的铁路基础设施综合运维管理平台研发与实践

王辉麟[1]，肖彦峰[2]，张俊尧[1]，王志华[1]，解亚龙[1]

1. 中国铁道科学研究院集团有限公司电子计算技术研究所，北京　100081
2. 中铁科（北京）信息工程设计咨询有限公司，北京　100081

【摘要】 本文深度分析和调研了各铁路局运维管理信息系统现状，研究分专业业务需求，设计了基于 BIM 的铁路基础设施运维管理平台总体架构与功能模块。创新性提出了基于 BIM 的铁路工电供等运维管理相关的新思想和新技术，为实现铁路基础设施运维统一管理提供信息化手段创新思路。

【关键词】 铁路基础设施；工电供综合运维；BIM；一体化综合展示

Research and Application of Operation and Maintenance Management Platform for Railway Infrastructure based on BIM Technology

Wang Huilin[1], Xiao Yanfeng[2], Zhang Junyao[1], Wang Zhihua[1], Xie Yalong[1]

1. Institute of Computing Technology, China Academy of Railway Sciences Corporation Limited, Beijing 100081
2. China Railway Technology (Beijing) Information Engineering Design Consulting Co., Ltd., Beijing 100081

Abstract: This paper deeply analyzes and investigates the current situation of the operation and maintenance management information system of each Railway Bureau, studies the business requirements, and designs the overall architecture and functional modules of the railway infrastructure operation and maintenance management platform based on BIM technology. This paper innovatively put forward new ideas and technologies related to operation and maintenance management such as railway industrial power supply based on BIM, so as to provide innovative ideas of information means for realizing unified operation and maintenance management of railway infrastructure.

Key words: railway infrastructure; integrated operation and maintenance of infrastructure; BIM; integrated data display

1 引言

2008 年 8 月 1 日京津城际铁路正式投入运营，这是我国第一条时速 350km 的高速铁路。近 13 年来中国高速铁路建设取得了飞跃性发展，到"十三五"期末，铁路运营总里程为 14.6 万 km，其中高铁运营里程约 3.8 万 km，居世界第一位。随着高铁运营里程的不断增加以及运营时间的日积月累，线路、轨道、电务和供电等基础设施的疲劳周期临近，设备设施的故障率逐年提升，基础设施的日常巡检和维修量越来越多。现有国铁集团对铁路基础设施的运维管理还处于传统的分专业、分工种进行独立的运营维护，分别设置针对线路桥梁及隧道维护的工务段，针对通信、信号专业设备维护的电务段，针对接触网、变电所、AT所等供电设备设施维护的供电段，以及针对车站、房屋等建筑设施维修的房建段。针对各专业基础设施运维管理，国铁集团工务主管部门推广了"工务安全生产管理系统""供电6C系统"，成都局开发的"电务生产管理系统"，上海局研发的"电务生产调度指挥系统"，北京局供电段研发并应用了"供电管理信息系统"，石家庄房建段研发应用了例如"铁路房建运维管理信息系统"等，上述信息系统在铁路工务、电务、供电及房建基础设施运维管理过程中发挥了重要作用。近些年各路局陆续设置了高铁维修段，采用工电供综合维修的管理体制，开启了"统一计划、统一调度、统一排班、统一管理"的高铁综合维修时代[1-3]。作者在2011年结合铁路客运专线综合运维管理体系研究的课题，提出了"铁路客运专线固定设施综合运维管理系统"的理念，并进行了初步的研究和设计。由于当时还没有出现云计算、BIM等信息技术，尽管提出了综合运维管理系统的总体方案，但没有真正研发出原型系统和试点应用。近几年来，随着BIM技术在基础设施建设、施工和运维阶段的广泛应用[4-5]，针对工务、电务、供电和房建等重要铁路基础设施的一体化综合运维管理平台研发和应用具备了信息技术条件。

2 需求分析

2.1 总体需求

目前中国高铁基础设施分为工务、电务、供电、房建四个大专业，基础设施一体化综合维修要实现的目标是除了实现工务、电务、供电、房建各专业的独立维修管理以外，同时实现跨专业协同综合运维检修计划编制、检修任务排班、检修任务调度等功能，实现铁路运维统一计划、统一调度、统一排班、统一管理等功能。在管理机制上，综合运维还涉及铁路总公司、铁路局、基层段、车间、工区五级部门，系统建设要满足上述部门业务管理的需求。

2.2 运维管理业务需求

2.2.1 综合维修管理需求

1）统一生产计划：综合维修计划由工务部门牵头协调相关部门，汇总编制，统一审批，统一下达。

2）统一资源：根据检查周期，综合维修工区组织对工务、电务、供电设备进行协同作业，实现资源共享。

3）统一天窗：综合维修工区根据高速铁路基础设施实际情况，在同一时间段、同一区域范围内，统一各专业综合利用维修天窗，提高作业计划兑现率和天窗资源利用率。

2.2.2 工务专业运维业务需求

针对目前工务信息化发展存在的局间、段间、信息系统间条块分割、互不联通、发展失衡、信息孤岛等问题和现状，须从全路层面统一规划和整体推进[6]，以构建全路工务管理信息系统应用平台为主要任务，确保全路工务管理信息系统技术体系和总体构架的一致性。

在工务检测监测管理方面，应建立完善的检测监测数据实时自动采集、转储、无线传输、接收、实时预警和数据管理系统，集中、高效地管理工务综合检测监测数据，为设备状态诊断分析、修理辅助决策、安全预警等提供基于BIM模型的数据支持。

在工务修理辅助决策管理方面，对设备设施检测监测数据进行综合分析、趋势预判，研究设备质量状态变化规律，科学安排设备修理。完成建立工务设备维修知识库，辅助制定设备维修计划和作业方案，并进行作业效果评价，提高工务设备维修辅助决策智能化程度，为科学开展工务设备维修提供技术支持。

2.2.3 电务专业运维业务需求

电务设备运营维护管理是以电务设备维护管理规则为标准，围绕设备检修管理为目标而搭建的维修管理体系。长期以来，电务设备的日常检修包括日巡视、月检查、季检修、年整治。实行"日常维护、集中检修"两个修程。日常维护：对室内外设备的日常巡视检查；室内电气特性的监测、分析和处理；在"天窗"点内对室内设备进行检修和整治；负责室内外联系要点及昼夜值班；负责故障处理；完成年度全站信号联锁试验。集中检修：在"天窗"点内对室外设备集中检修、整治和标调；完成季节性和年度工作；配合工务作业。需改变传统的利用行车间隔、零星要点的维修作业方式，实行"天窗"集中检修。信号设备集中检修应充分利用综合"天窗"进行。驼峰实行停轮修。要根据"天窗"时间，实行弹性工作制[7]。

2.2.4 供电专业运维业务需求

围绕牵引供电"检测、分析、计划、作业、验收"五大生产关键环节，建立接触网设备运维管理、牵引变电设备运维管理、电力设备运维管理、给水设备运维管理、作业车设备运维管理、水电费收缴管理、施工管理、安全管理、工作质量考核管理、应急处置管理和远动系统运维管理11个业务功能模块，运用信息化技术优化设备运维流程，实现供电各业务部门统一、协同管理，提高设备运维管理效率。

2.2.5 房建专业运维业务需求

目前，铁路房建专业的管理手段基本处于粗放型人工管理状态，既有信息管理系统均为单一业务系统，信息技术手段应用较为粗浅，无法实现统一管理和资源信息共享，已不能满足现代化铁路管理的效率和要求。为做好房建相关管理工作，需要对设备、属性数据、生产数据、限界测量数据、重点工作进行有效管理，及时发现问题、整治问题，服务好房建专业管理工作。

2.3 用户需求

运维管理平台涉及国铁集团工电部、铁路局集团公司、基础设施段、车间、工区等单位，平台建设要满足上述业务部门的业务管理需要，还应满足上述部门之间工务、电务、供电、房建专业设备数据、检测数据、维修数据等交换与共享的需要。

2.3.1 国铁集团管理需求

满足国铁集团工电部对工务、电务、供电、房建等专业设备资产数据和维修管理生产信息的集中统一管理、交互、统计、查询需求，满足国铁集团工电部宏观决策管理的需要，满足和各路局集团公司系统数据上传、下达的需要。

2.3.2 路局集团公司管理需求

满足路局集团公司对设备资产管理、养护维修管理的需要，实现设备信息和设备检测信息的集成与综合展示。

（1）设备管理　能够对本单位管辖范围内的工务、电务、供电、房建专业设备的基础信息、维修、更新改造及状态进行管理；以 B/S 方式面向路局集团公司、基础设施段、车间和工区提供工务、电务、供电、房建专业设备数据的可视化查询；能够实时查询所辖线路的各级超限病害信息和病害整治情况，为各专业修理提供辅助决策支持。

（2）检测管理　能够对综合检测车、综合巡检车、车载式线路检查仪、便携式线路检查仪、钢轨探伤车、电务检测车、信号集中监测、供电 6C、SCADA 监测等各种检测监测数据进行集成调用与展示，动态展示设备质量状态评定结果，统计各种检测方式的检测完成情况以及超限数据入库情况、超限数据处理跟踪情况。

（3）维修管理　实现管辖范围内工务、电务、供电、房建专业日常生产、维修组织管理的集成展示；实现对管辖范围内工务、电务、供电专业设备的集中修、大机施工和重点整治地段的可视化展示。

（4）应急处置　应急车辆、物资、设备、社会资源等位置信息；应急流程、通道、径路等信息；应急事件发生地点、影响范围、相关基础设施信息等。

2.3.3　高铁维修段的管理需求

满足基础设施段对设备资产管理、养护维修、调度指挥、应急管理的需要，实现设备信息和设备检测信息、应急处置信息的集成展示。

1）信息统计：工务、电务、供电、房建专业维修技术中心日常安全生产信息统计与可视化展示。

2）设备监控：现场设备的监测，监控预（告）警信息分专业、分类别、分等级的集成展示。

3）计划执行：天窗作业地点、计划执行情况、人员活动轨迹、安全防护信息集成展示。

4）作业监控：生产调度监控中心下达维修计划，远程作业监控，应急处置信息集成展示。

2.3.4　综合维修（专业）车间需求

1）设备状态：管辖范围内设备质量状态，现场设备检测监测信息的集成可视化展示。周期性设备巡检、计划编制、覆盖情况的综合展示。

2）生产计划：生产计划执行情况、现场维修作业安全防护、人员活动等安全保障信息的集成展示。

2.3.5　工区（班组）需求

生产计划下达与执行情况、生产作业回馈信息集成展示；设备缺陷复核、设备病号销号情况集成展示。

3　系统设计

3.1　总体架构

基于 BIM 的铁路基础设施综合运维管理平台架构设计根据各专业运维系统的业务需求，

分析各系统之间的关联关系，提出基于 BIM 技术的运维管理平台运作机理；基于基础数据、综合维修、业务应用等管理需求设计运维平台的整体层次结构；结合各专业运维检修的不同业务规范与操作流程，建立面向分专业业务的统一调度能力，设计运维平台功能模块。平台总体架构如图 1 所示。

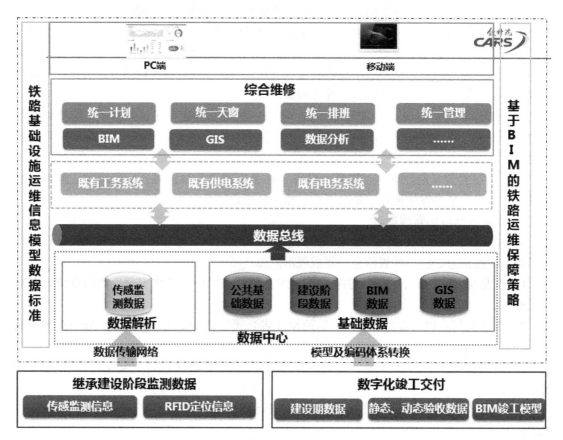

图 1 平台总体架构图

各类建设期数据、静动态验收数据、BIM 竣工模型，通过数字化竣工交付平台，实现建设向运营信息的无缝集成。

同时，集成建设阶段各类监测数据汇总至数据中心；数据中心各类数据通过 ESB 总线以数据服务的形式进行发布。

既有各工务、电务、供电、房建等专业运维管理信息系统从数据总线获取数据中心各类数据信息，搭建专业领域的运维管理信息系统。

3.2 技术架构

运维平台技术架构分为硬件/网络层、系统支撑层、统一开发框架层、应用层和用户访问层五个层面，如图 2 所示。

硬件/网络层：由计算机硬件平台和计算机网络组成，是供电设备运维管理平台的基础。在北京路局集团公司进行一级部署软硬件平台。

基于 BIM 的铁路基础设施综合运维管理平台研发与实践

图 2 平台技术架构图

系统支撑层：由数据库系统、操作系统和中间件构成。平台采用具有网格计算功能的 ORACLE 数据库系统；采用报表中间件，完成各类报表的制作。

统一开发框架层：由集成开发环境、身份认证接入、二次开发接口和框架管理构成。平台具有统一的开发框架，框架结构采用松耦合的分层架构模式，采取模块化、组件式方式，模块内部强调高内聚，模块之间采取松耦合的结合方式。框架采用 J2EE 开发平台及 JAVA 开发语言，具有统一的身份认证接入接口，实现身份认证信息的共享，同时，开发框架留有二次开发接口，可根据业务的变化在此基础上进行二次开发，并且开发框架拥有一套完善的用户管理、权限控制、灵活的界面管理、文档管理和信息发布等通用功能。

应用层：由业务功能模块或系统构成。按照专业分类和用户逻辑，将规范化的数据按照用户的需要提取出来提供给用户，为用户提供数据信息的查询、管理和决策支持。

用户访问层：用户通过浏览器、客户端或应用终端等访问渠道访问系统，并进行数据交互。

3.3 功能架构

运维平台主要包括基于 BIM+GIS 的综合展示、基于 BIM 的综合维修管理、基于 BIM 的工务运维管理、基于 BIM 的电务运维管理、基于 BIM 的供电运维管理、基于 BIM 的房建运维管理以及基础数据管理 7 个功能模块，功能架构图如图 3 所示。

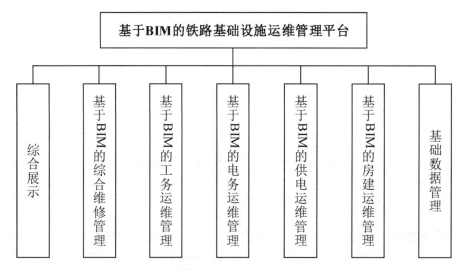

图 3　平台功能架构图

3.3.1　基于 BIM 的综合展示

综合展示主要利用 BIM 模型集成基础设施的静、动态数据信息，并提供不同专业、不同阶段、可视化的操作界面，使运维管理工作人员通过 BIM 模型查阅数字化档案资料、建设过程质量数据、关键工序质量控制数据以及运维期各专业基础设施资产分布、设备台账、维修记录等数据信息[8]。

（1）资料查询　通过离线摆渡的方式上传的铁路建设管理系统、设计平台的数据资料能够存储在运维平台中，这些资料包括二维图纸、BIM 模型、结构化表格、设计说明文件、平台及各业务模块基础数据、质量安全资料、现场照片、工程影像、施工方案、计划进度、工程日志、合同文档以及竣工验收资料等。平台能够提供分类查询、查看、导出等功能，供各专业相关人员检索查看。

（2）可视化展示　模型展示：BIM 模型通过自身的空间关系属性，能表达与现实工程实体一致的空间状态。模型展示功能通过三维立体形式展示基础设施的空间布局，帮助运维管理人员从不同角度观察基础设施的空间位置、相互关系等，便捷地获取基础设施各关键点的空间坐标及高程信息，满足在设备发生故障时及时定位、快速维修的要求。尤其针对隐蔽工程中的各类设备，平台用户可以通过空间管理功能精确地定位这些设备的位置，从而对优化整体空间布局、降低基础设施运维成本起到重要作用。

设备静态信息展示：将工务、电务、供电、房建等专业基础设施及设备在全生命周期中产生的数据资料与对应的 BIM 模型进行关联展示，设备静态信息包含设计文件、竣工图、验收文件、项目信息、检验批数据、施工日志数据、拌和站数据、试验室数据、沉降观测数据、设备检查信息、设备维修记录等。用户可以在模型视图中选择相对应的设备模型构件，也可以通过选择专业和输入设备参数的方式进行查询浏览。无论采用何种方式，一旦选中了某一具体设备，在界面上就会出现与该设备相关的设备信息供用户查看，同时用户也可以通过单击关联标签，查看"设备说明书""维修保养资料""供应商资料""应急处置预案""历史维护信息"等各种与设备相关的文件及信息资料。

设备动态信息展示：BIM 模型不仅与静态数据资料信息相关联，而且也集成了设施设备的动态监测信息，能够实时反映监测设备的状态信息。平台实现了将基础设施中预埋/安装的各类传感器、探测器、仪表等测量信息与 BIM 模型构件相关联，可直观展示设备实时的状态数据，例如电气设备的各类监控参数、房屋结构的应力应变数据、隧道路基沉降数据等。依靠 BIM 模型可按照区域、按照专业进行统计分析，更直观地发现监测数据异常的区域，各专业运维管理人员有针对性地对异常区域进行检查，发现可能的事故隐患或者调整能源设备的运行参数，以达到排除故障、降低能耗、维持业务正常运行的目的。

3.3.2 基于 BIM 的综合维修管理

基于 BIM 的综合维修管理功能实现检测检查、数据分析、生产调度、现场作业及质量评价的综合维修生产闭环管理。包括设备资产管理、移动检测数据管理、固定监测数据管理、现场检查管理、数据分析管理、生产调度管理、物资工机具管理、综合统计分析及智能运维可视化。

3.3.3 基于 BIM 的工务运维管理

基于 BIM 的工务运维管理围绕 BIM 模型设备状态实现以"检测检查、状态分析、维修计划、维修作业、质量验收"为主线的安全生产闭环管理。功能包括工务基础数据管理（资产数据模型、设备台账信息、维修机构信息）、检测监测数据管理（动轨检、线路检查仪等动态检测数据，路基、桥梁、隧道、道岔等静态监测数据）、设备质量评价（设备单元管理、综合量化评价、维修决策建议）、病害问题监管（病害问题管理、病害问题处理、病害问题配置）等。

3.3.4 基于 BIM 的电务运维管理

基于 BIM 的电务运维管理通过与 BIM 数据模型的集成管理，统一管理设备的检修作业标准、风险预控等业务。可优化设备、人力、信息等资源的配置，满足对设备故障预诊、分析判断、故障再现、原因分析、故障追溯的要求。功能包括电务设备履历管理、设备台账动态管理、设备状态健康评估、机房远程巡检、生产管理、监测和调度指挥的全面可视化等。

3.3.5 基于 BIM 的供电运维管理

基于 BIM 的供电运维管理以 BIM 技术为核心，以提高设备检修效率、保证供电质量、降低设备全寿命周期运行成本为目标，全面提升供电部门生产作业的标准化、信息化、智能化水平。功能包括接触网、变电、电力、给水、作业车等专业的履历信息、计划信息、工作票信息、检修保养信息、问题库信息、人员信息、技术资料信息、水电费信息管理等。

3.3.6 基于 BIM 的房建运维管理

基于 BIM 的房建运维系统根据铁路房屋、构筑物和附属设备等基础设施特点，结合运营单位现有设备管理、设备健康检查及节能等需求，通过智能化、数字化监测技术，实现基于 BIM 技术的设备健康状态监测及能耗自动管控。通过建设阶段数字化移交及 BIM 模型竣工交付，经过建造-运维体系转换，形成房建设备设施基础数据。通过数据分析和风险评估功能，结合 BIM 三维可视化，实现 BIM 在房建应急疏散、安全消防中的应用。功能包括 BIM 综合应用（隐蔽信息查看、节能分析、应急演练）、房建设备管理、供暖管理、给水管理、巡检管理、资产变更、技术管理、健康状态监测及预警等。

3.3.7 基础数据管理

基础数据管理主要对运维阶段工务、电务、供电、房建等固定基础设施基础信息及编码进行统一管理。通过设计、建造、施工阶段的数字化交付建立基础设施设备信息台账，建立基础设备全生命周期履历信息，为运维阶段数据监测、设备状态健康评估、设备检修提供基础数据。功能主要包括对组织机构、线路、人员、字典、设备台账等信息的管理。

4 基于 BIM 的铁路综合维修信息管理系统应用

基于 BIM 的铁路综合维修信息管理系统包括工程建设数据交付管理、设备全生命周期履历展示、综合维修生产数据集成、检测监测数据管理、工电供数据综合分析管理、工电供生产调度管理、工电供物资工机具管理以及一体化综合展示等模块，如图 4 所示。

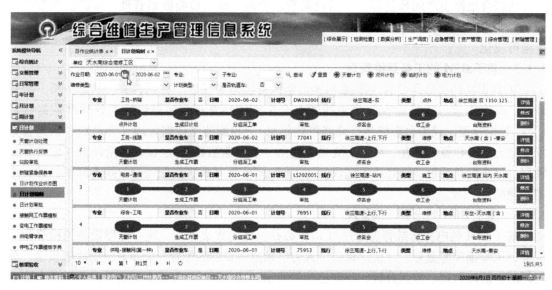

图 4 基于 BIM 的铁路基础设施综合维修生产管理系统

4.1 工程建设数据交付管理

通过对施工和运营里程的转换研究，实现施工里程向运营里程的数据转换，便于运营单位针对线路里程对施工建设阶段不同专业的多维度数据进行统一维护，为运营管理单位开展综合维修提供数据互通的基础功能服务。提供对设计、生产及施工等不同阶段生成的数据资料的查询服务，包括二维图纸、BIM 模型、结构化表格、设计说明文件、平台及各业务模块基础数据、质量安全资料、现场照片、工程影像、施工方案、工程日志、合同文档以及竣工验收资料等结构化及非结构化数据。为运营管理人员对建设阶段的数据信息提供高效快速访问。

4.2 设备全生命周期履历展示

1) 工务设备履历包括：

线路：主要是对钢轨、股道、坡度、曲线、车站、道岔、正线道床、站段岔特线道床、正线轨枕、道口设备、立交设备、起讫里程、水准基点、管界标、专用线、线路运营情况、线路允许速度等数据的查询、统计和关联调用，展示设备履历信息。

路基：主要是对路基本体设备、路基防护加固设备、路基排水设备、路基基床加强设备、路堑顶部灌溉土地和路基其他设备等路基设备信息的集成展示。

桥隧：主要是对桥梁、隧道、涵渠、积水交通涵、铁铁立交、铁公立交、桥隧慢行、防护架、其他桥隧建筑物等桥隧设备信息的查询、统计和关联调用，展示设备履历信息。

2) 电务设备履历：通信、信号设备设施编码、名称、分类、规格型号（版本）、生产厂家、产权单位、上道时间、特有属性等信息的展示。

3) 供电设备履历：接触网支柱、接触悬挂、补偿装置、分段绝缘器、分相绝缘器、交叉线岔、无交叉线岔、断路器、隔离开关、负荷开关、组合电器等设备信息的展示。

4.3 综合维修生产数据集成

集成由移动检测（检测车、车载线路检查仪、供电 6C 等）、固定监测（信号集中监测、供电 SCADA 等）、现场检查数据产生的设备超限、报警信息，按专业、分类别集成展示。对设备质量状态按单元进行集成展示，例如工务线路检查覆盖情况、TQI 超限区段等。不同检测时间的检测范围及设备检测结果信息，用不同颜色标注设备质量变化区段。利用工务、电务、供电等设备履历及检测、维修数据，在区间及站场绘制多专业综合图，实现设备基础信息、设备质量状态、维修信息的综合展示。基于三维可视化场景，分专业显示周期性生产任务的计划与完成情况、设备检修历史，包括周期性检查计划与日计划。

4.4 检测监测数据管理

检测监测数据管理包括移动检测数据管理、固定监测数据管理、现场检查管理。

移动检测数据管理包括工务检查数据管理、电务检查数据管理、供电检查数据管理。实现综合检测车、综合巡检车等检测装备发布的检测信息管理功能，提供检测发布信息的查询、展示、统计等功能。包括轨道、钢轨、接触网、通信、信号等十余项检测项目。

现场检查管理包括工务检查数据管理、电务检查数据管理、供电检查数据管理和联合检查数据管理。建立标准化检查项目、缺陷标准等基础数据字典，可实现数据初始化并提供基础数据维护功能。

固定监测数据管理包括工务监测数据管理、电务监测数据管理、供电监测数据管理。规范工务、电务、供电固定监测数据故障报警项目和等级标准，采用数据接口或通用采集模板，规范接入工电供三专业固定监测报警数据。

4.5 工电供数据综合分析管理

数据分析管理包括设备问题库、工务专业分析、电务专业分析、供电专业分析和数据融合分析。应用工电供各专业检测、监测、检查数据，综合分析设备劣化趋势，找出设备病害成因，为智能推送作业方案及编制状态检修计划提供决策支撑。

综合统计分析包括设备资产统计分析、病害统计分析、计划统计分析和作业能力分析。实现工务、电务、供电资产设备数据的统计分析，按照专业、线别、单位、设备类别不同的维度统计资产设备数量、分布。实现动静态检测检查监测数据的统计分析，对结合部动静态数据进行综合分析。实现天窗计划兑现统计、周期性计划覆盖统计、年月周日计划统计分析等功能。根据作业项目的项目定额和站段车间的人力配备，结合作业天窗时长实现站段、车间作业能力分析功能。

4.6 工电供生产调度管理

生产调度管理包括生产组织管理、维修作业管理、安全防护管理、生产作业监控、应急处置管理和轨道车管理。实现各专业年计划、月计划、周计划及日计划综合派工单的上报、审批、授令、下达和执行处理流程管理。实现各专业维修方案编制及审批、日计划作业票及派工单编制、相关风险要素控制及审批等，辅助各专业上道前完成维修作业生产组织功能，结合移动端 APP 实现维修作业过程控制。

4.7 工电供物资工机具管理

物资工机具管理包括物资材料管理和工机具管理。实现工务、电务、供电物资材料出入库、物资盘点、库存查询、领料、发料流程管理等功能。通过电子标签动态识别技术，实现工务、电务、供电工机具设备出入库及进出场安全管理等功能。

4.8 一体化综合展示

通过建立一体化展示功能实现在三维场景中融合全线 GIS 数据、BIM 模型、周边地形地貌、线路倾斜摄影实景和社会面要素数据，并以基础设施模型为信息载体关联从设计、施工到竣工验收的全过程信息资料，实现对建设信息、竣工信息的快捷查询获取。同时关联运营期基础设施运行状态、视频监控、检测监测和运用维修等信息，实现对基础设施全寿命周期的直观可视化管理。基于全线二三维场景和基础设施全寿命周期信息，提供日常巡检巡视、上道施工作业、铁路周边安全隐患排查、应急抢险救援等基本功能。

5 结语

通过对既有的工务、电务、供电和房建专业的业务流程和管理体系的深入分析，提出了基于 BIM 技术的铁路综合运维管理平台的总体方案，以及规范化、数字化的运维信息化管理流程。通过对运维管理平台的总体需求、各专业业务需求、功能需求进行分析，提出平台的总体架构、数据架构、技术架构、功能架构及功能组成，形成了基于 BIM 技术的铁路综合运维管理平台总体架构设计方案，为铁路基础设施综合运维管理平台的研发和应用提供了一定借鉴作用。

参 考 文 献

[1] 张雍华,王富章,蒋丽丽,等. 高速铁路智能基础设施发展关键技术研究[J]. 铁道建筑,2021,61 (03):87-91.
[2] 姚冬,陈东生,陶凯,等. 高速铁路基础设施综合检测监测技术探讨[J]. 铁道标准设计,2020,64 (03):42-48.
[3] 王宇嘉,贾永刚,孙耿杰,等. 高速铁路基础设施综合维修生产力布局优化研究[J]. 中国铁路,2019 (04):35-40.
[4] 王言,刘启钢,周凌云. 基于BIM技术的铁路运维管理探讨[J]. 铁路技术创新,2019 (04):92-96.
[5] 郝蕊,王辉麟,卢文龙,等. GIS-BIM在铁路工程建设管理中的应用研究[J]. 铁路计算机应用,2018,027 (04):46-50.
[6] 刘晓光. 基于运营性能的高速铁路大跨度桥梁健康管理探讨[J]. 铁道建筑,2020 (4):17-22.
[7] 白雪,任晨宇,朱超平. BIM模型在信号运维系统中的轻量化研究[J]. 铁道通信信号,2020,056 (05):52-54,58.
[8] 王志华,卢文龙,郭鹏飞,等. 基于BIM的铁路基础设施运维管理平台总体方案及关键技术研究[J]. 铁路计算机应用,2019,28 (04):51-54,58.

基于分布式光纤振动传感的列车位置追踪系统试验研究

汤飞[1]，宁雪[1]，柴金川[2]，刘磊[1]，李金波[1]，李元平[1]，王小铁[1]

1. 中国铁道科学研究院集团有限公司铁道科学技术研究发展中心，北京 100081
2. 中国铁道科学研究院集团有限公司国家铁道试验中心，北京 100015

【摘要】 针对现有列车位置追踪系统对车载设备和轨旁环境依赖较强的缺点，以及不同类型客货列车混运模式下列车位置追踪的特殊需求，本文提出一种基于分布式光纤振动传感的列车位置追踪系统方案，即结合列车运行时其轨旁光纤周边振动信号的时域特性，利用铁路轨旁通信光缆中的一芯光纤和通信机房内设置的分布式光纤传感检测系统，采用高振动信号采样率并通过滑动探测、小波去噪技术和均方根量化方法，计算列车的实时位置、运行方向、速度等信息。现场试验表明，单系统可监测距离50km以内的振动信号，定位精度为±20m，定位刷新周期为1s，可有效弥补现有列车位置追踪系统缺点，提供一种新的铁路列车位置追踪解决方案，为保障列车安全有序调度运行提供技术支撑。

【关键词】 列车位置追踪；光纤振动传感；滑动探测；小波去噪；均方根量化

Testing & Research of Train Position Tracking System Based on Distributed Fiber Opticvibration Sensor

Tang Fei[1], Ning Xue[1], Chai Jinchuan[2], Liu Lei[1], Li Jinbo[1], Li Yuanping[1], Wang Xiaotie[1]

1. Railway Science & Technology Research & Development Center, China Academy of railway sciences Corporation Limited, Beijing 100081
2. National Railway Track Test Center, China Academy of railway sciences Corporation Limited, Beijing 100015

Abstract: To overcome the disadvantages of existing train location tracking system which heavily relies on on-board equipment and the trackside environment; as well as to meet the specific requirement of train position tracking in the mixed passenger and freight traffic mode of railway, this paper proposes a train position tracking system scheme based on fiber optic vibration sensor, which on the basis of fiber time-domain characteristics of vibration signals when train running around the track side, uses a core optical fiber next to railway track and the distributed optical fiber vibration sensing system set up in the communication room, using high vibration signal sampling rate to extract accurate train vibration signals along with sliding detection, wavelet denoising and root mean square quantization technique, further accurately derived the real-time position, running direction, speed

---

基金项目：中国铁道科学研究院集团有限公司院基金重大项目（2020YJ072）：高速铁路时速350公里服役性能试验数据融合分析及铁路科研试验技术管理深化研究；中国铁道科学研究院集团有限公司院基金重大项目（2020YJ012）：高速铁路智能运输综合调度系统技术方案及关键技术研究。

and other information of the train. The field test proved that single system can monitor vibration signals within a distance of 50km, with positioning accuracy of ±20 meters and positioning refresh cycle of 1 second, effectively making up the shortcomings of the existing train position tracking system. The scheme provides a new technical solution for the issue of train position tracking, underpinning trains dispatching and operation safely and orderly.

Key words: train position tracking; fiber optic vibration sensing; sliding detection; wavelet denoising; root mean square quantization

动车组管理信息系统移动终端基础平台研究

王忠凯,李燕,王永斌

中国铁道科学研究院集团有限公司电子计算技术研究所,北京 100081

【摘要】 移动终端是动车组管理信息系统的重要的信息采集方式,以其灵活便捷的特点成为了固定式工位终端的有效补充。本文基于嵌入式 Android 操作系统,设计了移动终端基础平台的总体架构,实现了移动应用的统一认证、统一架构、统一应用管理、消息通知、安全管理以及日志管理等基础组件,建立了多台移动终端间的业务交互通道。开发实践表明,该平台的成功搭建,为基于嵌入式 Android 的终端应用程序研发提供了有效支撑。

【关键词】 移动终端;动车组管理信息系统;嵌入式 Android

Research on the Platform for Mobile Terminal of CRH-EMU Management Information System

Wang Zhongkai, Li Yan, Wang Yongbin

Institute of Computing Technology, Chinese Academy of Railway Sciences Corporation Limited, Beijing 100081

Abstract: Owing to its flexibility, mobile terminal is one of the most important data acquisition methods of China Railway Highspeed Electric Multiple Units Management Information System and becomes an effective complementary to the fixed terminals. Based on the embedded Android operating system, this paper designed the overall framework of the mobile terminal basic platform, realized the unified authentication, unified architecture, unified application management, message notification, security management, and log management and other basic components of mobile applications, and establishes the business interaction channel between multiple mobile terminals. The development practice of CRH-EMU MIS proved that the platform could play an fundamental role for the applications development based on embedded Android.

Key words: mobile terminal; CRH-EMU management information system; embedded Android.

1 引言

随着高铁网络的日益扩大,动车组的大规模运营对运用检修带来了前所未有的挑战。动车组管理信息系统(EMIS)是支撑动车组运用检修的全面信息化平台,是实现动车组的智

 ⊖ 基金项目:中国国家铁路集团有限公司科技研究开发重点课题(N2020J012)。

慧化运用维修，保障高铁运行安全、降低动车组故障率、提高动车组可用性、降低动车组运营成本的重要手段[1]。EMIS 的固定式工位终端机功能全面，但由于位置和数量的因素，在信息获取的实时性和便捷性方面不能完全满足现场需求。移动式终端以其信息实时性强、便于携带、操作简单灵活等特点，成为了固定式工位终端机的有效补充，正逐步成为 EMIS 的首要信息采集方式[2-4]。

在移动终端应用功能的研发过程中，需要满足动车所的个性化需求日益增加，软硬件裁剪频繁，导致系统开发和维护越来越困难。因此，本文基于嵌入式 Android 平台，搭建移动应用平台体系，实现移动应用的统一认证、统一架构、统一管理，将项目模块化/组件化，以此来降低项目的复杂度与耦合度，实现代码隔离，降低系统的开发维护成本，满足业务的多样化需求[5-7]。

2 需求分析

2.1 功能性需求

EMIS 移动终端客户端需要满足来自动车组乘务管理、高级修管理、运用修管理、物流管理等各种业务系统的移动业务需求，完成各种业务流程审批、业务用户移动办公、用户行为数据的收集、消息推送等，以提高办公效率、企业生产力、体现移动应用价值[3-5]。具体功能性需求包括：

1）用户权限管理：支持 SSO 单点登录服务，实现不同业务用户的统一权限管理，搭建用户行为统计及分析平台。

2）数据管理：提供数据安全处理组件、移动应用消息推送服务、文件传输服务、嵌入式数据库服务等。

3）与 EMIS 业务贯通：按照 EMIS 系统接口规范，实现移动端与 EMIS 系统的数据业务交互。

4）数据采集：提供 RFID、二维码、拍照等数据采集组件。

5）定位跟踪：可以通过移动终端定位检修员位置，回溯检修员的检修过程，以改进检修流程，严格管控检修工艺。

2.2 非功能性需求

非功能需求主要包括：

1）移动终端资源有限，其操作流程应力求简化。
2）移动终端应减少检修人员的信息录入量，易于使用。
3）系统应易于扩展，模块之间低耦合。
4）移动终端软硬件应易于裁剪，以应对不同动车所的业务需求变更。
5）移动终端应用程序可以灵活配置，易于扩展。
6）移动终端设备具备良好的实时性、操作方便、易于携带。
7）提供统一技术规范、统一 UI 规范、数据安全加密规范、公共组件使用规范等。

3 总体架构

3.1 总体架构

EMIS移动终端需要满足在铁路内部网和互联网的应用,内部网应用主要支持高级修管理、运用修管理、物流管理等功能;互联网应用用于支持乘务业务,动车组开行时的乘务作业应用场景,乘务移动终端只能通过接入互联网,而后通过国铁集团数据服务平台,与EMIS进行业务交互。其总体架构如图1所示。

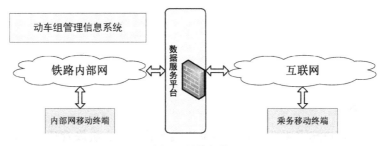

图 1　总体架构

3.2 逻辑架构

为提高系统开发效率,降低模块间耦合低性,便于维护,EMIS移动终端采用组件化方式。移动应用逻辑上划分为底层框架层、功能组件层、基础业务层、业务模块层、宿主产出层,如图2所示。

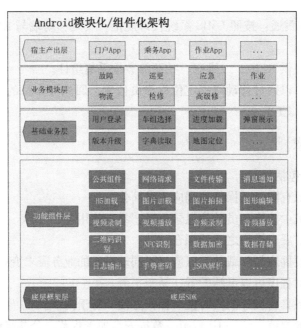

图 2　逻辑架构

（1）底层框架层　底层框架层用来支持 Android 底层 SDK 依赖，提供 EMIS 移动端的底层类库。

（2）功能组件层　功能组件层用来编实现 EMIS 封装的与业务无关的公共组件类，如网络请求、文件传输、消息通知、H5 加载、图片加载、图片拍摄、图形编辑、视频录制、视频播放、音频录制、音频播放、二维码识别、NFC 识别、数据加密、数据存储、日志输出、手势密码、JSON 解析等。

（3）基础业务层　基础业务层实现各业务模块都要使用到的基础业务，如用户登录、车组选择、进度加载、弹窗展示、版本升级、字典读取、地图定位、日期选择。

（4）业务模块层　业务模块层实现具体业务模块，系统支持不同业务模块的单独的开发测试，从而达到业务模块间的代码隔离。

（5）宿主产出层　面向高级修、乘务、检修作业、物流等具体移动应用系统，对业务模块层的各个业务模块进行拆封组装，快速搭建多个 App 或一个统一的门户 App，从而达到快速开发的目的。

4　平台功能

4.1　总体设计

EMIS 移动端应用系统包括部署于 EMIS 服务器的后台服务和部署于移动端的 App 基础框架，移动门户后台管理包含统一用户认证、应用管理、设备管理、日志管理、消息管理、文件传输、统计分析等、系统预警等功能模块；移动端 App 基础框架包括统一登录认证、首页界面、发现界面、通讯录和我的信息功能[6]，如图 3 所示。

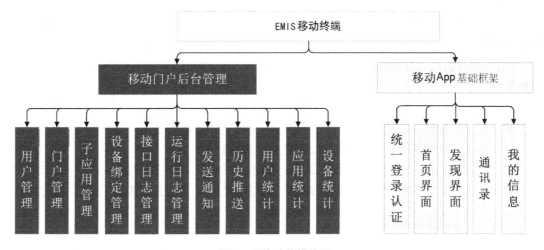

图 3　系统功能模块图

4.2　移动门户后台管理

（1）用户管理　用户管理功能包括角色管理、统一账号管理、统一认证、权限管理和审计管理，控制用户对系统功能的操作和管理，是对 EMIS 移动端系统正常安全运行的基础支撑。

（2）门户管理　提供统一的认证协议，根据用户应用的实际需要，为用户提供不同强度的安全认证手段；提供统一的单点登录门户，对门户进行管理。

（3）子应用管理　维护各个应用功能的基础信息，在应用发布、迭代更新时，实现上传 APK、IPA 安装包，记录发布时间、应用系统（Android、IOS）、版本号、更新描述（更新类型、描述）、更新时间（更新时系统时间）等信息。

移动应用管理平台通过对子应用进行应用发布、版本管理、授权管理等操作，实现应用的统一入口，统一管理。系统支持的子应用有 H5、原生应用、混合应用三种方式，实现对移动应用的分类管理。

（4）设备绑定管理　用户第一次登录时，自动收集设备信息（系统、系统版本、品牌、型号、设备唯一标识）完成设备注册绑定，通过设备绑定，实现对用户设备的控制，禁止同一账号在多设备同时登录。用户设备丢失时，可向管理员申请设备注销，注销后的设备不可再登录移动应用管理平台 App。用户设备发生变更时，主动从原设备退出绑定新设备。

（5）接口日志管理　接口调用记录功能记录了各个业务系统调用后台接口的详细数据，包括应用名称、接口名称、调用时间、设备 IP、RequestID（请求 ID）、请求入参和接口返回值等信息。管理员可根据调用时间、应用名称、接口名称等信息查询记录。

（6）运行日志管理　当用户启动 App 时，后台收集记录用户的登录日志，各功能模块调用日志；移动端收集子应用启动日志，移动应用管理平台 App 运行 bug 日志等信息上传给后台服务。

（7）发送通知　汇集 JWMQ 队列管理、MQ 队列监控等功能，实现 EMIS 于移动终端之间消息的广播，实现跨系统、跨业务的消息基础组件支持，为具体移动端应用系统提供统一消息推送机制和接口。

（8）历史推送　建立独立的消息历史记录服务，为各移动端业务提供统一的历史消息推送服务接口，支持消息从生成、推送、消费状态的全生命周期管理。

（9）用户统计　以图表形式统计新增用户情况、移动应用管理平台日活用户、总体用户数量等信息。

（10）应用统计　通过移动应用管理平台 App 管理中上传 App 时记录的 App 更新描述，按年度分析 App 修改 bug 数量、新增功能数量、完善功能数量等信息。支持按年度分析子应用的更新情况、使用情况、用户数量、活跃用户等信息。

（11）设备统计　支持按照设备的品牌、型号、系统版本等，对接入 EMIS 的移动端设备各种状态进行统计，通过对设备的统计分析可以帮助 App 更好地适配用户中的主流设备。

4.3　移动 App 基础框架

（1）统一登录认证　移动应用管理平台客户端实现双因子认证功能，提供账号/密码、短信认证、人脸识别或指纹识别等多种认证登录方式，通过移动用户后台管理实现与各个业务系统的统一登录认证机制。

（2）发现界面　发现界面即在工作台中包含了所有的业务功能应用，管理员后台发布应用后，工作台会显示出发布的应用。它支持应用基本信息及详细描述展示，支持应用根据用户角色展示，不同用户角色所展示的应用不同。

（3）首页界面　首页界面是移动端具体应用的通用框架，提供应用的通用入口；它支持重要公告信息宣传，支持信息显示，支持常用应用显示，快速进入业务应用入口。

（4）我的信息　支持修改包括头像、性别、年龄、部门等个人信息；实现平台系统版本信息展示，同时可进行升级操作。

系统支持用户积极提出反馈建议；支持释放本地内存空间；开启勿扰模式后不再接收通知提醒，但依然能收到消息；用户可以自行修改用户密码；用户可自行登出应用系统。

（5）通讯录　通讯录功能可以按组织机构查询通讯录中的联系人，也可以按照用户角色查找联系人。同时提供快速搜索功能，快速定位联系人。

图 4 所示为移动 App 基础框架运行图。

图 4　移动 App 基础框架运行图

5　关键技术

5.1　物联感知技术

移动端集成射频识别（RFID）、图像识别、二维码为代表的信息感知技术，有效支撑上层应用功能，其中，RFID 实现对检修作业过程中的人流、配件流以及业务流的标识和跟踪；图像识别技术用于采集分析一、二级检修关键项点图像数据；二维码技术为识别部件、物料、工装器具提供低成本、高效率的解决方案。

5.2　5G 新一代通信技术

基于 5G 技术，构建覆盖动车段所的大宽带、低功耗、低延时、高可靠网络，支持维修现场对大接入容量、大数据量传输的需求。提升移动端平台的计算和通信能力，为具体应用功能提供保障。

5.3 微服务架构

微服务架构是一种将单应用程序作为一套小型服务开发的方法，每种应用程序都在自己的独立进程中运行，并与轻量级机制（基于 HTTP 的 API）进行通信。移动门户后台管理基于微服务方式实现，具备独立部署、运行、控制的能力，实现动车组技术业务的组件化，提高上层应用开发的效率。

5.4 边缘计算技术

动车组运维环节将产生海量数据，具有海量性、分散性、多样性、关联性和时效性的特点，对数据综合处理技术有较高的要求。通过提升移动端的计算能力，采用边缘计算可以有效降低系统的复杂度，减轻网络传输压力，实现分散自律的计算架构，有效提高数据质量，为移动端的应用系统提供计算资源保障。

5.5 检修库内定位技术

动车组检修库内环境复杂，干扰大。移动端集成蓝牙定位、超带宽 UWB 定位以及 zigbee 定位功能，以动车组检修业务关键数据为索引节点，形成一套定位精度高、实时准确的无线定位技术方案，满足检修库内复杂环境下对于动车组检修作业过程的精准实时高效监控的目的。

6 结语

针对目前不同动车对于移动手持终端设备需求变化大、传统开发模式适应性差的问题，结合嵌入式 Android 平台移植性、裁剪性强，实时性好的特点，基于 Android 平台，详细论述了 EMIS 移动端基础平台的架构设计和功能设计，总结了移动端的关键技术。结合动车组运维的业务需求，EMIS 先后基于该移动端平台，开发了高级修移动终端、乘务作业移动终端、运用检修作业移动终端和物流移动终端。对移动终端研发实施情况进行了说明，本文为面向具体业务的应用程序提供了基础环境，有效保障了应用系统的快速搭建和高效维护。

参 考 文 献

[1] 铁道部. 动车组管理信息系统总体方案 [R]. 北京：铁道部，2009.
[2] 王忠凯，史天运，张惟皎. 动车组管理信息系统便携式移动终端的设计与实现 [J]. 铁路计算机应用，2012，18（3）：67-71.
[3] 陈彦，张惟皎，李樊，等. 智慧动车段综合解决方案研究 [J]. 铁路计算机应用，2017，26（7）：7-10.
[4] 杨春辉，张惟皎，詹珂昕. 动车组运用检修作业过程控制系统的设计与实现 [J]. 铁路计算机应用，2016，025（007）：46-48，60.
[5] 田泽. 嵌入式系统开发与应用教程 [M]. 北京：北京航空航天大学出版社，2005.
[6] 周立功，等. ARM 嵌入式系统实验教程（一）[M]. 北京：北京航空航天出版社，2005.
[7] 马昕炜. Android 服务器配置手册 [M]. 北京：科学出版社，2005.

面向动车组智能运维的 SCADA 系统解决方案研究

孙鹏，陈彦，李莉

中国铁道科学研究院集团有限公司电子计算技术研究所，北京 100081

【摘要】 本文着眼于从根本上提高既有动车组管理信息系统实时可靠性和自动化程度，从全新视角重新审视该系统的业务应用管理体系，分析了动车组运维对 SCADA 系统的应用需求，提出了面向动车组智能运维的 SCADA 系统的建设目标、设计思路和总体架构，并深入研究该系统所采用的关键技术，对机车车辆运维管理及铁路其他领域信息化建设有重要借鉴意义。

【关键词】 动车组；智能运维；SCADA

Study on the Intelligent EMU Maintenance oriented SCADA System Solution

Sun Peng, Chen Yan, Li Li

Institute of Computing Technology, China Academy of Railway Sciences Corporation Limited, Beijing 100081

Abstract: This paper focuses on fundamentally improving the real-time reliability and automation degree of the legacy EMU management system, review the business application management architecture from a new perspective; the requirements of SCADA system for EMU maintenance are analyzed, the construction objectives, design ideas and general framework of the intelligent EMU maintenance SCADA system are proposed, the key technologies of this system are researched as well. It is of great significance for the rolling stocks maintenance management and other information systems in railway.

Key words: EMU; intelligent maintenance; SCADA

1 引言

SCADA（Supervisory Control And Data Acquisition）系统，即数据采集与监视控制系统，是以计算机为基础的生产过程控制与调度自动化系统，主要由监控计算机、远程终端单元（RTU）、可编程逻辑控制器（PLC）、通信基础设施、人机界面（HMI）等构成；广泛应用在电力、冶金、石油、化工、燃气、铁路等诸多领域，最早在我国铁路的列车运行控制系统、牵引供电系统中得到大规模成熟应用。

截至 2020 年底，全国铁路营业里程达 14.6 万公里，其中高铁近 3.8 万公里，形成了世界上最现代化的铁路网和最发达的高铁网。在高铁建设同期构建了适合我国的高铁运维体

基金项目：中国国家铁路集团有限公司科技研究开发重点课题（P2018J016）。

系，动车组安全稳定运行，运输保障能力持续增强，运用效率日益提高，装备质量稳步提升，修程修制改革不断深化。随着动车组管理信息化建设规模的壮大与不断深入，也为顺应铁路智能化转型的发展趋势，对动车组运维系统的实时性、可靠性、安全性、自动化、智能化等提出了更高的要求，已有必要从新的视角重新审视整个系统的体系架构。当前动车组管理信息系统已经覆盖全部开通高速铁路及客运专线，包括国铁集团、18个铁路局、24个动车/车辆段（其中7个动车段具备高级修能力）、6个主机厂、60多个动车组运用所，其行车安全监控、检修自动化设备综合监控、智能检修机器人等系统或设备的发展已经初级规模。

然而，该系统相应的数据采集与监视控制能力仍有一定提升空间，需要贯穿其数据采集、信息融合、智能决策全过程进行设计整合。例如，行车安全监控车载数据采集延迟、丢包现象，车地网络传输性能，车载/轨旁监测数据融合分析，运行故障诊断及预测能力，自动化检修设备的数据自动采集，故障检测机器人的联网远程控制与协同作业、全路网络化协同化运维等方面均有较大优化余地，需要提出一种不同于传统信息系统架构的设计理念，系统地予以解决。本文分析了动车组运维业务对 SCADA 的应用需求，对面向动车组智能运维的 SCADA 系统的建设目标、设计思路、总体架构和关键技术进行了系统深入研究。

2 需求分析

动车组数据采集与监视控制系统（SCADA）的深化研究可进一步增强我国动车组运用维修全要素生产信息的综合采集能力。动车组运维应用体系以运用、检修、技术、物流四类核心业务为主线，涵盖生产管理、生产支持、经营管理，需要以动车组全生命周期数据支撑各项应用，除系统自有数据外，还需要从动车组行车安全监控系统获取动车组运行监控数据及故障数据，并通过机辆一体化平台获取其他专业数据。主要存在以下关键性的需求。

2.1 高速动车组行车安全监控

行车安全监控的通道传输能力、数据采集质量、信息融合分析、故障诊断及预测能力等还有待进一步提高。高速动车组行车安全监控设备包括车载设备及 TEDS、TADS、TPDS 等轨旁设备，设备分布在各个动车组和不同铁路沿线位置。监测设备采集动车组运行状态监测数据、行车数据、故障数据等后，需要通过无线车地传输、地面传输，实时传输至地面系统或各监控中心，然后进行数据融合，综合分析，提高动车组保障处置效率和处置能力。

2.2 检修自动化设备综合监控

动车段所现场需要不断提高自动化检测检修设备的数据采集能力。动车组自动化检测设备包括不落轮车轮车床、轮对踏面检测设备、空心车轴探伤设备、LU 移动式轮辋轮辐探伤设备、转向架更换设备等几十类设备，设备类型功能各不相同，且相同类型的设备生产厂家也不尽相同，存在多种接口传输协议。既有系统数据通过接口计算机和数据接口，实现作业、检测和测试数据的自动采集。目前需要构建专门的采集系统，及时、准确地采集数据并传输至动车组管理信息系统，打破不同设备、不同生产厂家之间的壁垒，逐渐提高自动化设备数据的自动采集率，提高动车组数据的正确率和完整度。

2.3 智能检修机器人远程控制

智能故障检测机器人需要完善各站点设备的集中联网，实现综合监测和远程控制。目前动车组故障检测机器人的安装和应用主要集中在动车所附近，用于检测安全故障、辅助运用检修。单机独立的故障检测机器人在综合联动监控、故障实时监测与处理等方面表现得略显不足，需要对各站点动车组故障检测机器人设备进行集中联网，实现动车组故障的联网综合检测与远程控制。基于动车组故障检测机器人设备的技术特征和监控实施应用需求，并结合现有软硬件和网络条件，针对铁路系统管理业务特点，设计高效的联网应用方案，实现安全监测信息的自动采集与传输、异常状态的自动预警与上报、监测数据的集中管理与资源共享，形成集监测、控制和管理决策一体化。

3 建设目标与设计思路

3.1 建设目标

统筹兼顾动车组智能运维场景下高速动车组行车安全监控、检修自动化设备综合监控、智能检修机器人远程控制三个方面的实际应用需求，建立管控一体化全组态 SCADA 平台，打通动车段（所）内部纵向和横向各系统层级间的数据流，构建出一个基于企业过程数据和业务数据的管控一体化平台，支撑动车组运维机构实现个性化、敏捷化、高质量、低成本的运维生产管理目标，进而提升生产设备的绩效评估和机辆维修质量管理，最大限度提高检修生产效率、降低运营成本、保障行车安全。

3.2 设计思路

深化融合利用新一代信息技术和先进网络技术，增强数据采集与监视控制系统基础设施，以动车组管理信息系统既有建设成果为基础，瞄准行车安全监控、设备综合采集、智能检修机器人关键业务应用需求，重点提升实时性、可靠性、安全性、自动化、智能化整体能力，围绕动车组运维数据中台，开展智能运维应用体系设计重构。

由此可见，动车组智能运维 SCADA 系统是一种增强型的动车组管理信息系统，需要同时补强既有系统软件和硬件两个方面。其中，软件包括但不限于数据采集与监视控制基础组件工具、实时数据库软件、历史数据库软件以及其他行业相关生产管理软件；硬件包括但不限于现场智能工装设备、高性能服务器、工位机、平板/手持设备、网安设备等。

4 总体架构

为打造动车组智能运维 SCADA 系统，围绕动车组数据中台构建，依托行车安全监控车载/轨旁监测设备、动车段所现场自动化检测/检修设备、智能故障检修机器人等既有现成成果，升级改造各种通信网络设施，增强数据采集传输能力，并通过数据中台实现数据的集中存储、综合处理、应用使能，促进高速动车组行车安全监控、检修自动化设备综合监控、智能检修机器人远程控制应用创新，在此基础上达到增强智能运维业务应用体系的目标。动车组智能运维 SCADA 系统两级部署，在动车段建立业务管控及数据监控中心，在国铁集团或铁路局的数据中心部署数据中台及各项业务应用，各级用户通过铁路数据通信网专网实现互联互通，如图 1 所示。

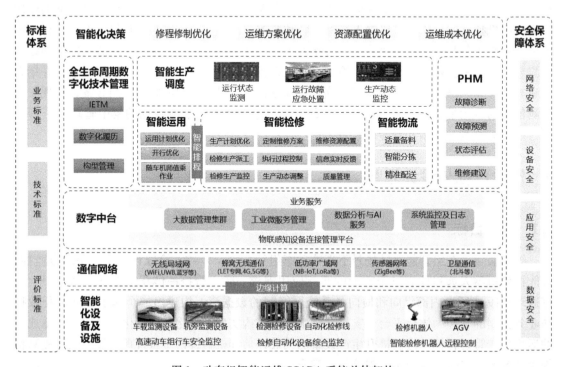

图 1　动车组智能运维 SCADA 系统总体架构

对高速动车组行车安全监控应用系统，通过构建增强的数据采集与监视控制系统（SCADA），利用先进网络通信技术完善车载监测数据和轨旁监测数据采集，提高数据传输速度，降低数据丢包率。打造数据中台，集成动车组 WTDS、TEDS、TADS、TPDS 等系统数据，进行数据治理和融合分析，实现动车组运行安全数据综合管理，提高故障诊断与处置的效率和效果。

对检修自动化设备综合监控应用系统，根据国铁集团提供的自动化检测设备及厂家名单，梳理已实现和未实现的数据自动采集的设备，分析各种设备的原始数据存储形式、数据字典、数据传输方式、指令格式等，建立数据接口进行数据采集，将数据汇聚在数据中台，结合动车组管理信息系统数据进行综合分析应用。

对智能检修机器人远程控制应用系统，以现有动车组故障检测机器人设备设施为基础，依托统一平台，通过网络信息技术实现故障检测机器人的自动运行、智能定位、图像采集、集中报警，并将检测机器人各项信息集成转送至数据中台，结合动车组管理信息系统其他数据进行综合分析，降低作业人员劳动强度，提高人机联合运维生产效率。

动车组智能运维 SCADA 系统侧重于强化上述三个关键业务功能，自下而上逐级构建 SCADA 平台、作业管控、调度计划、决策分析能力，其逻辑架构如图 2 所示。

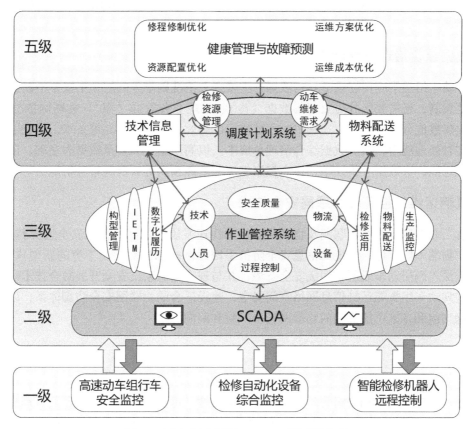

图 2　动车组智能运维 SCADA 系统逻辑架构

5　关键技术

5.1　大型调度级 SCADA 系统构建技术

面向动车组运维管理全路网络化均衡修和多种车型兼容修的需求，需要跨越国铁集团、铁路局、基层站段，建立分布式大型集管控一体化的全组态平台，在现有信息系统建设基础上，按照 SCADA 建设理念开展设计重构，重点提升实时性、可靠性，侧重在段所车间工控环境实施安全加固，从而增强智能运维系统自动化、智能化总体能力。在该过程中必须高效利用面向跨地域、强实时场景的一系列应用集成技术，实现分布式系统间数据的实时交互与跨域融合应用。

5.2　异构通信协议兼容和先进网络技术

针对动车组智能运维场景下设备类型多、数量大、协议丰富等技术难题，SCADA 系统需要以设备直连、软/硬网关等多种数据采集方案，支持网口、串口、WiFi、LTE 和 5G 蜂窝移动等网络连接，并兼容 MODBUS、OPC UA、S7、Profinet、HTTP（s）、MQTT、CoAP 等包括主流工业协议在内的设备接口协议，同时还要合理利用时间敏感网络（TSN）、软件定义网络（SDN）、网络功能虚拟化（NFV）等先进网络技术，采用云化配置、边缘计算等实现灵活部署。

5.3 数据综合治理与智能决策分析技术

针对动车组运维应用场景下异构数据种类繁杂、清洗困难等问题，不仅要不断强化应用数据规范编制，还需要区分历史归集数据（冷）、常规业务数据（温）、物联网数据（热），实施冷温热数据分级管理，合理利用内存数据库、高效压缩、列存储等技术，优化数据清洗过滤及实时处理能力，减少数据综合治理总成本。以高质量、大容量数据为基础，深化融合利用人工智能、大数据分析技术，提高健康管理与故障预测等智能决策分析能力。

5.4 机辆运维工控环境物联网安全技术

随着工业控制、工业互联网及物联网等技术快速发展，使网络信息安全边界越发模糊，攻击面向物端不断延伸，传统的信息安全防护手段逐渐难以应对层出不穷的新型攻击手段。当前亟需深入调研动车段所车间级安全态势，并与现有信息系统安全开展融合技术研究，从整体上规划动车组智能运维信息网络空间安全，建设适合的物联网安全防御体系，以有效控制、消除当前和未来可能面临的物联网安全风险和漏洞隐患。

6 结语

为进一步提升既有动车组管理信息系统的实时性、可靠性、安全性，及其自动化、智能化程度，按照 SCADA 建设理念开展设计重构，分析动车组运维业务针对 SCADA 的应用需求，以增强高速动车组行车安全监控、检修自动化设备综合监控、智能检修机器人远程控制三个应用系统的能力为重点，提出了面向动车组智能运维的 SCADA 系统的建设目标、设计思路、总体架构，并深入研究了大型调度级 SCADA 系统构建、异构通信协议兼容和先进网络、数据综合治理与智能决策分析、机辆运维工控环境物联网安全四项关键技术。

参 考 文 献

[1] 史天运, 孙鹏. 动车组管理信息系统的建设与发展 [J]. 铁路计算机应用, 2013, 22 (01)：1-4+9.
[2] 史天运, 孙鹏. 铁路物联网应用现状与发展 [J]. 中国铁路, 2017 (12)：1-6.
[3] 史天运. 中国高速铁路信息化现状及智能化发展 [J]. 科技导报, 2019, 37 (06)：53-59.
[4] 钱清泉, 高仕斌, 何正友, 等. 中国高速铁路牵引供电关键技术 [J]. 中国工程科学, 2015, 17 (4)：9-20.
[5] 李燕, 张瑜, 周军伟. 动车组故障预测与健康管理系统方案研究 [J]. 铁路计算机应用, 2018, 27 (09)：1-7.

铁路物联网系统的边缘计算技术应用策略研究

孙鹏

中国铁道科学研究院集团有限公司电子计算技术研究所，北京 100081

【摘要】 本文从深入剖析边缘计算和云计算两种计算范式出发，结合铁路的信息化建设现状与实际应用需求，提出了适合铁路的边缘计算应用参考架构，和移动边缘计算参考架构，归纳铁路的边缘计算业务应用场景，以支撑铁路业务应用系统，提升物联网采集数据过滤、实时数据处理、内容本地优化分流、高速数据缓存、高清视频处理、混合现实（AR/VR）、数字孪生等关键服务能力。

【关键词】 铁路；物联网；边缘计算；云边协同

Research on the Edge-computing Technology Application Strategy for Railway IoT System

Sun Peng

Institute of Computing Technology, China Academy of Railway Sciences Corporation Limited, Beijing 100081

Abstract: This paper starts with an in-depth analysis of the edge computing mode and the cloud computing mode, combined with the current situation of railway information construction and practical application requirements; application frameworks of railway edge-computing and mobile edge-computing (MEC) are proposed, the railway edge-computing application scenarios are summarized, to support the railway business application system and improve the IoT data filtering, real-time processing, content optimization, high-speed data caching, HD video, AR/VR, digital twin and other key service capabilities.

Key words: railway; internet of things (IoT); edge computing; cloud-edge collaboration

1 引言

边缘计算（Edge Computing，EC）是顺应物联网、云计算、人工智能等信息新技术迅猛发展而产生的新型计算范式，通过在物端或靠近数据源的网络边缘侧，部署具有计算、存储、网络、应用等开放能力的边缘计算节点，把云中心计算能力下沉并就近提供边缘智能服务，大幅提升应用系统的处理效率和响应时间，减少网络数据传输负载与资源占用，同时满足业务应用在实时性、可靠性、安全性等方面的各种需求。

边缘计算处理进程可从物联网终端、网络边缘侧、云中心的任意功能实体发起，该计算

基金项目：中国国家铁路集团有限公司科技研究开发重大课题（P2018J001）。

范式有以下优点：一是**低延时**，由于边缘计算的数据处理端更靠近网络边缘侧，能够实时或更加快速地进行数据处理和决策分析，而不是将数据传回至外部数据中心或者云端，因此实时性更高，明显降低时延；二是**高效率**，边缘计算通过降低数据传输量和网络时延，使应用业务能够更加快速地被处理；三是**智能化**，通过与人工智能结合，具有边缘计算能力的终端设备可处理更加复杂的业务，并可以根据用户个性化需求定制计算模型，提升智能化水平和用户体验；四是**低能耗**，边缘计算占用网络传输资源少，网络流量和传输负载更小，在网络带宽有限接近传输瓶颈的情况下，可大幅降低数据传输成本和网络运行能耗；五是**低成本**，边缘计算在物联网终端设备上进行数据管理，所花费成本远低于在云计算中心或数据中心的部署成本，可显著降低企业的成本预算；六是**安全性**，云计算必须将终端数据上传至云端，这存在着用户隐私安全泄露的隐患，而边缘计算支持用户在物端或网络边缘侧处理涉及个人隐私的敏感数据，一定程度上保障了数据安全。

鉴于边缘计算拥有以上优势，可以预见将在铁路物联网及移动互联网等领域拥有广阔的应用前景，有必要深入分析边缘计算和云计算两种计算范式，提出适合铁路的边缘计算参考架构，归纳铁路的边缘计算业务应用场景，以支撑铁路业务应用系统提升原始采集数据过滤、实时数据处理、本地服务内容分流、高速数据缓存、高清视频处理、混合现实（AR/VR）、应用内容本地优化等关键能力。

2 边缘计算与云计算模型关系

边缘计算的本质是分布式、去中心化的，而云计算是一种高度中心化的计算模式。然而两者关系并不矛盾，而是可以各有侧重、互补发展。边缘计算无法从整体上取代当前云计算占主导的应用范式，而是对云中心服务模式的有效补充。区别于在云中心完成所有计算处理任务和智能决策分析，边缘计算把部分计算任务下沉到网络边缘侧进行处理，从而带来低时延、高效率、智能化、低能耗、低成本、安全性等诸多方面的应用优势，如图1所示。

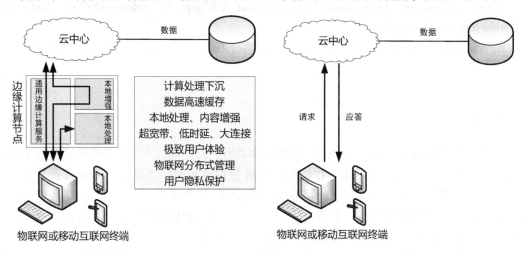

a）边缘计算模型　　　　　　　　　　b）云计算模型

图 1　边缘计算与云计算模型关系

显然，不是所有的数据处理或计算服务都适合部署在网络边缘侧。一些统计分析、数据挖掘、智能决策等需要全局数据支撑的服务，必须在云端部署；而针对物联网终端设备及个性化用户体验的服务更适合部署在边缘节点上，为最终用户带来更佳的应用体验。在这一过程中，边缘节点和云中心之间的同步可以通过后台处理透明地实现。

在当前以"万物互联"为发展目标的铁路物联网或移动互联网业务场景下，边缘计算和云计算两者间的差异主要体现在多源数据处理、传输资源和负载、安全和隐私保护等方面，见表1。

表1　边缘计算和云计算的主要差异

	边缘计算模型	云计算模型
时延	低	高
传输资源占用	少	多
服务节点部署位置	智能终端、网络边缘侧	云中心
安全性	安全保障能力较高	一般，需要采取措施
计算处理	分布式	集中式
终端到应用服务距离	一跳	多跳
服务节点数量	非常多	少量
最后一公里连接类型	无线/有线接入网	专网
部署成本	低	高
数据存储方式	仅向云端发送数据处理结果	云端存储所有信息

3 铁路边缘计算应用参考架构

在边缘计算模式下，铁路物联网的原始采集数据过滤及实时处理通常发生在网络边缘侧，物联网感知设备不需要直接把全部数据转发至云计算数据中心进行集中化处理，可以通过更靠近数据源的多级分布式边缘计算节点进行预处理。边缘计算节点的物理逻辑部署位置可能更靠近数据源，也可能更靠近云中心，需结合具体业务应用需求采取合理的部署策略，如图2所示。

铁路物联网本地的数据采集终端，即不同种类的物联网感知/控制设备，主要完成标识识别、状态传感、定位导航和控制操控等任务，一般仅具备受限的计算处理和数据存储能力，原始采集数据将转发到边缘计算节点进行预处理，也可能通过在本地处理实现信息内容增强，直接为终端用户提供服务。铁路物联网边缘计算服务具有多种物理实现方式，既可在通用的边缘计算设备上实现，也可以部署在高性能的智能互联设备终端或者智能网络设备中。通过对网络边缘侧计算存储能力的优化配置，铁路物联网应实现多种网络拓扑结构下边缘计算任务的动态调度管理，以满足不同应用系统对实时性和可靠性的具体需求。铁路物联网云端即为现阶段云计算数据中心，边缘计算节点把数据预处理结果发送到云中心进行存储，一般时间不敏感、高计算强度、全量数据的分析处理任务，还是应该依靠云计算中心

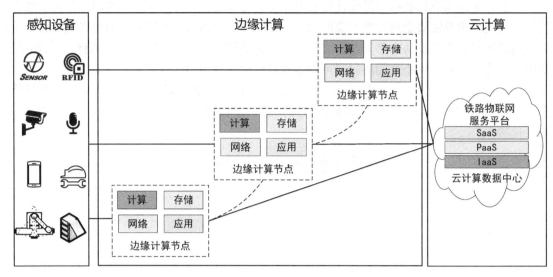

图 2　铁路边缘计算应用参考架构

完成。

铁路物联网的本地物联网感知设备、边缘计算节点、云计算中心之间，不仅要实现跨域网络通信，还要实现边缘计算任务的云边协同工作，同时支持云中心集中控制下的边缘计算任务动态部署迁移。

4　铁路移动边缘计算参考架构

随着物联网及移动互联网等领域信息技术的迅猛发展，移动边缘计算（Mobile Edge Computing，MEC）的概念也应运而生。移动边缘计算最早于 2013 年出现，通过在蜂窝移动无线通信基站部署通用服务器，向移动终端用户提供业务应用。2014 年，欧洲电信标准协会（European Telecommunications Standards Institute，ETSI）正式成立了移动边缘计算工作组，推动移动边缘计算体系架构、技术要求、应用场景等的标准化工作，将云中心部分能力从移动通信系统核心网迁移至无线接入网边缘侧，以满足计算和存储资源的灵活调度和利用。ETSI 于 2016 年将移动边缘计算命名修改为多接入边缘计算（Multi-access Edge Computing，MEC）。

铁路移动边缘计算实施策略如图 3 所示，主要作用是将核心网云计算能力延伸至接入网边缘侧，以获得本地化服务、近距离处理等能力，使无线接入网具备了低时延、高可靠的通信性能，为高铁移动终端用户提供最佳服务，极大地提升应用体验。高铁业务应用以边缘智能服务的方式部署在无线接入网侧，可有效缓解移动核心网的网络负荷及回传通信带宽的资源占用，降低移动无线网络营运成本和能量消耗。此外，部分业务应用部署在了 MEC 服务器上，并不依赖于网络云端处理能力，也对用户隐私保护提供了新的安全策略。

ETSI 已经为移动边缘计算的网络框架和基本技术需求制定规范，按功能实体将其基本架构划分移动边缘系统层、移动边缘主机层和网络层。结合铁路物联网及移动互联网的业务需求，提出铁路的移动边缘计算三层参考架构，如图 4 所示。移动边缘系统层主要对整个系

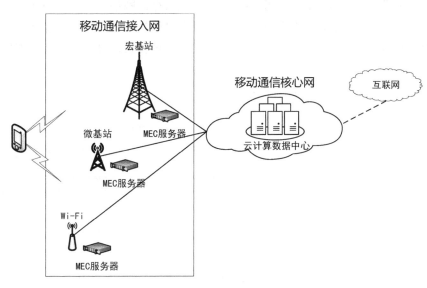

图 3　铁路移动边缘计算实施策略

统实施全局管控，是管理实体；移动边缘主机层主要包括移动边缘主机及相应主机级管理实体，其中移动边缘主机还包括了移动边缘应用、移动边缘平台、虚拟化基础设施等；网络层主要负责与不同协议网络的连接访问管理，如外部网络、本地局域网和 3GPP 移动蜂窝网络间的互操作。

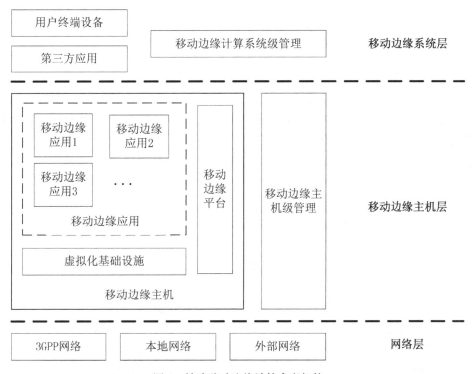

图 4　铁路移动边缘计算参考架构

铁路移动边缘计算参考架构的三层相互紧密关联依存，网络层在移动边缘主机层的支撑下才能提供低时延、高可靠的通信服务，移动边缘主机层是在网络层的保障下才能接入不同的网络类型，而移动边缘系统层负责控制全局，集中管理移动边缘主机层和网络层。

5 铁路边缘计算业务应用场景

随着智能铁路建设工作不断深化推进，人们对铁路信息化建设提出了更高的要求，采用边缘计算、物联网、云计算、5G、人工智能等新一代信息技术，实现在铁路中移动装备、基础设施、运行环境和人的泛在感知、全面覆盖、精细管控，打造更加安全可靠、更加温馨舒适和更加节能环保的智能铁路已势在必行，因此有必要深化挖掘边缘计算在智能铁路的应用需求和业务场景。

边缘计算具有低时延、高可靠、分布式等特点，能够解决大量铁路既有业务应用系统的瓶颈问题，结合边缘计算技术的特点和高速铁路信息化建设需求，本文将铁路边缘计算主要应用场景划分为增强型智能服务、高可靠实时服务、远程无人（少人）值守三种类型。三者从不同的应用痛点出发，利用边缘计算技术解决实际问题，所关注的问题焦点不同。

（1）铁路增强型智能服务应用场景 铁路增强型智能服务应用场景侧重于利用边缘计算的技术特点，提升业务智能化程度，促进应用模式创新，主要体现为需实现本地缓存、数据分流、信息内容增强的场景，如本地视频监控、视频直播、增强现实/虚拟现实（AR/VR）、数字孪生等。例如在高铁智能客运站中，通过部署边缘计算服务器为车站提供本地化业务服务，提高智能旅客服务、环境舒适度监控、视频安全监控等系统能力。在车站前端所采集的大量旅客、环境信息及图像视频监控数据可回传至边缘计算服务器，在边缘服务器端进行数据预处理和AI算法分析，将加工处理和决策分析结果下发至车站，从而实现车站相应业务的本地决策控制。

（2）铁路高可靠实时服务应用场景 铁路高可靠实时服务应用场景更关注低时延、高可靠等系统总体性能的实现，主要面向安全相关的紧急服务、数据实时分析处理应用、信息增强及数据推送等。例如在线路运行环境监测中，通过部署铁路运行环境监测边缘计算服务器，将感知传感器和视频监控所采集到的各类环境监测信息上传至边缘计算服务器，相比于上传至云端处理，具有更低的传输时延并且占用更少的流量资源，从而保证远程监控中心与边缘计算服务器之间的信息实时传送。边缘计算服务器具备高性能计算能力，可高效分析处理各类环境监测数据及视频信息，通过报警判识模型精准识别异常行为与突发情况，以及预测自然灾害状况，然后将报警预警信息及时下发至列车及相关责任人员，有效保障列车行车安全。

（3）铁路远程无人（少人）值守应用场景 铁路远程无人（少人）值守应用场景主要利用边缘计算强化铁路无人（少人）值守处所的信息处理能力，包括需要远程实时交互控制、视频类的加速优化应用，提升服务响应速度，减少人力劳动成本。例如在智能运维巡检中，通过大量采用机器人、无人机、AR/VR智能终端等设备辅助巡检。由于巡检设备本身的计算存储能力极其有限，为解决设备软硬件系统资源受限的技术瓶颈，通过部署边缘计算服务器增强本地服务能力。巡检设备将监测到的视频图像等大量数据回传至本地边缘计算服务器，通过预置AI算法对数据进行实时分析处理，并与远程云中心保持实时通信，将数据处理结果直接下发到巡检设备。

6 结语

通过深化融合利用边缘计算和云计算两种计算范式，结合铁路的信息化建设现状与实际应用需求，本文提出了适合铁路的边缘计算应用参考架构和移动边缘计算参考架构，归纳铁路的边缘计算业务应用场景。显然，边缘计算在铁路行业拥有广阔的应用前景，在铁路的运输管理领域必将发挥巨大优势，能够大幅提升其物联网及移动互联网的智能化水平，促进智能铁路的建设发展。

参 考 文 献

［1］史天运，孙鹏. 铁路物联网应用现状与发展［J］. 中国铁路，2017（12）：1-6.
［2］史天运. 中国高速铁路信息化现状及智能化发展［J］. 科技导报，2019，37（06）：53-59.
［3］杨峰义，张建敏，王海宁. 5G网络架构［M］. 北京：电子工业出版社. 2017.
［4］张建敏，杨峰义，武洲云，等. 多接入边缘计算（MEC）及关键技术［M］. 北京：人民邮电出版社，2019.
［5］汪晓臣，吴卉，孙同庆，等. 城市轨道交通车载PIS情景感知服务技术方案研究［J］. 铁路计算机应用，2020，29（11）：18-22.
［6］杨兴磊，鲁玉龙，张俊尧，等. 基于边缘计算的智慧铁路工地生产管理系统［J］. 铁路计算机应用，2020，29（10）：26-29.

铁路机务段大数据服务平台设计研究

李成龙[1]，李霞[2]，杨臻[1]，徐元元[1]

1. 中国铁道科学研究院集团有限公司电子计算技术研究所，北京 100010
2. 中国铁路郑州局集团有限公司洛阳机务段，洛阳 471000

【摘要】 本文分析了铁路机务段数据采集，数据处理、数据应用等方面的现状和存在问题，综合对比了传统数据集成平台和大数据应用服务平台技术架构的不同，详细阐述了铁路机务段大数据服务平台的总体架构设计、技术架构设计、数据架构设计、网络架构设计等内容。通过利用开源大数据技术，实现数据源头治理、数据质量管控、数据资源统一应用，解决目前系统之间壁垒、数据互通困难的痛点，为铁路机务运用、检修、整备等作业管理提供数据支撑，增强了机务信息化数据应用服务能力。

【关键词】 大数据；服务平台；设计

Design and Research on Big Data Service Platform of Railway Locomotive Depot

Li Chenglong[1], Li Xia[2], Yang Zhen[1], Xu Yuanyuan[1]

1. Institute of computing technology, China Academy of Railway Sciences Corporation Limited, Beijing 100081
2. Luoyang Locomotive Depot of China Railway Zhengzhou Bureau Group Co., Ltd., Luoyang 471000

Abstract: This paper analyzes the current situation and existing problems of data acquisition, data processing and data application in railway depot, comprehensively compares the differences between traditional data integration platform and big data application service platform in technical architecture, and elaborates the overall architecture design, technical architecture design, data architecture design and network architecture design of big data service platform in railway depot. Through the use of open source big data technology, we can achieve data source governance, data quality control, and unified application of data resources, solve the current barriers between systems and the pain points of data exchange difficulties, provide data support for the operation management of railway depot operation, maintenance, servicing, and enhance the capacity of locomotive informatization data application service.

Key words: big data; service platform; design

---

① 基金项目：中国国家铁路集团有限公司科技研究开发计划课题（K2020J018）。

1 引言

随着信息采集手段的不断发展，不同来源、不同类型的数据呈现指数级的爆发式增长。政府以及金融、餐饮、电力等行业都纷纷进入大数据的实用阶段。对于铁路行业来说，各专业都在积极探索大数据应用，例如，客运专业在利用大数据构建客运产品 360°立体画像，工务专业搭建了"数字工务"平台提高设备设施维修的管理水平等[1]。目前，机务专业的各系统分散建设，还缺乏专业的、统一的大数据应用平台。本文旨在设计一种更合理的机务大数据应用服务平台架构模式，使机务数据在集中管理后，能够统一存储、综合管理、有效利用，为机务段运用、检修、整备等作业管理提供数据支撑，从数据层面挖掘潜在的经济效益，更好地发挥数据价值。

2 现状及问题分析

2.1 数据采集现状

目前的铁路机务段信息系统的数据采集、存储、分析、应用方面很难为机务"造修管用"的业务需求提供清晰明确的数据支撑，而且基层的数据没有跟上改革步伐。主要有以下特点：

1）数据化程度不高。存在较多仅以纸质台账保存的数据，如临修数据、C 级修数据、五项专检数据、轮对测量数据等，这些数据无法借助计算机手段进行后续的数据分析和处理。以五项专检为例，车顶专检员对每台专检机车的受电弓升弓压力、滑板厚度进行测量，只是记录在专检台账上，没有电子化，无法进行深度分析和综合应用。

2）数据种类繁多、结构各异。各类软件系统如 LKJ、6A、CMD、检测棚、整备管理、机统 6、临修等采集了大量数据，其数据来源丰富，结构化、非结构化数据混杂，数据格式、表述、质量差异较大，无法挖掘各系统数据的内在关联价值。在实际应用中，技术人员往往需要对比多个系统数据，就只能在对应系统中下载离线数据，在 Excel 等数据处理软件中对离线数据进行重新整理，这都会浪费大量时间[2]。

3）部分关键运行数据没有积累。受限于现有条件，机车上配件信息无法获取；受限于厂家封锁，HXD3 机车上核心系统如牵引、供电、制动、网络控制等数据尚无法全面下载分析；受限于在线检测手段缺失，部分关键部件如变流器、牵引风机等数据无法获取分析。因此，无法为故障诊断、检修范围的决策提供科学依据。

2.2 数据分析现状

目前铁路机务部门正在进行机车修程修制改革工作，需要利用大数据、全生命周期故障预测与健康管理（PHM）、人工智能等技术手段，对运用维修数据进行全面深入分析，实现从计划预防修到精准修的转变，而目前的数据分析及处理简单而低效，主要体现在以下三个方面：

1）数据处理不够快。目前大多数数据的采集主要依赖 U 盘转储，上传数据的完整性还要靠人工进行比对，活件的提报主要依赖纸质活票进行传递，作业效率低、准确率无法保证。以 6A 系统为例，数据的收集主要依赖专检人员上车利用 U 盘进行转储，数据的上传及完整性验证主要依赖人工进行逐项的检查，数据的分析由分析人员进入地面专家系统和 JK11430 系统中，根据具体要求进行简单的分析和统计，若出现相关的报警和故障，通过纸质活票的形式向行修人员提报相应活件。

2）数据分析不够全。受限于作业时间和分析工具，对于数据分析还停留在对数据表面的查看和检查，对报警和故障数据的简单统计，没有对历史数据（如临修、碎修等）和其他相关数据对比分析，难以对设备实际情况进行准确把握。

3）数据分析不够准。在数据分析工作中，主观定性判断多，客观定量分析少。以 6A 走行部数据分析为例，踏面报警是常见的报警信息，发生踏面报警时是否需要扣修机车对轮对进行镟修，需要结合各类数据进行综合分析。该分析工作需要对本次报警数据、历史报警数据、踏面磨耗、轮缘厚度、镟修后走行里程等多项数据进行全面分析，最终确定镟轮方案。这种具有一定主观判断的定性分析方法很难进行推广，因此迫切需要全面采集各类数据，建立一套多维度的定量分析标准[3]。

3 平台必要性及分析

机务部门业务工作包括机车调度、运用、安全、技术、质量、检修、整备、设备、验收、救援、燃料等方面，随着铁路改革的不断深化和机务事业的不断发展，近年来，机务信息化在某些应用领域已经取得一定效果，有的地方也建成了一些传统的机务段数据平台，并暴露出了许多问题。有必要将传统数据集成平台与大数据应用平台进行对比，从根本上实现数据驱动机务业务创新发展的新模式。

3.1 传统数据集成平台

传统数据集成平台通常采用 MVC 技术架构，将多系统的源数据通过 Webservice 接口、MQ 等消息队列、人工数据导入等手段，将分散在不同地点、不同维度的其他系统数据进行集成和综合展示应用，传统的数据集成平台缺点明显，主要包括：①数据采集来源于各个源系统，数据缺失、数据不正确等数据质量问题无法保证；②需要与各源系统逐一分别进行数据接口对接，效率低下；③受制于传统集成平台的技术条件，非结构化数据、视频等大容量数据难以保证进一步应用目标和效率[4]。传统数据集成平台的技术架构如图 1 所示。

3.2 大数据平台

为了解决传统数据集成平台面临的问题，提出了面向机务段大数据应用平台架构，利用开源的 Hadoop+Spark 大数据平台和开源大数据组件，完成对多源数据进行采集、预处理、清洗、转换、加载、存储、多维度应用，目的是实现数据集中管理，并用大数据的理念和方法实现数据的高效处理。大数据应用平台技术架构如图 2 所示。

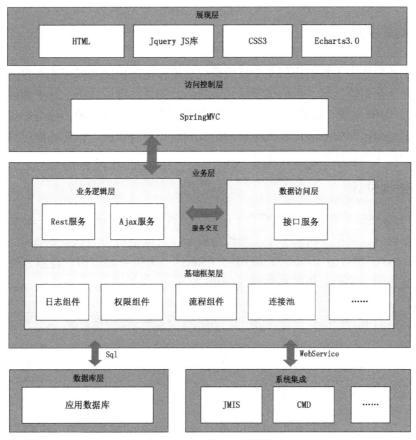

图 1 传统数据集成平台技术架构图

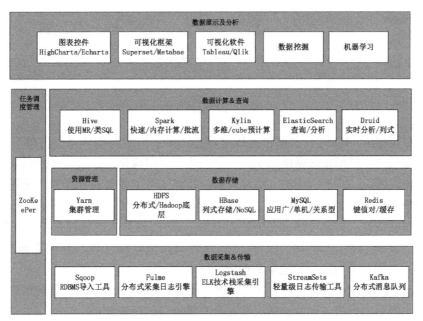

图 2 大数据应用平台技术架构图

4 平台总体设计

以洛阳机务段作为大数据应用平台典型研究对象，洛阳段配属机车 425 台，主要担当陇海西线郑州北至新丰镇区间、焦柳线侯马北至襄阳北间货运牵引任务，其中和谐型机车已经全部加装 6A、CMD 系统，会产生大量的车载监测数据；5T 系统、检测棚等相关监测检测系统会产生大量地面监测检测数据；机务段的运安系统、整备系统、检修系统、调度系统、统计系统等也会产生大量的机务生产作业数据。

4.1 总体架构设计

基于 Hadoop+Spark 开源大数据平台+开源组件技术，搭建统一的机务段大数据应用平台，实现数据融合、关联分析和应用功能综合展示，总体架构分为数据感知层（AaaS）、基础设施层（IaaS）、平台层（PaaS）、应用层（SaaS），为机务段运用、检修、整备等作业管理提供数据支撑[5]。平台总体架构如图 3 所示。

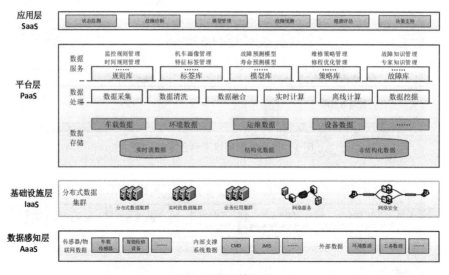

图 3 平台总体架构

1）数据感知层（AaaS）：主要包括数据传感体系、网络通信体系、传感适配体系、智能识别体系及软硬件资源接入系统，实现对结构化、半结构化、非结构化的海量数据的智能化识别、定位、跟踪、接入、传输、信号转换、监控、初步处理和管理等。规划和预留大数据应用平台数据源，实现机务相关监测检测传感器设备数据（包括车载传感器监测数据、地面传感器监测数据、智能检修设备传感器数据……）、机务生产管理系统业务数据（包括JMIS、整备、检修、运安、机调、统计……）、外部系统数据（包括环境数据、工务数据、电务数据……）等相关数据源的明确和确定[6]。

2）基础设施层（IaaS）：搭建分布式大数据平台硬件集群，提供大数据服务平台所需的虚拟服务器、网络通信服务硬件、防火墙安全配置等基础设施管理。

3）平台层（PaaS）：搭建包括数据采集、数据处理、数据分层存储、数据服务等大数据应用平台。

4）应用层（SaaS）：基于大数据平台分层治理的数据，实现状态监测、故障诊断、健康评估、辅助决策等应用支持[5]。

4.2 技术架构设计

机务大数据应用平台技术架构主要由数据源层、数据采集层、数据存储层、数据分析层、数据应用层组成。各层之间以数据传输为主线，环环相扣，各司其职，相互配合，实现机务大数据服务平台对数据的采集、处理、分析、运用。其技术架构如图4所示。

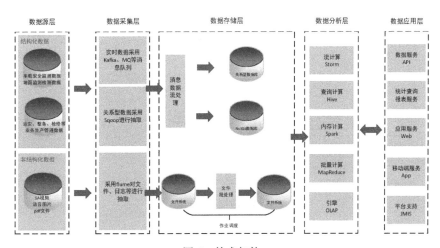

图 4　技术架构

1）数据源层：提供了机务大数据平台的数据来源，按照机车零部件出厂、途中、检修的场景，主要有机务段、检修基地、主机厂、配件供应商四个数据来源途径。

2）数据采集层：通过 Kafka、MQ 等组件采集主要包括 6A、TCMS、LKJ、5T 等实时数据，通过 Sqoop 组件抽取结构化数据，通过 Flume 组件对视频、音频、图片、文件等非结构化数据进行抽取。

3）数据存储层：对采集后的数据进行清洗、转换、处理后存储于如 Oracle、MySQL 等关系型数据库，如 Redis、MongoDB 和 HBase 等非关系型数据库，以及 HDFS 文件系统等，并对数据进行 ODS、DW、ADS 分层存储，为数据分析提供支撑。

4）数据分析层：利用 Storm、Hive 和 Spark 等工具和 MLlib、Mahout 等算法库，灵活运用各种数据挖掘和机器学习算法，对机务收集的庞杂的数据进行聚类分类，进而研究各个场景下的相关模型，通过机器学习改进优化已有算法，为机务作业提供有预测性的数据分析结果。

5）数据应用层：将数据分析层的数据结果集应用到各个机务现有信息系统中，对机务运安系统、整备系统、检修系统、设备管理系统等开放数据服务 API，提供统计报表综合查询，提供 Web 应用、移动端 App 应用等[6]。

4.3 数据架构设计

4.3.1 数据资源目录

通过梳理 6A、CMD、5T、检测棚、临/碎修、机统 6、物资消耗、机辆调度、机车统计等数据，形成机务数据资源目录，并制定数据标准规范。目前洛阳机务段大数据平台数据资源主要接入车载检测数据（LKJ、6A、TCMS、6A 音频数据）、地面检测数据（弓网轮对检测数据、5T 探测机车数据）、段应用系统数据（机车整备数据、机务运安数据、轮对管理与 6A 配件数据、走行里程数据、应急指挥数据、闸楼 AEI 联网应用系统、LKJ 系统与 6A 音视频系统）、机务主数据等。数据资源目录如图 5 所示。

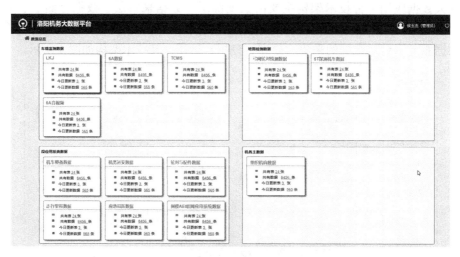

图 5　数据资源目录

4.3.2　数据分层存储

对机务段的海量数据进行分层存储，创建包括 ODS（操作数据层）、DWD（明细数据层）、DWS（汇总数据层）、ADS（应用数据层）共四层数据仓库。根据数据的大小和类型、数据时效性要求、数据管理的权限和内容、实际业务需求等方面考虑，从数据定义、建模方式、服务领域、ETL 过程四个方面对数据仓库分层存储进行设计，如图 6 所示。

	数据定义	建模方式	服务领域	ETL过程
ADS层 (Application Data Store, 应用数据层)	个性化指标加工：无公用性、无复杂性，基于应用的数据组装	数据来自DWS层，采用维度建模，星型架构，面向应用分析，只提取应用所需的维度和指标	前端报表展现，专题分析，KPI报表	从DWS层的数据进行汇总，生成各报表应用的数据
DWS层 (Data Warehouse Summary, 汇总数据层)	加强指标的维度退化，提炼出粗粒度的常用维度、常用指标的汇总模型；汇总度高于DWD	数据来自DWD层，采用维度建模，星型架构，面向主题进行汇总，提供基础的汇总模型	数据挖掘，自定义查询，应用集市	从DWD层的数据进行按业务主题聚合汇总，维度丰富等处理
DWD层 (Data Warehouse Detail, 明细数据层)	将不同系统的同类数据跨技能维度聚合，形成统一的聚合数据，避免后续计算关联大量维度表	数据来自ODS层，是DW事实层，采用维度建模，星型结构	为DWS提供各种统计汇总准备，减少关联维度，尽量避免雪花模型	从ODS进行轻度清洗、转换、汇总聚合生成DW层数据，如字符合并、证件号、日期转换等
ODS层 (Operational Data Store, 操作数据层)	面向主题的、集成的、当前活跃近当前的、不断变化的数据	数据准备区，数据来源是各业务系统的源数据，物理模型和业务系统模型一致	为其他逻辑层提供数据视图，为统一数据视图子系统提供数据实时查询	业务埋点数据到，各中心数据装载到数据仓库ODS层，保持与业务数据基本一致

图 6　数据分层存储图

4.4 网络架构设计

通过铁路综合信息内网连接国铁集团、铁路局、机务段及各站点等相关系统,满足其应用需求的网络带宽保障,并对其服务器部署区域实行严格的安全保障措施,保证系统运行的安全与稳定,并方便传输、接收数据,接口标准化及数据治理、使用[9]。网络架构如图7所示。

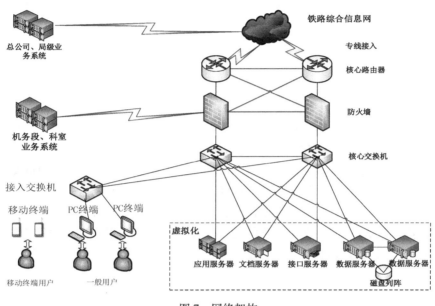

图 7 网络架构

5 关键技术

5.1 基于大数据开源组件进行平台架构设计

在调研分析机务段运用、整备、检修等相关业务需求的基础上,基于开源的 Hadoop+Spark 大数据架构平台,研究集成利用 Hbase、Sqoop、Flume、Kafka、ElasticSearch、Redis、MySQL 等相关组件技术,设计满足功能、性能、安全要求的机务段大数据服务平台系统架构,包括总体架构、技术架构、数据架构、网络架构等设计,符合大数据平台系统架构 IaaS、PaaS、SaaS 分层设计,通过全寿命全链条数据采集、汇聚、集成、治理、挖掘、应用、共享,实现数据化、可视化、智能化规范管理[8]。

5.2 制定数据资源目录及实现数据源头治理

以增强装备质量可靠性、提高业务作业工作效率、提升机务智能化管理水平为出发点,通过梳理铁路机务信息化中的"人-车-图"数据资产,研究制定机务数据资源目录,打好数据驱动业务创新的数据基础。以数据资源目录为引导,将分散、零乱、标准不统一的机务段结构化、非结构化数据经过多线程采集、分布式采集、大数据批量采集、全量采集和增量采集、自动采集和手动采集之后加载到机务段大数据平台数据仓库中，经过字典校验清洗、字段模块化清洗、数据标准化过滤等技术实现源头数据综合治理[9]。

5.3 数据仓库分层存储及分布式并行流式处理

根据机务运用、整备、检修、机调、统计等业务管理应用需求及数据特点，进行合理的数据仓库分层设计，研究确定铁路机务段大数据平台仓库的 ODS、DWD、DWS、ADS 四层数据存储的数据定义、建模方式、服务领域、ETL 过程，在数据分析时利用分布式并行计算技术、流式计算技术，对各类车载实时监测、地面在线监测、运用调度、整备维修、统计分析等数据进行分布式并行处理[9]。

6 结语

目前，信息已成为继土地和资本之后最重要的财富来源，发达国家将信息资源管理作为国家战略来推进。云计算、物联网、大数据、人工智能、5G 等新一代信息技术的快速发展为铁路信息化向更深层次发展提供了有力的技术支撑。机务作为铁路系统的重要组成部分，存在业务复杂、业务量大、人员基数大等特点。机务大数据服务平台面向运安、整备、检修系统，提供可靠的数据源，利用大数据和智能化技术解决现场存在的问题，进一步挖掘数据价值、优化作业模式，完善、健全机务段应用，从而有效提高现场作业效率，实现提质降本增效。因此，机务段大数据服务平台的技术研究与设计具有非常重要的现实意义[7,10]。

参 考 文 献

[1] 邹丹, 马小宁, 王喆. 铁路大数据平台架构研究 [J]. 铁路计算机应用, 2019, 28（08）：1-4.
[2] 喻冰春. 铁路货车大数据平台总体设计研究 [J]. 铁路计算机应用, 2019, 28（09）：45-48.
[3] 李鑫, 史天运, 马小宁, 等. 铁路机务大数据应用系统设计研究 [J]. 铁道运输与经济, 2021, 43（02）：88-95.
[4] 史天运, 刘军, 李平, 等. 铁路大数据平台总体方案及关键技术研究 [J]. 铁路计算机应用, 2016, 25（09）：1-6.
[5] 李超旭, 张惟皎, 李燕. 基于大数据的动车组运维数据服务平台研究 [J]. 铁道运输与经济, 2019, 41（11）：52-57.
[6] 郑金子, 薛蕊, 吴艳华, 等. 国外铁路大数据研究与应用现状 [J]. 中国铁路, 2018（02）：54-62.
[7] 王同军. 中国铁路大数据应用顶层设计研究与实践 [J]. 中国铁路, 2017（01）：8-16.
[8] 代明睿, 朱克非, 郑平标. 我国铁路应用大数据技术的思考 [J]. 铁道运输与经济, 2014, 36（03）：23-26.
[9] 武威, 马小宁, 刘彦军, 等. 铁路数据服务平台安全策略研究 [J]. 中国铁路, 2019（08）：63-68.
[10] 马小宁. 铁路大数据应用实践及展望 [J]. 铁路计算机应用, 2019, 28（04）：8-13.

和谐型机车造修数据贯通平台设计研究

喻冰春,李成龙,杨臻

中国铁道科学研究院集团有限公司电子计算技术研究所,北京 100081

【摘要】 本文分析了和谐型机车造修数据平台建设的必要性,阐述了和谐型机车造修数据平台的目标及总体设计思路,分析了和谐型机车造修数据的主要内容,详细说明了和谐型机车造修数据平台的架构设计、传输设计、采集设计、集成融合设计等方案。通过和谐型机车造修数据贯通平台搭建及数据应用,能够为机车全寿命周期管理和数字化精准检修提供数据支撑。

【关键词】 和谐型机车;造修数据;数据平台

Design and Research on Data Integration Platform for Harmonious Locomotive Manufacturing and Repair

Yu Bingchun, Li Chenglong, Yang Zhen

Institute of Computing Technology, China Academy of Railway Sciences Corporation Limited, Beijing, 100081

Abstract: This paper analyzes the necessity of the construction of the data platform of the harmonious locomotive manufacturing and repair, expounds the overall design idea of the data platform of the harmonious locomotive manufacturing and repair, analyzes the main contents of the data of the harmonious locomotive manufacturing and repair, and describes in detail the architecture design, transmission design, collection design, integration and fusion design of the data platform of the harmonious locomotive manufacturing and repair. Through the construction and data application of harmonious locomotive manufacturing and repair data penetration platform, data support is provided for locomotive life cycle management and digital precision maintenance.

Key words: harmonious locomotive; manufacturing and repair data; data platform

1 引言

随着机车车辆维修理论的发展以及可靠性工程技术在轨道交通领域内的推广应用,特别是机车车辆技术性能大幅提升之后,传统的定期检修模式逐渐向基于监测与故障诊断的状态修、预测性维修模式发展。伴随着新一代信息技术的快速发展,欧洲 ICE 动车组、VECTRON 机车等均具备较好的部件寿命管理和基于部件技术状态数据出具维修方案的能力,维修效率大大高于其他机车车辆。在这种先进的维修模式发展中,机车及部件全寿命周

○ 基金项目:中国国家铁路集团有限公司科技研究开发计划课题(K2020J018)。

期内技术状态数据收集、分析与管理成为了必不可少的基础支撑。

我国和谐型机车已投用万余台,实现了全路主要干线的动力换型,是我国铁路运输装备现代化和科技创新取得的丰硕成果。近几年来,和谐型机车陆续进入 C5、C6 高级修阶段,检修成本压力日益凸显。建立及时、准确的机车整车及关键零部件技术档案,实现和谐机车及零部件设计、制造、运用、检修等全链条造修数据贯通,及时掌握机车及部件可靠性水平和故障发展规律及趋势,对于推进装备数字化精准检修、深化修程修制改革具有非常重要的意义。

2 目标及工作思路

和谐型机车造修数据涉及机车设计、制造、整备、运用、检修多个环节,目前数据分散在机车设计制造企业及零部件供应商、机务段、检修段等多个单位。通过设计搭建和谐型机车造修数据平台,对多环节、多源异构系统的数据进行采集接入;基于平台进行全过程、全链条数据集成,实现机车设计、制造、整备、检修全链条数据融合;实现和谐型机车造修数据全寿命周期管理及数据综合分析,支持多部件多维度健康评估及故障预测模型分析,将造修数据及模型分析结果提供给各单位进行数据深入应用,产生和挖掘数据价值,适应新形势下的铁路装备数字化精准检修、降本增效、修程修制改革需要。

和谐型机车造修数据贯通平台设计总体上可分为数据规范、数据采集、贯通融合和数据应用四部分内容。总体设计思路如图 1 所示。

图 1 和谐型机车造修数据贯通平台总体设计思路

1）数据规范方面：由于机车及零部件种类多，首先根据机车部件状态及寿命分析等的需要，选择重点车型重点部件进行分析，按照数据重要程度、可对比性、可行性等原则，确定造修数据贯通的重要部件和每类部件的数据项点，形成和谐型机车造修数据规范。

2）数据采集方面：依据已确定的和谐型机车造修数据规范，进一步明确各类数据的数据采集单位、采集环节、采集方式等内容，由机车设计制造企业及零部件供应商、机务段、检修段分别开展数据采集工作，并且按照约定的数据接入与共享接口规范传入和谐型机车造修数据贯通平台。

3）贯通融合方面：基于和谐性机车造修数据贯通平台实现数据接入和全链条数据融合，通过数据清洗、转换、加载，使用统一的构型及部件唯一码，对多源数据进行集成、融会贯通，形成及时、完整的和谐机车造修数据。

4）数据应用方面：开展机车及零部件全寿命周期"一车一档""一件一档"管理、部件寿命期技术状态规律分析、机车健康评估及故障预测等数据综合应用工作，为数字化精准检修、深化修程修制改革提供基础数据支撑。

3 造修数据信息内容

结合机车运用维修实际情况，从保证机车运用安全、保证检修质量、合理确定检修周期、减少过度检修等角度出发，研究确定和谐型机车数据贯通的重点部件及数据项点。在部件方面，选择机车牵引电机、牵引变流器、主变压器、轮轴驱动装置、传动轴承、轴箱轴承等重点部件进行造修数据贯通研究。在信息内容方面，主要包括以下内容：

1）基本信息：包含部件序列号、部件单件码、型号、基本参数、制造厂家、制造日期等信息。

2）新造数据：机车新造部件清单，包括技术设计尺寸、检修工艺及限度要求、装配、检测数据等。

3）检修数据：和谐型机车 C1-C6 修主要部件检修数据，包含解体清单、部件主要检修记录、组装清单、组装关键数据、部件更换、整机检测试验等。

4）运用信息：包含部件累积走行里程、累积走行时间等，以及部件临修、主要碎修等信息。

5）技术管理信息：含机车及部件技术改造、质量提升项目、源头质量整治项目等信息。

6）机车运行安全监测数据：包含机车车载 6A、CMD、TCMS 等系统对机车部件的实时监测数据。

4 平台总体设计

4.1 总体架构设计

和谐型机车造修数据贯通平台在国铁集团主数据中心集中部署，面向国铁集团、铁路局集团公司、机务段/检修段，实现各层级造修数据的接入、集成及应用；面向机车设计制造企业及零部件供应商，通过国铁集团安全平台实现数据接入、并向企业提供应用服务。平台总体架构如图2所示。

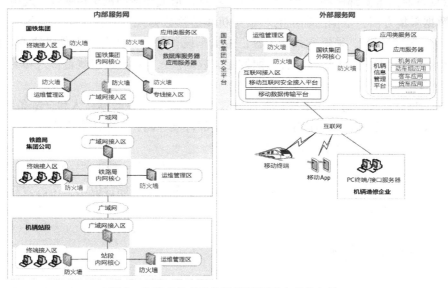

图2　和谐型机车造修数据贯通平台总体架构

4.2　数据传输设计

数据传输包括两部分内容，一部分是国铁集团、铁路局、机务段/检修段之间的数据传输，一部分是机车造修企业与铁路内网之间的数据传输。和谐型机车造修数据贯通平台数据传输设计示意图如图3所示。

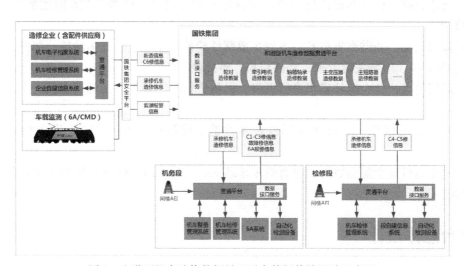

图3　和谐型机车造修数据贯通平台数据传输设计示意图

国铁集团、铁路局、机务段/检修段之间的数据传输，基于各级之间的消息队列方式实现。机车造修企业与铁路内网之间的数据传输，基于国铁集团安全平台，按照网络安全有关要求，实现应用服务及数据接口交互等多种方式，保障造修数据交互顺畅。

4.3 数据采集接入设计

在数据采集接入方面，结合和谐机车新造、检修流程，明确各单位的造修数据采集时机、采集内容要求。在和谐型机车造修数据贯通平台中建立和谐型机车造修数据资源目录，结合数据采集来源对部件的造修数据进行分类，制定规范的造修数据接入与交互接口规范，明确各类数据交换格式及数据交换机制。由采集系统按照数据接口规范提供数据，由和谐型机车造修数据贯通平台自动进行数据接入处理。数据采集接入示意图如图4所示。

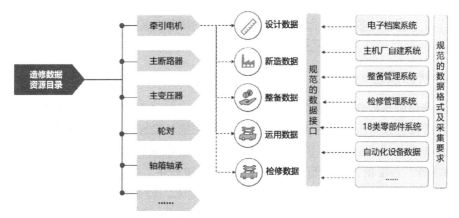

图4 和谐型机车造修数据采集接入示意图

4.4 数据集成融合

在数据集成融合方面，以和谐型机车部件序列号/单件码为核心，以统一的机车构型为基础，结合装车车号、位置、时间等信息集成融合各类数据，主要开展数据校验与关联匹配、数据清洗治理、优化融合算法等工作。通过此项工作，实现部件全链条数据精准衔接。

图5所示为和谐型机车主变压器某部件的全寿命周期造修贯通数据。

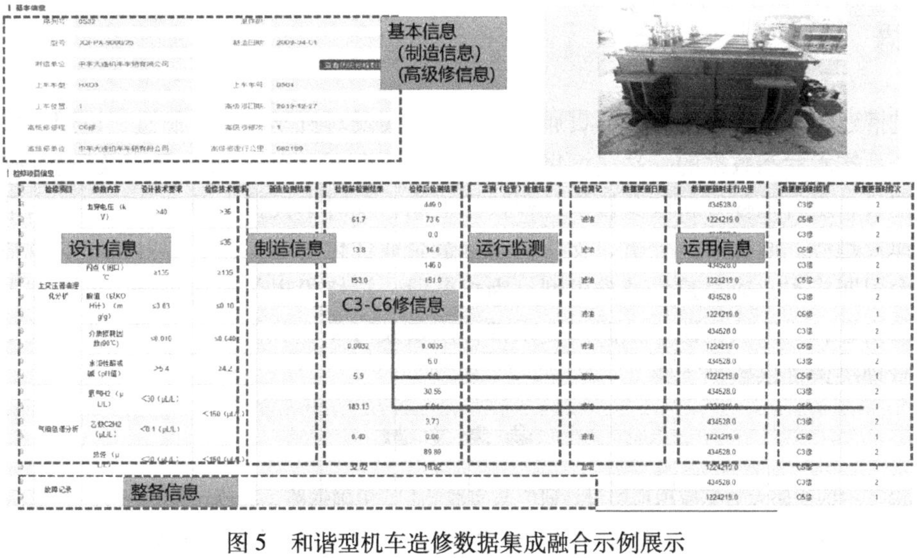

图5 和谐型机车造修数据集成融合示例展示

5 应用分析

5.1 全寿命周期管理

实现和谐型机车从设计、新造、整备、运用、检修到报废的全生命周期信息管理档案，建立"一车一档"的机车电子化档案，实现"一件一档"的部件电子化档案；规范机车电子履历、配件电子履历、技术资料、走行里程等造修数据的采集、流转和记录；面向各级单位提供机车及零部件的数据实时动态更新及寿命期内闭环互动管理，为修程修制改革提供数据支撑。

5.2 部件状态预警

依据和谐型机车检修技术规程、检修范围及标准，结合和谐型机车实际运用维修情况，设置部件技术参数预警数值及处置建议，检修过程中部件检修数值超过预警数值，则进行状态预警。预警参数设置包括以下内容：规程范围标准中未明确具体检修参数的数据，如"符合技术要求""按相关技术要求执行"等；检修过程中，因检修需要涉及的原始技术标准相关参数；部件检修涉及的技术要求、检测项点结果、检修简记（对检修过程主要工作简要描述，包括超修及更换零配件）等；部件检修中涉及的零配件寿命参数，如橡胶件、电子元件等；结合设计寿命要求，对现有检修规程中规定的限度数据提出修订意见。

5.3 可靠性分析及寿命管理

建立和谐型机车可靠性分析模型，通过大数据分析，掌握部件全寿命周期服役状态变化及质量规律，分析部件寿命及寿命特征值，研究部件健康管理及配件寿命的最优方案，为部件检修、运用提供决策依据；优化重点部件检修标准，提出重点部件规程优化建议，保障和谐型机车及零部件运用质量。

6 结语

通过搭建和谐型机车造修数据贯通平台，能够实现对机车设计、制造、运用、检修全寿命周期产品技术状态数据的一站式汇集，实现机车零部件更换、机车新造及历次修程维修、上下车记录、走行里程等新造及检修过程数据追溯，及时掌握机车及部件可靠性水平和故障发展规律及趋势。通过数据分析，支持机车制造企业优化制造工艺，提升机车质量性能，降低全寿命周期成本；通过建立精准模型，为机务段、检修段提供超前预警功能，推进数字化精准维修指导；为国铁集团、铁路局提供部件质量及可靠性分析相关功能，为深化修程修制改革及管理决策提供数据支撑。

参 考 文 献

[1] 王同军. 中国铁路大数据应用顶层设计研究与实践［J］. 中国铁路，2017（01）：8-16.
[2] 史天运，刘军，李平，等. 铁路大数据平台总体方案及关键技术研究［J］. 铁路计算机应用，2016，25

（09）：1-6.

［3］李超旭，张惟皎，李燕. 基于大数据的动车组运维数据服务平台研究［J］. 铁道运输与经济，2019（11）：52-57.

［4］代明睿，朱克非，郑平标. 我国铁路应用大数据技术的思考［J］. 铁道运输与经济，2014（03）：23-26.

［5］武威，马小宁，刘彦军，等. 铁路数据服务平台安全策略研究［J］. 中国铁路，2019（08）：63-68.

珠三角城际铁路动车组运维系统研究与应用

程凯[1]，王文翼[2]，李静[3]，张惟皎[1]，曹伟涛[1]，杨春辉[1]

1. 中国铁道科学研究院集团有限公司电子计算技术研究所
2. 中铁工程设计咨询集团有限公司
3. 广东城际铁路运营有限公司

【摘要】 本文通过对珠三角城际铁路广清城际及广州东环城际自主化运营特点与动车组运维组织的研究，结合中国国家铁路动车组管理信息系统的研究成果，设计了在珠三角城际调度指挥中心与龙塘动车所两级应用的城际铁路动车组运维系统与动车组车载信息传输及监控系统，实现了城际动车组运维多专业的数字化生产作业服务，融合了城际动车组多数据源的运用维修信息，搭建了城际动车组运维数据可视化展示中心。系统应用后能够切实辅助珠三角城际铁路动车组运维生产管理人员高效安全作业与科学精准决策，同时本文关于城际铁路动车组运维的研究成果为城际铁路的快速和可持续发展提供了可靠参考。

【关键词】 城际铁路；动车组运维；数字中台

Research and Application of EMU Operation and Maintenance System in Pearl River Delta Intercity Railway

Cheng Kai[1], Wang Wenyi[2], Li Jing[3], Zhang Weijiao[1], Cao Weitao[1], Yang Chunhui[1]

1. Institute of Computing Technology, China Academy of Railway Sciences Corporation Limited
2. China Railway Engineering Consulting Group Co., Ltd.
3. Guangdong Intercity Railway Operation Co., Ltd.

Abstract: In this paper, according to the research of independent operation characteristics and EMU operation and maintenance organization mode about Pearl River Delta intercity railway of Guangzhou-Qingyuan and Guangzhou east loop, combined with the research results of China national railway EMIS, we designed EMU operation and maintenance system and WTDS which applied in Pearl River Delta intercity railway dispatch command center and Longtang EMU operation station two levels, then realized the multi-professional digital production and operation services of intercity EMU operation and maintenance, integrated the application and maintenance information of multi-data sources of intercity EMU, built the visual display center of intercity EMU operation and maintenance data. After the application of the system, it can effectively assist the operation and maintenance production management personnel of Pearl River Delta intercity railway EMU in efficient and safe operation and scientific and accurate decision-making, at the same time, this paper provided a reliable reference for the rapid and sustainable development of intercity railway by researching the operation

---

基金项目：中国国家铁路集团有限公司科技研究开发重大课题（P2018J016）。

and maintenance of intercity railway EMU.

Key words：intercity railway；EMU operation and maintenance；digital middleground

1 引言

2020年11月30日，珠三角城际铁路广清城际花都—清城段及广州东环城际花都—白云机场北段正式开通运营。广清城际及广东东环城际由广东省铁路建设投资集团所属珠三角城际轨道交通有限公司负责建设，广州地铁集团全资子公司广东城际铁路运营有限公司全面运营管理[1]，是中国大陆首条由地方自主运营的城际铁路。

广清城际花都—清城段线路长度为38.17km，设6座车站，广州东环城际花都—白云机场北段线路长度为21.42km，设4座车站，两线采取公交化运营模式跨线运行，形成了连接清远市、广州市花都区、广州白云机场的快速通道，车型采用CRH6A型动车组，运营速度为160km/h，在清远市龙塘镇设龙塘动车所负责动车组运用检修，在广州市金融城设城际调度指挥中心作为调度指挥及运营中枢[2-3]。在动车组运维方面，由于城际动车组交路短、运用率高、自主化运用修与委外修相结合，其运用维修模式与检修主体均与国铁存在差异，因此需要研究适应于珠三角城际铁路的动车组运维及相应系统，以支持城际铁路高效经济运营。

2 概述

2.1 研究背景

根据原铁道部《动车组管理信息系统总体方案的通知》（运装管验[2009]95号），国铁动车组运用维修采用中国铁道科学研究院研发的"动车组管理信息系统"[4]，包括铁道部（国铁集团）、铁路局、动车段及动车所四级系统。其中部局级系统实现动车组运维的统筹管理与全局性决策制定；动车段级系统为核心业务汇集点，掌握下辖动车所生产管理情况，制定合理的维修策略；动车所级系统为实际业务执行层，提供动车组运用维修的一线数据。广清城际铁路初设批复阶段，龙塘动车所计划部署动车组管理信息系统所级系统，接入广州动车段段级动车组管理信息系统，实现与广州铁路局局级系统和国铁集团级系统形成业务贯通，支撑动车所日常运用检修业务。

随着珠江三角洲城际轨道交通网逐步建成，广清城际、广州东环城际具备自主运营条件，龙塘动车所改由珠三角调度指挥中心管理，调度指挥中心的业务范围包含在"动车组管理信息系统"的国铁集团、铁路局和动车段三级系统中，如果不能将上述三级系统功能整合为调度指挥中心，将导致既有龙塘动车所级系统功能无法使用。具体包括：①动车段所基础字典、动车组技术履历、检修项目与规则、动车组开行交路等核心业务将失去数据源；②动车组运用开行、走行里程累计、故障管理、动车组转配属等核心业务流程中断；③动车组高级修送修计划、段级运用检修中期计划等动车组调度指挥方案无法制定等。因此，为保障广清城际及广州东环城际动车组运维，需要在国铁动车组管理信息系统的研究基础上，重新研究设计与国铁架构功能均不相同的珠三角城际铁路动车组运维系统，并分为调度指挥中心级与动车所两级应用。

此外，在动车组运行途中，车载系统实时采集动车组整车及零部件运行状态监测数据并传输至动车组车载信息传输及监控系统（WTDS），该数据对动车组故障早期预警、隐患排查提示、运行安全保障发挥了不可替代的作用，并作为动车组健康管理系统重要的支撑数据源，为动车组精准维修、降低检修成本提供了可靠支持。WTDS 系统需要汇集海量的动车组运行数据，必须依托大数据管理平台才能保障相应数据的存储及读写应用功能。国铁动车组 WTDS 均接入国铁武清主数据中心，而珠三角城际动车组由于独立运营需要在调度指挥中心搭建自主化的大数据管理平台，并设计相应的城际动车组 WTDS 系统，保障动车组的实时监测。

2.2 研究内容与目标

城际铁路动车组运维研究需紧密结合城际铁路运营模式与管理组织架构，涵盖动车组履历配属管理、生产计划排程、车载数据监控与传输、数字化检修作业与质量控制、多源故障闭环管理、生产检修物流协同、司乘人员标准化作业、动车组故障预测与健康管理等业务，并设计与之匹配的应用系统，保障动车组运用维修专业模块化、协同一体化。

城际铁路动车组运维将通过先进 IT 技术与现代维修理念深度融合，满足数据信息感知、统一数据接入和规范管理、数据集中管理与共享、数据深度挖掘和分析、智能辅助决策和统一指挥、智能化生产控制等需求，打造全生命周期业务链，全面贯通业务链关键环节数据，最终实现基于动车组的安全风险超前防范和数字化精准维修，跨单位跨部门跨系统协同联动，检测检修过程的少人化及无人化，支持安全、可靠、高效、经济的动车组运维，提高城际铁路运营服务水平，实现可持续发展。

2.3 用户需求分析

城际铁路动车组运维涉及动车段所及调度指挥中心生产管理部门及人员。其中动车所按动车组检修生产作业可分为所领导、调度组、质检组、技术组、乘务组、材料组、主机厂及其他外协单位驻所机构，对应生产人员角色为所长、调度员、检修员、质检员、技术员、信息化专员、乘务员、材料员、外协人员等，分别需要从事动车所生产管理、动车组运用、检修、调车、开行计划编制、动车组检修作业、动车组质检作业、动车组故障排查分析与处理、动车所信息化管理、动车组值乘计划及运行途中巡检作业、动车组检修生产物流管理、动车组委外修及辅助作业等。此外，动车组的基础信息需要各角色在不同业务中频繁使用，如动车组履历信息、检修进度、走行里程等。

调度指挥中心统筹管理各动车段所及存车场生产作业情况，审核处理上报信息及所间转配事宜，并参与全局性动车组运维决策制定，按需可与动车段合署办公，管理部门可设列车/车辆中心、行车/生产安全中心，涉及用户角色包括车辆中心主任、车辆中心技术员等。管理人员需要能够及时准确获取各动车所生产作业信息，并能够通过图标等可视化指标直观反映出来，包括动车组配属数量、车组及配件技术履历、上线率、检修率、检修实绩、质检情况、高级修预警及送修情况等；在安全方面，需要关注动车组实时运行状态监测信息、动车组行车故障、动车组检修故障信息、动车组及关键配件故障分类、数量、趋势演化及预测与健康管理等，并提供动车组应急处置支持，同时审核动车所上报的动车组开行计划、动车组转配、跨线运行及跨所检修等信息；在管理方面，需要建立与城际铁路运营管理模式相匹配的指标或规则,根据辖内所有动车组运维信息的汇总与分析,制定相应的管理办法及决策,指导各动车所更高效地开展动车组运维。各用户角色对城际动车组运维的需求分析见表1。

表1 城际铁路动车组运维用户需求分析

用户角色		工作内容	主要需求
动车段所一线生产管理人员	段/所长	统筹协调管理动车段所维修生产作业及动车组运用情况	获取动车段所综合生产作业及动车组运用关键指标
	调度员	编制动车组运用及检修计划	根据多类限定条件进行自动化排程
	检修员	在检修库内对动车组进行运用检修	获取检修作业流程、项目、项点,提供格式化检修作业过程记录、完成情况回填、故障发现录入回填等
	质检员	对检修完成的作业项目进行质检审核	获取质检作业任务,提供格式化质检作业过程及结果记录
	技术员	排查动车组技术性问题,协助故障处理	动车组及配件数字履历、数字构型、交互式电子技术手册、车载运行数据可视化、PHM模型及分析
	乘务员	动车组开行及巡检作业	乘务交路计划自动化编制,出退乘标准化检查登记及途中作业记录
	材料员	动车组检修材料仓储及配送	检修材料出入库、调拨、分拣、配送全流程信息化管理,提供检修现场自助快速领料设备,根据动车组检修计划自动生成物料需求计划
	信息专职	运维相关系统及设备维护	根据运维角色分配权限并根据相关业务限定系统流程
	外协人员	主机厂驻所检修及保安保洁等	提供标准作业流程、作业过程与结果记录
调度指挥中心管理人员	车辆中心主任	统筹协调管理城际动车段所维修生产作业及动车组运用情况,管理跨动车所运维业务,制定动车组运维决策	获取各动车段所综合生产管理指标与城际动车组运维辅助决策数据,提供跨动车所运维业务流程管理
	车辆中心技术员	审核动车段所上报的运用检修计划及检修作业实绩等,辅助制定动车组运维决策	获取各动车段所各专业作业数据及统计分析结果

3 架构设计

3.1 总体架构

城际动车组运维集成智能化设备及设施数据,主要包括车载及轨旁检测设备数据、自动化检修检测设备数据、智能化物流仓储设备数据,通过利用多种渠道的通信网络如WiFi、蓝牙、5G、卫星、RFID等进行传输交互,将这些数据整合进数字中台进行清洗重定向。数字中台又集成业务服务与软硬件技术框架,共同为多业务多专业的应用子系统提供支撑,这些应用子系统可分为智能运用、智能检修、智能物流等。结合多专业应用进一步产生的数据及经验，打造决策支持平台，实现生产管理可视化中心、作业及安全监控中心、维修成本分析中心。

同时，整个动车组智能运维综合应用方案在行业标准体系和安全保障体系下展开，如对动车组的构型管理是基于国际通用的S1000D，软件系统严格按照国家信息安全等级保护标准执行，确保了整体及局部的标准性、安全性、通用性和可扩展性。城际动车组运维总体架构如图1所示。

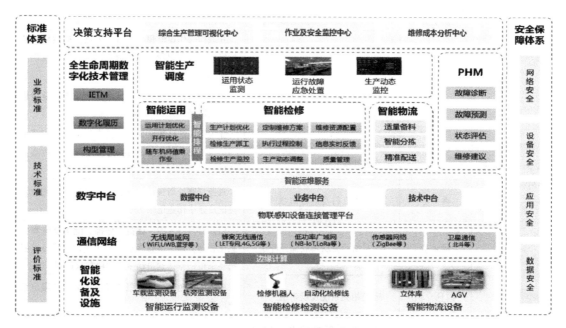

图1 城际动车组运维总体架构

3.2 逻辑架构

城际动车组运维由"1+N+1"的逻辑架构组成[5]，即利用既有或新建的工业物联网平台基础上，在下层将动车组运维各类数据、服务、技术沉淀为1个运维数字服务中台；中间层是将涉及多专业的运维业务打造成N个运维应用系统服务于一线生产单位；在上层将数据汇集、分析、决策层面打造为1个可视化的运维决策支持平台（图2）。

城际动车组运维数字服务中台主要面向各动车段所提供运维服务，数字中台由数据中台、业务中台和技术中台组成。数据中台清洗融合动车组造修数据、运行数据、环境数据及检测监测数据等各类数据[6]，业务中台主要针对各个运维应用系统提供业务服务支撑[7]，技术中台是针对动车组运维特定需求而搭建的统一框架及组件。整个数字中台再由各类自动化设备设施通过工业物联网平台进行支撑。

城际动车组运维应用平台主要应用于动车段所，由N个业务应用系统组成，包括计划排程、检修作业、质量控制、故障管理、轮对管理、物流配送、技术变更、应急处置、乘务作业、PHM、IETM、构型管理等。

城际动车组运维决策支持平台主要是应用于调度指挥中心，面向全局动车组运维提供决策支持，包括综合生产管理可视化中心、作业及安全监控中心以及维修成本分析中心等。

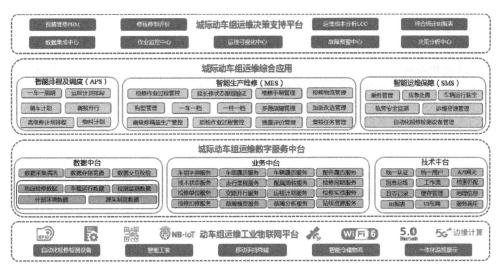

图 2　系统逻辑架构

3.3　网络架构

珠三角城际动车组运维系统部署于内部局域网，同时为了兼顾主机厂及配件厂商在没有珠三角内网的情况下访问系统并填报履历信息，系统提供互联网访问通道。同时，该通道用于城际动车组 WTDS 实时数据接收，为了保障内外网交互安全，设置防火墙及网闸进行隔离。网络架构如图 3 所示。

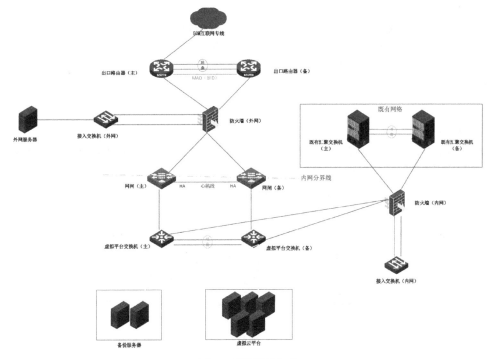

图 3　系统网络架构

4 功能设计

由于珠三角城际铁路自主运营的特殊性，综合考虑成本因素及经验因素，在城际动车组运维总体方案中选取基础性、关键性应用进行功能设计。

4.1 动车组运维数字服务中台

4.1.1 业务中台

1) 动车组及状态服务：面向动车组的一中心多所网络化运用检修业务，提供动车组路网内转配属流程管理基础服务，动车组在所间的借用流程管理基础服务。

2) 预防性检修规则服务：基于目前预防性为主的动车组修程修制，提供动车组检修项目及其相关属性的管理基础服务，动车组检修项目的一致性校验服务。

3) 开行交路服务：面向动车组网络化开行业务，提供图定交路、临时交路信息管理的基础服务，维护交路的复杂接续关系及开行约束，提供城际路网车站基础字典、路网站站走法服务。

4) 动车组履历支撑服务：针对动车组静态履历，提供动车组配件履历信息管理的基础服务、动车组配件履历的装配一致性校验、动车组配件履历的检索服务、动车组当前功能位装配配件的检索快捷服务。

5) 基础字典库：提供城际路网资源基础字典服务、系统级配置项基础服务。

6) 动车组故障服务：实现动车组故障管理的基础服务，提供动车组乘务日志、检测监测、信息的融合逻辑，提供动车组故障快捷检索服务。

4.1.2 数据中台

数据中台的作用是引领业务，构建规范定义的数据处理平台，数据中台是动车组运用检修的"业务矿产"，汇集不同数据结构、数据格式的平台。

1) 动车组运用检修业务数据管理：规范化管理各类动车组运维数据，数据又可细分为以下种类：

① 新造数据：动车组出厂时的配置信息，来自动车组、配件供应商的系统或动车组出厂时的随车技术履历。

② 检修运用数据：动车组投入使用后产生的一系列生产、检修活动数据，包括配属信息、运用数据、检修数据、故障数据。

③ 预警类数据：通过各类技术手段，得到的动车组运用、检修预警类信息，对动车组的运用检修起到辅助决策作用。

2) WTDS 数据管理：动车组在途运行时，对动车组整车及零部件运行状态产生监测数据，数据包含动车组各系统的工作状态、运行参数和工作环境参数等。通过数据分析，可以详细地了解故障的发生过程，并且通过整合履历、检修故障等信息，可以及时发现故障隐患，做到及时预防。WTDS 数据是指导检修作业，提高检修效率的重要依据。

3) 运维数据管控组件：运用数据管控组件作为平台工具，利用分布式文件高容错性、高吞吐量的特点，实现 WTDS 海量数据的大规模、高吞吐量的数据集处理。涵盖常用的分布式键值对、关系型、内存级数据库，支撑调度指挥中心各类数据管理。

4.1.3 技术中台

1）统一用户管理：用户登录及权限管理功能包括角色管理、统一账号管理、统一认证、权限管理，控制用户对系统功能的操作和管理，是对动车组运维系统正常安全运行的基础支撑。

2）工业微服务网关：工业微服务网关是统一管理 API 的一个网络关口、通道，网关承担认证授权、访问控制、路由、负载均衡、缓存、日志、限流限额、转换、服务编排、API 管理等非业务性的功能。

3）系统监控及日志引擎：提供统一的监控日志系列化组件，采集动车组运维过程中的各种日志信息并进行存储和集中管理。

4）消息总线：汇集 JWMQ 队列管理、MQ 队列监控、消息的广播消费功能、消息类型管理等基础组件，为"N"个应用系统提供统一消息推送机制和接口。

4.2 N 个业务应用子系统

4.2.1 构型字典管理

动车组构型管理是对 BOM 集合的管理，包括结构管理和属性管理两个部分。系统构造动车组平台级、批次级构型字典，对动车组履历、故障、运用、检修提供构型快速检索支持。

4.2.2 车组配属管理

实现调度指挥中心、动车所、主机厂配属工作的逐级管理及动车组履历的同步传递。将动车组从新造出厂到动车所运用、检修的各种状态及时上报调度指挥中心。

4.2.3 技术履历管理

动车组履历是保证动车组运维系统的基础。通过与动车组主机厂间的信息接口，实现动车组配件履历新造、检修履历及技术卡片等基础信息的规范管理。

4.2.4 计划优化排程管理

动车组运维计划排程系统功能涵盖运用检修一体化联合编制、调车计划优化编制等子系统。

1）运用检修计划智能辅助编制：搭建动车组运用检修计划的联合编制平台，以动车组履历数据、一二级检修规程、基础交路数据为基础，实时获取动车组历史检修、故障信息、外部系统接口数据，搭建动车组运用计划、检修计划联合编制平台，实现开行计划、检修计划的数据共享和业务互动。

实现动车组运用检修规则的耦合校验，鉴于运用计划、检修计划和调车计划的相互耦合关系，计算机辅助系统需综合各类约束条件，提供计划校验功能。在用户人工调整后，给出明细的校验结果信息，提供计划的严谨性，严格卡控超期检修、超期上线等问题。

2）日班计划智能辅助编制系统：搭建计划联合编制平台，以动车组履历数据、一二级检修规程、基础交路数据、动车所站场布局为基础，实时获取动车组历史检修、故障信息、外部系统接口数据，搭建动车组开行计划、检修计划、调车计划联合编制平台，实现开行计划、检修计划和调车计划的数据共享和业务互动[8-9]。

3）动车组修程到期监控：修程修制监控提供专项修作业超期监控系统，通过颜色标识车组作业包到期状态；可进行作业包实绩维护，提供车组-作业包到期状态列表，并可导出相应内容。实绩同步可将中心内各运用所的作业包实绩同步到最新日期，可将本所实绩发送到中心其他所，将其他所实绩获取到本所。

4) 动车组上线规则动态防护：对车组信息进行配置，达到禁止重联、上线等目的，在新版日计划挂车界面内阻止用户的操作疏忽。主控端卡控实现对特定车组是否可以担当主控端的卡控；重连端卡控实现对特定车组是否可以担当重联端的卡控；上线卡控实现对特定车组能否担当特定交路约束；版本号卡控可设置车组软件版本，使不兼容版本禁止车组重连。

4.2.5 检修派工管理

系统搭建了多专业一体化协同检修智能派工平台，汇集车组基础信息、作业人员基础信息、日检修任务、历史派工记录、检修作业标准等数据，提供易用、丰富的界面和操作，支持现场快捷完成检修任务人员的分配。基于多专业任务分配约束规则，在用户人工操作时，系统进行实时校验，以保证检修任务分配方案的合理性。支持工位终端的检修任务派工功能，用户可以实时检索任务信息并进行相关操作。

4.2.6 检修单据管理

动车组检修单据管理支持结构化单据的元数据自定义，以及单据格式样式表定义。通过工位终端实时进行作业数据的记录，对作业数据进行完整性和有效性校验，对不符合规范的数据进行实时预警。

4.2.7 动车组车载信息传输及监控系统（WTDS）

动车组车载数据包含了牵引、制动、轴温等关键子系统的运行状态等信息[10]，可直观反映动车组的工作状况，对于掌握动车组运行状态具有重要参考意义。

将WTDS数据接入动车组运维系统后，通过车载数据监控系统可掌握动车组实时运行故障、速度、实时位置、运行交路及各类运行参数等信息，使地面人员能实时监控动车组的故障情况及工作状态，为动车组安全运营提供进一步的技术保障，同时为地面指挥动车组运行故障应急处置提供可靠的信息支持[11]。

1) 动车组运行故障实时报警：通过对动车组车载故障数据的采集，获取动车组实时运行故障数据，并进行监控展示，对于重点故障给予报警提示。

2) 动车组实时运行位置跟踪：在地图上直观展示动车组运行位置，便于动车组主管部门掌握动车组实时运行位置、在线离线状态以及当前速度等基本运行信息，并提供运行状态实时信息动态跟踪功能。

3) 动车组运行信息实时监控：与动车组开行信息进行整合，综合展示动车组当前运行的车次信息、交路信息、随车机械师的信息等，便于对动车组运行的信息进行及时掌控。

4) 动车组运行参数规律分析及应用：通过对大量动车组车载数据运行参数的收集，对重点运行参数变化趋势进行多个维度的分析，为进一步分析故障发生的原因提供一定参考。

4.3 调度指挥中心管理系统

以动车组运维数字服务中台为基础，整合中心和动车所两级系统资源，集成动车组运用检修过程中的多元数据，采用大数据技术，搭建动车所日常运用维修管理的综合管理中心，实现运维关键信息的决策数字化、管理定量化，为动车所的日常监管、科学决策提供实时、动态化的数据支撑。

4.3.1 配属管理

实现主机厂、调度指挥中心、动车所配属工作的逐级管理及动车组履历的同步传递，同时将动车组从新造出厂到动车所运用、检修的各种状态及时上报调度指挥中心，使各级领导能够掌握全路动车组的车组状态。

4.3.2 运用管理

各动车所每天将所担当车组的开行、值乘、走行里程、车组状态等信息上报到调度指挥中心。运用管理模块提供了对这些信息的存储和集中展示以及多维度统计功能。

1）开行信息：开行信息功能主要包括车组开行详细情况和车组开行统计。通过开行详细情况可得到在指定日期中车组担当交路的详细信息。

2）车组状态：动车组状态历史可从配属单位、车组、状态以及日期范围等不同维度查询动车组的车组状态详细情况，为追溯、统计、分析动车组的历史使用情况提供依据。

3）走行里程：通过统计动车组的累计走行、更新时间，以及距上次三、四、五级修修竣时走行里程等维度信息实现走行历史统计。

4）交路管理：交路管理模块主要包括交路查询和交路维护，用以维护基础交路和详细交路信息，主要包括交路车次、交路区间、图定车型、车底数、编组形式等。

5）运用情况：运用情况功能主要包括运用效率查询和运用情况日报，通过展示动车组的检修率、运用率、备用率、高级修率、新线备用率在各个车型上的分布情况，实现运用效率查询。

4.3.3 检修管理

根据动车组检修细化程度和检修周期，动车组检修作业分为运用修和高级修。

1）运用修实绩：运用修实绩实现了动车组运用修的实绩信息查询，包括动车组的检修所、上报日期、入所时间、完成时间、出所时间、修程和累计走行等信息。

2）运用修统计：运用修统计实现了动车组运用修修程的检修实绩汇总与查询，可查询指定日期运用修的组数、列数，按修程和车型统计运用修车组数、列数。

3）高级修历程：检修实绩功能主要包括检修日报、高级修节点卡控和修竣历史详细，通过承修单位每天填报情况，获取在修动车组的高级修进度信息。

4.3.4 技术管理

技术管理模块主要管理车组的静态履历、动态履历信息、技术改造信息、关键配件信息和转向架的维修信息。

1）静态履历：车型参数功能按照车型显示静态的车型技术参数，包括列车总长、车体最大宽度、车体最大高度、车体材质等。

2）动态履历：动态履历功能展示动车组运用修履历信息，主要包括基本信息、配属历史、开行历史、历史状态、装车记录等信息。

3）关键配件：关键配件模块主要包括关键配件查询、关键配件更换记录、关键配件更换统计。关键配件查询分别从动车组维度和配件维度展示关键配件的技术信息，包括名称、序列号、走行里程、生产日期、状态和配件等车组信息。

4）检修项目管理：实现动车组检修项目的统一维护和中心、所级系统的数据同步，支持各类检修单据的定义,支持动车组检修作业包的定义和包项关系管理。

4.3.5 计划管理

1)高级修月计划:系统结合动车组运用、高级修基地部局等因素,提供高级修基础测算功能,用户可根据基本信息和预测信息添加动车组的月入修计划信息。

2)高级修年计划:用户可根据基本信息添加车组的三级修、四级修或五级修的计划信息。动车组的年计划信息包括承修单位和时间等信息。

5 结语

广东城际铁路动车组运维系统于 2020 年 11 月 20 日正式上线以来应用情况良好,有力保障了广清城际及广州东环城际动车组运维的高效运行。龙塘动车所通过系统提供的模块化、一体化的运维模式,使现场作业人员可以及时掌握动车组运用与维修情况,编制合理计划,促进高效生产;系统通过动车组维修数据的积累和分析运用,可优化生产劳动组织和检修模式,提高动车组技术管理水平;系统中各业务功能,如一车一档、一件一档等多维信息的共享使多岗位人员能够直观了解工作内容和技术标准,提高了一体化作业效率,确保了作业质量和作业安全。系统应用界面如图 4、图 5 所示。

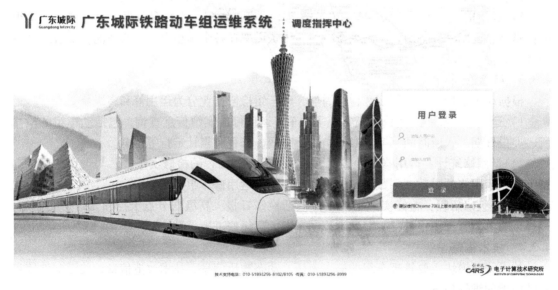

图 4 城际铁路动车组运维系统首页

同时,为了解决动车组运维数据来源广泛、数据项繁杂、不利于统计分析等问题,系统在调度指挥中心搭建了动车组运维数据可视化中心,可展示的内容包括动车组走行里程、运行故障、检修故障、万公里故障率、上线率、检修率、备用率、开行情况、检修情况、高级修情况、检修计划等,并在中心位置展示广东省地图及珠三角城际铁路线路。通过接入 WTDS 车载数据,实时展示动车组速度、位置、故障报警及随车机械师等重要信息,实现了动车组运维多专业大数据的可视化,能够辅助管理人员科学精准地制定动车组运维决策,如图 6 所示。

珠三角城际铁路动车组运维系统研究与应用　　363

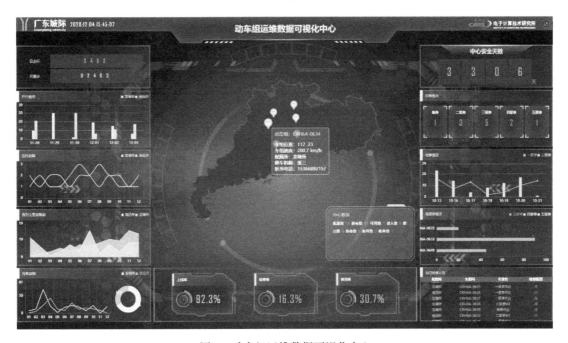

图5　动车组一件一档

图6　动车组运维数据可视化中心

在系统后续的研发与迭代中，将注重对动车组质检作业管理、检修物流管理、交互式电子技术手册管理以及故障预测与健康管理等功能进行设计及试验，进一步降低珠三角城际铁路动车组运维成本，提高运维质量。随着全国各主要城市都市圈的扩展融合，城际铁路成为新基建的重要组成部分，其动车组运维需要进一步的深化研究，本文的研究成果与系统应用将着力为其他地区城际铁路的发展提供先行性、示范性的参考。

参 考 文 献

[1] 珠三角城际轨道公司. 建通达之道筑发展之翼 [J]. 广东科技, 2021, 30 (4): 68-69.
[2] 张衔春, 栾晓帆, 李志刚. "城市区域"主义下的中国区域治理模式重构——珠三角城际铁路的实证 [J]. 地理研究, 2020, 39 (3): 483-494.
[3] 陈波. 新形势下对珠三角城际轨道交通网发展的思考 [J]. 都市快轨交通, 2018, 31 (4): 58-62, 68.
[4] 张惟皎. 动车组管理信息系统的发展回顾与展望 [J]. 铁路技术创新, 2015 (2): 117-122, 127.
[5] 王忠凯, 李燕, 李莉, 等. 动车组智能运维总体方案与关键技术研究 [C]//第十五届中国智能交通年会论文集. [出版地不详: 出版者不详], 2020: 1-9.
[6] 李超旭, 张惟皎, 李燕. 基于大数据的动车组运维数据服务平台研究 [J]. 铁道运输与经济, 2019, 41 (11): 52-57.
[7] 毛东. 基于Hadoop的动车段综合管理信息系统建设的研究 [D]. 北京: 中国铁道科学研究院, 2020.
[8] 李建. 动车组运用与检修计划综合优化方法研究 [D]. 北京: 北京交通大学, 2017.
[9] 王忠凯, 沈明雷, 蒋梦婷, 等. 动车组日班计划智能辅助编制系统的研究 [C]//第十一届中国智能交通年会论文集. [出版地不详: 出版者不详], 2016: 545-552.
[10] 杨春辉, 孙鹏, 程凯. 基于5G技术的动车组车载数据传输及监控系统研究 [J]. 铁路计算机应用, 2021, 30 (5): 23-25, 36.
[11] 端嘉盈. 高速列车运营环境监测无线传感器网络研究 [D]. 北京: 中国铁道科学研究院, 2017.

机车故障远程实时应急指导系统设计

谭本军[1]，**谯兵**[2]，**费艳斌**[2]，**庞垒**[2]

1. 株洲中车时代电气股份有限公司，株洲 412001
2. 北京经纬信息技术有限公司，北京 100081

【摘要】 在线应急指导是机车远程监测与诊断的重要环节。本文设计一种基于深层故障清洗逻辑和各路局预案与故障相关联的实时应急指导系统，该系统联合车载数据分析和地面清洗逻辑，实现了机车无效故障过滤、主故障实时展示、机车环境数据实时展示、故障关联预案实时展示等功能。经部分路局试用，确定该系统可以显著提升故障清洗率和主故障处置成功率，快速完成机车故障远程应急指导。

【关键词】 应急指导；故障清洗；预案关联

Design of Remote Real-time Emergency Guidance System for Locomotive Failure

Tan Benjun[1], Qiao Bing[2], Fei Yanbin[2], Pang Lei[2]

1. Zhuzhou CRRC Times Electric Co., Ltd., Zhuzhou 412001
2. Beijing Jingwei Information Technology Co., Ltd., Beijing 100081

Abstract: Online emergency guidance is an important part of locomotive remote monitoring and diagnosis. In this paper, a real-time emergency guidance system is designed based on deep fault cleaning logic and each road bureau plan associated with the fault. Combined with on-board data analysis and ground cleaning logic, the system realizes the functions of invalid locomotive fault filtering, real-time display of main fault, real-time display of locomotive environment data and real-time display of fault associated plan. Through the trial of some railway bureaus, it is determined that the system can significantly improve the fault cleaning rate and the success rate of main fault disposal, and quickly complete the remote emergency guidance of locomotive fault.

Key words: emergency guidance; fault cleaning; plan association

1 引言

目前，各局段方基本有自己应急指导系统和相应的应急指挥流程，包含有信息登记功能、处置预案看板以及归档分析功能，但是目前局方使用的应急指导系统，采用的是离线数据，依赖应急岗的经验和司机进行交流指导，交流过程中可能出现信息不对称及理解的偏差，造成应急指挥不及时，甚至不得当。同时，由于没有在线数据记录，实时应急场景无法通过数据说话。

⊖ 科研课题：中国国家铁路集团有限公司重大课题：基于 6A、CMD、5T 数据融合的应用功能提升研究（K2020J018）。

本系统集成了 CMD 的数据完整性，对机车下发的 TCMS 故障、6A 故障、LKJ 事件进行处理[1]。通过优化应急报警展示列表，可按车-故障两级维度进行报警信息展示，同一种车型故障事件可折叠或展开显示，便于故障机车定位，提升用户体验。并且增加了库内故障、过分相故障等故障筛选机制，深入过滤无效故障。此外，在进行故障事件处置中，根据不同报警来源，将对应展示不同司控屏的实时信息[2-3]；根据不同类型报警的特性，自动关联关键信号量进行实时状态更新展示，更有针对性；根据不同的机车报警，自动关联展示该机车的对应的处置预案。本系统具有数据完整性、定位精确性、处置智能性等特点，能够快速高效地指导相关人员进行机车故障应急处置，保障机车的正常运行，满足现场智能化运维需求[4]。

2 系统总体设计

应急指导系统，起到应急辅助决策作用，由机务段应急岗使用，负责对机车下发的影响行车类报警进行主动分析和处置[5-6]，在乘务员联系地面应急人员之前提前分析，提高应急指导效率。模块中设计的机务段岗位包括应急岗、系统管理员、技术岗，其中应急岗主要负责对报警数据进行分析和远程指导；系统管理员负责对本段不同岗位关注的报警和事件进行配置，并对处置预案、应急电话等基础数据进行维护和管理；技术岗通过实时监测模块的导航功能进入数据综合分析界面，对故障进行分析，若当前数据密度不足以支撑故障分析，可通过数据点播功能下载高密数据，开展深度分析，为应急指导提供技术支持[7]。

机车通过 CMD 实时下发所有故障，在地面通过故障清洗，以及用户筛选配置进行过滤，筛选出影响行车安全的故障和用户关注的项点进行报警。报警触发后，应急指导系统将自动弹出报警提示框，同时伴随声音报警方式进行提示。用户点击故障处置后，进入处置详情页，在详情页将展示当前故障与之关联的核心信息：故障详情数据、实时监测接口、视频点播接口、司控屏实时数据、故障关联机车实时环境数据、故障关联处置预案等，并由应急台通过电话根据当前故障的处置预案分步骤指导乘务员进行故障处置。系统总体业务流程如图 1 所示。

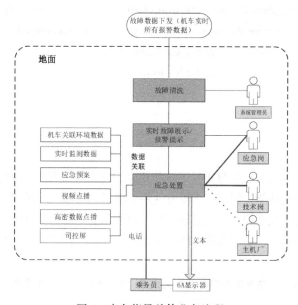

图 1　应急指导总体业务流程

3 系统应用功能

应急指导整个模块具备应急处置列表、处置详情、处置记录、故障清洗、预案管理等几个功能模块。

3.1 应急处置列表模块设计

处置列表界面中将会对报警信息以机车分组后进行合并显示，同一机车的故障列表可收拢展开，每一个大列表卡片上显示的是当前机车实时更新的运行数据；报警信息按照报警重要等级、报警时间进行排序，方便用户进行查找。

具体实现内容如下：

1）系统对下发的故障能够按机车维度进行实时刷新展示，如果应急处置列表中存在未处置的报警时，系统会每30s进行提醒，提示用户尽快处理。消息提醒可在应急处置页面右上角进行关闭。

2）如果故障发生时间超过1h，则自动转为处置超时，且在处置记录中可以查询。整个展示界面可自动轮询不断刷新，从而能够实时展示最新故障，自动刷新功能可以通过人工点击按钮以暂停或开启。对于人工处置的故障和超时自动处置的故障，会马上从处置列表消除并跳转到处置记录列表中。

3）每一条故障能展示车型、车号、AB节、故障等级、故障代码、故障名称、来源、故障发生时间、机车位置、配属支配局段、车次、速度、司机、联系方式等信息。故障等级分为ABC三级，通过不同颜色区分，A级为红色，B级为黄色，C级为灰色。

4）具备按故障批量处置功能，用户可以全选或者逐个勾选故障进行一键批量处置。

5）每个机车维度的故障卡片上都有视频点播、LKJ文件点播、AT1文件点播、运行检测等调用接口按钮功能。

6）在故障展示列表界面最上方显示一排功能选择按钮，可以进行相关故障清洗展示。具体过滤条件有TCMS、6A、LKJ、支配、配属，点击不同的选择框则可进行条件过滤。应急故障列表展示如图2所示。

图2 应急故障列表按机车维度展示

3.2 处置详情模块设计

由用户点击单个故障应急处置时,将跳转至处置详情页(图 3)。整个页面分为如下四大区域展示:故障详情块展示、处置预案关联展示、司控屏展示、关联机车环境数据展示。

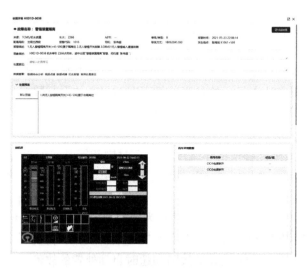

图 3 处置详情页展示

1)故障详情展示。故障详情页将展示该故障的车型、车号、AB 节、配属局段、车次、司机、联系方式、报警代码、报警名称、报警等级、发生时间、发生地点、报警的基本描述、现象描述。

2)处置预案关联展示。通过后台报警代码对系统中已经录入系统的预案进行关联,在点击故障处置的时候,该界面将自动关联展示系统中配置好的预案流程,应急台人员即可使用该预案流程进行指导。

3)司控屏展示。不同的报警将展示不同的屏幕,TCMS 故障将展示微机屏,6A 故障展示 6A 屏,LKJ 报警将展示监控屏。

4)关联机车环境数据展示。在处置详情界面右下方区域也将会展示当前故障与之强相关的机车环境数据,方便应急台指导人员快速了解机车当时状态,方便进行精准指导。

3.3 故障清洗模块设计

通过调研现场机车故障清洗需求,根据现场应用需求和规定,同时结合机车自动过分相、机车处于库内库外等技术手段,进行故障智能识别与清洗、库内检修试验故障等。部分故障根据机务段应用经验进行清洗或保留,并将人工判断逻辑转换成逻辑语言,深度实现故障筛选。系统总体故障清洗逻辑如图 4 所示。

图 4 系统总体故障清洗逻辑

1)"配属"和"支配"清洗。配属即为本段配属机车所发生的报警,支配为本段乘务员值乘机车发生的报警。路局机务段配属机车可在动力配属系统中查看,目前该数据已接入到 CMD 系统数据库基础表中,数据包含了各局段的配属机车;支配机车可通过关联机务段乘务员信息,以及运行机车信息表的数据,当故障时刻发生时,通过判断乘务员所属路局机务段,统计出支配的情况(图 5)。

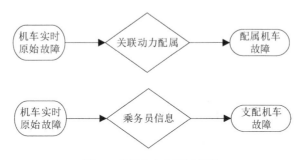

图 5 配属和支配清洗逻辑

2)速度过滤。当机车运行时,存在因调度、线路等问题导致部分时刻停车的状态,这时候机车发生的故障基本不是影响行车的故障,用户可以自配制是否进行前端界面筛选,发生故障的时刻速度为 0,则进行过滤。目前,当机车产生故障时,下发的故障数据中包含了机车同一时刻的环境数据中,可通过环境数据中的速度信息进行判断,对故障进行区分(图 6)。

图 6 速度过滤逻辑

3)过分相过滤。机车在经过分相区的时候,由于电压变换,容易产生一些异常信号波动,引发相故障,如"接触网低电压"故障,但实际上并不影响正常行车。在应急指导中不一定是影响较大的行车问题,用户可配置过滤此类故障,并在机车回段后进行分析。

系统中目前有从第三方系统维护的线路分相信息表,LKJ 信息中也包含了公里标、线路号等对信息,该信息维护到系统中以后,通过关联故障时刻发生的线路和公里标可有效对过分相引发的报警进行过滤(图 7)。

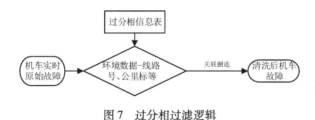

图 7 过分相过滤逻辑

4）LKJ 监控状态清洗。LKJ 根据机车相应的状态不同调用相应的控制，监控状态分为"正常监控""调车控制""降级控制"。这三个条件主要是为了区分机车发生报警时是否是在正线运行，勾选"正常监控"后可过滤掉其他监控状态下的报警信息（图8）。

图 8　LKJ 监控状态清洗逻辑

目前机车故障下发时，也同时会将机车的监控状态信息下发，并一同保存在机车故障表中，这时候可直接将机车故障与监控状态关联，进行筛选。

5）库内、库外清洗。目前 CMD 系统已接入 ATIS 机务闸楼系统的数据进 CMD 系统数据库表中了解机车出入库的状态，可直接关联数据表，判断机车故障时刻的库内库外状态。为了增加准确性，增加了电子地图上的电子围栏功能，通过设定地图上站场区域，对整备库进行经纬度区间设定，关联故障发生时刻的机车经纬度，通过机车的位置信息判定机车是否在站场[8-9]（图9）。

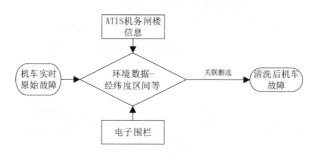

图 9　库内、库外清洗逻辑

6）区间故障清洗。在处理机车的应急指导场景中，大多只针对机车在运行区间时做处理，目前机车运行在区间的判断是通过 AEI 过站信息和 LKJ 监控状态等进行判断机车是否在区间运行，机车在站点时属于库外但并未在运行区间线路上，通过 AEI 过站信息加以 LKJ 监控状态进行辅助，可直接判断故障发生时刻机车的状态，从而进行筛选（图10）。

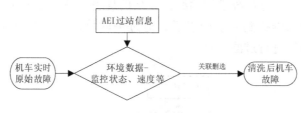

图 10　区间故障清洗逻辑

7）TCMS 网络逻辑清洗。按照主次生 TCMS 故障网络逻辑与环境变量进行故障清洗。系统可根据故障时刻状态数据以及前后相关的故障条目，自动清洗包括供电开关故障导致的通信类、隔离类、等次生故障；DXM/DIM 模块通信故障导致的开关断开、隔离类、设备故障类次生故障,变流器器件或电路故障导致的保护类、隔离类等次生故障;紧急或惩罚空气制动导致的牵引封锁类次生故障。根据故障时刻环境变量,如网压、速度、主断状态实现运行工况判断逻辑清洗。避免重复报警数据一直推送的问题。供电开关故障导致的通信类、隔离类等次生故障的清洗案例如图11所示。

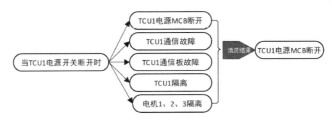

图 11 故障机理清洗案例

8)自动配置逻辑清洗。自动配置逻辑清洗是基于用户自身实际情况进行的设定,用户可在系统中选择故障项点,针对段上机车自定义配置故障过滤逻辑,可决定系统是否过滤此报警信息,微机故障筛选配置则可以根据微机中各数据数值范围或开关状态对报警信息进行更深层次的过滤。其系统展示如图12所示。

图 12 自动配置清洗逻辑系统

① 用户可在前端逻辑配置界面进行选择,选取机车微机数据中的各数据量。
② 用户可对选取的数据量进行数值界定,进行条件定义。可关联多个数据量,实现包括数据量间"与""或"等关系,多重逻辑共同确定故障。
③ 系统根据用户配置的逻辑,挖掘数据进行关联判断,在前端界面显示配置清洗结果。

3.4 预案管理模块设计

预案管理模块是一个核心的模块,现阶段应急台人员主要使用的就是应急预案流程进行指导处理。此功能由机务段系统管理员技术员使用,负责维护本段处置预案数据。

该模块主要包含以下几点:
1)预案查看。所有预案流程将以列表形式展示,在列表中展示预案的文字描述,点击详情即可查看具体流程图。
2)预案添加修改。用户可以进行单个预案添加上传以及修改,包括预案名称、预案内容等。用户可以对保存的新预案设置查看权限，有公开和私密两种，如果设置公开则所有局段用户都可以查看；如果设置私密，则仅该段用户可以修改、删除、查看。

3）预案上传导入。用户先在系统上下载既有模板，然后点击上传按钮，可以选择本地 Excel 预案文件进行上传到服务器，并一键导入到该模块中。在上传导入的同时，将自动补充上传人、上传单位等信息，并可设定预案查看权限。

4）关联报警配置。用户在新增或者导入预案后，必须进行关联报警配置。点击预案列表左边的"关联报警配置"按钮进行关联配置，点击该按钮后即可查看当前预案所关联的一些报警，在该界面可以对关联好的报警进行增加或者删除。

4 现场验证

系统已经在七个机务段进行验证试行三个月，不断在跟踪升级后设备运行情况以及故障下发和清洗以及系统使用情况，通过统计部分机车一周的报警信息数据，计算清洗率，分别得出 TCMS 故障清洗的过分相清洗、LKJ 监控状态清洗、故障发生位置清洗、速度为零清洗统计和最终综合清洗统计，详见表 1~表 6。

表 1 TCMS 故障过分相清洗效果统计

序号	车型	故障总数	过分相	清洗率
1	HXN3	6172	5815	5.78%
2	HXN3B	1164	1163	0.09%
3	HXN5B	38640	37418	3.16%
4	HXD1	63164	59157	6.34%
5	HXD2	36516	34428	5.72%
6	HXD3	1740	1484	14.71%
7	HXD2B	4	4	0.00%
8	HXD1C	119480	101885	14.73%
9	HXD3C	19498	16031	17.78%
10	HXD1D	37402	4745	87.31%
11	HXD3D	38832	8064	79.23%
12	FXD1J	1523	1521	0.13%
13	FXD3J	2253	2222	1.38%

表 2 TCMS 故障 LKJ 监控状态清洗效果统计

序号	车型	故障总数	监控状态	清洗率
1	HXN3	6172	4364	29.29%
2	HXN3B	1164	20	98.28%

（续）

序号	车型	故障总数	监控状态	清洗率
3	HXN5B	38640	4543	88.24%
4	HXD1	63164	26331	58.31%
5	HXD2	36516	14062	61.49%
6	HXD3	1740	1213	30.29%
7	HXD2B	4	0	100.00%
8	HXD1C	119480	49866	58.26%
9	HXD3C	19498	11482	41.11%
10	HXD1D	37402	1037	97.23%
11	HXD3D	38832	26503	31.75%
12	FXD1J	1523	795	47.80%
13	FXD3J	2253	1573	30.18%

表3 TCMS故障发生位置清洗效果统计

序号	车型	故障总数	故障位置	清洗率
1	HXN3	6172	579	90.62%
2	HXN3B	1164	0	100.00%
3	HXN5B	38640	2253	94.17%
4	HXD1	63164	5714	90.95%
5	HXD2	36516	3781	89.65%
6	HXD3	1740	808	53.56%
7	HXD2B	4	0	100.0%
8	HXD1C	119480	12077	89.89%
9	HXD3C	19498	3892	80.04%
10	HXD1D	37402	126	99.66%
11	HXD3D	38832	21356	45.00%
12	FXD1J	1523	172	88.71%
13	FXD3J	2253	959	57.43%

表4 TCMS故障发生时速度不为零清洗效果统计

序号	车型	故障总数	速度（是否为0）	清洗率
1	HXN3	6172	804	86.97%
2	HXN3B	1164	492	57.73%

（续）

序号	车型	故障总数	速度（是否为0）	清洗率
3	HXN5B	38640	19852	48.62%
4	HXD1	63164	5355	91.52%
5	HXD2	36516	2406	93.41%
6	HXD3	1740	988	43.22%
7	HXD2B	4	3	25.00%
8	HXD1C	119480	9317	92.20%
9	HXD3C	19498	4362	77.63%
10	HXD1D	37402	185	99.51%
11	HXD3D	38832	24747	36.27%
12	FXD1J	1523	190	87.52%
13	FXD3J	2253	871	61.34%

表5 TCMS故障发生位置清洗效果统计

序号	车型	故障总数	故障位置	清洗率
1	HXN3	6172	579	90.62%
2	HXN3B	1164	0	100.00%
3	HXN5B	38640	2253	94.17%
4	HXD1	63164	5714	90.95%
5	HXD2	36516	3781	89.65%
6	HXD3	1740	808	53.56%
7	HXD2B	4	0	100.00%
8	HXD1C	119480	12077	89.89%
9	HXD3C	19498	3892	80.04%
10	HXD1D	37402	126	99.66%
11	HXD3D	38832	21356	45.00%
12	FXD1J	1523	172	88.71%
13	FXD3J	2253	959	57.43%

表6 TCMS故障综合清洗效果统计

序号	车型	故障总数	故障位置	清洗率
1	HXN3	6172	259	95.80%
2	HXN3B	1164	0	100.00%

（续）

序号	车型	故障总数	故障位置	清洗率
3	HXN5B	38640	1166	96.98%
4	HXD1	63164	1925	96.95%
5	HXD2	36516	1233	96.62%
6	HXD3	1740	590	66.09%
7	HXD2B	4	0	100.00%
8	HXD1C	119480	1355	98.87%
9	HXD3C	19498	706	96.38%
10	HXD1D	37402	74	99.80%
11	HXD3D	38832	3899	89.96%
12	FXD1J	1523	154	89.89%
13	FXD3J	2253	747	66.84%

由上可知，本系统能够对下发的大量故障进行清洗过滤，可快速定位有效故障，辅助地面技术人员进行应急指导。

5 结语

本文从各路局的实际需求出发，通过对铁路局调研分析，设计了一种集成多种清洗机制的远程实时应急指导系统，系统结合了逻辑机理和用户自定义清洗配置，强化了故障清洗效率，并结合预案自动关联功能，更方便用户进行远程应急指导。该系统联合 CMD 数据平台，实时展示机车下发的事件故障信息，对于发生的报警进行提示分析，自动关联展示与报警强相关的机车实时环境数据，以及对局段提供的应急预案进行关联展示，逐步规格化，对于地面人员远程快速完成机车故障应急指导有着非常重要的意义[10]。目前系统已经完成在国铁集团及各铁路局段的部署实施，后续将不断接受反馈，进一步完善系统，从而使得系统界面操作更加友好，故障清洗效率更高，应急预案库更加精确完善，将全面提高系统各方面的性能。

参 考 文 献

[1] 中国铁路总公司. TJ/JW 024—2014 中国机车远程监测与诊断系统（CMD 系统）车载子系统暂行技术规范 [Z]. 2014.
[2] 王庆武，唐国平. 机车远程监视与诊断系统研究与设计 [J]. 机车电传动，2012（3）：42-57.
[3] 龚利. 铁路智能机务信息系统方案研究 [J]. 铁路计算机应用，2018，28（9）：40-44.
[4] 孙朴莹. 基于智能决策的铁路应急处置平台系统的设计与实现 [D]. 北京：北京交通大学，2019.
[5] 刘继龙. 城市轨道交通应急管理信息系统研究 [D]. 南京：南京理工大学，2011.
[6] 孙凯云. 构建高铁应急处置辅助决策系统的思考 [J]. 上海铁道科技，2012（4）：23-24.
[7] 秦勇，王卓，贾利民. 轨道交通应急管理系统体系框架及应用研究 [J]. 中国安全科学学报，2007

(01): 57-65+178.

[8] 雷玲玲, 肖克炎. 基于 GIS 的铁路信息应急指挥系统研究与设计 [J]. 软件导刊, 2013, 12 (05): 149-151.

[9] 李辉. 基于电子地图的机务段作业可视化管理系统研究 [J]. 控制与信息技术, 2019, 3: 63-69.

[10] 文林, 张轶, 彭辉, 等. 一种智能地铁车载应急处置系统 [J]. 控制与信息技术, 2019 (05): 63-67.

分布式数据库在铁路客票系统中的应用研究

李雁明,徐东平,刘相坤,李琪

中国铁道科学研究院集团有限公司电子计算技术研究所,北京 100081

【摘要】 针对现有铁路客票系统传统单节点数据库在面对各种应用场景激增的情况下,难以满足爆发的数据增长及更丰富的业务需求,而近几年分布式数据库技术得到人们的广泛关注。也正是因为分布式数据库自身的架构特点,很好地解决了传统集中式单节点数据库在横向扩展、高可用、数据可靠性以及计算能力方面的一些不足。本论文在对现有铁路客票系统数据库进行分析后,总结出目前现有数据库体系架构存在的问题和不足,通过分析分布式数据库的一些新特性来对老的数据库架构进行改进。分布式数据库切实解决了数据库的横向扩展能力,通过增加节点达到了海量数据的存储,提升了对更高并发量的处理能力。

【关键词】 铁路客票系统;传统数据库;分布式数据库;海量数据;容量提升

Application of Distributed Database in Railway Ticketing and Reservation System

Li Yanming, Xu Dongping, Liu Xiangkun, Li Qi

Institute of Computing Technology, China Academy of Railway Sciences Corporation Limited, Beijing 100081

Abstract: The traditional single-node database of the existing railway passenger ticketing and reservation system is difficult to meet the explosive data growth and richer business needs in the face of a rapid increase in various application scenarios. In recent years, the distributed database technology has received widespread attention. It is precisely because of the characteristics of the distributed database's own architecture that it has solved some of the shortcomings of traditional centralized single-node databases in terms of horizontal expansion, high availability, data reliability, and computing capabilities. After analyzing the existing railway passenger ticketing and reservation system database, this paper summarizes the existing problems and shortcomings of the current database system architecture, and improves the old database architecture by analyzing some new features of the distributed database. Distributed database effectively solves the horizontal scalability of the database, achieves the storage of massive data by adding nodes, and improves the processing capacity for higher concurrency.

Key words: railway ticketing and reservation system; traditional database; distributed database; massive data; capacity increase

---

基金项目:中国铁道科学研究院集团有限公司电子计算技术研究所基础研究课题(DZYF20-03)。

1 引言

移动互联和大数据云计算等技术方兴未艾，旅客对铁路客票系统的需求已不仅仅是便捷、高效的购票服务，电子票、人脸识别进站等功能也在不断提高旅客的出行体验[1]。新功能不断加入的背后是业务系统并发访问的量和数据存储量的指数级上升，数据库作为承载业务数据的主要存储和管理平台，业务系统对其功能、性能和安全性等方面的要求也越来越高。提高服务器处理能力的数据库垂直扩展方式已经不能满足业务的需求，针对大规模数据存储和高并发数据访问而设计的分布式数据库系统解决方案已经成为数据库系统的发展趋势。

分布式数据库很好地解决了传统单节点数据库在现有复杂环境中的不足，提升了后端数据库的高可用性、吞吐量、延迟以及横向扩展能力[2]，给前端更复杂的应用提供了支撑和可能性，为旅客出行带来更加方便快捷的体验[3]。因此，客票系统需要进一步研究客票系统分布式关系型数据库，提高既有业务数据存储能力、计算能力，提高客票系统数据存储的可靠性和扩展性，并为未来客票系统多数据中心扩展提供支撑。

2 数据库发展简介

随着大数据、云时代的到来，数据库应用需求的拓展和计算机硬件环境的变化，经历了传统关系型数据库成熟发展，以分布式为主要特征的数据库系统的研究与开发受到人们的注意。分布式数据库是数据库技术与网络技术相结合的产物，在数据库领域已形成一个分支。

集中式关系型数据库起源自 1970 年前后，其功能是把数据存下来然后满足用户对数据的计算需求。在数据库发展早期阶段，这两个需求其实不难满足，有很多优秀的商业数据库产品，如 Oracle、SQL Server、DB2、Informix。在 1990 年之后，出现了开源数据库 MySQL 和 PostgreSQL[4]。这些数据库不断地提升单机实例性能，往往能够很好地支撑业务发展。

随着互联网的不断普及，特别是移动互联网的兴起，数据规模爆炸式增长，而硬件的进步速度却在逐渐减慢，单机数据库越来越难以满足用户需求，即使是将数据保存下来这个最基本的需求也不能完全满足。人们开始了对分布式数据库的探索，分布式数据库系统就是由分布于多个计算机节点上的若干个数据库组成，简单地说，分布式数据库系统是物理上分散而逻辑上集中的数据库系统。使用计算机网络将地理位置分散而管理和控制又需要不同程度集中的多个逻辑单位连接起来，共同组成一个统一的数据库系统。

3 铁路客票系统数据库现状分析

3.1 铁路客票数据库扩展性

面对持续增长的业务量和交易量，铁路客票系统所使用的传统集中式关系型数据库难以满足横向扩展的需求，最终会到达集中式架构的容量上限[5]。计算节点可以扩展，但多个计算节点之间仍需访问共享存储，并且可扩展的计算节点有限。分布式关系型数据库数据节点和计算节点均可以在 MPP 架构下实现水平扩展。数据节点和计算节点均没有数量限制，在网络带宽足够的前提下，可以扩充至任意数量数目。

3.2 数据可靠性

当前铁路客票系统数据库系统主要采用的是主从热备以及基于虚拟机的高可用方案，在业务量、交易量持续增长的情况下，仍然存在性能处理和存储瓶颈；缺少多副本机制，数据安全性存在风险。利用分布式一致性协议保证数据可靠性和服务高可用性，由于使用多副本机制，在主节点故障的情况下，也可以保证数据无损，并且自动选举并恢复服务，服务恢复时间在秒级别内[6]。

3.3 经济效益

铁路客票系统部分核心数据库使用传统高端的服务器及高端存储设备，硬件昂贵且维护部署成本高，随着业务量的增加，后端服务持续的扩容，需要付出的升级硬件和维护的代价也会越来越高。而分布式关系型数据库的使用成本相对较低，基于 PC 硬件的设计降低了硬件费用，软件授权费用和服务费用也有优势，运维成本也较低。

4 分布式关系型数据库关键技术

4.1 分布式一致性算法

分布式一致性是指多个副本之间的数据保持一致性[7]。在分布式数据库系统中，数据不能存在单个节点（主机）上，否则可能出现单点故障。分布式数据库一般是通过多副本来防止单点故障，保障数据安全，同时多副本的数据也需要保证强一致性。在分布式系统中，比较著名的强一致性算法有 Paxos 算法、Raft 算法等[8]。

Paxos 算法不容易实现，Raft 算法是对 Paxos 算法的简化和改进。Raft 算法中的副本有三种状态：Leader、Follower 和 Candidate。Leader 是请求的处理者，Leader 副本接收客户端的请求，本地处理后再同步至多个其他副本；Follower 是请求的被动更新者，从 Leader 接受更新请求，然后写入本地日志文件；Candidate 参与 Leader 选举，如果 Follower 副本在一段时间内没有收到 Leader 副本的心跳，则判断 Leader 可能已经故障，此时启动选主过程，此时副本会变成 Candidate 状态，直到选主结束。若出现两个 Candidate 同时选举并获得了相同的票数，那么这两个 Candidate 将随机推迟一段时间后再向其他节点发出投票请求，这保证了再次发送投票请求以后不冲突。Paxos 算法和 Raft 算法在目前的分布式数据库中都有应用[9]。

4.2 分布式事务技术

在分布式数据库中，数据是分散到多个物理节点或者逻辑节点上的，在事务过程中涉及多个节点上的多张表时，就需要用到分布式事务。分布式事务处理通过调度节点开启全局事务并知道事务在任何数据库节点上所做的所有动作，提交或回滚事务，然后决定产生统一的结果（全部提交或全部回滚）。常用的分布式事务有 2pc（两阶段提交）、XA、AT 等模式。

二阶段提交是分布式数据库最为常用的模式。二阶段提交是一种在多节点之间实现事务原子提交的算法，用来确保所有节点要么全部提交，要么全部中止。二阶段提交通常有协调者和参与者两个角色，事务执行过程分为准备阶段（Prepare Phase）和提交阶段（Commit Phase）两个阶段。二阶段提交过程如图 1 所示。

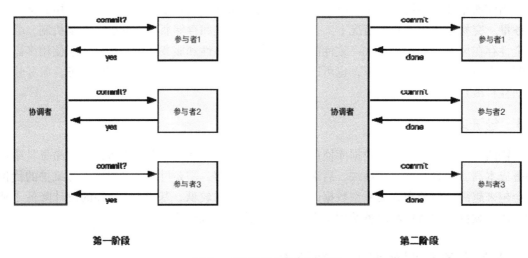

图 1　二阶段提交过程示意图

准备阶段协调者向所有参与者发送准备提交请求，询问参与者是否可以提交，然后等待各个参与者的回复。如果所有参与者都回复"yes"，则协调者开启提交阶段，给各个参与者发送提交命令，则提交成功。如果有任意节点回复"no"，则表示有节点没有准备好提交，那么协调者在提交阶段向所有参与者发送放弃提交的命令，则提交失败。二阶段提交也有缺陷，可能会发生数据不一致问题。在第二阶段的过程中，当协调者向参与者发送 commit 请求之后，发生了局部网络异常，或者发送 commit 请求过程中协调者发生了故障，导致只有一部分参与者接收到 commit 请求。没有收到 commit 请求的机器无法执行事务提交，整个分布式系统处于数据不一致的现象，此时需采取相应补偿措施来处理数据不一致问题。

4.3　分布式计算技术

分布式计算是一种计算方法，它和集中式计算是相对的。分布式计算将该应用分解成许多小的部分，分配给多台计算机进行处理，这样可以节约整体计算时间，大大提高计算效率。随着数据量和访问量的增长，单机数据库会遇到很大的挑战，依赖硬件升级并不能完全解决问题，而分布式数据库可以解决单机数据库的瓶颈问题。对于分布式数据库来说，分布式数据库把数据按照一定的规则分散存储到多个节点上，以实现水平扩展。分布式数据库接收 SQL 请求，然后对 SQL 进行语法解析和语义分析，制定分布式执行计划，各个节点分别根据执行计划并行实现数据处理，通过节点间的网络通信将结果汇总，最终将结果返回给用户，整个过程对应用来说是透明的，充分利用了各个节点的硬件资源，提高了数据处理性能和整体的吞吐。分布式计算是分布式数据库的关键技术。

5 分布式关系型数据库系统设计

目前铁路客票系统的席位存放模式是以铁路局存放为主、国铁集团存放为辅。由于各铁路局客流的流时、流向、流量不同，造成有的铁路局服务器过于繁忙、有的铁路局服务器过于清闲的情况。席位集中管理可以有效地解决上述问题，由于全路席位数据过于庞大，单机数据库很难满足业务要求，因此分布式数据库是一种很好的选择。

分布式关系型数据库从技术架构层面可分为两类：一类是基于中间件分库分表的传统分布式数据库；一类是计算存储分离的纯分布式架构的云原生分布式数据库。

5.1 传统分布式数据库设计思路

传统分布式数据库主要采用基于中间件的分库分表架构，由中间件和数据库节点两大模块组成。利用中间件层将多个单点数据库整合起来，从而实现数据库的水平扩展，如图 2 所示。各个单点数据库之间相互独立，通过中间件层来管理和访问数据库中的数据。

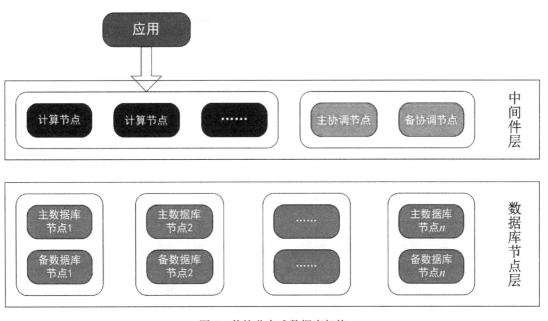

图 2　传统分布式数据库架构

中间件层主要负责两部分内容：一是接收客户端请求，进行 SQL 解析和优化、生成执行计划，并协调数据节点进行数据查询和写入；二是管理全局事务和活动事务状态，以及维护数据分布等元数据，保证集群数据的一致性。中间件层由计算节点及协调节点组成，为了保证高可用性，计算节点采用集群模式部署，可随着业务量的增大同步扩展计算节点，协调节点采用高可用方式部署。

数据库节点层负责存储数据，不直接对外提供服务，必须和中间件节点配合才能对外提供服务，同时业务数据的拆分规则需人工制定。为了保证数据的高可用性，数据库节点采用主备模式，主备节点的数据同步模式可根据具体业务场景来选择同步或异步方式。

5.2 云原生分布式数据库设计思路

云原生分布式数据库采用计算存储分离的架构，由计算节点、协调节点和数据节点三大模块构成，如图 3 所示。计算节点负责接收业务请求，并通过协调节点找到数据节点，与数据节点交互获取数据。

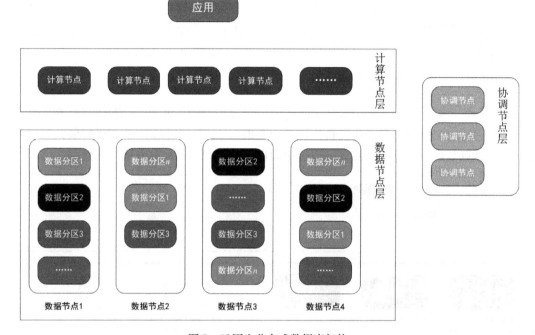

图 3　云原生分布式数据库架构

计算节点作为外部访问的接入与请求分发节点，负责接收 SQL 请求，处理 SQL 相关的逻辑，将用户请求分发至相应的数据节点，最终合并数据节点的结果应答对外进行响应。计算节点是无状态的，其本身并不存储数据，只负责计算，可以无限水平扩展。

数据节点层负责数据的存储，提供数据库的读写服务、数据的高可用性以及数据的一致性。数据节点层将数据按照一定的规则拆分为多个数据分区，每个数据分区的数据只会保存在一个数据节点上，并且尽可能均匀地分布在集群的所有数据节点上[10]。

数据分区可通过建立多个副本进行容灾，副本之间通过特定的多数派一致性协议来保持数据的一致性。一个数据分区的多个副本会保存在不同的数据节点上，构成一个数据分区组，每个数据分区组从多个副本选出一个作为主节点，其余副本为备节点。所有的读和写都是通过主节点进行，再由主节点复制给备节点。

协调节点是整个集群的管理模块，主要负责节点信息、用户信息、分区信息等元数据的管理，以及集群的调度和全局事务的管理。协调节点是一个集群，也是通过特定的多数派一致性协议（如 raft）来保持数据的一致性。单个协调失效时，如果这个节点不是主节点，则服务完全不受影响；如果这个实例是主节点，则会重新选出新的主节点，自动恢复服务。协调节点在选举的过程中无法对外提供服务。

5.3 铁路客票系统的席位数据库系统架构设计

两种分布式架构各有特点。在数据可靠性方面，传统分布式数据库架构采用存储节点主备方式，这会导致服务器利用率降低、管理复杂性提高。云原生分布式数据库架构采用数据分区多副本方式，系统可以自动分片、自动复制及自动迁移，在服务器利用率和管理复杂性上都优于传统分布式数据库架构。在数据节点水平扩展方面，传统分布式数据库架构需要业务重新规划数据的分布方式，云原生分布式数据库架构可自动进行数据迁移，从而实现扩容。

铁路客票系统的席位数据库系统采用云原生分布式数据库的两地三中心构架，如图4所示。两个同城中心同时对外提供服务，异地灾备中心主要用于数据的异地备份及数据分区主节点选举的投票人，不对外提供服务。系统采用5副本模式，同城双中心各存放2副本，灾备中心存放1副本，灾备中心的副本不能被选举为主节点。副本间的同步采用raft协议，为了提高服务的可用性，当3个副本完成同步时，业务就可进行提交，这3个副本中除了主节点外，另外2个副本要分属同城的两个中心，当一个同城中心整体故障时，另一个同城中心拥有全部数据，可及时接管业务。同时设置主节点发生故障时，优先选举同中心的另一副本成为主节点，这样可减少主节点的跨中心切换，从而减少业务的中断时间。即使任意数据中心整体发生故障，对业务也不会产生影响。

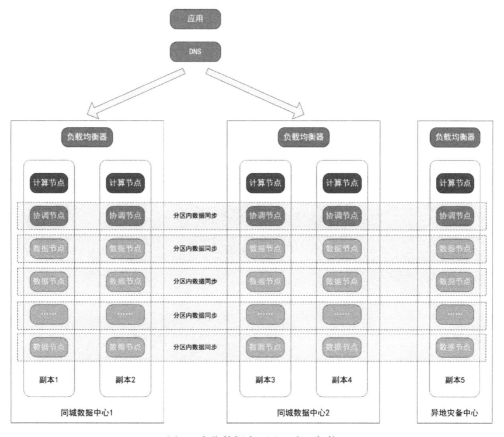

图4 席位数据库两地三中心架构

6 结语

铁路客票系统是铁路客运的核心应用,而数据库又是铁路客票系统的核心,所以数据库能否稳定高效地运行,也直接影响到整个铁路客票系统。现有传统数据库已无法满足越来越丰富的场景、功能需求,数据量的指数级增加,大量用户同一时间段的高并发查询,势必需要一种更为强大的数据库做支撑。而分布式数据库带来的一些新特性,基本满足了新业务场景的需求,更好地解决了现有问题,提升系统整体运行效率,为铁路客运系统提供更有力的支撑。

参 考 文 献

[1] 史天运. 中国高速铁路信息化现状及智能化发展[J]. 科技导报 2019, 37 (6): 53-59.
[2] 杜胜. 分布式关系数据库的设计趋势[N]. 中国信息化周报, 2021-04-19 (026).
[3] 韦勤. 铁路旅客服务信息系统的应用及发展[J]. 中国新通信. 2018, 20 (11): 78.
[4] 于啸. 数据库原理与应用[M]. 北京: 电子工业出版社, 2017: 8.
[5] 崔建岷. Sybase 复制服务器构造及其在客票系统中应用[J]. 铁路计算机应用, 2000, 9 (1): 34-36.
[6] 王元媛, 张志强. 铁路客票系统席位管理研究[J]. 铁路计算机应用, 2016, 25 (4): 34-37.
[7] 分布式数据库在企业"一套表"系统中的应用研究[J]. 统计与实践, 2021, 36 (05): 1-2.
[8] 黄小炜, 吴文鑫. 一种分布式计算中的容错选举算法[J]. 计算机研究与发展, 2008 (S1): 93-98.
[9] 吴辉. 分布式选举算法[J]. 华中理工大学学报. 1994 (02): 2-4.
[10] 沈萍萍, 关辉, 韦阳, 等. 分布式集群系统架构设计及应用部署[J]. 信息技术与信息化, 2021 (01): 3-6.

铁路常旅客会员价值评估研究

王元媛,张志强,赵楠,张晨阳,张名妹

中国铁道科学研究院电子计算技术研究所,北京 100081

【摘要】 随着铁路常旅客会员计划的推广应用,系统积累了大量以会员为中心的数据,为有效合理利用这些数据,细分旅客群体,评估旅客价值,深度挖掘旅客潜力,本文设计了铁路会员价值评估的逻辑架构,分析了铁路常旅客会员价值数据的数据内容和数据特征,结合 RFM 模型和"钱包份额"理论,设计了铁路会员价值指标,分析了铁路会员的现有价值、潜在价值和综合价值,并对会员进行了价值划分,为铁路适时开展精准营销、提高铁路旅客的黏性和忠诚度,提高铁路客运的整体竞争力提供了数据和理论支撑。

【关键词】 常旅客会员;RMF 模型;钱包份额;会员价值

Study on Value Evaluation of Railway Frequent Passenger Member

Wang Yuanyuan, Zhan Zhiqiang, Zhao Nan, Zhang Chenyang, Zhang Mingmei

Institute of Computing Technology, China Academy of Railways Sciences Corporation Limited, Beijing 100081

Abstract: With application of frequent flyer membership scheme, the railway system has accumulated a large amount of data for the center with members, for the effective and reasonable use of these data, segment passenger groups, evaluate passenger potential value, the depth of mining, this paper designs the logical architecture of railway member value evaluation, analysis of the railway passenger members often data value of the data content and data characteristics, combined RFM model and the theory of "share of wallet", design of the railway member value indicators, analyzes the railway member's current value, potential value and comprehensive value, and value to member, rail for timely to carry out the accurate marketing, improve the railway passenger viscous and loyalty, to enhance the overall competitiveness of the railway passenger transportation provides data and theoretical support.

Key words: frequent flyer member; RMF model; Share of wallet; membership value

1 引言

2017 年 12 月 20 日铁路总公司推出了"铁路畅行"常旅客会员服务,通过铁路常旅客系统,为旅客提供统一的会员管理平台、会员积分管理平台,以铁路出行旅客为主线(既包括乘坐火车出行的旅客,也包括客运延伸服务所涉及的旅客),为旅客提供积分累积、积

○ 基金项目:国家重点研发计划(2020YFF0304101)。

分兑换、会员等级评定等功能,为广大旅客乘坐火车出行提供了多样化、个性化、差异化的会员服务,提高了旅客的黏性和忠诚度。随着"铁路畅行"常旅客会员系统业务的不断扩展,系统功能不断优化完善,系统拥有了大量以会员为中心的更多更丰富的旅客个体数据,以及旅客乘坐火车出行的行为数据。如何合理有效利用这些丰富的旅客个体数据,细分旅客群体、评估旅客价值、深度挖掘旅客潜力,为铁路开展以"旅客为中心"的营销和运营创新提供决策支持,就成为了铁路部门进一步研究的方向。

2 会员价值评估模型

会员的综合价值主要体现在会员能够不断为企业带来稳定的销售和利润,为企业策略的制定提供数据支撑。忠诚度高但消费能力弱的会员,其会员价值不一定高,因此忠诚度高且消费能力强的会员才是企业最优质的、最有价值的会员。

2.1 RFM 模型

会员价值研究 RFM 模型,是衡量客户价值和客户创利能力的重要工具和手段,目前已逐渐成为会员价值研究及会员营销的通用模型。所谓 RFM 模型,分别是 Recency(最近购买时间)、Frequency(消费频率)、Monetary(消费金额)。

1)R—Recency:最近购买时间距离现在越近的会员,其会员价值也就越大,会员活跃度越高。当一位已经很久没有产生消费的会员近期再次有了购买行为,则这个指标就被激活了。由于"最近购买时间"这个指标是实时变化的,因此需要制定各种营销策略,去关注会员的"最近购买时间",去激活这些沉睡的会员。

2)F—Frequency:一般来说,消费频率越高的会员,其忠诚度也就越高,因此也就需要通过各种营销方式,提高会员的消费频率,提升会员的重购率。各种营销方式的推出都要以不对会员造成骚扰为前提。

3)M—Monetary:消费金额越大的会员,会员的消费能力也就越大。"消费金额"需要和"消费频率"相结合,共同来分析会员的价值。

2.2 钱包份额

钱包份额是 1993 年提出的,又称顾客份额,它是指一家企业的产品或服务在一个顾客该类消费中所占的比重。钱包份额是衡量客户价值的重要指标,也是衡量客户忠诚度的关键性指标。钱包份额的增加是客户行为变化的主要变量,客户重购率的增加和钱包份额的增加是企业关系营销和客户关系管理成效的主要指标。

钱包份额又划分为钱包份额、情感份额、思想份额三个层次。钱包份额是顾客的主消费额和关联消费额,给企业贡献购买价值;情感份额是顾客对企业的心理依恋,给企业贡献顾客信息价值和口碑价值;思想份额是顾客对企业的价值观认同和尊敬,给企业贡献顾客知识价值。三个层次互相关联、互相影响、互相作用,如果没有情感份额和思想份额的支持,钱包份额也会降低,难以持久获取;情感份额深化了顾客对企业的认识,给钱包份额提供情感保障,给思想份额的形成奠定意识基础;思想份额是钱包份额的最高层次,是顾客与企业结成的"协作、双赢和共生"的合作关系,钱包份额是思想份额的产物。对企业而言,营销模式向关系营销转变的实质就是由钱包份额向情感份额和思想份额的转变和升级,因此注重企业和顾客之间基于承诺和信任的"心理契约"的构建,发展互信互利的合作关系,企业才能获利,才能提高竞争力。

3 铁路会员价值评估研究

铁路常旅客会员系统截至 2021 年 4 月底,已有 7600 多万旅客注册成为会员,其中通过身份认证的会员达到 5700 多万,每日注册会员和通过身份认证的会员数量在 2018 年 11 月开通人脸识别身份认证方式后,平均每日以数十倍以上的速度快速增长。随着铁路常旅客会员系统的深入推广应用,以会员为主线的各维度数据将是海量的、巨大的。对这些数据进行有针对性的研究分析,能够为铁路开展旅客群体细分、旅客价值评估、客运服务产品设计,提供决策支持依据。

会员价值评估的逻辑架构设计如图 1 所示,自下而上分为五层,分别为数据资源层、数据处理层、指标统计层、价值分析层、会员划分层。

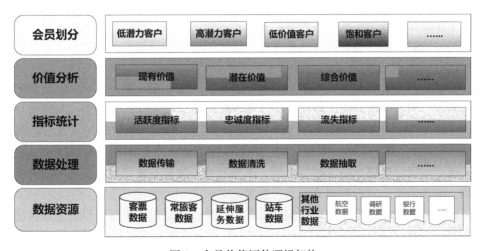

图 1 会员价值评估逻辑架构

3.1 数据资源

会员价值评估逻辑架构中的数据资源主要来源于客票系统、常旅客系统、客票延伸服务系统、站车系统以及路外其他合作企业。会员价值评估主要以"铁路畅行"常旅客会员系统中旅客注册时的身份证件及号码为唯一标识,以乘车为主线,结合其他系统数据综合进行研究。

3.1.1 数据分类及内容

铁路常旅客会员系统中以会员本人为核心的、围绕乘车出行为主线的会员出行行为数据,主要包括会员的属性数据、购买火车票数据、购买铁路产品数据、乘车数据、铁路出行信用数据等,随着系统的不断深入推广应用将吸纳其他行业用户数据,例如航空里程数据、银行刷卡数据、通信积分数据等。铁路常旅客会员价值数据内容如图 2 所示。

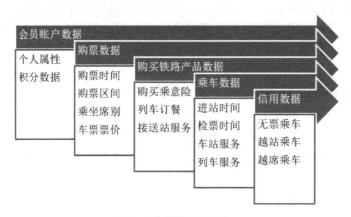

图 2　数据分类及内容

（1）会员账户数据。会员账户数据包括会员个人属性数据和积分累积兑换数据。旅客在注册铁路常旅客会员时除需提供会员的证件信息外，还提供了丰富的个人属性信息，包括会员的民族、学历、职业、联系方式、工作单位、籍贯、爱好、餐饮习惯等信息。这些各行各业的、各个年龄段、各个民族、各种不同爱好和习惯的会员，当将其个人属性信息与会员的出行信息相结合时，就能够有针对性地为旅客提供适合的出行服务，并初步了解旅客的出行目的。

（2）购票数据　旅客购买火车票乘坐火车出行，一张车票承载了旅客本次出行的出行全闭环行为数据，包括购票时间、购票渠道（12306 网站、12306 手机 APP、车站窗口、车站代售点、车站 TVM、电话订票等渠道）、支付方式、取消时间、预订时间、乘车区间（出发车站和到达车站）、乘车日期、乘坐车次、乘坐车次类型、乘坐席别、车票票价、是否退票或改签、退票时间、退票车站、改签时间、改签车站、改签车次等数据。这些为分析旅客的乘坐习惯、购票习惯、出行习惯等积累了数据。

（3）购买铁路产品数据　旅客在乘坐火车出行前、出行过程中，可以很方便快捷地通过 12306 网站、12306 手机 APP 购买铁路的乘意险，预订铁路自营或路外餐饮商家的餐食、土特产，预订车站或列车上的出行服务，预订到站后的专车接送服务，以及后续开展的酒店预订服务、旅游景点定制服务等。这些购买行为数据能够真实反映旅客在旅行过程中的餐饮口味、用餐时间、订餐时间、接送方式、旅游模式、住宿规格方式等，能够极大丰富旅客购买非车票产品的购买行为数据，为更准确、更精细地划分旅客用户群体积累数据。

（4）乘车数据　旅客到达车站乘车以及在列车上，通过人工检验票系统、自助检验票系统或列车的站车无线交互系统，铁路常旅客会员系统能够获得旅客进站乘车的行为数据，例如旅客进站位置、取票时间、取票位置、检验票方式、检验票时间、检验票位置、候车时长等数据。旅客在车站和列车上享有的会员服务，无论是有偿服务还是免费服务，其服务内容、服务购票价格、服务人数、服务时间等信息也将纳入铁路常旅客会员系统。而且，通过车站、列车、客服征集的旅客服务调查、意见建议等数据，为铁路设计服务产品、车站是否开通快速通道等服务设置提供数据支撑。

（5）信用数据　结合客票系统的诚信体系，将旅客的信用数据纳入铁路常旅客会员系统，丰富会员的信用指标，例如旅客是否有越站乘车、越席乘车、无票乘车、错票乘车等信用行为，以及是否是限制乘坐高铁出行的高法控制人员等。

3.1.2 数据特征

铁路常旅客会员系统中获取的会员各维度数据具有真实性、准确性、及时性，以乘坐铁路出行为主线形成服务闭环的特性。

（1）身份认证真实　只有通过身份认证的旅客才是铁路常旅客系统的会员，才是真正意义上的有价值的会员。铁路常旅客系统提供了12306手机APP人脸认证、车站会员办理窗口、车站自动售票机三种会员身份认证方式，保证了会员身份的真实性，避免了被他人冒用的风险，能够体现旅客的真实出行需求和服务需求。

（2）用户中心统一　铁路常旅客会员系统为旅客提供了统一的会员信息管理平台，最大化利用了既有12306品牌和用户群体，与12306经过身份核验的注册用户进行信息共享。旅客线上、线下消费统一融合、信息共享，实现互联互通的用户服务体验。

（3）以乘车为主线　铁路常旅客会员系统以乘车人乘坐火车出行为主线，从旅客购票前开始，贯穿购票、出行前、进站、候车、检票、乘车、出站、乘后、客服回访，形成旅客出行服务的闭环。通过乘车闭环数据，结合闭环之外数据，例如航空、公路、银行、电商、通信等行业数据，丰富会员多维度数据和标签。

（4）数据量大　铁路常旅客系统每日收集客票系统售退废签和实名制数据，进行积分累积运算，系统开通运行两年的时间，累积的数据量是巨大的、海量的。随着系统的应用实施，系统将逐步收集铁路延伸服务产品数据、站车数据、服务数据等。

3.2 数据处理

要评估会员的真实价值，需要对海量的用户数据进行处理加工，主要包括数据的收取、清洗、抽取、计算、存储等。传统的数据处理手段已经不能满足海量的数据处理需求，需要采用大数据处理技术，通过大数据处理平台进行有效的、高效的、准确的处理。在"铁路畅行"常旅客会员系统建立的大数据处理平台基础上，设计会员价值评估的数据处理架构，如图3所示。

3.3 价值指标

结合会员价值数据处理平台收集的相关系统中的数据，对数据进行相应的处理后，设计不同类型的统计指标，为会员价值分析提供数据研究依据。会员价值指标统计如图4所示。

（1）购票频次指标

1）最近购票时间指标：统计最近一次购买火车票的时间。

2）周期内购票总次数指标：统计在一定周期内会员购买火车票的次数，周期可分为按周、按月、按季度等（指标分析中的周期均可按周、月、季度等划分，划分条件统一）。

3）周期内购买不同席别车票次数指标：统计在一定周期内会员购买商务座、一等座、二等座等不同席别车票的次数。

4）周期内购买不同席别次数占比指标：统计在一定周期内会员购买不同席别车票的次数在总次数中的占比。

（2）购票金额指标

1）周期内购买总金额指标：统计在一定周期内购买火车票的总金额。

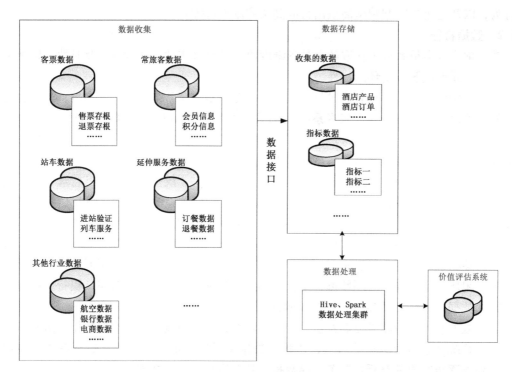

图 3　数据处理架构

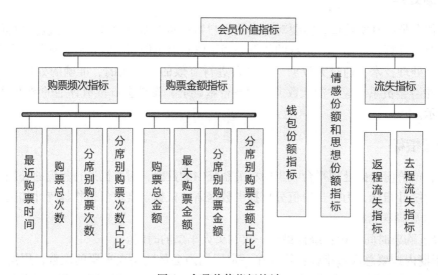

图 4　会员价值指标统计

2）周期内最大购票金额指标：统计在一定周期内购买火车票的最高金额。

3）周期内购买不同席别车票金额指标：统计在一定周期内会员购买商务座、一等座、二等座等不同席别车票的总金额。

4）周期内购买不同席别车票金额占比指标：统计在一定周期内会员购买不同席别车票的金额在总次数中的占比。

(3) 钱包份额指标　钱包份额的时间维度可分为一周、一个月、三个月、六个月、一年等。以三个月为例，定义钱包份额：

钱包份额＝会员在指定三个月乘坐火车的费用/指定三个月出行的总费用

会员出行的总费用包括：乘坐火车的费用+乘坐大巴车的费用+自驾费用（高速费+油费）+乘坐飞机的机票费用。

会员出行的总费用数据获取难度较大，可通过与公路、航空、高德、运营商等企业合作，获取相应的费用数据，也可通过常旅客网站、列车、车站进行有奖抽样调查的方式获得。

(4) 情感份额和思想份额指标　情感份额指标和思想份额指标是指旅客在出行时，乘坐火车出行的意愿占比，这部分指标数据的获取，可通过在车站、列车、网站上开展常旅客满意度调查的方式获得。

(5) 流失指标　流失指标是指会员同一乘车区间，去程和返程次数占比指标。

返程流失指标＝去程次数/往返程总次数；

去程流失指标＝返程次数/往返程总次数。

3.4　价值分析

以 RFM 模型和"钱包份额"理论为基础，在上述指标统计数据的基础，进行了会员价值分析，划分为现有价值、潜在价值和综合价值三类。会员价值分析如图 5 所示。

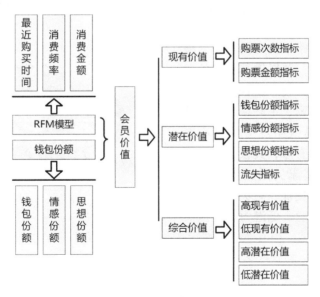

图 5　会员价值分析

(1) 现有价值分析　在购票频次指标和购票金额指标数据统计的基础上，进行会员现有价值的分析。首先，最近一次购买时间越近的会员，会员价值越大。其次，分析周期内购票次数越多，会员重购率越高、忠诚度也越高；购票金额越大，会员消费能力就越强；最大购票金额越大，会员消费潜力越大；高等级车票购票次数多且金额大，会员对价格的敏感度越低，高价值忠诚度越高；低等级车票购票次数多且金额大，会员低价值忠诚度越高。两个维度的分析数据相结合，筛选出的消费能力强、忠诚度高、价格容忍度高的会员，才是铁路常旅客会员系统中最有价值的高端会员。

（2）潜在价值　在钱包份额指标、情感份额和思想份额指标和流失指标数据统计的基础上，分析会员的潜在价值，潜在价值高的会员，则是铁路常旅客会员系统需要花资源去争取的旅客。

在客票实名消费数据中，旅客的流失率是指会员在同一乘车区间，去程和返程次数占总乘车次数的比例。返程流失占比或去程流失占比值越小，则说明旅客可能选择了其他交通工具，则会员的潜在价值越高；反之则潜在价值较低。

在指定日期范围内，会员的总钱包份额为会员出行的总交通消费金额（出行总费用包括乘坐火车、汽车、飞机、自驾的费用），其中乘坐火车出行的消费金额，则为乘坐火车出行的钱包份额。乘坐火车的钱包份额占比越低，则说明会员花在其他交通方式上的费用越高，其潜在价值越高；反之则会员的潜在价值越低。会员的总钱包份额数据的获取随着与其他行业的合作逐步完善丰富。

（3）综合价值　通过会员现有价值分析，将会员分为高现有价值会员和低现有价值会员；通过会员潜在价值分析，将会员划分为高潜在价值会员和低潜在价值会员。这两个维度的价值相结合，获得会员的综合价值。

3.5　会员划分

在会员综合价值分析的基础上将会员划分为低潜力客户、高潜力客户、低价值客户、饱和客户，如图 6 所示。

高潜力客户是铁路最核心的客户，核心目标是提升其体验，并提供其需要的服务，使其将更多的预算转移到铁路上，充分享有更贴心、更私密、更高端、更尊贵的服务；饱和客户是铁路现有的核心客户，但是其增长潜力有限，其核心是保证其乘坐体验，不让其流失到其他交通方式，提供更实惠、更便捷、更灵活、更多样、更丰富的乘车体验；低潜力客户虽然

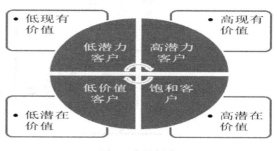

图 6　会员划分

经常乘坐其他交通方式，但其总体的城际交通预算较低，可以不作为高优先级客户；低价值客户的商业价值较低，在这些客户身上可不花营销和服务资源。

4　结语

本文设计了会员价值分析的逻辑架构，研究分析了铁路常旅客会员价值大数据的数据内容、数据特征，以及会员的现有价值、潜在价值和综合价值。铁路旅客会员价值大数据研究将是铁路部门在激烈的竞争压力下，快速实现以客户为中心的思想理念的转变，在铁路常旅客会员服务平台建立的基础上，将成为下一步研究的重点方向。随着价值大数据的完善和精准，将进一步深度挖掘旅客价值，变铁路传统的"被动营销"为"主动营销"，并支持适时

开展精准营销，提升铁路旅客满意度和忠诚度，为铁路带来更大的社会效益及经济效益。

参 考 文 献

[1] 强丽霞. 铁路常旅客计划发展可行性分析研究［J］. 铁道经济研究，2018（5）：25-29.

[2] 单杏花，王富章，朱建生，等. 铁路客运大数据平台架构及技术应用研究［J］. 铁路计算机应用，2016（09）：14-16，30.

[3] 阎志远，翁涅元，戴琳琳，等. 铁路客运大数据平台的数据采集技术研究［J］. 铁路计算机应用，2016（09）：17-21.

[4] 张浩然. 基于数据挖掘的客户价值与流失分析［D］. 济南：山东师范大学，2020.

[5] 刘婷婷，王小丽，葛明涛. 基于数据挖掘的航空公司客户价值分析［J］. 山东工业技术，2017（04）：287-288.

基于多因素的智能客站设备健康状况综合评价模型优化研究

李君[1]，徐春婕[2]

1. 北京经纬信息技术有限公司，北京　100081
2. 中国铁道科学研究院集团有限公司电子计算技术研究所，北京　100081

【摘要】 高速铁路日益扩大的建设需求和人工智能等新型控制手段的飞速发展，势必带来智能客运车站的建设和配套设备的大规模增加，在满足旅客日益增长的安全、便捷、智能、绿色出行需求的同时，对智能客站设备进行实时感知、主动监控和智能运维，有利于提升客运服务质量和客运车站健康等级，从而有利于提升智能客站整体的健康水平。本文首先从智能客站设备的种类、用途、运维等角度出发，搭建了智能客站设备健康评价层级架构；其次，通过改进的专家评价、贝叶斯网络、模糊子集、隶属度函数等方法得到智能客站设备的多因素评价权重；再结合设备健康状况概率值，得到基于多因素的智能客站设备健康状况综合隶属度值，依据昆明南站设备数据对其进行数据分析；另外，利用Kmeans算法分析了郑州东站的设备健康状况，将两者进行比对，得到不同类别智能客站设备最终的健康状况等级评价结果。

【关键词】 智能客站；高速铁路；设备；健康状况；多因素

Research on Intelligent Recognition and Monitoring Method of Railway Passenger Abnormal Behavior

Li Jun[1], Xu Chunjie[2]

1. Beijing Jingwei Information Technology Co., Ltd., Beijing 100081
2. Institute of Computing Technology, China Academy of Railway Sciences Corporation Limited, Beijing 100081

Abstract: The increasing construction demand of high-speed railway and the rapid development of new control methods such as artificial intelligence are bound to bring the construction of intelligent passenger station and the large-scale increase of supporting equipment. While meeting the growing safety, convenience, intelligence and green travel needs of passengers, the real-time perception, active monitoring and intelligent operation and maintenance of intelligent passenger station equipment are conducive to improving the quality of passenger service and the health level of passenger station, so as to improve the overall health level of intelligent passenger station. Firstly, from the perspective of types, uses, operation and maintenance of smart station equipment, this paper builds a hierarchical architecture for health evaluation of smart station equipment. Secondly, the

---

⊖ 基金项目：基于大数据的智能客站设备应用分析及健康评价系统研究（DZYF20-13）。

multi-factor evaluation weights of intelligent passenger station equipment are obtained through improved expert evaluation, Beyers network, fuzzy subset, membership function and other methods. Combined with the probability of equipment health status, the comprehensive evaluation model of intelligent passenger station equipment health status based on multi-factor is obtained. Finally, the Kmeans algorithm is used to cluster the health status of equipment, and the results are compared with the calculation results of membership function to obtain the target health level of intelligent passenger station equipment.

Key words: intelligent passenger station; high-speed railway; equipment; health condition; multiple factors

1 引言

随着我国高速铁路的飞速发展和运营里程的不断增加,高速铁路客运站建设需求同步递增。铁路客运车站大面积拓宽建设范围的同时,务必打造智能客运车站以同步提升客运车站的信息化、智能化水平。作为智能客运车站运营的重要支撑和客运生产组织运转的基础保障,智能客站设备的感知、监控和运维等方面的智能化管理和健康状况评价显得尤其重要[1]。关于设备管理的健康综合评价,国内外诸多文献分别从不同角度采用不同研究方法进行了剖析,研究主要集中在评价体系和模型的构建、设备健康状态预测和诊断、设备健康影响关键因素的识别、设备健康因子修正等方面,采用了专家评价、AHP、模糊综合评价法、FAHP、LSTM 等研究方法对以上内容进行了研究。文献[1]采用 AHP 方法和模糊综合评判方法,建立堆垛机的健康评价模型和维护策略,仅根据评价因素集和评语集确定专家权重,且在影响因素划分时第三层因素不完备,无法综合体现设备的健康状况。文献[2]以"5M1E"(即人、机、料、法、检、环)为角度拆分维修质量影响因素,且采用贝叶斯网络构建了复杂装备维修质量的评价模型,仅基于专家经验进行隶属度和条件概率的设定,并未充分考虑设备的复杂性和运行特点,一定程度上影响了评价模型的精确度和适应性。文献[3]基于大数据技术对抽水蓄能电站的生产运行数据进行研究分析并构建了健康状态预测模型,采用 LSTM 双向循环神经网络,构建故障诊断模型,准确度较高,但在数据问题分析的时间维度上并未考虑设备的历史状态。文献[4]提出了设备运行健康指数的概念,采用层次分析法和核密度估计,构建设备运行健康指数模型,分析较为客观,但分析方法较为局限和单一,分析结果鲁棒性较差。文献[5]运用模糊层次分析法 FAHP 识别了关键技术,减少了不确定性因素的影响,但识别结果受到分辨率 β 和重要性权重的影响较为明显,为试验结果带来一定误差。本文从智能客站设备的种类、用途、运维、功能、性能、效率等多角度出发,搭建智能客站设备健康评价层级架构,避免单一从设备功能、性能影响因素对健康状况进行层级划分,结果更为全面、客观。采用改进的专家评价方法分别按照设备的重要性、影响程度、熟悉程度等打分,经标准化处理得对应权重,该方法综合考虑了设备健康影响因素和专家历史经验积累,相比传统专家筛选法很大程度上克服了结果的主观性和不确定性。基于已知的设备健康状况先验概率构建贝叶斯网络,得出各类设备的健康概率值。之后,构建适用不同评价等级的模糊隶属度函数,得出综合概率。另外,通过 Kmeans 算法对设备在不同评价指标下的健康概率聚类分析。最后，对照拟定的健康阈值区间得出各类设备健康评价等级。

2 智能客站设备健康评价体系

设备健康状况评价是对设备现有状况与期望状况的偏离状态的评估，反映了设备良好完成任务的能力。合理设定评价指标有利于多角度、多维度评价智能客站设备状态，避免采用单一评价方式无法充分考虑设备的健康管理目的、功能和性能、安全性和稳定性，在充分涵盖智能客站设备健康状态表述要求的同时，科学、合理地反映设备质量"五性"（可靠性、维修性、保障性、测试性、安全性）特征[2-3]。

智能客站设备健康评价体系的搭建选取智能客站的三类设备（即旅服设备、客票设备、机电设备）的健康状况作为评价体系的目标层；将设备自身属性、特点、用途与功能、性能、效用相结合作为评价体系的准则层，评判智能客站设备的安全性、维修性、测试性、监测性、技术性、经济性、预测性等特点；选取详细运行指标 23 个作为评价体系的指标层，最终得出 3 层共 27 个指标综合考虑智能客站设备运行状态，以此搭建评价体系架构，具体如图 1 所示。

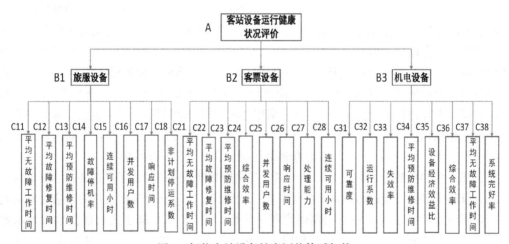

图 1 智能客站设备健康评价体系架构

3 贝叶斯模型

贝叶斯网络的计算依赖于概率图进行表示。概率图即用图来表示变量概率的依赖关系以及变量的联合概率分布，概率图的两个节点分为隐含节点和观测节点，边分为有向边和无向边，分别表示单向的依赖和相互依赖关系。概率图模型又可分为贝叶斯网络和马尔可夫网络两大类，贝叶斯网络可以用一个有向图结构表示。贝叶斯网络的概率计算一般在先验概率的基础上求得后验概率，或条件概率，即事件 A 在事件 B 已经发生的条件下发生的概率，表示为 $P(A|B)$，则 $P(A|B)=\dfrac{P(A\cap B)}{P(B)}$。

贝叶斯网络又称信念网络，或有向无环图模型，由 Judea Pearl 于 1985 年首先提出，其网

络拓扑结构是一个有向无环图，图中的节点表示随机变量 $\{X_1, X_2, X_3, \cdots, X_n\}$，有因果关系的变量用箭头连接，则两节点产生一个条件概率值。对于任意随机变量，其联合概率可由各自的局部条件概率分布相乘得出：$P(x_1, \cdots, x_k) = P(x_k | x_1, \cdots, x_{k-1}) \cdots P(x_2 | x_1) P(x_1)$。

贝叶斯网络结构形式一般分为 head-to-head、tail-to-tail、head-to-tail 三种，其表示形式分别为 $P(a,b,c) = P(a)P(b)P(c|a,b)$；$P(a,b,c) = P(c)P(a|c)P(b|c)$：$c$ 未知；$P(a,b|c) = P(a,b,c)/P(c) = P(c)P(a|c)P(b|c)/P(c) = P(a|c) \times P(b|c)$：$c$ 已知。

单一的贝叶斯网络计算条件概率进行推理的基础是大量的样本数据，但在智能客运车站的设备运营过程中，往往由于环境、人员、时间等不确定性，使影响健康状况因素的概率不易精确计算，且也无大量基础数据支持。因此，将贝叶斯网络与模糊数学相结合，通过对贝叶斯网络结构中的基本因素全部模糊处理，构造指标质量在各个质量等级上的隶属函数，对指标的评估标准进行模糊化处理，解决无法获取到精确先验概率值的短板。根据确定隶属函数的指派方法，将影响智能客站设备健康状况的基本因素模糊化[9]，确定从单一指标来看被评价设备在各个健康评价等级模糊子集的隶属度 r_{ij}，从而建立对应的隶属度矩阵 R：

$$R = \begin{bmatrix} r_{11} & r_{12} & \cdots & r_{1j} & \cdots & r_{1m} \\ r_{21} & r_{22} & \cdots & r_{2j} & \cdots & r_{2m} \\ \vdots & \vdots & \cdots & \vdots & & \vdots \\ r_{s1} & r_{s2} & \ddots & r_{sj} & \ddots & r_{sm} \\ \vdots & \vdots & & \vdots & \cdots & \vdots \\ r_{n-1,1} & r_{n-1,2} & \cdots & r_{n-1,j} & \cdots & r_{n-1,m} \\ r_{n1} & r_{n2} & \cdots & r_{nj} & \cdots & r_{nm} \end{bmatrix}$$

其中，r_{ij} 为第 i 个因素 d_i 被评为第 j 等级风险的可能性。本文选择利用降半梯形分布分段函数计算 r_{ij}，在该函数中基本因素在不同等级的隶属度有不同的计算方法。

4 多因素评价模型

4.1 重要程度权重计算

针对智能客站设备的健康状况评价指标，给出重要性评判矩阵，采用层次分析法中的 1~9 标度法对以上指标进行分析[5-6]，即用 1~9 之间的 9 个数及其倒数作为评价元素，表示各功能之间的相对重要性大小，功能之间的重要程度用 P_{AB} 进行表示（即功能 A 对于功能 B 的重要程度），其对称元素记为 $1/P_{AB}$，重要性判别矩阵对角线元素为 1，A 与 B 的重要程度按照如下方式进行比较：A 与 B 同等重要，$P_{AB}=1$；A 比 B 稍微重要，$P_{AB}=3$；A 比 B 重要的多，$P_{AB}=5$；A 比 B 极端重要，$P_{AB}=9$；重要程度在以上程度之间，用 2、4、6 表示。按照以上评价方式，将车站设备按照类别的划分结果作为重要性评价矩阵的横坐标，将设备具体性能指标、功能和效用，作为重要性评价矩阵的纵坐标，最后一列为指标系数，$E_i = \sum_{j=1}^{n} P_{ij}$ 为对应指标的概率和，$E = E_i / \sum E_i$ 为指标的重要程度占比，对智能客站设备健康状况定量分析，综合考虑评价指标体系中各因素重要程度，得出不同指标重要程度占比矩阵 $E_1 =$

$[0.09\ 0.13\ 0.06\ 0.09\ 0.08\ 0.07\ 0.06\ 0.07\ 0.1\ 0.07\ 0.11\ 0.03\ 0.02\ 0.01\ 0.09]^T$

对重要性评价矩阵进行一致性检验,得出 $CR = 0.098$,重要性评分满足一致性要求。

4.2 综合专家权重的确定

根据图1中智能客站设备健康评价体系的层级划分结果,将所列出的性能指标汇总归为15类评价指标进行评价分析。相比传统德尔菲评价方法[4],本文采用优化的专家评价方法,除了常规的重要性、熟悉程度等因素之外,增加了"对智能客站健康运营的重要程度"这一评价指标,使专家评价模型更为贴切智能客运车站需求,后续可根据智能客站改、扩建需要考虑将"对旅客出行的影响程度""设备的信息化水平"等在新时代绿色智能客站背景下的影响因子考虑进去,进一步调整和优化方法,使其更贴切的表述评价指标。

本文首先对不同评价指标的重要性、评价判断依据、专家对指标的熟悉程度、评价指标对智能客站的健康运营影响程度打分,重要性评价 A_i 按照评价指标对智能客站运营的重要程度分为非常重要[85,100)、比较重要[65,85)、一般重要[45,65)、不太重要[25,45)、不重要[0,25),评价判断依据 B_i 按照专家的知识经验积累对评价指标进行判断,分为实际操作经验0.8、同行比较结果0.6、基础理论知识0.4、直觉判断0.2,专家对评判指标的熟悉程度 C_i 按照专家对评判指标的业务熟悉状况进行判断,分为非常熟悉1、比较熟悉0.7、一般熟悉0.5、不太熟悉0.3、不熟悉0,评价指标对智能客站健康运营的影响程度 D_i(代表第 i 个专家对第 n 个调查因素对智能客运车站健康运营的影响程度的预测值)分为正面影响、负面影响、无影响。

其中,用 K_i 代表第 i 个调查因素对智能客站设备健康运营的影响权重,$K_i = (B_i + C_i + D_i)/3$ $(i = 1, 2, 3, \cdots, 10)$,$A_i^* = \sum_{i=1}^{15} K_i A_i / 15$ 代表第 i 个调查因素的重要性评分值。采用专家咨询会的形式召集智能交通运输相关领域的20个专家对以上内容进行评价,每个专家采用匿名调查的方式编写调查问卷,调查过程期间不交流,最终按每个指标的20组数据求均值进行计算,给出专家调查见表1。

表1 智能客站设备健康评价三级指标专家权重

失效率	完好率	运行系数	平均无故障工作时间	平均故障修复时间	平均预防维修时间	可靠度	故障停机率	综合效率	连续可用小时	并发用户数	响应时间	非计划停运系数	处理能力	经济效益比
2.9	1.89	1.47	10.13	7.6	2.17	4.5	5.87	4.6	4.22	3.1	3.8	2.2	1.5	2.22

同理,二级评价指标的专家权重系数见表2。

表2 智能客站设备健康评价二级指标专家调查表

序号	调查因素	重要性评价	评价判断依据	熟悉程度	健康运营影响程度	影响系数	专家评价权重
1	B1	11.11	0.8	1	3	1.6	42.67
2	B2	11.13	0.9	1	3	1.63	49
3	B3	17.8	0.8	0.7	2	1.17	23.33

依据之前提出的智能铁路客站设备健康状况评价体系层级划分结果，结合专家权重系数，对一级指标 A 进行评价，其辖有二级评价指标 $B1$、$B2$ 和 $B3$；同样地，对二级指标 $B1$ 进行评价，辖有三级指标 $C11$、$C12$、$C13$、$C14$、$C15$、$C16$、$C17$、$C18$；对二级指标 $B2$ 进行评价，辖有三级指标 $C21$、$C22$、$C23$、$C24$、$C25$、$C26$、$C27$、$C28$；对二级指标 $B3$ 进行评价，辖有三级指标 $C31$、$C32$、$C33$、$C34$、$C35$、$C36$、$C37$、$C38$。根据上层指标的排序结果，以底层元素的组合权重为权数，计算对应下层元素的权数，经过对应权重相乘和归一化、标准化处理后，得出待评目标 A 的组合权重为：

$$W = \begin{bmatrix} 2 & 1.15 & 0.68 & 0.56 & 0.01 & 0.37 & 0.13 & 0.67 \\ 2.51 & 1.53 & 0.58 & 0.37 & 0.21 & 0.06 & 0.83 & 0.22 \\ 0.58 & 1.15 & 1.02 & 1.01 & 0.57 & 0.45 & 1.07 & 0.89 \end{bmatrix}$$

以此类推，可得到客票、旅服、机电所有设备的专家组合权重结果。

4.3 隶属度分析

对客票、旅服、机电 3 类共 17 种设备对应 15 种具体评价指标的健康状况概率值进行统计，得到各类设备对应具体指标的健康状况概率值矩阵 $P(A_{ij})(i=a,b,\cdots,e)(j=1,2,3,\cdots,15)$，$P(B_{ij})(i=a,b,\cdots,h)(j=1,2,3,\cdots,15)$，$P(C_{ij})(i=a,b,c,d)(j=1,2,3,\cdots,15)$。其中，$P(A_{ij})$、$P(B_{ij})$、$P(C_{ij})$ 分别表示待评价的客票设备、旅服设备和机电设备对应 15 种评价指标的概率值矩阵，i 表示客票、旅服、机电 3 类设备下的子类设备（如客票类设备包括自动售票机、检票闸机、窗口售票机、移动补票机、客票服务器共 5 类设备），j 表示具体评价指标的数量。结合前文得出的专家权重矩阵 W 和重要性权重矩阵 E，可得出各类设备健康状况评价指标对应的隶属度矩阵

$$J(A_{ij}) = \begin{bmatrix} P(A_{a1}) & \cdots & P(A_{e1}) & P(B_{a1}) & \cdots & P(B_{h1}) & P(C_{a1}) & \cdots & P(C_{d1}) \\ P(A_{a2}) & \cdots & P(A_{e2}) & P(B_{a2}) & \cdots & P(B_{h2}) & P(C_{a2}) & \cdots & P(C_{d2}) \\ \vdots & \vdots & \vdots & \vdots & \vdots & \vdots & \vdots & \vdots & \vdots \\ \vdots & \vdots & \vdots & \vdots & \vdots & \vdots & \vdots & \vdots & \vdots \\ P(A_{a15}) & \cdots & P(A_{e15}) & P(B_{a15}) & \cdots & P(B_{h15}) & P(C_{a15}) & \cdots & P(C_{d15}) \end{bmatrix} \times$$

$$\begin{bmatrix} W_{Aa1} & W_{Aa2} & \cdots & \cdots & W_{Aa15} \\ \vdots & \vdots & \vdots & \vdots & \vdots \\ W_{Ae1} & W_{Ae2} & \cdots & \cdots & W_{Ae15} \\ W_{Ba1} & W_{Ba2} & \cdots & \cdots & W_{Ba15} \\ \vdots & \vdots & \vdots & \vdots & \vdots \\ W_{Bh1} & W_{Bh2} & \cdots & \cdots & W_{Bh15} \\ W_{Ca1} & W_{Ca2} & \cdots & \cdots & W_{Ca15} \\ \vdots & \vdots & \vdots & \vdots & \vdots \\ W_{Cd1} & W_{Cd2} & \cdots & \cdots & W_{Cd15} \end{bmatrix} \times \begin{bmatrix} E_1 \\ E_2 \\ \vdots \\ \vdots \\ E_{15} \end{bmatrix}$$

根据智能客站设备分类及使用情况和具体业务需求，综合考虑智能客站设备的类别、数量、区域、故障次数、使用频次、维修频次、运行状态、维保状态等因素，将智能客站设备健康阈值范围划分为6个区间和等级，分别为健康、亚健康、合格、异常、故障、严重故障，对应取值范围分别为 V1 [0.89, 1.0]、V2 [0.66, 0.89)、V3 [0.44, 0.66)、V4 [0.32, 0.44)、V5 (0.1, 0.32)、V6 (0, 0.1]。将其健康状况等级划分为 V1~V6 共 6 个等级，对应的中心值分别为 0.945、0.775、0.55、0.38、0.21、0.05，对应隶属度函数如图2所示。

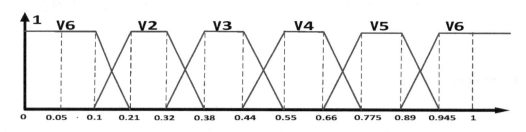

图2　指标质量隶属度函数

通过设备健康状况对应的隶属度矩阵，将客票、旅服、机电这3大类设备的17小类设备分别与给定阈值区间比较，得出该设备对应的健康状况等级[7-8]。

5　健康状况评价模拟验证

考虑到评价的综合性，选取智能客运车站昆明南站开展试验，按照昆明南站高架层、站台层、出站层3个主要区域进行设备健康状况的调研，梳理出支撑智能客站运行的29种旅服设备、17种客票设备、19种机电设备，包括3个大类设备、85个子类设备等共5000多台设备，通过对以上智能客站设备的特点进行分析、分类和筛选，最终选取客票设备（包括自动售票机、检票闸机、窗口售票机、移动补票机、客票服务器）、旅服设备（包括旅服控制终端、引导信息屏、广播控制设备、信息查询设备、手持移动终端、视频监控摄像头、旅服服务器、综合办公终端）、机电设备（包括照明设备、电梯设备、消防设备、通风空调设备）进行设备健康状况分析。

5.1　重要程度计算

本文对客票设备（包括自动售票机、检票闸机、窗口售票机、移动补票机、客票服务器）、旅服设备（包括旅服控制终端、引导信息屏、广播控制设备、信息查询设备、手持移动终端、视频监控摄像头、旅服服务器、综合办公终端），以及机电设备（包括照明设备、电梯设备、消防设备、通风空调设备）共3大类、17小类设备分别按照上述方法进行重要程度分析，重要程度占比矩阵为：

$$E = [E_1 \ E_2 \ E_3 \ E_4 \ E_5 \ E_6 \ E_7 \ E_8 \ E_9 \ E_{10} \ E_{11} \ E_{12} \ E_{13} \ E_{14} \ E_{15} \ E_{16} \ E_{17}]$$

$$= \begin{bmatrix}
0.09 & 0.1 & 0.13 & 0.06 & 0.17 & 0.11 & 0.19 & 0.09 & 0.03 & 0.05 & 0.12 & 0.14 & 0.07 & 0.04 & 0.04 & 0.07 & 0.06 \\
0.13 & 0.11 & 0.12 & 0.13 & 0.15 & 0.14 & 0.15 & 0.06 & 0.07 & 0.09 & 0.16 & 0.15 & 0.08 & 0.08 & 0.12 & 0.11 & 0.07 \\
0.06 & 0.07 & 0.04 & 0.05 & 0.09 & 0.09 & 0.09 & 0.08 & 0.09 & 0.05 & 0.06 & 0.06 & 0.03 & 0.03 & 0.08 & 0.07 & 0.04 \\
0.09 & 0.08 & 0.1 & 0.04 & 0.06 & 0.07 & 0.09 & 0.09 & 0.01 & 0.03 & 0.02 & 0.04 & 0.02 & 0.03 & 0.05 & 0.04 & 0.01 \\
0.08 & 0.07 & 0.11 & 0.05 & 0.07 & 0.08 & 0.11 & 0.12 & 0.03 & 0.02 & 0.01 & 0.05 & 0.03 & 0.03 & 0.07 & 0.05 & 0.02 \\
0.07 & 0.06 & 0.09 & 0.03 & 0.04 & 0.06 & 0.08 & 0.07 & 0.04 & 0.03 & 0.02 & 0.04 & 0.02 & 0.02 & 0.05 & 0.03 & 0.03 \\
0.06 & 0.05 & 0.09 & 0.03 & 0.07 & 0.04 & 0.06 & 0.05 & 0.02 & 0.04 & 0.03 & 0.06 & 0.03 & 0.04 & 0.06 & 0.05 & 0.01 \\
0.07 & 0.06 & 0.12 & 0.03 & 0.05 & 0.05 & 0.08 & 0.06 & 0.01 & 0.02 & 0.02 & 0.04 & 0.03 & 0.03 & 0.08 & 0.06 & 0.02 \\
0.1 & 0.11 & 0.13 & 0.06 & 0.09 & 0.05 & 0.11 & 0.1 & 0.03 & 0.05 & 0.04 & 0.08 & 0.05 & 0.04 & 0.11 & 0.07 & 0.05 \\
0.07 & 0.1 & 0.09 & 0.06 & 0.1 & 0.06 & 0.05 & 0.07 & 0.04 & 0.03 & 0.06 & 0.11 & 0.05 & 0.03 & 0.07 & 0.05 & 0.04 \\
0.11 & 0.15 & 0.16 & 0.14 & 0.13 & 0.09 & 0.12 & 0.11 & 0.05 & 0.09 & 0.05 & 0.07 & 0.12 & 0.11 & 0.08 & 0.08 & 0.07 \\
0.03 & 0.07 & 0.09 & 0.08 & 0.1 & 0.05 & 0.07 & 0.06 & 0.1 & 0.07 & 0.05 & 0.09 & 0.04 & 0.01 & 0.01 & 0.04 & 0.02 \\
0.02 & 0.05 & 0.04 & 0.05 & 0.02 & 0.05 & 0.02 & 0.05 & 0.03 & 0.03 & 0.06 & 0.04 & 0.02 & 0.04 & 0.09 & 0.08 & 0.04 \\
0.01 & 0.01 & 0.03 & 0.02 & 0.02 & 0.05 & 0.04 & 0.02 & 0.02 & 0.01 & 0.02 & 0.03 & 0.02 & 0.01 & 0.03 & 0.02 & 0.02 \\
0.09 & 0.09 & 0.12 & 0.06 & 0.07 & 0.04 & 0.01 & 0.01 & 0.01 & 0.01 & 0.01 & 0.05 & 0.04 & 0.03 & 0.02 & 0.01 & 0.01
\end{bmatrix}$$

5.2 综合专辑权重计算

根据文中指标组合专家权重的计算结果，将客票设备、旅服设备、机电设备三类设备的具体评价指标有重复的权重值取均值，得到 15 种评价指标的专家权重。同理，对需要进行评价的客票、旅服、机电共 3 大类、17 小类设备进行分析，具体分别表示为（客票类设备）$W_{Aa} \sim W_{Ae}$、（旅服类设备）$W_{Ba} \sim W_{Bh}$、（机电类设备）$W_{Ca} \sim W_{Cd}$ 共 17 个 1×15 的行矩阵，得到组合专家权重矩阵，该矩阵为 17×15 的综合矩阵，该综合矩阵计算结果如下：

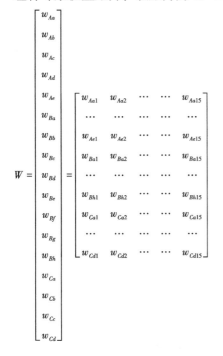

$$= \begin{bmatrix}
1.86 & 1.34 & 0.76 & 0.56 & 0.115 & 0.29 & 0.095 & 0.67 & 0.41 & 0.83 & 0.58 & 1.15 & 1.02 & 0.57 & 0.89 \\
1.23 & 0.98 & 0.68 & 0.65 & 0.03 & 0.06 & 0.05 & 0.47 & 0.33 & 0.66 & 0.33 & 1.13 & 1.09 & 0.529 & 0.93 \\
1.09 & 0.65 & 0.44 & 0.43 & 0.05 & 0.08 & 0.07 & 0.53 & 0.35 & 0.59 & 0.45 & 1.02 & 0.89 & 0.65 & 0.68 \\
1.11 & 0.59 & 0.43 & 0.67 & 0.07 & 0.09 & 0.05 & 0.68 & 0.38 & 0.78 & 1.53 & 1.86 & 1.77 & 0.93 & 1.45 \\
1.06 & 0.45 & 0.28 & 0.34 & 0.01 & 0.04 & 0.033 & 0.61 & 0.28 & 0.44 & 0.67 & 0.76 & 0.79 & 0.35 & 0.632 \\
1.35 & 0.85 & 0.77 & 0.78 & 0.02 & 0.05 & & 0.54 & 0.39 & 0.67 & 1.21 & 1.02 & 0.875 & 0.67 & 0.77 \\
1.57 & 1.03 & 0.98 & 0.48 & 0.03 & 0.05 & 0.043 & 0.66 & 0.324 & 0.76 & 1.04 & 1.03 & 0.88 & 0.47 & 0.54 \\
1.09 & 0.67 & 0.57 & 0.5 & 0.01 & 0.05 & 0.04 & 0.72 & 0.35 & 0.59 & 1.33 & 1.01 & 0.93 & 0.54 & 0.3 \\
1.12 & 0.54 & 0.33 & 0.43 & 0.01 & 0.03 & & 0.41 & 0.277 & 0.44 & 0.78 & 0.75 & 0.67 & 0.33 & 0.2 \\
1.71 & 1.33 & 1.21 & 0.9 & 0.04 & 0.06 & 0.059 & 0.59 & 0.34 & 0.76 & 1.02 & 1.05 & 1.3 & 0.89 & 0.75 \\
1.53 & 1.09 & 0.89 & 0.76 & 0.03 & 0.05 & 0.043 & 0.8 & 0.33 & 0.778 & 1.09 & 1.02 & 1.01 & 0.923 & 0.8 \\
1.26 & 0.78 & 0.67 & 0.63 & 0.01 & 0.05 & 0.026 & 0.55 & 0.45 & 0.87 & 1.11 & 0.78 & 0.69 & 0.65 & 0.32 \\
1.35 & 0.89 & 0.55 & 0.76 & 0.02 & 0.07 & 0.065 & 0.434 & 0.2 & 0.33 & 0.56 & 0.42 & 0.32 & 0.28 & 0.21 \\
1.44 & 0.93 & 0.76 & 0.77 & 0.01 & 0.03 & 0.03 & 0.5 & 0.31 & 0.53 & 0.98 & 0.67 & 0.58 & 0.47 & 0.35 \\
1.68 & 1.13 & 1.09 & 0.82 & 0.03 & 0.05 & & 0.56 & 0.36 & 0.45 & 0.64 & 0.67 & 0.59 & 0.535 & 0.2 \\
1.04 & 0.62 & 0.57 & 0.54 & 0.03 & 0.01 & & 0.33 & 0.1 & 0.3 & 0.55 & 0.41 & 0.31 & 0.3 & 0.15 \\
1.52 & 1.03 & 0.93 & 0.89 & 0.03 & 0.05 & 0.04 & 0.46 & 0.22 & 0.45 & 1.01 & 0.32 & 0.21 & 0.11 & 0.1
\end{bmatrix}$$

5.3 健康状况概率计算

考虑到具体评价指标的健康状况概率值以及条件概率基本已知，可将其作为先验概率，采用模糊贝叶斯网络，搭建网络模型计算智能客站各类设备的健康状况概率值。用 x_{ik}（$i=1, 2, \cdots, 15$）（$k=1, 2, 3$）代表第 k 个设备的第 i 个评价指标的健康等级评价结果，y_{ij}（$i=1, 2, \cdots, 15$）（$j=1, 2, \cdots, 6$）代表第 i 项指标的健康评价等级。其中，i 代表评价指标，j 代表健康评价等级，k 代表所评定的智能客站设备种类。

假设评价智能客站设备健康状况等级试验 F 的样本空间为 S，$x_{ik} \subset S$，y_{ij} 为 S 的一个有限划分，且 $P(y_{ij}) > 0$，若 $P(x_k) > 0$，则根据贝叶斯理论，$P(y_{ij}|x_{ik}) = \dfrac{P(y_{ij})P(x_{ik}|y_{ij})}{\sum\limits_{i}^{15}\sum\limits_{j}^{6} P(y_{ij})P(x_{ik}|y_{ij})}$，由于前面已经假设设备属于某级的概率相同，即假设不同类评价指标对设备类别的判定影响程度相同，多指标下综合评价后的后验概率为 $P_j = \sum\limits_{k=1}^{3}\sum\limits_{j=1}^{15} w_i P(y_{ij}|x_{ik})$，本文以最大概率原则确定某类设备的健康等级，即 $P_g = \max P_j$（$j=1, 2, \cdots, 6$）。

根据评价体系层级架构，构建贝叶斯网络，引入网络节点的概念，将智能客站设备健康状况等级（A）因素作为目标节点，其概率表示为 P_{A1}、P_{A2}、P_{A3}，考虑到设备各评价指标下的概率已知或容易获取，将各设备对应各评价指标下的概率作为子节点，对应智能客站设备评价指标层级架构，概率表示为 $P_{A11} \cdots P_{A18}$，$P_{A21} \cdots P_{A28}$，$P_{A31} \cdots P_{A37}$，条件概率 $P(A|A_1)$ 以 f_1 进行表示，其他的条件概率类似，根据贝叶斯网络有向无环图的基本理论，搭建针对智能客站设备健康状况评价的贝叶斯网络，具体表示如图 3 所示。

将以上贝叶斯网络 sum-product 算法来实现，因为变量的边缘概率等于所有与他相连的函数传递过来的消息的积，所以计算得到：

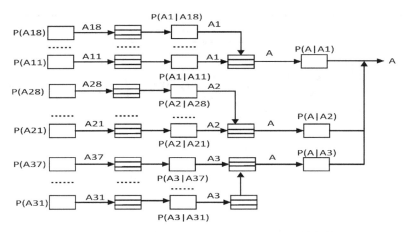

图 3 智能客站设备健康状况评价系统贝叶斯网络架构图

$\bar{f}(A_1)=f_{11}(A_{11})\cdots f_{18}(A_{18})f_1(A_1,A_{11},\cdots,A_{18})=f_1(A_1)f_{11}(A_{11})\cdots f_{18}(A_{18})f(A_{11},A_{12},\cdots,A_{18}|A_1)=f_1(A_1)f_{11}(A_{11})\cdots f_{18}(A_{18})f(A_{11}|A_1)\cdots f(A_{18}|A_1)$

$\bar{f}(A_2)=f_{21}(A_{21})\cdots f_{28}(A_{28})f_2(A_2,A_{21},\cdots,A_{28})=f_2(A_2)f_{21}(A_{21})\cdots f_{28}(A_{28})f(A_{21},A_{22},\cdots,A_{28}|A_2)=f_2(A_2)f_{21}(A_{21})\cdots f_{28}(A_{28})f(A_{21}|A_2)\cdots f(A_{28}|A_2)$

$\bar{f}(A_3)=f_{31}(A_{31})\cdots f_{37}(A_{37})f_3(A_3,A_{31},\cdots,A_{37})=f_3(A_3)f_{31}(A_{31})\cdots f_{37}(A_{37})f(A_{31},A_{32},\cdots,A_{37}|A_3)=f_3(A_3)f_{31}(A_{31})\cdots f_{37}(A_{37})f(A_{31}|A_3)\cdots f(A_{37}|A_3)$

式中函数 f 可理解为对应的条件概率值和先验概率值，由于以上概率值均为已知，可以通过已知概率值最终得出 $\bar{f}(A_1)$、$\bar{f}(A_2)$、$\bar{f}(A_3)$，即 $P(A_1)$、$P(A_2)$、$P(A_3)$。由于每种评价指标反映了设备的不同功能、性能、效率等多个方面，因此同类设备对于不同评价指标得到的健康状况概率值也不尽相同，具体概率值见表 3。

表 3 不同设备对应具体评价指标的健康状况概率值

指标设备类型	客票设备					旅服设备							机电设备			
	自动售票机	检票闸机	窗口售票	移动补票	客票服务器	旅服控制终端	引导屏	站车交互终端	查询终端	移动终端	监控摄像头	旅服服务器	综合办公终端	照明控制器	垂直电梯	自动扶梯	通风空调
P_1	0.85	0.8	0.7	0.68	0.98	0.9	0.89	0.67	0.78	0.5	0.6	0.78	0.5	0.68	0.78	0.78	0.7
P_2	0.69	0.78	0.6	0.6	0.72	0.83	0.78	0.56	0.72	0.37	0.6	0.7	0.43	0.65	0.7	0.7	0.65
P_3	0.62	0.7	0.55	0.55	0.7	0.8	0.75	0.48	0.68	0.35	0.58	0.62	0.4	0.62	0.65	0.65	0.62
P_4	0.65	0.64	0.78	0.5	0.87	0.87	0.87	0.45	0.6	0.35	0.72	0.85	0.6	0.89	0.9	0.9	0.57
P_5	0.86	0.89	0.7	0.43	0.85	0.82	0.87	0.4	0.7	0.7	0.7	0.78	0.43	0.78	0.78	0.78	0.65
P_6	0.78	0.78	0.75	0.4	0.87	0.85	0.46	0.78	0.46	0.88	0.68	0.87	0.1	0.1	0.1	0.1	0.1
P_7	0.88	0.92	0.65	0.65	0.7	0.7	0.8	0.8	0.8	0.75	0.9	0.8	0.3	0.75	0.5	0.5	0.5

（续）

指标设备类型	客票设备					旅服设备								机电设备			
	自动售票机	检票闸机	窗口售票	移动补票	客票服务器	旅服控制终端	引导屏	站车交互终端	查询终端	移动终端	监控摄像头	旅服服务器	综合办公终端	照明控制器	垂直电梯	自动扶梯	通风空调
P_8	0.38	0.55	0.6	0.6	0.87	0.87	0.87	0.67	0.45	0.45	0.87	0.87	0.2	0.87	0.87	0.87	0.6
P_9	0.85	0.8	0.7	0.68	0.98	0.9	0.89	0.67	0.78	0.5	0.6	0.78	0.5	0.68	0.78	0.78	0.7
P_{10}	0.69	0.78	0.6	0.6	0.72	0.83	0.78	0.56	0.72	0.37	0.5	0.7	0.43	0.65	0.7	0.7	0.65
P_{11}	0.62	0.7	0.55	0.55	0.7	0.8	0.75	0.48	0.68	0.35	0.58	0.62	0.4	0.62	0.65	0.65	0.62
P_{12}	0.65	0.64	0.78	0.5	0.87	0.87	0.87	0.45	0.6	0.35	0.72	0.85	0.6	0.89	0.9	0.9	0.57
P_{13}	0.86	0.89	0.7	0.43	0.85	0.82	0.87	0.4	0.7	0.7	0.7	0.78	0.43	0.78	0.78	0.78	0.65
P_{14}	0.78	0.78	0.75	0.4	0.87	0.85	0.46	0.78	0.46	0.88	0.68	0.87	0.1	0.1	0.1	0.1	0.1
P_{15}	0.88	0.92	0.65	0.65	0.7	0.7	0.8	0.8	0.7	0.75	0.9	0.8	0.3	0.75	0.5	0.5	0.5

5.4 综合概率计算

根据前文得到的客票、旅服、机电共 3 大类、17 小类设备对应 15 种健康评价指标的健康状况概率值、专家综合评价权重、每种指标的重要程度权重，得到 15 种健康评价指标的综合概率 $J(A_{ij})(i=a,b,c,d,e)(j=1,2,3\cdots15)$、$J(B_{ij})(i=a,b,\cdots,h)(j=1,2,3\cdots15)$、$J(C_{ij})(i=a,b,c,d)(j=1,2,3\cdots15)$，每类设备的综合概率均为健康状况概率值与重要程度权重和专家综合权重的乘积，具体结果如下：

$$J = \begin{bmatrix}
0.09 & 0.1 & 0.13 & 0.06 & 0.17 & 0.11 & 0.19 & 0.09 & 0.03 & 0.05 & 0.12 & 0.14 & 0.07 & 0.04 & 0.04 & 0.07 & 0.06 \\
0.13 & 0.11 & 0.12 & 0.13 & 0.15 & 0.14 & 0.15 & 0.06 & 0.07 & 0.09 & 0.16 & 0.15 & 0.08 & 0.08 & 0.12 & 0.11 & 0.07 \\
0.06 & 0.07 & 0.04 & 0.05 & 0.09 & 0.09 & 0.08 & 0.09 & 0.03 & 0.06 & 0.06 & 0.03 & 0.03 & 0.08 & 0.07 & 0.04 \\
0.09 & 0.08 & 0.1 & 0.04 & 0.06 & 0.07 & 0.09 & 0.06 & 0.01 & 0.02 & 0.04 & 0.02 & 0.03 & 0.05 & 0.04 & 0.01 \\
0.08 & 0.07 & 0.11 & 0.05 & 0.07 & 0.08 & 0.11 & 0.12 & 0.06 & 0.04 & 0.01 & 0.05 & 0.03 & 0.07 & 0.05 & 0.02 \\
0.07 & 0.06 & 0.05 & 0.03 & 0.04 & 0.06 & 0.08 & 0.07 & 0.04 & 0.05 & 0.04 & 0.02 & 0.05 & 0.04 & 0.03 & 0.03 \\
0.06 & 0.05 & 0.09 & 0.03 & 0.07 & 0.04 & 0.06 & 0.05 & 0.04 & 0.03 & 0.06 & 0.05 & 0.04 & 0.06 & 0.04 & 0.01 \\
0.07 & 0.08 & 0.12 & 0.06 & 0.08 & 0.06 & 0.09 & 0.06 & 0.04 & 0.02 & 0.04 & 0.02 & 0.05 & 0.08 & 0.06 & 0.02 \\
0.1 & 0.11 & 0.13 & 0.09 & 0.05 & 0.11 & 0.1 & 0.05 & 0.04 & 0.05 & 0.08 & 0.04 & 0.11 & 0.07 & 0.05 \\
0.07 & 0.1 & 0.09 & 0.06 & 0.1 & 0.06 & 0.07 & 0.06 & 0.04 & 0.03 & 0.06 & 0.11 & 0.05 & 0.03 & 0.07 & 0.04 & 0.03 \\
0.11 & 0.15 & 0.16 & 0.14 & 0.09 & 0.12 & 0.11 & 0.05 & 0.09 & 0.04 & 0.07 & 0.12 & 0.11 & 0.08 & 0.02 & 0.07 \\
0.03 & 0.06 & 0.09 & 0.08 & 0.1 & 0.05 & 0.07 & 0.06 & 0.1 & 0.07 & 0.05 & 0.09 & 0.04 & 0.01 & 0.01 & 0.04 & 0.02 \\
0.02 & 0.04 & 0.03 & 0.05 & 0.04 & 0.06 & 0.02 & 0.03 & 0.03 & 0.02 & 0.04 & 0.05 & 0.02 & 0.09 & 0.08 & 0.04 \\
0.01 & 0.01 & 0.05 & 0.02 & 0.04 & 0.02 & 0.02 & 0.04 & 0.03 & 0.04 & 0.01 & 0.05 & 0.03 & 0.02 \\
0.09 & 0.09 & 0.12 & 0.06 & 0.07 & 0.04 & 0.01 & 0.01 & 0.01 & 0.01 & 0.05 & 0.04 & 0.03 & 0.02 & 0.01 & 0.01
\end{bmatrix} \times$$

$$\begin{bmatrix}
1.86 & 1.34 & 0.76 & 0.56 & 0.115 & 0.29 & 0.095 & 0.67 & 0.41 & 0.83 & 0.58 & 1.15 & 1.02 & 0.57 & 0.89 \\
1.23 & 0.98 & 0.68 & 0.65 & 0.03 & 0.06 & 0.05 & 0.47 & 0.33 & 0.66 & 0.33 & 1.13 & 1.09 & 0.529 & 0.93 \\
1.09 & 0.65 & 0.44 & 0.43 & 0.05 & 0.08 & 0.07 & 0.53 & 0.35 & 0.59 & 0.45 & 1.02 & 0.89 & 0.65 & 0.68 \\
1.11 & 0.59 & 0.43 & 0.67 & 0.07 & 0.09 & 0.05 & 0.68 & 0.38 & 0.78 & 1.53 & 1.86 & 1.77 & 0.93 & 1.45 \\
1.06 & 0.45 & 0.28 & 0.34 & 0.01 & 0.04 & 0.033 & 0.61 & 0.28 & 0.44 & 0.67 & 0.76 & 0.79 & 0.35 & 0.632 \\
1.35 & 0.85 & 0.77 & 0.78 & 0.02 & 0.03 & 0.02 & 0.54 & 0.39 & 0.67 & 1.21 & 1.02 & 0.875 & 0.67 & 0.77 \\
1.57 & 1.03 & 0.98 & 0.48 & 0.03 & 0.05 & 0.043 & 0.66 & 0.324 & 0.76 & 1.04 & 1.03 & 0.88 & 0.47 & 0.54 \\
1.09 & 0.67 & 0.57 & 0.5 & 0.01 & 0.05 & 0.04 & 0.72 & 0.35 & 0.59 & 1.33 & 1.01 & 0.93 & 0.54 & 0.3 \\
1.12 & 0.54 & 0.33 & 0.43 & 0.01 & 0.03 & 0.03 & 0.41 & 0.277 & 0.44 & 0.78 & 0.75 & 0.67 & 0.33 & 0.2 \\
1.71 & 1.33 & 1.21 & 0.9 & 0.04 & 0.06 & 0.059 & 0.59 & 0.34 & 0.76 & 1.02 & 1.05 & 1.3 & 0.89 & 0.75 \\
1.53 & 1.09 & 0.89 & 0.76 & 0.03 & 0.05 & 0.043 & 0.8 & 0.33 & 0.778 & 1.09 & 1.02 & 1.01 & 0.923 & 0.8 \\
1.26 & 0.78 & 0.67 & 0.63 & 0.01 & 0.03 & 0.026 & 0.55 & 0.45 & 0.87 & 1.11 & 0.78 & 0.69 & 0.65 & 0.32 \\
1.35 & 0.89 & 0.55 & 0.76 & 0.02 & 0.07 & 0.065 & 0.434 & 0.2 & 0.33 & 0.56 & 0.67 & 0.32 & 0.28 & 0.21 \\
1.44 & 0.93 & 0.76 & 0.77 & 0.01 & 0.03 & 0.03 & 0.5 & 0.31 & 0.53 & 0.98 & 0.67 & 0.58 & 0.47 & 0.35 \\
1.68 & 1.13 & 1.09 & 0.82 & 0.03 & 0.06 & 0.03 & 0.56 & 0.36 & 0.45 & 0.64 & 0.67 & 0.59 & 0.535 & 0.2 \\
1.04 & 0.62 & 0.57 & 0.54 & 0.01 & 0.05 & 0.01 & 0.33 & 0.1 & 0.3 & 0.55 & 0.41 & 0.31 & 0.3 & 0.15 \\
1.52 & 1.03 & 0.93 & 0.89 & 0.03 & 0.05 & 0.02 & 0.46 & 0.22 & 0.45 & 1.01 & 0.32 & 0.21 & 0.11 & 0.1
\end{bmatrix} \times$$

$$\begin{bmatrix}
0.85 & 0.8 & 0.7 & 0.68 & 0.98 & 0.9 & 0.89 & 0.67 & 0.78 & 0.5 & 0.6 & 0.78 & 0.5 & 0.68 & 0.78 & 0.78 & 0.7 \\
0.69 & 0.78 & 0.6 & 0.6 & 0.72 & 0.83 & 0.78 & 0.56 & 0.72 & 0.37 & 0.6 & 0.7 & 0.43 & 0.65 & 0.7 & 0.7 & 0.65 \\
0.62 & 0.7 & 0.55 & 0.55 & 0.7 & 0.8 & 0.75 & 0.48 & 0.68 & 0.35 & 0.58 & 0.62 & 0.4 & 0.62 & 0.65 & 0.65 & 0.62 \\
0.65 & 0.64 & 0.78 & 0.5 & 0.87 & 0.87 & 0.87 & 0.45 & 0.6 & 0.35 & 0.72 & 0.85 & 0.6 & 0.89 & 0.9 & 0.9 & 0.57 \\
0.86 & 0.89 & 0.7 & 0.43 & 0.85 & 0.82 & 0.87 & 0.4 & 0.7 & 0.7 & 0.7 & 0.78 & 0.43 & 0.78 & 0.78 & 0.78 & 0.65 \\
0.78 & 0.78 & 0.75 & 0.4 & 0.87 & 0.85 & 0.46 & 0.78 & 0.46 & 0.88 & 0.68 & 0.87 & 0.1 & 0.1 & 0.1 & 0.1 & 0.1 \\
0.88 & 0.92 & 0.65 & 0.65 & 0.7 & 0.7 & 0.8 & 0.7 & 0.8 & 0.75 & 0.9 & 0.8 & 0.3 & 0.75 & 0.5 & 0.5 & 0.5 \\
0.38 & 0.55 & 0.6 & 0.6 & 0.87 & 0.87 & 0.87 & 0.67 & 0.45 & 0.45 & 0.87 & 0.87 & 0.2 & 0.87 & 0.87 & 0.87 & 0.6 \\
0.85 & 0.8 & 0.7 & 0.68 & 0.98 & 0.9 & 0.89 & 0.67 & 0.78 & 0.5 & 0.6 & 0.78 & 0.5 & 0.68 & 0.78 & 0.78 & 0.7 \\
0.69 & 0.78 & 0.6 & 0.6 & 0.72 & 0.83 & 0.78 & 0.56 & 0.72 & 0.37 & 0.6 & 0.7 & 0.43 & 0.65 & 0.7 & 0.7 & 0.65 \\
0.62 & 0.7 & 0.55 & 0.55 & 0.7 & 0.8 & 0.75 & 0.48 & 0.68 & 0.35 & 0.58 & 0.62 & 0.4 & 0.62 & 0.65 & 0.65 & 0.62 \\
0.65 & 0.64 & 0.78 & 0.5 & 0.87 & 0.87 & 0.87 & 0.45 & 0.6 & 0.35 & 0.72 & 0.85 & 0.6 & 0.89 & 0.9 & 0.9 & 0.57 \\
0.86 & 0.89 & 0.7 & 0.43 & 0.85 & 0.82 & 0.87 & 0.4 & 0.7 & 0.7 & 0.7 & 0.78 & 0.43 & 0.78 & 0.78 & 0.78 & 0.65 \\
0.78 & 0.78 & 0.75 & 0.4 & 0.87 & 0.85 & 0.46 & 0.78 & 0.46 & 0.88 & 0.68 & 0.87 & 0.1 & 0.1 & 0.1 & 0.1 & 0.1 \\
0.88 & 0.92 & 0.65 & 0.65 & 0.7 & 0.7 & 0.8 & 0.8 & 0.7 & 0.75 & 0.9 & 0.8 & 0.3 & 0.75 & 0.5 & 0.5 & 0.5
\end{bmatrix}$$

5.5 隶属度计算

根据前文中划定的智能客站设备健康阈值的 6 个区间，健康等级及对应取值范围分别为 V1（健康）[0.89, 1.0]、V2（亚健康）[0.66, 0.89)、V3（合格）[0.44, 0.66)、V4（异常）[0.32, 0.44)、V5（故障）(0.1, 0.32)、V6（严重故障）(0, 0.1]。考虑到智能客站设备的功能、性能、效率、重要程度、风险等级、维修频次等多种因素，根据将以上数据求标准差、归一化以后得到智能客运车站客票、旅服、机电共 3 大类 17 小类设备对应所有评价指标的隶属度综合计算结果。

$$R_1(\text{客票})=\begin{bmatrix}0.652 & 0.688 & 0.596 & 0.489 & 0.762\\ 0.841 & 0.886 & 0.772 & 0.637 & 0.979\\ 0.392 & 0.416 & 0.356 & 0.286 & 0.465\\ 0.328 & 0.348 & 0.296 & 0.234 & 0.39\\ 0.38 & 0.403 & 0.345 & 0.276 & 0.451\\ 0.278 & 0.296 & 0.25 & 0.195 & 0.333\\ 0.282 & 0.301 & 0.254 & 0.199 & 0.339\\ 0.302 & 0.321 & 0.272 & 0.215 & 0.361\\ 0.509 & 0.538 & 0.464 & 0.377 & 0.599\\ 0.415 & 0.44 & 0.378 & 0.303 & 0.491\\ 0.718 & 0.757 & 0.658 & 0.539 & 0.837\\ 0.369 & 0.392 & 0.335 & 0.266 & 0.437\\ 0.206 & 0.221 & 0.184 & 0.141 & 0.252\\ 0.071 & 0.079 & 0.058 & 0.034 & 0.096\\ 0.233 & 0.249 & 0.208 & 0.158 & 0.28\end{bmatrix}$$

$$R_2(\text{旅服})=\begin{bmatrix}0.779 & 0.744 & 0.499 & 0.597 & 0.41 & 0.603 & 0.701 & 0.339\\ 1 & 0.954 & 0.649 & 0.772 & 0.539 & 0.779 & 0.903 & 0.451\\ 0.477 & 0.452 & 0.292 & 0.357 & 0.233 & 0.36 & 0.428 & 0.189\\ 0.399 & 0.379 & 0.24 & 0.295 & 0.19 & 0.299 & 0.356 & 0.149\\ 0.462 & 0.439 & 0.282 & 0.345 & 0.226 & 0.349 & 0.412 & 0.181\\ 0.342 & 0.324 & 0.2 & 0.249 & 0.156 & 0.253 & 0.302 & 0.121\\ 0.347 & 0.329 & 0.204 & 0.254 & 0.159 & 0.258 & 0.308 & 0.124\\ 0.369 & 0.351 & 0.219 & 0.272 & 0.172 & 0.275 & 0.329 & 0.135\\ 0.612 & 0.583 & 0.385 & 0.465 & 0.313 & 0.469 & 0.549 & 0.257\\ 0.502 & 0.478 & 0.31 & 0.377 & 0.25 & 0.382 & 0.449 & 0.2\\ 0.855 & 0.817 & 0.55 & 0.657 & 0.457 & 0.665 & 0.772 & 0.379\\ 0.448 & 0.426 & 0.272 & 0.334 & 0.219 & 0.339 & 0.4 & 0.174\\ 0.259 & 0.244 & 0.144 & 0.185 & 0.106 & 0.186 & 0.226 & 0.08\\ 0.1 & 0.092 & 0.036 & 0.059 & 0.015 & 0.059 & 0.082 & 0\\ 0.286 & 0.271 & 0.165 & 0.206 & 0.129 & 0.212 & 0.255 & 0.093\end{bmatrix}$$

$$R_3(\text{机电})=\begin{bmatrix}0.621 & 0.638 & 0.638 & 0.517\\ 0.801 & 0.822 & 0.822 & 0.671\\ 0.372 & 0.384 & 0.384 & 0.305\\ 0.309 & 0.318 & 0.318 & 0.249\\ 0.361 & 0.372 & 0.372 & 0.294\\ 0.262 & 0.27 & 0.27 & 0.209\\ 0.266 & 0.275 & 0.275 & 0.213\\ 0.285 & 0.294 & 0.294 & 0.229\\ 0.484 & 0.498 & 0.498 & 0.399\\ 0.393 & 0.405 & 0.405 & 0.322\\ 0.684 & 0.702 & 0.702 & 0.569\\ 0.349 & 0.359 & 0.359 & 0.283\\ 0.194 & 0.202 & 0.202 & 0.152\\ 0.064 & 0.068 & 0.068 & 0.041\\ 0.218 & 0.223 & 0.223 & 0.169\end{bmatrix}$$

按照定义的阈值区间，对以上 17 类设备在 15 个评价指标下的综合隶属度值进行比较，得到不同阈值区间内的小类设备数量，具体见表 4。

表 4 设备综合隶属度健康阈值分析

设备健康阈值区间	阈值内小类设备个数																	总数
6 级（0, 0.1]	1	1	1	1	0	0	1	1	1	1	1	0	2	1	1	1	1	17
5 级（0.1, 0.32)	5	4	6	10	2	2	1	10	6	11	6	4	9	6	6	6	9	105
4 级 [0.32, 0.44)	5	6	4	1	1	4	6	3	4	1	4	5	2	4	4	4	2	62
3 级 [0.44, 0.66)	2	1	3	3	2	5	3	4	3	2	2	2	1	2	2	2	2	42
2 级 [0.66, 0.89)	2	3	1	0	1	2	3	0	1	0	2	2	0	2	2	2	1	24
1 级 [0.89, 1.0]	0	0	0	0	2	0	0	0	0	0	0	1	0	0	0	0	0	4
设备大类	客票设备					旅服设备								机电设备				
设备小类	自动售	闸机	窗口售	移动补	服务器	控制终端	引导屏	广播控制	查询设备	手持移动	视频监控	服务器	综合办公	照明	电梯	消防	通风	

通过隶属度函数分析可知，客票、旅服、机电三类设备中承担控制作用的核心设备和前端使用频次较高的设备（如客票服务器、旅服服务器、信息引导屏）分布在 4 级以上，且占据所有 1 级设备，说明设备保养较好，说明日常无论从维修/保养点设置、运维时间卡控、故障追踪还是故障点维护、系统保养等均做得比较到位。而售票机、检票闸机、查询设备、手持终端、视频监控摄像头、照明、电梯等前端设备使用频次也相对较高，但由于设备数量众多、不同类设备位置分散、部分设备所在区域维保不便等原因，经常会出现维护不及时、维保不到位的状况，从而导致健康等级分布在 3~5 级居多。其余如综合办公设备使用频次相对较低，在设备运维保养方面容易疏忽，遗漏很多关键的风险点，导致很多问题由于厂家协调、车站管理等原因长期被搁置，健康状况等级很低，有些甚至到 6 级，这些设备的运维尤其应该受到重视。

5.6 模拟验证

为了验证之前理论研究结果的正确性与准确性，考虑到郑州东站规模与昆明南站类似，且同为智能客运车站，设备分类基本相同。因此，以郑州东站为例，选取了包含客票、旅服、机电 3 大类 17 小类设备在内的共 130 余台设备，其中，客票类设备 45 台、旅服类设备 20 台、机电类设备 45 台。通过进行为期 2 周的现场走访调研和实地勘察，对以上所有设备的健康状况等级进行汇总统计，并通过 Kmeans 聚类方法得到 3 大类设备的健康状况等级分类结果，如图 4~图 6

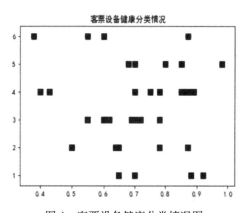

图 4 客票设备健康分类情况图

所示。

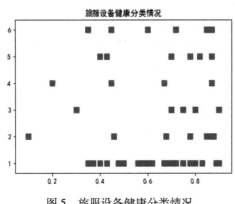 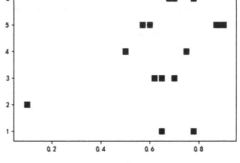

图 5　旅服设备健康分类情况　　　　　图 6　机电设备健康分类情况

通过对以上不同类设备的健康分类情况分析可知，图 4 所示的客票设备健康等级主要集中在 3、4 级，说明昆明南站的客票设备属于合格至故障健康范畴内，目前可以保证正常的运行状况，亟需排查常见的故障点，对故障日志进行梳理，解决出现频次较大的故障，对出现频次较小的故障予以关注，增加巡检次数和巡检力度。图 5 所示的旅服设备除承担着核心控制作用的设备在 1 级之外，分布在 3 级和 5 级的概率基本相等，说明旅服服务器、广播控制柜、LED 控制器等对到发控制起关键作用的设备能够保持着较好的健康状态。其余如 LED 屏、拾音器、视频监控摄像头、查询机等前端设备的健康状况最好的仅能保持合格的状态，通过对系统后台故障日志进行监测，发现如 LED 屏、LCD 屏、拾音器等使用频率较高的前端设备由于需要 7×24 小时使用，使用频率非常高。虽然正式运行前经过了持久性测试、耐压测试等试验，但在生产环境中仍然会问题频发，后期可以考虑结合列车到发计划动态调整前端设备的使用时长和能耗，也需要加大前端设备的定期巡检频次。图 6 所示的机电设备健康状况较为分散，保持在健康水平的寥寥无几，说明智能客站对于机电设备运行状况的重视程度远远不够。综上所述，后期可以考虑指定针对性的设备巡检和维保计划，根据设备运行时常划定不同维保节点，也可结合列车实时运行状况给出针对性的巡检、保养规划，做到"早发现、早预防、早解决"。

6　结语

综合考虑设备使用、运维、收益等因素，搭建智能客站设备健康状况评价层级架构，采用层级分析法确定各层权重，融合改进的专家评价、贝叶斯网络、模糊隶属度函数等方法，综合考虑权重系数，得出综合健康概率，再对应不同评价等级的模糊子集确定客票、旅服、机电共 3 大类、17 小类设备相应的隶属度值，最终确定设备的健康等级。通过对各类设备在 15 种不同指标下的健康状况分析结果，得出客票、旅服、机电三类设备健康状况目标值的综合评价。同时，对郑州东站的包含 17 小类设备的 130 余台设备的健康状况实地勘察结果进行 Kmeans 聚类分析，得到与多因素条件下设备健康状况综合隶属度值相类似的结果，证明理论分析的正确性和可靠性。但未在普速车站开展试点，不足以证明该评价体系的普适性，后期可以考虑增加普速车站试验数据，也可考虑适当调整计算方法或采用知识图谱的方法实现。通过搭建铁路智能客站设备健康状况评价体系，一方面为客运工作人员提供设备高效运维的指引，做到设备运行状况预判和运维保养计划预安排，大幅延长其使用寿命；另一方面，相比普通客运车站，在设备运维计划中结合列车实时运行信息和设备故障日志分析结果，利用人工智能手段直观展示设备运行情况，提供客运作业的智能化辅助决策支持。

参 考 文 献

[1] 蒋东凯. 设备健康评价模型中 AHP 模糊综合评判法探索 [J]. 中国设备工程, 2020, 05: 45-47.

[2] 王永攀, 杨江平, 邓翔, 等. 基于贝叶斯网络的复杂装备维修质量评价模型 [J]. 海军工程大学学报, 2017, 29 (1): 84-90.

[3] 赵明乾. 基于大数据的电力设备故障分析与诊断的研究 [D]. 北京: 华北电力大学. 2018.

[4] 张强, 李睿琪, 王传, 等. 基于层次分析法的设备运行健康指数模型 [J]. 系统仿真技术及其应用, 2020, 15: 354-357.

[5] 孙凌宇, 朱丽莉, 张小俊, 等. 基于模糊层次分析法的关键技术元素识别 [J]. 科学技术与工程, 2020, 20 (24): 9816-9821.

[6] 刘自飞. 高铁车站客运设备智能 CPS 运维平台的研究 [J]. 现代信息科技, 2019, 3 (24): 186-188.

[7] 程刚, 赵清霞. 基于模糊贝叶斯网络的高原铁路站客运服务质量评价研究 [J]. 铁道运输与经济, 2019, 41 (12): 58-62.

[8] 韩凤霞, 王红军, 邱城. 基于模糊贝叶斯网络的生产线系统可靠性评价 [J]. 制造技术与机床, 2020, 9: 45-49.

[9] 周逢道, 白冉明. 基于模糊物元法的电力电容器的绝缘状态评估 [J]. 科学技术与工程, 2019, 19 (5): 157-162.

[10] 兰继斌, 徐扬, 霍良安, 等. 模糊层次分析法权重研究 [J]. 系统工程理论与实践, 2006, 26 (9): 107-112.

[11] 宾光富, 李学军, DHILLON B S, 等. 基于模糊层次分析法的设备状态系统量化评价新方法 [J]. 系统工程理论与实践, 2010, 30 (4): 744-750.

[12] 刘森, 张迎迎, 张焰, 等. 整合 AHP 和 TOPSIS 评价模型的绿色供应商选择研究 [J]. 物流工程与管理, 2017, 39 (5): 1-11.

[13] 王运鑫. 基于模糊贝叶斯网络的突发水污染事故风险评价研究 [D]. 兰州: 兰州交通大学, 2018.

[14] 郭永红, 梅东升, 叶林, 等. 发电机在线故障诊断方法、设备及计算机设备: 202010999489.3 [P]. 2020-09-22.

[15] 何锐明, 田元. 健康状况的风险预测方法、装置、计算机设备及存储介质: 202010307965.0 [P]. 2020-04-17.

数字孪生技术在铁路智能客站中的应用研究

王小书[1,2]，史天运[3]，吕晓军[1]

1. 中国铁道科学研究院集团有限公司电子计算技术研究所，北京　100081
2. 中国铁道科学研究院研究生部，北京　100081
3. 中国铁道科学研究院集团有限公司，北京　100081

【摘要】 首先分析了智能客站推广应用过程中存在车站运营决策的科学性无法验证、设备部署无法按需调配、进出站流线无法随客流实际自适应优化的痛点。其次，分析借鉴了数字孪生技术在其他领域的应用。基于此，围绕铁路车站客运业务，提出了智能客站数字孪生的定义与特征，设计了智能客站数字孪生技术应用框架，实现对旅客乘车整个过程的关键环节的客运业务能力与效率的仿真。

【关键词】 智能客站（IRPS）；数字孪生；智能铁路；仿真优化

Application of Digital Twins Technology for The Intelligent Railway Passenger Stations

Wang Xiaoshu[1,2], Shi Tianyun[3], Lvu Xiaojun[1]

1. Institute of Computing Technology, China Academy of Railway Sciences Corporation Limited, Beijing 100081
2. Postgraduate Department, China Academy of Railway Sciences, Beijing 100081
3. China Academy of Railway Sciences Corporation Limited, Beijing 100081

Abstract: During the promotion of the intelligent railway passenger stations (IRPS), there are pain points in the scientific of station operation cannot be verified, the equipment cannot be deployed on demand, and the station streamline cannot be self-adaptive optimized with the actual number of passengers. Then the application of digital twinning technology in other fields is analyzed. To solve this problem, the definition and characteristics of the digital twin for IRPS is proposed. The application direction of digital twin technology in intelligent passenger station is explored, which the passenger service capability and efficiency of the key links in the whole process of passenger transport are simulated.

Key words: intelligent railway passenger station; digital twin; intelligent railway; simulation and optimization

---

⊖ 国家自然科学基金/National Natural Science Foundation of China（61972016）。
中国国家铁路集团有限公司科技研究开发计划课题 K2019X020。

1 引言

客运车站是连接旅客与铁路的重要纽带，也是铁路执行运输组织的重要场所。按照铁路智能化要求，智能客站的研究在快速推进，智能客站以为旅客提供自助、人性服务，保障旅客安全畅通出行，实现客运车站高效生产组织，绿色可持续发展，构建了智能客站"1+4+N"的总体框架，即"1个平台"为旅客服务与生产管控平台，"4大业务板块"包括旅客服务、生产组织、安全保障、绿色节能，"N个应用"是服务于各类业务的详细应用[1]。目前部分客站已经开展了旅客服务与生产管控平台的应用，但是在应用过程中，要达到智能客站的总目标要求，还要进行以下改进。

1) 客运车站运转决策方面，需新技术验证其科学性。目前客站运转中的重要决策，多采用人为制定方式，无法判断决策的科学性、最优性。需对客站内全元素的动态行为建模，通过其相关核心参数的调优，开展各业务能力、效率仿真，实现客运组织日常运转与应急处置等决策的科学制定。

2) 设备部署与使用效能优化方面，需建立可自主学习的设备智能控制模型。目前旅客服务与生产管控平台是按照设定好的客运参数模板进行控制，没有根据客站实际旅客人数、列车正晚点等情况，自适应开停客运设备，且尚未通过仿真设备故障与使用能效，优化调控设备布局。

3) 进出站客流管理方面，需围绕客流实际情况进行流线自适应优化。目前部分客站已采用人工的方式，区分日常与节假日客流，各站采用人工方式管理客站流线，没有实现流线的闲忙自适应调整。突发应急情况时，应急流线的使用不能按人群特征自主分配，无法引导行动不便的人员采用最短的疏散流线、行动方便的人员采用较长的疏散流线。

4) 统一可视化手段方面，需提升直观性。目前应用的旅客服务与生产管控平台采用图表的方式，不能直观地展示客站内在岗人员、客站内旅客、客站内停靠列车、客站内设备、客站各处环境等全生产元素的位置以及客站目前运转、关键流线使用、客站设备运维等情况。

2 数字孪生技术国内外理论研究及应用现状

2.1 数字孪生技术研究现状

数字孪生技术最初由 Michael Grieves 提出的，包括三个主要部分：现实的物理实体、虚拟的数字实体和将前两者关联的信息[2]。北航的陶飞教授对于数字孪生技术的内涵进行了深化[3]，认为数字孪生技术的核心是五维模型[4]。数字孪生技术是通过建立计算机可展示的物理实体的虚拟三维模型，对物理实体的外观、几何、行为、结构、规则建立数字化映射，以多维虚拟模型为引擎，以孪生数据为驱动，基于实时动态交互连接，实现面向行业的智能应用、精细管理和可靠运维等多种智能服务。数字孪生技术的出现使得复杂系统、自动控制研究领域发生了重大变革。

2.2 数字孪生技术应用现状

2.2.1 航空领域应用现状

目前在航空方面,由美国 NASA 构建了飞行器的数字孪生体,通过使用可靠的物理模型、传感器数据传输与实时更新、历史数据等来反映其相应物理机器的寿命仿真,进行基于数字孪生的飞行器状态预测,为科学决策奠定了基础[5]。我国孟松鹤等人开展了数字孪生技术在航空航天中的应用,在飞行器的设计研发、制造装配、运行维护等方面进行应用,实现了对航空器机身数字孪生进行寿命预测与维护决策[6]。

2.2.2 工业领域应用现状

工业方面,美国 PTC 公司推出了基于数字孪生技术的物联网解决方案,提出了数字孪生体+AR 技术[7];法国达索通过数字孪生技术研制了三维体验平台,完成产品从设计研发、仿真验证到生产制造、使用维护的全周期的数字化[8];数字孪生推动了德国工业 4.0 的落地,西门子基于工业物联网贯穿产品生命周期各环节[9],实现了产品制造过程中的设备的有效运用。2020 年美国工业互联网联盟提出数字孪生技术工业应用白皮书,解决产线或车间无法基于各设备实际运行状态优化决策的问题,为全局优化决策提供重要支撑[10]。

我国在复杂产品设计中,陶飞等系统地探讨了实现数字孪生车间信息物理融合的基础理论与关键技术[3],提供智能排产、协同工艺规划、产品质量管理、生产过程管控、设备健康管理等服务,为智能车间建设、智能生产与精准管理提供新方法。樊留群等人[11]从设计阶段、生产阶段、运维阶段探讨数字孪生技术在智能制造中可发挥的作用,从产品的全生命周期分析了数字孪生技术来的制造业技术变革。宁振波[12]提出智能制造的典型特点就是数字主线使能的数字孪生。赵敏等人[13]提出利用数字孪生技术将生产与运维过程中的各种工况的数字动态仿真计算分析,实现产品使用管理与寿命的预测。

2.2.3 城市管理领域应用现状

在智慧城市领域,信通院提出了数字孪生城市白皮书,通过对城市天气环境、基础设施、人口土地、产业交通等要素建立连接,构建数字孪生城市,为城市管理者提供物理世界城市一张图管理,实现城市难题一眼明、城市治理一盘棋的综合效益最优化布局,为日常科学决策奠定了基础[14]。

数字孪生城市在雄安建设过程中,进行了实践。中国雄安集团在建设物理雄安城市的同时,通过万物互联,汇集多方数据搭建城市智能模型,形成与新区同生共长的数字孪生城市,尤其是市民服务中心项目的建设,实现了数字孪生技术应用于民生工程,为交付后的智能运维奠定基础[15]。

2.2.4 军事仿真领域应用现状

在军事仿真应用领域,中国工程院院士赵沁平早在 2001 年开展了虚拟战场的研究[16],并研制了抗战胜利 70 周年阅兵方案三维推演和决策系统[17],对阅兵总体方案进行推演论证,对方队编组、队形变换和受阅状态等进行三维立体实景模拟展示,在改进编组方式、提升观瞻效果上起到重要支撑作用。

2.2.5 铁路建设领域应用现状

川藏铁路建设面临着地形地质环境复杂、施工难度巨大的困难,朱庆[18-19]等人,认为建设数字孪生川藏铁路是建设智能川藏铁路的必要途径,开展了面向数字孪生川藏铁路的实体要素分类与编码研究，提出了实景三维空间信息平台，为川藏铁路建设与管理提供强有力的科技支撑。

2.3 总结与借鉴

数字孪生技术的涌现，通过基于建立与实际一样的、计算机可表达的三维模型，在航空航天、工业制造、智慧城市、军事推演、川藏铁路建设等领域已开展应用，实现了仿真预测、智能应用、精细管理和可靠运维等。鉴于此，将数字孪生技术在铁路客运车站中进行应用，可解决人员设备使用仿真模拟、流线使用验证、管理决策验证、可视化管理的问题，为铁路客站管理中的难点提供了新方法，有助于推进智能客站的不断发展。本文围绕铁路客运车站业务，开展了客站数字孪生技术的应用架构设计，努力达到智能客站的目标，实现旅客安全便捷出行和生产运营效能提升。

3 智能客站数字孪生定义及特征

3.1 智能客站数字孪生定义

数字孪生客站依托智能客站技术体系和客站空间信息模型，构建一个与物理世界中的客站相对应的数字客站模型，实现全感模拟、实时监控、精准诊断、推演预测物理实体在现实环境中的状态，推动客站内人、设备、车、环境等全元素的数字化、实时化和可视化，客运组织作业智能协同，实现物理客站与数字客站高效协同、平行交互。

3.2 智能客站数字特征

3.2.1 全元素可视化表达

全元素表达是在数字世界精准"描绘"客站自身与其内部的所有个体。静态维度上可以实现对客站外观结构（门窗）、关键区域（房间）、室内对象（人员、设备、列车）等元素通过计算机可显示的三维模型来表达，动态维度上通过对元素及其关联关系，建立行为、规则等数字化映射，建立其机理模型、数据模型，基于实时动态交互连接，实现元素实时动态表达。

3.2.2 业务仿真与态势推演

业务仿真与态势推演是首先基于全要素表达后对客站实际进行业务仿真，其次用模拟和预测的方法推演客站发展态势。通过对提取客站的主要因素、次要因素，对客站内的客运组织、设备运用、旅客活动、工作人员行为以及环境等仿真，为客运组织运转、日常全元素管理、应急处置等制定科学决策，促进客站资源快速合理调配，使得在物理客站执行指令更科学合理。

4 智能客站数字孪生技术应用架构设计

基于智能客站数字孪生定义及特征，在客站外观、人员、设备、列车、客站结构等其内部各元素进行三维立体、结构化的基础上，建立客站信息表达模型，提出了客站业务、设备运用及布局、环境及安全、可视化监控五类典型应用框架设计（图1）。通过典型应用框架，实现对车站结构、客流及分布、工作人员在岗及分布、设备状态、列车状态、环境状态的直观可视化监控。可对突发情况进行模拟，按客流及分布情况，对客运组织瓶颈和最大服务能力进行模拟，对车站全部运转情况进行仿真。对日常运转和应急处置的决策进行评估，从服务旅客时间、旅客等候时间、旅客通过效率、工作人员评价、设备设施使用效率、能源使用效率多方面进行评价。

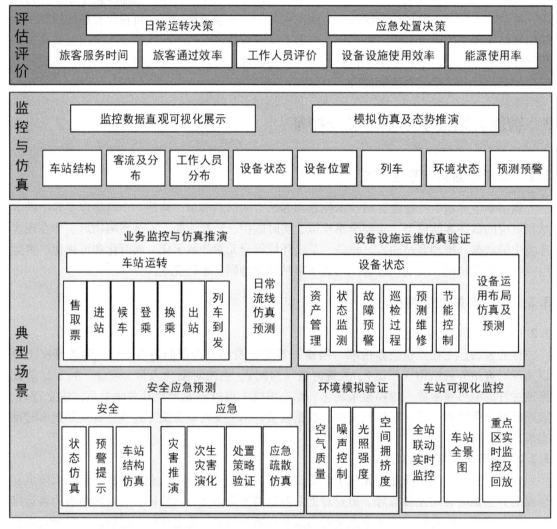

图1 客站数字孪生应用框架

4.1 客站业务监控及仿真推演

客站业务监控及仿真推演是由日常业务运转实时监控与仿真推演组成。日常车站业务实时监控通过客站孪生连接接入设备实时信息与智能视频分析的结果，实现对客站内的旅客、工作人员、设备、列车、设施、建筑结构、环境等物理实体实时监控。日常车站运转业务仿真通过对旅客行为、客流、设备等虚拟动行为业务模型参数进行设定，对空间使用率、客流分布、设施设备利用情况、旅客排队等核心业务进行能力与效率仿真，对站内进站—换乘—出站流线等日常流线全面仿真，进而验证客运组织运转、日常全元素管理决策的科学性。

4.2 设备运用监控及布局仿真验证

客站设备运用监控及布局仿真是基于客站数字实体映射客站物理实体设备位置、运行状态，通过客站孪生连接实现设备虚拟实体与设备物理实体的连接。依据客站实际情况，通过控制客站数字虚体，实现客运设备自适应开停控制，通过客站设备数字实体运用仿真和验证，实现设备自适应控制与布局优化。

4.3 安全应急监控与预测

安全应急监控与预测是对客站内的各类事件进行安全监控与预测，并依据事件进行响应处置。通过对客站旅客异常行为、客站结构安全、设备故障数量、列车正晚点、自然灾害、社会安全、公共卫生等各类突发事件涉及的相关客站数字实体的虚拟动模型参数进行监测与仿真，实现对客站安全状态评估预警；通过对突发事件的范围、环境、待救援人员、救援人员、救援物资、救援器械、应急指挥中心建立数字实体，建立不同突发事件的虚拟动行为模型和虚拟动规则模型，对应急决策结果进行仿真验证。

4.4 客站环境模拟验证

通过对客站内的光照、温度、湿度、二氧化碳、一氧化碳等环境信息进行监测，融合业务广播与噪声传感器数值，结合车站内旅客的数量，基于光照模型、环境音效模型和空气质量预测模型，建立客站内温湿度、噪声、亮度等环境变化仿真模型，通过对客站内设备运行参数的调整仿真预测客站环境。通过对客站内的客流分布情况与流线运用情况进行监测，建立客站客流拥挤变化模型，通过修改客运组织与流线参数的调整仿真预测客站空间拥挤度。

4.5 客站可视化监控

客站可视化监控在客站运转能力的基础上，结合客站智能视频分析，客站用三维方式结合视频的方式展现客站外观、内部实时情况及重点区域内的视频融合。将实时视频与客站三维模型融合统一，解决单独监控设备视频独立、无联系等问题，可用于跨越多个监控设备的全景事件在整个客站中溯源，并可针对重点区域实时监控，对客站内旅客服务的重点区域的全部摄像头与三维融合显示，实现三维与视频融合，便于客站工作人员实时监控。可按某一固定时刻，将图像按三维模型融合拼接，实现客站定点时刻下的全景图。

5 结语

数字孪生技术的出现推进了铁路客站智能化的发展，通过建立客站虚拟模型，复刻客站实体中的全生产元素，实现对客站物理实体的静态外观和动态行为建立数字化镜像，既可满足客站运转情况的实时展示，又可对异常情况的决策提供仿真验证的手段，并可对车站前期设计提供一定的仿真验证手段。本文围绕客运车站业务，分析了智能客站推广应用过程中存在的痛点，提出了智能客站数字孪生的定义与特征，给出了智能客站数字孪生技术的应用架构，为客站日常全息监控、智能诊断、科学决策、效能提升、客站应急动态推演和高效处置，为进一步推进智能客站技术发展提供了技术支撑。

参 考 文 献

[1] 史天运，张春家. 铁路智能客运车站系统总体设计及评价［J］. 铁路计算机应用，2018，27（07）：9-16.

[2] GRIEVES M, VICKERS J. Digital twin：Mitigating unpredictable, undesirable emergent behavior in complex systems［M］. Berlin：Springer，2017：85-113.

[3] 陶飞，刘蔚然，刘检华，等. 数字孪生及其应用探索［J］. 计算机集成制造系统，2018，24（1）：4-21.

[4] 陶飞，刘蔚然，张萌，等. 数字孪生五维模型及十大领域应用［J］. 计算机集成制造系统，2019，25（1）：5-22.

[5] GLAESSGEN E, STARGEL D. The digital twin paradigm for future NASA and US Air Force vehicles［C］// Proceedings of the 53rd AIAA/ASME/ASCE/AHS/ASC Structures, Structural Dynamics and Materials Conference 20th AIAA/ASME/AHS Adaptive Structures Conference 14th AIAA. Honolulu：AIAA，2012.

[6] 孟松鹤，叶雨玫，杨强，等. 数字孪生及其在航空航天中的应用［J］. 航空学报，2020，41（09）：6-17.

[7] PARDO N. Digital and physical come together at PTC liveglobal［EB/OL］.（2015-06-08）［2021-09-01］. http：//blogs.ptc.com/2015/06/08/digital-and-physical-come-together-at-ptc-live-global/.

[8] 本刊编辑部. 美欧军工领域发力数字孪生技术应用［J］. 国防科技工业，2019，224（02）：35-36.

[9] SIEMENS. The digital twin［EB/OL］.（2015-11-17）［2021-09-01］. http：//www.siemens.com/customer-magazine/en/home/industry/digitalization in-machine-building/the-digital-twin.html.

[10] Industrial Internet Consortium. Digital Twins For Industrial Application［EB/OL］.（2020-02-18）［2021-09-01］. https：//www.iiconsortium.org/pdf/IIC_Digital_Twins_Industrial_Apps_White_Paper_2020-02-18.

[11] 樊留群，丁凯，刘广杰. 智能制造中的数字孪生技术［J］. 制造技术与机床，2019（7）：61-66.

[12] 宁振波. 航空智能制造的基础——软件定义创新工业范式［J］. 中国工程科学，2018，020（004）：85-89.

[13] 赵敏，宁振波. 铸魂：软件定义制造［M］. 北京：机械工业出版社，2020：14-25.

[14] 中国信通院. 数字孪生城市白皮书（2020 年）［EB/OL］.（2021-12-17）［2021-09-01］. http：//www.caict.ac.cn/kxyj/qwfb/bps/202012/P020201250621404 8036.pdf.

[15] 中国雄安集团. 探索雄安之数字城市［EB/OL］.（2021-02-26）［2021-09-01］. http：//www.chinaxiongan.cn/GB/419268/419275/index.html.

[16] 赵沁平. 分布式虚拟战场环境—现代战争的实验场［C］//中国自动化学会，中国系统仿真学会. 全国虚拟现实与可视化学术会议.［出版地不详：出版者不详］，2001.

[17] 中国航天科工三院. 仿真模拟成为阅兵九大亮点之一，请你检阅！［EB/OL］.（2019-10-02）［2021-09-01］. https：//www.sohu.com/a/344797471_654239.

[18] 朱庆，李函侃，曾浩炜，等. 面向数字孪生川藏铁路的实体要素分类与编码研究［J］. 武汉大学学报（信息科学版），2020，45（09）：4-12.

[19] 朱庆，朱军，黄华平，等. 实景三维空间信息平台与数字孪生川藏铁路［J］. 高速铁路技术，2020（2）：46-53.

面向竣工交付的数字孪生铁路系统建设和应用

梁策[1],刘红良[2],王燕[2],杨威[1]

1. 中国铁道科学研究院集团有限公司电子计算技术研究所,北京 100081
2. 北京经纬信息技术有限公司,北京 100081

【摘要】 数字孪生技术在桥隧建造中的应用是必然趋势,能较好地集成早期建设的隧道、桥梁工序过程层面的信息化应用系统及其数据,在施工过程中能直接指导施工,同步形成面向竣工交付的数字资产。要构建数字孪生铁路,需要先约定施工深化BIM模型的交付标准,并通过数字交付功能进行模型管理。以构件级的BIM模型为基础,进行BIM模型和工程施工中的业务数据融合,通过BIM与GIS引擎协同工作,呈现数字孪生铁路的三维应用,支撑全寿命周期管理,为后期智能运维提供技术和数据保障。

【关键词】 铁路;信息系统;现场试验;隧道;数字孪生

Construction and Application of Digital Twin Railway System for Completion and Delivery

Liang Ce[1], Liu Hongliang[2], Wang Yan[2], Yang Wei[1]

1. *Institute of Computing Technology, China Academy of Railway Sciences Corporation Limited, Beijing 100081*
2. *Beijing Jingwei Information Technology Co., Ltd., Beijing 100081*

Abstract: The application of digital twin technology in the construction of bridges and tunnels is an inevitable trend. It can better integrate the construction of tunnels and bridges process level information application systems and their data. It can directly guide the construction during the construction process, and the synchronization can be formed for completion. Digital assets delivered. To build a digital twin railway, it is necessary to first agree on the delivery standard of the construction deepening BIM model, and perform model management through the digital delivery function. Based on the component-level BIM model, the BIM model is integrated with the business data in engineering construction, and the BIM and GIS engine work together to present the three-dimensional application of the digital twin railway. It will support life-cycle management and provide technical and data guarantee for later intelligent operation and maintenance.

Key words: railway; information system; field test; tunnel; digital twin

---

基金项目:中国国家铁路集团有限公司科技研究开发计划(P2019G003)。

1 引言

我国西南地区山岭较多,在建的铁路一般桥隧占比高、工程难度大、管理比较困难。铁路呈条带状,一般按标段进行分段同步建设。施工单位根据自身工程建设管理的需要,以标段为单位,自发地建设 BIM 应用系统,这对发现和解决隧道和桥梁结构设计中的差、错、漏、碰问题具有较好的辅助作用,对开展工程模拟、超前施工、可视化技术交底,具有支撑作用,也为数字化竣工交付资料的形成奠定了基础[1]。然而,各施工单位对 BIM 应用的认识水平深浅不一,数据标准不统一、应用深度不统一,要形成一条铁路线完整的、面向竣工交付的数字铁路资产,在数据互通方面还存在困难[2,3]。鉴于此,有必要结合设计院交付的 BIM 模型和施工单位深化的施工 BIM 模型,约定好 BIM 交付标准,进行在线数字交付,实现模型统一管理[4]。借助数字孪生技术,将深化的施工 BIM 模型和施工过程中的监测、检测、资料等数据进行融合,形成面向竣工交付的信息系统[3,5],实现物理铁路和数字孪生铁路同步建设。在工程建设过程中,以此辅助参建单位管理铁路施工;在竣工时,以数字化的资产交付给运维;在运维阶段,能复用建设过程中的数据和资料,实现全生命周期的管理[3]。

2 建设目标

在建设铁路工程的过程中,同步形成数字铁路资产,满足竣工交付,支撑后期运营,实现全生命周期管理[2,5]。按照 BIM 服务的思想,实现从模型交付到模型深化,再到孪生体构建、数字资产交付,实现 BIM 模型的全流程管理[4]。编制统一的 BIM 交付标准和数据互联互通接口,避免各施工单位按自己理解独自建设信息化系统,从而最大限度地降低相同及类似功能的重复建设。基于 Web 技术实现集中式部署,支持建设、设计、施工和监理单位的用户通过互联网浏览器,按权限访问和使用相应功能,实现工程建造过程中参建单位远程、协同化管理。基于中国国家铁路集团有限公司(简称国铁集团)在武清主数据中心的网络安全防护条件,争取解决信息系统的网络安全问题,较好地支撑施工单位建设数字孪生系统,实现可视化技术交底、工艺工法模拟、虚拟建造、风险模拟及评估、仿真预测等功能应用[1]。

3 总体设计

3.1 系统架构

系统由数字交付模块和数字孪生模块组成。数字交付模块对设计交付 BIM 模型、施工深化 BIM 模型提供上传、修改、审核、下载、查看等功能。数字孪生模块将从国铁集团推广应用的铁路工程管理平台中获取的业务数据,与地形、地质、工程 BIM 模型深度融合,实现数字孪生体的构建和生长,实现各专业基于 BIM 的虚拟建造,满足竣工数字化交付[6-8]。

系统采用集中部署和本地局域网部署相结合的方式,其中非涉密数据集中部署在武清主数据中心,涉密数据(GIS)在施工现场本地局域网部署,二者通过在门户前端页面集成的方式,为参建单位的用户提供应用服务。系统结构如图 1 所示。

面向竣工交付的数字孪生铁路系统建设和应用　419

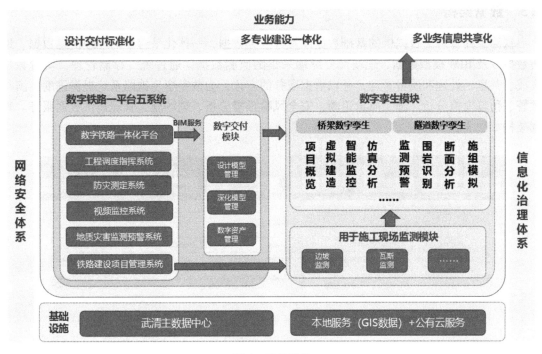

图 1　系统结构

3.2　逻辑架构

系统的逻辑架构由下往上分为五层，逻辑架构如图 2 所示。

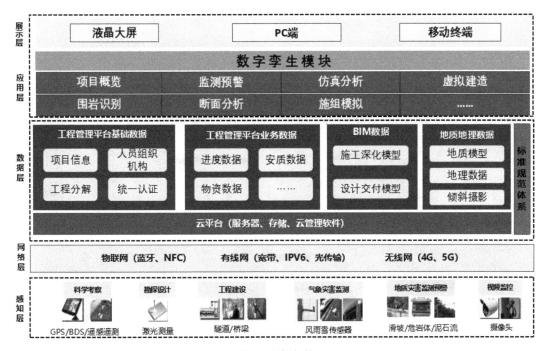

图 2　逻辑架构

3.3 数据架构

铁路工程管理平台提供的基础数据以及各业务数据,一体化平台中的地理信息数据、地质数据以及 BIM 模型数据,现场部分终端采集的监测数据,通过统一存储管理,实现数据集成、共享、处理和质量管理,并以数据服务的方式,为数字孪生铁路系统提供进度推演与预警、仿真模拟分析、施工质量追溯、安全风险预警分析、现场施工管理提供数据服务。数据架构如图 3 所示。

图 3　数据架构

3.4 信息共享与信息接口

通过数字交付模块的接口,将设计模型提供给数字孪生模块,并通过竣工交付接口为铁路局综合维修生产管理系统提供建设期施工作业数据。信息共享及信息接口如图 4 所示。

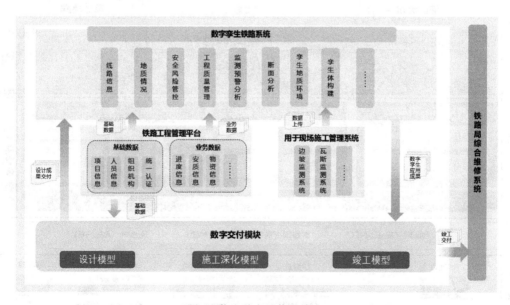

图 4　信息共享及信息接口

4 主要功能应用

4.1 数字交付模块

该模块不仅支持设计模型的上传管理,而且重点支持施工深化模型的接收工作。

4.1.1 模型上传

(1) 设计模型上传管理 设计院依据设计范围的数据权限,参考约定的铁路工程信息模型表达标准[9],依据段落、专业、设计单元,将工程实体 BIM 模型和地质 BIM 模型上传至数字交付模块。BIM 模型对应的曲线要素表、坡度表、坐标等合模信息一起上传。

(2) 施工深化模型上传 施工单位下载设计模型,参考约定的施工 BIM 模型深化及交付标准,并根据施工过程中的应用实际情况,在设计模型的基础上,对模型构件进行细化拆分、属性扩展、模型重建,形成施工深化模型。依据标段、专业、构筑物等,将施工深化模型进行上传至数字交付模块。除工程实体模型外,施工单位还需将临时设施模型一同上传。

4.1.2 模型版本管理

各阶段模型上传后,数字交付模块产生新的版本号,并对各版本文件均进行保存,对同一模型文件相邻版本的变更进行记录。

4.1.3 模型查看

提供后台轻量化功能,支持将 BIM 模型轻量化处理,各单位根据各自权限可以在线查看和预览各版本 BIM 模型。

4.1.4 模型审核管理

支持自动审核和人工审核功能。自动审核和人工审核通过后,由建设单位在线发布。设计 BIM 模型发布后,施工单位方可进行施工深化;深化 BIM 模型发布后,自动进入数字孪生模块。

(1) 自动审核 实现依据模型交付标准进行批量的、自动的、基础性的审核。重点校验 BIM 模型文件格式、文件夹设置、文件命名格式是否符合规定,建模的高程及单位等是否正确,建模范围是否符合工程实际,如里程是否连续,构件是够齐全等;数字交付模块将对存在问题的模型文件以图形化或目录树的方式形象化标记。

(2) 人工审核 在模型自动审核的基础上,BIM 模型咨询单位再进行人工审核。针对设计 BIM 模型,审核设计交付模型是否符合设计图样要求;针对施工深化 BIM 模型,审核 BIM 模型是否符合工程实际要求,并在线给出审核意见(是否通过,问题描述等)。

4.2 数字孪生模块

以隧道工程为例,在建造的同时,信息环境中同步建设隧道数字孪生体及隧址周边地质环境数字孪生体。

4.2.1 隧道模型最小单元分解

隧道初支模型(含喷混拱墙、喷混仰拱)按施工进尺,以 2m 为最小单元进行划分,钢架按照全环钢架为最小单元进行划分,二衬(拱墙衬砌)、仰拱(仰拱衬砌、仰拱填充)、底板等模型按实际台车长度为最小单元进行划分,以此进行施工模型深化应用。

4.2.2 施工深化模型自动构建

根据实际施工信息对深化模型的构件进行更新或重构。隧道断面三维激光扫描仪采集的点云数据，经过曲面重构后与隧址周边的地质模型进行融合，开挖轮廓模型自动生成，超欠挖空间几何情况载入数字交付内容。掌子面高清摄影仪采集的数据，与矢量化的掌子面素描结果结合，在隧道孪生体中按采集的里程位置进行排布，形成隧道开挖工程画册。隧道施工智能机械设备采集的数据，如锚杆施工采集的具体方位、长度、型号等，以此自动生成锚杆施工模型，并关联锚杆的施工时间、埋入深度、材质等信息。

4.2.3 孪生体数据库构建与要素属性融合

来自数字交付模块和自动构建的施工深化 BIM 模型，存入空间信息数据库。来自铁路工程管理平台等系统的施工过程数据，存入属性数据库。根据空间信息数据、BIM 模型数据等数字孪生的数据结构关系，以及数字孪生模型要素与属性的映射关系，分别通过在属性数据库中挂接外部链接、属性数据库中存储或更新数据、空间数据库中存储或更新数据，实现 BIM 模型和业务数据的融合。通过 BIM 与 GIS 引擎协同工作，调用空间信息数据库和属性数据库中的数据，呈现数字孪生隧道的三维应用。

4.2.4 孪生应用

在数字孪生隧道的基础上，支持进度展示、施工模拟、仿真分析、技术交底、工程算量等施工应用。同步生成富含竣工业务数据、构件材料数据、揭示围岩数据、检测数据、监测数据、过程事故及诊断数据等于一体的数字孪生铁路，以辅助各标段的施工管理，提升施工效率，提高施工质量，满足信息可追溯。

4.3 数字化竣工交付

在数字孪生模块应用过程中，参建单位边应用、边交付数字孪生数据，形成地理、地质、BIM 模型的空间信息数据库，形成满足铁路竣工要求的工程建设过程业务数据的属性数据库，以及空间数据库和属性数据库的映射关系成果。以 BIM+GIS 为表现形式，实现三维的、孪生的数字资产由建设竣工向运维移交，支撑后期智能运维。

5 工程应用

复杂艰险山区某隧道位于四川盆地与青藏高原过渡的西南缘，地表高程 3460~4730m，为典型高原地貌。为加快施工进度、超前探明前方地质情况、满足施工阶段通风、施工和运营阶段排水、防灾救援的需要，本隧设置 1 座横洞、2 座斜井与 1 座贯通平导。隧道土建工程施工总工期为 90.6 个月。隧址周边地质复杂，工程难度大、工期比较长；高原铁路，后期运维压力将比较大。

隧道施工单位应用数字孪生系统辅助工程管理。系统采集了掌子面高清影像，记录每次掌子面素描，集成设计图样、揭示的地质描述、围岩等级、围岩变形、断面开挖轮廓等信息，以集成化的方式面向竣工交付，形成工程数字相册。隧道每开挖循环段落，集成 BIM 模型设计参数、二维图样、工序施工信息、围岩量测、地质预报和掌子面高清影像、隐蔽工程影像、检验资料、试验报告等施工过程数据信息。在施工过程中动态采集数据并指导施工，每段落二次衬砌施工完成后随即形成"一环一档"的竣工三维档案，随工程掘进构筑起成段落构件级的三维数字档案库。系统界面如图 5 和图 6 所示。

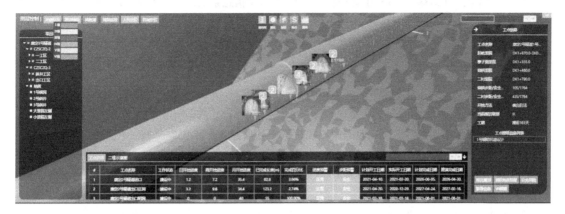

图 5　工程数字相册界面

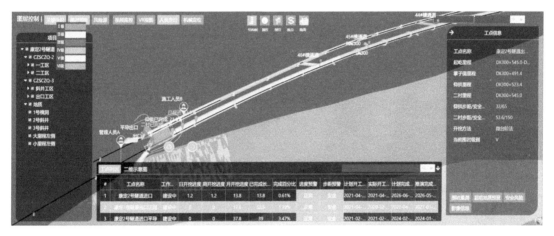

图 6　数字孪生隧道界面

6　结语

数字孪生技术在桥隧建造中的应用是必然趋势[9]，是 BIM 应用的深化和延伸。构建的数字孪生体是集成早期建设的隧道、桥梁工序过程层面信息化应用系统及其数据的载体，不仅在施工过程中能直接指导施工，同步还能形成面向竣工交付的数字资产，将支撑全寿命周期管理，为后期智能运维提供技术和数据保障。在建设数字孪生铁路的过程中，还需要加强施工深化 BIM 模型交付标准的编制，并结合竣工交付的要求和铁路运营部门的切实需求进行动态更新和完善。以模型交付标准为基础、以技术为保障、以需求为导向建设的数字孪生系统生命力将更强。

参 考 文 献

[1] 刘星宏, 林达明, 俞缙, 等. BIM 技术在国内隧道工程中的应用 [J]. 现代隧道技术, 2020, 57 (6):

25-35.

［2］梁策，王荣波，王辉麟. CRTS Ⅲ型无砟轨道板生产管理信息系统设计与实现［J］. 铁路计算机应用，2016，25（12）：35-39.

［3］解亚龙，王万齐. 铁路基础设施全生命周期数据传递关键技术研究［J］. 中国铁路，2020（1）：79-86.

［4］梁策，智鹏，卢文龙，等. 铁路工程BIM构件库管理信息系统建设［J］. 铁路技术创新，2017（1）：42-43.

［5］王同军. 基于BIM技术的铁路工程建设管理创新与实践［J］. 铁道学报，2019，41（1）：1-9.

［6］王峰. 我国高速铁路智能建造技术发展实践与展望［J］. 中国铁路，2019（4）：1-8.

［7］王富章，吴艳华，卢文龙，等. 复杂艰险山区数字铁路总体方案研究［J］. 中国铁路，2021（4）：20-26.

［8］范文娜，郝蕊，卢文龙，等. 构建复杂艰险山区铁路建设信息化管理平台的思考［J］. 中国铁路，2021，（5）：89-92.

［9］朱庆，朱军，黄华平，等. 实景三维空间信息平台与数字孪生川藏铁路［J］. 高速铁路技术，2020，11（2）：46-53.

智能铁路梁场生产管理信息系统设计与实现

梁策[1]，陈丹[2]

1. 中国铁道科学研究院集团有限公司电子计算技术研究所，北京 100081
2. 北京经纬信息技术有限公司，北京 100081

【摘要】 针对预制梁场早期上线应用的系统，存在信息化集成度有待提升的问题，以及梁场精细化生产管理的实际需求。运用BIM、Web等多种信息化技术手段，设计并研发智能梁场生产管理信息系统。通过构建数字孪生预制梁体，并关联物料、质量检验、过程监测等信息，形成可以满足交付的梁体数字化档案。信息系统对生产进度计划进行管控，实现制梁-架梁-存梁的平衡；对生产过程中关键工序进行自动化数据采集和共享复用，实现质量管控和可追溯；对安全风险进行巡检提醒，实现安全问题整改的闭环管理。

【关键词】 铁路桥梁；信息系统；现场试验；梁场；数字孪生

Design and Implementation of Intelligent Beam Fabrication Field Production Management Information System

Liang Ce[1], Chen Dan[2]

1. *Institute of Computing Technology, China Academy of Railway Sciences Corporation Limited, Beijing 100081*
2. *Beijing Jingwei Information Technology Co., Ltd., Beijing 100081*

Abstract: For the system applied online in the early stage of the prefabricated-beam fabrication field, there are problems of information integration to be improved, as well as the actual demand of fine production management in the field. The intelligent beam fabrication field production management information system is designed and developed by using various information technology methods such as BIM and Web. By constructing the digital twin prefabricated-beam body and associating the information of materials, quality inspection and process monitoring, a digital document for the beam body can be formed to meet the delivery requirements. The information system is used to control the production schedule and achieve the balance of making beams, framing beams and storing beams. Automatic data collection, sharing and reuse of key processes in the production process to achieve quality control and traceability. Inspect and remind the safety risks to realize the closed-loop management of safety problems rectification.

Key words: railway bridge; information system; field test; beam fabrication field; digital twin

---

○ 基金项目：中国国家铁路集团有限公司科技研究开发计划（P2019G003）。

1 引言

我国高速铁路建设中多采用"以桥代路"策略，桥梁比例高、数量大，并以常用跨度标准梁桥为主，梁体主要为预应力混凝土简支梁[1]。预制梁场作为桥梁智能建造的重要基地，因为其具有生产效率高、质量稳定、施工简洁、现场便于管理等特点，在各类建设工程施工中得到广泛使用，尤其是在大型桥梁工程建设中使用十分频繁[2]。预制梁场的生产管理过程中，大量环节可以通过信息化手段提升各工序环节的信息交换效率，进而提高施工管理水平[1]。早期的梁场信息化多针对某一重要工序进行监测或自动化控制，各信息系统多以单机版或客户端/服务端的模式运行，信息化集成度和智能化水平有待提升[3]。

2 建设目标

面向梁场的生产过程、进度控制和质量安全，以 BIM 技术为核心，基于互联网、云存储、大数据等技术，建立全过程控制和管理的高速铁路智能梁场生产管理信息系统（以下简称"信息系统"）[2,4]。基于 Web 技术实现集中式部署，支持建设、施工和监理单位的用户通过互联网浏览器，按权限访问和使用相应功能，实现预制梁建造过程远程信息化管理。

信息系统能集成拌和站、实验室、自动张拉、自动压浆、自动喷淋、自动静载、视频监控等相关数据，有效消除"信息碎片"和"信息孤岛"。支持原始资料一次录入，多处复用的信息共享。支持内业资料自动生成，最大限度地减少施工单位的信息重复录入工作。信息系统的建设以标准化为核心，以信息技术为手段，从生产进度、质量、安全实际出发，提升管理水平，达到优化资源配置、规范项目管理、提高工作效率、节约运营成本的目的。最终实现预制梁全生命周期的管理，并能为梁场生产管理辅助决策智能化提供支撑[1]。

3 总体设计

智能梁场生产管理系统，在感知层能充分集成以自动张拉等为代表的自动化装备采集的数据；利用互联网、物联网等技术实现数据互联互通；在开放网络环境中，借助云计算资源实现集中式部署和网络安全防护；对梁场生产产生的结构化数据和非结构化数据进行一体化存储和管理，并从专业、时间、管理要素等维度进行数据分析和共享；依托 BIM 引擎、流程引擎等服务，实现工序流程的优化衔接，支撑进度、质量、安全管理的需要；并能在指挥中心、工作计算机和手机 App 中，以云-边协同的方式进行办公应用，实现梁场生产过程的远程信息化、智能化管控。系统架构如图 1 所示。

图 1 系统架构

4 主要功能应用

（1）数字孪生预制梁体 建立简支梁精细 BIM 模型，按 LOD4.0（Level of Detail）级的模型精度，分解构件属性，并给每榀梁赋予在全国在建铁路中的唯一编码，以此作为预制梁三维可视化的数字孪生体[5,6]。基于预制梁的数字孪生体，在建造前期支持开展碰撞检查、工艺模拟、进度模拟、施工现场平面优化布置等，提高工程管理工作效率。在建造过程中，关联物料、质量检验、过程监测等信息，形成可以满足数字化交付的梁体档案履历记录，为工程全生命周期管理提供信息支撑,保障后期工程运营管理。通过模型的轻量化处理,并在网络中发布,支持在浏览器、移动 App 中便捷查阅预制梁生产制造的过程状况。数字孪生梁体如图 2 所示。

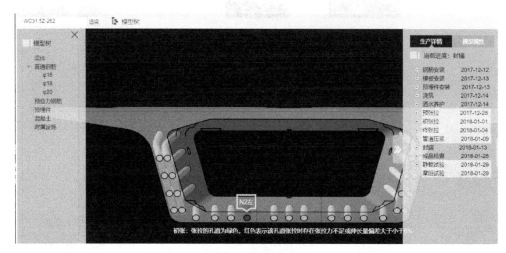

图 2　数字孪生梁体

(2)梁场三维可视化　在 Web 上以梁场三维模型可视化展现制梁生产情况(图 3),各个生产区域的状态与实际数据互相关联,支持以漫游的方式呈现预制过程。将日常关注的进度、质量、安全等宏观、汇总的信息进行集成,作为信息系统的总览界面,供用户访问使用。

图 3　梁场三维可视化界面

(3)进度管理　根据设计图样建立制梁台账表,完成预制梁信息的初始化。根据年度架梁计划制订年度制梁计划。因外界因素影响预制工期,支持动态调整制梁计划。下达每榀梁的生产计划后,即作为生产进度的时间控制节点。信息系统根据每榀梁的预制状况跟踪进度,超前、正常、滞后均进行标记。

信息系统实时统计梁场生产制梁数量、架梁数量、存梁数量,建立制梁-架梁-存梁的平衡关系，指导梁场生产调度，避免出现制-架-存不平衡现象。

（4）质量管理 建立预制梁的信息化生产台账，如图4所示。给每榀梁生成一个二维码，对其关联材料进场的批次、试验、检测、取样见证、混凝土、检验批、施工日志、制造技术证明书等信息，形成数字化的工序技术档案。建造过程中的数据，主要从拌和站、实验室、自动张拉、自动压浆、自动喷淋、自动静载等系统中获取，通过自动化设备提升建造质量；通过过程数据留痕，实现预制过程的质量可追溯。

图4 预制梁生产台账

建立信息化的签字确认流程。检验批记录表签字流程如图5所示。工序记录表严格按照表格中签字流程依次确认，为记录表数据准确性和完整性提供保障。提供计算机端和手机端的推送消息提示，方便在线审批，不延误现场制梁生产任务。

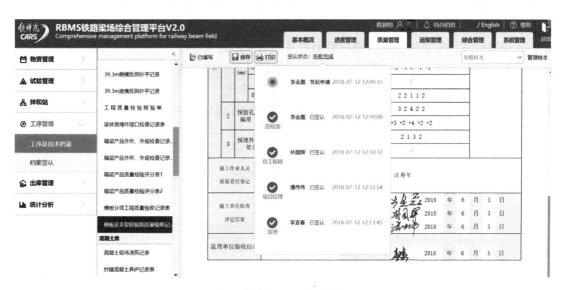

图5 检验批记录表签字流程

（5）安全管理 安全员每天对梁场办公生活区、制梁区、拌和站、提梁站等区域进行巡检，巡检过程中可通过梁场移动 App，随时拍摄检查视频及图片等影像资料，并上传至信息系统。若过了下午 5 点有未巡检的区域，信息系统会向安全员发送温馨提示，提示还有哪些区域未巡检；若在当日 24 点前依然有未检查区域，信息系统则将向安质部管理员发起报警；若在巡检中发现问题，根据问题性质可选择是否将该问题纳入问题库进行整改闭合，并进行整改前后的对比。梁场安全巡检界面如图 6 所示。

图 6　梁场安全巡检界面

5　工程应用

郑济客运专线原阳梁场，共生产 40m 箱梁 344 孔，32m 箱梁 9 孔，公路小箱梁 1750 榀。梁场设置在河南省原阳县，占地 195 亩（1 亩 = 666.6m^2），设铁路制梁台座 10 个，双层存梁台座 45 个（1 个静载台座），设计最大产能 60 榀/月，最多可存梁 80 榀。梁场应用信息系统进行预制梁生产管理。通过建立梁场标准构件库和设备模型库，对梁场进行三维建模，实现梁的生产过程资料和材料信息与 BIM 模型挂接；通过三维模型可视化效果展示生产信息，支持生产过程信息可追溯；将视频监控系统引入信息系统中，实现对梁场关键部位，关键工序的实时在线监控；应用物资采购控制模块、进场验收模块和物资消耗模块，将三者与 BIM 工程量自动计算技术结合，实现对物资采购、管理、使用和库存不足预警的全方位监管。梁场生产工序进展界面如图 7 所示，移动端 App 界面如图 8 所示。

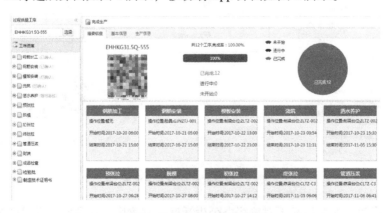

图 7　梁场生产工序进展图

图 8 移动端 App 界面

6 结语

梁场生产标准化程度比较高,将先进的管理理念固化为信息化管理手段,物资、试验、钢筋加工、混凝土生产、预应力张拉、压浆、养护、外观检测、静载试验、运架等流程环环相扣。以标准化为核心,信息技术为手段,从生产进度、质量、安全实际出发,提升管理水平,达到优化资源配置、规范项目管理、提高工作效率、节约运营成本的目的。通过信息系统建设和梁场的应用,可以实现预制梁全生命周期管理,并为梁场智能化生产管理辅助决策提供支撑。

参 考 文 献

[1] 王辉麟,郝蕊,王可飞,等. BIM 技术在智能高铁预制梁场管理的应用研究 [J]. 铁路技术创新,2019 (4):60-64.
[2] 王峰. 我国高速铁路智能建造技术发展实践与展望 [J]. 中国铁路. 2019 (4):1-8.
[3] 梁策,王荣波,王辉麟. CRTS Ⅲ型无砟轨道板生产管理信息系统设计与实现 [J]. 铁路计算机应用,2016,25 (12):35-39.
[4] 夏小刚. 智能建造技术在预制 T 梁生产线的应用 [J]. 建筑经济,2020,41 (9):121-125.
[5] 张鸿,张永涛,王敏,等. 全过程自适应桥梁智能建造体系研究与应用 [J]. 公路,2021,66 (4):124-136.
[6] 梁策,智鹏,卢文龙,等. 铁路工程 BIM 构件库管理信息系统建设 [J]. 铁路技术创新,2017 (1):42-43.

PART III

三、高速公路领域

基于图像识别和多因子算法的高速清障救援作业监控应用

邹慧珍[1]，高海[1]，卢峰[2]，廖广宇[2]

1. 中移（上海）信息通信科技有限公司，上海 201210
2. 广东粤运交通拯救有限公司，广州 510630

【摘要】 广东粤运交通拯救有限公司基于图像识别和多因子算法等人工智能技术，建立了一套高速清障救援作业监控系统，通过互联网技术、视频监控技术、传感技术、云平台技术、卫星定位技术，以及最新的人工智能技术等，实现对高速救援作业车辆集中化、可视化、自动化、智能化等的系统管理，包括车辆实时位置和视频展示、作业节点自动识别及展示、视频异常识别告警和工单预览等，从而支撑对高速救援车辆作业过程的车辆运行状态监控、作业流程监控以及作业数据的分析与应用作业数据的分析与应用。解决救援作业车监管难痛点，实现智能 AI 化管理、为企业节省成本并有效预防和制止不规范作业的产生等。

【关键词】 人工智能；图像识别；多因子算法；清障救援；车载监控

Highway Obstacle-rescue Vehicle Monitoring Application Based on Image Recognition and Multi-factor Algorithm

Zou Huizhen[1], Gao Hai[1], Lu Feng[2], Liao Guangyu[2]

1. China Mobile (Shanghai) Information and Communication Technology Co. Ltd, Shanghai 201210
2. Guangdong Yueyun Transportation Rescue Co., Ltd., Guangzhou 510630

Abstract：This article introduces the principle and scheme design of a video surveillance rescue cloud service monitoring system based on AI technology. Through Internet technology, video surveillance technology, sensing technology, cloud platform technology, satellite positioning technology, and the latest artificial intelligence technology, etc., Realize the centralized, visualized, automated, and intelligent system management of high-speed rescue vehicles, including real-time vehicle location and video display, automatic identification and display of operating nodes, video abnormal recognition alarms and work order previews, etc., so as to support high-speed rescue Vehicle operation status monitoring, operation process monitoring and operation data analysis and application analysis and application of operation data during vehicle operation. Solve the difficult and painful points of special operation vehicle supervision, realize intelligent AI management, save costs for enterprises, and effectively prevent and stop the occurrence of irregular operations.

Key words：artificial intelligence; image recognition; multi-factor algorithm; highway rescue; vehicle monitoring

1 引言

随着经济的快速发展和国家大力拉动内需的经济政策的制定，以交通运输为代表的基础建设成为其中最为重要的内容之一。"要想富，先修路"，可以预见的是，在未来的一段时间内，高速公路将高速发展，当出现事故情况时，如果处理不及时，不仅会影响高速公路的畅行，而且对来往车辆的安全也会造成影响，如何保障高速公路事故车辆紧急救援时效性和安全性也越来越重要。

同时，随着各种私家车和商用运营车不断增多，在方便人们生活的同时也使得一些事故车辆增多。鉴于车辆本身属于机械设备，不可避免地会存在一些机械故障，因此对事故车辆的紧急高效处理日益突出和迫切，高速救援作业车企业对精准作业监控有很高的需求。

目前，大部分救援作业车辆还处于传统的人工监管、现场手动抓拍取证以及散乱式管理，这严重制约了特种救援车行业的发展。随着智能技术的发展，远程智能无线视频监控系统在特种救援车行业的应用将越来越普遍以及重要。目前高速公路救援作业车辆和管理方式普遍还是采用传统的作业方式，即依靠人员来调度、管理作业车辆和作业人员，这样很容易造成如下问题：

1) 作业时效性得不到保证。
2) 作业安全流程规范得不到监管。
3) 作业车辆的调度混乱，空耗作业资源。
4) 日常作业车辆维护和人员管理缺乏依据等。

随着无线通信技术的高速发展尤其是人工智能如图像识别、多因子算法的成熟，高清化、高度集成化、人工智能（AI）化逐渐成为交通行业的发展新趋势。

2 高速救援业务逻辑分析

（1）安全总则　根据JT/T 891—2014《道路车辆清障救援操作规范》，高速清障救援安全总则主要包括：

1) 到达施救现场后，应首先按照相关安全管理要求迅速设置现场安全防护区域，并按照规定开启示警灯。
2) 在等级公路上实施清障救援作业时，应使用反光标志牌及反光锥形筒隔离作业区域。
3) 作业过程中，应安排一名以上清障救援服务作业人员在来车方向进行警戒。
4) 救援过程中遇到突发问题应及时向上级部门或指挥中心汇报，积极联络有关部门共同寻求解决办法。

（2）作业流程　根据广东粤运交通拯救有限公司的高速公路清障救援服务标准，梳理高速救援操作实际作业流程，主要如下：

1) 清障救援大队、外协单位接到清障救援服务求助信息后，应安排人员快速赶赴现场，确保白天、夜间在固定的分钟数内出车，按照管辖路段距离在确保安全的前提下快速到达现场。

2）清障救援人员赶到现场后，按照安全管理要求迅速设置现场安全防护区域。

3）征得当事人同意后，按照安全操作程序对故障车辆进行清障救援作业或牵引至服务区内安全地带，或由最近收费站拖离高速公路，或运送至相关维修网点。

4）结束作业后返回驻点。

3 图像识别和多因子算法原理以及"广东粤运救援云"系统总体方案设计

高速救援整体作业节点监控流程包括从作业车被分配工单任务后，从离开驻点、到达站点、到达现场、开始作业、结束现场、救援结束、回到驻点等作业任务起始过程，通过前端采集 AI 终端结合智能 AI 分析平台以及多因子算法实现全程智能化、自动化、可视化等智能管理。

当救援车接单后会前往救援现场，算法会循环监测救援车瞬时车速及车前车后摄像头的视野内的环境变化。当根据车速处于不同状态，且检测到视野内不同环境变化（如驻点内环境、高速驾驶环境、高速静止环境）等，AI 模型会对拍摄画面进行识别，当 AI 模型检测到预测值达标的画面时，车载终端通知各路摄像机拍照，把图片与小视频上传到平台。

本系统总体包括车辆实时位置和状态展示、作业节点监控、视频异常识别告警和工单预览，以及网关开发、嵌入式系统开发等内容。

其中车辆实时位置和状态展示的视频是基于 AI 算法分析到的各作业节点时间从而进行摄像头抓拍的状态小视频。具体功能设计包括前端采集设备和 AI 终端，将作业车辆的实时状态通过蜂窝网络流量实时回传到监控平台，监控平台通过八大子功能模块详细地展示整块作业的起始流程，并且记录作业过程的信息进行 AI 处理分析，协助管理人员完成对救援作业车辆进行精准监控。

图 1 所示为视频监控救援云服务平台总体框架，分为感知层、边缘计算层、传输层、智能网关层、平台层五部分。

3.1 边缘计算层

（1）自动识别　边缘计算层主要是使用最新的 AI 技术的多因子判断逻辑，与客户实际作业场景结合，实现救援节点的自动识别：

1）收到传输过来的实时视频、车辆定位、车辆传感器数据等数据。

2）本地进行 AI 技术的多因子判断逻辑，判断救援节点。

3）输出 AI 计算结果。

（2）技术特点　AI 技术判断救援节点主要包含离开驻点、到达站点、到达现场、开始作业、结束现场、救援结束、回到驻点等作业节点。该层具有以下特点：

1）AI 算法本地计算：在边缘计算层中，所有数据计算、AI 算法都是在本地进行，本地获取数据，本地就对获取的数据进行计算，提高 AI 识别的准确率和实时性。如救援车辆已经到达救援现场，救援人员要开始作业时，救援副驾驶员会进行现场围蔽的同时，正驾驶员会将救援车移步至被救援车正前方并且调整好合适的作业距离。算法会在本地进行识别，判定开始进行救援作业。不需要远距离传输后再进行 AI 算法判定。

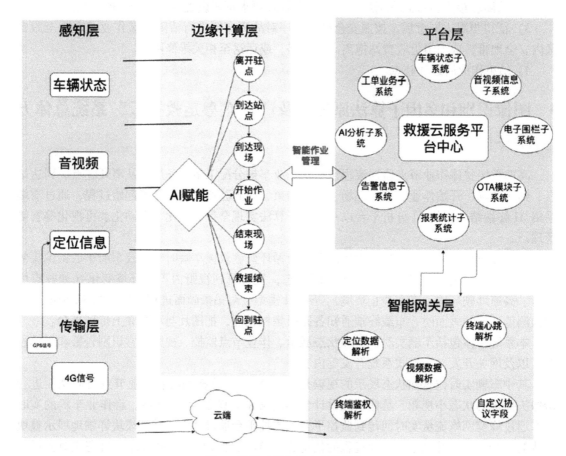

图 1　救援云服务平台总体框架

2）智能识别：AI 算法能够针对不同的车型作业的特征点，构建不同的 AI 识别模型，并且在识别的过程会生成预测值，当预测值达标后，判定车辆进入下一个救援节点。如对于板车、吊车等救援特征不同的车辆，AI 算法构建了不同的 AI 算法模型，板车对托板下放动作进行识别，吊车则会对动臂动作进行识别，并且进行预测值判定。

3.2　感知层

感知层全面感知终端和数据状态。感知层主要包括传感器等数据采集设备，包括数据接入网关之前的传感器和各类数据采集设备，主要采集车辆状态信号、车辆视频数据、车辆的定位数据，使用 I/O 信号采集线、传感器、车载摄像头、GPS/BD 定位组件等感知单元进行数据采集。此层主要目的是对救援车辆的作业数据进行采集。

采集到的数据的主要作用，一是用于边缘计算层进行终端多因子判断逻辑，实现 AI 识别作业节点。二是采集到的数据会实时同步到救援作业服务中心，实现救援作业服务中心实时监控和管理。主要采集的数据有：

1）语音视频采集：使用车载专用的摄像头进行语音视频采集，车内使用内置音频摄像头，同步采集音视频，车外使用特殊的防水摄像头，防止室外环境影响摄像头的视频采集。

根据要求可配备云台摄像机，360°可旋转视频采集。

2）车辆状态采集：检测设备供电，通过电源状态识别到车辆的 ACC 开启和断开状态；结合 GPS 定位信息识别车辆的静止和运动状态；结合 AI 算法图像识别车辆作业的各个状态等。

3）定位数据采集：GPS/BD 接收单元通过 GPS/BD 定位信号采集车辆位置、车辆速度、行车轨迹、车辆航线、实时时间等相关车辆行驶的相关数据。

3.3 传输层

传输层使用的是蜂窝无线通信网络，是车载终端与视频监控救援云服务平台交互的通道。目前信息传输特点是通信次数比较频繁，每次的通信信息传输量很小，对实时性要求很高。

视频监控救援云服务系统使用网络运营商蜂窝网络与互联网网络完成信息在车载终端与监控调度管理中心间传输。车载终端完成与运营商蜂窝网络的信息采集与收发，再由运营商的蜂窝网络通过与其互联的互联网网络将信息传输到云端，然后通过救援云服务平台进行管理和应用。

北斗卫星导航系统是中国正在实施的自主研发、独立运行的全球卫星导航系统，缩写为 BDS。而 GPS 具有覆盖范围广、精度高、全天候、接收信号免费等优点，在全球范围的各个领域内得到了广泛的应用。定位模式采用双模定位，同时支持两种定位模式。

3.4 智能网关层

JT/T 808—2019《道路运输车辆卫星定位系统 终端通讯协议及数据格式》与 JT/T 1078—2016《道路运输车辆卫星定位系统 视频通讯协议》规定了道路运输车辆卫星定位系统车载终端与监管/监控平台之间的通信协议与数据格式，包括协议基础、通信连接消息处理、协议分类与要求及数据格式。

而智能网关层主要是终端和云服务中心约定的通信协议，主要是基于上述两个协议通信，再在协议上进行扩展 AI 智能识别字段。其主要作用就是把获取到的定位，车辆状态、语音视频等数据进行组包和解析。在车载终端会对采集到的数据进行组包，而在云服务中心对传输过来的数据进行解析。

3.5 平台层

视频监控救援云服务管理中心是定位业务系统的核心，救援云服务管理中心收到终端传输过来的信息数据，通过各个子系统实现作业车辆实时状态显示、作业车辆实时视频、作业车工单管理、异常状态告警显示、现场 AI 识别作业节点小视频处理和查询、车载固件和算法的 OTA 升级、作业车辆管理、电子围栏和区域告警功能等救援服务和管理业务。

救援云服务管理中心同时也是通信枢纽，负责与车载终端的信息交互和各个分中心的网络互连，完成各种信息的分类、记录和转发以及分中心之间业务信息的流动，并对整个网络状况进行监控管理。

4 广东粤运救援云服务管理中心功能

视频监控救援云服务管理中心主要包括八大子功能模块：车辆状态信息子系统、音视频子系统、电子围栏子系统、工单业务子系统、AI 分析子系统、告警信息子系统、OTA 模块子系统、报表统计子系统。

4.1 车辆状态信息子系统

车辆状态信息子系统界面如图 2 所示，通过前端的部标终端（基于车载终端 808 协议）实时将作业位置车辆回传到监控平台，在 GIS 地图上显示车辆此时的实时位置状态（包括经纬度、速度、车辆作业状态、异常报警等信息）。

平台端可实时看到不同救援车辆的作业状态，并且车辆在不同作业状态下的颜色都不一样，以区分离开驻点、到达现场、开始作业、结束作业等作业状态，可通过查询按钮进行查询与统计。

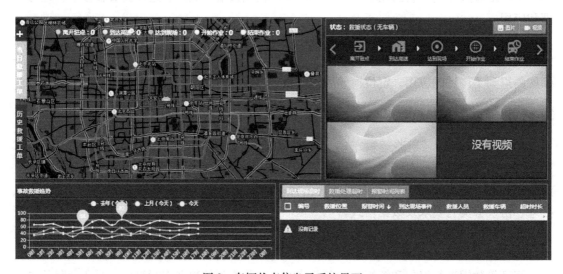

图 2 车辆状态信息子系统界面

4.2 工单业务子系统

工单业务子系统界面如图 3 所示，工单系统包括当日救援工单查询、历史救援工单查询以及历史事故救援趋势统计等。

1）当日所有救援工单展示，包括当日正在进行中的工单任务，可以通过检索工单编号、救援人员、救援车辆、救援类型、救援位置、设备 SN 号码等来获取相关工单信息。

2）历史救援工单展示，包括历史救援的工单任务，除了可以通过检索工单编号、救援人员、救援车辆、救援类型、救援位置、设备 SN 号码来获取相关工单信息，还支持超时判断、超时时长统计、超时排序、模糊查询、表格导出等功能。

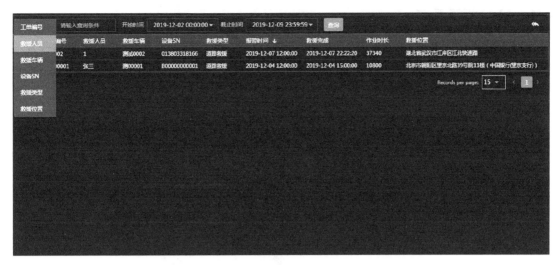

图 3 工单业务子系统界面

4.3 告警信息子系统

告警信息子系统界面如图 4 所示,通过设定相关规则和结合 AI 技术实现异常状态告警实时显示。

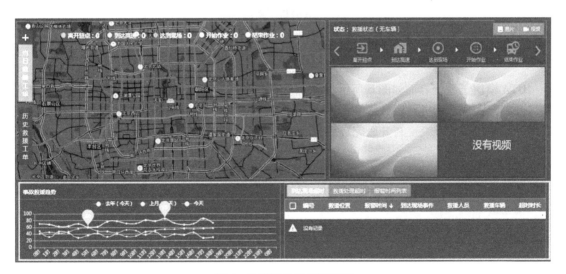

图 4 告警信息子系统界面

1) 超速报警:可自定义车辆的超速报警阈值,当车辆速度到达报警阈值,则上传超速报警,平超速报警。

2) 异常出动报警:广东省道路救援信息系统未调配车辆执行的任务,车辆出动,产生异常出动报警。

3) 超时报警:车辆到达救援作业现场,计算救援、清障作业时间,如作业时间超时,则上传超速报警,平台显示超速报警提示。

4.4 AI 分析子系统

AI 分析子系统界面如图 5 所示,支持现场作业车汇聚上报,并且通过 AI 技术对作业小视频进行处理分析,实现对现场异常情况和证据实时处理和保存。

图 5　AI 分析子系统界面

4.5 OTA 模块子系统

OTA 模块子系统界面如图 6 所示,基于车载终端程序定制,实现与 AI 算法的 OTA 升级接口开发,实现部标机远程升级平台和 AI 算法终端和 App 的 mqtt 远程升级模块,并且实现离线升级与任务式升级。在升级完成后,OTA 平台会显示升级成功记录。

图 6　OTA 模块子系统界面

4.6 报表统计子系统

报表统计子系统界面如图 7 所示，该子系统通过图表的方式展示数据库保存的数据，包括救援作业数据和报警统计报表。结合告警信息子系统，展示车辆报警信息，报警表格报告按照图 7 所示表格形式。此外，还可以结合工单业务子系统和 AI 分析子系统，以表格的形式展示救援作业状态信息和救援工单相关信息。

图 7　报表统计子系统界面

4.7 音视频子系统

音视频子系统界面如图 8 所示，音视频子系统主要实现设备实时音视频功能和 AI 识别抓拍小视频功能，实现车辆的实时监控和车辆的 AI 设备小视频观看。

图 8　音视频子系统界面

4.8 电子围栏子系统

电子围栏子系统界面如图 9 所示，支持在监控平台上对相关车辆划分指定行驶的区域或者设置电子围栏，在车辆违规行驶出指定的区域时，平台会自动识别并且上传异常信息。

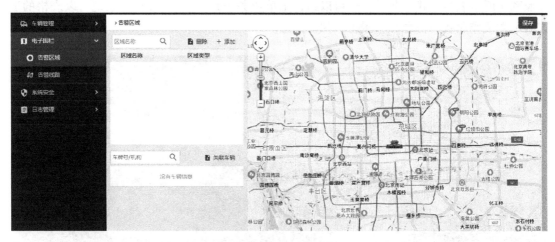

图 9　电子围栏子系统界面

5　微服务架构设计

平台采用分布式架构，将单块架构工程拆分成多个独立部署运行的原子服务，通过各原子服务之间的相互协调完成一个完整系统的功能，减少功能的耦合。

微服务架构具有以下特点：

1）松耦合：每个微服务内部都可使用独立的设计邻域模型，互不干扰，服务间尽量减少同步的调用，多使用消息的方式让服务间的领域事件来进行解耦。

2）轻量级协议：使用 http 轻量级协议通信，兼容多个开发语言进行开放，提高系统的可扩展性和兼容性。

3）高度自治和持续集成：一台服务器或机器可以部署多个微服务，每个微服务互不干扰，可独立运行，而且可使用监控管理微服务对其他微服务进行正常使用的管理。可以将多个台服务器或机器进行分布式部署和负载均衡，每个服务独立运行，方便资源的合理分配。

微服务架构主要包括以下部分：原子服务监管中心、消息总线、终端接入网关、视频分发集群、GPS 发布群、日志组件、报警统计服务等。

6　结语

广东粤运交通拯救有限公司基于图像识别和多因子算法等人工智能技术，建立了一套高速清障救援作业监控系统，通过互联网技术、视频监控技术、传感技术、云平台技术、卫星定位技术，以及最新的人工智能技术等，实现对高速救援作业车辆集中化、可视化、自动化、智能化等的系统管理，包括车辆实时位置和视频展示、作业节点自动识别及展示、视频异常识别告警和工单预览等,从而支撑对高速救援车辆作业过程的车辆运行状态监控、作业流程监控以及作业数据的分析与应用作业数据的分析与应用。该系统解决了救援作业车监管难痛点,实现了智能 AI 化管理,为企业节省成本并有效地预防和制止不规范作业的产生等。

参 考 文 献

[1] 黄嘉庚,李亦飞,游相武,等. 基于"互联网+"的高速公路出行信息客服体系建设 [J]. 中国交通信息化, 2018, 223 (10): 82-84.

[2] 杨顺新,张磊,倪富健. 高速公路清障救援机制的分析及其改进研究 [J]. 公路交通科技 (应用技术版), 2009 (12): 191-193.

基于路侧激光雷达的在途目标分类技术

张涵[1]，江健宏[2]，吴建清[3]

1. 山东高速建设管理集团有限公司，济南市 250014
2. 山东省交通规划设计院集团有限公司，济南市 250031
3. 山东大学齐鲁交通学院，济南市 250061

【摘要】 本论文以道路交通目标三维点云数据为研究对象，提出了一种针对在途目标自动分类的算法。该算法通过背景滤除、点云聚类实现了对道路在途目标的识别，通过以人工标注的方式提取了车身长度、最大高度、高度序列、点云个数、距激光雷达距离5个特征，构建了大数据库（SDUITC）。通过以 F_1 等值为评价指标，对比分析了 RF、SVM、PNN、BPNN 以及 AdaBoost 5种分类器的性能。结果表明，AdaBoost 具有较好的分类性能。

【关键词】 智能交通；目标分类；三维点云；机器学习

Object Classification Technology Based on Roadside Light Detection and Ranging

Zhang Han[1], Jiang Jianhong[2], Wu Jianqing[3]

1. Shandong Hi-Speed Construction Management Group Co., Ltd., Jinan 250014
2. Shandong Provincial Communications Planning and Design Institute Group Co., Ltd., Jinan 250031
3. School of Qilu Transportation, Shandong University, Jinan 250061

Abstract: In this paper, an algorithm for object classifications is proposed based on the 3D point cloud data of road traffic targets. Through background filtering and point cloud clustering, the algorithm realizes the recognition of on-road targets. By manually labeling the vehicle length, maximum height, height sequence, number of point clouds and distance from the lidar, five features are extracted, and a large database (SDUITC) is established. The performance of RF, SVM, PNN, BPNN and AdaBoost classifiers is compared and analyzed by using F_1 as the evaluation indicator. The results showed that Adaboost had the best classification performance than others.

Key words: ITS; object classification; 3 dimension point cloud; machine learning

1 引言

近几年来，随着全球经济水平的快速提高，大部分国家机动车保有量日益增加，这极大地提高了我们的生活水平质量，但是随之而来的道路交通问题也越来越突出。世界卫生组织

⊖ 本研究获得江苏省自然科学基金项目（BK20200226）、苏州市科技项目（SYG202033）和山东省重点研发计划（2019GSF109045）资助。

于2018年发布的《全球道路安全现状报告》指出，道路交通事故已成为全人类的第八大死亡原因，是5~29岁人群的首要死亡原因[1]；据中国统计局编印的2020年《中国统计年鉴》可知，2019年我国共发生247646起交通事故，事故造成的直接财产损失为134617.9万元；除此以外，愈发严重的交通拥堵每年带来的经济损失更是高达2500亿元人民币[2]。鉴于此，为了探寻一种更为高效有力的方法来解决各种交通"顽疾"，以结合各类信息技术为主要特征的"智慧交通技术"逐渐成为交通信息领域一个主流的研究方向。

在整个"智慧交通技术"体系框架中，准确、高效、低时延地感知各种道路交通目标是搭建实现其他功能的重要基础。对道路交通目标的准确分类统计不仅是交通量调查的必要环节，更是分析解决各种交通问题的有效手段[3]。并且，准确地掌握区域路段的道路交通目标（行人、非机动车和机动车）类型及其流量，对于制定交通事故预防措施、缓解交通拥堵等实际应用具有重要意义。

针对道路交通目标检测分类这一技术问题，国内外学者开展了一系列研究。该技术按照目标检测设备的安装方式可以分成以下三种：侵入式、机载和车载以及路侧。其中，路侧安装方式因相较于侵入式技术不需要破坏路面和封闭交通，也同时具备机载技术能监测多个车道的优势，成为现今广泛使用的安装方式。摄像机和LiDAR是路侧监测设备中的常见形式，但是随着近几年LiDAR成本大幅降低，使得其大量布设成为可能，再加上相较于摄像机，LiDAR工作不受光照条件的制约，其也开始被尝试用在路侧布设以完成道路交通目标的检测统计[4]。李欣等[5]从三维激光雷达点云数据中提取点云簇的12维特征，分别训练了随机森林、k最近邻、朴素贝叶斯以及鉴别分析四种分类器，通过在KITTI OBJECT以及Apollo两种数据集进行算法仿真试验，最终得出所选取的点云簇12维特征与随机森林分类器结合的分类效果最佳，目标识别准确率可达98.38%。徐斌[6]使用路侧LiDAR进行了车辆检测与识别追踪的相关研究，分析了激光雷达点云数据的特点，针对十字路口场景下车辆检测与识别追踪问题，使用k最近邻算法实现追踪率达90%以上。Wu等[7]基于路侧LiDAR采集到的交通数据，通过背景滤除、目标聚类、特征提取等一系列数据预处理过程，实现了车型的自动分类。其中特征提取过程选择使用高度序列、长度、距离等6个特征，建立朴素贝叶斯、随机森林、支持向量机、k近邻四种分类器进行模型分类性能的比较。结果表明随机森林分类器具有最好的分类效果，并且还讨论了距离对准确率的影响，3m的距离内有高达92%的准确率。Nezafat等[8]使用卷积神经网络（CNN）对不同类型的大货车及拖车进行了分类，实现了接近97%的分类精度。Sahin等[9]基于大货车分类对物流及运输建模的重要性开展了半挂车、货车、拖车等大型车辆的分类研究工作，用大车的长度、高度、中部下坠距离等作为分类特征，利用k近邻、多层感知机（MLP）、自适应增强算法（AdaBoost）、支持向量机（SVM）等多种算法进行分类预测对比，试验结果表明SVM能够实现85%~98%精度的分类预测。Zhang等[10]提出了一种解决车辆遮挡并提高分类准确率的方法，在分类之前，首先计算车辆遮挡部分的点云数据属性，补全车辆点云轮廓，从而提高准确率。不过只是使用了现成的数据库，特征选择等处理过程均没有涉及。

然而现今大部分研究多以车辆识别为主，缺少对非机动和行人的识别，并且对车辆识别后的分类技术研究较少。鉴于此，本文基于路侧三维激光雷达点云数据提出了一种道路交通目标识别分类算法。首先依据点云簇密度的大小进行背景点云的滤除，然后通过改进后的DBSCAN算法实现点云聚类，最后根据不同类型目标点云外形姿态具有差异性的特点，基于长度、高度等5个外形特征为分类依据,实现了对道路交通目标的分类。

2 算法

2.1 算法框架概述

本文以 RS-LiDAR 32 采集的点云数据为研究对象,以背景滤除、点云聚类、目标分类为主要模块构建了道路交通目标分类算法,其框架如图1所示。

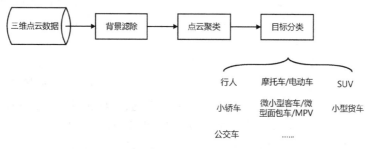

图1 算法框架

2.2 背景滤除

背景滤除即是说去除点云数据中与道路在途目标(行人、机动车和非机动车)不相关的点云信息,如建筑物、树木以及地面线等。本文采用3D-DSF作为背景滤除算法,该算法是一种无监督算法,以点云簇密度值为关键参数进行点云数据背景滤除。3D-DSF算法原理为:首先对一段时间内(本文为5min的数据)的点云数据进行叠加整合,将多帧的点云数据融合在同一个三维坐标系下;然后对该三维空间进行栅格化处理,即通过采用边长为0.1m的正方体进行空间分割,此时表示背景的立方体的点云簇密度应高于表示道路在途目标的立方体的点云簇密度。通过给定背景与在途目标点云簇密度的区分阈值,将所有表示背景的三维点云坐标值存储在一个三维矩阵中,记为"背景矩阵"。通过将任意帧的点云数据与背景矩阵做差分运算,则可实现三维点云数据的背景滤除处理。在文献[11]中对该方法做了详尽的阐述,之前的一些研究表明该算法可将超过95%的背景点成功滤除。图2所示为三维点云数据背景滤除前后对比。

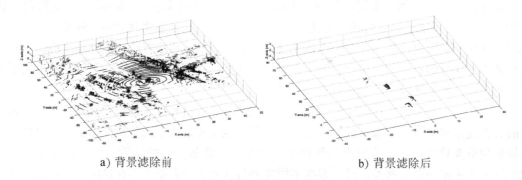

a) 背景滤除前　　　　　　　　b) 背景滤除后

图2 点云数据背景滤除前后对比

2.3 点云聚类

背景滤除之后，由于三维点云具有无序特征，同一目标的点云并没有汇聚在一起。点云聚类即是说将同属于某一道路在途目标的点云赋予同一 ID，使其表示同一目标。本文采用一种改进的 DBSCAN 算法进行道路在途目标的点云聚类处理。该算法相较于 k 最近邻算法不需提前知道某一聚类点云的点云数目，其可以自动搜索可聚类的点云簇。在 DBSCAN 算法中，点云搜索半径（eps）以及点云最少包含点数（minPts）为其两个关键参数。其以任意一点开始进行全局搜索，并以此点为圆心，对搜索半径类的所有点进行聚类操作。由于距离激光雷达越远，点云越稀疏，eps 和 minPts 这两个参数需满足随点云对激光雷达不同距离下的自适应取值。eps 和 minPts 参数的自适应取值实现在文献 [12] 进行了详尽阐述。试验结果表明该种算法具有 96.5% 的准确度。图 3 所示为点云聚类示意图。

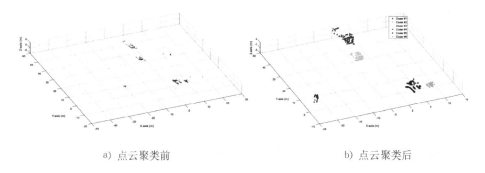

a) 点云聚类前　　　　　　b) 点云聚类后

图 3　点云聚类示意图

2.4 目标分类特征选择

本文将聚类后的点云分成 10 种类型，分别是 0—行人、1—摩托车/电动车、2—小轿车、3—SUV、4—微小型客车/微型面包车/MPV、5—小型货车、6—单元货车、7—皮卡、8—中大型客车/公交车以及 9—大型货车。诸多学者基于车辆外形轮廓研究目标分类技术做出了很多尝试[13-15]。

分析这些研究不难得出，长度和高度是研究者常用特征。通过仔细观察 10 种车型侧面图可知，每一种车型的侧面轮廓均有其各自的形状特点，而构成侧面轮廓尺寸特征的是车辆目标的长度和沿长度方向的高度值序列，如图 4 所示。在途车辆中，小轿车与 SUV 在尺寸上极为相似，单靠长度和高度难以对二者进行精确划分，由图 4 可知，小轿车的侧面轮廓明显呈车前身矮而后增高趋于平缓，最后在车后身返回低矮。而 SUV 则是车前身低矮，而后增高趋于平缓。通过侧面轮廓差异可以较为准确地将二者分类。相应地，其余道路在途目标也可通过此种方式一一进行区分，故使用长度、高度、侧面轮廓高度值序列拟定 10 种车型分类的能力。

虽然从车辆实际外形的区分特点分析所选特征具备合理性，但实际视觉所见或图像所得与激光雷达采集点云数据毕竟不同，当目标离激光雷达距离由近至远发生改变时，反映在目标点云信息上即是云点个数的衰减。点云集由稠密变得稀疏，原本能够汇聚成型的外形特征变得相对不明显，这无疑给从聚类后的目标点云中提取长度、高度、侧面轮廓等外形特征造

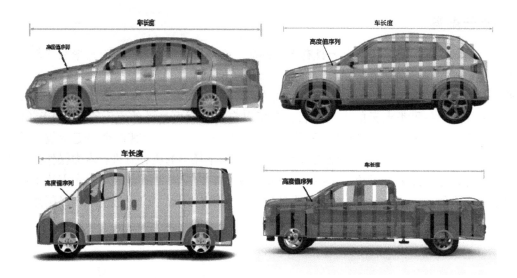

图 4 小轿车、SUV、微小型客车/微型面包以及皮卡侧面轮廓对比

成困难。因所剩稀疏点云不具备成型能力,致使原本的高度值在密度衰减严重区域会发生一定程度的降低,但稀疏点云构成的不清晰车辆侧面轮廓在指定目标所含点云个数的前提下,仍然具备判断车型的能力,同时这也是 Wu、Zhao、Chen 等[15-17]在研究中将距离和点云个数作为分类特征的重要原因,因此有必要添加距离及点云个数作为分类特征。综上,本文选取了车身长度、最大高度、高度序列、点云个数、距激光雷达距离在内的 5 个基于目标侧面轮廓的分类特征作为道路在途目标区分的关键特征。

2.5 在途目标自动分类

基于上述 5 个关键特征,以人工标注的方式构建了包含 10 种目标类型的在途目标特征数据库(SDUITC),该数据库现拥有样本数达 7000 个。在 SDUITC 数据库的基础上,本文建立了随机森林(RF)、支持向量机(SVM)、反向传播神经网络(BPNN)、概率神经网络(PNN)以及自适应增强算法(AdaBoost)5 种机器学习分类器,以 F_1 值作为主要评价指标,分析对比 5 种分类器性能。

3 算法测试分析与结果

本论文在 SDUITC 数据库上进行算法测试,为更加全面地对比分析 5 种分类器,本文选用了基于召回率(Recall)和精确率(Precision)的综合评价指标:$F_1 score$、$F_1 macro$ 等作为样本不均衡且多分类的 SDUITC 数据集的评价指标。

在多分类问题中,某一类别召回率定义为该类别被正确分类的样本个数占该类别所有真实样本个数的比例,可由式(1)表示。

$$R = Recall = \frac{TClassii}{TClassii+(FClassi1+L+FClassMi)} \tag{1}$$

式中,$TClassii$ 表示类别 i 被正确分类的样本个数,$FClassi1$ 表示真实为类别 1 的样本被错误

的分类成类别 i 的个数。

某一类别精确率定义为该类别被正确分类的样本个数占所有被预测为该类别的样本个数的比例，可由式（2）表示。

$$P = Precision = \frac{TClassii}{TClassii + (FClassi1 + L + FClassiM)} \tag{2}$$

利用上述召回率和精确率公式计算4种分类器的两个指标并汇总于表1中。

表1　分类器召回率精准率汇总　　　　　　　　　　　　　　　（%）

分类器	指标	类别									
		0	1	2	3	4	5	6	7	8	9
RF	R	86.67	34.15	83.38	61.16	60.42	56.60	52.83	—	7.50	85.53
	P	92.86	43.75	84.96	57.31	56.64	53.10	65.12	—	100	58.56
AdaBoost	R	93.33	60.98	82.58	68.20	59.17	52.83	62.26	—	17.50	81.58
	P	93.33	78.13	86.73	56.60	62.83	55.45	54.10	—	70.00	59.62
BPNN	R	—	—	97.07	5.50	—	27.36	1.89	—	—	69.74
	P	—	—	55.39	19.35	—	31.52	3.33	—	—	49.07
PNN	R	66.67	63.41	88.30	57.19	57.50	47.17	62.26	—	37.50	68.42
	P	76.92	76.47	81.98	60.13	63.59	51.02	53.23	—	48.39	65.82
SVM	R	33.33	65.85	86.84	61.47	55.00	48.11	66.04	—	10.00	84.21
	P	100	67.50	83.50	55.99	66.00	54.84	61.40	—	44.44	56.14

将行人（类别0）的两个指标数据绘制于图5中。由图可知，AdaBoost分类器的召回率最大，即AdaBoost把真实是行人的数据识别出来的概率是最大的；SVM分类器的精确率最大，换言之，当SVM分类器判断一个数据为行人时，它判断对了的概率是最大的。需要注意的是，BPNN分类器1个类别0样本都未能预测。

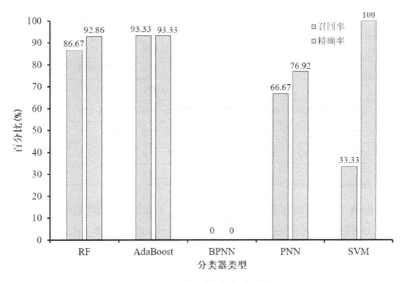

图5　行人召回率及精确率多分类器对比

在其他类别中,与行人一样,召回率和精确率的最大值也均不属于同一个分类器。可见,一个召回率高的分类器精确率不一定好,反之亦然。因此,对于召回率和精确率这两个指标,单独使用其中任何一个都不足以全面、充分地对分类器性能做出评价。

本文使用 F_1 值作为分类器综合评价的主要指标,其物理意义是将召回率和精确率合并为一个分值,合并时,召回率和精确率按照 1∶1 的权重进行合并,其值等于召回率和精确率的调和平均数。分类器某一类别的 F_1 值可由式(3)表示。

$$\frac{1}{F_1 score} = \frac{1}{2}\left(\frac{1}{P} + \frac{1}{R}\right) \tag{3}$$

对式(3)两边取倒数,则 $F_1 score$ 表达式为

$$F_1 score = \frac{2PR}{P+R} \tag{4}$$

在使用 F_1 值评价多分类模型时,宏均值($F_1 macro$)能够较好地对分类器整体性能做出评价。就某个分类器而言,其 $F_1 macro$ 等于每个子类别 $F_1 score_i$ 的平均值,可由式(5)表示。

$$F_1 macro = \frac{1}{M}\sum_{i=1}^{M} F_1 score_i \tag{5}$$

因召回率和精确率在计算时已经将样本不均衡的情况考虑在内,因此 $F_1 macro$ 值这种建立在对 $F_1 score$(由召回率和精确率计算得出)取算术平均值的方式能够较好地评估不均衡样本的总体分类效果。其值越大,说明分类器对在途目标所有类别的整体分类能力越强。

汇总 5 种分类器每个子类别的 $F_1 score$ 及总体 $F_1 macro$ 于表 2 中。

表 2 子类别与总体的 F_1 值汇总表

分类器	F_1 值	类别									
		0	1	2	3	4	5	6	7	8	9
RF	$F_1 score$	0.897	0.384	0.842	0.592	0.585	0.548	0.583	—	0.140	0.695
	$F_1 macro$	0.585									
AdaBoost	$F_1 score$	0.933	0.685	0.846	0.619	0.609	0.541	0.579	—	0.280	0.689
	$F_1 macro$	0.642									
BPNN	$F_1 score$	—	—	0.705	0.086	—	0.293	0.024	—	—	0.576
	$F_1 macro$	0.337									
PNN	$F_1 score$	0.714	0.693	0.850	0.586	0.604	0.490	0.574	—	0.423	0.671
	$F_1 macro$	0.623									
SVM	$F_1 score$	0.500	0.667	0.851	0.586	0.600	0.513	0.636	—	0.163	0.674
	$F_1 macro$	0.577									

由表可知,BPNN 分类器对于类别 0、1、4、7、8 等均未预测出结果,并且 BPNN 分类器各个类别的 $F_1 score$ 没有一个是最大的。对比不同分类器不同类别的 $F_1 score$ 可得,不同类别 $F_1 score$ 最大值分布在不同的分类器中,即除了 BPNN 之外,4 个分类器擅长分类的类别是不尽相同的。RF 分类器在 5 个分类器中是最擅长分类类别 5 和类别 9 的;AdaBoost 分类器分类类别 0、3、4 的能力最强;PNN 分类器分类类别 1、8 的能力出众;SVM 分类器具有最

强的分类类别 2、6 的能力。总结各分类器擅长分类目标类别于表 3 中。

表 3 各分类器擅长分类目标统计表

分 类 器	类　　别
RF	小型货车、大型货车（5、9）
AdaBoost	行人、SUV、微客/面包车（0、3、4）
PNN	摩托车、大型客车/公交车（1、8）
SVM	小轿车、单元货车（2、6）

图 6 展示了 5 种分类器 F_1macro 值的对比，由图可知，AdaBoost 的 F_1macro 最大，BPNN 最小。根据前面关于 F_1macro 值的定义可知，其值越大，表示判断的目标类型是正确的概率越大，把目标正确识别分类出来的能力也越强。因此，AdaBoost 分类器是其中分类性能最好的，BPNN 的分类能力最差。除了 AdaBoost 之外，PNN 分类器的分类能力也较强；而 RF 和 SVM 的分类性能较 AdaBoost 及 PNN 稍弱，且 RF 和 SVM 的分类能力基本持平。

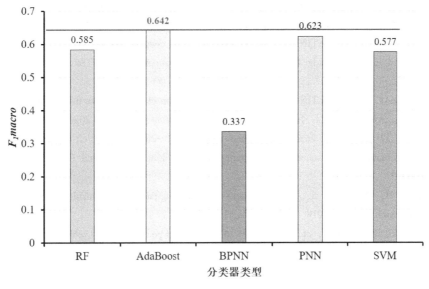

图 6 5 种分类器性能对比

综合上述，通过以 F_1 值为主要指标，可见在 5 种分类器中 AdaBoost 的分类性能最好，PNN 次之，RF 和 SVM 更次之且其二者性能相当，而 BPNN 的分类能力最差。与此同时，用 F_1score 做子类别分类效果细致评价后发现，不同分类器所擅长分类的在途目标类型是不同的。

4 结语

本文针对道路交通在途目标三维点云数据识别分类问题进行了研究。选取车身长度、最大高度、高度序列、点云个数、距激光雷达距离在内的 5 个基于目道路在途目标关键特征，构建在途目标分类数据库（SDUITC），采用 RF、BPNN、PNNN、SVM 以及 Adaboost 5 种机器学习算法，构建道路在途目标自动分类系统。通过以 F_1 为主要指标，分析得出 AdaBoost 分类器分类效果最好，PNN 次之，并且通过 $F_1 score$ 做子类别分类效果细致评价后发现，不同分类针对不同在途目标分类效果并不相同。

参 考 文 献

[1] World Health Organization. Global status report on road safety 2018 [R]. Switzerland: World Health Organization, 2018.

[2] 赵娜, 袁家斌, 徐晗. 智能交通系统综述 [J]. 计算机科学, 2014, 41 (11): 7-11, 45.

[3] 王卿. 基于磁传感器的交通车辆检测与分类研究 [D]. 苏州: 苏州大学, 2017.

[4] 杨思远, 郑建颖. 基于路侧三维激光雷达的车辆目标分类算法 [J]. 传感器与微系统, 2020, 39 (7): 123-126.

[5] 李欣, 李京英. 基于激光雷达点云多特征提取的车辆目标识别算法 [J]. 传感器与微系统, 2020, 39 (10): 138-141.

[6] 徐斌. 基于路侧三维激光雷达的车辆检测与追踪方法研究 [D]. 苏州: 苏州大学, 2018.

[7] WU J, XU H, ZHENG Y, et al. Automatic vehicle classification using roadside LiDAR data [J]. Transportation Research Record: Journal of the Transportation Research Board, 2019, 2673 (6): 153-164.

[8] NEZAFAT R V, SAHIN O, CETIN M. Transfer learning using deep neural networks for classification of truck body types based on side-fire Lidar data [J]. Journal of Big Data Analytics in Transportation, 2019, 1 (1): 71-82.

[9] SAHIN O, NEZAFAT R V, CETIN M. Methods for classification of truck trailers using side-fire light detection and ranging (LiDAR) Data [J]. Journal of Intelligent Transportation Systems, 2020 (6): 1-13.

[10] ZHANG X X, FU H, DAI B, et al. Lidar-based object classification with explicit occlusion modeling [C]// 2019 11th International Conference on Intelligent Human-Machine Systems and Cybernetics. NYC: IEEE, 2019: 298-303.

[11] WU J Q, XU H, SUN Y, et al. Automatic background filtering method for roadside LiDAR data [J]. Transportation Research Record, 2018, 2672 (45): 118-126.

[12] ZHAO J X, XU H, LIU H C, et al. Detection and tracking of pedestrians and vehicles using roadside LiDAR sensors [J]. Transportation Research Part C, 2019, 100: 47-58.

[13] SANDHAWALIA H, RODRIGUEZ-SERRANO J A, POIRIER H, et al. Vehicle type classification from laser scanner profiles: A benchmark of feature descriptors [C]//16th International IEEE Conference on Intelligent Transportation Systems (ITSC 2013), NYC: IEEE, 2013: 517-522.

[14] HARLOW C, PENG S. Automatic vehicle classification system with range sensors [J]. Transportation Research Part C: Emerging Technologies, 2001, 9 (4): 231-247.

[15] ZHAO J, XU H, LIU H, et al. Detection and tracking of pedestrians and vehicles using roadside LiDAR sensors [J]. Transportation research part C: emerging technologies, 2019, 100: 68-87.

[16] CHEN J, XU H, WU J, et al. Deer crossing road detection with roadside LiDAR sensor [J]. Ieee Access, 2019, 7: 65944-65954.

[17] WU J, XU H, ZHENG Y, et al. Automatic vehicle classification using roadside LiDAR data [J]. Transportation Research Record: Journal of the Transportation Research Board, 2019, 2673 (6): 153-164.

基于多源数据的山区高速公路事故影响因素及主动管控研究

叶欣辰[1]，王雪松[1]，胡若栩[2]，吴正安[2]，辛红刚[2]

1. 同济大学道路与交通工程教育部重点实验室，上海　201804
2. 中交资产管理有限公司，北京　101399

【摘要】 山区高速公路道路线形复杂、恶劣天气多发，二次事故后果严重。针对山区高速公路解析事故影响因素，提出主动管控对策，具有重要意义。本文以贵都高速开展了山区高速事故影响因素实证分析，采用路段类型、道路线形、交通运行、天气环境、路面抗滑等多源数据为自变量，构建了基于定长法、同质法分段的负二项回归模型，揭示了山区高速事故频数的关键影响因素，并提出了面向恶劣天气的山区高速公路主动管控对策。结果表明，路段类型、平均坡度、平均速度、雾天占比、路面抗滑性能指数及路段长度均显著影响山区高速事故频数。研究结果可支撑道路管理部门制定安全改善和主动管控措施。

【关键词】 山区高速公路；多源数据；事故影响因素；负二项回归模型；主动管控

Mountainous Freeway Crash Influencing Factor Analysis and Proactive Management Based on Multi-source Data

Ye Xinchen[1], Wang Xuesong[1], Hu Ruoxu[2], Wu Zhengan[2], Xin Honggang[2]

1. *Key Laboratory of Road and Traffic Engineering of Ministry of Education,*
Tongji University, Shanghai 201804
2. *Asset Management Co., Ltd of China Communication Construction Co., Ltd., Beijing 101399*

Abstract: Mountainous freeways have complex roadway alignments, frequent bad weather, and serious secondary crashes. It is of great significance to analyze crash influencing factors and raise the proactive management countermeasures for mountainous freeways. An empirical analysis on crash influencing factors of mountainous freeways is conducted based on the Guidu Freeway. Multi-source data including the type of road segments, roadway alignment, traffic operation, weather condition, and skipping resistance index are utilized as independent variables. Negative binomial models based on the equidistance method and the homogeneity method are established, which reveal the key factors influencing mountainous freeway crash frequency. Besides, the proactive management countermeasures facing bad weather are raised. Results show that the type of road segments, the average slope, the average speed, the proportion of foggy days, the skipping resistance index, and the road length significantly affect the mountainous freeway crash frequency. Results can help the road management departments develop measures on freeway safety improvement and proactive management.

⊖ 基金项目：道路交通安全"十四五"规划（2020SJD06），道路安全现状分析与对策建议研究。

Key words: mountainous freeway; multi-source data; crash influencing factor; negative binomial regression model; proactive management

1 引言

我国高速公路发展势头迅猛，从 2000 年的 1.63 万 km 增长至 2019 年底的 14.96 万 km[1]，年均增长达到 0.7 万 km。我国现阶段高速公路的建设重心逐步向西部山区推进[2]，山区高速公路地形地貌复杂，环境变化多端，而事故数及死亡人数仍处较高水平，且二次事故多发，交通安全压力大。

山区高速公路道路线形复杂、桥隧占比高、恶劣天气常发[3,4]。除碰撞运动车辆、静止车辆及单车事故外，山区高速公路碰撞固定物事故也十分突出，与其复杂道路交通环境有关。《交通强国建设纲要》指出[5]，要提升交通基础设施本质安全水平，加强交通安全综合治理。因此，针对山区高速公路开展交通安全研究，解析事故影响因素，提出主动管控对策，对提升山区高速公路运行安全有着重要意义。

针对山区高速公路事故影响因素，已有国内外学者对其进行了研究。Hou 等[6]基于道路几何线形、交通量、限速、路面性能和天气数据，建立了随机效应负二项模型、随机参数负二项模型、负二项模型，分析了高速公路事故影响因素。Ma 等[7]针对美国科罗拉多州的山区和非山区州际公路，基于道路几何线形、交通量、限速数据，分别建立了事故严重程度模型，对比了两类公路事故严重程度的影响因素差异。张晓明等[8]基于道路平面、纵断面和平纵组合线形指标，对比了山区高速和平原高速几何线形与事故率的关系。李贵阳等[9]采用支持向量机模型，基于道路几何线形、天气、驾驶人等数据，分析了山区高速多车事故严重程度的影响因素。

上述研究具有重要的应用意义和参考价值，但普遍未考虑运行速度、路面性能、天气特征，多采用道路限速代替运行速度，对山区高速公路事故影响因素挖掘尚不深入。针对已有研究的不足之处，本文选取具有典型山区高速特征的贵都高速进行实证分析，以路段类型、道路线形（平面、纵断面）、交通运行（流量、速度、货车占比）、天气、路面抗滑等多源数据作为事故影响因素建模变量，建立基于定长法和同质法分段的负二项回归模型，基于建模结果提出面向恶劣天气的山区高速公路主动管控对策。

2 研究区概况与数据准备

2.1 研究区概况

贵都高速地处云贵高原，属于山区高速公路，于 2011 年通车，全长约 80km，连接贵州省贵阳市和都匀市，是厦蓉高速公路贵州段的重要组成部分。贵都高速总体为双向四车道，沿线分布 18 处隧道、54 处桥梁、5 处互通枢纽和 3 处停车区或服务区（图 1）。主线总体限速 110km/h，隧道限速 80km/h，区间测速段限速 80km/h。纵断面特征如图 2 所示。

图 1 贵都高速主要构筑物分布

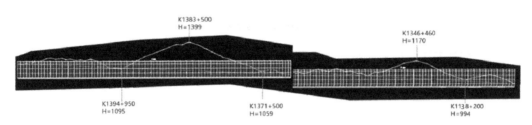

图 2 贵都高速纵断面特征

2.2 数据准备

2.2.1 事故数据

贵都高速事故数据由贵州省公安厅交管局提供，数据时间范围为 2017 年至 2019 年。由于高速公路两侧事故存在差异，且管理与治理工作分侧进行，需对事故数据分侧处理。基于事故案情描述提取了事故侧向特征，93.1% 的事故有侧向记录，数据精度较高。

2.2.2 道路几何数据

基于贵都高速竣工图和行车记录视频，将里程桩号与平面图进行了匹配，提取了贵都高速路段类型和平面、纵断面线形几何设计变量特征。平面线形变量包括平曲线类型、平均曲率、曲率最大最小差值、平曲线比例，纵断面线形变量包括竖曲线类型、平均坡度、纵坡变化率、纵坡坡长。

2.2.3 交通运行数据

基于贵都高速 ETC 门架检测数据，提取了流量数据、速度数据、货车占比数据等交通运行数据。贵都高速全线设置了双向 8 处 ETC 门架采集点，其分布如图 3 所示。

（1）流量数据 基于 2020 年 5—11 月的 ETC 门架过车数据，提取了平均日交通量、左车道流量占比。

（2）速度数据 基于 2020 年 11 月 19—30 日的 ETC 门架速度检测数据，提取了 8 处门架点位的断面速度；基于 2020 年 5—11 月的 ETC 门架过车数据，采用车牌照法提取了同一

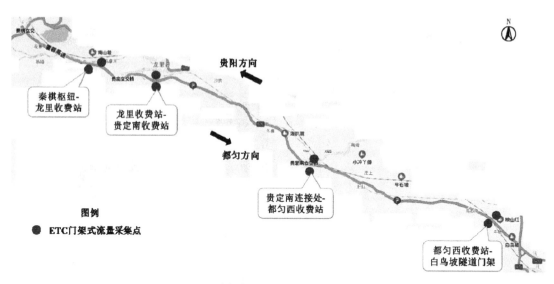

图 3 贵都高速 ETC 门架采集点分布

车辆自上一门架至下一门架的行驶时间（图4），基于门架间距计算了区间速度。基于断面速度和区间速度，提取了平均速度、大小型车均速差、左右车道均速差、断面速度标准差等速度变量。

a）K1364+620　　　　　　　　　　　b）K1395+760

图 4 基于车牌照法的区间速度提取示例（贵阳方向）

由于部分车辆在驶过上一门架后，存在进入停车区或服务区、驶出高速、路边停车、重复记录的情况，因此通过设置门架间行驶时间上、下限，将异常行驶时间进行剔除。

（3）货车占比数据　基于 2020 年 5—11 月的 ETC 门架过车数据，结合沿线监控视频进行车辆类型检测（图5），提取了日均货车占比变量。

2.2.4　天气数据

贵都高速全线途径贵阳市、龙里县、贵定县、都匀市四市县，由于贵都高速团雾多发、冬季凝冻严重，根据上述四市县在 2017—2019 年的历史天气数据，提取了各路段的雨天占比、雪天占比、雾天占比作为天气变量。

图 5 基于视频识别的车辆类型检测示例（K1399+810，贵阳方向）

2.2.5 路面抗滑性能数据

路面抗滑性能采用路面抗滑性能指数（Skidding Resistance Index，SRI）进行评价，SRI值越高，路面抗滑性能越好。根据贵都高速路基、路面及沿线设施 2016、2018、2020 年度定期检查报告的路面抗滑性能指数检测结果，提取并计算三年的各路段 SRI 平均值，作为路面抗滑性能变量。

3 交通事故频数建模

3.1 负二项回归模型

事故频数方差可以作为事故离散程度的指标：当事故频数方差等于 0 时，负二项分布为泊松分布；当事故频数方差显著不等于 0 时，表明事故数据具有离散性，不适合采用泊松分布进行建模。绘制贵都高速事故频数概率分布图，如图 6 所示。贵都高速事故频数均值为 8.18 起，标准差为 11.84 起，因此事故频数方差大于均值。

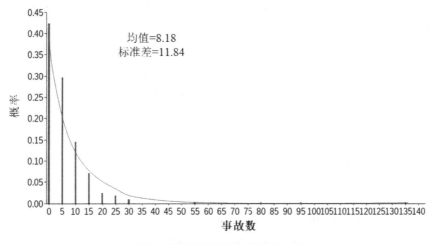

图 6 贵都高速事故频数概率分布

由于贵都高速事故频数方差大于均值,选取负二项回归模型对事故频数进行建模。模型如公式(1)、公式(2):

$$y_i = NB(y_i^{\exp}, \alpha) \tag{1}$$

$$\log(y_i^{\exp}) = \beta_0 + \beta_1 X_1 + \cdots + \beta_n X_n \tag{2}$$

式中,i 为贵都高速的微观路段单元编号,$y_i^{\exp}$ 为路段 i 的事故频数预测值,X_n 为事故频数影响因素变量,β_n 为变量的系数,α 为负二项回归模型的离散系数。

3.2 建模准备

3.2.1 微观路段划分

高速公路开展事故统计建模前需划分微观路段单元,采用定长法、同质法分别划分微观路段。

(1)定长法分段 定长法按照既定的固定长度对研究高速公路进行分段,简单易操作。按固定长度500m对贵都高速进行打断,如图7所示,共得到324个微观路段单元。

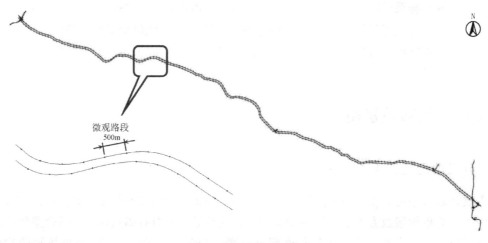

图7 定长法分段示意

(2)同质法分段 同质法基于平面、纵断面及横断面设计指标,将高速公路划分为几何设计上不可再分的基本单元,保证每个单元内道路属性一致,如图8所示。相比于定长法,同质法划分的路段属性唯一,更能揭示各指标对于高速公路事故发生的影响。近年来,同质法划分路段受到广泛认可与应用。美国《道路安全手册》(Highway Safety Manual,HSM)[10]提出,对道路进行研究单元划分时应控制车道数、平曲线半径、匝道、路肩宽度、中央分隔带的一致性。

(3)路段单元划分 贵都高速分段指标选取平面线形(直线段、曲线段)、纵断面线形(平坡、上坡、下坡)、路段类型(一般主线、隧道、桥梁、入口、出口、立交)。当分段指标中任意一个发生变化,对道路进行打断。由于其横断面特征全程无变化,未纳入分段指标。

(4)路段单元合并 HSM[10]认为路段长度过短时,事故空间集聚不明显,会导致模型分析不精确,故提出对道路进行路段单元划分时,分析单元长度不能低于0.1mile(160m)。

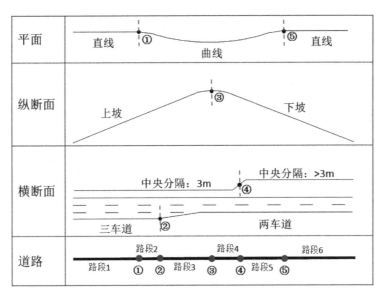

图 8 同质法分段示意

因此,对长度不足160m的路段单元进行处理,与前、后路段单元进行合并,共得到489个微观路段单元。

3.2.2 变量描述性统计

根据采集和处理后的道路几何数据、交通运行数据、天气数据以及路面抗滑性能数据,得到建模变量,基于定长法和同质法分段的变量描述性统计分别见表1、表2。

表1 变量描述性统计(定长法)

类型	变量名称	变量说明	样本量	均值	标准差
几何设计	路段类型	0. 一般主线	68	—	—
		1. 隧道中部	60	—	—
		2. 隧道入口渐变段	29	—	—
		3. 隧道出口渐变段	29	—	—
		4. 桥梁	108	—	—
		5. 立交主线	19	—	—
		6. 入口	5	—	—
		7. 出口	6	—	—
	平曲线类型	0. 直线	58	—	—
		1. 圆曲线/缓和曲线	185	—	—
		2. 直线与平曲线组合	81	—	—
	平均曲率	平曲线半径倒数的均值/$10^{-4}m^{-1}$	324	3.20	3.05
	曲率最大最小差值	曲率最大值与最小值之差/$10^{-4}m^{-1}$	324	2.04	4.33
	平曲线比例	平曲线长度占路段长度的比例(%)	324	70.23	40.27

(续)

类型	变量名称	变量说明	样本量	均值	标准差
几何设计	竖曲线类型	0. 平坡，-3%<纵坡<3%	156	—	—
		1. 上坡，纵坡≥3%	56	—	—
		2. 下坡，纵坡≤-3%	36	—	—
		3. 凹曲线，坡度差≥3%	38	—	—
		4. 凸曲线，坡度差≤-3%	38	—	—
	平均坡度	纵坡坡度的均值（%）	324	2.36	0.91
	纵坡坡长	纵坡的长度/m	324	113.98	174.23
交通运行	平均日交通量	平均日交通量/10^4 辆	324	1.15	0.13
交通控制	货车限速	路段货车限速值/(km/h)	324	82.47	8.39

表 2　变量描述性统计（同质法）

类型	变量名称	变量说明	样本量	均值	标准差
几何设计	路段类型	0. 一般主线	126	—	—
		1. 隧道	207	—	—
		2. 桥梁	121	—	—
		3. 入口	11	—	—
		4. 出口	13	—	—
		5. 立交	11	—	—
	平曲线类型	0. 直线	256	—	—
		1. 圆曲线/缓和曲线	233	—	—
	平均曲率	平曲线半径倒数的均值/$10^{-4}m^{-1}$	489	3.40	3.10
	曲率最大最小差值	曲率最大值与最小值之差/$10^{-4}m^{-1}$	489	2.80	4.60
	竖曲线类型	0. 平坡，-3%<纵坡<3%	180	—	—
		1. 上坡，纵坡≥3%	23	—	—
		2. 下坡，纵坡≤-3%	23	—	—
		3. 凹曲线，坡度差≥3%	115	—	—
		4. 凸曲线，坡度差≤-3%	148	—	—
	平均坡度	纵坡坡度的均值（%）	489	0.02	2.36
	纵坡变化率	变坡点坡度差与变坡点间距的比值	489	0.15	0.59
	纵坡坡长	纵坡的长度/km	489	0.57	1.06
	路段长度	微观路段单元长度/km	489	0.33	0.26
交通运行	平均速度	速度均值/(km/h)	489	76.62	5.20
	大小型车速差	小型车与大型车速度均值差/(km/h)	489	11.52	4.13
	平均日交通量	平均日交通量/10^4 辆	489	1.15	0.13
	左车道流量占比	左车道流量与两车道总流量比值（%）	489	55.80	4.16
	货车占比	货车流量与总流量的比值（%）	489	29.98	3.49

(续)

类型	变量名称	变量说明	样本量	均值	标准差
环境	雨天占比	雨天与总天数的比值（%）	489	29.27	1.77
	雪天占比	雪天与总天数的比值（%）	489	0.83	0.32
	雾天占比	雾天与总天数的比值（%）	489	0.53	0.49
	路面抗滑性能	路面抗滑性能指数（SRI）	489	69.18	5.29

3.2.3 多重共线性检验

若回归模型自变量间存在精确相关或高度相关关系，会导致模型难以准确估计，需进行多重共线性检验。多重共线性的检验指标是方差膨胀系数（Variance Inflation Factor，VIF）。VIF 小于 3 时，不存在多重共线性；VIF 大于等于 3 并小于 10 时，存在较弱的多重共线性；VIF 大于等于 10 时，存在较强的多重共线性。采用 SPSS 22.0 软件进行检验，结果显示基于定长法、同质法的负二项回归模型自变量的 VIF 值均小于 3，因此自变量间不存在多重共线性。

4 实证分析

4.1 参数估计结果

采用 R Studio1.3.1093 软件分别对基于定长法、同质法的事故频数负二项回归模型进行参数估计。

（1）定长法　基于定长法的事故频数负二项回归模型参数估计结果见表 3。路段类型、平曲线比例、平均坡度、纵坡坡长、货车限速及平均日交通量与事故频数显著相关。

表 3　基于定长法的负二项模型参数估计

变量		系数	标准差	p 值
路段类型 （一般主线为基准）	1. 隧道中部路段	0.4338	0.1926	0.0243
	2. 隧道入口渐变段	0.2382	0.2131	0.2638
	3. 隧道出口渐变段	-0.0100	0.2160	0.9629
	4. 桥梁路段	0.1015	0.1472	0.4903
	5. 立交主线路段	0.8669	0.2430	<0.001
	6. 入口路段	1.2243	0.4140	0.0031
	7. 出口路段	1.3939	0.3771	<0.001
平曲线比例（%）		0.0029	0.0013	0.0296
平均坡度（%）		0.2325	0.0930	0.0124
纵坡坡长/m		-0.0010	0.0005	0.0560
货车限速/(km/h)		-0.0131	0.0073	0.0741
平均日交通量/log（10^4 辆）		-0.7505	0.3927	0.0560
常数项		9.2263	3.7999	0.0152
离散系数 α		1.472		

(2) 同质法 基于同质法的事故频数负二项回归模型参数估计结果见表4。路段类型、平均坡度、平均速度、雾天占比、路面抗滑性能指数及路段长度与事故频数显著相关。

表4 基于同质法的负二项模型参数估计

变量		系数	标准差	p值
路段类型（一般主线为基准）	1. 隧道入口前200m路段	0.4453	0.1992	0.0254
	2. 隧道入口内0~150m路段	−0.1151	0.2052	0.5749
	3. 隧道中部路段	0.2582	0.1519	0.0890
	4. 隧道出口内0~150m路段	−0.3626	0.2188	0.0974
	5. 隧道出口外100m路段	−0.8443	0.2364	<0.001
	6. 桥梁路段	−0.1756	0.1287	0.1725
	7. 立交主线路段	0.9036	0.2977	0.0024
	8. 入口路段	0.4358	0.3109	0.1611
	9. 出口路段	0.2988	0.2916	0.3055
平均坡度（%）		−0.0453	0.0200	0.0233
路段长度/km		1.8815	0.1897	<0.001
平均速度/(km/h)		0.0245	0.0093	0.0083
雾天占比（%）		0.4059	0.0935	<0.001
路面抗滑性能指数		−0.0152	0.0094	0.1051
常数项		−0.1775	0.8138	0.8273
离散系数 α		1.307		

4.2 模型预测精度对比

标准绝对残差（Standardized Absolute Deviance，SAD）和平均标准绝对残差（Mean Standardized Absolute Deviance，MSAD）通常被用来比较模型预测结果的优劣，其定义如公式（3）、公式（4）所示。MSAD表征了整体事故预测的精确性，MSAD越小，模拟预测结果越精确。

$$\mathrm{SAD}_i = \frac{|y_i^{\exp} - y_i^{obs}|}{\mathrm{SD}(y^{obs})} \tag{3}$$

$$\mathrm{MSAD} = \frac{1}{n}\sum_{i=1}^{n}\frac{|y_i^{\exp} - y_i^{obs}|}{\mathrm{SD}(y^{obs})} = \frac{1}{n}\sum_{i=1}^{n}\mathrm{SAD}_i \tag{4}$$

式中，y_i^{obs}为贵都高速路段i的事故频数观测值，$y_i^{\exp}$为路段i的事故频数预测值，$\mathrm{SD}(y^{obs})$为路段事故频数观测值的标准差，n为样本量。

基于定长法、同质法建立的事故频数负二项回归模型对事故进行预测，计算两类划分方法预测模型的SAD值、MSAD值。结果显示，定长法、同质法模型的MSAD值分别为0.4896、0.0483，表明同质法模型的预测精度优于定长法模型。基于同质法建立的负二项回归模型，以道路属性变化为路段划分依据，道路特征唯一，能很好地揭示贵都高速几何线形、路段类型、交通运行、环境特征与事故频数的影响关系。

4.3 模型结果分析

由于基于同质法的负二项回归模型的估计结果优于基于定长法的模型估计结果,因此针对基于同质法的负二项回归模型估计结果进行分析。为量化显著变量对事故频数的影响程度,采用公式(5)计算了基于同质法的负二项回归模型中显著变量的边际效应(MU),结果见表5。

$$MU = e^{\beta_n} - 1 \tag{5}$$

式中,β_n为事故频数影响因素变量的系数。

表5 基于同质法的负二项回归模型边际效应

变量		边际效应(MU)
路段类型 (0. 一般主线)	1. 隧道入口前200m路段	0.56
	3. 隧道中部路段	0.29
	4. 隧道出口内0~150m路段	−0.30
	5. 隧道出口外100m路段	−0.57
	7. 立交主线路段	1.47
平均坡度(%)		−0.04
路段长度/km		5.56
平均速度/(km/h)		0.02
雾天占比(%)		0.50
路面抗滑性能指数		−0.02

结合表4模型估计结果和表5边际效应计算结果,分别对贵都高速路段类型、几何设计、交通运行、天气环境、路面性能特征中的各影响因素解释如下:

1)路段类型。隧道入口前200m、隧道中部路段及立交主线的事故风险较一般主线高0.56%、0.29%、1.47%,隧道出口内0~150m路段、隧道出口外100m路段的事故风险较一般主线低。结合实地踏勘分析可知,隧道入口前200m普遍存在标志信息过载问题(图9),易分散驾驶人注意力;隧道中部的车道边界不清晰(图10),不利于驾驶人感知车道偏离事件。

a) 案例1   b) 案例2

图9 隧道入口前标志信息过载

a）案例 1　　　　　　　　　　　b）案例 2

图 10　隧道中部车道边界不清晰

2）几何设计。下坡路段事故频数比上坡路段多，坡度每增加 1%，事故风险降低 0.04%；路段事故数与路段长度正相关。结合实地踏勘分析可知，贵都高速全线有多处长大下坡道路，最大连续高程差为 176m，包含多处隧道。因此针对长大下坡道路，需从视线诱导提升、主动安全管控等方面开展改善。

3）交通运行。事故频数与平均速度正相关，平均速度每增加 1km/h，事故风险增加 0.02%。贵都高速全线隧道分布密集，隧道内限速均为 80km/h，导致限速策略变化多，不仅给驾驶人带来较重的驾驶任务，还会产生纵向速度差，易诱发事故。因此针对速度管理，可从宏观限速策略、限速标志信息量和设置位置进行优化。

4）天气环境。事故频数与雾天占比正相关，雾天占比每增加 1%，事故风险增加 0.50%。贵都高速地处山区，团雾多发，驾驶人视线在恶劣天气下影响大（图 11）。针对恶劣天气，可增设视频监控、可变信息标志等主动管控设施，优化巡逻路线、排障点位布设等主动管控对策。

a）雾天　　　　　　　　　　　　b）晴天

图 11　雾、晴天环境对比

5）路面性能。事故频数与路面抗滑性能指数负相关，表明路面抗滑性能越佳，事故风险越低。由于贵都高速在冬季凝冻灾害常发，山区空气湿度高，会降低路面抗滑性能，因此可采取措施提升路面抗滑性能。

5　面向恶劣天气的主动管控对策

随着视频监控、气象监测器等监测设备在山区高速公路的广泛应用，视频识别和数据挖掘技术不断进步,使得对山区高速公路开展主动管控成为现实。根据贵都高速事故频数模型结果,雾天等恶劣天气对事故频数有显著影响,本节面向恶劣天气提出主动管控对策。

5.1 主动安全管控框架

面向恶劣天气的山区高速公路主动安全管控框架如图12所示,包括事前检测、事中控制、事后恢复三个阶段。

1)事前检测。在道路沿线布置气象监测、视频监测设备,也可与气象部门合作,定制特殊需求的气象预警服务,及时预报恶劣天气信息。

2)事中控制。根据气象监测设备数据或气象部门的预警信息,对恶劣天气分类、分级,根据恶劣天气的类别和级别启动相应的主动安全管理策略。

3)事后恢复。随着预警等级降低,逐步解除管控措施,直至预警解除,恢复常态运行。

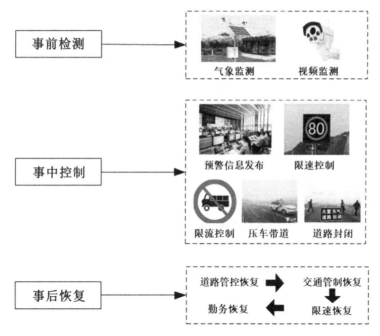

图 12 面向恶劣天气的山区高速公路主动安全管控框架

5.2 主动安全管控策略

面向山区高速公路恶劣天气,可从速度协调控制、入口匝道控制、路径诱导控制等策略开展主动安全管控。

1)速度协调控制 在雨、雪、雾等恶劣天气影响行车安全的情况下,可采取速度协调控制方法。气象部门收集天气情况,交管部门通过路侧设备获取交通运行信息,综合天气和交通运行情况,生成推荐速度并推送至路侧可变信息标志。根据速度与流量的关系,可以总结为"开得慢,走得快",即在流量接近饱和状态时,相对低速且一致的速度更有利于节省时间,且不会形成拥堵节点。

2)入口匝道控制　入口匝道控制是常用的主动管控策略,可控制恶劣天气下的山区高速公路主线交通流密度,有利于驾驶人保持安全车距,提高运行安全。通过计算入口匝道上游主线的交通需求与下游主线通行能力的差额,确定最佳入口匝道流量,确保高速公路的交通需求不超过恶劣天气控制阈值,使高速公路主线交通流密度处于最佳状态。

3)路径诱导控制　在恶劣天气下实施路径诱导控制策略,可引导车辆就近选择出口驶出当前高速公路,或驶入服务区等待恶劣天气转好。路径诱导控制以动态方式向驾驶人提供前方出口或服务区信息,以供驾驶人进行路径选择。该策略主要依赖可变信息标志,辅以路侧高音喇叭,以向驾驶人提供有效的信息,降低恶劣天气对行驶安全的影响。

6　结语

本文以山区高速公路为研究对象,针对贵都高速开展了事故频数影响因素实证分析,采用路段类型、道路线形、交通运行、天气环境、路面抗滑作为建模变量,分别构建了基于定长法和同质法分段的负二项回归模型。结果表明,路段类型、平均坡度、平均速度、雾天占比、路面抗滑性能指数及路段长度均与山区高速公路事故频数显著相关,基于同质法分段的模型预测精度优于定长法分段模型。此外,本文还提出了面向恶劣天气的山区高速公路主动管控对策,有助于道路管理部门制定和实施主动管控措施,提高山区高速运行安全。

参 考 文 献

[1] 中华人民共和国国家统计局. 中国统计年鉴[M]. 北京:中国统计出版社,2020.

[2] 陈志贵,王雪松,张晓春,等. 山区高速公路驾驶人加减速行为建模[J]. 中国公路学报,2020,33(7):167-175.

[3] WANG X,CHEN Z,GUO Q,et al. Transferability analysis of the freeway continuous speed model[J]. Accident Analysis & Prevention,2021,151:105944.

[4] 陈亦新,王雪松. 山区高速公路组合线形路段车道偏移行为[J]. 中国公路学报,2018,31(4):98-104.

[5] 中共中央,国务院. 交通强国建设纲要[EB/OL]. (2019-09-19)[2021-05-30]. http://www.gov.cn/zhengce/2019-09/19/content_5431432.htm.

[6] HOU Q,TARKO A P,MENG X. Investigating factors of crash frequency with random effects and random parameters models:New insights from Chinese freeway study[J]. Accident Analysis & Prevention,2018,120:1-12.

[7] MA X,CHEN F,CHEN S. Empirical analysis of crash injury severity on mountainous and nonmountainous interstate highways[J]. Traffic Injury Prevention,2015,16(7):715-723.

[8] 张晓明,孟祥海,郑来. 山区及平原区高速公路几何线形指标与事故率间关系对比研究[J]. 公路工程,2014,39(01):212-215,220.

[9] 李贵阳,张福明,王永岗. 基于SVM模型的山区高速公路多车事故影响因素分析[J]. 武汉理工大学学报(交通科学与工程版),2020,44(6):1046-1051.

[10] American Association of State Highway and Transportation Officials. Highway Safety Manual[Z]. 2010.

PART IV

四、自动驾驶领域

蜂窝车联网通信资源分配方法研究综述

魏文渊，张博，赵鹏超，苑寿同，胡鑫

中汽数据（天津）有限公司，天津市 300300

【摘要】 随着中国城市化进程的不断加速，对于智慧交通的需求也在不断增长。作为智慧交通的重要解决方案之一，蜂窝车联网可以有效提升道路安全与通行效率，但是在实际应用场景下，车联网通信资源面临着较为严峻的挑战。C-V2X 的资源分配主要有基于基站调度（mode 3）和终端自主分配（mode 4）两种方式。本文针对目前的 C-V2X 资源分配方式进行了研究与总结，并对车联网未来的技术路线提出了发展方向。

【关键词】 车联网；C-V2X；资源分配；资源池；半静态调度；深度神经网络

A Review of IoV Communication Resource Allocation Methods

Wei Wenyuan, Zhang Bo, Zhao Pengchao, Yuan Shoutong, Hu Xin

Automotive Data of China, Tianjin 300300

Abstract: With the accelerating process of urbanization in China, the demand for intelligent transportation is also growing. As one of the important solutions of intelligent transportation, C-V2X can effectively improve road safety and traffic efficiency. However, in practical application scenarios, communication resources of vehicle networking are faced with severe challenges. C-V2X resource allocation is mainly based on base station scheduling (mode 3) and terminal autonomous allocation (mode 4). In this paper, the C-V2X resource allocation methods are studied and summarized, and the development direction of the future technical route of the Internet of Vehicles is proposed.

Key words: IoV; C-V2X; resource allocation; resource block (RB); SPS; DNN

1 引言

1.1 背景介绍

自改革开放以来，中国城市化进程不断加快，取得了举世瞩目的发展成果。截至 2019 年，我国城市化率达到 60.6%，意味着城市人口已经超过 8.5 亿[1]。城市化的高速发展给中国经济腾飞和城市居民生活水平提升带来了强大的推动力，但是随着进入城市化深水区，交通拥堵、道路安全、环境污染开始成为制约中国城市化进一步发展的主要障碍。

城市化率的提升带来了汽车保有量的飞速增长，交通拥堵问题也逐渐凸显。2020 年，中国主要大城市的交通拥堵指数普遍超过或接近 2，即在高峰期出行所需的时间达到了通畅状态下通勤时间的 2 倍以上，实际平均车速低于 30km/h[2]。严重的交通拥堵导致道路交通事故频发、通勤出行体验下降，以及能源的大量浪费[3]。

车联网结合了最新一代的信息通信技术,通过将车、路、人、云都接入通信环境之中,打通了原本独立的各个交通要素,可以有效提升道路行车安全、缓解交通拥堵及道路通行能力、优化能源使用效率,从而成为智慧交通领域的重要技术路线与实现基石[4]。目前,车联网通信技术主要有专用短程通信技术(DSRC)和蜂窝车联网(C-V2X)两种,其中由美国主导的 DSRC 技术起步较早,标准较为成熟,但是由于成本和使用效果问题尚未实现大规模商用部署。而 C-V2X 技术虽然起步相对较晚,但是随着 3GPP 不断更新相关技术标准,并且可以有效利用已经部署的蜂窝基础设施,因此得到了中国的大力支持。

针对车联网环境下丰富而复杂的使用场景,C-V2X 提供了两种通信接口(图1),即通过基站进行通信的 Uu 接口以及支持设备终端直连的 PC5 接口[5]。其中 Uu 接口类似于已经普及的手机蜂窝通信网络,因此在有蜂窝基础设施的覆盖范围内即可实现 C-V2X 的 Uu 通信,大幅降低普及成本与难度。但是由于许多车联网场景(如前向碰撞预警,FCW)的低时延和高可靠性要求,Uu 接口难以满足,主要用于大范围通信的 V2I 和 V2N 等服务。而 C-V2X 的 PC5 接口由 3GPP R12 LTE-D2D 技术演化而来,支持移动通信终端之间进行快速和高效的信息交互,不依赖通信基站的覆盖范围,满足车联网端到端的低时延要求,因此受到了广泛的关注。

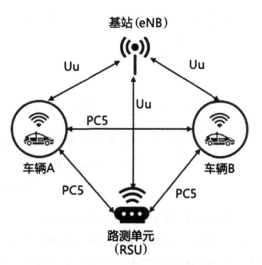

图 1　C-V2X 通信接口示意

通过 Uu 和 PC5 两种接口,C-V2X 实现了对车联网多种场景的通信支持,但是在有限的通信资源下,如何针对动态变化的交通要素进行信息快速交互以及通信资源的合理分配,从而保障每一个联网终端(尤其是联网车辆)不会由于密集分布而丢失信号,成为车联网技术的重要研究领域。

1.2　V2X 资源分配方式

在第三代合作伙伴计划(3GPP)2016 年发布 R14 的相关技术标准中,C-V2X 可以支持两种通信资源分配方式,分别是基于基站的集中式资源分配(mode 3)和基于通信终端的自主资源分配(mode 4)[6]。结合前文的描述,可以知道 mode 3 模式主要通过 Uu 接口进行资源调度,而 mode 4 模式主要通过 PC5 接口进行调度。

在 mode 3 模式中,主要由基站(eNB)进行车联网通信资源的调度(图2)。联网车辆等通信终端(UE)通过 Uu 接口将特定信息发送至基站侧,主要包含车辆的当前定位、行驶方向、车速等内容。基站在接收到覆盖范围内的 UE 信息后,通过指定的分配方法(如根据车辆所在的道路位置、当前方向车辆密度等)对不同车辆进行通信资源分配,从而实现 UE 的通信传输。由于通信资源由基站进行集中调度,因此可以有效避免资源碰撞,但是 mode 3 模式只能在基站覆盖的范围内实现,并且存在明显的时延,无法满足时延敏感的车联网应用场景。

在 mode 4 模式中，UE 之间通过 PC5 接口可以直接建立联系（图 3），车辆及相关终端拥有对自身通信资源的调度权，因此相比于 mode 3 具有更好的灵活性，并且无需依赖基站设施，在任何地区均能保证 mode 4 模式的建立。同时，得益于 PC5 接口的低时延特性，在车辆密集、天气恶劣的条件下可以提升车联网系统的通信效率，从而保障行车安全。但是由于 mode 4 模式的分布式调度原则，不同 UE 之间的资源存在碰撞可能，因此需要使用额外的检测机制来保证 C-V2X 信息可以进行有效收发。

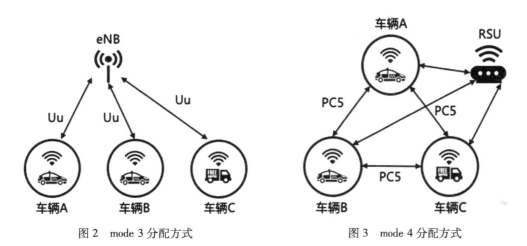

图 2　mode 3 分配方式　　　　　　　　图 3　mode 4 分配方式

由于 mode 3 模式采用了基于基站的集中式分配，已经具备相对成熟的分配方式，本文将主要聚焦于 mode 4 模式下的分布式分配方法。

1.3　V2X 资源池概念介绍

为了方便通信资源分配的描述与提升通信资源分配效率，C-V2X 的 PC5 接口引入了资源池（Resource Pool）的概念。通信资源通常使用时域和频域两种方式来进行计算和描述，如果以时域作为横轴，频域作为纵轴，便可将通信资源表示为对应的面积，如图 4 所示。由于 C-V2X 采用了单载波频分多址技术（SC-FDMA），可以将 1ms 作为时域单位（子帧），将 180kHz 作为频域单位（子信道），由此构成的矩形单位便被称为资源块（Resource Block，RB），是可以被调用的最小通信资源[7]。资源池由若干资源块组成，在车联网场景中可以被分配使用，同时该资源块将被标识为忙，在调用完成之前无法被其他 UE 使用。

每个资源块内部可以分为两个部分：调度分配（Schedule Assignment，SA）与数据（DATA）。SA 用于指明资源块的位置，UE 只有通过 SA 进行预约，才可以使用整个资源块。SA 的内容包含时频资源位置、重传数、MCS、CRC 等。而数据块携带的就是车联网应用所需要的终端信息，如车辆运行状态等，因此也被称为传输块（Transport Block，TB）。每一个 SA 与 TB 存在一一对应的关系，但是占用不同的频域资源。

在 C-V2X 信息的收发过程中，出现了控制信息（PSCCH）和数据信息（PSSCH）在频域相邻和分离的两种方案。其中相邻方案在 UE 间传输时会受到较少的干扰，回退功率的要求也比较低；而频域分离方案对于特定的资源池配置可以提供更好的支持。两种方案均被 3GPP 标准采用，具体使用可以由系统和终端进行决定。

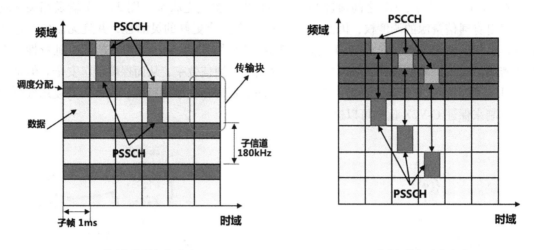

a）控制/数据相邻方案　　　　　　　　　b）控制/数据分离方案

图 4　C-V2X 资源池概念示意

2　V2X 资源分配方法分析

对于车联网通信（C-V2X）的传输信息，在不同的标准体系下具有不同的定义，但是从类型上都可以分为周期性和触发性消息。周期性消息的主要内容包含车辆的状态和行驶信息，如车辆定位、行驶方向、速度等，更新频率一般要求在 1~10Hz。触发性消息在没有发生指定的场景时，不会进行对应 V2X 信息的发送，但是一旦满足条件而触发，在之后的一段时间会对周边进行周期性发送[8]。因此，不论是针对何种场景的 V2X 信息，都具备周期性发送的特点，而资源分配方法主要针对这一特点进行优化。

2.1　半静态资源调度方法

在 mode 3 模式下，C-V2X 采用了改进的半静态资源调度（Semi-Persistent Scheduling，SPS）算法进行资源分配[9]。该算法将调度周期设置为比 V2X 广播周期长（500~1000ms），一旦给某个 V2X 终端分配了通信资源，那么在此调度周期内，UE 可以一直进行占用，系统的上下行资源只需要通过物理下行控制信道（PDCCH）指定一次即可。由于无需在每个广播周期结束后重复进行资源申请，从而大大降低了基站侧的调度开销。除此之外，基站附近的车辆可以根据调度的信息对接下来的资源使用情况进行预测，从而更加高效地利用通信资源。

mode 3 模式下的 SPS 方法最多可以支持 8 个并发进程，对于 UE 所需的 V2X 周期性消息可以进行迅速响应。

2.2　基于感知的半静态资源调度

在 mode 4 模式下，UE 摆脱了对基站和蜂窝网络的依赖，可以支持更加丰富的车联网应用场景。基于感知的半静态资源调度（SB-SPS）是目前较为主流的资源分配方法[10]，其整体思路为由 UE（主要为联网车辆）持续感知和监测资源池中的通信资源，选择干扰情况较低的可用资源进行信息传输，并对其所选择的资源块进行一定数量周期的保留，然后释放所占资源进行重新选择。因此，SB-SPS 算法可以分为感知（Sensing）、选择（Selection）和重选（Reselection）三个过程。本文以 1000ms 的感知时间、100ms 的广播周期为例进行介绍。

2.2.1 资源感知环节

为了对 UE 可用的通信资源进行充分感知，感知环节的持续时间（被称为感知窗，Sensing Window）通常被设置为比较长的周期（1000ms，相当于 1000 个子帧），这样可以保证所有类型的 V2X 业务在感知窗内都可以被检测 1 次以上。在感知窗内，接收节点负责接收由其他节点发送的 PSCCH 与 PSSCH。

通过对感知窗内资源的持续监测，可以将不同的 RB 进行分类，其判断标准为直通链路接收信号强度值（S-RSSI）[11]。S-RSSI 是一种能量指标，代表了 RB 内有效内容（SC-FDMA 符号）的接受率线性平均值，当干扰水平低时，S-RSSI 值也会比较低。因此可以设定一个 S-RSSI 阈值（通常为-107dBm/RB），如果被监测 RB 的数值高于该阈值，则认定该资源块被占用，被标记为不可用资源。

在剩余的候选资源块中，如果被监测到已经被其他 UE 预约，那么也将被标记为不可用。最终的可用资源块数量如果小于总体数量的 20%，就需要提升 3dB 的参考信号接收功率（PSSCH-RSRP）来获得更多的可用资源。如果可用 RB 仍不足总量 20%，则持续迭代至满足要求为止。

2.2.2 资源选择环节

经过资源感知环节的多轮排除，现在已经获得了可用 RB 的集合，本环节根据 S-RSSI 的测量结果对可用 RB 进行能量排序，生成一个可用资源集上报至 UE 的 MAC 层。随后，车辆等 UE 将在可用资源集中随机选择一个并进行发送。如果 SB-SPS 占用 RB 的周期数量固定不变，那么两个同时发送信息的 UE 之间由于半双工机制将导致资源冲突，无法保障 V2X 业务的可靠性与有效性。因此，SB-SPS 采用了随机化的调度机制，即给 UE 分配可用资源时会随机生成一个传输次数，对于 SPS 调度周期在 100ms 的情况，传输次数通常设置在 5~15 之间。

2.2.3 资源重选环节

UE 根据生成的传输次数对 V2X 进行发送，当达到传输次数时，就需要进行资源的重新选择。此时，由高层制定的重选概率 P 将起到重要作用：即以概率 P 进行通信资源的重新选择，以 $(1-P)$ 的概率保持占用当前的资源，P 通常在 [0, 0.8] 之间进行选择。如果需要保持现有的通信资源不变，则再次生成随机传输次数，然后对信息进行发送；如果需要重新选择资源，则需要从资源选择环节开始进行[12]。

2.2.4 SB-SPS 分配方法小结

基于感知的半静态资源调度可以满足 V2X 业务所需要的可靠性和业务周期性，同时大幅减少资源分配过程中的系统干扰与信令开销，具备较好的应用价值[12]。

但是该算法同样存在一些问题。首先，对资源池的容量有较高需求，在资源感知环节，每个 UE 都需要至少 20% 的空闲资源才能成功选择所需要的 RB，当遇到交通繁忙或者车辆集中的场景时，SB-SPS 资源分配将遇到极大的挑战。此外，SPS 算法对于即将选择的下一个资源位置具有不确定性，随机选择在极大程度上避免了资源选择冲突的问题，但是其发生碰撞的概率依然无法完全避免。

2.3 基于深度强化学习的联合资源分配算法

针对 SB-SPS 算法存在的问题，许多学者进行了不同的优化方案研究。有的针对 SB-SPS 算法在参数、资源选择、重新分配的方面进行优化，有的则希望通过设计其他算法来进行 V2X 资源分配。文献［13］提出了一种基于深度强化学习（DRL）的联合资源分配与功率控制算法，即将车辆赋予了可以在 mode 4 条件下进行环境特征学习与提取的能力，构建以神经网络为基础的逼近函数来进行拟合，从而对资源分配方式进行优化，并提高 V2X 信息传输的可靠性。

2.3.1 DRL 算法主要组成

由于 mode 4 模式下车辆 UE 无法通过基站侧获得通信资源分配并且实际 V2X 应用通信环境变化迅速，如果能通过深度学习来对车辆决策能力进行强化，则能对分布式资源分配带来较好的提升。针对资源分配的 DRL 算法主要包括：智能体，即可以进行 V2X 通信的车辆；通信环境，即通过 PC5 接口进行通信的 mode 4 模式；状态空间，即当前资源池中 RB 的干扰程度和信道状态集合，可以表示为 $S_t = \{I_t, G_t, L_t, D_t\}$，集合中的变量分别代表了 t 时刻的子信道干扰程度、信道增益、信道负载和车流密度；动作空间，即 V2X 信息可以选择的子信道与传输功率的集合，可以表示为 $A_t = \{C_t, P_t\}$，集合中分别代表了 t 时刻车辆可选择的子信道和传输功率；奖赏函数，即对应 V2X 功能的优化目标，可以用 R 表示。

DQN 算法：该算法通过构建深度神经网络来进行近似拟合，从而估计出最优 Q 值[14]。可以用 $Q(s_t, a_t)$ 来表示 t 时刻在状态 s_t 下执行了动作 a_t 的累计折扣奖赏，并对 $t+1$ 时刻的状态和可执行动作进行预测。

完整的 DRL 算法原理流程如图 5 所示。

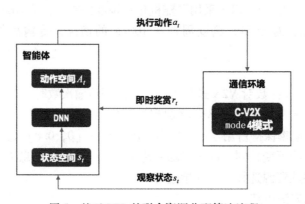

图 5 基于 DRL 的联合资源分配算法流程

2.3.2 DRL 算法描述

第一步为深度神经网络构建。DRL 算法的 DNN 主要分为四层：输入层，即以 t 时刻状态空间 S_t 为输入；子信道选择层 C_t、功率控制层 P_t；输出层，即为 t 时刻的执行动作 a_t，代表了一种具体的资源选择方案。通过建立专用的 DNN 网络，可以将 V2X 资源选择中的重要参数纳入可训练的体系之中。

第二步为深度神经网络训练。上一步得到的 DNN 模型，需要经过误差函数的训练来进行参数优化，从而使最终的资源分配趋于最佳。在 DQN 算法的框架之下，存在两个 DNN 输出，即 t 时刻的主输出 $Q(s_t, a_t, \delta)$ 与 t+1 时刻的 $Q(s_{t+1}, a_{t+1}, \delta')$ 目标输出，δ 与 δ' 为对应 DNN 网络的相关参数。通过构建两个 Q 值的误差函数，然后使用随机梯度下降法使误差函数最小化并得到新的 DNN 参数，这样便完成了一次训练过程[15]。

在 DNN 训练过程中，DQN 算法会建立一个学习经验池来存储一定时间内的通信环境样本，这样每次进行新的训练时，将随机抽取经验池中的网络参数进行更新，一直到构建的损失函数收敛，则代表找到了最佳的通信资源配置，即子信道与传输功率的组合。

通过仿真性能测试，基于 DRL 的联合资源分配算法在高密度的车流场景下比 SB-SPS 算法的 V2X 信息接收率高 5%左右，达到了通信可靠性提升的目的[13]。

3 结语

本文综合分析了 mode 4 模式下通信资源分配方法，包括 SB-SPS 与 DRL 联合资源分配，两种方法都可以提升对应场景下 V2X 资源分配的效率与可靠性，但同时也都存在着可以进一步优化的空间：SB-SPS 算法需要在资源重选环节进行优化，而 DRL 算法则需要对 DNN 进行充分训练之后才可以有较好的拟合结果，并且尚未在实际环境中进行测试。

虽然当前已经有不少针对 C-V2X 通信资源分配方法的研究，但是大多使用场景建立在 mode 3 和 mode 4 两种使用模式之下，对于混合资源分配方式的研究有待进一步开展，并且需进一步加强在实际场地测试中进行效果评判的应用，使车联网产业及相关功能快速落地。

参 考 文 献

[1] 张红祥，张前进，周吉星. 城市建成区扩张与城市化发展的耦合协调研究——以京津冀地区为例 [J]. 天津城建大学学报，2020，26（6）：445-449.

[2] 百度地图. 2020 年度中国城市交通报告 [Z]. 2021.

[3] 苑宇坤，张宇，魏坦勇，等. 智慧交通关键技术及应用综述 [J]. 电子技术应用，2015，41（8）：9-12，16.

[4] 陈山枝，胡金玲，时岩，等. LTE-V2X 车联网技术、标准与应用 [J]. 电信科学，2018，34（4）：1-11.

[5] 3GPP. Evolved Universal Terrestrial Radio Access (EUTRA) and Evolved Universal Terrestrial Radio Access Network (EUTRAN); Overall description; Stage 2: 3GPP TS 36.300 [R]. [S.l.]: 3GPP, 2016.

[6] 3GPP. 3rd Generation Partnership Project: Technical Specification Group Radio Access Network; Study on LTE-based V2X Services: 3GPP TR 36.885 [R]. [S.l.]: 3GPP, 2016.

[7] European Telecommunications Standards Institute (ETSI). Physical layer procedures (Release 14) [Z]. 2017.

[8] GONZALEZ-MARTÍN M, SEPULCRE M, MOLINA-MASEGOSA R, et al. Analytical Models of the Performance of C-V2X Mode 4 Vehicular Communications [J]. IEEE Transactions on Vehicular Technology, 2018, 68 (2): 1155-1166.

[9] 余翔，陈晓东，王政，等. 基于 LTE-V2X 的车联网资源分配算法 [J]. 计算机工程，2021，47（2）：188-193.

［10］Qualcomm Incorporated. Congestion Control for V2V：Presented at the 3GPP TSG RAN WG1 Meeting 87：3GPP R1-1611594［R］. Reno, NV：Qualcomm, 2016：14-18.

［11］ABANTO-LEON L F, KOPPELAAR A, DE-GROOT S H. Enhanced C-V2X Mode-4 Subchannel Selection［C］//2018 IEEE 88th Vehicular Technology Conference（VTC-Fall）. Chicago：［s. n.］. 2018：1-5.

［12］NABIL A, KAUR K, DIETRICH C, et al. Performance Analysis of Sensing-Based Semi-Persistent Scheduling in C-V2X Networks［C］//2018 IEEE 88th Vehicular Technology Conference（VTC-Fall）. Chicago：［s. n.］. 2018：1-5.

［13］金久一，邱恭安. C-V2X 通信中资源分配与功率控制联合优化［J/OL］. 计算机工程, 2020（10）：1-10［2021-03-06］. https：//doi. org/10. 19678/j. issn. 1000-3428. 0059152.

［14］ARULKUMARAN K, DEISENROTH M P, BRUNDAGE M, et al. Deep reinforcement learning：A brief survey［J］. IEEE Signal Processing Magazine, 2017, 34（6）：26-38.

［15］刘建伟, 高峰, 罗雄麟. 基于值函数和策略梯度的深度强化学习综述［J］. 计算机学报, 2019, 42（6）：1406-1438.

基于虚实结合的自动驾驶仿真测试技术与应用

上官伟[1,2]，李鑫[1,2]，曹越[1,2]，邱威智[1,2]，柴琳果[1,2]

1. 北京交通大学电子信息工程学院，北京 100044
2. 北京交通大学北京市轨道交通电磁兼容与卫星导航工程技术研究中心，北京 100044

【摘要】 智能交通是实现"交通强国"战略的必要途径，目前车辆驾驶模式正处于从人工驾驶、辅助驾驶、自动驾驶、人车混驾直至高级无人驾驶的发展历程中。然而，传统自动驾驶实车测试面临着构建成本高、测试周期长、交通场景少等问题，已严重制约了自动驾驶技术的发展。因此，深入开展自动驾驶环境下车辆的仿真测试技术研究，可以为自动驾驶算法的迭代提供海量的训练数据，为车辆行为的识别和处理提供量化的测试环境，为风险控制策略提供早期快速的评价途径。本文以自动驾驶仿真测试的研究意义和研究现状为切入点，探讨构建基于虚实结合的自动驾驶仿真测试系统的相关方法。在此基础上，结合北京某真实路段作为自动驾驶仿真测试示范应用场景，阐述技术的落地过程，并对未来发展做出展望。

【关键词】 自动驾驶；虚实结合；测试仿真；场景序列

Automatic Driving Simulation Test Technology and Application Based on Virtual and Real Combination

Shangguan Wei[1,2], Li Xin[1,2], Cao Yue[1,2], Qiu Weizhi[1,2], Chai Linguo[1,2]

1. *School of Electronics and Information Engineering, Beijing Jiaotong University, Beijing 100044*
2. *Beijing Engineering Research Center of EMC and GNSS Technology for Rail Transportation, Beijing Jiaotong University, Beijing 100044*

Abstract: The intelligent transportation is the necessary way to realize the strategy of "strengthening the country by transportation". Vehicle driving mode is in the development process from manual driving, auxiliary driving, automatic driving, mixed driving of people and vehicles to advanced unmanned driving. However, the traditional auto-driving test is faced with the problems of high construction cost, long test period and few traffic scenes, which has seriously restricted the development of auto-driving technology. Therefore, in-depth research on simulation test technology of vehicles in autonomous driving environment can provide massive training data for iteration of autonomous driving algorithm, provide quantitative test environment for vehicle behavior recognition and processing, and provide an early and quick evaluation way for risk control strategy. In this paper, the research significance and research status of autopilot simulation test are taken as the breakthrough point, and the related methods of constructing autopilot simulation test system based on the combination of virtual and real are discussed. On this basis, combined with a real road section in Beijing as a demonstration application scenario of automatic driving simulation test, the process of technology landing is expounded, and the future development is prospected.

Key words: autonomous driving; virtual and real combination; test simulation; scene sequence

1 引言

随着经济社会的高速发展，交通运输的总体需求显著提高，城市交通客货运吞吐量不断攀升。由于交通系统构成要素众多、影响关系复杂，传统的交通系统难以突破交通拥堵、环境污染、事故频发等日益严重的交通问题，迫切需要研究以不同智能等级自动驾驶车辆为对象的新型智能交通系统，实现城市交通运输安全、高效、稳定运行。结合第五代移动通信、人工智能、多源传感等技术优势，以保障运行安全、提高运行效率、降低能源排放为目的，智能交通系统正处于全面技术升级的快速发展过程之中。2017 年发布的《中国智能网联汽车技术路线图》确定了智能网联汽车的定义、技术构架、发展目标路径与重大创新优先行动项。2019 年，中共中央和国务院印发的《交通强国建设纲要》中，明确提出"在交通领域优先发展车路协同、自动驾驶等技术"；2021 年 3 月，"十四五"规划和 2035 年远景目标纲要草案提出"加强泛在感知和终端网联，发展自动驾驶新兴技术"。

在自动驾驶汽车及核心技术方面，以谷歌、苹果、Uber、百度为代表的互联网企业，以奥迪、特斯拉、奔驰、沃尔沃、重庆长安为代表的整车厂商，以小鹏、蔚来、理想为代表的"造车新势力"，纷纷积极布局开展了大量单车智能自动驾驶技术落地研究，并逐步开展自动驾驶核心技术研发。然而，在环境感知准确度、测试场景测试数据积累、车辆交互能力、车载算力等方面，我国相关技术仍与国际领先水平有一定差距，自动驾驶车辆的广泛应用尚需较长时间技术积累和全场景测试保障。目前研究表明，要实现自动驾驶车辆上路行驶需要测试里程达 160 亿 km，这需要数千辆的测试车花费数十年的时间，且成本巨大，人员安全得不到充足保障。综上所述，自动驾驶测试技术主要面临以下三个问题：

1）测试机制不灵活、测试场景限制多、测试对象单一的问题，缺乏支撑自动驾驶不同智能等级以及自动驾驶车辆间协同效能验证的高效测试手段。实车测试难以针对某一场景进行定制化测试，如车队场景的测试需要大量的环境车辆进行配合，场景衍生概率小，与测试需求不匹配。

2）自动驾驶主体与其他交通主体关系复杂、交互途径多样的问题。目前对自动驾驶的研究大多仍停留在车车主体与传统/低等级智能车辆参与的交通流中，缺少对自动驾驶车辆智能等级不一引起的智能等级匹配问题的深入研究。因此，需要深入解析车车、车路环间的相互影响关系，传统的测试方法难以突破车路环匹配产生的挑战。

3）测试周期长、资源消耗大、测试成本高的问题，一个长期的自动驾驶车辆测试对燃油、车辆维护、人力调度方面产生了大量的资源消耗，并且测试产生的数据集中在少量场景如跟驰、超车、自由行使方面，采集的数据价值与成本不成正比。

传统道路测试手段难以解决自动驾驶的安全测试问题，因此基于虚实结合的仿真测试技术应运而生。虚拟仿真测试是一种纯数字模拟的测试方式，通常由模拟场景、车辆动力学模型、传感器模型、规划决策算法等组成，典型仿真软件有 PreScan、Rossetti、Vissim 等。2018 年 4 月，英伟达宣布构建自动驾驶仿真测试平台"NVIDIA DRIVE"，能够为自动驾驶汽车提供高逼真度的仿真测试环境。同年 12 月，百度宣布与 Unity Technologies 公司建立合作伙伴关系，共同研发实时仿真测试产品。但是该测试模式下，测试结果严重依赖传感器模型和车辆模型的正确性，并且真实交通运行环境对车辆运行产生的潜在影响难以在仿真环境中完全兼顾与重现。

虚实结合测试技术通过将自动驾驶系统中的部分/全部实际测试对象融入虚拟测试环境，实现可调试、低成本、多场景的综合性测试。虚实测试技术主要可以划分为硬件在环测试、实车在环测试两种类型。硬件在环测试中的整体系统或部分部件是真实的，如环境感知、决策规划和控制执行等模块测试。该模式下，测试主体的大部分功能由软件体现，因此应用范围仍比较有限。整车在环测试指将所有部件、系统集成到车辆上，并将整车作为实物硬件连接到虚拟的测试环境中进行测试。美国密歇根大学依托 Mcity 测试场构建了面向单车智能等级测试的虚实信息交互测试系统，然而相关研究仍存在测试场景复杂度受限、测试系统稳定性差等瓶颈型难题，离规模化应用仍有较大差距。

自动驾驶虚实结合技术不仅可以更安全、更快速、更经济地完成规定公里数的测试，虚拟测试还可通过采集的仿真数据进行系统分析和改进，使算法不断迭代更新，在开展真实环境测试之前有效提高自动驾驶车辆的安全系数。因此，自动驾驶虚实结合技术为自动驾驶测试提供了切实有效的技术方案。

2 系统框架

近几年，由于自动驾驶技术对仿真测试系统在架构和功能仿真上的要求非常高，所以系统的体系构建和模块精准建模一直是行业研究的热点。一个完整的自动驾驶仿真系统需要包括交通真实场景还原、车辆动力学仿真、自动驾驶感知决策控制算法载入、测试评价等功能，同时还需满足自动驾驶效能快速测试需求，形成闭环，为算法训练、迭代和优化提供一个安全、可靠、全面的测试环境。

本文基于上述特点与需求，展示了一种基于虚实结合的自动驾驶仿真测试系统框架，如图 1 所示。该系统主要由 3 个子系统组成：测试场景生成子系统、仿真控制子系统、仿真测试分析子系统。

测试场景生成子系统负责采集真实交通运行场景，生成虚拟交通流，模拟虚拟交通运行环境数据，解析交通环境特征，建立精准的三维交通模型，生成虚拟场景序列，支撑高逼真度的驾驶场景渲染，为策控优化单元提供丰富、冗余、同步的交通信息。

仿真控制子系统负责整体虚实数据的适配与策略解算，通过交互计算模块获取虚拟的车辆感知信息，载入待训练与测试的自动驾驶算法，生成决策控制优化策略，并向系统内部的车辆虚拟决策控制模块发送执行命令，执行虚实交互的驾驶行为。仿真测试分析子系统对车辆运行状态进行在线分析与离线评估，根据运行结果自动评价自动驾驶算法的运行效能，并将结果反馈回自动驾驶仿真控制子系统，以供算法持续稳定的训练与优化。

对于真实车辆测试设备仿真，仿真测试系统需要对感知、交互、决策功能设备进行高度仿真与集成，并通过状态模拟驱动机制映射至虚拟测试环境。在虚拟交通环境驱动方面，仿真测试系统需要设计精准的交通环境感知数据模拟单元和具有丰富场景序列的仿真重构单元的驱动器，结合特定功能开发，实现不同智能化等级的虚拟仿真车辆的模拟运行。在上述系统架构支撑下，测试系统可与真实交通环境有机融合，形成包含真实交通场景、交通态势推演、虚拟交通运行的虚实交互测试验证环境，支撑虚实交互试验设备、智能车辆核心部件功能模块、自动驾驶规划决策算法的多元在环效能测试与验证。

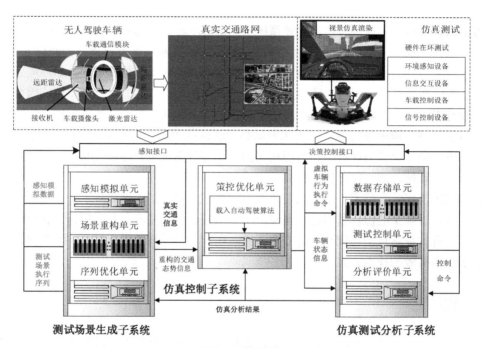

图 1　系统框架

3　虚实结合仿真

3.1　测试场景生成

自动驾驶仿真模型与场景构建作为测试环境仿真设计最基本的支撑条件，其中首先要实现便是真实交通场景的视景仿真。由于自动驾驶系统是功能复杂的分布式实时系统，构造自动驾驶仿真测试系统视景仿真平台需要大量的精细化的交通三维模型，如车辆、路面、道路标线、交通标牌、信号灯等模型均需要细分为对内部结构和外部贴图的建模，动画、光影、粒子、物理系统、碰撞检测等子系统均需要被考虑。为了高效合理地完成视景仿真系统的仿真功能与仿真测试，需要建立视景仿真模型库，为视景仿真提供模型储备，从而对指定区域进行三维视景快速构建，并且保证视景的流畅度。精细化的三维车辆模型如图 2 所示。

针对自动驾驶仿真系统精准与快速测试的需求，环境感知传感器需要根据传感器物理原理的大量先验知识和经验来准确建模，并基于车辆模型参数化方法构建车辆动力学模型。此

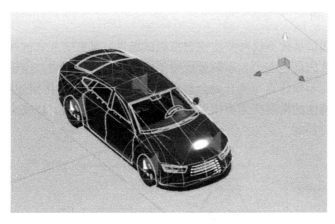

图 2　精细化的三维车辆模型

外,还需建立动画、物理系统、碰撞检测等子系统。在建模的同时需要根据模型的节点在显示环境中所处的位置和重要度,决定物体渲染的资源分配,降低非重要物体的面数和细节度,从而获得高效率的渲染运算和流畅度。

针对自动驾驶场景案例完备性不足、序列优化目标单一等问题,需要利用场景序列仿真生成及优化方构建基于需求场景的自动驾驶场景仿真流程(图3),对自动驾驶场景功能进行有效仿真及测试。根据自动驾驶系统的功能需求分析,设计并构建包含多交叉路口、多路段、多车的典型应用仿真场景,建立基于功能特征分析的场景案例库,对自动驾驶系统进行建模分析并生成仿真场景序列,采用场景序列多目标优化方法进行优化,得到优化后的场景序列解集,并且从序列覆盖度、冗余度、快速性方面对仿真效果做出了评估,通过对冗余的降低从而实现仿真效率的提高。

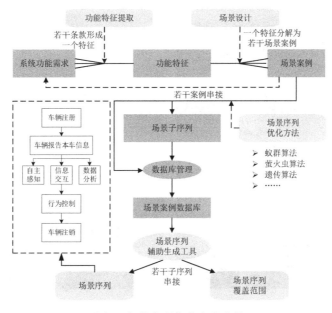

图 3　场景序列仿真生成流程

3.2 车辆仿真控制

自动驾驶仿真测试系统不仅需要构建虚拟测试场景、具有交互式的视景仿真界面，还需要具备车辆状态参数的描述能力、车辆运动模型的构建和修改能力，能够从自动驾驶系统结构到功能上对任意实车和仿真车辆开展全息状态监测并进行数字化描述和修改（图4），并且构建考虑驾驶员特性的微观交通流模型与仿真车辆模拟驾驶器，以完全实现交通主体状态可监测、可配置、可控制。

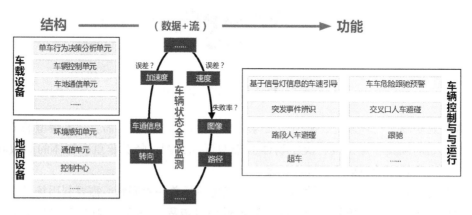

图4 任意车辆状态监测

针对仿真测试系统模拟驾驶器能够对任意在自动驾驶模式中的仿真车辆进行接管控制的需求，系统构建时可以通过交互设备与仿真系统进行交互进行一键式操作，无缝转换为驾驶员手动驾驶模式。在仿真时，将孤立的仿真车辆连接成为大范围的可控制网络，从而能够沉浸式地对每一辆仿真车辆进行驾驶模式切换，如图5所示。

a）选择任意仿真车辆

b）交叉口场景测试模式

c）沉浸式自动驾驶模式

d）开启手动驾驶模式

图5 多智能等级驾驶模式无缝切换

为了实现虚拟现实系统中人机交互的功能,以数据手套、驾驶平台与姿态传感器等外部专用硬件输入设备与信息交互接口精准对接,完成在虚拟场景中驾驶车辆以及进行对物体的触碰、抓取、移动等动作,以此搭建高沉浸式、高逼真度的驾驶模拟系统,实现自动驾驶、辅助驾驶、手动驾驶等多智能等级驾驶模式的自由切换,支撑车辆跟驰、协同变道、交叉口自适应控制等协同交通场景的仿真执行。

系统在接入大规模实际车流数据情景下,需实现实车与仿真车辆状态数据实时同步,将实车全息数据动态映射到仿真车辆和驾驶模拟器,在规模化的仿真车辆中多视角地展示自动驾驶效果,如图6所示。

图 6　仿真/实体车辆状态同步

3.3　仿真测试分析

对自动驾驶算法进行测试与评价是仿真测试系统的核心目的,交互式自动驾驶视景仿真系统构建在高逼真度、多模式切换的交通仿真环境的基础上,系统在输入决策规划算法后,会实时统计分析交通仿真运行数据,利用自动驾驶评价模型获取评价结果,展示运行过程中不同智能等级车辆、自动驾驶策略的运行效能以及对整体交通状态的影响,达到对算法进行开发与验证的目的,如图7所示。

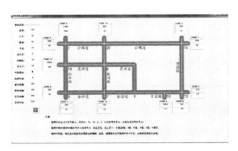

a) 路网交通状态评价

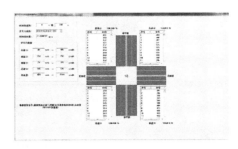

b) 路段交通状态评价

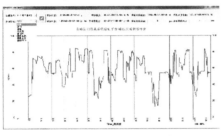

c) 路段交通拥堵分析

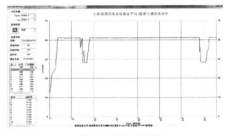

d) 单车速度曲线分析

图 7　虚拟仿真测试与评价

仿真测试的评价模型决定着经评估迭代后的自动驾驶系统性能是否变好的基础系统，因此评价模型需要根据精心设计的评价体系来构建，具体的评价体系需要精确对接相应目标的需求，同时避免评价指标的局限性为自动驾驶系统带来安全性风险。图 8 所示为一种普适性的自动驾驶仿真测试的评价体系，主要面向于自动驾驶整体算法的测试和评估，设计有安全性、舒适性、协调性、匹配性、经济性等维度的具体指标。

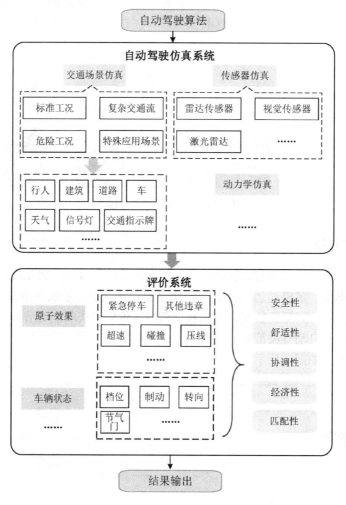

图 8　仿真测试评价体系

4　应用案例

下面将结合应用方案，介绍基于虚实交互的自动驾驶仿真技术在现实中的落脚点。该方案以北京某区域核心道路与高速路段为自动驾驶示范区域为例，在进行系统开发时将结合当地的基础交通硬件条件，构建融合"虚拟仿真"与"物理试验"于一体的规模化虚实交互测试验证系统。从安全性、智能性、协同性等多个方面测试自动驾驶技术，具体方案如图 9 所示。

1）针对该方案的真实场景的三维视景仿真，采集该示范区域的实际路网数据，重构等规模仿真路网，利用三维建模工具与三维渲染引擎进行高逼真度的可视化建模与行为仿真驱动。

2）在真实测试道路与仿真环境之间，利用仿真路网完成边界时空状态链接，并构建系统与各交通参与主体的可信数据交互，在此基础上实时计算仿真车辆的运行轨迹，实现结构扩展化、数据融合化的虚实互联仿真测试系统。

3）结合我国自动驾驶示范区建设的实际要求，围绕城市道路与高速公路下的典型道路特征与测试需求，挑选出城市道路（红色线段）与高速公路（黄色线段）所包含的交叉口、城市快速通道、高速出入口匝道等典型交通场景的路段。在各路段设计与之匹配的典型测试场景，如超车辅助、弯道自动驾驶辅助、自动巡航、高速公路组织车队编队等，再动态注入系统测试场景库，供系统根据实际仿真过程自适应调用相关场景。

4）系统实时监测系统内仿真车辆的运行态势，并通过单车行驶数据、区域车辆热力图、区段流量表等方式评估不同路段、交叉口、区域内的交通运行状况，结合对比分析，精准评价单车智能算法，展示自动驾驶技术对交通安全、效率等方面的提升，实现自动驾驶效能测试与验证。

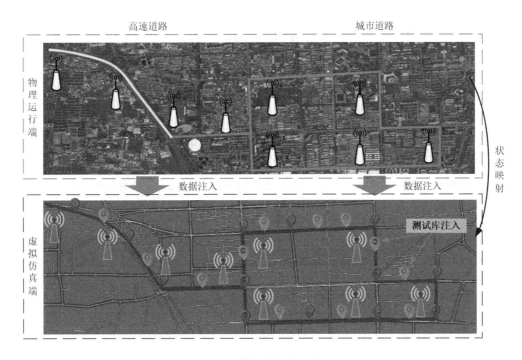

图 9　规模化测试应用方案

上述规模化自动驾驶仿真测试系统应用方案可通过分析与预测北京该区域交通特性，并加入自动驾驶车辆，来整合区域交通资源，缓解北京交通拥堵，节省社会时间，提升北京交通运输效率，提高交通安全性。同时，该技术的落地也对未来自动驾驶时代的城市规划与道路建设具有借鉴意义。

5　结语

本文从自动驾驶仿真测试系统架构和功能出发，提出了基于虚实结合的自动驾驶测试场景生成、自动驾驶仿真控制、仿真测试分析与验证实现方案，实现面向自动驾驶的高逼真度、多模式切换交通仿真测试环境构建。结合实际，提出城市道路与高速公路环境下规模化自动驾驶仿真测试系统应用方案，为我国自动驾驶技术落地提供借鉴方案。

目前，自动驾驶技术经过几年的高速发展与应用，相关行业也形成了较为合理和完整的仿真测试体系，但主流的自动驾驶虚拟测试平台里的测试方案仍不能直接应用在实车上，因为仿真测试结果严重依赖传感器模型和车辆模型的正确性，实车和虚拟车辆的数据采集、控制与行驶方式也相差甚远，并且真实交通运行环境对车辆运行产生的潜在影响难以在仿真环境中完全兼顾与重现。经过虚拟测试的自动驾驶算法还需通过大量实车测试，经大范围改进和集成才能应用在实车上。未来，研究面向实际场景应用下自动驾驶系统一体化仿真框架设计、高精度传感器模型构建、虚实交互测试状态同步等理论，攻克上述制约智能车辆研发的技术难题，形成稳定可靠的全生命周期闭环自动驾驶仿真测试和验证方法，将会给自动驾驶技术带来新的高度。

参 考 文 献

［1］朱冰，张培兴，赵健，等. 基于场景的自动驾驶汽车虚拟测试研究进展［J］. 中国公路学报，2019，32（6）：1-19.

［2］余荣杰，田野，孙剑. 高等级自动驾驶汽车虚拟测试：研究进展与前沿［J］. 中国公路学报，2020，33（11）：125-138.

［3］赵祥模，承靖钧，徐志刚，等. 基于整车在环仿真的自动驾驶汽车室内快速测试平台［J］. 中国公路学报，2019，32（6）：124-136.

［4］洪峰. 智能汽车交通车辆的综合认知及其虚拟测试方法研究［D］. 长春：吉林大学，2018.

［5］蔡伯根，王丛丛，上官伟，等. 车路协同系统信息交互仿真方法［J］. 交通运输工程学报，2014，14（3）：111-119.

［6］QIU W, SHANGGUAN W, CAI B, et al. Advance estimate-based traffic state synchronization for parallel testing［C］//2020 IEEE Intelligent Transportation Systems Conference (ITSC). NYC：IEEE，2020.

［7］郭弘倩. 车路协同环境下交互式视景仿真技术研究［D］. 北京：北京交通大学，2016.

［8］LI L, WANG X, WANG K, et al. Parallel testing of vehicle intelligence via virtual-real interaction［J］. Science Robotics，2019，4（28）：113-125.

一种基于连续速度模型的拟人化自动驾驶速度控制策略

陈志贵[1,2]，王雪松[1,2]，李平凡[3]

1. 同济大学道路与交通工程教育部重点实验室，上海　201804
2. 同济大学交通运输工程学院，上海　201804
3. 公安部交通管理科学研究所，无锡　214151

【摘要】 在自由流条件下的高速公路上行驶是自动驾驶车辆的一个重要应用场景，这需要适宜的速度控制策略，尤其在具有复杂道路线形的山区高速公路，需要确保车辆行驶速度与自动驾驶车辆的驾驶员及乘客的速度预期相当。目前常见的速度控制策略将基准速度设置为接近限速的恒定速度，并在车辆横向加速度大于极限值时降低车速以通过小半径曲线，这种控制策略缺乏考虑人类驾驶员根据道路线形不断调整速度的行为规律。针对这一局限性，本文研究了复杂线形道路上驾驶员的速度选择行为，提出了一种满足自动驾驶驾驶员及乘客期望的拟人化速度控制策略。通过对比传统策略与拟人化策略在四段复杂线形路段的速度曲线，发现拟人化策略更能适应山区高速公路驾驶的要求，可以为自动驾驶相关企业提供一种速度控制的基准。

【关键词】 自动驾驶；速度控制；拟人化；纵向控制

A Human-like Speed Control Strategy of Autonomous Vehicles Based on Continuous Speed Model

Chen Zhigui[1,2], Wang Xuesong[1,2], Li Pingfan[3]

1. *The Key Laboratory of Road and Traffic Engineering of Ministry of Education, Tongji University, Shanghai 201804*
2. *College of Transportation Engineering, Tongji University, Shanghai 201804*
3. *Traffic Management Research Institute of the Ministry of Public Security, Wuxi 214151*

Abstract: Driving on freeways under free flow conditions is an important application scenario for autonomous vehicles. This requires a suitable speed control strategy, especially in mountainous freeways with complex road alignment. At present, the reference speed of the common speed control strategy is a constant speed close to the speed limit, and when the lateral acceleration of the vehicle is greater than the limit value, the speed is reduced to pass through the small radius curve, which called road limited strategy. This control strategy lacks consideration that human drivers will constantly adjust the speed according to the road alignment. For this limitation, this paper studies the speed

---

基金项目：事故多发道路自动驾驶适驾性评估与改善研究，国家自然科学基金面上项目（51878498），2019.1—2022.12；面向自动驾驶开放道路测试的交通安全管理关键技术研究及应用（18DZ1200200），上海市科学技术委员会，2018.04—2021.03。

selection behavior of drivers on mountainous freeways, and proposes a human-like speed control strategy to meet the expectations of automatic drivers and passengers. By comparing the speed curves of the road limited strategy and human-like strategy in four complex linear sections, it is found that human-like strategy can better adapt to the requirements of mountainous freeways driving, and can provide a speed control baseline for automatic driving enterprises.

Key words: automatic driving; speed control; human-like; longitudinal control

1 引言

自动驾驶技术是全球汽车与交通工程领域的主要发展方向,其快速发展一方面能够利用主动安全技术降低由于驾驶员疲劳、反应不及时和操作不当等造成的交通事故的概率[1],另一方面也对现有道路交通系统带来了新挑战。中国幅员辽阔、道路环境复杂多样,复杂道路线形、复杂交叉口以及复杂天气环境将影响自动驾驶车辆的环境感知与决策控制的准确性,因此有必要研究复杂场景下自动驾驶车辆适宜采用的控制策略。

在自由流条件下的高速公路上行驶是自动驾驶车辆一个重要的应用场景,在这种环境下,车辆的速度控制策略是自动驾驶控制的基础。由于处于自由流环境中,速度决策控制时的车路交互比车车交互更加重要,因此有必要提出一种能根据高速公路道路线形进行速度控制的策略。目前部分车企在自由流条件下采用定速巡航,即保持限速匀速行驶的策略[2];也有研究提出在限速基础上根据道路平曲线曲率调整速度的策略[3]。然而,这种基于限速的控制策略适用于道路平缓的平原地区高速公路,当自动驾驶车辆在复杂道路线形的山区高速公路上以恒定速度行驶时,会与人类驾驶员驾驶策略产生偏差,因为人类驾驶员会通过不断地修正速度以适应线形的变化[4]。因此本研究基于对人类驾驶员在高速公路上速度控制行为规律的学习,提出一种拟人化的速度控制策略,并通过四段平纵组合线形路段的案例,与现有的基于限速的控制策略进行对比。

2 速度控制策略

2.1 基于限速的速度控制策略

基于限速的速度控制策略的基本约束是速度不超过道路限速值,在此基础上考虑道路曲率因素的限值。因此该策略的第一个约束是限速值,即各点位速度值不高于限速值;第二个约束是速度需要满足车辆行驶过程中侧向加速度的限值,以确保舒适性[5],即各点位侧向加速度值不高于最大允许侧向加速度。为了简化模型,本研究将车辆行驶轨迹设为车道中心线。根据运动学公式及约束一得出该策略的约束如下:

$$v_i = \min(v_{\text{limited}}, \sqrt{a_y/k_i}) \tag{1}$$

式中,v_i 是道路沿线各点位的速度值,v_{limited} 是各点位所在路段的道路限速值,k_i 是各点位的曲率值,a_y 是侧向加速度的极限值,参考在中国西部省份高速公路的研究[6],本研究将车辆的最大侧向加速度的约束值设为 1.8m/s²。

2.2 拟人化速度控制策略

人类驾驶员速度控制行为规律是建立拟人化速度控制策略的基础。因此，需要首先建立速度模型，定量地描述人类驾驶员在面对复杂道路线形时速度决策的规律。本研究建立了连续速度模型[4]，连续速度模型相对于目前《公路项目安全性评价规范》JTG B05—2015[7]中的断面速度模型更能反映人类驾驶员行为规律，连续速度模型认为驾驶员的速度不仅受当前所在点位线形的影响，还受一定范围内的上下游线形的影响。在图 1 中沿道路分布的任意点 i 处，速度受当前 i 点处的道路线形特征、行驶过的上游路段的道路线形特征以及将要行驶的下游路段的道路线形特征的影响。

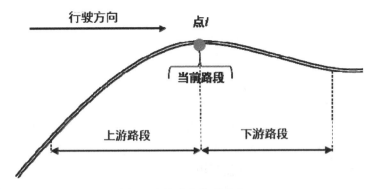

图 1 连续速度模型示意

可能影响驾驶员速度的道路因素包括限速、车道宽度、曲率和坡度等。本研究的重点是曲率和坡度，因此控制其他变量，即研究道路的限速与车道宽度保持一致。在连续速度模型建模策略中，提取当前位置前后一定距离内的曲率和坡度值，潜在的解释变量包括极值（最小值和最大值）、平均值和差值等。如公式（2）所示，v_i 是各点位的预测速度；X_U、X_k 和 X_{DU} 分别是上游路段、当前路段以及上下游路段线形变量的差值；β 是系数，即各种线形变量对速度的影响程度；ε_i^* 是模型的误差项。

$$v_i = X_{U,i} \begin{bmatrix} \beta_{1U} \\ \beta_{2U} \\ \cdots \\ \beta_{nU} \end{bmatrix} + X_{k,i} \begin{bmatrix} \beta_{1k} \\ \beta_{2k} \\ \cdots \\ \beta_{mk} \end{bmatrix} + X_{DU,i} \begin{bmatrix} \beta_{1DU} \\ \beta_{2DU} \\ \cdots \\ \beta_{kDU} \end{bmatrix} + \varepsilon_i^* \quad (2)$$

通过同济大学高仿真驾驶模拟器，在中国中西部山区某条高速公路上采集了 56 名驾驶员的驾驶数据，实验控制了天气、道路环境及交通环境等因素，确保速度数据变化的影响来源于道路线形因素。基于实验获取的车辆运行数据与道路线形数据建立混合线性回归模型，得到表 1 中的结论，其中上下游路段的影响范围是 300m，表 1 中仅显示显著变量的参数估计值。速度决策的道路线形影响因素包括 7 个变量，其中基础的线形变量有上游路段平均坡度（%）、上游路段平均曲率（1/km）、上游路段最大最小曲率差值（1/km）以及平均曲率差（1/km），它们分别增加一个单位，速度值将分别减小 1.74km/h、4.03km/h、0.73km/h 以及 1.30km/h。另有三个与隧道相关的变量：隧道效益是分类变量，当人类驾驶员驾驶车辆处于隧道内时速度会增加 4.42km/h；而人类驾驶员在隧道内的速度更受上游路段平均曲率和上游路段最大最小曲率差值的影响，相对于隧道外，每个单位会额外减速 4.13km/h 和 2.14km/h。

表 1 连续速度模型结果

变量名称	变量解释	参数估计	标准误差	P 值
Intercept	常数项/(km/h)	108.96	0.30	—
GU	上游路段平均坡度（%）	−1.74	0.06	<0.0001
CU	上游路段平均曲率（绝对值）/(1/km)	−4.03	0.36	<0.0001
MCU	上游路段最大最小曲率差值/(1/km)	−0.73	0.15	<0.0001
CDU	平均曲率差（下游减上游）/(1/km)	−1.30	0.29	<0.0001
T	隧道效益（0：隧道外；1：隧道内）	4.42	0.41	<0.0001
TCU	隧道效益×CU	−4.13	0.99	<0.0001
TMCU	隧道效益×MCU	−2.14	0.54	<0.0001

根据连续速度模型的结论，可以归纳出人类驾驶员速度选择策略的表达式，如公式（3）所示。此表达式既是人类驾驶员速度选择行为的规律，也可作为应用于自动驾驶车辆的拟人化速度控制策略，因为自动驾驶车辆的驾驶员和乘客在山区高速公路行驶过程中的速度预期与现阶段的人类驾驶员相似，因此本研究基于连续速度模型提出的拟人化速度控制策略对于自动驾驶车辆速度决策具有参考意义。

$$v_i = 108.96 - 1.74 \times GU_i - 4.03 \times CU_i - 0.73 \times MCU_i - 1.30 \times CDU_i + 4.42 \times T_i - 4.13 \times CU_i - 2.14 \times MCU_i \tag{3}$$

为了对比拟人化速度控制策略与 2.1 节中基于限速的速度控制策略的表现，第 3 章将通过山区高速公路典型的四类组合线形的案例，对比本章速度控制策略结果，并说明拟人化速度控制策略的优势。

3 山区高速公路案例分析

相对于平原，山区地形地质条件复杂，山地起伏大，山区高速公路往往会采用规范中的极限值，因此各类复杂的组合线形设计在山区高速公路较为常见。本研究中平纵组合线形包括平曲线上坡、平曲线下坡、平曲线凸曲线和平曲线凹曲线，图 2 是四类组合线形的示意图。

根据基于限速的速度控制策略以及拟人化速度控制策略的计算公式，当已知组合线形的道路线形变量的数值时，即可计算出该段道路的速度值。图 3 和图 4 分别是四种组合线形案例的速度结果，其中上半部分为两种策略的速度曲线对比，下半部分是该段道路的线形示意图，包括曲率以及高程变化。通过分析在相同线形下两种策略的速度决策差异，可以得出拟人化速度控制策略更能适应线形的变化，既能在线形困难时减速通过也能在相对缓和时适当提速通过，具体分析如下。

一种基于连续速度模型的拟人化自动驾驶速度控制策略

a) 平曲线上坡　　　　　　　　　　b) 平曲线下坡

c) 平曲线凸曲线　　　　　　　　　d) 平曲线凹曲线

图 2　平纵组合线形示意

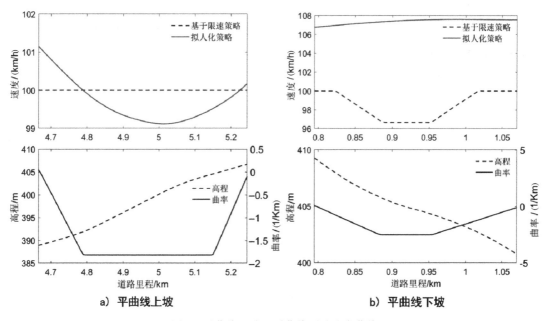

a) 平曲线上坡　　　　　　　　　　b) 平曲线下坡

图 3　平曲线上坡和平曲线下坡速度曲线

图 3a 中的组合线形为平曲线上坡,驾驶员通过该类线形时既需要通过平曲线,也需要在纵向上坡行驶,上半部分图中实线是拟人化速度控制策略结果,虚线是基于限速的速度控制策略结果。对比发现,在通过该平曲线上坡路段时,拟人化速度控制策略明显有先减速再提速的过程,表明该策略先通过降低车速进入路段中心,在确保安全及舒适性后再逐步提速

以通过该路段，而非在路段内全程减速。然而，基于限速的策略在该路段没有调整速度，保持限速行驶通过，原因是基于限速的策略仅考虑平曲线曲率的大小，但此路段平曲线曲率未达到最大侧向加速度的约束条件，因此继续保持限速行驶。对比拟人化策略结果，基于限速策略在通过平曲线上坡路段时难以通过先减速再加速的过程以适应线形，与人类驾驶员的预期速度存在差异。

图 3b 中组合线形为平曲线下坡，与平曲线上坡不同，此路段基于限速策略采用了更加保守的策略，即随着平曲线曲率的增大不断降低车速，再根据曲率变缓提高车速，使平均运行速度低于限速，虽然可以保证侧向加速度满足舒适性约束，但与实际驾驶员采取的策略存在差异。拟人化速度控制策略结果显示，人类驾驶员在该路段会采取略微提速后保持匀速行驶的策略，而非减速通过，并且允许行驶的车速略高于限速，本研究中各路段限速值为 100km/h，而在平曲线下坡路段时驾驶员会采取超过限速值 6%～7% 的车速行驶，因为此时线形处于下坡，驾驶员会期望加速通过，但即便超速也未出现超速超过 10% 的情况。

图 4 中两种组合线形分别为平曲线凸曲线和平曲线凹曲线，相对于平曲线上坡和平曲线下坡，图 4 中两类组合线形更为复杂，因此可以看出拟人化速度控制策略的速度曲线均有明显的减速过程，并且是全程减速通过。因为行驶在这两类线形上，驾驶员既需要处理平面的曲线也需要处理纵断面的曲线，在叠加考虑两个维度的曲线时会采取减速策略通过。然而，基于限速策略的结果与平曲线上坡一致，均因平曲线曲率未达到触发减速的约束而保持匀速行驶，虽然横向加速度一直满足约束，但基于限速策略不能实现适应线形调整速度的过程，这与驾驶员趋向于降低速度的行为存在差异。即便在这两类线形拟人化策略速度略高于基于限速策略的结果，但自动驾驶车辆在通过这两类复杂线形时应当提供降低速度的控制，以适应人类驾驶员和乘客的速度预期。

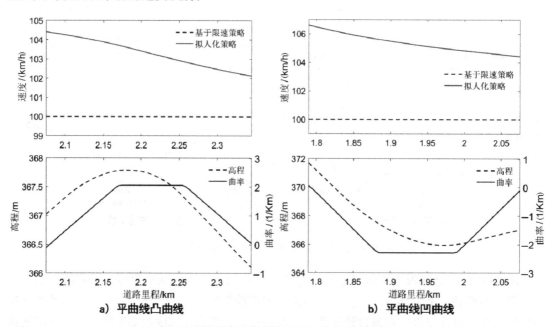

图 4　平曲线凸曲线和平曲线凹曲线速度曲线

4 拟人化速度控制策略应用建议

本研究提出的拟人化速度控制策略可以为自动驾驶车辆速度控制算法提供速度基准,由目前的基于限速提出的速度基准,改进为由模拟人类驾驶员自由流下速度选择行为的速度基准,可以为自动驾驶车辆行驶在自由流环境中提供更符合驾驶员和乘客的速度预期的控制策略。

图 5 是基于拟人化速度控制策略提出的自动驾驶车辆速度控制流程示意图,首先需要自动驾驶车辆鉴别当前是否处于自由流环境,如果不处于自由流环境,则采用跟车速度控制算法保持行驶[8];若正处于自由流环境,即自动驾驶车辆可以自主地控制预期车速。由于拟人化速度控制策略的输入变量是上下游线形变量,若自动驾驶车辆可以利用高精地图数据,可直接计算道路线形数据用于拟人化速度控制策略,再输出建议速度值供自动驾驶车辆控制系统使用。若无高精地图,可通过车载传感器,如雷达、摄像头等获取道路线形数据用以速度计算。

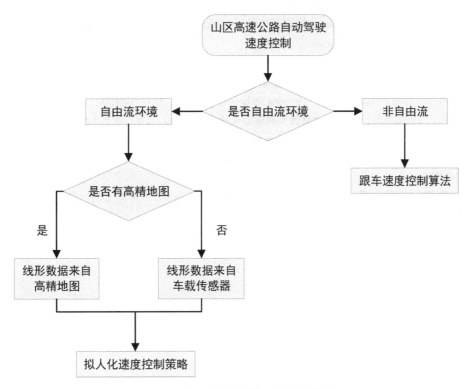

图 5 山区高速公路自动驾驶速度控制流程

5 结语

本研究为自动驾驶车辆在自由流环境下的高速公路上行驶提供了一种拟人化速度控制策

略,该策略可以依据行驶过程中各点位的上下游道路线形特征调整速度,以满足自动驾驶车辆驾驶员和乘客的速度预期。与在平原高速公路上行驶相比,具有复杂线形的山区高速公路对自动驾驶车辆速度控制策略更具挑战性。基于限速的速度控制策略难以满足复杂线形条件下驾驶员和乘客的需求,因为其速度控制策略的基准是保持匀速行驶,仅在经过小半径曲线时减速通过,但实际人类驾驶员的速度控制过程更为复杂,所以只有在控制策略中考虑人类驾驶员行为规律的相关变量才能模拟出实际的控制过程。

基于连续速度模型的拟人化速度控制策略较基于限速的速度控制策略更为灵活,既能在相对复杂的线形减速通过,也能在相对平缓的线形保持较高速度通过,因此可以在保证安全性和舒适性的前提下满足人类驾驶员的速度预期。若自动驾驶车辆一直保持保守的控制策略,在线形相对平缓路段行驶时,部分驾驶员可能会因为实际车速未达到速度预期而感到焦虑甚至直接接管自动驾驶车辆,因此拟人化速度控制策略能够为自动驾驶车辆的速度控制算法提供更为适宜的速度基准。

参 考 文 献

[1] BRUMMELEN V, O'BRIEN J, GRUYER M, et al. Autonomous vehicle perception: The technology of today and tomorrow [J]. Transportation research part C: emerging technologies, 2018, 89: 384-406.
[2] Tesla Inc. Model S Owner's Manual [Z]. 2020.
[3] 刘伟, 宁作涛. 基于轨迹规划的自动驾驶控制策略研究 [J]. 汽车电器, 2020 (12): 8-11.
[4] WANG X, GUO Q, TARKO A P. Modeling speed profiles on mountainous freeways using high resolution data [J]. Transportation research part C: emerging technologies, 2020, 117: 102679.
[5] 张驰. 基于驾驶员风险认知的自动驾驶车辆运动规划研究 [D]. 长春: 吉林大学, 2020.
[6] XU J, YANG K, SHAO Y, et al. An experimental study on lateral acceleration of cars in different environments in Sichuan, Southwest China [J]. Discrete Dynamics in nature and Society, 2015, doi.org/10.1155/2015/494130.
[7] 华杰工程咨询有限公司. 公路项目安全性评价规范: JTG B05—2015 [S]. 北京: 人民交通出版社, 2016.
[8] ZHU M, WANG Y, PU Z, et al. Safe, efficient, and comfortable velocity control based on reinforcement learning for autonomous driving [J]. Transportation Research Part C: Emerging Technologies, 2020, 117, 102662.

人车冲突场景的自动驾驶责任敏感安全模型标定

叶采阳[1,2]，王雪松[1,2]

1. 同济大学道路与交通工程教育部重点实验室，上海 201804
2. 同济大学交通运输工程学院，上海 201804

【摘要】 城市机动车保有量出行量的日益增多带来了大量的交通安全问题，而自动驾驶技术的出现为这些问题的改善提供了新的思路与方案。为更好地保障自动驾驶环境下的行人安全，本文利用Simulink构建人车纵向冲突场景中的仿真，利用上海市自然驾驶数据构建仿真中的人车运动，获得自动驾驶环境下的人车冲突数据，之后利用NSGA-II针对人车纵向冲突场景的责任敏感安全模型（RSS）进行标定，并在仿真环境中对比该模型同人类驾驶在驾驶保守性与安全性上的差异。结果表明，该RSS模型能够有效地提高人车冲突中行人与机动车的安全性，同时在多次出行中其平均车速与人类驾驶员相比差距很小，显示了该模型的优越性。

【关键词】 人车冲突；RSS模型；自然驾驶研究；自动驾驶仿真

The Calibration of the Automated Driving Responsibility-Sensitive Safety Model for the Vehicle-Pedestrian Conflict Scenario

Ye Caiyang[1,2], Wang Xuesong[1,2]

1. The Key Laboratory of Road and Traffic Engineering of Ministry of Education, Tongji University, Shanghai 201804
2. College of Transportation Engineering, Tongji University, Shanghai 201804

Abstract: The increasing number of urban vehicles brings a lot of traffic safety problems, and the emergence of automatic driving technology provides a feasible method to deal with it. In order to better protect the pedestrian safety in the automated driving environment, this paper uses Simulink to build the simulation scenario of vehicle-pedestrian longitudinal conflict, and uses Shanghai naturalistic driving data to input the pedestrian trajectory in the simulation to obtain the vehicle-pedestrian conflict data in the automated driving environment. Then, NSGA-II is used to calibrate the responsibility sensitive safety model (RSS) for the scenario of longitudinal conflict, and the differences of driving conservatism and safety are compared in the simulation environment. The results show that the RSS model can effectively improve the safety of pedestrians and vehicles in the conflict. At the same time, the average speed difference between the RSS model and human drivers is very small in multiple trips, which shows the superiority of the RSS model.

Key words: vehicle-pedestrian conflict; RSS; naturalistic driving study; automated driving simulation

---

⊖ 面向自动驾驶开放道路测试的交通安全管理关键技术研究及应用（18DZ1200200），上海市科学技术委员会，2018.04—2021.03。

1 引言

社会经济、科技水平的提高带动了城市机动车拥有量的逐年上升与交通问题的频发，行人安全作为城市交通安全的重要组成部分之一也因此受到了巨大的威胁[1]。如何通过技术手段降低行人事故数、减少行人伤亡成为亟待解决的难题。

随着智能交通技术的不断发展，自动驾驶这一概念进入了公众的视野中，为未来交通安全的发展带来了新的机遇与挑战。在自动驾驶领域，由 SAE（Society of Automotive Engineers）制订的自动驾驶技术分级标准 J3016 将自动驾驶技术划分为五级[2]，其最高等级 L5 具备完全自动驾驶的功能，即车辆完全不需要驾驶员进行掌控。发展成熟的自动驾驶技术能够通过网络优化、调度优化，以及寻路、避险等技术，提高道路交通效率，并能够有效保障车辆的安全性，降低事故发生的频率与严重性。

在自动驾驶车辆的安全控制方面，Mobileye®于 2017 年提出了责任敏感安全（Responsibility Sensitive Safety，RSS）模型[3]，意在将人类对于安全驾驶的理念和事故责任的划分转化成为数学模型和决策控制的参数，保障自动驾驶汽车在任何情况下都不会主动成为事故的责任方。

在 RSS 模型的实际应用中，需要根据不同的交通场景对模型参数进行选择与调整，以达到模型的最优效果。本文从自动驾驶车辆的安全保障角度出发，对人车纵向冲突场景进行研究，通过 Simulink 构建自动驾驶车辆的仿真环境，完成 RSS 模型的标定，最后对标定后的 RSS 模型与人类驾驶员两种控制方式之间的驾驶保守性与安全性进行对比，评估 RSS 模型的应用效果。

2 责任敏感安全模型（RSS）

RSS 模型通过严格的数学定义，保证自动驾驶汽车在各种情况下都不会成为事故的责任方，其主要内容包含五大方面（表1），定义了横向、纵向安全距离，以及定义了在横向、纵向上的危险状态、危险时间阈值；此外，还对不同道路线形条件下的路权归属问题进行了定义，并针对行人出行、视线遮挡等问题进行了安全策略的设计。

表 1 针对五种驾驶场景 RSS 模型要求

场景	目标
Safe Distance	避免撞击前方车辆
Cutting in	绝不鲁莽地超车切入
Right of Way	路权只能够被给予，而不能强行争夺
Limited Visibility	在低可见性的区域小心行驶
Avoid Crashes	如果可以在不引起事故的情况下避免碰撞，那就必须这样做

其中，模型最重要的内容在于提出了纵向、横向最小安全距离的定义。该最小安全距离是假设车辆在最糟糕的情况下进行制动、避让，从而保证在任何危险场景下，车辆都能处于安全的状态，其基本表达式如下：

（1）纵向最小安全距离（同向行驶）

$$d_{\min}=v_{r}\rho+\frac{1}{2}a_{\max,accel}\rho^{2}+\frac{(v_{r}+\rho a_{\max,accel})^{2}}{2a_{\min,brake}}-\frac{v_{f}^{2}}{2a_{\max,brake}} \quad (1)$$

（2）纵向最小安全距离（对向行驶）

$$d_{\min}=\frac{v_{1}+v_{1,\rho}}{2}\rho+\frac{v_{1,\rho}^{2}}{2a_{\min,brake}}+\frac{|v_{2}|+v_{2,\rho}}{2}\rho+\frac{v_{2,\rho}^{2}}{2a_{\min,brake}} \quad (2)$$

（3）横向最小安全距离

$$d_{\min}=\mu+\left[\frac{v_{1}^{lat}+v_{1,\rho}^{lat}}{2}\rho+\frac{(v_{1,\rho}^{lat})^{2}}{2a_{\min,brake}^{lat}}-\left(\frac{v_{2}^{lat}+v_{2,\rho}^{lat}}{2}\rho-\frac{(v_{2,\rho}^{lat})^{2}}{2a_{\min,brake}^{lat}}\right)\right] \quad (3)$$

式中，v_r 代表后车速度，v_f 代表前车速度，$v_{1,\rho}=v_1+\rho a_{\max,accel}$，$v_{2,\rho}=|v_2|+\rho a_{\max,accel}$，$v_{1,\rho}^{lat}=v_1^{lat}+\rho a_{\max,accel}^{lat}$，$v_{2,\rho}^{lat}=v_2^{lat}-\rho a_{\max,accel}^{lat}$；$\rho$ 代表驾驶员反应时间，$a_{\max,accel}$ 代表后车最大加速度，$a_{\min,brake}$ 代表后车最小减速度，$a_{\max,brake}$ 代表前车最大减速度，$a_{\min,brake}^{lat}$ 代表后车横向最小减速度，$a_{\max,brake}^{lat}$ 代表前车横向最大减速度；μ 代表车辆横向波动的范围大小。

上述三个公式反映了自动驾驶车辆即使处于自车制动力最小、加速度最大，以及前车制动力最大的条件下，但只要保持了上述的最小安全距离约束，那么车辆就能够避免冲突演化为事故。

因此，针对自动驾驶环境下的行人安全，本文将利用人车冲突数据完成对 RSS 模型参数的标定，从而最大限度地保障自动驾驶车辆与行人的安全。

3 RSS 模型标定

本文利用自然驾驶数据提取人车冲突片段，并以此还原人车冲突中机动车与行人的运动轨迹、运动状态等信息。而后将车辆运动初始状态信息、行人运动信息还原在 Simulink 中，通过仿真自动驾驶环境下车辆的运动，收集车辆与行人之间的相对速度、相对距离等数据，完成 RSS 模型的标定。

3.1 数据准备

本文分析所用数据来源于上海市自然驾驶研究项目（SH-NDS），该项目由同济大学、通用汽车公司、弗吉尼亚理工大学三方合作开展，是国内首个"自然驾驶研究项目"。实验车安装了先进的数据采集设备（4 路摄影头、可跟踪前方 8 个物体的雷达、GNSS、车辆总线数据记录器等）以及 Mobileye®驾驶辅助系统。该研究从 2012 年 12 月开始，到 2015 年 12 月结束。共收集到 19133 次出行，行程共计 161055km[4]。在项目中收集到的数据包含车辆动力学数据、车载视频数据以及驾驶员问卷问答数据共三类。

在自然驾驶研究中对冲突事件进行识别，常用的方法是利用阈值法对相关的车辆动力学参数（如速度、加速度、角速度等）的异常变化进行筛选。在本研究中，首先利用阈值法筛选自然驾驶数据中的冲突数据,参考了 Dingus 等[5]在其 100-Car NDS 的研究项目中筛选冲突事件的阈值,并进行了微调以减少遗漏的冲突事件(表2);之后利用视频行人检测的方式,从阈值法识别出的冲突事件中进一步筛选出人车冲突事件;最后对提取到的事件结合车载行人避撞系统的报警事件进行人工复核。最终获得了 398 起人车冲突事件。

表 2　阈值法识别标准

指　标	冲突筛选阈值
纵向加速度	纵向加速度≤-0.6g
	纵向加速度≤-0.5g,TTC≤4s
	纵向加速度≤-0.4g,TTC≤4s,纵向相对距离≤30.5m
横向加速度	|横向加速度|≥0.7g
事件按钮	事件按钮被触发

3.2　冲突片段提取

对这 398 起人车冲突事件进行描述,其中共包含 141 起垂直冲突(车辆直行与行人过街冲突),208 起纵向冲突(车辆与行人均沿道路直行),以及 49 起转向冲突(车辆转向与行人发生的冲突)。

同时,实际驾驶环境中由于遮挡、物体运动,甚至设备故障等原因,常会发生追踪目标丢失、数据突变等异常情况,能够提取完整冲突过程数据的冲突数要更少。因此,这里选择冲突数量最多的纵向冲突场景作为本次人车冲突 RSS 模型标定的主要研究场景,分别提取这些冲突发生前 10s 与后 5s 的片段作为冲突片段,提取包括自车速度、自车加速度、行人相对速度、行人相对距离等在内的车辆运动数据,并根据该数据还原自车运动轨迹与行人运动轨迹。

经过筛选,208 起纵向冲突事件中,共有 142 起冲突片段记录到了较完整的人车冲突中人车的运动信息,可以作为仿真场景构建以及 RSS 模型标定的基准事件。对这些事件中各时刻行人与机动车的运动状态进行统计,得到图 1 所示的行人速度分布、机动车速度、机动车制动减速度分布直方图与累计频率图。

图 1 显示,在 142 起冲突片段中,行人步行的平均速度为 1m/s 左右,机动车平均速度为 5m/s 左右,而机动车的制动减速度则主要集中在 0.5g 以下。

3.3　RSS 仿真控制设置

针对 RSS 的仿真设置利用 MATLAB 提供的 drivingScenarioDesigner 应用进行仿真场景生成,利用 Simulink 构建整个仿真流程。其中 RSS 仿真控制模块是整个仿真中的关键环节,其控制流程包括:①实时计算车辆此时状态下的最小安全距离,并与此时行人的相对距离进行比较;②若相对距离小于最小安全距离,则启动 RSS 控制算法,以自车的最小制动减速度进行减速,否则不进行操作。具体在模型中的设置如图 2 所示。

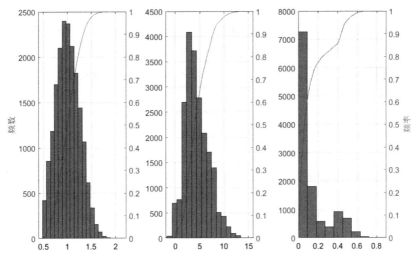

a) 行人步行速度(m/s)　b) 机动车速度分布(m/s)　c) 机动车制动减速度分布(g)

图 1　数据统计

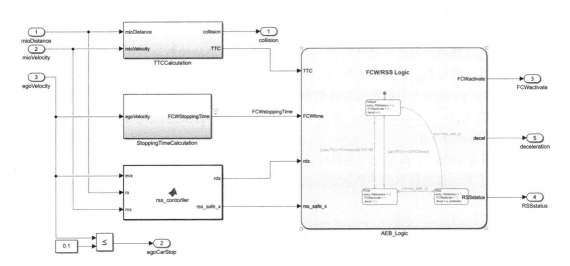

图 2　RSS 仿真控制模块结构图

在仿真运行的过程中,该模块通过传感器接收自车的速度、行人的相对速度、相对距离等信号,计算此时车辆与前车的最小安全距离。之后,将最小安全距离与相对距离传入 RSS 逻辑控制模块,最终输出 RSS 模型的触发状态以及 RSS 模型的减速度到车辆运动控制模块,进行下一步的车辆控制操作。

3.4　RSS 模型标定

3.4.1　设置目标函数

RSS 模型设计的目的在于保证自动驾驶车辆无论在何种环境下均能够免于事故责任。因此,需要保证即使车辆执行最轻度的避险措施也能够安全。而这就导致了 RSS 控制在普通的驾驶环境中具有偏保守的特点。因此在本次标定中除了具有安全性目标,还需要设置衡量驾驶保守程度的目标，以提升 RSS 模型运用下的车辆行驶效率。

具体到人车冲突场景，这里的安全性指标设置为 TIT（Time-integrated TTC），该指标是衡量车辆在运行时与 MIO 之间 TTC 小于规定安全阈值的 TTC 对时间的积分［如公式（4）所示，这里 TTC 阈值选择 4s[7]］，该指标越小，表示车辆的行驶越安全。

优化目标一：

$$\min. f_1 = \sum_{i=1}^{N} \sum_{j=1}^{T} [TTC^* - TTC(t)] \times t_{step} \quad (4)$$

而车辆行驶的保守性指标，则通过计算车辆在与行人相对距离小于最小安全距离时，安全距离与相对距离之间的差值来表示［如公式（5）所示］，该差值越小，代表车辆由于 RSS 控制而减速的时间越少，表示 RSS 触发的时间越晚，具有更低的保守性。

优化目标二：

$$\min. f_2 = \sum_{i=1}^{N} [D_{RSS}(t_{RSS}) - D_{relative}(t_{RSS})] \quad (5)$$

综上，对于 RSS 模型的标定，可以设置上述安全性与保守性两大优化目标，目的在于合理地调节 RSS 模型控制策略，在保证自动驾驶车辆安全的条件下减少模型的保守性。

3.4.2 优化算法选择

由于优化目标包含安全性与保守性两个方面，因此需要选择多目标优化算法进行优化。在单目标优化求解中，最优解通常只有一个，且能用比较简洁的数学方法获得。但在多目标优化的问题中，各目标之间会相互制约，在一个目标优化的同时，另一个目标可能会因此劣化，难以找到一个使所有目标性能都达到最优的解，所以对于多目标优化问题，其解通常是一个非劣解的集合——Pareto 解集。而这样的非劣解通常会有多组，共同构成了非劣最优目标域，也即 Pareto Front。

NSGA-Ⅱ是最流行、最常用的多目标遗传算法之一，是一种基于 Pareto 最优解的多目标优化算法[6]，其运算流程如图 3 所示。

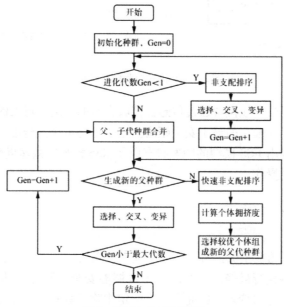

图 3　NSGA-Ⅱ流程框架

具体到本研究中 NSGA-Ⅱ 的应用，其基本流程包括：①初始化种群；②实现随机选择的个体对父代和随机选择的个体内的突变之间的交叉，以在子代中产生个体；③将父代与子代种群混合；④通过一种快速的非优势排序算法计算每个个体的适应度；⑤根据距离计算进行选择；⑥获得下一代。从第二步到第六步循环进行直到满足优化终止条件。

优化过程中，每个个体都是待标定的 RSS 模型的 4 个参数，设置初始化种群数量为 300，最大代数为 300，停滞代数为 100。当更新的代数达到了设置的最大值，或者随停滞代数的适应度函数值平均权重变化小于函数容许值（10^{-6}）时，即终止优化过程。

3.4.3 标定过程与结果

以上述两大目标为优化的目标函数，将在仿真的冲突场景中获得的数据作为标定的数据基础，利用 NSGA-Ⅱ 算法进行优化。其总标定过程如图 4 所示。

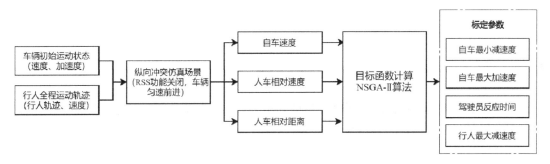

图 4　仿真标定过程示意图

根据上述流程进行参数标定，最终得到了 105 组参数值，绘制其 Pareto Points 分布图（图 5）。

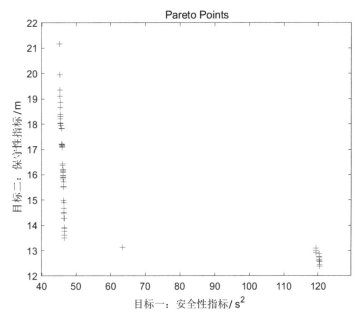

图 5　优化后参数的 Pareto Points 分布图

图5显示,随着目标一的优化(数值减小),目标二的劣化并不是线性的,而是先平缓后加剧,可以看到在安全性指标 $50s^2$ 左右继续降低时,目标二的数值迅速提升。为综合考虑模型的安全性与保守性,因此选择图中的(46.5808,13.5146)点所示的参数组作为优化参数。对参数取值进行汇总,得到表3所示标定参数。

表3 标定参数信息

参数	描述	上下限	标定值	单位
ρ	驾驶员反应时间	[0.1, 0.5]	0.4676	s
$a_{max,accel}$	自车最大加速度	[1, 3]	2.8301	m/s^2
$a_{min,brake}$	自车最小减速度	[1, 3]	1.1748	m/s^2
$a_{max,brake}$	行人最大减速度	[1, 3]	1.8630	m/s^2

4 模型对比与评价

针对标定的模型,对其进行评价需要将该模型与人类驾驶员进行对比。其评价分析从三个方面进行,①比较两者的车辆动力学参数,分析车辆的运动状态;②比较两者行驶的保守性;③比较两者的TIT,分析安全性。

4.1 车辆运动状态

首先对两种模型的速度分布进行统计,对速度的统计能够有效地判断车辆在运行过程中驾驶行为是否激进,驾驶是否平稳(图6)。

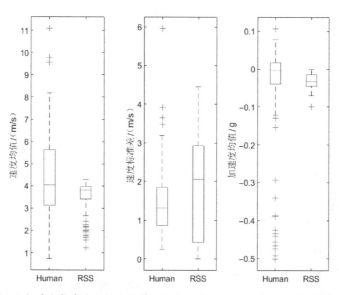

图6 两种模型142起冲突仿真中的速度均值(左)、速度标准差(中)、加速度均值(右)分布

在速度均值分布中可以看到,两种模型的速度均处在较低的水平;但人类驾驶员由于其

驾驶行为更加激进,在出行中会保持相对更高的车速行驶,因此速度的上下限比 RSS 模型控制的车速要高很多。

在速度标准差的对比中,由于 RSS 使用最小安全距离作为制动的指标,因此在冲突环境下会频繁进行最小减速度的制动控制,人类驾驶员则始终维持在较高的速度上,从而导致 RSS 控制车辆速度标准差的分布上限更高。

在加速度的均值比较中,人类驾驶员在驾驶车辆时其加速度的分布含有大量的异常值,也进一步验证了驾驶员驾驶行为激进,当出现冲突时易出现紧急制动操作。而 RSS 模型的减速度则由于采取的是最小制动减速度,因此在各冲突场景中的变化要平稳许多。

4.2 驾驶保守性

对于驾驶保守性的衡量,这里选用每一次出行中车辆与行人之间的相对距离平均值的分布(图7)作为驾驶保守性的衡量标准。可以认为相对距离平均值越高,代表车辆与行人发生冲突时距离越远,即代表驾驶行为越保守。

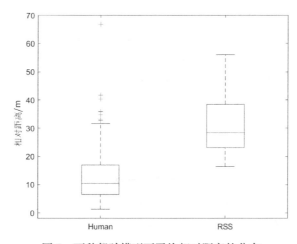

图 7　两种驾驶模型下平均相对距离的分布

图 7 显示人类驾驶员的相对距离明显要低于 RSS 模型,人类驾驶员控制的车辆与行人之间的相对距离平均只有 10m,最近甚至已经接近碰撞。而 RSS 与行人的平均相对距离则至少 20m,相比人类驾驶员的激进操作,RSS 模型明显更加保守,更加注重安全。但从速度均值的分布上看(图6),两者均值相近,即 RSS 模型的交通效率仍然处于较高的水平。

4.3 驾驶安全性

对驾驶安全性的分析则通过对比两种模型下的 TIT 变化情况。对 TIT 变化的分析,这里以人类驾驶员驾驶运动数据作为基准对比 RSS 控制模型下的 TIT 增加事件与 TIT 减少事件。对两者的 TIT 进行统计与对比,得到图 8。

图 8 显示了人类驾驶、RSS 控制算法下在 142 个冲突场景中的 TIT 分布。可以明显看出 RSS 控制算法控制下的车辆其 TIT 值更低,而且在不同的时间上基本保持相对稳定。

人类驾驶员的 TIT 值是最高的,是 RSS 模型的 2~3 倍,且在不同的冲突事件中产生了

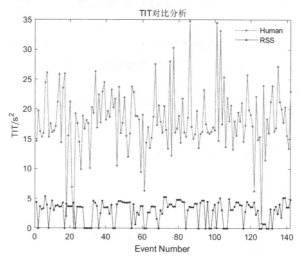

图 8 两种模型 TIT 对比

巨大的波动,显示出人类驾驶员驾驶行为的不确定性、激进性。

综合来看,在安全性方面 RSS 控制算法显著优于人类驾驶员的控制,进一步证实了在自动驾驶环境下 RSS 模型相比人类驾驶员更为优越的安全性能。同时其驾驶的保守性、平稳性也要优于人类驾驶。

5 结语

本文以上海市自然驾驶数据为基础提取人车冲突片段进行分析,利用 NSGA-Ⅱ算法,标定了人车纵向冲突环境下的 RSS 模型。并对该模型与人类驾驶员控制进行对比,从车辆运动状态、驾驶保守性、驾驶安全性三个方面进行了评价。结果显示 RSS 模型在交通运行的平稳性、驾驶的安全性方面要显著优于人类驾驶。该模型可以为后续自动驾驶环境下的车辆安全控制提供参考与借鉴。

参 考 文 献

[1] International Transport Forum. Road Safety Annual Report 2018 [R]. Paris: International Transport Forum, 2018.

[2] SAE On-Road Automated Vehicle Standards Committee. Taxonomy and definitions for terms related to on-road motor vehicle automated driving systems [J]. SAE Standard J, 2014, 3016: 1-16.

[3] SHALEV-SHWARTZ S, SHAMMAH S, SHASHUA A. On a formal model of safe and scalable self-driving cars [J]. arXiv preprint arXiv: 1708.06374, 2017.

[4] 王雪松, 徐晓妍. 基于自然驾驶数据的危险事件识别方法 [J]. 同济大学学报(自然科学版), 2020, 48 (01): 51-59.

[5] DINGUS T A, KLAUER S G, NEALE V L, et al. The 100-car naturalistic driving study, Phase Ⅱ-results of the 100-car field experiment [R]. United States. Department of Transportation. National Highway Traffic Safety Administration, 2006.

[6] DEB K, PRATAP A, AGARWAL S, et al. A fast and elitist multiobjective genetic algorithm: NSGA-Ⅱ [J]. IEEE transactions on evolutionary computation, 2002, 6 (2): 182-197.

[7] XU X, WANG X, WU X, et al. Calibration and evaluation of the Responsibility-Sensitive Safety model of autonomous car-following maneuvers using naturalistic driving study data [J]. Transportation research part C: emerging technologies, 2021, 123: 102988.

车路协同环境下基于车头时距的多线路公交控制方法研究

邹莉，陈振武，周勇，王晋云，罗佳晨

深圳市城市交通规划设计研究中心股份有限公司，深圳 518057

【摘要】 公交车头时距的均衡性是衡量公交运行可靠性的重要指标，对于提高公交服务水平、增强公交吸引力具有重要意义。本研究针对车路协同环境下公交车头时距的控制问题，融合公交信号优先、公交驻站时间控制、车速引导等多种控制手段，以公交车车头时距均衡性为主要优化目标，建立多线路公交控制优化模型，对公交车实现全线路实时动态的精准控制。在保证公交车车头时距均衡的同时，尽量减少公交车的总体延误以及对其他社会车辆的影响。以深圳市福田中心区的M390路公交线路为例，利用VISSIM对模型进行仿真验证分析，结果表明，本研究建立的基于车头时距的多线路公交动态控制优化模型能够在对其他社会车辆影响较小的情况下，实现车头时距均衡性提升84%，公交车的总体延误降低12%。

【关键词】 公交信号优先控制；车头时距；车路协同；多线路公交

Multi-line Bus Control Method Based on Headway with CVIS

Zou Li, Chen Zhenwu, Zhou Yong, Wang Jinyun, Luo Jiachen

Shenzhen Urban Transportation Planning and Design Research Center Co., Ltd., Shenzhen 518057

Abstract：The regularity of the bus headway is an important indicator to measure the reliability of bus operation, and it is of great significance for improving the level of bus service and enhancing the attractiveness of the bus. Aiming at the control problem of bus headway distance in an intelligent vehicle infrastructure cooperative environment, this study combines multiple control methods such as bus signal priority, bus stop time control and speed guidance, and takes bus headway regularity as the main optimization goal to establish The multi-line bus control optimization model realizes real-time dynamic and precise control of the bus on all lines. While ensuring a regular headway of the bus, the overall delay of the bus and the impact on other social vehicles should be minimized. Taking the M390 bus line in the central area of Futian, Shenzhen as an example, using VISSIM to simulate and verify the model, the results show that the multi-line bus dynamic control optimization model based on the headway established in this study can have a little impact on other social vehicles, the headway regularity is increased by 84%, and the overall delay of buses is reduced by 12%.

Key words：bus signal priority; time headway; CVIS; multi bus lines

---

⊖ 基金项目："创新链+产业链"融合专项：面向智能驾驶的新型车路协同关键技术研发及产业化（2019-Cit-005-IITB）。

PART V

五、民航领域

点融合飞行程序容量评估与流量管理方法

梁建波,毛英南

民航中南地区空中交通管理局,广州　510405

【摘　要】　点融合是一种新型的、具有排序功能的,基于性能的导航(PBN)飞行程序。通过引入实际飞行参数,分别计算了点融合飞行程序的融合点、融合区及排序弧各分项容量,总结了点融合程序下的理论容量计算公式和流量管理方法,寻求其合理的部署方案及实施流量管理的手段。点融合系统(PMS)理论容量值是综合各分项容量的最小值,三者的平衡才能使点融合飞行程序实现最大的投入产出比。战略层面的容流平衡和战术层面的优先充盈点融合区域的流量管理策略能使运行效率最大化;配合适当的雷达引导方式与等待程序的使用,提高点融合飞行程序对环境的适应性,保证点融合系统不因溢出而崩溃。

【关键词】　航空运输;飞行程序设计;点融合;容量;流量管理;基于性能的导航(PBN)

A Robust and Effective Method for Capacity Evaluation and Flow Management of Point Merge System

Liang Jianbo, Mao Yingnan

C&S ATMB of CAAC, Guangzhou 510405

Abstract: The Point Merge procedure is a new type of performance-based navigation (PBN) flight procedure with sequencing function. By introducing the actual flight parameters, the sub capacity of the merge point, the path envelope and the sequence leg is calculated respectively. The theoretical capacity of the point merge system (PMS) is the minimum capacity of those three elements. Then the reasonable deployment scheme and the means of implementing flow management are sought. It must assure the balance of these three factors to achieve the maximum cost-effectiveness, thus maximize the airport capacity by priority filling PMS structure in tactical level. With the use of appropriate radar vectoring and holding procedure, the adaptability of point merge procedure will be improved to ensure the system will not collapse due to overflow.

Key words: air transportation; flight procedure design; point merge; capacity; flow management; performance based navigation (PBN)

1　引言

国际民航组织(Internet Civil Aviation Organization,ICAO)航空组块升级(Aviation System Block Upgrades,ASBU)战略[1]为实现高效现代化空中交通管理,其提出的改进领域之一就是安排有序航班流。点融合(Point Merge)飞行程序[2]是一种引入点融合排序手段的基于性能的导航（Performance Based Navigation，PBN）[3]飞行程序。其利用了PBN导航灵活设定航迹的特点，对进场航空器运行航迹进行了有效改进，基于点融合弧线上任意一点与圆心等距的原理，设定了不同高度的排序弧，通过航空器在弧内延误的模式实现了飞行程序的排序功能[4]。

点融合程序是一种全新的排序方式，欧控在2006年发布了 *Point Merge Implementation*[2]，首次介绍了点融合程序及其设计方法；并结合规整进场流实现连续下降[3]以及分析了管制员负荷和制定了特情处置指引[5]；J. E. Robinson等研究了终端区内使用点融合技术进行排序的利弊[6]；R. Christien等对欧洲主要机场航班排序方法进行了扩展性的分析[7]；B Favennec等[8]阐述了在巴黎戴高乐机场以模拟仿真方式研究点融合程序对进场航班高峰时段排序的适用性。国内研究方面，2010年，邹朝忠等介绍了《融合点进近程序和技术浅析》[9]；2016年，晁绵博等发表《终端区点融合进近程序设计方法研究》[10]介绍了设计方法；2017年，王建忠等发表了《基于点融合进近的航空器进场4D航迹规划》[11]，对点融合技术应用于轨迹规划方面的优劣进行了研究。

点融合程序是使用程序化的延误来实现航空器排序功能的，其轨迹是固化的，使用空域是具有独占性的。一旦容量超过点融合系统（Point Merge System，PMS）的承载能力，整个运行体系将会溃散。管制员个人能力难以承受如此大的航班运行冲突，从而危及飞行安全。因此，为了系统安全性，对点融合系统容量的分析显得尤为重要。容量是指在特定的空域范围单位时间内能够接纳的航空器最多架次。本文将寻求一种计算点融合程序理论容量的方法，并对点融合飞行程序超量后的流量管理手段[12]进行分析，提出合理的解决方案。

2 点融合飞行程序的理论容量计算方法

根据点融合系统的结构，其理论容量由如下方面组成：融合点（Merge Point）的容量、融合区（Merge Area）的容量和排序弧（Sequence Leg）的容量（图1）。本节分析计算的容量为理论容量，受管制员能力、航班计划排布等因素影响，实际运行容量会小于理论容量。

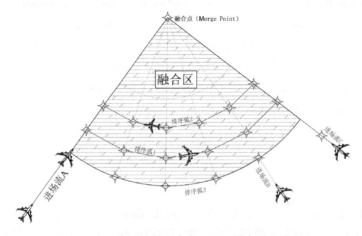

图1 点融合系统的融合点、区和排序弧示意图

以下参数在本文计算时通用：

T——以时间计量的跑道五边落地间隔，单位为 min；

L_0——以距离计量的跑道五边落地间隔，单位为 km；

L_1——进近雷达间隔，单位为 km（根据国内规章，进近区内距雷达头 50km 内取值为 6km，如实际管制间隔>6km，则按实际取值）；

V_{if}——航空器在五边进近平均速度，单位为 km/h；

V_{pms}——航空器在点融合区内平均速度，单位为 km/h。

2.1 融合点的理论容量计算

融合点的理论容量取决于两个容量：其一为跑道容量（落地容量），主要表现为五边间隔[13]；其二为点融合系统为五边饲喂的容量。

2.1.1 单个点融合系统为单个跑道的五边饲喂时的容量（图2）

定义 C_1 为点融合系统的理论容量。数学模型为：

时间间隔的选取

$$T_{max} = \max\left\{T, \frac{60L_1}{V_{pms}}\right\} \tag{1}$$

点融合系统的理论容量

$$C_1 = \min\left\{\frac{60}{T_{max}}, \frac{V_{if}}{L_0}, \frac{V_{pms}}{L_1}\right\} \tag{2}$$

式中 T_{max}——五边间隔使用时间计量时，计算点融合容量的综合时间间隔，单位为 min；

C_1——融合点所能支持的小时高峰架次，分别为使用时间间隔、五边间隔、融合区间隔对通过融合点的小时高峰架次的最小值。

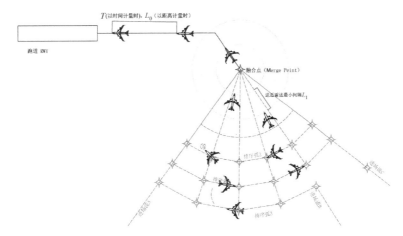

图 2 五边间隔和点融合间隔示意图

2.1.2 单个点融合系统为两条或者两条以上独立平行进近跑道五边进行饲喂时的容量（图3）

定义 C_1 为点融合系统的理论容量。假设 n 条跑道实施独立进近，数学模型表述为：

时间间隔的选取

$$T_{\max} = \max\left\{\frac{T}{n}, \frac{60L_1}{V_{pms}}\right\} \qquad (3)$$

点融合系统的理论容量

$$C_1 = \min\left\{\frac{60}{T_{\max}}, \frac{nV_{if}}{L_0}, \frac{V_{pms}}{L_1}\right\} \qquad (4)$$

式中 n ——所能用于独立进近的跑道数量。

与单个跑道的差异在于：通常 $1/n$ 五边间隔会小于进近雷达间隔，此情形下容量受限于进近雷达间隔，系统最大容量约为 60~70 架次。

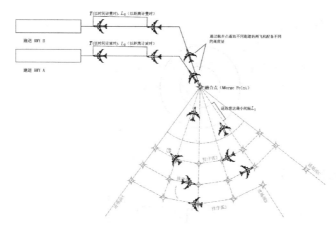

图3 双跑道五边间隔和点融合间隔示意图

综上分析，为了与跑道容量相适应，在空域系统能够支撑时，尽可能一个点融合程序对应一条跑道。运行层面提高融合点吞吐能力的方法主要有：缩小进近雷达间隔；或者让飞机保持一个恒定的、较高的进近速度到距离入口较近的位置。

2.2 融合区的理论容量计算

融合区的理论容量也是由转向融合点的容量和排序弧能供给的容量组成（图4）。

图4 点融合区间隔示意图

定义 C_2 为点融合系统的理论容量。假设最外弧到融合点的最小距离为 L_{out}，单位为 km；各排序弧的可用弧长分别为 L_S（S 为弧编号，取 1，…，S），单位为 km。数学模型为

$$C_2 = \min\left\{\frac{V_{pms}}{L_1} + \frac{L_2}{L_1}, \frac{V_{pms}}{L_1} + \sum_1^S \frac{L_S}{L_1}\right\} \tag{5}$$

式中 C_2——点融合系统融合区所能支持的小时高峰架次，是综合转向融合点的理论容量和排序弧的容纳飞机的能力。

综上所述，如果设计有合理的排序弧长度，则融合区的理论容量多取决于转向融合点的理论容量。容量影响因素在于流速，而不是融合区的半径。但是融合区所在的扇面是管制员主要指挥区域，因此建议有两倍管制间隔以上的空间为宜。

实际排序弧的飞机进入存在不连续性，该能力和弧最大容量数值差距较大，因此还需要进一步计算排序弧的理论容量。

2.3 排序弧的理论容量计算

单个排序弧的理论容量由弧内航班按照最小雷达间隔排队形成的容量组成（图5）。研究该项目主要用于解决部分排序弧过短，航班无法消磨足够的时间从而造成溢出。

2.3.1 理想状态下弧的容量

定义 C_3 为点融合系统的理论容量。假设各排序弧的可用弧长分别为 L_S（S 为弧编号，取 1，…，S），单位为 km。数学模型为：

当一个排序弧出现溢出时，系统产生崩溃。此时应禁止进场航班进入 PMS 系统，排序弧最大蓄能为

$$C_3 = \frac{V_{pms}}{L_1} + \sum_1^S \frac{L_S}{L_1} \tag{6}$$

式中 C_3——点融合系统全部排序弧所能支持的小时高峰架次。

图5 点融合排序弧上的间隔示意图

2.3.2 非均匀状态下弧的容量

第2.3.1节假设了航班排布非常合理，同时充盈各个排序弧的理想状态。实际情况

下,飞机进入点融合系统的时刻具有不确定性。因此,排序弧的容纳能力还与进入各排序弧的流量配比和航班到达时刻集中度有关。为了求得实际的理论容量还需要引入几个参数。

参数说明:

L_c——后机与前机进入 PMS 排序弧时的实际间隔,有 h 个航班前后间隔分解为 L_{c1},L_{c2},L_{c3},…,L_{ch-1},单位为 km;

J——航班到达集中度,使用时间表示,单位为 h,分解到每个前后航班为 J_1,J_2,J_3,…,J_{h-1};

K——对应各排序弧的流量配比,分解 K_1,K_2,K_3,…,K_s,$K_1+K_2+K_3+\cdots+K_s=100\%$;

R_p——在单排序弧上同时运行的航班架次,系统内存在多个弧的单容量为 R_{pS}(S 为弧编号,取 1,…,S);

C_3——点融合排序弧所能支持的小时高峰架次。

修正数学模型如下:

(1)计算集中度

$L_{c1} \geqslant L_1$ 时,$J_1 = \dfrac{L_{c1}}{V_{pms}}$;间隔差值不传递给下一个间隔。

$L_{c1} < L_1$ 时,$J_1 = \dfrac{L_1}{V_{pms}}$;并将间隔差值传递至下一个间隔。

$L_{c2} - (L_1 - L_{c1}) \geqslant L_1$ 时,$J_2 = \dfrac{L_{c2} - (L_1 - L_{c1})}{V_{pms}}$;间隔差值不传递给下一个间隔。

$L_{c2} - (L_1 - L_{c1}) < L_1$ 时,$J_2 = \dfrac{L_1}{V_{pms}}$;间隔差值传递给下一个间隔。

依此类推。

当 $\sum_1^{h-1} L_{ch-1} - (h-1)L_1 \geqslant L_1$ 时

$$J_{h-1} = \frac{\sum_1^{h-1} L_{ch-1} - (h-1)L_1}{V_{pms}} \tag{7}$$

间隔差值不传递给下一个间隔。

当 $\sum_1^{h-1} L_{ch-1} - (h-1)L_1 < L_1$ 时

$$J_{h-1} = \frac{L_1}{V_{pms}} \tag{8}$$

间隔差值传递给下一个间隔。

计算平均集中度

$$J_S = \frac{\sum_1^{h-1} J_{h-1}}{h-1} \tag{9}$$

(2)计算容量 单个排序弧上容纳航班架次:

设定参数 R_q 为单个排序弧上容纳航班架次。

当 $\dfrac{\sum_1^{h-1} L_{ch-1}}{h-1} \geqslant L_1$ 时

$$R_q = \frac{L_s(h-1)}{\sum_1^{h-1} L_{ch-1}} \quad (10)$$

当 $\frac{\sum_1^{h-1} L_{ch-1}}{h-1} < L_1$ 时

$$R_q = \frac{L_s}{L_1} \quad (11)$$

可计算出每个排序弧动态航班小时总量为

$$R_{pS} = \frac{K_s}{J_S} + R_q \quad (12)$$

因此，非均匀状态下排序弧限制的点融合理论总容量为

$$C_3 = \sum_1^s R_{pS} \quad (13)$$

综上所述，弧的长度与航班集中度、航班比例相关。排序弧应布置合理的长度，不应使单个弧成为整个系统的短板。

2.4 点融合系统的理论容量计算

综上所述，点融合系统的理论容量为过融合点的容量 C_1、融合区 C_2 和排序弧的容纳能力 C_3 三个容量的最小值，并考虑任何一个方向的流量不超出排序弧的容纳能力 R_{pS}。

点融合的排序弧理论容量 C_{pms} 为

$$C_{\text{pms}} = \min\{C_1, C_2, C_3\} \quad (14)$$

3 点融合流量管理策略

由理论计算可见，点融合系统运行时，有两种情况可能造成容量的溢出，其一为短时进入航班量远大于 C_1（通过融合点的容量），超出了系统所能承受的最大航班量。其二为单位时间内，航班进入流持续超过 C_1，累积一定时间后造成单个排序弧的容纳能力 R_p 超限，带来系统的崩溃。

解决第一个问题的方案为：应通过外围等待航线，或者区域流控等手段控制进入点融合系统的航班总量，使得总量不大于点融合的承受能力。

解决第二个问题的方案为：应通过航班时刻排布、飞行计划审批等先期的流量控制手段保证一段时间内（如 1~3h），进入航班量和消化航班量的均等。先期的流量管理和灵活的战术管理相结合，以便运行效率最大化。下面将阐述如何通过具体的流量管理手段保证运行效率和运行安全的平衡。

点融合系统流量管理原理。将点融合的融合区视为一个航班池，而将融合点（Merge Point）视为出口，各进场航线连接的排序弧为进口。如果想实现航班效率最高，则需要保证如下几点：第一，出口航班需要以最大的能力排出，尽量不造成间隔的浪费。第二，融合区（航班池）里应有一定的调节能力，既为出口保证一定的供给量，又不能造成航班溢出。第三，供给侧尽量保证各向进场流的总量恒定，点融合系统只对各向航班总量恒定有要求，一般情况下不需单独控制某个进场流。第四，供给侧的总量和消化侧的总量应

一致。

　　流量管理策略可分为：战略阶段和战术阶段。在战略性流量管理阶段，保证机场静态通行能力和预测的机场保障能力相适应。为一个机场或者空域设计点融合程序时，应保证点融合系统容量在机场最大静态通行能力之上至少 20% 的余量。战略性的流量管理方式还应尽量消除航班流高峰集中的问题，削峰填谷，避免战略层面航班高峰小时安排超量。

　　战术性流量管理阶段。点融合程序的流量管理手段也与现行流量管理手段不同。现有的实施层面流量管理手段多以外围先期控制为先。该方法的优点在于防止管制员引导压力大，避免航班堆积至跑道附近。在流控因素缓解后由外到内进行放入。先期战术流量控制的弊端在于：当运行限制消失（天气转好或者活动取消）后，航班都在外围地区，无法为跑道提供充盈的航班量，落地航班偏少；而外围航班积压，流量控制严重，管制员处置压力大；系统对流量的响应能力偏弱，效率较低。与现行手段不同的是，点融合系统在战术阶段首先保持航班池的流量，待点融合区内航班充盈至一定程度后，再将航班逐步容纳于等待航线等蓄能空域，最后才是外围的流量控制。结构化、程式化的流量管理能力减少了管制员的雷达引导工作量；通过高中低空域航班量的容纳能力实现了快速响应跑道容量需求，增大了流量调节能力。

　　值得进一步说明的是，在实际运行时，航班还可能由于天气、起飞机场等存在短时超量的现象，该超量崩溃的现象并不是点融合系统自身缺陷导致的影响，而是因为点融合是排序功能的程序，而不是延误功能的程序这一特性造成的。点融合程序只能满足短时容量调节需求，对进场流量的平衡，应以战略性的流量管理为主。消化天气、突发流控等这种额外的流量并不应由点融合解决，等待航线才是标准的延误等待程序。利用点融合配合外围等待航线可以防止短期流量的冲击。

4　点融合和雷达引导空间及等待程序配合的流量管理方法

4.1　结合等待航线的流量管理方法

　　根据上述的流量管理策略，进一步研究点融合程序与雷达引导空间、等待程序配合的流量管理方法，以期发挥点融合程序的最大作用。

　　假设点融合程序的排序弧距离融合点 20km，弧角度为 90°，弧长为 $2\pi \times 20/4 \approx 31.5$ km。飞机在点融合内的速度为起始进近速度，初步取中间值 380km/h。在弧上飞行的最长时间为 $31.5 \times 60/380 = 4.9$ min。从结果看出，点融合并不适合长期延误。而等待航线则是以每 4min 为一个间隔的延误手段。因此，如果需要对航空器运行进行管理，则需在进场流进入点融合程序前设置等待航线。等待航线用于实现超过 4min 以上的延误；点融合程序用于 4min 以内的延误和排序（图6）。两者互补保证了流量供给的充盈和避免断续。

4.2　结合雷达引导手段的流量管理方法

　　设置外围的雷达引导空间，同样有利于实现航班的精确控制，在进近高扇设置辅助的引导空间，可以实现提前的预判和航迹管理，形成一个良好的饲喂空间。直飞和程序化

图 6　点融合和等待结合示意图

"DOGLEG"共同组成的引导手段可以为建立入弧前精细间隔提供技术支持（图 7）。

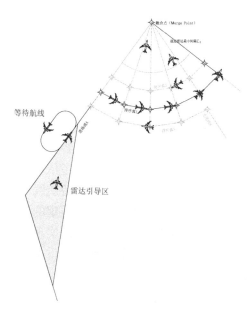

图 7　点融合和雷达引导结合示意图

4.3　加强应急管理手段，避免扰动点融合系统

从点融合的特点可以看出，一个非预期的航班会影响到系统的稳定性，从而扰动整个系统，造成管制员的工作负荷剧增。需要实现完美的间隔和运行，还需要管制员配备完善的预案。点融合系统内如出现了特殊情况，个别航班无法按照规定的路径进近至融合点，管制员应及时干预，使用雷达引导的方式，顺向指挥航空器脱离点融合系统或者保持航迹上升高度通过融合点，防止其干扰点融合系统内的其他航班。指挥过程中优先保持与其他航空器的水

平间隔（图8）。

图 8　点融合程序应急脱离示意图

5　结语

本文通过对点融合程序下容量评估理论计算方法的研究，拟定了点融合程序的容量计算公式。根据计算，得出点融合程序不必占用大片空间，容量只要略大于跑道容量或者融合点后空域容量即可的结论，为程序设计和空域规划提供参考依据。本文还在容量评估的基础上提出流量管理的策略，削峰填谷，加强先期管理；将等待航线与点融合程序精确排序功能相结合的流量管理方法，既具有良好的延误能力，又保持恒定的流量处理能力；辅以高扇的雷达引导方式，能大大提高点融合的处理能力，使得小空间实现大作为。但是，我们仍需重视扰动对点融合的致命影响，提升管制员的应急管理能力，雷达引导扰动航空器及时脱离点融合系统，保证系统安全运行。

参 考 文 献

［1］ICAO. ICAO Doc 9750, Aviation System Block Upgrades ［R］. Montreal：ICAO, 2016.

［2］SESAR, DSNA/EUROCONTROL. Point Merge implementation ［R］. Brussel：［s. n.］, 2020.

［3］ICAO. ICAO Doc 9613, Performance Based Navigation Manual ［R］. Montreal：ICAO, 2013.

［4］EUROCONTROL Experimental Centre. Point Merge Integration of Arrival Flows Enabling Extensive RNAV Application and Continuous Descent -Operational Services and Environment Definition ［R］. Brussel：［s. n.］, 2010.

［5］EUROCONTROL Experimental Centre. Airborne Spacing in The Terminal Area：Controller Experiments on Mixed Equipage, A bnormal Situations and Transition ［R］. Brussel：［s. n.］, 2006.

[6] ROBINSON J E, THIPPHAVONG J, JOHNSON W C. Enabling Performance-Based Navigation Arrivals: Development and Simulation Testing of the Terminal Sequencing and Spacing System [C]//Eleventh USA/Europe Air Traffic Management R&D Seminar. Libson: [s. n.], 2015.

[7] CHRISTIEN R, HOFFMAN E, TRZMIEL A, et al. An extended analysis of sequencing arrivals at selected major European airports [C]//Air Transportation Integration & Operations (ATIO) Conference, Atlanta: [s. n.], 2018.

[8] FAVENNEC B, MARX P, TRZMIEL A, et al. How the Geometry of Arrival Routes Can Influence Sequencing [C]//2018 Aviation Technology, Integration, and Operations Conference. [S. l.: s. n.], 2018.

[9] 邹朝忠, 杨波, 黄卫芳. 融合点进近程序和技术浅析 [J]. 空中交通管理, 2010 (1): 9-12, 30.

[10] 晁绵博, 赵向领, 李鹏程, 等. 终端区点融合进近程序设计方法研究 [J]. 航空计算技术, 2016, 46 (2): 10-14, 18.

[11] 王建忠, 王超, 张宝成. 基于点融合进近的航空器进场4D航迹规划 [J]. 科学技术与工程, 2017, 17 (14): 333-337.

[12] ICAO. ICAO Doc 9976, Fuel Planning and Fuel Management (FPFM) Manual [R]. Montreal: ICAO, 2015.

[13] ICAO. PANS ATM ICAO Doc 4444 Air Traffic Management [R]. Montreal: ICAO, 2019.

基于分形理论的航空运输量预测

王飞,魏林琳

中国民航大学空管学院,天津 300300

【摘要】 为了对我国航空运输量进行准确预测,提出了基于分形分布模型的航空运输量预测方法。收集了 1950—2019 年的旅客运输量和货邮运输量统计数据,以及 2000—2019 年的运输总周转量统计数据,构建了相应时间序列;应用 R/S 方法计算了各个时间序列的 Hurst 指数和分形维数,识别各时间序列的分形特征;考虑到本文时间序列的波动性小、整体呈上升趋势的数据特点,应用分形分布模型对相关运输量进行了预测。数值计算结果表明,旅客运输量和货邮运输量时间序列的 Hurst 指数分别为 0.9707 和 0.9798,分形维数分别为 1.0293 和 1.0202,说明都具有分形特征,而运输总周转量时间序列的 Hurst 指数为 1.0606,分形维数为 0.9334,说明不具备分形特征;应用分形分布模型,采用多次 1 步和 1 次多步进行预测,旅客运输量和货邮运输量的相对误差都在 3% 以内,均衡系数都在 0.99 以上,平均绝对相对误差都在 0.015 以下,而对于运输总周转量,预测效果明显下降。这说明对于具有分形特征的旅客运输量和货邮运输量,应用分形分布模型是有效的和可行的,对于不具备分形特征的运输总周转量,分形分布模型预测效果并不理想。

【关键词】 航空运输;航空运输量预测;分形分布模型;时间序列;Hurst 指数

Prediction of Air Transportation Volume Based on Fractal Theory Intelligent Transportation

Wang Fei, Wei Linlin

College of Air Traffic Management, Civil Aviation University of China, Tianjin 300300

Abstract: In order to accurately predict the air traffic volume in China, a prediction method for air traffic volume based on fractal distribution model is proposed. The statistical data of passenger transport volume and freight transport volume from 1950 to 2019, and the statistical data of total transportation turnover volume from 2000 to 2019 were collected, and then the corresponding time series were constructed. The Hurst exponent and fractal dimension of each time series are calculated by R/S method to identify the fractal characteristics of each time series. Considering that the time series in this paper has a small fluctuation and a rising trend, the fractal distribution model was used. The numerical results show that the Hurst index of passenger transport volume and freight transport volume is 0.9707 and 0.9798, and the fractal dimension is 1.0293 and 1.0202, respectively, indicating that they have fractal characteristics. For total transportation turnover volume, the

---

○ 基金项目:国家自然科学基金青年科学基金/Young Scientists Fund of the National Natural Science Foundation of China (71801215);中央高校基本科研业务费专项资金/Fundamental Research Funds for the Central Universities of Ministry of Education of China (3122019129)。

Hurst index of is 1.0606, and the fractal dimension is 0.9334, indicating that it does not have fractal characteristics. The results show that the relative error of passenger and freight transportation is less than 3%, the equilibrium coefficient is more than 0.99, and the average absolute relative error is less than 0.015. For the total transportation turnover, the prediction effect is significantly reduced. The conclusion is that, the fractal distribution model is effective and feasible for the passenger traffic volume and freight traffic volume with fractal characteristics, but is not ideal for the total traffic volume without fractal characteristics.

Key words: air transportation; air transportation volume predict; fractal distribution model; time series; Hurst index

PART VI

六、其他领域

新一轮科技革命背景下深圳智能交通发展战略思考

徐丹，韩广广，孙超

深圳城市交通规划设计研究中心股份有限公司，深圳　518057

【摘要】 数字技术主导的世界新一轮科技革命方兴未艾，新技术加速交通与产业深度融合发展，不断催生交通基础设施、运营组织、治理模式、出行方式等层面颠覆性变革。基于世界新一轮科技革命背景下的深圳智能交通发展定位，梳理分析当前新形势下深圳智能交通发展面临的形势趋势。从超前谋划布局的角度，立足深圳交通强国示范和数字交通发展要求，提出科技革命浪潮下深圳智能交通融合基建升级、多元交通治理、柔性运营组织、品质完整出行、开放聚合生态等发展思考，助力深圳打造智能交通先行示范样板。

【关键词】 新一轮科技革命；融合基建；交通治理；运营组织；完整出行；深圳智能交通

Thinking on the Development Strategy of Intelligent Transportation in Shenzhen under the Background of a New Round of Scientific and Technological Revolution

Xu Dan, Han Guangguang, Sun Chao

Shenzhen Urban Transportation Planning and Design Research Center Co., Ltd., Shenzhen 518057

Abstract: The new round of scientific and technological revolution in the world dominated by digital technology is in the making. New technology accelerates the deep integration of transportation and industry development, and constantly gives birth to the subversive changes in transportation infrastructure, operation organization, governance mode and travel mode. Based on the development orientation of Shenzhen's intelligent transportation under the background of the new round of scientific and technological revolution, the situation and trend of Shenzhen's intelligent transportation development under the current new situation are analyzed. From the perspective of advance planning layout, traffic based on Shenzhen power demonstration and digital transportation development requirements, is put forward under the revolution of science and technology, Shenzhen fusion intelligent transportation infrastructure upgrades, multivariate traffic management, flexible operation, quality, complete travel, open polymerization ecology development thinking, help Shenzhen to build intelligent transportation first demonstration model.

Key words: the new round of scientific and technological revolution; integrated infrastructure; traffic governance; operation organization; complete travel; intelligent transportation in Shenzhen

---

⊖ 基金项目：国家自然科学基金委员会，基于大数据的智慧交通基础理论与关键技术（2019-Nat-001-NSFC）。

1 引言

当今世界正处于百年未有之大变局，中美贸易紧张局势升级，全球经济下行风险增加，中国经济进入新常态，正在形成以国内大循环为主体、国内国际双循环相互促进的新发展格局。交通运输在国民经济和社会发展中承担着战略性、引领性、基础性和服务性功能。近年来，以大数据、物联网、人工智能、5G 等数字化技术主导的世界新一轮科技革命和产业变革浪潮迭起，自动驾驶、智慧公路、共享交通等新技术、新业态、新产业、新模式不断涌现，加速交通与产业融合发展，不断推动交通基础设施、交通管理和出行服务模式等各层面深刻变革。在此背景下，以新兴科技为载体的智能交通成为推动交通运输高质量发展和实现全球经济发展新旧动能转换的关键力量。

四十年来，深圳从一个 3 万多人的边陲小镇，发展成为超 2000 万人口、车辆密度全国第一、GDP 全国第三的超大规模超高密度城市，交通运行效率在一线城市保持最优。深圳肩负粤港澳大湾区和中国特色社会主义先行示范区"双区"战略重大使命，同时，作为交通强国城市范例，深圳明确提出建设全球交通科技创新高地的战略定位，力争成为全球交通科技创新的引领者，要求不断创新智能交通发展理念和方法，精准研判未来科技对智能交通发展的影响，制定科学合理的发展策略，稳步提升城市交通治理能力和服务能力，推动构建世界领先的城市智能交通发展体系。

2 世界新一轮科技革命背景下深圳智能交通发展要求

2.1 世界新一轮科技革命方兴未艾，新兴科技逐渐走向规模化应用阶段

近代以来，世界经历了蒸汽化、电气化、信息化和数字化四次技术革命，以大数据、人工智能、物联网等数字化技术主导的新一轮科技革命风起潮涌，为全球智能交通突破式发展提供源源不断的动力和无限可能。新一轮科技革命和产业变革成为经济内生新动力，以新兴科技为载体的智能交通成为交通运输高质量发展的重要推动力量，为全球经济发展新旧动能转换提供重要支撑。

纵观科技革命的演进规律，技术革命的迭代时间越来越短，技术革命主导的国家在先进科技和产业上有较大的前瞻性和话语权，引领一个时代的发展。第一次技术革命发生于 18 世纪 60 年代，以蒸汽动力技术为标志，以英国为代表的国家大力推进铁路规模化发展，实现了生产的机械化。第二次技术革命出现在 19 世纪 60 年代至 19 世纪末，以电力技术为标志，以美国为代表的国家大力推动电力普及、内燃机和流水线生产，实现了电气化。第三次技术革命出现在 20 世纪 40 年代至 60 年代，以电子计算技术、空间通信技术、核技术为标志，以美国为主的国家广泛应用自动化生产和电子计算机产品，实现了信息化。第四次技术革命是 20 世纪末到 21 世纪初期，以微型计算机、互联网、基因技术的出现为标志，以中国和美国为主的国家大力发展 5G、人工智能、物联网和大数据技术，实现了数字化。

2.2 新技术与交通产业深层次融合，催生交通管理服务模式颠覆性变革

新时期，全球信息技术革命突飞猛进，物联网、云计算、大数据、人工智能等新一代信息技术环境催生了新的城市交通运行组织模式和服务模式，也为新时期国家战略发展创造了无限可能。国际咨询机构麦肯锡预测未来交通出行将呈现七大发展趋势：共享移动性、汽车电气化、自动驾驶、新型公共交通、可再生能源、新型基础设施、物联网普及。美国斯坦福大学研究预测，至2030年，自动驾驶电动共享车辆将占美国小汽车保有量的60%，并承担95%的客运车公里，40%的个人内燃机汽车仅承担5%的车公里，基于自动驾驶的电动化共享出行将成为未来主要出行模式。城市交通的未来正处于一个高强度的引爆点，新技术的发展使不同人口密度、不同发展阶段和公共交通服务水平的城市面临新的挑战和机遇，高密度的特大城市、发展中的大城市和汽车主导的城市存在不同的发展模式，未来交通出行将推动技术和管理层面的深刻转变。

随着未来出行方式和交通结构的转变，将引发城市交通运行组织、空间规划和能源结构等一系列变革。以5G、人工智能、区块链等技术为代表的新兴科技加速与交通产业融合应用，自动驾驶、共享经济、智慧公路等新模式、新业态、新产业不断涌现。新的出行服务和交通组织模式将引发基础设施、装备工具、运营管理等层面的深刻变革。

2.3 新时期国家赋予深圳新使命，深圳智慧交通迈向先行示范战略方向

"十四五"期间，我国将加快形成以国内大循环为主体、国内国际双循环相互促进的新发展格局。新时期，国家发布了《交通强国建设纲要》《粤港澳大湾区发展规划纲要》《中共中央国务院关于支持深圳建设中国特色社会主义先行示范区的意见》等一系列重大利好政策，为深圳交通发展带来新的契机[1-3]。在国家"双循环"、新基建、交通强国及"双区"驱动战略背景下，深圳以科技推动交通发展为第一要务。新一轮科技革命将推动交通基础设施、交通技术、交通服务、交通管理重大变革，深圳具有明显科技优势，必将推动深圳交通进入新一轮发展快车道。

习近平总书记在深圳经济特区建立40周年庆祝大会上指出：加快推动城市治理体系和治理能力现代化，要注重在科学化、精细化、智能化上下功夫，推动城市管理手段、管理模式、管理理念创新，让城市运转更聪明、更智慧[4]。在国家政策支撑下，深圳基本建成涵盖海陆空铁全运输方式的综合交通运输设施体系，在智慧交通发展理念和方法上不断创新，城市交通治理能力和服务能力稳步提升，赋能经济社会高质量发展。与此同时，面对国土空间规划、城市高质量发展、国际环境等因素，深圳交通在区域协作、高质量基建、精细治理、协同运营、服务融合等方面仍存在一定的挑战。未来城市将必然发展成为一个可感知、可运营、可服务的城市。面向交通强国先行示范和大湾区建设新要求，深圳智慧交通3.0将以指标为牵引、以效果为导向、以市民获得感为最终目标，精准研判未来科技对深圳交通发展的影响，推动构建基础设施升级、多元交通治理、柔性交通运营、品质完整出行、开放聚合交通生态发展体系，率先在智慧交通领域先行示范，打造全球领先的智慧交通"深圳样板"。

3 新形势下智能交通发展形势趋势分析

3.1 新型城镇化进程加速，智能交通已成为推动区域协同发展的重要载体

我国五大城市群人口在过去 10 年增长了 14%，以 10%左右的国土面积承担了 54%的 GDP、40%的总人口。我国进入十四五城镇化快速发展的关键期，2020 年我国城镇化率达 63.89%[5]。到 2030 年将有超 10 亿人口在城市，其中一半集中在长三角、京津冀、粤港澳大湾区等五大超级都市圈。智能交通加速人流、物流、信息流连通，成为区域设施布局优化、互联互通、协同服务能力提升的重要推动力。

深圳依托粤港澳大湾区发展战略，以先行示范区的担当高起点推动都市圈建设，积极发挥中心城市辐射引领作用。立足城市群视野超前谋划布局，深圳将实施"东进、西协、南联、北拓、中优"发展战略，加快深莞惠都市圈深度融合，加强深圳与泛珠三角乃至北部湾、滇中城、海西、中原、成渝等城市群核心城市之间的联系。未来城市群之间、核心城市与腹地之间联系将更加紧密，以粤港澳大湾区为例，2035 年铁路对外旅客发送量将达 3.7 亿人次，是现状的 3 倍。智能交通逐渐成为区域设施布局优化、互联互通、协同服务能力提升的重要推动力，深圳需要谋划区域和城市交通发展战略，提升区域协同治理和一体化运营服务水平，实现交通引领城市发展。

表 1 我国五大城市群经济与人口规模

城市群	城市数量	面积/万 km²	2020 年 GDP/万亿元	2010 年常住人口/亿	2020 年常住人口/亿	人均 GDP/元
珠三角	9	5.5	8.9	0.56	0.78	114753
长三角	26	21.2	20.5	1.4	1.7	124242
京津冀	13	21.5	8.6	1.0	1.1	78174
长江中游	28	34.5	8.7	1.1	1.2	75602
成渝	16	24	6.8	0.96	0.93	73744
全国	—	963.4	101.6	13.4	14.4	53980
五大城市群占比		11%	53.5%	37.4%	39.5%	—

3.2 基建投资增速明显下降，新型基础设施建设成为经济增长的全新动能

近十年来我国数字经济规模持续增长，2019 年数字经济总规模占 GDP 比重由 2008 年的 15.2%增至 36.2%[6-7]。未来十年我国基建将由传统基建（铁公机，即铁路、公路和机场）向新基建（5G、大数据、物联网和人工智能等）转变，以城际高铁、城市轨道和智慧高速、智慧道路、智慧枢纽、交通大数据平台等代表的新基建大规模建设。预计到 2025 年，5G、云计算、工业互联网、物联网、人工智能等"新基建"相关产业规模可达万亿级。

新技术为基础设施的数字化和智能化发展提供了新机遇，以新型基础设施主导的数字经济成为新一轮经济高质量发展的重要支撑。随着交通功能性建设、基础设施智慧化提升日趋

重要,未来深圳将持续推动交通基础设施与新技术融合,承载"个体触觉"与"需求全景"全新功能。深圳需要全面统筹存量和增量、传统基建和新基建发展,研判新技术与交通领域的切合点和增长点,深度应用新技术支撑传统基础设施和装备设备智能化转型升级,以点带面、多措并举构建交通运输融合基础设施新体系。

3.3 城市治理体系进程不断推进,数据驱动城市治理成为未来交通的新模式

随着国家治理体系和治理能力现代化进程不断推进,城市交通结构越来越复杂化、多样化,交通资源供需矛盾日益突出,城市交通复杂网络治理难度越来越大。依托数字化技术提升城市精细化治理能力,从信息化到智能化再到智慧化,是建设智慧城市的必由之路。

全面客观、准确及时地把握深圳大规模交通运行规律,对交通治理具有至关重要的意义。目前深圳发展成为一个实际管理人口超 2000 万、车辆密度全国第一(超 500 辆/km)的超大规模超高密度城市,基础设施管养、公共交通决策、交通拥堵治理、综合运输管控等业务量大且复杂,每天出行人次超千万次,海量的人流、物流、信息流、资金流等交通相关要素数据指数式上升,仅靠人工经验管理和简单信息化辅助决策无法支撑超大城市交通高效运转,需从被动响应和粗放管理向主动精准的治理模式转变。面向未来复杂交通巨系统管控新需求,精准研判出行链活动特征和车辆使用规律,打造基于城市时空运行演化规律的精明治理示范,是未来深圳城市交通治理的重要抓手。典型大城市日均出行规模如图 1 所示。

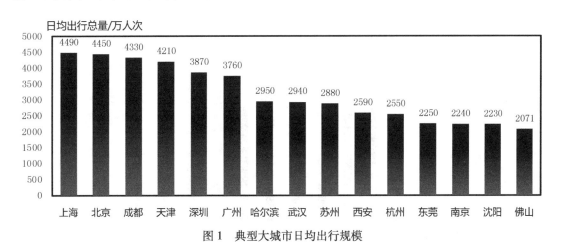

图 1 典型大城市日均出行规模

3.4 城市交通新业态涌现,高效协同的交通运营组织成为交通升级新方向

城市交通出行将呈现电动化、共享化、绿色化等特征趋势,技术的不断突破为交通运载工具提供了源源不断的动力。与此同时,未来城市群、都市圈区域通勤出行和城市通勤出行乃至个性化休闲出行将面临不同诉求,通过差异化交通运营组织来保障市民基本出行需求和按需响应的个性化多样化交通出行需求,迫切需要提升运营管理效率和交通安全防控能力。

深圳已逐渐进入轨道、公交、小汽车多方式协同发展新阶段,城市交通网络更加复杂化、立体化、综合化。随着特区内外一体化进程加速,人车路出行矛盾加剧,交通运行管控从单点控制到专业化技术人员支撑的区域联网联控,管控重点从车辆到人车路一体协同管控,交通管理模式也逐渐由被动式"大海捞针"向大数据赋能的"精准制导"转变。超大

规模复杂网络日常运营和安全应急的不确定性,对跨网络、跨业态的快速响应、动态处置、韧性恢复提出新要求,城市交通运营组织面临新的挑战。在此背景下,未来城市交通运营将向多业态融合、多模式协同转变,运营需求向全人群、全链条、全方式方向不断演变。

3.5 人民生活水平普遍提高,高品质一站式出行成为体验经济时代新焦点

长期以来,我国城市交通建设过于重视提升道路交通可达性和出行速度,而忽视了对交通出行品质和出行体验感的关注。随着社会经济的发展,"短缺供应"时代形成的以效率和通达为主导的交通出行需求,逐渐向"体验经济"时代高品质的"门到门"、一站式出行服务需求转变,人民群众美好出行需求由量变到质变,从"走的了"向"走的好"转变。

近年来,中国人口老龄化加快,2019 年中国 65 岁及以上人口占比达 12.6%,逐渐进入老龄化社会。同时,随着二孩政策全面放开,家庭结构发生显著变化,以深圳为例,深圳家庭二孩率由 2015 年的 29.1%快速上升到约 50%。老龄化、多元化的家庭结构以及中等收入、高学历群体比例的提高,导致大城市交通出行呈现结构性变化,北上广深等一线城市非通勤出行比例普遍从 2005 年的 30%提升到 50%以上,相比 2005 年全国主要城市平均出行时间增加 17.5%[8],出行目的、出行方式和出行需求更加多样化、品质化。通过多模态的交通组合和自反馈的定制化、个性化交通出行,实现工作生活娱乐休闲的无缝切换,将是未来深圳出行服务的主要发力点。国际主要城市历年非通勤出行比例对比如图 2 所示。

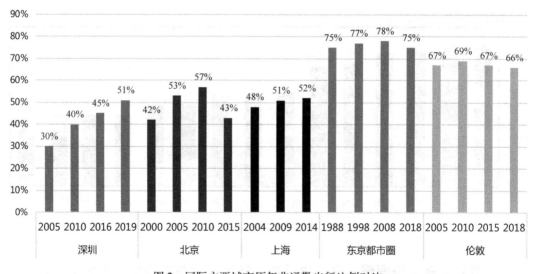

图 2 国际主要城市历年非通勤出行比例对比

3.6 交通与产业深度融合,交通全产业链协同成为城市交通发展的新生态

新时期,交通产业与科技融合态势加速,产业竞争成为未来发展的重要方向。美国、欧洲和日本等世界发达国家纷纷布局未来科技战略,大数据、人工智能、5G 和自动驾驶等技术成为世界各国角逐的焦点。我国积极抢占科技领域制高点,制定中国制造 2025、交通强国等国家战略及人工智能、智能网联和 5G 等技术发展战略,主动作为推进新技术应用示范。

深圳智能交通产业起步早、发展快、市场活跃，历经30余年的发展，在全国最早形成规模并形成了较为完善的产业链。2019年深圳从事与智能交通业务相关的上市企业数量为46家，是国内智能交通上市企业最多的城市，以智慧停车、交通监控、车载定位导航、车联网产业方向为主。深圳产业发展机制也初步建立，但行业发展环境仍有待优化，交通科技基础研究能力尚且不足，适应新技术、新业态创新发展的机制保证、政策法律、技术标准有待进一步优化，未来将通过政策整合智能交通产业链多方资源，推动新环境下的产业形态转型和变革。

4 深圳未来智能交通发展思考

4.1 推动融合基建发展，构建基础设施升级新体系

推进新技术与交通行业深度融合，推动交通运输新基建内涵体系策略研究和推进模式，为深圳交通高质量发展提供全新动能。一是推动交通运输新型基础设施顶层设计研究工作，明确交通运输新基建内涵体系，研究新基建推进策略、推进模式、运营管理方式和发展路径等核心问题，推进智慧道路、智慧高速、智慧枢纽等融合类基础设施示范建设。二是加快研究编制深圳智慧道路建设标准规范，明确智慧道路规划、建设、管理、养护等各阶段责任主体，重点结合全市城市道路新建、改扩建工程开展智慧道路规划设计工作，推动智能多功能杆、地面红绿灯等集成化应用。三是推进研究制定高速公路智慧交通设施建设标准指引，结合机荷高速改扩建、深汕第二高速建设等工程，深化物联网、5G、北斗卫星定位、车路协同、自动驾驶等新技术与高速公路运营管理服务的良性融合，加快道路状态自感知、匝道自动控制、设施病害识别、自由流收费技术和周边城市路网应急协同能力建设。四是推进制定枢纽智慧基础设施布设衔接指引，以前海枢纽等区域重大交通枢纽为载体，提升高铁站、口岸、机场等枢纽运行智能监测、多方式协同组织与柔性调度能力。深圳机荷智慧高速的主动式综合调控措施如图3所示。

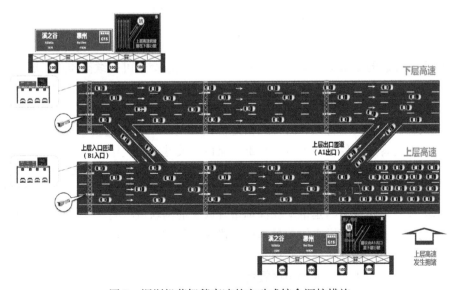

图3 深圳机荷智慧高速的主动式综合调控措施

4.2 拓展数字治理路径，打造多元交通治理新范式

研判未来交通不同情境下的交通治理需求，结合区域、城市、片区和基层发展阶段和基础能力，因地制宜、分类施策推进数字交通治理新范式。一是以超大城市为载体推进区域交通一体化发展，构建以超大城市为核心的都市圈和城市群协同治理体系，建立跨地域交通主管部门信息互通共享渠道，构建公安、国土、消防、气象等跨部门的信息共享或通报机制，推进数据资源共享共用，推进粤港澳大湾区交通数据中心、深莞惠公共信息一体化服务平台建设。二是推进城市级综合交通智慧管控体系研究，持续升级"数字孪生-协同互联-平行推演"的交通决策大脑，面向平时和战时（如疫情特殊时期）进行交通系统时空资源调配，实现交通系统的智慧自反馈与主动防控。推进实时在线交通仿真平台和城市级停车综合调控平台研究，形成城市交通治理新格局。三是以新能源共享车辆、新型道路设施、新型公交服务、智能网联汽车与车路协同等示范应用为载体，推动建设智慧道路、智慧公交、智慧信号管控、智慧停车诱导、MaaS出行服务、无人驾驶及车路协同示范等综合创新集成示范工程，打造以福田中心区为代表的面向未来之城的片区级交通治理示范区。深圳海陆空铁多方式协同联动示范如图4所示。

图4 深圳海陆空铁多方式协同联动示范

4.3 创新运营组织模式，营造交通柔性运营新格局

超前谋划布局新产业、新业态和新模式，推动构建自组织、自生长的面向公交、地铁、枢纽、社区等多业态的城市交通柔性运营能力，实现城市交通可持续高质量发展。一是构建现代化精准可靠的大公交柔性运营体系，推动"智慧公交站台+公交车路协同+线网优化调度"精准公交建设，以地铁网络化运营为基础，建立"区域-城市-线网-车站"多层次仿真模型，实现大客流主动安全管控和跨方式快速协同调度。二是打造新型智慧信号管控体系，构建实时、精准的智慧信号管控平台，在重点路口、关键走廊应用车路协同等技术实现动态信号绿波协调控制，逐步扩展到片区级和城市级交通运行管控。三是推动建设智慧物流枢纽、5G智慧物流园、智慧仓库，依托港口、机场、铁路、公路枢纽建设改造，推动物流枢纽和物流园区智慧化建设。四是推动在深圳市开放智能网联汽车高快速路道路测试和示范应用，建立异地互认、简化新增车辆数量程序等机制，研究出台深圳市智能网联汽车道路测试及应用示范管理政策，建立智能网联模式下新型出行服务和货运服务模式，推动多模式多场景测试和商业化运营应用。深圳坪山区智能网联公交运营示范如图5所示。

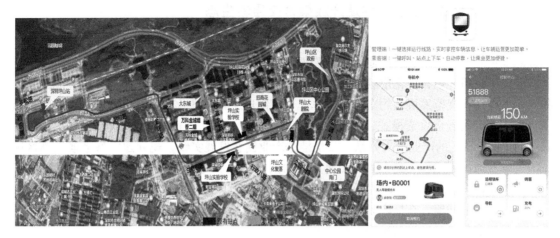

图 5　深圳坪山区智能网联公交运营示范

4.4　重塑出行服务体系，打造品质完整出行新体验

交通出行成为数据源泉和第四空间，将通过多模态的交通组合和自反馈的定制化、个性化、可持续交通出行，实现工作生活娱乐休闲的无缝切换。一是推进跨方式一体化支付的 MaaS 平台建设，逐步构建以轨道/公交为骨干的一体化行程规划与出行服务，推进 MaaS+交通枢纽、MaaS+通勤出行、MaaS+休闲娱乐等一站式出行服务试点应用，坚持自上而下和自下而上的发展路径，鼓励市场化运作，推动构建平等多样、全局最优、自主预约的完整出行体系。二是利用 AI 技术精准识别客流需求，推动通勤等热点线路开通"点对点"长距离公交服务，围绕轨道周边、热点景区、重点社区等开通响应式短驳中微巴，提升最后一公里出行体验。三是推进城市 MaaS 出行服务体系研究，政府积极引导示范应用项目，在城市局部区域（如 CBD、科技园区、轨道站点及枢纽周边等地区）试点开展按需响应式公交出行服务；率先试点推行 MaaS+枢纽示范应用，利用深圳和深汕合作区"飞地"特征，结合深汕合作区高铁站枢纽，打通城际交通和合作区内部公交、出租车、网约车等方式信息，提供一站式出行服务。深圳湾科技园片区 MaaS 服务试点及效益分析如图 6 所示。

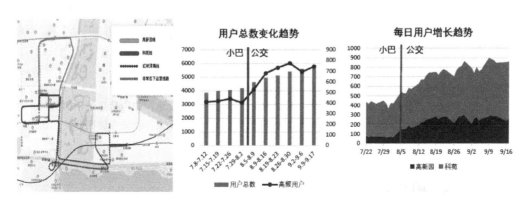

图 6　深圳湾科技园片区 MaaS 服务试点及效益分析

4.5 重视产业融合发展，构建开放聚合交通新生态

建立健全交通运输产业良性发展环境，坚持政府引导、市场主导的发展策略，强化市场的资源配置能力，推动交通产业生态圈跨界融合，构建开放聚合的创新发展生态圈。一是完善产业发展政策环境，优化市场准入、行政审批等相关制度，鼓励新能源汽车、智能驾驶等技术研发应用，规范发展网约车、共享单车、定制巴士等多样化的公众出行服务。明确重点项目地方政府的资金投资模式，探索多方式（地方、区域）、多渠道（政府、社会）、多模式（PPP、BOT）的产业投入体系。二是推进产业创新发展实践，规划建立粤港澳大湾区区域级智能交通国家工程研究中心、交通大数据国家工程研究中心等科研载体，鼓励跨区域、跨行业建设模式，促进区域级交通技术创新和产业发展。鼓励和引导企业、科研院所联合组建新兴技术产业联盟，在标准制定、技术研发、测试验证及试点应用等方面发挥联盟的协同效应，推动多领域融合型技术研发与产业化应用。

5 结语

构建智能交通综合体系，提升综合交通系统运行效率与服务水平，是新时期实现深圳高质量创新型城市建设发展的关键抓手。立足国际国内双循环战略新格局，聚焦世界新一轮科技革命背景下深圳智能交通发展形势趋势，以加快新型基础设施建设、推进交通治理体系和治理能力现代化为抓手，驱动深圳智能交通高效、便捷、安全、可持续发展。

参 考 文 献

[1] 国务院. 中共中央. 国务院印发《交通强国建设纲要》[EB/OL]. （2019-09-19）［2021-05-18］. http://www.gov.cn/zhengce/2019-09/19/content_5431432.htm.

[2] 国务院. 中共中央. 国务院印发《粤港澳大湾区发展规划纲要》[EB/OL]. （2019-02-18）［2021-05-18］. http://www.gov.cn/gongbao/content/2019/content_5370836.htm.

[3] 国务院. 中共中央. 国务院印发《中共中央国务院关于支持深圳建设中国特色社会主义先行示范区的意见》[EB/OL]. （2019-08-09）［2021-05-18］. http://www.gov.cn/zhengce/2019-08/18/content_5422183.htm.

[4] 中华人民共和国中央人民政府. 深圳经济特区建立40周年庆祝大会隆重举行 习近平发表重要讲话[EB/OL]. （2020-10-14）［2021-05-18］. http://www.gov.cn/xinwen/2020-10/14/content_5551298.htm.

[5] 国家统计局. 《第七次全国人口普查公报解读》[EB/OL]. （2021-05-12）［2021-06-20］. http://www.stats.gov.cn/tjsj/sjjd/202105/t20210512_1817336.html.

[6] 陆晓华, 王宇, 邓相君, 等. 中国城市数字经济发展报告（2019—2020）[R]. 北京：数字经济发展研究小组, 中国移动通信联合会区块链专委会, 数字岛研究院, 2020.

[7] 中国信息通信研究院. 中国数字经济发展白皮书（2020年）[R]. 北京：中国信息通信研究院, 2020.

[8] 滴滴媒体研究院. 中国城市交通出行报告（2016年上半年）[R]. 北京：滴滴媒体研究院, 2016.